विकास कुमार झा

देश की हिंदी पत्रकारिता के एक समर्थ हस्ताक्षर

मर्मस्पर्शी उपन्यास 'मैकलुस्कीगंज' ('कथा यू.के. पुरस्कार' से सम्मानित)

बहुचर्चित पुस्तक–'बिहार : राजनीति का अपराधीकरण'

राजनीतिक दस्तावेज़–'सत्ता के सूत्रधार'

संग्रहणीय कविता संग्रह–'इस बारिश में'

बिहार के बांग्ला भाषियों के जीवन पर बांग्ला में प्रकाशित चर्चित पुस्तक–'परिचय पत्र'

मैथिली में मंचित-चर्चित नाटक–'जमपुत्र' तथा 'सोनमछरिया'

बिहार की मुक्तिकामी जनता के संघर्ष में सदैव सक्रिय रचनात्मक हिस्सेदारी

संपर्क : 45, श्रीकृष्णपुरी, पटना–800001 (बिहार)

मो. : 09835209149

वर्षावन की रूपकथा

नागराज के मालगुडी ग्राम का पंचतंत्र

विकास कुमार झा

राजकमल पेपरबैक्स

राजकमल पेपरबैक्स में
पहला संस्करण : 2016

राजकमल पेपरबैक्स : उत्कृष्ट साहित्य के जनसुलभ संस्करण

राजकमल प्रकाशन प्रा. लि.
1-बी, नेताजी सुभाष मार्ग, दरियागंज
नई दिल्ली-110 002
द्वारा प्रकाशित

शाखाएँ : अशोक राजपथ, साइंस कॉलेज के सामने, पटना-800 006
पहली मंजिल, दरबारी बिल्डिंग, महात्मा गांधी मार्ग, इलाहाबाद-211 001
36 ए, शेक्सपियर सरणी, कोलकाता-700 017

वेबसाइट : www.rajkamalprakashan.com
ई-मेल : info@rajkamalprakashan.com

बी.के. ऑफसेट
नवीन शाहदरा, दिल्ली-110 032
द्वारा मुद्रित

मूल्य : ₹ 250

VARSHAVAN KI ROOPKATHA
(Nagraj Ke Maalgudi Gram Ka Panchtantra)
Novel by Vikas Kumar Jha

ISBN : 978-81-267-2838-1

अथ उपकथा सरित्सागर यानी उपन्यास की भूमिका

इस उपन्यास की मूल अवधारणा का जन्म दिल्ली के 'कॉफ़ी हाउस' में बड़े अजीबोग़रीब तरीक़े से हुआ। आपको इसे जरा विस्तार से समझना होगा। हालाँकि, मेरी समझ से एक लेखक को लंबी-चौड़ी भूमिका का झमेला नहीं करना चाहिये। कथा के क्रम में ही पात्रों से पाठकों का अंतरंग परिचय हो जाता है। पर इस उपन्यास ने थोड़ी लंबी भूमिका के लिये मुझे विवश कर दिया है। हाँ, तो मैं कह रहा था कि इस उपन्यास की मूल भावना की नींव दिल्ली के 'कॉफ़ी हाउस' में पड़ी। ये वे दिन थे जब मेरी बेरोज़गारी का सिलसिला कुछ ज़्यादा ही खिंचा जा रहा था। एक राष्ट्रीय साप्ताहिक के संपादक की अनवरत बदमिज़ाजी से क्षुब्ध होकर ताव में त्यागपत्र तो मैंने दे दिया था लेकिन इस बात की मैंने कल्पना नहीं की थी कि अगले कई वर्षों तक मुझे कोई नौकरी नहीं मिलने जा रही है। तीस वर्षों की मेरी पत्रकारिता का अनुभव धूल खा रहा था और मेरे अधिकांश परिजन मुझसे कहीं अधिक इस बात को लेकर लगातार कुटिल चिंता में थे कि इतनी लंबी बेरोज़गारी में अपनी दुनियादारी मैं कैसे निभा पा रहा हूँ। दरअसल, इसी बीच बच्चों की पढ़ाई के सिलसिले में पटना छोड़कर मैं दिल्ली आ गया था और दिल्ली में भी मेरे पास कोई काम नहीं था। बहरहाल, इन्हीं उन्मन दिनों में उदासी और मायूसी से धक्का-मुक्की करते हुए झारखंड प्रांत स्थित दुनिया के एकमात्र एंग्लो-इंडियन ग्राम 'मैकलुस्कीगंज' पर केंद्रित अपने उपन्यास को मैंने अंतिम रूप दिया। पर इस उपन्यास के संपन्न होने के साथ ही बेरंग और उचाट दिन फिर शुरू हो गये।

वक़्त काटना दिल्ली में भी मुश्किल था। यों वहाँ भी कई परिचित और दोस्त थे लेकिन सबकी अपनी भारी व्यस्तताएँ थीं। जिस समय अख़बार और पत्रिकाओं के दफ़्तर में वे सब ख़बरों से मगज़मारी कर रहे होते थे, मैं दिल्ली के दरख़्तों पर पतझड़ और वसंत को निरख रहा होता। किन वृक्षों पर नवकलश आया है, कलियाँ फूटी हैं और कौन-सा वृक्ष फूलों से किस तेज़ी से गदराया है, इसे मुग्ध-मगन निरखना मेरा 'बेकारी-भत्ता' था। फिर भी दो मुक़ाम थे जहाँ देर तक समय काटने पर कोई रोक-टोक न थी। एक तो तीन मूर्ति भवन परिसर में स्थित 'नेहरू पुस्तकालय' जो सुबह के नौ बजे से शाम के छह बजे तक खुला होता था और दूसरा कनॉट प्लेस के मोहन सिंह प्लेस का 'कॉफ़ी हाउस', जो सुबह से देर शाम तक अपनी बाँहें फैलाये रहता। हालाँकि,

सुबह से दोपहर तक आम तौर से यह कॉफ़ी हाउस बेदिल-सा रहता, क्योंकि इस समय गिने-चुने और भूले-भटके लोग ही इधर आते। पर शाम से कॉफ़ी हाउस की रौनक़ देखते बनती। और यह एक ख़ास बात थी कि खालीपन और रौनक़-दोनों का साक्षी रहने का अवसर मुझे प्राप्त था। जहाँ तक मुझे याद है, वह अप्रैल महीने का आख़िरी शनिवार था जब उचाट नीम दोपहरी में रह-रहकर वहाँ कॉफ़ी पीते हुए मैं एक किताब पढ़ने में तल्लीन था। उस समय मेरी ही तरह कॉफ़ी हाउस में वक़्त-बेवक़्त अड्डा जमाये रहनेवाले एक बूढ़े वकील साहब, दिल्ली सचिवालय के कुछ अवकाशप्राप्त बाबू, कुछ अवकाशप्राप्त प्रोफेसर और समय के मारे चंद मँझोले नेता आदि भी कॉफ़ी हाउस में अख़बार चाटते हुए देश की राजनीति पर बहस में मसरूफ़ थे। किताब पढ़ते-पढ़ते अचानक जब मैंने नज़र उठायी तो पाया कि जींस और टीशर्ट में एक बेहद भारी-भरकम लड़की मेरे सामने की मेज़ पर आकर बैठी ही है। मैंने देखा कि कॉफ़ी हाउस में मौजूद सभी लोगों की अचरज भरी आँखें बरबस उस पर टिक गयी हैं। अपनी काया, रूप-रंग और पहनावे से वह बिल्कुल लड़के जैसी दिखनेवाली लड़की थी। मैंने अपने देहातीपन में मन ही मन सोचा कि शायद ऐसी ही लड़कियों को 'टॉम ब्वॉय' कहते हैं। मैंने कभी पढ़ा था कि ऐसी लड़कियाँ सजने-सँवरने की परवाह नहीं करती हैं और लड़कों की तरह दबंग होती हैं। बहरहाल, इन बातों को तुरंत झटकते हुए मैंने यह सोचकर फिर से किताब में आँखें गड़ा लीं कि कहीं मुझे देर तक घूरता देख लड़के-सी दिखनेवाली यह विराटकाय लड़की बुरा न मान जाये। बावजूद इसके, मेरे मन में उसको लेकर लगातार दिलचस्पी बनी हुई थी। मन इस बात को जानने के लिये उत्सुक था कि ऐसी लड़कियों के व्यवहार के बारे में जो कुछ भी मैंने पढ़ रखा था, वह किस हद तक सच है। पहली नज़र में इतना तो मैंने निरख ही लिया था कि वह लड़कियों की तरह कहीं से भी सजी-सँवरी नहीं थी। अलबत्ता बनाव-सिंगार के प्रति पूरी तरह लड़कों की भाँति बेपरवाह थी। अब मैं देखना चाहता था कि वह किस अंदाज़ में कॉफ़ी के लिये वेटर को ऑर्डर देती है। इसलिये किताब पर नज़रें गड़ाये रखने का स्वांग करते हुए मैं निचली आँखों से उसे लगातार देख रहा था। जब वेटर उसके टेबुल पर आया, तो वह खिड़की के बाहर आँखें जमाये थी। वेटर की तरफ़ बग़ैर देखे उसने भारी आवाज़ में कहा, "कॉफ़ी...और हाँ अखबार भी दे जाओ।" वाह, क्या बात है! यह तो पूरी लालकिला है! बिल्कुल रजिया सुलतानवाला तेवर! मेरी पढ़ी दूसरी बात भी मिल गयी थी और मैं अपने अध्ययन पर गौरव करते हुए मन ही मन मुस्कराया। थोड़ी देर बाद उसके लिये ट्रे में कॉफ़ी लिये वेटर हॉल में आया और कोने के टेबुल पर कॉफ़ी के संग अख़बार में डूबे वकील साहब से अख़बार माँगते हुए बोला, "उस टेबुल पर अखबार की माँग है। लाइये।"

"अरे भई, ये तो बताते जाओ कि वो लड़का है या लड़की?" वेटर को झल्लाकर अख़बार थमाते हुए ऊँची आवाज़ में वकील ने कहा। होंठों में मुस्कान भींचकर वेटर ने तो वकील को कुछ नहीं कहा और बढ़ गया लेकिन मेरे भीतर का हिंदी फ़िल्मी

नायक सहसा नायिका की इज़्ज़त बचाने के लिये जाग पड़ा और बूढ़े वकील को जबर्दस्ती खलनायक की भूमिका में खींचते हुए मैंने उससे दोगुनी तेज़ आवाज़ में कहा, "कब्र में पाँव लटका के बैठे हैं और बोलने का शऊर तक नहीं आया आपको?"

"हाँ...हाँ...मैं बेशऊर हूँ...तुम्हीं मेरी पहेली दूर कर दो।" वकील ने रुआँसे लेकिन भरसक तेज़ स्वर में कहा और कुर्सी पर लटके अपने बेहद पुराने चीकट गाउन को समेटकर निकलने लगा।

मैं पलटवार में उससे कुछ कहता कि लड़के-सी दिखनेवाली लड़की ने बेहद शांत भंगिमा में मुझे इशारा किया। वकील बड़बड़ाता हुआ कॉफ़ी हाउस से जा चुका था। इस क्षणिक अप्रिय प्रसंग से कॉफ़ी हाउस में बैठे अन्य लोग अप्रस्तुत-से हो गये थे। मैं अपनी किताब समेट तिलमिलाहट के अवशेष के संग लड़के-सी दिखनेवाली लड़की की मेज़ पर गया। उसने अपनी शांत भारी आवाज़ में कहा, "बैठो! तुम इस तरह उस बूढ़े पर क्यों नाराज हो गये?"

"तुमने सुना नहीं कि वह किस तरह तुम्हारा अपमान कर रहा था?" मैंने क्षुब्ध होते हुए कहा, "वह कुछ और बोलता तो मैं उसकी पिटाई कर बैठता। एक सभ्य समाज में किसी को किसी का अपमान करने का कोई हक नहीं बनता।"

"मुझे ऐसी बातों की आदत पड़ गयी है। मुझे कोई फर्क नहीं पड़ता।" उसने आहिस्ते-से कहा और तुरंत भंगिमा बदलते हुए हलकी मुस्कान के संग पूछा, "तुम्हारा नाम क्या है और तुम करते क्या हो?"

मैंने अपना नाम बताते हुए कहा कि मैं पेशे से हिंदी पत्रकार हूँ और मुझे साहित्य से गहरा लगाव है। कुछ किताबें भी लिखी हैं। मैंने अपने उपन्यास 'मैकलुस्कीगंज' के बारे में भी जिक्र किया और फिर झेंपते हुए कहा, "मैं भी क्या ही बेवकूफ हूँ, अब तक तुम्हारा नाम नहीं पूछा और न यह पूछा कि तुम करती क्या हो?"

"मैं जी हूँ और विदेश मंत्रालय में नौकरी करती हूँ। साहित्य में मेरी भी रुचि है।"

"जी? क्या तुम्हारा नाम सिर्फ 'जी' है? मैं कुछ समझा नहीं।" मैंने तनिक हैरान होते हुए कहा।

"वैसे मेरा पूरा नाम गौरी है...गौरी नरसिम्हन। पर देश-विदेश की मेरी पोस्टिंग में लोगों को मुझे पुकारने में असुविधा न हो, इसलिये मैं 'जी' ही बताती हूँ। किसी को भला क्या फर्क पड़ता है कि मैं 'जी' हूँ या गौरी नरसिम्हन। बस अपनी नौकरी के कागजात में ही अपने पूरे नाम का मैं उपयोग करती हूँ।"

"गौरी! मुझ जैसे लोगों को तो फर्क पड़ता है। मेरे लिये 'जी' का कोई मतलब नहीं लेकिन गौरी का बड़ा मतलब है।" मैंने अपनी बात में भरसक गंभीरता प्रकट करने की कोशिश की।

"जी अंग्रेज़ी का एक अक्षर है और कोई अक्षर निरर्थक नहीं होता। मैं हिंदी की बहुत जानकार नहीं हूँ पर तुम तो हिंदी के लेखक-पत्रकार हो। तुम्हें यह तो पता होगा कि हिंदी में 'जी' का मतलब जान, मन और जीवट है।"

"मैंने एक कौंध में इसे सिर्फ अंग्रेज़ी का एक अक्षर समझ लिया था।" मैंने झेंपते हुए कहा।

"छोड़ो इस बहस को। तुम मुझे 'जी' कहो या गौरी, मुझे कोई अंतर नहीं पड़ता। हाँ इतना तय है कि आज से हम दोस्त हुए।" उसने भीनी मुस्कान के संग कहा।

हमने आपस में एक-दूसरे के मोबाइल नंबर का आदान-प्रदान किया और कॉफ़ी हाउस से निकल पड़े। एक मानव पहाड़ी के संग मुझे अत्मीयतापूर्वक निकलते देख कॉफ़ी हाऊस में बैठे लोगों की आँखों की हैरानी मैं भली-भाँति देख पा रहा था।

गौरी से आगे कई मुलाक़ातें हुईं। पर कॉफ़ी हाउस में नहीं। कॉफ़ी हाउस आने से उसने मना करते हुए कहा कि, "मुझको लेकर जो तमाशा उस दिन तुमने किया उसके बाद से वहाँ जाने का मन नहीं करता।"

"पर तुमने तो कहा था कि तुम्हें किसी की बात से कोई फर्क नहीं पड़ता?" मैंने उसे थोड़ा कुरेदते हुए कहा।

"बात से फर्क नहीं पड़ता, तमाशे से पड़ता है। आगे से कोई मुझको लेकर कैसी भी टीका-टिप्पणी करे, तुम कृपया उससे भिड़ मत जाना।" अपनी भारी आवाज़ में उसने गंभीरता से कहा, "अगर ऐसा हुआ, तो हम फिर नहीं मिलेंगे।"

बहरहाल, इस क़रार के बाद हम बाराखंबा रोड स्थित 'कैफ़े कॉफ़िडे' में मिले। इस मानव पहाड़ी टॉम ब्वॉय को देख वहाँ भी लोगों की आँखें चिहुँक उठती थीं लेकिन कॉफ़ी हाउस की तुलना में कहीं शालीन और कुलीन वहाँ के बैठकबाजों ने कभी हाथी और तोते की इस संगत पर कोई टीका-टिप्पणी नहीं की, इसलिये वहाँ के परिवेश में मुझे इत्मीनान हुआ। यह राहत गौरी के चेहरे पर भी थी। पर इसको लेकर उससे कुछ पूछना उल्टे उसे दुखी करना होता। 'कैफ़े कॉफ़िडे' में पहले दिन मैं जिस जगह बैठा वहाँ सामने बड़े-बड़े शीशे थे, जिससे बाहर सड़क का नज़ारा दिखता था। मैंने इस बात पर ग़ौर नहीं किया कि मेरे सामने के सोफे पर बैठी गौरी के आगे कैफ़े की दीवारें थीं। गौरी ने तनिक तल्ख़ होते हुए कहा, "उम्र में तुम मुझसे कुछ बड़े ही होंगे पर तुम्हें यह समझदारी नहीं आयी कि किसी लड़की को दीवार का रुख करके नहीं बैठाना चाहिये। चाहे वह तुम्हारी दोस्त हो, माँ हो, बीवी हो या बेटी।" मैंने झेंप कर जगह बदलनी चाही लेकिन उसने भारी आवाज़ में कहा, "अब अगली बार से।" गौरी वाक़ई कई प्रकार से दिलचस्प थी लेकिन उसे अपने बारे में बात करना क़तई पसंद नहीं था। फिर भी टुकड़े-टुकड़े में उसने बताया कि वह मूलत: केरल की है जहाँ उसके पिता की कभी छोटी-मोटी ज़मींदारी थी। माता-पिता अब दुनिया में नहीं हैं लेकिन उसके चौदह भाई-बहनों का आपस में बहुत प्यार और तालमेल है। उसने कहा कि क्योंकि वह सबसे छोटी है, इसलिये उसे सबका प्यार-दुलार मिलता है। गौरी ने बताया कि उसके अधिकांश भाई-बहन चेण्णै में रहते हैं और केरल से उनका संपर्क छूट चुका है। बहरहाल, एक दिन मैंने उसे अपना उपन्यास 'मैकलुस्कीगंज' पढ़ने को दिया। हफ़्ते भर में उसे पढ़ने के बाद जब

वह 'कैफ़े कॉफ़िडे' में मिली, तो उसने कहा, ''आदिवासी क्षेत्र में बसे इस एंग्लो-इंडियन गाँव के जीवन पर तुमने बहुत मेहनत से शोध किया है। बेशक, यह तुम्हारा क्लासिक काम है। पर अब तक जितना जो कुछ मैंने पढ़ा है, उसमें ज्यादातर लेखकों में पाया है कि दुख से उन्हें असीम प्रेम होता है। संघर्ष, दुख, संताप और आँसू...सिर्फ यही सब! वास्तविक जीवन में यह सब तो है ही। इससे कहाँ इंकार है? पर यार, जीवन में क्या बस दुख ही दुख है? हँसी-खुशी बिल्कुल नहीं? तुम्हारे 'मैकलुस्कीगंज' में भी ज्यादा दुख ही है।'' गौरी ने गहरी साँस ली और शीशे के बाहर सड़क की हलचल में कहीं खो गयी।

''फिर क्या किया जाये?'' मैंने अपनी खीज भरसक दबाते हुए पूछा।

''अभी तुम क्या लिख रहे हो?'' शीशे के बाहर सड़क पर देखते हुए ही उसने पूछा।

''अभी कुछ भी नहीं। मेरे पिछले उपन्यास जैसा कोई बढ़िया विषय मिले, इसकी तलाश में हूँ। अभी मेरे पास कोई नौकरी भी नहीं। इसलिये वक्त ही वक्त है और वक्त काटने के लिये लिखते रहना मेरे लिये जरूरी है।'' अपनी बात पूरी करते-करते मैं थोड़ा हकला-सा गया।

''तुम्हें वक्त काटना पड़ता है? तुम सचमुच रिटायर आसामी हो चुके हो...।'' ग्लोब सरीखा अपना भारी चेहरा घुमाकर उसने मुझे हैरानी से देखा, ''तुम्हें वक्त काटना नहीं, वक्त कम पड़ना चाहिये।'' उसने दार्शनिक स्वर में कहा, ''दुख लिखे बगैर तो तुम मानोगे नहीं, लेकिन अपने अगले उपन्यास की थीम कुछ ऐसी ढूँढ़ो जिसमें दुख कम और हँसी-खुशी ज्यादा हो। फर्ज करो कि दुख के खूँटे से बँधकर मस्ती का चक्कर मारा जाये। जीवन में दुख तो है ही यार, कम से कम किताबों में तो सुख और खुशी मिले।''

''पर ऐसी थीम कहाँ और कैसे मिलेगी?'' मेरी आवाज़ में किंचित उलझन थी।

''वैसे ही जैसे मैं तुम्हें मिली। प्यारे रिटायर आसामी! मुझे कोई फर्क नहीं पड़ता लेकिन मुझे देखकर लोगों को मजा आता है, हँसी तो छूटती है न। ऐसा ही कोई किस्सा तुम्हें जल्दी मिल जायेगा।'' उसने अपनी कीमती हँसी पूरी तरह बिखेरते हुए कहा। लंबी अझेल बेरोज़गारी में बार-बार 'रिटायर आसामी' संबोधन सुनना मुझे क़तई अच्छा नहीं लग रहा था लेकिन अपनी दबंगियत में वह इस बात से बेपरवाह थी।

''तो चलो! तुम्हीं को लेकर अपना नया उपन्यास शुरू करता हूँ।'' रिटायर आसामी संबोधन पर अपनी चिढ़ को छिपाते हुए मैंने मुस्कराकर कहा।

''मुझे कोई हर्ज नहीं। मजेदार थीम है। एक पहाड़ जैसी लड़की की कहानी, जिसके बारे में लोगों को तय करने में मुश्किल होती है कि यह लड़का है या लड़की।'' उसने उसी तरह हँसते हुए कहा।

''अरे नहीं, मैं यों ही मजाक कर रहा था।'' मैंने चेहरे पर गंभीरता लाते हुए कहा, ''भला अपनी दोस्त का मैं मजाक उड़ाऊँगा? कब्भी नहीं।''

इस तरह गौरी नरसिम्हन उर्फ 'जी' से मिलते एक साल बीत गया। एक शाम लगभग महीने भर के अंतराल के बाद जब वह मिली, तो 'कैफ़े कॉफ़िडे' की मेज़ पर उसने घोषणा की कि उसका तबादला डेनमार्क के भारतीय दूतावास में कर दिया गया है। उसके तबादले की बात सुनकर मुझे मायूसी हो रही है, यह उसने ताड़ लिया और मुस्कराते हुए कहा, "रिटायर आसामी! क्या तुम्हें इस बात से खुशी नहीं है कि तुम्हारी एक दोस्त डेनमार्क में होगी? और वहाँ दूध पी-पीकर और मोटी हो जायेगी। तब लोग इस पहेली में नहीं उलझेंगे कि यह लड़का है या लड़की। तब शायद बात करें कि डायनासोरनुमा यह कैसा आदमी है? पर मुझे उम्मीद है कि मेरे भाई-बहन और तुम जैसे दोस्त तब भी मुझे पहचानने में धोखा नहीं खायेंगे।" वह मंद-मंद मुस्कराते हुए अचानक गंभीर हो गयी और शीशे के बाहर सड़क पर देखने लगी।

"अपने विनोदपूर्ण आगामी उपन्यास का विषय अगर मुझे मिल ही गया, तो मैं तुम्हें कैसे बताऊँगा?" मैंने मायूसी से उसकी तरफ़ देखकर कहा, "मेरा दिल कह रहा है कि अब हम कभी नहीं मिल पायेंगे गौरी।"

"मैंने तुमसे कहा था कि ज्यादातर लेखकों को दुखी रहने और दुख लिखने की आदत होती है। मान लो हम फिर कभी न मिलें लेकिन इस एक साल की अच्छी मुलाकातों को क्या भूल जायेंगे? रिटायर आसामी! जिंदगी में हमेशा अच्छे पल और अच्छी बातों को याद रखने की आदत डालो। और वैसे मैं तुम्हें डेनमार्क से फोन करती रहूँगी।" उसने उठते हुए कहा, "परसों ही मुझे डेनमार्क में ज्वाइन करना है। पैकिंग के लिये बस कल का दिन है। मैंने कल सुबह 'पैकर्स एंड मूवर्स' वालों को घर बुलाया है। परसों चार बजे सुबह की मेरी फ्लाइट है। अब मिलना न होगा। मैं तुम्हें डेनमार्क पहुँचकर ही वहाँ के नये नंबर से फोन करूँगी।"

"चलो ठीक है। अब ईश्वर ही जानें। हमारी दोस्ती के गवाह वही हैं।" मैंने तनिक अटकते हुए कहा, "गौरी! मेरी इच्छा है कि आज की शाम हम डिनर साथ करें।"

उसने एक क्षण के लिये मुझे अपने अंदाज़ में स्नेह से घूरा और चुपचाप मेरे साथ बढ़ गयी। हम 'कैफ़े कॉफ़िडे' से चंद क़दम दूर ऐन कोने पर स्थित 'मैकडॉनल्ड्स रेस्तराँ' में जा बैठे। रेस्तराँ तक़रीबन भरा हुआ था। हमारे बग़ल की मेज़ पर एक युवा दंपती गदबदे खरगोश सरीखे अपने पाँच-छह साल के बेटे के साथ मौजूद था। पति-पत्नी बातचीत में व्यस्त थे और बच्चा बाल बादशाह बना रेस्तराँ में विचरण कर रहा था। आश्वस्ति के लिये बीच-बीच में वह माता-पिता की मेज़ के पास भी आ जाता। कहना न होगा कि उसे खाने में कम, उछल-कूद में अधिक दिलचस्पी थी। दो-तीन बार पिज्जा के टुकड़े उसके मुँह में यत्नपूर्वक डालने के बाद उसके माता-पिता भी शायद मान चुके थे कि इससे अधिक वह नहीं खानेवाला। गौरी ख़ामोश थी और मैं भी। कुछ बातचीत करने की मनःस्थिति में मैं नहीं हूँ, यह गौरी भाँप रही थी। हम दोनों चुप थे और बच्चे की उछलकूद पर यों ही नज़रें टिकाये थे। तभी उछलता-कूदता बच्चा अपनी माँ की कुर्सी से आ चिपका और गौरी की तरफ़ इशारा

कर उसने पूछा, "मम्मी! ये अंकल हैं या आंटी? बताओ न मम्मी!" उसकी माँ ने उसे टालना चाहा। पर बच्चे को पता नहीं क्या भूत चढ़ गया था। बच्चे की हरकत पर मेरी झुंझलाहट बढ़ रही थी। बच्चे की लगातार ज़िद को सुन रही गौरी के गालों का रंग बरबस मुझे उड़ता दिखा। उसके चेहरे पर उदासी की एक गहरी कौंध आयी, जिसे उसी तेज़ी से छिपाते हुए वह उठी और बच्चे को दुलारते हुए बोली, "मैं न अंकल हूँ, न आंटी! मैं जादुई जिन हूँ! तुम जब मुझे याद करोगे तो अपने साथ पाओगे...!" बच्चा अब हैरानी से जादुई जिन को देख रहा था।

मारे झुँझलाहट के मैं उठ खड़ा हुआ था, "गौरी! मुझे देर हो रही है। हम लोग चलें।" बताने की आवश्यकता नहीं कि इस पूरे प्रकरण से अप्रस्तुत बच्चे के माता-पिता ने उठकर गौरी से क्षमा याचना करते हुए कहा, "बच्चा है। आपको हुई तकलीफ के लिये हम क्षमाप्रार्थी हैं।"

"अरे नहीं, कोई बात नहीं...। यह तो बच्चा है, मेरे बारे में अक्सर बड़े लोग भी यह पूछ देते हैं।" गौरी ने माता-पिता को सांत्वना देते हुए बच्चे को दुलारकर कहा, "जादुई जिन को याद करोगे न?" बच्चे ने हैरान मंद स्वर में कहा, "हाँ जादुई जिन।" गौरी मेरी तरफ़ देखकर मुस्कराते हुए बोली, "देखो, हम दोस्त बन गये।"

शाम अब रात में दाख़िल हो रही थी। हम जनपथ मार्केट के सामने की सड़क पर खड़े थे। मैं गौरी के लिये एक ऑटो के इंतज़ार में चुप खड़ा था। गौरी ने मुझे टटोलते हुए कहा, "कहाँ गुम हो?" मैंने कुछ पल की चुप्पी के बाद कहा, "कहीं नहीं...कुछ भी नहीं गौरी।" कुछ देर बाद गौरी को ऑटो पर बिठाकर मैंने हाथ हिलाने की रस्म पूरी की। चल चुके ऑटो से उसने मुड़कर कहा, "मैं तुम्हें फोन करूँगी...।"

जी यानी गौरी का फिर कभी फोन नहीं आया। पर अपने अगले उपन्यास के लिये मुझे दो महीने बाद ही एक असंभव दिलचस्प कथा-भूमि मिल गयी। बच्चों के से उल्लास में जी को यह बताने के लिये मैंने दिल्ली स्थित विदेश मंत्रालय के दफ़्तर में काफ़ी कोशिश की कि उसका डेनमार्क का फ़ोन नंबर मुझे मिल जाये लेकिन चाहे जिस कारण से भी, मुझे इसमें सफलता नहीं मिली। जी पता नहीं अब दुनिया के किस मुल्क में है। उसके व्यक्तिगत ब्लॉग पर भी मैंने कई बार कोशिश की लेकिन मैंने देखा कि अर्से से उसे अपडेट नहीं किया गया है। मेरे दिल ने उस शाम ठीक ही कहा था कि जी से अब कभी मिलना न होगा।

जी के कहे मुताबिक अपने इस अगले उपन्यास के लिये मुझे जीवन में भरसक हँसी-खुशीवाली कथाभूमि अचानक कैसे मिली, यह प्रसंग भी कम विस्मयकारी नहीं। जी ने ठीक कहा था—यह कथाभूमि ठीक उसी की भाँति अकल्पनीय, मुझे जल्दी मिलेगी। दरअसल, दिल्ली के वसंतकुंज स्थित 'दिल्ली पब्लिक स्कूल' से प्लस टू करने के साथ ही मेरे बेटे शुभाशीष ने इंजीनियरिंग में नामांकन के लिए 'ए.आइ.ट्रिपल इ' की प्रतियोगी परीक्षा उत्तीर्ण कर ली थी और कर्नाटक के मणिपाल स्थित एम.आयी.टी. से नामांकन के वास्ते उसे कॉल आया था। मेरे परिवार में इसके पूर्व कभी किसी ने

इंजीनियरिंग या मेडिकल की पढ़ाई नहीं की थी। इसलिये बेटे का इंजीनियरिंग में नामांकन होना पूरे परिवार के लिये अपार खुशी की बात थी। मणिपाल जाने के लिये उडुपि स्टेशन उतरना होता है। सो नामांकन कराने जाने के वास्ते 'मंगला-लक्षद्वीप एक्सप्रेस' में बेटे के साथ मैंने दिल्ली से उडुपि तक का आरक्षण कराया और निर्धारित तिथि को उडुपि के लिये निकल पड़ा। सफ़र लगभग 48 घंटे का था और कहना न होगा कि उत्साह व उल्लास से भरपूर था। ट्रेन दूसरी रात उडुपि पहुँचती। अगली सुबह अपने पत्रकारोचित स्वभाव के कारण उडुपि उतरनेवाले सहयात्रियों से मैंने जिज्ञासा की कि इस इलाक़े में कौन-कौन से दर्शनीय स्थल हैं। एक युवा सहयात्री ने कहा कि उडुपि की ख्याति 'टेंपल सिटी' के रूप में है। उसने प्रख्यात श्रीकृष्ण मंदिर, महाकाली और जनार्दन मंदिर की चर्चा की। बताया कि उडुपि से 83 किलोमीटर की दूरी पर श्रृंगेरी में आदिशंकराचार्य द्वारा सर्वप्रथम स्थापित शारदाम्बा मंदिर है और उसके भी पहले देश का दूसरा चेरापूँजी[1] कहा जानेवाला पर्वत ग्राम अगुम्बे है, जो उडुपि से 54 किलोमीटर की दूरी पर है। उडुपि से मात्र 8 किलोमीटर दूर माल्पे का रहनेवाला वह युवक दिलचस्प और जानकार था। उसे उडुपि के चारों तरफ़ के सौ किलोमीटर की परिधि में स्थित अधिकांश महत्त्वपूर्ण स्थलों की जानकारी थी। यह जानकर कि मैं लेखक-पत्रकार हूँ, उसने मुझे उत्साहित करने के अंदाज़ में कहा कि, "अगर समय मिले तो अगुम्बे जरूर हो आइयेगा। सघन वर्षावन के बीच बसा यह गाँव भारत का दूसरा चेरापूँजी तो है ही, विश्व में 'किंग कोबरा' का एकमात्र वास स्थान है। और यही नहीं, आपने संभवतः अंग्रेज़ी के महान लेखक आर.के. नारायण की अमर कृति 'मालगुडी डेज' पर आधारित सीरियल वर्षों पहले दूरदर्शन पर देखा हो।" उसने मेरी सहमतिपूर्ण भंगिमा को लक्ष्य किया और जारी ही रहा, "उस सर्वप्रिय सीरियल की शूटिंग कन्नड़ फ़िल्मों के महानायक स्व. शंकरनाग ने अगुम्बे गाँव में ही की थी। शंकरनाग ही इस सीरियल के निर्देशक थे। अब तो आर.के. नारायण, शंकरनाग के गुजरे और 'मालगुडी डेज' के बने भी कितने साल बीत गये। पर आज तक अगुम्बे का कण-कण आर.के. नारायण के विश्वख्यात काल्पनिक ग्राम 'मालगुडी' को जी रहा है। आज भी वहाँ सौ फीसदी संयुक्त परिवार का अस्तित्व है। मेरे पिताजी अक्सर वहाँ श्रीवेणुगोपाल कृष्णास्वामी के प्राचीन सिद्ध मंदिर में दर्शन करने जाते हैं। वे कहते हैं कि ब्रह्मकमल के परागकोष में बसा हुआ है अगुम्बे।" किसी वर्षावन को देखने की मेरी पुरानी हसरत थी। मेरे एक वनस्पति विज्ञानी मित्र ने एक बार मुझे बताया था कि वर्षावन पृथ्वी के अत्यधिक वर्षावाले वन-क्षेत्र होते हैं, जो पृथ्वी के उष्ण कटिबंधीय क्षेत्र के आसपास स्थित होते हैं। पृथ्वी के ऐसे हिस्सों में सूर्य का प्रकाश अधिकतम समय तक रहता है। इसलिये वर्षावन के इलाक़े अधिक तापक्रम और आर्द्रता से भरपूर होते हैं। यही अत्यधिक वर्षा की स्थिति भी उत्पन्न करते हैं। पृथ्वी पर जल-चक्र को नियंत्रित एवं संचालित करने में वर्षावनों की भूमिका महत्त्वपूर्ण है। अगुम्बे के बारे में

1. भारत के उत्तर-पूर्व में स्थित सर्वाधिक वर्षामय क्षेत्र।

सुनकर बरबस अपने वनस्पति विज्ञानी मित्र की बातें याद आयीं और मुझे युवक का सुझाव आकर्षक लगा। यह भी कौंध आयी कि कहीं यह वैसी ही थीम तो नहीं, जिसका ज़िक्र गौरी ने किया था। पर मुश्किल थी कि एडमिशन लेकर उसी रात दिल्ली वापस लौटने का हमारा आरक्षण था। मैंने मन ही मन सोचा कि अब इस बार अगुम्बे की यात्रा संभव नहीं लगती है। ख़ैर, बेटा जब मणिपाल में पढ़ने जा रहा है, तो यहाँ आना-जाना लगा ही रहेगा। सो फिर कभी...।

ट्रेन देर रात गये उडुपि पहुँची। मुझे याद है, क्योंकि मैंने नोट बुक में दर्ज़ किया था—वह 11 जून, 2010 की रात थी और तेज़ बारिश हो रही थी। दिल्ली में मॉनसून नहीं आया था। तीखी गर्मी में दिल्ली दहक रही थी। सो उडुपि की धाराशार वर्षा ने बरबस मन प्रसन्न कर दिया। ऑटो और टैक्सीवाले यात्रियों की अगवानी में उस छोटे-से स्टेशन के हर डिब्बे के पास मुस्तैद थे। ऑटोवाले ने उडुपि से महज़ तीन किलोमीटर का सफ़र दस मिनट में पूरा कर मणिपाल पहुँचा दिया और अपने एक परिचित होटल में हमें ले गया। पर वह होटल हमें जमा नहीं। ऑटो ड्राइवर समझ गया कि हमें इससे थोड़ा बेहतर होटल चाहिये। आख़िरकार हम 'होटल ऐशलेश' में रुककर इत्मीनान हुए।

अगले दिन सुबह नौ बजे से एम.आई.टी. के एडमिशन काउंटर पर ख़ासी हलचल थी। अपने अभिभावकों के संग देश भर से आये बच्चों की भीड़ थी लेकिन एम.आई.टी. के अनुशासन की छतरी के भीतर आम कॉलेजों वाली अफ़रातफ़री यहाँ नहीं थी। नामांकन की प्रक्रिया क़तार में सलीक़े से चल रही थी। लगभग घंटे भर बाद बेटे की बारी आयी पर जैसे मायूसी वहाँ हमारा इंतज़ार कर रही थी। काउंटर पर बैठे गहरे साँवले व्यक्ति ने बताया कि बेटे को 'प्रिंटिंग टेक्नोलॉजी' मिली है और वह एडमिशन स्लिप ले जाकर पैसे जमा कर दे। मैंने देखा कि बेटे का उत्साहित चेहरा बरबस बुझ गया और उसने मुझसे कहा, "प्रिंटिंग टेक्नोलॉजी लेकर मैं क्या करूँगा? एडमिशन नहीं लेना है।" मैं क्या कहता, निरुत्तर रह गया। जिस विषय को लेकर पढ़ने की उसकी रुचि ही नहीं, वाक़ई उसमें एडमिशन लेने का कोई मतलब नहीं। बाप-बेटे की मायूसी भाँपकर काउंटर पर बैठे गहरे साँवले व्यक्ति ने सहृदयता से ढारस बँधाते हुए बेटे से पूछा, "तुम कौन-सा विषय चाहते हो? जो भी चाहते हो, इस फ़ॉर्म में भरकर दे दो। अगर सत्र की शुरुआत के पहले कुछ वैकेंसी हुई और भाग्य ने तुम्हारा साथ दिया, तो तुम्हें सूचना दे दी जायेगी।" गहरे साँवले व्यक्ति ने सांत्वनापूर्ण मुस्कान के संग बेटे के हाथ में एक फ़ॉर्म थमा दिया। बेटे ने बुझे मन से फ़ॉर्म भरकर दे दिया। उसने फ़ॉर्म में कम्प्यूटर साइंस के लिये इच्छा ज़ाहिर की थी। एम.आई.टी. के मनोहारी परिसर से बाहर निकलते हुए स्वाभाविक रूप से हम दोनों का मन बोझिल था। जिन बच्चों का नामांकन उनके मनमाफ़िक विषय में हो गया था, वे चहकते हुए अपने अभिभावकों के संग जा रहे थे। लौटने के लिये हमारी ट्रेन रात को थी। हमारे हाथ में दस-ग्यारह घंटे थे। उदासी में इतना समय होटल के कमरे में काटना दारुण होता।

सो अचानक मन हुआ कि क्यों न अगुम्बे घूम आया जाये। लगा कि इस जगह का जैसा महिमा मंडन सहयात्री युवक ने ट्रेन में किया था, उसे देखकर मन-प्राण में समायी गहरी मायूसी शायद छँटे। लिहाज़ा, एक टैक्सीवाले से बात की। ड्राइवर का नाम शशि था। वह कोई 23-24 साल का हँसमुख युवक था। उसने कहा कि अगुम्बे जाने-आने का वह एक हज़ार रुपये लेगा। मायूसी टालने के लिये इतना ख़र्च उठाया जा सकता था। लिहाज़ा, हम शशि की टैक्सी से भारत के दूसरे चेरापूँजी के वास्ते निकल पड़े। शशि ने बताया कि अक्सर पर्यटकों को ले जाने के कारण वह उस इलाक़े के चप्पे-चप्पे का जानकार है।

बहरहाल, हरियाली के आभूषण से लदी धरती के लहरावदार पर्वतीय रास्ते पर गाड़ी फर्राटे से भागी जा रही थी। मणिपाल के बाद हरिचरका से बायें मुड़ने पर पेरूडुरु, शिवापुरा, हिब्री और फिर सोमेश्वर। ड्राइवर शशि ने एक मंदिर के प्राचीन द्वार की तरफ़ इशारा करके कहा, ''यह श्रीवेंकटेश्वर मंदिर है। सामने जो हरी-भरी पहाड़ी दिख रही है, उसके बाद ही अगुम्बे है। इसे यों समझिये कि सोमेश्वर ही अगुम्बे का मुख्य द्वार है।'' शशि ने गाड़ी की गति धीमी करके पूछा, ''क्या यहाँ चाय पियेंगे?'' हमारे हामी भरने पर शशि ने सोमेश्वर के 'होटल श्रीराम' के सामने गाड़ी रोक दी। इस होटल के संचालक एस.विश्वनाथ द्वारा मनोयोगपूर्वक बनायी चाय पीकर हम बढ़ गये। हमारे आगे जा रही सुर्ख़ लाल बस उस पर्वतीय रास्ते पर खिलौने-सी लग रही थी। मैंने देखा कि आकाश छूते प्राचीन वृक्षों के मेहराब से होकर गुज़रते हुए बेटे के उदास चेहरे पर भी हरियाली लौट रही है। अपने बच्चे के मुख पर उल्लास ही अपने आप में अगुम्बे है—मैंने सोचा। थोड़ी ही देर में हम अगुम्बे के 'सनसेट प्वाइंट' पर थे। प्रत्येक दिन देश के विभिन्न हिस्सों से पर्यटक यहाँ के सूर्यास्त की असंभव शोभा देखने आते हैं। 'सनसेट प्वाइंट' से दस क़दम दूर एक टी-स्टॉल पर चाय का दौर चल रहा था। ड्राइवर शशि ने बताया कि टी-स्टॉल के संचालक दोड्डेरेंगदि प्रेमानंद परियार उर्फ़ कैंटीन परियार एक आम चाय विक्रेता नहीं, थिएटर के पुराने कलाकार हैं और 'मालगुडी डेज़' के भी कई एपिसोड में महत्त्वपूर्ण भूमिका कर चुके हैं। शशि ने सही कहा। दोस्तनवाज़ कैंटीन परियार से मिलकर वाक़ई दिल खुश हो गया। चाय की चुस्कियों के साथ परियार से 'मालगुडी डेज़' की शूटिंग के दौरान की यादें सुनना दिलचस्प था। परियार के टी-स्टॉल पर ही पास की नागचौड़म्मा झील में पर्यटकों को नाव की सैर करानेवाले अगुम्बे गाँव के जी.पी. संजय उर्फ़ बोट संजय से भी मिलना हुआ। कैंटीन परियार से जानकर अगुम्बे के सबसे बड़े घर 'दोड्डमने' की कस्तूरी राव से भी हम मिले। गाँव के ज़मींदार रहे स्व. विजयेंद्र राव की बहू कस्तूरी राव ने वैधव्य के बाद कैसे 'दोड्डमने' को जीवित रखने के लिए इसे 'विश्व नीड़' बना दिया, यह अपने आप में एक उदाहरण है। हमने गाँव के प्राचीन श्रीवेणुगोपाल कृष्णास्वामी मंदिर में भी जाकर दर्शन किया और विश्वख्याति के सर्प विज्ञानी रोमुलस ह्विटेकर द्वारा इस गाँव में 'किंग कोबरा' पर शोध के लिये स्थापित रिसर्च सेंटर को भी जाकर देखा।

अन्नपूर्णा विद्या मंदिर स्कूल के परिसर में एक झंखाड़ वृक्ष के नीचे उस पुराने आदमक़द स्टेच्यू को भी देखने का अवसर मिला, जिसका उपयोग स्व. शंकरनाग ने 'मालगुडी डेज़' के 'लॉली रोड' नामक एपिसोड में किया था। मैंने महसूस किया कि आज भी अगुम्बे का कण-कण आर.के. नारायण के काल्पनिक कथा ग्राम मालगुडी को अपने हृदय में बसाये हुए है। महज़ चंद घंटे की अगुम्बे-यात्रा में इस निष्कर्ष पर पहुँचते मुझे देर नहीं लगी कि 'जी' यानी गौरी नरसिम्हन की कल्पना के उस वास्तविक स्थल पर ईश्वर ने मुझे पहुँचा दिया है, जहाँ के लोग हर परिस्थिति में खुश और मस्त रहते हैं। इस तरह वर्षावन के बीच बसा आनंद-धाम अगुम्बे मेरे मन-प्राण में छा गया। मन ने फ़ौरन लहराकर हरी झंडी दे दी कि यही मेरे अगले उपन्यास का विषय है। इसके साथ ही मन में यह भी ख़याल आया कि काश अगर नामांकन के लिये बेटे को मणिपाल से दोबारा बुलावा आ जाता, तो सोने में सुगंध सरीख़ी बात होती।

इस तरह मन में बेटे के नामांकन और अपने अगले उपन्यास की साध लिये अगुम्बे से लौट थोड़ी देर विश्राम करने के बाद होटल से सामान लेकर हम दिल्ली की ट्रेन पकड़ने उडुपि पहुँचे। ट्रेन आने में कुछ विलंब था। प्लेटफ़ार्म पर चहलक़दमी करने के क्रम में एक बोर्ड पर दृष्टि अटक गयी। बोर्ड पर अंग्रेज़ी में अंकित था-'रेलवे यात्री संघ, उडुपि, टेंपल सिटी में आपका स्वागत करता है।' इस बोर्ड पर 21 दर्शनीय स्थलों के नाम अंकित थे, जो उडुपि के इर्द-गिर्द हैं। इस उपन्यास को पढ़ने के पहले अगर इस सूची पर एक सरसरी निगाह आप भी डाल लें, तो मोटामोटी इस पूरे अंचल के परिवेश से आपका अच्छा परिचय हो जायेगा। उपन्यास के व्यापक वातावरण को भी समझने में सुविधा होगी। और अगर उपन्यास नहीं, तो एक पर्यटक की दृष्टि से ही सही। सो चलिये, एक नज़र इस सूची पर डालिये और ऊब लगे तो इसे बग़ैर पढ़े आगे बढ़ जाइए। यहाँ 'उडुपि रेलवे यात्री संघ' द्वारा प्रस्तावित दर्शनीय स्थल इस विवरण के साथ है कि उसकी दूरी उडुपि से कितनी है-

1. भगवान श्रीकृष्ण मंदिर - 3 कि.मी.
2. महाकाली और जनार्दन मंदिर - 5 कि.मी.
3. पजाका क्षेत्र - 18 कि.मी.
4. मणिपाल - 3 कि.मी.
5. माल्पे बीच - 8 कि.मी.
6. सेंट मेरीज आयलैंड - 8 कि.मी.
7. कउप लाइट हाउस - 17 कि.मी.
8. कुडलू झरना - 45 कि.मी.
9. विनायक मंदिर, कुंभासी (अनेगुड्डे) - 33 कि.मी.
10. मारावंथे बीच - 63 कि.मी.
11. सिद्धिविनायक मंदिर, हट्टियंगदी - 53 कि.मी.
12. कोल्लुर मूकाम्बिका मंदिर - 93 कि.मी.

13. अगुम्बे – 54 कि.मी.
14. शृंगेरी शारदाम्बा मंदिर – 83 कि.मी.
15. कतील दुर्गापरमेश्वरी मंदिर – 55 कि.मी.
16. धर्मशाला – 108 कि.मी.
17. मंगलूर हवाई अड्डा – 60 कि.मी.
18. बाहुबली प्रतिमा, कारकला – 53 कि.मी.
19. अन्नपूर्णेश्वरी मंदिर, होरनाडु – 118 कि.मी.
20. अथर चर्च – 53 कि.मी.
21. एक हज़ार स्तंभ, बीसाडी – 58 कि.मी.

बताने की आवश्यकता नहीं कि इस उपन्यास की चौहद्दी मंदिरों, जल प्रपातों और समुद्र तटों से भरी पड़ी है। बहरहाल, फिर से 48 घंटे का सफ़र कर हम दिल्ली लौट आए। बेटे ने फिर से अपनी सारी किताबें निकाल कर मेज़ पर रखीं कि अब अगले साल के लिये तैयारी शुरू करनी होगी। उसे दूर-दूर तक उम्मीद नहीं थी कि मणिपाल स्थित 'एम.आई.टी.' से उसका दोबारा बुलावा आयेगा। कठोर परिश्रम के बावजूद बेटे के क़ामयाब न होने की व्यथा पूरे घर में थी, जो अव्यक्त तरीक़े से घर में घुमड़ती रहती थी। इसी बीच किसी आवश्यक कार्यवश मुझे एक हफ़्ते के लिए अपने गृह शहर पटना आना पड़ा।

पटना आये मुझे दो-तीन दिन भी न बीते होंगे कि दिल्ली से बेटे का मोबाइल पर फोन आया। उसकी आवाज़ खुशी से उछल रही थी। उसने बताया कि मणिपाल से उसकी बुलाहट हो गयी है। उसकी इच्छा के विषय यानी कम्प्यूटर साइंस में उसका नामांकन हो जायेगा। यह खुशख़बरी पाकर मैं उल्टे पाँव दिल्ली पहुँचा और बेटे के संग सीधे मणिपाल। सत्र बस शुरू होने को था, इसलिये नामांकन लेकर बेटे को वहीं रह जाना था और मैं अकेले लौटता। सो इस बार एक हफ़्ते का समय लेकर मैं चला था ताकि चार-पाँच दिन अगुम्बे में व्यतीत कर सकूँ। अगुम्बे के लोगों की यह विशेषता है कि परिचय के साथ ही वे आपको फ़ौरन अपना लेते हैं। पिछली संक्षिप्त यात्रा में कैंटीन परियार, बोट संजय, कस्तूरी राव से कुछ ऐसा ही अपनापन हुआ था। इस बार की यात्रा और आनंदपूर्ण रही। अगुम्बे स्थित एस.वी.एस. हाईस्कूल के अवकाश प्राप्त हेडमास्टर पी.एम. कृष्णमूर्ति हेब्बार, पंचायत सदस्य ममता जगदीश, जिनी अक्का, गाँव के अख़बार विक्रेता बाबूराव शेनॉय, श्रीवेणुगोपाल कृष्णास्वामी मंदिर के अर्चक विष्णुमूर्ति भट्ट सरीख़े गाँव के अनेक लोगों से आत्मीयता हुई। और इस दूसरी यात्रा के साथ ही उपन्यास की शुरुआत हो गयी। फिर तो लगभग एक दर्जन से अधिक बार अगुम्बे की यात्रा हुई। इन यात्राओं में अच्छा-खासा प्रवास हुआ। संग-संग बेटे से भी मणिपाल में बार-बार मिलने का सुख मिला। मैं अत्यंत आभारी हूँ अपनी दुर्लभ दोस्त सुश्री गौरी नरसिम्हन का, जिसने ऐसी कथा तलाशने के लिये मुझे प्रेरित किया। उपन्यास जब समापन की ओर था कि इत्तफाक़ से दिल्ली में एक कार्यक्रम के दौरान

विदेश मंत्रालय के एक अधिकारी से मेरी मुलाक़ात हुई। मैंने उनसे पूछा कि क्या वे गौरी नरसिम्हन को जानते हैं ?

"अच्छी तरह", अधिकारी ने गहरी साँस लेकर कहा, "वह कैंसर से उबरी हुई लड़की है। पर जिंदगी से छलकती हुई। कैंसर की दवाओं ने असंभव रूप से उसका वजन बढ़ा दिया। उसके लिये सचमुच अफसोस होता है।" मैं अवाक उनको सुनता रहा। अब मुझे अंदाज़ हुआ कि दुख के खूँटे से बँधकर मस्ती के चक्कर काटने की बात गौरी क्यों किया करती थी। ईश्वर से मेरी प्रार्थना है कि उसे एक खुश और लंबी ज़िंदगी दें। बहरहाल, अपनी दोस्त गौरी के अलावा मैं कृतज्ञ हूँ अगुम्बे के ग्रामीणों और विशेष रूप से अगुम्बे की पंचायत अध्यक्ष श्रीमती ममता जगदीश, दोड्डमने की श्रीमती कस्तूरी राव, दोड्डेरेंगदि प्रेमानंद परियार उर्फ़ कैंटीन परियार, अवकाश प्राप्त प्राचार्य श्री पी.एम. कृष्णमूर्ति हेब्बार तथा बेंगलूर के मेरे परम मित्र शिबन्ना का, जिन्होंने समय-समय पर इस उपन्यास के लिये आवश्यक जानकारी मुझे उपलब्ध करायी। रंगमंच की दिग्गज और बेंगलूर स्थित 'रंग शंकर' की संस्थापक श्रीमती अरुंधती नाग के प्रति भी आभार व्यक्त करता हूँ, जिन्होंने कन्नड़ थिएटर और सिनेमा के महानायक स्व. शंकरनाग और उनके सानिध्य में व्यतीत दुर्लभ प्रसंगों को पूरी तन्मयता से बताया। साथ ही, पटना के भाई एस. खुर्शीद रिज़वी का शुक्रगुज़ार हूँ, जिन्होंने इस पूरी पांडुलिपि का टंकण बड़े प्यार से किया। सुप्रसिद्ध लेखक डॉ. रामधारी सिंह दिवाकर, लेखक एवं प्रख्यात चिकित्सक डॉ. संतोष सिंह ठाकुर और परम विदुषी सुश्री अमिता पॉल के प्रति भी सम्मान व्यक्त करना आवश्यक है। वरिष्ठ पत्रकार व कलाकार मित्र डॉ. अलका रघुवंशी का सद्भाव स्मरणीय है। कवि मित्र सुधीर सक्सेना, कवयित्री प्रतिभा नंद कुमार, वंदना पुष्पेंद्र, मोनिका कुमार तथा भाई रामजी यादव का भी स्नेह आभार। हालाँकि, अगुम्बे अगम-अपार है। यह अगम अगुम्बे है। इस अगम प्रेम-ग्राम की पूरी कथा लिखने के लिये कई जन्म चाहिये। दरअसल, प्रेम हमेशा अधूरा रहता है, क्योंकि और प्रेम करने की चाहत हमेशा बनी रहती है। मैंने कभी किसी से यह कहते नहीं सुना कि मैंने बहुत प्रेम कर लिया या फिर मैं बहुत प्रेम पा चुका। अब और नहीं। इसलिये हर सच्ची प्रेम कथा एक अधूरी कथा है। यह अधूरापन ही प्रेम को उत्कर्ष देता है। इस दृष्टि से यह उपन्यास भी अधूरा है। फिर भी, जितना जो कुछ बन पड़ा, वह आप सबको अर्पित है। कभी आपको अवसर मिले, तो वर्षावन के बीच बसे इस अनूप पर्वत ग्राम में अवश्य जाइये। उपन्यास के इन जीते-जागते मुसकते वास्तविक पात्रों से दरस-परस कीजिये। हिंदी भाषी इलाक़े के लोगों के वास्ते भी यहाँ के ग्रामीणों से संवाद करना बहुत सहज है। इस कन्नड़भाषी गाँव में यह अच्छा लगा कि लोग कामचलाऊ हिंदी बोल लेते हैं और हिंदी फ़िल्मों के गानों पर फ़िदा रहते हैं। बेशक थोड़ा-बहुत लिंग दोष रहता है। जैसे किसी सुबह अचानक मुझे पहुँचा देख आह्लादित होकर किसी का पूछना कि, "अरे विकास! तुम कब आयी?" यों हम हिंदी भाषी प्रांत के लोग भी आम बोल-चाल में शत-प्रतिशत शुद्ध हिंदी बोलते हों या लिंग दोष न

करते हों, ऐसा नहीं है। इसलिए अगुम्बे के लोगों की मस्तानी हिंदी ने मुझे बड़ी सुविधा दी। उपन्यास में कई जगह मैंने कुछ कन्नड़ शब्दों को भी शामिल किया है ताकि आप सबको स्थानीयता की सोंधी महक मिले। अगुम्बे की कथा लिखने के क्रम में मैंने यह महसूस किया कि हर कथाभूमि लेखक को अपने अनुरूप की भाव-भाषा की नैया में आहिस्ते-से बिठा देती है। कितना कुछ कहूँ? यही कहूँगा कि अगुम्बे ने सचमुच मुझे बहुत आनंद दिया। नश्वर में शाश्वत का! पोलैंड के राष्ट्रकवि अदम बर्नार्ड मिकीविक्ज़ ने कहा है कि, ''किताब लिखने से ज़्यादा कठिन है, प्रेम से जीना।'' चैत्र का चंद्रमा भी यही कुछ कहता है। अगुम्बे भी यही कहता है। अब आप भी इस प्रेम-ग्राम का आनंद लीजिये। आइये चलें।

–विकास कुमार झा

अनुक्रम

1

रावण की तलवार

"दोड्डप्पा[1]! आप अभी ठहरियेगा। जाइयेगा नहीं कृपया। एकदम तूफान उमड़ा हुआ है। गाँव के सब लोग मंदिर पर ही आ रहे हैं।" अपने पड़ोसी महीधर नायक के बेटे चंद्रहास की बात पर श्रीवेणुगोपाल कृष्णास्वामी मंदिर के अर्चक विष्णुमूर्ति भट्ट मंदिर के मुख्य द्वार पर हैरान खड़े रह गये। उन्हें लगा कि कोई एक क्षण किसी बीते ऋतु की अनुभूति में कैसे बरबस पहुँचा देता है। कल ही तो आषाढ़ का प्रवेश हुआ है। रात-भर आकाश में ठनकते मेघ बारंबार झड़ी तेज़ कर मृदंग के मंद्र ठाट की तरह रह-रहकर झूमते रहे थे। सुबह से कहीं जाकर वर्षा थमी है और आकाश खुला है। धुले-पुँछे आकाश में सूर्यदेव प्रकट हुए हैं। आषाढ़ के इस आरंभ में चंद्रहास चैत्र की आँधी की तरह आया और उसी वेग से दौड़ते हुए निकल गया। मुंजाने[2] की आरती संपन्न कर वे मंदिर के मुख्य बागिलु[3] की साँकल चढ़ा मंदिर परिसर के ठीक बग़ल में स्थित अपने घर के लिये अभी निकलने को ही थे कि पसीने से लथपथ चंद्रहास ने उन्हें ठक्क्-सा कर दिया।

विष्णुमूर्ति असमंजस के अंधकूप में डूब-उतरा रहे थे। इतनी सुबह अचानक ऐसा क्या हुआ है? ताल फूल की तरह सदैव कंठ तक आनंद के स्वप्निल लय में डूबे रहनेवाले इस गाँव में कौन-सी आपात घड़ी आ गयी है? यों थोड़ी देर पहले जब आरती के लिये वे मंदिर का द्वार खोल रहे थे, तो गाँव के राम मंदिर रोड का शंखपद तेज़-तेज़ क़दमों से अपने खेत से लौट हेल्थ सेंटर की ओर जा रहा था। उसी ने एक क्षण रुककर बताया कि रिटायर्ड डाकबाबू गजानन नागप्रसाद का कार एक्सीडेंट हो गया है। उनका सिर फट गया है। अगुम्बे प्राइमरी हेल्थ सेंटर के डॉ. अनिकेत उनका इलाज कर रहे हैं। पर स्थिति गंभीर है। गजानन डाकबाबू का घर राममंदिर रोड में शंखपद के घर के ठीक सामने ही है। विष्णुमूर्ति भट्ट ने सोचा था कि वे आरती के बाद घर से आरती का वस्त्र बदल गजानन की जिज्ञासा करने फ़ौरन अस्पताल जायेंगे। पर यहाँ तो पता नहीं क्या, एक अलग ही नाटक खड़ा हो गया है।

गजानन की दुर्घटना से जुड़ा कोई मामला हो सकता है क्या? पर भला गजानन की दुर्घटना का मंदिर से क्या लेना-देना? मंदिर में तो गजानन की चिकित्सा नहीं होगी। गजानन को भगवान न करें कि कुछ हो भी गया हो, तो शव को मंदिर पर लाने की कभी कोई परंपरा नहीं रही है। अवश्य कोई और बात है। छोटी-मोटी दुर्घटनाएँ तो गाहे-बगाहे होती

1. बड़े चाचा, 2. सुबह, 3. दरवाज़ा

ही रहती हैं, इसके लिये गाँव के लोग जुलूस बाँधकर कभी मंदिर पर नहीं आये। इसका कोई तुक भी नहीं। उनका ब्रह्म कह रहा है कि निश्चय ही यह मंदिर का कोई प्रसंग है। विष्णुमूर्ति भट्ट के चेहरे पर पसीने की बूँदें चुहचुहा आयीं। इस गाँव में जब बवंडर उठता है, तो चारों तरफ़ से। पता नहीं, अगले पल क्या त्रय-ताप प्रकट होनेवाला है। क्या भवदंड देंगे श्रीवेणुगोपाल कृष्णास्वामी! वैसे सायंकालीन आरती में भले अनेक लोग मंदिर पर जुटकर 'कमलनाभगे, कमलनयनगे...मंगलांग रामचंद्रगे मंगलारति' का सुर आलाप राम, कृष्ण और विष्णु की गुहार लगाते और गले की नसें उभार श्री वेणुगोपाल को नाना प्रकार से रिझाने के लिये 'एत्तिरारती सत्यसद्गति सुख...वित्तु पोरेव रंगनिगे मुत्तिनारती...' का गुंजन करते हैं। लेकिन प्रातः कालीन आरती वेला में तो कुछ विशेष उत्सव के अवसरों और पूजा-अनुष्ठान की अनिवार्यता के अलावा शायद ही कभी कोई मंदिर आता हो। सुबह में घर-गृहस्थी की व्यस्तता के बीच से निकल पाना सबके लिये संभव भी नहीं। इसलिये आज बात कुछ न कुछ विकट अवश्य है। तेल और सत्य अंततः ऊपर आ ही जाता है। थोड़ी देर की बात है। सब सामने आ जायेगा। मंदिर के मुख्य द्वार पर खड़े विष्णुमूर्ति भट्ट की इस क्षण की एकाकी आत्मा घुँघराले बालों की भाँति आकाश में तीव्रता से उलझनेवाले मेघों की तरह मन में लहराते-टकराते नाना तर्क-वितर्कों के बीच व्यग्रता से भ्रमण कर रही थी। नालायक़ चंद्रहास पर मन कुपित हो रहा था। विचित्र हाल है इस लड़के का। एकदम हूटुक लगा दिया इसने। अजीब अपूठा और हुच्च[1] है। ढद्दू का पाड़ा हो गया पर अकल नहीं आयी लगता है, इसके माथे का बीज अभी तक नहीं फूटा है। संक्षेप-संकेत में ही सही, पर बात तो बतानी चाहिये थी। वे उससे कुछ पूछ पाते, इसका अवसर उसने कहाँ दिया। इसका पिता भी एकदम 'भूपकल्याण'[2] है। गाँव में लोग उसके झक्की और लट्ठमार स्वभाव के कारण ही उसे लठधर महीधर कहते हैं।

विष्णुमूर्ति को स्मरण हुआ कि वर्षों पहले कई बार महीधर से उन्होंने कहा था कि, "क्या सोचकर तुमने अपने बेटे का यह विचित्र नाम रख दिया? अरे भाई, चंद्रहास तो रावण की तलवार का नाम था। अभी भी इसका नाम बदलकर कोई अच्छा नाम रखो।" पर महीधर ने उनके सुझाव को कभी गंभीरता से नहीं लिया। हमेशा हास्य में उड़ा दिया। कुछ लोगों ने तब उनसे कहा भी था कि नाहक वे क्यों सुझाव दे रहे हैं। लठधर महीधर का बेटा बाप से एक क़दम आगे यानी तलवार न होगा, तो क्या होगा। ख़ैर, अभी महीधर का चंद्रमा बलवान है। पर ग्रह-गोचर के खेल को कौन जानता है? चाँदी के पहरे को झटककर कब कुफेर आ पहुँचे, कहना मुश्किल है। जब यही बेटा एक दिन महीधर की लँगोट बँधवायेगा, तब मुँह सुखाकर याद करेगा कि विष्णुमूर्ति भट्ट ने कभी क्या भविष्यवाणी की थी। ठोस काश्तकार है महीधर। पर बेटे को अलमस्ती से फुरसत हो, तब न खेती-पथारी की ओर झाँके। महीधर की पत्नी लीला हृदय की मरीज़ है। साक्षात इंद्र की पत्नी शची! पर यहाँ तो पड़ी पद्मिनी भाँड के पाले। शुरू से, जब से विवाह के बाद वह आयी, घर में घमासान झगड़े के बिना कोई दिन नहीं बीता है। लीला जैसी सुशील स्त्री पर महीधर को हाथ चलाने में भी कोई संकोच नहीं होता है। वह हमेशा चुपचाप आँसू पीती रही है। छुआछूत की भी महीधर को विचित्र सनक है। वह रुपया-पैसा भी पानी से धोता

1. असंतुलित, 2. संगीत का एक पेचीदा राग

है। अनेक कर्मकांडी ब्राह्मण लोग हैं गाँव में। पर छुआछूत का ऐसा पागलपन किसी में नहीं। शुरू में लीला उसकी सनक पर बस यह कहकर हँस देती थी कि, ''रुपये-पैसे में यों भी गंदगी होती है। उसे धोना जरूरी है।'' पर बाद में पति की लगातार बढ़ती ऐसी सनकों और ज़्यादतियों से वह परेशान और अंततः बीमार हो गयी। विष्णुमूर्ति भट्ट को लगता है कि रानी मंदोदरी की तरह एक अभिशप्त पत्नी है लीला।

कभी सदैव प्रसन्न मुखवाली लीला गंभीर हृदय रोग के बाद से उन्मन पड़ी रहती है। ऐसी परिस्थिति में घर-गृहस्थी डेबने के लिये ही महीधर ने हाल में बेटे चंद्रहास की शादी मलंदुर के रंगप्पा की बेटी से तय की है। शादी अगले माघ में होनी है। कहते हैं कि माघ की बहू बाघ होती है। पर कौन समझाये इस मूर्ख को। अभी तो सर्वत्र यही कहते हुए महीधर का मुँह टूट रहा है कि लड़की चाँदनी में चुर जानेवाली है। पर कहते हैं न कि घरनी से घर, हरवाहा से हर। यह तो समय ही बतायेगा कि सलोनी सुकुमार बहू कैसे रसती-बसती है। वैसे क्वारपन उतर जाने के बावजूद संदेह है कि यह लड़का पटरी पर आकर अपनी गृहस्थी ठीक से सँभाल पायेगा। महीधर की बेटी कुसुम चिकमंगलूर में ब्याही है और ससुराल में सुखी है। कुसुम अपनी माँ लीला जैसी सरल-शालीन है। पर चंद्रहास अपने बाप की तरह मोटी अक्ल का है। अपने को छठी का राजा समझता है । जो भी हो, राजकुमार चंद्रहास विवाह की प्रतीक्षा में है।

विवाहोपरांत चंद्रहास अपने बाप का चाहे जैसे टाँका ढीला करे लेकिन आज तो वह उनके गले से टकराकर निकल गया है। मंदिर पर उसके आने और जाने की तीव्रता में जो बेचैनी थी, वह सामान्य न थी। उत्कंठा और व्यग्रता से विष्णुमूर्ति का मन यों ही नहीं उद्विग्न था। बारंबार मन के नेपथ्य को वे झटका दे रहे थे-क्या हो सकता है भला? बहरहाल, जो भी हो, यमराज तो उनके प्राण हरने नहीं ही आ रहे होंगे। महीधर और माधव नायक जैसे एक-आध अपवादों को छोड़ जम्बू द्वीप के भारत खंड में कावेरी से गोदावरी नदी तक फैले द्वीप, टापू, अंतरीप, जंगल और पठार की शोभा से भरपूर कर्नाटक प्रदेश के शिमोगा जिले और तीर्थहल्ली तालुका के अंतर्गत सघन वर्षावन के मध्य स्थित शिव कंठ की छवि सरीखे मेघ ग्राम अगुम्बे के लोग परम मृदुल-मधुर हैं। पश्चिमी घाट के मलनाड क्षेत्र का कण-कण ही बताशा है। तिस पर समुद्र तल से दो हज़ार फ़ीट ऊपर स्थित मेघों के साम संगीत में लीन देश का दूसरा चेरापूँजी कहलानेवाला यह श्यामल अंचल! शहद से लदबदाये मधुमक्खी के छत्ते का मोम। ईश्वर का कुसुम-पात्र! इस जलझंप पर्वतीय गाँव में किसी भी प्रकार के तुच्छ विवाद की कल्पना तक नहीं की जा सकती है। समुद्र-पहाड़ इलाक़े के लोग अपनी स्थल-आकृति और भौगोलिक कारणों से अधिक सचेत-चतुर होते हैं। बस अपने काम से मतलब रखनेवाले। कचरापट्टी करना उनके मन-मान का नहीं। वैसे भी, नागराज कोबरा के फण के नीचे व्यर्थ का विवाद करने का दुस्साहस भला करेगा कौन? मन को लाख सहलाने के बावजूद विष्णुमूर्ति भट्ट को कंठ बुरी तरह सूखता-सा महसूस हुआ। लगा कि नागराज की फटी जीभ के बीच वे फँस गये हैं। गहरी साँस लेते हुए उनकी दृष्टि मंदिर के ऐन सामने स्थित अश्वत्थमराकट्टे पर टिक गयी। पुरानी ऊँची विशाल वेदी के बीच खड़े प्राचीन पीपल वृक्ष के नीचे पड़ी नागों की चार-पाँच दर्जन मिट्टी की छोटी-छोटी भूरी मूर्तियाँ, लगा एक संग उन्हें ही घूर रही हैं।

सृष्टि में नागराज कोबरा की राजधानी है अगुम्बे। दुनिया में इस गाँव की पहचान नागराज कोबरा के मुख्य वास-स्थान के रूप में है। पश्चिमी घाट के इस वर्षावन क्षेत्र में यों हज़ारों पशु-पक्षी से लेकर असंख्य कीट-पतंग हैं। पर यहाँ का राज किंग कोबरा के नाम से ही चलता है। अंतरराष्ट्रीय सर्प विज्ञानी रोमुलस अर्ल ह्विटेकर ने गाँव के एक छोर पर सघन जंगल के बीच 'किंग कोबरा' पर शोध के लिए वर्षों से विधिवत एक शोध केंद्र 'अगुम्बे रेन फ़ॉरेस्ट रिसर्च स्टेशन' खोल रखा है। गाँव के लोग इस लंबे नाम के बजाय सुविधा के लिये इसे 'कोबरा सेंटर' कहते हैं। स्नेक मैन ऑफ इंडिया! यानी भारत का सर्प-पुरुष कहे जानेवाले रोमुलस अर्ल ह्विटेकर को इस गाँव से गत्र स्नेह है। दुनिया भर के सर्प-शोधार्थी आये दिन यहाँ पहुँचते रहते हैं। जो उडुपि से आते हैं उन्हें चौवन किलोमीटर और जो शिमोगा से यहाँ के लिये निकलते हैं, उन्हें सौ किलोमीटर की दूरी तय करनी पड़ती है। मलनाड के इस माले[1] काडु[2] में आने का हरेक रास्ता सदैव प्रकृति के लालित्य से छलकता है। विष्णुमूर्ति भट्ट को हमेशा से लगा है कि यह प्रकृति की अष्टसिद्धि ही है कि आली कोस से लोग किसी न किसी बहाने से यहाँ खिंचे चले आते हैं। गाँव के आंजनेय नगर टोले के खेत मजदूर तीर्थंकर का किशोर वय का बेटा संतोष उर्फ़ संतू कुछ वर्षों से 'अगुम्बे रेन फ़ॉरेस्ट रिसर्च स्टेशन' पर हाब-डीब और चाय-पान की व्यवस्था में जुटा रहता है। वहाँ सब उसे बहुत मानते हैं। रोमुलस ह्विटेकर के दिल का टुकड़ा है वह। शुरू में वह सेंटर पर देश-दुनिया से आनेवाले एक-से-एक रंगरूप के लोगों को देखकर हैरान रहता था। तीर्थंकर तब अपने बेटे से भौंह ऊँची कर कहता था, "सब नागराज का कमाल है संतू ! दूर-दराज के लोगों को नागराज साँस से खींच लेते हैं।" पर अब संतू सेंटर का सारा महिरम समझ गया है। वह अँगूठा छाप था। लेकिन नाना प्रांत और देशों के शोधार्थियों के सानिध्य में रहकर टूटी-फूटी ही सही, चार-पाँच देशों की भाषा बोलना सीख गया है। अंग्रेज़ी और कन्नड़ का अक्षर ज्ञान भी हो गया है उसे। सेंटर पर आकर संतू का कायाकल्प हो गया है। शुरू-शुरू में एक बार कहीं बाहर से आने पर अपने कमरे की मेज पर जमी धूल की मोटी परत देख तनिक खीज के साथ रोमुलस ह्विटेकर ने संतू से कहा था, "देखो संतू! टेबुल पर धूल की यह परत! इस पर लिखा जा सकता है।" संतू ने छूटते हुए मासूमियत से कहा, "साहब! आप पढ़े-लिखे लोग हैं, कहीं भी लिख सकते हैं।" संतू के मासूम जवाब पर रोमुलस ह्विटेकर को हँसी छूट गयी थी, "ओफ्फ् संतू ! चलो टेबुल साफ करो।" वही संतू अब सेंटर पर धीरे-धीरे कम्प्यूटर भी सीख रहा है। बहुभाषाविद् संतू जब मौज में होता है तो कहता है, "चार-पाँच देशों के शब्दों को मिलाकर देखिये मैं कैसे और क्या बोलता हूँ। जैसे-सी (स्पेनी में हाँ), इष् (जर्मन में मैं) फोर (फ्रांसीसी में जंगल)...सन (जापानी में पहाड़)...क्लाउड् (अंग्रेज़ी में बादल) और मोन्ड (जर्मन में चाँद) हूँ। यानी...हाँ, मैं जंगल...पहाड़...बादल और चाँद हूँ।" अपने बेटे पर तीर्थंकर को बड़ा गर्व है। भावविभोर होकर वह कहता है, "मेरे संतू पर नागराज की कृपा है।" विष्णुमूर्ति भट्ट भी गर्व से कहते रहे हैं, "नागराज के हार से लिपटा है हमारा नीलकंठ गाँव।" हालाँकि, सर्प दंश के भय से यहाँ के ग्रामीण सदैव से आशंकित रहे हैं। विष्णुमूर्ति

1. वर्षा, 2. वन

भट्ट को याद है साँप का विष झाड़नेवाला गाँव का बूढ़ा पुट्टेगौड़ा। जब कभी गाँव में किसी को साँप काटता था, तो उस घर का कोई सदस्य सिर पर पाँव रखकर पुट्टेगौड़ा के पास पहुँचता था। उम्र व मंत्र से झूलता बुड्ढा पुट्टेगौड़ा सूचना देनेवाले को ही पता नहीं क्या मंत्र बुदबुदाकर कपट क्रोध दिखाते हुए तड़ातड़ थप्पड़ जड़ देता था और उधर अपने घर में सर्प दंश से लगभग अंतिम साँस लेने की तैयारी में पहुँच चुके व्यक्ति का बारह आना जहर तत्क्षण उतर जाता था। विष्णुमूर्ति भट्ट के सामने की बात है। लगभग पाँच दशक पहले की घटना। टेंपल रोड के वसंत राव को विषधर ने जंगल में बुरी तरह डँस लिया था। सूचना मिलने पर पुट्टेगौड़ा लाठी टेकता हुआ पहुँचा और छूटते हुए अपनी सख़्त उँगलियों से वसंत राव के मस्तक को खरोंच डाला। उसके निर्देश पर आनन-फ़ानन में सात मुर्गियाँ मँगवायी गयीं। एक-एक कर सभी सातों मुर्गियों को पुट्टेगौड़ा ने मंत्र पढ़-पढ़कर वसंत राव के खून से रिसते माथे से सटाया। सातों मुर्गियों ने दम तोड़ा और वसंत राव चंगा हो गया। सात मुर्गियों की बलि को लेकर बाद में ग्रामीणों ने व्याख्या की कि पुट्टगौड़ा को क्योंकि पहुँचने में थोड़ा विलंब हो गया था, इसलिये सर्प का विष वसंत राव के सिर तक पहुँच गया था। अगर विष माथे तक न चढ़ा होता, तो सात मुर्गियों के बजाय दो ही मुर्गियों से पुट्टेगौड़ा ने काम चला लिया होता। पुट्टेगौड़ा को गुज़रे अब तो दस साल से ऊपर हो गये। इन दिनों सर्पदंश की हालत में अगसरकोणे की शारदाम्मा के पास लोग दौड़ते हैं। अगसरकोणे कोई दूर नहीं। अगुम्बे का पड़ोसी गाँव है। अगसरकोणे की नाल सनातन से अगुम्बे से जुड़ी है।

कोई चुट्टु-पुट्टु नहीं, आस-पड़ोस के गाँवों का राव-प्रधान है अगुम्बे। कई गाँवों का होबरी[1]। तीर्थहल्ली तालुका के अंतर्गत चार होबरी हैं—कस्बा, मंडगडे, मत्थुर और अगुम्बे। होबरी के साथ-साथ अगुम्बे आसपास के छह-सात गाँवों का शैक्षणिक केंद्र भी है। वड्डीबैलू से लेकर मलंदुर तक के बच्चे यहाँ के स्कूलों में पढ़ने आते हैं। इसलिये इस गाँव की जड़ें पड़ोस के सभी गाँवों से गुँथी हैं। लगभग दस किलोमीटर की परिधि में फैले अगुम्बे ग्राम पंचायत के अंतर्गत चार वार्ड हैं—थल्लुर (प्रथम), थल्लुर (द्वितीय), गुड्डेकेरि और होसुर। थल्लुर (प्रथम) वार्ड ख़ास अगुम्बे बस्ती में पड़ता है। थल्लुर (द्वितीय) वार्ड अगुम्बे से साढ़े आठ किलोमीटर दूर थल्लुर गाँव में है। इसी तरह होसुर वार्ड अगुम्बे से जहाँ आठ किलोमीटर की दूरी पर है, वहीं गुड्डेकेरि वार्ड दस किलोमीटर पर। इस दूरी से कहीं कोई हर्ज नहीं है। थल्लुर (द्वितीय), गुड्डेकेरि और होसुर इस पंचायत के हाथ-पाँव हैं। सामाजिक संतुलन के निर्वहन में अगुम्बे का उदाहरण दिया जाता है। मनुष्य की पाँचों उँगलियाँ बराबर न होने के बावजूद जिस तरह हथेली के संग तालमेल बनाकर रहती हैं, अगुम्बे के गौड़ सारस्वत और कोंकणी ब्राह्मणों से लेकर वोक्कालिग्गा, इडिगास, मोगेविरा, दलित और नगण्य आबादीवाले मुस्लिमों में हमेशा से कुछ वैसा ही आपसी सामंजस्य है। वैसे, थोड़ी-बहुत टेना-मेनी कहाँ नहीं होती? पर वह सिर्फ़ पैंतरेबाज़ी और 'हैं...हूँ...' की क्षणिक हुड़क तक सीमित है। एक पल में तनातनी, तो अगले ही पल में सुलह-सलाकत। पूछापेखी और खिल्लत-मिल्लत। अभी वर्ष 2010 में इस ग्राम पंचायत के अध्यक्ष पद का फ़ैसला भी कुछ इसी खिल्लत-मिल्लत से हुआ

1. राजस्व प्रशासन केंद्र

है। पंचायत सदस्य से लेकर पंचायत अध्यक्ष तक की कार्यावधि पाँच वर्षों की होती है। पंचायत के गणमान्य लोगों ने मिल-बैठकर तय करा दिया है कि पाँच वर्षों के कुल साठ महीने में तीस माह पंचायत अध्यक्ष पद पर महिलाओं को और शेष तीस माह पुरुषों को अवसर दिया जायेगा। इससे पंचायती व्यवस्था में संतुलन बना रहेगा। यह निर्णय पंचायत में सबको पसंद आया है। अभी होसुर वार्ड की पंचायत सदस्य वीणा गिरीश और थल्लुर (प्रथम) वार्ड की पंचायत सदस्य ममता जगदीश के बीच पंचायत के बड़े-बुजुर्गों ने तय करा दिया है कि 15-15 माह दोनों पंचायत अध्यक्ष रहेंगी। इन दोनों के बाद दो पुरुष पंचायत सदस्यों को मौक़ा मिलेगा। इसलिये इन दिनों वीणा गिरीश पंद्रह माह के लिये पंचायत अध्यक्ष हैं। बग़ैर किसी विवाद के यह व्यवस्था आराम से चल रही है। ममता अगुम्बे की बहू हैं। विवाह के बाद कुछ समय तक वे इस पंचायत में हेल्थ सुपरवाइज़र का भी काम कर चुकी हैं। उनके पति गाँव के राम मंदिर रोड के अगुम्बे मंजूनाथ जगदीश कर्नाटक आरोग्य सेवा में हैं और अभी सीनियर हेल्थ इंस्पेक्टर पद पर तीर्थहल्ली में पदस्थापित हैं। तीर्थहल्ली के पहले वे अपने गाँव अगुम्बे में ही पदस्थापित थे। अगुम्बे से स्थानांतरण के बावजूद मंजूनाथ जगदीश गाँव के लोगों की सेवा में सदैव तत्पर रहते हैं। चुनाव में ममता को इसका भी लाभ मिला। हालाँकि, मंजूनाथ जगदीश स्वयं किसी से पत्नी को वोट देने के लिये कहने नहीं गये। बतौर हेल्थ सुपरवाइज़र इस इलाक़े में ममता की सक्रियता से भी लोग पहले से प्रभावित थे। थल्लुर (प्रथम) वार्ड के कई लोगों ने मुक्त कंठ से कहा कि सिर्फ़ एक यही वार्ड क्या, ममता इस पंचायत के चारों वार्ड के कण-कण से जुड़ी हैं। थल्लुर (प्रथम) वार्ड में पंचायत सदस्यों की तीन सीटें हैं—एक आम सीट, एक किसी भी समुदाय की महिला के लिये सुरक्षित सीट और एक अनुसूचित जनजाति की महिला के लिये सुरक्षित सीट। वर्ष 2010 के इस पंचायती चुनाव में आम सीट से अगुम्बे पंचायत के पूर्व अध्यक्ष विश्वनाथ बायर ने रवीश कुमार को सौ वोट से हराया। अनुसूचित जनजाति महिला हेतु सुरक्षित सीट से अगुम्बे से पाँच किलोमीटर दूर स्थित कौरीहटु गाँव की हसलुर जनजातीय समुदाय की सुशीला चंद्रा ने अगुम्बे की वसंती को 80 वोट से हराया। पर आम महिला सीट के लिये ममता जगदीश ने अपनी प्रतिद्वंद्वी जयशीला को सर्वाधिक तीन सौ मतों से परास्त किया। शुरू से ही चारों तरफ़ ममता के पक्ष में माहौल बना हुआ था। गाँव के लोग अनुराग-आनंद में ममता को 'समाजसेविका ललिताम्बा' और उनके पति को 'डॉ. विट्ठल राव' कहते रहे हैं। दरअसल, एक बेहद लोकप्रिय कन्नड़ सीरियल 'सिलि लली' में इस नाम के पति-पत्नी हैं। पति डॉ. विट्ठल लोगों को दवाएँ उपलब्ध कराते हैं और समाजसेविका पत्नी ललिताम्बा लोगों की सेवा में सदैव तत्पर रहती है। एकदम ममता जगदीश और अगुम्बे मंजूनाथ जगदीश की तरह। कहते हैं, धरती और समाज किसी का बक़ाया नहीं रखता। गाँव के लोगों ने चुनाव में रिकार्ड वोट देकर ममता का कर्ज़ उतार दिया। ममता की तरह वीणा गिरीश भी होसुर की बहू हैं। उनके पति गिरीश कालकोड होसुर के एक संपन्न किसान हैं। इसलिये गाँव के लोग परिहास में कहते हैं कि पहले घर के भीतर बहुओं का राज था, अब देश से लेकर ग्राम पंचायतों तक बहुओं का राज है। केंद्र में सोनिया गांधी की सरकार। अगुम्बे में वीणा और ममता की सरकार। हालाँकि,

बहुओं का राज बबर-बहत्तर और बहुबाती माना जाता है। पर अगुम्बे इसका अपवाद है। यहाँ बहुओं का 'लक्ष्मी-राज' है। दरअसल, इस बार मतदाताओं ने हंस की तरह मोती प्रतिनिधियों को चुन रखा है। वैसे, पिछले पंचायती चुनावों में भी जब कभी कोई महिला उम्मीदवार हुई, तो ग्रामीणों ने इस बात का ख़ास ख़याल रखा कि इसका पति किसी क़िस्म का लफड़ेबाज या हरदम पत्नी के काम में टाँग अड़ानेवाला फफूँद-कवक तो नहीं। ममता जगदीश और वीणा गिरीश के पति की छवि दोनों के पक्ष में गयी। गाँव के कई लोगों ने ममता जगदीश के पिता स्व. गोपाल राव को भी याद किया, जो उडुपि में स्कूल शिक्षक रहे थे। गाहे बगाहे बेटी से मिलने आनेवाले यह स्व. गोपाल राव ही थे, जिन्होंने अगुम्बे के युवकों को प्रोत्साहित कर गाँव में 'गणेशोत्सव' की परंपरा शुरू करायी थी। कुल मिलाकर इस बार अपने ग्राम प्रतिनिधियों से लोग संतुष्ट हैं। पंचायत अध्यक्ष के रूप में वीणा गिरीश की कार्य शैली संतोषप्रद है। उनके बाद अगले 15 माह ममता जगदीश पंचायत अध्यक्ष रहेंगी। जिस पंचायत की राजनीति तक एकदम शुद्ध मक्खन हो, वहाँ लोगों के निजी संबंधों का क्या कहना।

विष्णुमूर्ति भट्ट तेज़ी से मन ही मन गाँव की सारी परिस्थिति खँगाल गये। समझ में नहीं आ रहा था कि उनके विरुद्ध ग्रामीणों को क्या शिकायत या नाराज़गी हो सकती है? ईश्वर साक्षी हैं कि गाँव-समाज से लेकर मंदिर तक उनसे कभी कोई अमर्यादित-अप्रीतिकर कार्य हुआ हो। फिर भी अगर अनजाने में उनसे कोई भूल हो ही गयी है, तो गाय-बछड़े की तरह सटा मंदिर और उनका निवास है। अँधेरे-उजाले कोई भी बुला या मिल सकता है। पर मंदिर में रुकने का यह निर्देश? क्या ग्रामीणों ने दिया है? निर्देश देने का भी एक तरीक़ा होता है। ऐसे निर्देश को इस प्रकार झेलना क्या उचित होगा? अगर एक बार कोई राह का पोखरा बनना क़बूल कर ले, तो लोगों के कुल्ले में ही वह निपट जाएगा। गला कटाकर सिर की रक्षा कैसे हो सकती है। पर कौन उनका गला उतारेगा और भला क्यों? हालाँकि, क्या ठीक? कहते हैं न कि लोक लोकनाथ का भी नहीं। ओफ़! क्या-क्या व्यर्थ बातें मन में उठ रही हैं। विष्णुमूर्ति भट्ट ने हर प्रकार से स्वयं को समझाने की चेष्टा की। पर इसके बावजूद बरबस अंदर पैठ चुकी ठनक उनकी खीज को रह-रहकर लहका रही थी। चंद्रहास की कही बात को अपने प्राचीन दाँतों में कुचलते हुए वे बुदबुदाये, "हुँह! हलसिन हण्णु[1] खाने के लिये मेरे मालिक-साहूकार लोग आ रहे हैं न। प्रतीक्षा करनी है इसके लिये मुझे। जैसे मंदिर का अर्चक नहीं, नौकर हूँ मैं।" कंधे पर रखे लाल अँगोछे से चेहरे की झुर्रीदार तहों में रेंगते पसीने को उन्होंने पोंछा। ग्रामवासियों को क्या पता कि प्रात: कालीन आरती के लिये किरण फूटने से पहले उन्हें तीन बजे रात में नित्यकर्म से निवृत्त हो फिर जाप-पाठ कर मंदिर पहुँचना होता है। साधारण नेम-टेम नहीं है यह सब। आठ पहर चौसठ घड़ी की सेवा है। पूरा अष्टांग योग। श्रीवेणुगोपाल कृष्णास्वामी की चाकरी टकतंत्री[2] बजाने से कम नहीं। नक्षत्र, तिथि और दिन के दंडपलात्मक मान से कितने लोग भिज्ञ होते हैं। वर्ष भर उन्हें एक-सी दिनचर्या रखनी होती है। बराबर दंड पेलनेवाला ही नसों की तड़क समझ सकता है। रात-भर की वर्षा के बाद अभी लगातार तीखी होती उमस ने उन्हें और बुरी तरह खिन्न कर दिया था। मंदिर की छतरी

1. कटहल, 2. सितार की तरह का प्राचीन बाजा

में रहिये, तब भी उमस से बेचैनी होती ही है। पसीने की टघार पोंछते पता नहीं और कितनी देर उन्हें तपस्या करनी पड़ेगी।

गाँव के एकमात्र अख़बार विक्रेता बाबूराव वामन शेनॉय पर सहसा उनकी नज़र पड़ी। वह बाबा आदम ज़माने की अपनी लूना पर पीला हेल्मेट लगाये सामने अख़बार और बग़ल में नंदिनी दूध की छोटी-छोटी थैलियों से भरा झोला लादे धनेश पक्षी की तरह फड़फड़ाता उड़ा जा रहा था। उसकी लूना की नाक पर अख़बार और कूल्हे पर नंदिनी दूध के लिये बड़ा-सा मटमैला झोला स्थायी रूप से टँगा रहता है। अख़बार बेचने के साथ-साथ पिछले डेढ़-दो वर्षों से उसने गाँव में 'नंदिनी दूध' के वितरण का कार्य भी शुरू किया है। 'एक पंथ, दो काज' के सूत्र को सिद्ध कर्मयोगी की तरह निभाता है बाबूराव वामन शेनॉय। समय और नियम से ठोककर चलना कोई इससे सीखे। गाँवों में शहरों की भाँति हेल्मेट लगाकर चलने की अनिवार्यता नहीं। पर बाबूराव वामन शेनॉय गाँव में भी यातायात के नियम-कानूनों पर पूरा अमल करता है।

उड़े लाल रंगवाली लूना पर हेल्मेट लगाये बैठे गहरे साँवले और दोहरे बदन के बाबूराव वामन शेनॉय को देखकर हमेशा विष्णुमूर्ति भट्ट के मन में अगुम्बे के चारों तरफ़ फैले सघन जंगल में उड़नेवाले भारी-भरकम धनेश पक्षी की छवि कौंधती है। सुनहरी पीली लंबी चोंच वाले धनेश के सुर्ख़ काले चेहरे पर मस्तक के ऊपर पीली टोपीनुमा उभार होता है, जो मस्तक से चोंच के मध्य तक इस तरह दिखता है, मानो कोई सैनिक सिरस्त्राण पहने मोर्चे पर जा रहा हो। बाबूराव वामन शेनॉय का पीला हेल्मेट धनेश के मस्तक पर सज्जित उभार सरीखा ही दिखता है। विष्णुमूर्ति भट्ट की भाँति वह भी सुबह का सहचर है। आज शायद उसे भी अख़बार बाँटने में विलंब हुआ है। अभी वह टेंपल रोड उर्फ़ मालगुडी रोड में अख़बार बाँटकर लौट रहा था। बेचैनी में विष्णुमूर्ति मंदिर की छतरी के बाहर आ गये और आर्त्त स्वर में बाबूराव वामन शेनॉय को आवाज़ दी, "ओ वामन देव! तुम गाँव का चक्कर मारकर आ रहे हो। कुछ हुआ है क्या?" चलती लूना को क्षणांश के लिये तनिक मंद करते हुए बाबूराव ने ऊँचे स्वर में कहा, "हाँ...हाँ भट्टजी! बस लोग आपके पास जो क्षण नहीं पहुँच रहे हैं, बस उतना ही। घर जाकर मैं भी तुरंत यहीं लौट रहा हूँ।"

विष्णुमूर्ति भट्ट कुछ और जिज्ञासा करते लेकिन तब तक बाबूराव ने लूना की रफ़्तार तेज़ कर दी। मौक़ा पड़ने पर माशे भर का मेढक भी फूलकर हाथी बन जाता है। बाबूराव ने भी वही हरक़त की, जो थोड़ी देर पहले चंद्रहास करके गया। ख़ैर, कोई बात नहीं। दिन-दिन का फेर होता है। हालाँकि, यह सही है कि मुँह-अँधेरे उठनेवालों को इस समय तक आते-आते कुछ काल विश्राम की अनिवार्यता हो जाती है। एक-दो घंटा भी बीच में झपकी ले लेने पर अगले आठ-दस घंटों के लिये ताज़गी आ जाती है। पर बाबूराव वामन शेनॉय भी आज झपकी नहीं मारेगा। उल्टे पाँव फ़ौरन मंदिर लौटेगा। लगता है आज इस साल की रथयात्रा गाँव के लोग दोबारा मनायेंगे। आपात ब्रह्मरथोत्सव! मद मत्त मदनोत्सव! विष्णुमूर्ति भट्ट आवेश में मन ही मन बुदबुदाये।

मंदिर में पूजा-विधान को लेकर ही कोई भी यहाँ अपने को उस शालिवाहन राजा से कम थोड़े समझता है, जिन्होंने 78ई. में शक संवत का प्रवर्तन किया था। एक से एक

शब्द शूर, हाथी का दाँत बिठानेवाले गपाष्टक और वेदांती हैं यहाँ। क्या पता अचानक किसी को षट्शास्त्र की कोई असंभव मीमांसा सूझ गयी हो। वरना इतनी सुबह इस ज्ञानी गाँव के अलमस्त लोग लोहा गहकर निकल पड़ें, इसका कोई मतलब नहीं। गाँव में मुँह-अँधेरे से, जब कृष्णा कुट्टी के चिकेन स्टॉल के उमंगी गबरू मुर्गों को छोड़ चिरई का एक भी पूत जगा नहीं होता, जीवन व्यापार आरंभ करनेवाले कठजीवों में विष्णुमूर्ति भट्ट व बाबूराव वामन शेनॉय के अलावा गाँव की नन्ही-पुट्टी मस्जिद के मौलाना तंबी अब्दुर्रहमान और गाँव के ख़ानदानी गोल्ल[1] के.एम. गोपालकृष्णा मात्र हैं। कोहरे में हलफी खाने की ज़रूरत इनके अलावा दूसरों को है भी नहीं। हाँ, अपने धंधे-पेशे के कारण इतनी सुबह इस ऐंद्रजालिक कामरूप परिदृश्य को देखने का सुख इन्हें नियमित मिलता है।

बाँग, दूध, अख़बार, अजान और श्रीवेणुगोपाल कृष्णास्वामी मंदिर के भोर की आरती के बीच से फूटती है अगुम्बे की सुबह। टेंपल रोड उर्फ़ मालगुडी रोड मोड़ के सामने कोने पर मेन रोड में स्थित राम मंदिर और बस स्टैंड रोड में मौजूद आंजनेय मंदिर में प्रात: कालीन आरती को लेकर समय की इतनी पाबंदी कभी नहीं रहती। श्रीवेणुगोपाल मंदिर का मामला एक बैल इक्यावन खूँटा का है। सबकी दृष्टि इस मंदिर पर रहती है। प्रत्येक ग्रामीण अपने को इस मंदिर का महंत ही समझता है। सदैव अनुशासन के निर्वहन के लिये श्रीवेणुगोपाल कृष्णास्वामी मंदिर के दूरदर्शी संस्थापकों ने संभवत: सब कुछ सोच-समझकर मंदिर से सटे अर्चक का निवास बनवाया था। स्वामी को सेवक की दरकार कब पड़ जाये, कौन जानता है। सेवक को स्वामी से ज़्यादा दूरी पर नहीं रहना चाहिये। गाँव के अन्य दो मंदिरों को यह सौभाग्य प्राप्त नहीं है। मेन रोड स्थित राम मंदिर में पूजा का जिम्मा गाँव के श्रीवेणुगोपाल स्वामी हाईस्कूल (ग्रामीणों की ज़बान में संक्षिप्त नाम एस.वी.एस. हाईस्कूल) के विज्ञान प्रयोगशाला सहायक पद से अवकाश प्राप्त 75 वर्षीय टी.जी. देवदास पंडित और बस स्टैंड वाली सड़क में मौजूद आंजनेय मंदिर के भोग-राग का दायित्व माधव नायक के बेटे श्रीनिवास ने ले रखा है। कहने की ज़रूरत नहीं कि इन दोनों मंदिरों का कारोबार मुफ़्ती का काम सुस्ती की लपझप गति में चलता है। पर श्रीवेणुगोपाल कृष्णास्वामी मंदिर का सारा नियम-धर्म घड़ी की सूई से बँधा है। इसलिये ग्रामीणों को इस बात की तृप्ति रहती है कि श्रीवेणुगोपाल कृष्णास्वामी मंदिर की प्रथम आरती से गाँव में सुबह का विधिवत सत्कार होता है। विष्णुमूर्ति भट्ट ने आज भी उसी समर्पित भाव से सुबह की आरती की थी। पर यह सुबह उन्हें ऐसा संघातक रूप दिखायेगी, इसकी कल्पना उन्होंने नहीं की थी। उन्होंने तिक्त हो सिर को झटका दिया। गाँव में अचानक जैसे सब छूत के शिकार हो गये हैं। छूत-भूत और क्षोभ का कोई छोर नहीं होता। विष्णुमूर्ति भट्ट का ध्यान अब चंद्रहास से हटकर बाबूराव वामन शेनॉय पर अटक गया था। यदि वह एक निमिष रुक ही जाता, तो उस पर कौन-सा पहाड़ गिर जाता। पर अब तो सचमुच बाबू बन गया है बाबूराव।

विष्णुमूर्ति भट्ट ने बाबूराव का हर समय देखा है। गाँव के एस.वी.एस. हाई स्कूल में चपरासी था यह। कुछ साल पहले ही रिटायर हुआ है। इसकी दो बेटियों में बड़ी, विभा की शादी हो चुकी है। उसका पति बेंगलूर में 'इसरो' में नौकरी करता है। छोटी

1. दूध विक्रेता

बिटिया विंध्या को बाबूराव चिकमंगलूर के एक इंजीनियरिंग कालेज में पढ़ा रहा है। घर पर मात्र दो प्राणी हैं–पत्नी विजयलक्ष्मी और स्वयं बाबूराव। नौकरी की पेंशन, थोड़ी खेती–बाड़ी और अख़बार–दूध की बिक्री के धंधे से इसकी गाड़ी मस्ती से दौड़ रही है। स्कूल की नौकरी के दिनों से ही यह गाँव में अख़बार बिक्री का काम कर रहा है। कन्नड़ दैनिक 'प्रजावाणी' से लेकर कन्नड़ साप्ताहिक 'सुधा' और कन्नड़ मासिक 'मयूर'–क्या कुछ नहीं होता है लूना की नाक पर लटके इसके भारी–भरकम झोले में। गाँव में कुल बयालीस लोग नियमित अख़बार लेते हैं। इनमें अधिकांश 'प्रजावाणी' के पाठक हैं। पाँच–छह लोग अंग्रेज़ी दैनिक 'डेक्कन हेराल्ड' पसंद करते हैं। अगुम्बे स्थित एस.वी.एस. हाई स्कूल के अवकाशप्राप्त हेड मास्टर पी. एम. कृष्णमूर्ति हेब्बार भी पहले 'डेक्कन हेराल्ड' ही लेते थे, लेकिन पिछले कुछ महीनों से उन्होंने 'द न्यू इंडियन एक्सप्रेस' लेना शुरू किया है। बाबूराव यह सब मँगवाता है। कहते हैं न कि तरबूज चाहे धूप, आम चाहे मेघ। सबकी अपनी–अपनी ज़रूरतें। अन्य व्यवसायियों की तरह अख़बार विक्रेता को भी सबकी पसंद लेकर चलना होता है।

अगुम्बे बस स्टैंड होकर सुबह से रात तक दर्जनों बसें गुजरती हैं। शिमोगा, मंगलूर, कारकला होते हुए धर्मस्थल, मणिपाल, कोप्पा और श्रृंगेरी आदि के लिये इधर से बसों की लड़ी लगी रहती है। आदि शंकराचार्य द्वारा श्रृंगेरी में स्थापित शारदापीठ में तो दर्शन के लिये दुनिया भर के लोग आते हैं। उपरोक्त गंतव्यों तक यात्रियों को पहुँचाने के लिये हनुमान बस सर्विस, नवदुर्गा, कात्यायनी, शिवशंकर के.के.बी. और टी.सी.एस. आदि अनगिनत निजी बस कंपनियों की सेवा इस रूट में उपलब्ध है। पर बाबूराव वामन शेनॉय को सबसे पहले पहुँचनेवाली हनुमान बस का इंतज़ार रहता है, जिससे उसके अख़बारों का बंडल और नंदिनी दूध के पचास पाउच का थलथलाता झोला अगुम्बे बस स्टैंड पर उतरता है। इसलिये बस आने के पहले से अपनी लूना लेकर उसे वहाँ मौजूद रहना पड़ता है। बस अड्डे से बाबूराव शेनॉय जब कूच कर रहा होता है, तभी या लगभग चंद सेकंड के अंतर पर अशोक और हमीद कौवे के जोड़े की तरह अपना पैसेंजर ऑटो लेकर वहाँ पहुँचते हैं। गाँव और आसपास जाने के लिये अगुम्बे में ये दो पैसेंजर ऑटो हैं। यों आये दिन किंग कोबरा पर शोध के लिये देश–विदेश से रोमुलस ह्विटेकर के 'अगुम्बे रेन फ़ॉरेस्ट रिसर्च स्टेशन' पहुँचनेवाले लोगों की ताबेदारी से ही इन दोनों पैसेंजर ऑटो को फुरसत नहीं मिलती है। इनके अलावा गाँव में दो गुड्स ऑटो भी हैं। स्थानीय स्तर पर सामान ढुलाई के लिये सुरेश और इब्राहीम के गुड्स ऑटो का लोगों को बड़ा सहारा रहता है। इन्हीं चारों ऑटो से अगुम्बे और उसके आसपास की लोकल दुनिया चलती है। बाबूराव वामन शेनॉय ने सोच रखा है कि 'नंदिनी दूध' की बिक्री अग़ल–बग़ल के गाँवों में भी करने के लिये किसी तरह कुछ पैसे जोड़कर जितनी जल्दी हो, वह भी एक ऑटो लेगा। अख़बार और दूध के बोझ को ढोने में उसकी पुरानी लूना अब रह–रहकर चरमराती है।

बाबूराव वामन शेनॉय के जाने के बाद मंदिर पर उद्विग्नता में चहलक़दमी करते हुए विष्णुमूर्ति भट्ट को आश्चर्य हो रहा था कि आज गोपालकृष्णा को भी क्या हो गया! उनके घर दूध देने आता, तो यहीं से दिख जाता। गाँव में आज सबका मतिहरण हो चुका है। श्रीवेणुगोपाल ही जानते हैं कि गाँव के एक–एक व्यक्ति के लिये वे हृदय

में क्या प्रेम रखते हैं। पर मर्त्यलोक की लीला अपरंपार है। उनकी पत्नी ठीक ही कहती है कि आप लाख यत्नपूर्वक डोसा तैयार करें लेकिन उसके दोनों तरफ़ छिद्र रह ही जायेगा। उधेड़बुन में उलझे विष्णुमूर्ति भट्ट मंदिर के मुख्य द्वार की चौखट पर थस लगाकर बैठ गये। पर कुछ ही क्षण बाद दूर से आ रहे कोलाहल की ध्वनि ने उन्हें चौंकाकर रख दिया। सामने से बड़ी संख्या में उरू[1] के लोग जन-क्रांति की भंगिमा में मंदिर की तरफ़ आ रहे थे। भीड़ के आगे-आगे चल रहे अगुम्बे थाने के सब इंस्पेक्टर श्रीराम उपाध्याय समेत चार पुलिसकर्मियों को देख वे सन्न रह गये। पूरा शरीर भुलक गया। लगा कि पेट में अब प्राण नहीं रहेगा। धड़धड़ाते कलेजे के संग वे किसी तरह उठे, ''हे अदूर श्रीवेणुगोपाल कृष्णास्वामी! हे देवरू! कलंक-कल्मष से रक्षा कीजिये। लाज बचाइये अपने सेवक की।'' होंठ काँप रहे थे। पाताल की अज्ञात सूनी गंध बरबस मस्तिष्क में कौंध-सी गयी। काश! इसी जगह वे अभी पाताल में समा जाते। शरीर पसीने से बुरी तरह भीग चुका था। पूजा के वास्ते धारण की जानेवाली केम्पु[2] धोती लथ-पथ हो पाँवों से सटकर चिपक गयी थी। इस दुर्दिन के मरकोंच को झेलने से तो अच्छा था कि मलापहाड़ी नदी के किनारे गाँव के ठीक बाहर स्थित गौरीकल[3] में जाकर वे धँस जाते। मसानपद में स्वयं अपनी चिता सजा लेते। एक मन हुआ कि भीड़ और पुलिस जब तक मंदिर पर पहुँचे, वे तेज़ी से मंदिर के पिछवाड़े के रास्ते निकल चलें। यहाँ आग फाँकने का कोई तुक नहीं। सँभालें लोग अपना मंदिर और पकड़ें अपना श्रीवेणुगोपाल। सिर सलामत, तो पगड़ी पचास। उन्हें अब कोई नयी गायत्री नहीं सीखनी है। पर उन्हें लगा कि पाँव पत्थर की तरह जड़ हो गये हैं।

मंदिर और उनको लेकर क्या मामला हो सकता है भला, जो गाँववाले सीधे पुलिस को लेकर मंदिर पहुँच जायें। वैसे, दस बोलें तो भगवान भी भूत। क्षणांश में विष्णुमूर्ति भट्ट फिर एक बार मन ही मन अपने समस्त कर्मों की सूची खँगाल गये। कुछ भी सूत्र पकड़ में नहीं आया। बिजली गिरने पर आदमी सबसे पहले अपने ही सिर पर हाथ फेरता है। उन्होंने दिमाग़ पर बल देकर याद करने की कोशिश की कि उनकी जन्म कुंडली में कहीं कारा योग का तो उल्लेख नहीं, याद नहीं आया। हुदहुदी में स्मृति भी पथरा जाती है। मन बुरी तरह संताप से भर उठा। संभवतः पूर्व जन्म के किसी जघन्य कुकर्म का यह फल है। और क्या हो सकता है? बस विधि का विधान। इस कल्मषग्रस्त भौतिक जगत में पता नहीं क्या-क्या भोगना है। चालीस वर्षों तक शिमोगा में टेलिग्राफ़ मास्टर की नौकरी में थे। अवकाश ग्रहण करने के बाद खाने-पीने लायक पेंशन मिल ही रहा था। ढाई सौ रुपये मासिक पर अपने गाँव के इस प्राचीन मंदिर के अर्चक का कार्य कोई रुपये-पैसे के लालच में उन्होंने स्वीकार नहीं किया था। ब्राह्मण तो मुक्ति का प्रतीक होता है, आशा-कामना का नहीं। बस कई पीढ़ियों से चली आ रही अपने कुल-खूँट की परंपरा के फेर में उन्होंने अपना गला फँसा लिया।

600 वर्ष पहले जब नाबला गाँव के ज़मींदार हेगड़े परिवार ने स्वप्न में श्रीवेणुगोपाल कृष्णास्वामी का निर्देश पाने के बाद अगुम्बे में इस मंदिर की स्थापना की थी, तभी से विष्णुमूर्ति भट्ट के ख़ानदान के लोग यहाँ अर्चक होते आये हैं। नाबला की दूरी

---

1. गाँव, 2. लाल, 3. गाँव में ब्राह्मणों का श्मशान

अगुम्बे से लगभग तेरह किलोमीटर है। मलंदुर और अगुम्बे में भी नाबला के ज़मींदार हेगड़े परिवार की कभी काफ़ी ज़मीन थी। आज भी इस ख़ानदान की वर्तमान पीढ़ी के मुखिया गुंडप्पा हेगड़े श्रीवेणुगोपाल कृष्णास्वामी मंदिर कमिटी के अध्यक्ष हैं। यों श्रीवेणुगोपाल कृष्णास्वामी मंदिर सरकार द्वारा संपोषित है। कर्नाटक सरकार किंचित ही सही, लेकिन इस मंदिर की पूजा-अर्चना और साफ़-सफ़ाई से जुड़े कर्मियों के वास्ते प्रति माह 1372 रुपये के अलावा मंदिर में नित्य की पूजा के लिए नारियल, चावल और धूप-अगरबत्ती मुहैया कराती है। कुछ घटने-कमने पर गाँव के लोग तो तत्पर रहते ही हैं। इस प्राचीन मंदिर की महिमा के कारण अगुम्बे के संग-संग इस वनमंडल के तिल्लौरो, होसुर, बिदरगोड, बाड़ेहेले तथा मलंदुर आदि छह-सात गाँव भी पूरे भक्तिभाव से इससे जुड़े रहते हैं। शिमोगा जिले का यह सर्वाधिक जागृत मंदिर है। मलंदुर गाँव का अधेड़ चंद्रू रमता राम है। एकदम कृष्ण मृग। तीन सौ पैंसठ दिन हासनवाली काली मटमैली टोपी उसकी पहचान है। तिलक-चंदन कर बिला नागा प्रत्येक शाम वह सघन वन के बीच से गुज़रनेवाली कच्ची-पक्की सड़क से होते हुए श्रीवेणुगोपाल मंदिर पर पहुँचता ही है और नशे में झूम-झूमकर मंथर स्वर में लोरी की तरह देर तक रेघाता है–

"रामलाली, मेघ श्यामलाली, नंदलाली, गोपीकंद लाली...।"

फिर बीच में ऊँची तान का आलाप,

"मंदर गिरिधर, मधुसूदना
गोविंदलाली, श्रीवेणुगोपाललाली...।"

अगुम्बे से पाँच किलोमीटर की दूरी पर बरकाना झरना के रास्ते में है मात्र पचास परिवारों वाला छोटा-सा गाँव मलंदुर। औसत क़द का लकलक पतला और गहरा साँवला चंद्रू दस किलोमीटर रोज़ नाप जाता है। चंद्रू चिरकुमार है। उसका छोटा भाई करुणय्या एक सर्वसाधारण किसान है। खेती के बूते मुसीबत से परिवार के लिये दो जून की रोटी जुटा पाता है। पर तमाम मशक़्क़तों के बावजूद वह चंद्रू को कभी कुछ नहीं कहता। वह जानता है कि चंद्रू ऐसा ही है। झोपड़ा फूँक फ़क़ीर। वह बदल नहीं सकता। सबको पता है कि दस कोस के भीतर किसी भी गाँव का कोई व्यक्ति गुज़र जायेगा, तो चंद्रू बग़ैर परिचय के भी उसकी शवयात्रा और अंत्येष्टि में दौड़ा हुआ पहुँचेगा। संसार के सारे परिचित-अपरिचित उसके इष्ट-घनिष्ठ हैं। इलाक़े में कोई सभा, बैठक, धरना-प्रदर्शन या उद्घाटन कार्यक्रम हो और वहाँ चंद्रू न पहुँचा हो, यह संभव नहीं। कोई उसे बुलाता भी नहीं, लेकिन जाने कैसी टेलिपैथी उसके पास है कि वह तीर की तरह छूटता हुआ हाज़िर हो जाता है। कुछ इस अंदाज़ में कि उसके बिना कार्यक्रम होना संभव ही नहीं। घर वह सिर्फ़ भोजन करने और सोने के लिये जाता है। भोजन भी वह क्या ही करता है...बस नाम मात्र। बगनी के पेड़ से मटके में चुलाई ताड़ी में उसके प्राण बसते हैं। नींद भी उसे क्या ही आती है। करुणय्या देखता है उसकी अनिद्रापूर्ण छटपटाहट। चंद्रू को रात की तरह झूठ भी बर्दाश्त नहीं। भले ही अधिक समय वह नशे में रहता है लेकिन बात हमेशा पते की करता है। इसलिये उसकी सीधी-सच्ची कड़वी बातों का लोग बुरा नहीं मानते। उल्टे फुलाने के लिये मुँह पर

उसे 'चंद्रू टाइगर' कहते हैं। हालाँकि, पीठ पीछे उसका स्थायी नाम 'पगला चंद्रू' ही है। चंद्रू ताल ठोककर कहता है, ''अगुम्बे अगर भारत का सेकंड चेरापूँजी है, तो संग-संग सेकंड गोकुल भी है। दिन भर गोकुल में धेनु चराने के बाद रात को गोपाल सीधे यहीं आकर चैन की बाँसुरी बजाते हैं।''

चंद्रू का दावा है कि कृष्ण की बाँसुरी कई बार रात को अगुम्बे से मलंदुर लौटते वक़्त उसने घने जंगल में सुनी है। पर एक चंद्रू ही नहीं, इलाक़े के लोगों के पास भी श्रीवेणुगोपाल कृष्णास्वामी से जुड़ी अलौकिक अनुभूतियों की अनेक कथाएँ हैं। विष्णुमूर्ति के पिता स्व. गोपालकृष्ण भट्ट बराबर मुदित हो कहते थे कि, ''हमारे खानदान का सौभाग्य है कि श्रीवेणुगोपाल कृष्णास्वामी ने हमारे वंश को अपनी पूजा से सदा के लिये जोड़ लिया।'' विष्णुमूर्ति भट्ट के पहले उनके पिता ही इस मंदिर के अर्चक थे। सन् 1987 में जब पिता का निधन हो गया, तो कुछ वर्षों तक तदर्थ व्यवस्था के अंतर्गत गाँव के ही एस.वी.एस. हाईस्कूल में शिक्षक रहे विष्णुमूर्ति के अनुज रमेश भट्ट अर्चक का दायित्व निभाते रहे। हालाँकि, परंपरा के मुताबिक़ भट्ट परिवार के ज्येष्ठ पुत्र को अर्चक की ज़िम्मेदारी सँभालनी होती है। पर तीन भाइयों में सबसे बड़े विष्णुमूर्ति भट्ट क्योंकि सरकारी सेवा में शिमोगा में पदस्थापित थे, इसलिये व्यावहारिक रूप से तत्क्षण यह दायित्व सँभालना उनके लिये संभव न था। पिता के निधन के लगभग छह वर्षों बाद जब टेलिग्राफ़ मास्टर की नौकरी से निवृत्त होकर विष्णुमूर्ति गाँव आये, तो प्राचीनकाल से चली आ रही अपनी पारिवारिक परंपरा की ज़िम्मेदारी उन्होंने थाम ली।

पत्नी सुनंदा देवी के संग तबसे स्थायी रूप से वे अगुम्बे में ही हैं। मँझले भाई अनंतराम भट्ट, जो हिंदुस्तान इलेक्ट्रिकल्स की सेवा से अवकाश पा चुके हैं, अपने बेटे के संग उडुपि में रहते हैं। इसी तरह पिछले साल गाँव के हाईस्कूल की सेवा से निवृत्त छोटे भाई रमेश भट्ट अपने बेटे के पास अब बेंगलूर में रह रहे हैं। पाँच संतानों के पिता विष्णुमूर्ति के बच्चे भी बेंगलूर व मैसूर में रहते हैं। उनके बच्चों ने भी कम जोर नहीं दिया था कि माँ और वे उन लोगों के साथ बेंगलूर या मैसूर में रहें। पर गाँव के प्रति अटूट मोह और उससे भी बढ़कर परिवार की मर्यादा-परंपरा के कारण विष्णुमूर्ति भट्ट को बच्चों का प्रस्ताव स्वीकार नहीं हुआ। उनके छोटे भाई रमेश भट्ट छह वर्षों तक एक-एक दिन गिनते रहे थे कि कब विष्णु अन्ना नौकरी से छुटकारा पायें और गाँव आकर अपनी ज़िम्मेदारी सँभालें। स्कूल और मंदिर के दोहरे दायित्व को निभाने में रमेश को ख़ासी परेशानी हो रही थी। विशेषकर, 'रथयात्रा' सरीखे आयोजनों के दौरान उनकी परेशानी और बढ़ जाती थी। श्रीवेणुगोपाल कृष्णास्वामी की सेवा अपने आप में पूर्णकालिक है। दूर से देखनेवालों को भले यह लगता हो कि मंदिर में काम ही क्या है-आरती करना, घंटी बजाना और भजन गाकर चल देना। पर गाँव के बड़े-बुज़ुर्ग जानते हैं कि श्रीवेणुगोपाल कृष्णास्वामी को निरंतर सोते-जागते तन्मय सेवा चाहिये। विष्णुमूर्ति भट्ट ने कभी इसमें कोताही नहीं की। अपनी नीति-नेति वे नींद में भी नहीं भूल सकते। माघ शुक्ल रथ सप्तमी के आयोजन की तैयारी में महीनों पहले से वे तत्पर भक्त की भाँति जान लगा देते हैं।

और एक वही क्या, पूरा गाँव रथयात्रा के आयोजन में तल्लीन रहता है। यही कारण है कि इस गाँव की रथयात्रा देखने-दिखाने लायक़ होती है। प्रख्यात कन्नड़ निर्देशक स्व. शंकरनाग ने तो यहाँ की रथयात्रा को अपने सीरियल में अमर ही कर दिया। वर्षों पहले सन् 1987 में स्व. शंकरनाग ने अपने सर्वाधिक लोकप्रिय टी.वी. सीरियल 'मालगुडी डेज़' की पूरी शूटिंग अगुम्बे में की थी। सीरियल के कई दृश्यों में श्रीवेणुगोपाल कृष्णास्वामी मंदिर को भी उन्होंने दिखाया था। अब इसकी याद कितने लोगों को होगी? आज के बाज़ार में जो दिखता है, वही बिकता है। हालाँकि, ईश्वर की महिमा या गाँव के संस्कार को किसी टीवी सीरियल के सहारे की आवश्यकता भला क्या हो सकती है। इस गाँव को कभी कुछ अतिरिक्त या अनर्गल नहीं चाहिये। हमेशा से बंदा बैरागी रहा है यह गाँव। देश-दुनिया का बड़े से बड़ा सितारा अगर यहाँ शूटिंग के लिये आ जाये, तो गाँव के लोग आराम से उस पर एक नज़र डालेंगे और आगे बढ़ जायेंगे। आप बहुत नामचीन हस्ती हैं, तो बहुत अच्छी बात है, चैन-सुकून से अपना काम कीजिये। अगर कुछ मदद चाहिये, तो अवश्य बताइये। कई फ़िल्मों को निर्देशित कर चुके शंकरनाग भी अगुम्बेवासियों के इस मिज़ाज पर शुरू में हैरान थे। शूटिंग चल रही हो और सितारों को देखने के लिए लोगों का मजमा न लगे, यह कैसे संभव है। बड़े से बड़े शहर और छोटे से छोटे गाँव में शंकरनाग ने यही देखा था। पर 'मालगुडी डेज़' की पूरी शूटिंग के दौरान शंकरनाग को यहाँ कभी मजमा नहीं मिला। हाँ, जिन लोगों से उन्होंने सहयोग के लिये कहा, उन लोगों ने चुपचाप सहयोग दिया, बस। दरअसल, यह गाँव सितारों के पीछे भागनेवाला नहीं है। अगुम्बे के इकलौते सितारे हैं श्रीवेणुगोपाल कृष्णास्वामी। शरदकाल के बालचंद्र की भाँति अनंत मनोहर।

नौकरी से अवकाश ग्रहण करने के बाद विष्णुमूर्ति भट्ट ने यही सोचा था कि जब तक दम और यह चोला है, श्रीवेणुगोपाल कृष्णास्वामी के श्रीचरणों में शेष दिन हँसी-खुशी से गुज़र जायेंगे। पर जीवन में यह पहला अवसर है जब उनका मन श्रीवेणुगोपाल कृष्णास्वामी पर क्षुब्ध हुआ है। अपने बड़े बेटे महेशमूर्ति से पिछले ही दिनों उन्होंने कहा था, ''श्रीवेणुगोपाल कृष्णास्वामी की सेवा का अवसर मिलना बड़े भाग्य की बात है। अपनी सेवा के लिये उन्होंने मुझे चुना और अनंत तथा रमेश का अन्ना...बड़ा भाई बनाया। यह भी तो संभव था कि मुझे अपने भाइयों में वे मँझला या छोटा बनाते। इसी तरह उन्होंने तुम्हें चुना है। मेरे बाद यह सौभाग्य तुम्हें मिलेगा।'' बड़े बेटे महेशमूर्ति को कही यह बात याद कर विष्णुमूर्ति भट्ट अभी सिहर रहे थे। क्या कुछ पल बाद उनके हाथों में हथकड़ी लगेगी? मन में इस समय पिता की बात गूँज रही थी। पिताजी कहते थे कि इलाक़े का कोई इज़्ज़तदार आदमी एक घंटे के लिये भी अगर हाजत या जेल चला जाता है, तो साल भर के भीतर संताप से उसकी मृत्यु हो जाती है। क्या भट्ट परिवार के सात पुश्तों की सेवा का यही फल देंगे श्रीवेणुगोपाल? क्या उनका ख़ानदान अब तक सेमल का फल सेबता रहा। गाँव के लोग पुलिस लेकर कभी इस तरह जुलूस की शक्ल में मंदिर पहुँचे हों, यह उन्होंने इस मंदिर के इतिहास में न कभी सुना और न कभी देखा था। पर अभी तो सबकुछ सामने है। अवश्य किसी ने उनके विरुद्ध गंभीर षट्चक्र रचा है। वरना ऐसी दुर्गति की उन्हें कभी कल्पना तक न थी।

वे एक-एक पल की अपनी धड़कन गिन रहे हैं। 'ब्रह्मरथोत्सव' के समय भी भीड़ को नियंत्रित करने के लिये गाँव के युवकगण ही बतौर स्वयंसेवक मोर्चा सँभालते हैं। उस अवसर पर भी न कभी कोई हो-हल्ला हुआ और न कभी पुलिस की मदद लेने की ज़रूरत पड़ी। पर आज कहाँ चली गयी गाँव की वह रसपेशलता? कहाँ गया शतदल कमल सरीखा इस गाँव का वह आह्लादित सौरभ स्वरूप? जुलूस अब मंदिर से बस चंद हाथों की दूरी पर है। मोबाइल हमेशा साथ रखने की आदत वे आज तक नहीं डाल सके हैं। अभी मोबाइल रहता तो दोड्डमने[1] फोन लगाकर वे कस्तूरी अक्का[2] से अवश्य पूछते कि आख़िर हुआ क्या है? इस बस्ती की मर्यादा की प्रतीक हैं कस्तूरी राव। उन्हें सब कुछ मालूम होगा। पर अब जो होना है, वह हो। सारा गाँव ही जब आज बेमत्त है, तो क्या उपाय है। जब आसमान गिरने को हो, तो आप उसे दोनों हाथ उठाकर भी रोक नहीं सकते। तनाव की तीव्रता में गहरे साँवले रंग के विष्णुमूर्ति भट्ट का चेहरा स्याह पड़ चुका था।

---

1. बड़ा घर, 2. बड़ी बहन

2

ऊँचे घर में अधिक बसात

'डी.बी. सुब्बाराव अगुम्बे प्राइमरी हेल्थ सेंटर' के छोटे-से बरामदे पर डॉ. अनिकेत के.टी. दुविधा में लगातार चहलक़दमी कर रहे थे। उनका एक मन कर रहा था कि किसी तरह कोई गाड़ी इंतज़ाम कर गजानन नागप्रसाद को वे तीर्थहल्ली के बड़े अस्पताल भिजवा दें। उन्होंने सेंटर के कंपाउंडर रंगास्वामी को एक गाड़ी देखने के लिए कह भी दिया। अगुम्बे से तीर्थहल्ली मात्र 20 किलोमीटर है। पर संकट में इतनी छोटी-सी दूरी भी पहाड़ लगने लगती है। ऐसे ही आपातकालीन अवसरों के लिये उन्होंने यहाँ एंबुलेंस उपलब्ध कराने के लिये स्वास्थ्य विभाग को बारंबार लिखा है। पर यहाँ मिट्टी का घोड़ा, सूत की लगाम वाली बात है। सरकारी तंत्र में कैसी भी परिस्थिति की कोई गंभीरता नहीं। उन्हें पता है कि सरकार में पत्राचारों से कुछ होना-जाना नहीं। डॉ. अनिकेत ने दावणगेरे के जे.जे.एम. मेडिकल कॉलेज में अपनी पढ़ाई के दिनों को याद किया। ओफ़! क्या-क्या न सुनहरे सपने थे कि डॉक्टर बनकर ये करेंगे, वो करेंगे। पर सरकारी तिलिस्म में एक डॉक्टर की भला हैसियत ही क्या है? उनकी पत्नी अक्सर कहती है कि इस पहाड़ पर रहकर जीवन बरबाद करने से बेहतर है कि वे सरकारी नौकरी से इस्तीफ़ा देकर बेंगलूर में प्राइवेट प्रैक्टिस करें। इस फटीचर प्राइमरी हेल्थ सेंटर की नौकरी से लाख गुना अच्छा होगा।

पत्नी ठीक ही कहती है। इस गाँव के प्रति गुज़रे वर्षों में क़ायम अपने मोह को उन्हें त्यागना ही होगा। आख़िर क्या है यहाँ? कहने को भले डॉक्टर लेकिन असलियत ठन-ठन गोपाल, हैं सोनेलाल। अभी यहाँ ई.ई.जी. मशीन होती, तो वह खुद से गजानन नागप्रसाद के सिर की अंदरूनी हालत का जायज़ा ले लेते कि कितनी क्या क्षति हुई है। लेकिन यहाँ छटपटाने के अलावा और कुछ भी नहीं किया जा सकता। मात्र एक डॉक्टर, एक कंपाउंडर और एक मरगिल्ली स्टाफ़ नर्स के दम पर यह छोटा-सा हेल्थ सेंटर अगुम्बे समेत अग़ल-बग़ल के सात-आठ गाँवों की लगभग ग्यारह हज़ार आबादी की सेहत का ज़िम्मा रखता है। प्रति दिन पचास से भी अधिक हारे-मारे मरीज़ यहाँ ओ.पी.डी. में आते हैं। दोपहर में वे यथासाध्य अपनी मोटर साइकिल से फील्ड विज़िट करते हैं। पर इन तमाम मशक़्क़तों के बावजूद पर्याप्त साधन के अभाव में इस हेल्थ सेंटर का स्वास्थ्य खुद ठीक नहीं है। वैसे एच.आई.वी., मलेरिया और टाइफ़ॉइड टेस्ट के वास्ते लैब की सुविधा बेशक यहाँ है। हृदय रोगियों के लिये ई.सी.जी. मशीन की भी व्यवस्था है। पर अगर गजानन नागप्रसाद सरीखे गंभीर मरीज़ आ जायें, तो मुसीबत

ही मुसीबत। ऐसे भी इस ज्ञानी गाँव के लोगों को झेलना आसान नहीं। यहाँ गुच्छे के गुच्छे बकतूत और कठफोड़वे हैं। अब यही गजानन नागप्रसाद! इस ख़ब्ती को भी क्या ज़िद पड़ी थी इस उम्र में गाड़ी सीखने की। ख़ैर, कोई व्यवस्था नहीं हुई, तो गाँव के मातवर कारोबारी लक्ष्मीनारायण माल्या को वे गाड़ी के लिये कहेंगे लेकिन इस बीच अभी एक घंटा और देख लेना ठीक रहेगा। मरीज़ में अगर सुधार दिखेगा, तो शायद तीर्थहल्ली भेजने की नौबत ही न आये।

डॉ. अनिकेत ने यह कोई आठवीं-दसवीं बार अंदर बेड पर अचेत पड़े गजानन नागप्रसाद को जाकर देखा। सिर में पूरा स्टिच तो उन्हें दे ही दिया है। स्टाफ़ नर्स माला लगातार उनके पास मुस्तैद है। कंपाउंडर रंगास्वामी ने उन्हें नींद की सूई भी लगा दी है। अपने ज्ञान के हिसाब से इस जगह पर जो भी संभव उपाय है, वह कर दिया गया है। पर राजा-दैव। पता नहीं सिर के अंदर कितनी गहरी चोट है। सिर फटने से खून भी काफ़ी निकल चुका है। ओफ़! अगर इन्हें कुछ हो-हवा गया, तो लोगों को जवाब देते-देते उनका प्राण निकल जायेगा। गाँव के नये डाकबाबू हनुमन्नायक अभी एक घंटा बैठकर गये हैं। गाँव के इकलौते वैद्य बालकृष्ण नायक ने फौरन पहुँचकर उन्हें नींद में ही अर्निका की घूँट पिलायी है। चोट-चपेट में अर्निका रामबाण है। गजानन नागप्रसाद के शुभचिंतकों की एक बड़ी संख्या है। इसी एक-डेढ़ घंटे के भीतर लगभग दो दर्जन लोग सेंटर पर आकर गजानन नागप्रसाद की जिज्ञासा कर चुके हैं। दरअसल, वे अगुम्बे के निवासी होने के साथ-साथ गाँव के रिटायर्ड पोस्टमास्टर भी हैं। अगुम्बे के समस्त घरों से उनका नियमित लगाव रहा है। यही कोई डेढ़ महीने पहले तो उन्होंने नौकरी से अवकाश ग्रहण किया है। पाँच साल पहले तक वे तीर्थहल्ली डाकघर में पदस्थापित थे। उन्होंने अपने विभाग में जब लगातार उच्चाधिकारियों से पत्र व्यवहार कर अनुरोध किया कि पारिवारिक कारणों से सेवा के अंतिम पाँच वर्षों में उन्हें उनके गाँव के डाकघर में पदस्थापित किया जाये, तो उनकी इच्छा पूरी कर दी गयी थी।

एक तो ग्रामीण और दूसरे डाकबाबू! इसलिये गाँव के एक-एक घर का विवरण नींद में भी उनकी ज़बान पर रहता है। वे आँखें मूँदकर बता सकते हैं कि गाँव में कौन-सा घर किस क्रम में है। जब नये डाकबाबू हनुमन्नायक ने तिल्लौरो से आकर उनसे प्रभार ग्रहण किया था, तो धागे के गोले की तरह खुलते हुए गजानन नागप्रसाद ने डाकघर का पूरा विवरण देते हुए कहा था, "हनुमन्नायक! तुम्हें मालूम होगा कि अगुम्बे डाकघर पाँच गाँवों-कौरीहट्टु, थलुरमल्ली, अगसरकोणे, मलंदुर और अगुम्बे की डाक को सँभालता है। तुम्हें सहयोग देने के लिये पोस्टमैन और सॉर्टर हैं। वैसे, मैं तो गाँव में ही हूँ। मेरी कभी भी जरूरत पड़े, तो बताना। पर पोस्टमास्टर होने के नाते तुम्हें इन पाँचों गाँवों के समाज और भूगोल को बारीकी से समझना होगा। शुरुआत अपने मुख्यालय गाँव अगुम्बे से करो।" गजानन नागप्रसाद ने विभोर मुस्कान के संग बात जारी रखी, "जल्दी ही तुम सब कुछ समझ जाओगे। अगुम्बे की नक्शेबाजी अनूप है। इसे किसी इंजीनियर ने योजनाबद्ध ढंग से नक्शा बनाकर नहीं बसाया। पर गाँव का एक-एक घर मुँह के बत्तीस दाँतों की तरह सजा हुआ है। यहाँ के घर-दुकान, मंदिर-पंचायत, पुलिस स्टेशन और स्कूल-अस्पताल सबकुछ पुस्तकालय में करीने से रखे गये किताबों की तरह हैं। इसका

परिचय अगुम्बे बस स्टैंड से ही मिलना शुरू हो जाता है। हनुमन्नायक! बस स्टैंड पर जब तुम उतरे होगे और जिस बड़े-से सलीकेदार हॉल में चल रहे कैंटीन 'कृष्णा होटल' में कॉफ़ी पी होगी, वह इस गाँव का ही लड़का व्यंकटेश चलाता है। इस हॉल को कैंटीन के वास्ते हर पाँच साल पर सरकार द्वारा ठेके पर दिया जाता है। अभी यह व्यंकटेश को मिला हुआ है। प्यारा और जिम्मेदार बालक है वह। मेरा बहुत सम्मान करता है।'' किसी जिज्ञासु छात्र की तरह गजानन नागप्रसाद को नये पोस्टमास्टर हनुमन्नायक पूरे मनोयोग से दत्त चित्त होकर सुन रहे थे। गजानन नागप्रसाद ने एक पल रुककर फिर बिहँसते हुए कहा था, ''तुम भी क्या सोच रहे होगे हनुमन्नायक कि मैं तुम्हें बच्चे की तरह गाँव पढ़ाने लगा। पर बस मोटी बातें तुम्हें बताये देना चाहता हूँ। कहते हैं वर्दी न टोपी और सिपाही नाम। एक पोस्टमास्टर को अगर उस स्थान के चप्पे-चप्पे का ज्ञान नहीं है, जहाँ वह पदस्थापित है, तो वह पोस्टमास्टरी क्या खाक करेगा। एक पोस्टमास्टर की वर्दी-टोपी अपने इलाके का ज्ञान ही तो है।"

''आप सही कह रहे हैं अन्ना! बगैर स्थानीय ज्ञान के एक पोस्टमास्टर क्या कर सकेगा ? आप जिस तरह मुझे अगुम्बे का दाना-दाना विवरण दे रहे हैं, मैं भी अभी तिल्लौरो से स्थानांतरित होने पर वहाँ के नये पोस्टमास्टर को जब अपना प्रभार सौंप रहा था, तो तिल्लौरो गाँव का पूरा खाका उसे इसी तरह समझाया।'' हनुमन्नायक ने मुस्कराते हुए कहा। सुनकर गजानन नागप्रसाद के चेहरे पर संतोष का भाव आया। तृप्ति हुई कि उनके विभाग ने उनकी जगह सही उत्तराधिकारी का चयन किया है। हालाँकि, इस इलाक़े के बारे में हनुमन्नायक को बताने के लिये उनके पास बहुत-सी बातें थीं। पर वे भाव विह्वल हो थम गये।

गजानन नागप्रसाद अगर कवि होते, तो कह सकते थे कि उनके गाँव का नक़्शा तितली के पंख पर बनी कलाकृति सरीखा है। ख़ैर, ग्राम-प्रेम में किसी से अतिशयोक्ति भले ही हो जाये लेकिन सच है कि मटर की छीमी की तरह यहाँ सबकुछ बड़े क्रम से है। बस स्टैंड से ही इसका प्रणाम-प्रमाण मिलना शुरू हो जाता है। टेंपल रोड उर्फ़ मालगुडी रोड का गुरुनाथ प्रत्येक सुबह बस स्टैंड से लेकर गाँव के एक-एक घर को प्रणाम कर दम लेता है। वह किसी से कोई बातचीत नहीं करता। वह कोई पागल नहीं, खेती-बाड़ी कर जीवनयापन करता है। पर पता नहीं उसको यह झक क्यों है। बस स्टैंड की कैंटीन 'कृष्णा होटल' के मालिक व्यंकटेश के आदेश पर उसे हर सुबह एक कॉफ़ी निःशुल्क मिलती है। बस स्टैंड से थाना होते हुए गुरुनाथ गाँव की भरसक परिक्रमा करता है। बस स्टैंड के बग़ल में मुश्किल से पचास क़दम पर अगुम्बे थाना की तीन दो मंज़िला इमारतें हैं। इनमें एक थाने का मुख्यालय है, जो अन्य दो इमारतों की तुलना में किंचित पुराना है। बाक़ी दो इमारतों में पुलिसकर्मियों के क्वार्टर हैं।

अगुम्बे थाना एक छोटा-मोटा प्रहसन केंद्र ही है। इस थाने से कई दिलचस्प प्रसंग जुड़े हैं। पर सबसे नया प्रसंग तीन महीने पहले थाने के सब इंस्पेक्टर के रोचक स्थानांतरण का है। तीन महीने पहले यहाँ के सब इंस्पेक्टर लंके नागबाबू के संग जो कुछ भी हुआ, इसकी चर्चा पूरे कर्नाटक पुलिस में है। अगुम्बे थाने के सिपाही अभी भी अफ़सोस से बिहँसकर कहते हैं, "इंस्पेक्टर नागबाबू अपने आँगन में ही घोड़े से गिर गये।" दरअसल,

इंस्पेक्टर नागबाबू को रात में मोबाइल पर अपनी धर्मपत्नी का कॉल रिसीव नहीं करना बुरी तरह भारी पड़ गया। उस रात उनकी पत्नी ने मोबाइल पर उन्हें कई बार कॉल किया। पर मोबाइल को अपने कक्ष की मेज़ पर छोड़ लंके नागबाबू 'कृष्णा होटल' के बरामदे पर खड़े कॉफ़ी की चुस्की ले रहे थे। हालाँकि, उनकी पत्नी को चाहिये था क़ि बग़ल में थाने पर किसी को भिजवाकर पहले दरयाफ़्त कर लेतीं। पर ऐसा पहली बार हुआ था जब इंस्पेक्टर नागबाबू ने तुरंत फोन नहीं उठाया था। 'क्या उनके पति जंगल में कहीं नक्सलियों के बीच तो नहीं फँस गये हैं?' एक ही पल में श्रीमती नागबाबू जाने क्या-क्या सोच गयीं और उसी घबराहट में उन्होंने शिमोगा के पुलिस अधीक्षक के मोबाइल पर कॉल कर सुबकते हुए किसी अनहोनी की आशंका जतायी। पुलिस अधीक्षक ने छूटते हुए चारों तरफ़ वायरलेस पर संदेश छुड़वाया कि नागबाबू का पता किया जाये। इस वायरलेस संदेश से अगुम्बे के पुलिसकर्मी भी चौंके और दौड़ते हुए 'कृष्णा होटल' के बरामदे पर कॉफ़ी की आखिरी घूँट भर रहे इंस्पेक्टर नागबाबू को सूचना दी।

अचानक क्या हो गया कि इस वक़्त वायरलेस पर पुलिस अधीक्षक उन्हें ढूँढ़ रहे हैं? इंस्पेक्टर लंके नागबाबू को एक पल में पसीना छूट गया। वे भागे हुए अपने कक्ष में पहुँचे और पुलिस अधीक्षक के मोबाइल नंबर पर कॉल किया। पुलिस अधीक्षक ने पहले उनकी ख़ैरियत रिपोर्ट ली और कहा कि, "जब तुम अपनी पत्नी के कॉल के प्रति ही इतने लापरवाह हो, तो आम जनता के संग क्या खिलवाड़ करते होगे?" मोबाइल पर ही पुलिस अधीक्षक ने फ़रमान जारी किया कि वे कल पुलिस लाइन में जायें और स्थानांतरण आदेश की प्रतीक्षा करें। पुलिस अधीक्षक ने यह भी कहा कि मात्र स्थानांतरण कोई दंड नहीं। इसलिए दंडस्वरूप उन्हें जूनियर सब इंस्पेक्टर के पद पर जाना होगा। इस तरह पत्नी के हाथों पिटे लंके नागबाबू पदावनति का इतिहास बना अगुम्बे थाने से विदा हुए और श्रीराम उपाध्याय अगुम्बे थाने के सब इंस्पेक्टर पद पर भेजे गये। संभवत: यही कारण है कि आधी रात में भी श्रीराम उपाध्याय एक से दो घंटी बजते ही मोबाइल रिसीव करते हैं। उन्होंने रातों को बस अड्डे से लेकर डी.बी. सुब्बाराव सर्किल तक पुलिस की विशेष तैनाती कर दी है और गाँव में भी पहले से अधिक गश्त बढ़ा दी है। अब बस स्टैंड पर देर रात तक कोई अड्डेबाजी या मटरगश्ती नहीं कर सकता है।

दोड्डेरेंगदि प्रेमानंद परियार उर्फ़ कैंटीन परियार बिहँसकर कहता है, "अरे भाई! नये दारोगा की टोपी में थाना।" नये सब इंस्पेक्टर के आने से कुछ ज़्यादा ही चैन है। अब साप्ताहिक हाट तक में पुलिस पूरे समय फेरे मारती है। बस अड्डे के बग़ल से गुज़रनेवाली सड़क के ठीक पार टीन के चद्दरों की लंबी-चौड़ी टोपी धारण किये पक्के फर्श का एक विशाल शेड है, जहाँ प्रत्येक रविवार को गाँव का हाट सजता है। बस स्टैंड से निकल कर गाँव की तरफ़ बढ़ने पर टूटे-फूटे हंचू[1] से आच्छादित उड़े पीले रंग का एक खंडहरनुमा भवन है, उसमें कभी डाकघर चलता था। गाँव में डाकघर की शुरुआत इसी भवन से हुई थी। अब तो ख़ैर डाकघर, पंचायत भवन परिसर में है। इस पुराने अवकाशप्राप्त डाकघर भवन का उपयोग मौक़ा-मुनासिब अगुम्बे थाना के पुलिसकर्मी करते हैं। जब कभी इस क्षेत्र में सक्रिय नक्सली उग्रपंथियों पर अधिक दबिश बढ़ाने के लिये बाहर से पुलिस बल

1. लाल चौकोर खपड़ा

आता है, तो उसे यहीं टिकाने की व्यवस्था की जाती है। वर्ष 2005 से अगुम्बे और इसके आसपास के इलाक़े में उग्रवादियों की लगातार बढ़ती गतिविधियों के कारण कर्नाटक सरकार ने यहाँ न सिर्फ़ एंटी नक्सल फ़ोर्स (ए.एन.एफ़) के जवानों की विशेष रूप से तैनाती की, बल्कि हर महत्त्वपूर्ण मोड़ पर चेकपोस्ट भी स्थापित किया। पर अद्‌भुत यह है कि इन उग्रवादियों ने कभी यहाँ के स्थानीय जीवन के साथ छेड़छाड़ नहीं की है। इसलिये इस गाँव के अंतिम छोर पर सघन जंगल के बीच स्थित अंतरराष्ट्रीय सर्प विज्ञानी रोमुलस ह्विटेकर के रिसर्च सेंटर में शोध करनेवाले देश-विदेश के लोग बेहिचक आते हैं। यों गाँव की पंचायत सदस्य ममता जगदीश का मानना है कि मलाई बरफ सरीखे शीतल-मधुर स्वभाव के इस गाँव में जब से ए.एन.एफ. यानी एंटी नक्सल फ़ोर्स की तैनाती हुई है, माहौल लगातार ख़राब ही हुआ है। ए.एन.एफ. के जवानों का अगड़धत्तपन बात-बात में दिखता है। जालीदार हेल्मेट लगाये बख़्तरबंद जवानों को देख बाबूराव वामन शेनॉय अक्सर चिढ़कर कहता है, "कठबाप[1] हैं माथे पर छत्तरवाले ये पुलिस के जवान।" सच है कि ए.एन.एफ. की मौजूदगी में थाना भी उन्मन हालत में रहता है। गाँव के अवकाश प्राप्त हाईस्कूल हेडमास्टर कृष्णमूर्ति हेब्बार तो इस बात को लेकर हैरान रहते हैं कि आख़िर नक्सली लोगों के इस क्षेत्र में होने का तर्क क्या है? आंध्रप्रदेश के गाँवों में जहाँ आज भी सौ-सौ एकड़ खेत वाले श्रीमंत हैं, वहाँ बात समझ में आती है। पर इस तरफ़ तो ऐसा श्रीमंत कोई नहीं है। सबको इस गाँव में मुश्किल से एक-दो एकड़ ज़मीन है। बस जीने-खाने भर के लिये। गाँव के अधिकतर लोग कुली-मज़दूरी कर समय गुज़ारते हैं। एक ज़माने में दोड्‌डमने ख़ानदान के पास कुछ ज़्यादा ज़मीन हुआ करती थी। पर अब तो वे लोग भी काफ़ी सिकुड़ चुके हैं। अंतत: हेब्बार इसी निष्कर्ष पर पहुँचते हैं कि इधर क्योंकि सघन जंगल और पहाड़ है, इसलिये नक्सलियों को पनाह के लिये यह इलाक़ा सुरक्षित लगता है। पर पुलिस व नक्सलियों के बीच आम लोग फँसे हैं। अगुम्बे पंचायत के पूर्व अध्यक्ष विश्वनाथ बायर खीजकर कहते हैं, "गरीबी के संग-संग यहाँ सिपाही भी बढ़ते गये। पहले अगुम्बे थाने में बस एक सिपाही और दफादार हुआ करता था। आज सब मिलाकर डेढ़ सौ सिपाही हैं। बहाना है—नक्सल सर्च। ढूँढ़ते रहें जंगल में नक्सलियों को। नक्सली जंगल की नस-नस जानते हैं। पुलिसवाले क्या जानें जंगल। बस चौक-चौराहे पर गाड़ियाँ रोक ये नक्सलियों को ढूँढ़ेंगे।"

अवकाश प्राप्त पुराने डाकघर भवन के किनारे पेस्ट के फटे डिब्बे की तरह खड़ा अगुम्बे का पुलिस चेकपोस्ट है। इस चेकपोस्ट पर मौजूद एक पुलिसकर्मी गाड़ियों की आवा-जाही पर नज़र रखता है। हाँ, पुराने डाकघर भवन के बस स्टैंड रूख़वाली दीवार के किनारे-किनारे इधर कुछ छोटी-छोटी दुकानें बनायी जा रही हैं, जिसे सरकार कैंटीन की भाँति बंदोबस्ती पर देगी। पुराने डाकघर भवन के सामने सड़क पार गाँव के नव धनाढ्‌य माल्या परिवार का लघु व्यावसायिक साम्राज्य है। इस दो महले साम्राज्य के अंतर्गत ऊपर 'होटल माल्या रेसीडेंसी' और उसके नीचे 'माल्या स्टोर्स' नामक ग्रॉसरी की एक बड़ी-सी दुकान है। इस दुकान पर लक्ष्मीनारायण माल्या का बड़ा बेटा सुधींद्र बैठता है और नीचे से ही होटल के भी अपने कारोबार की देखरेख करता है। अगुम्बे पुलिस चेकपोस्ट

---

1. सौतेले पिता

और माल्या रेसीडेंसी से दस क़दम पूरब बढ़ने पर लोहे का जो जंग लगा प्राचीन फाटक है, वह कभी बंद नहीं होता, हमेशा खुला रहता है। लिहाज़ा, उसके दोनों हिस्सों के निचले भाग को जंगली घास और लताओं ने दुलार से लपेट रखा है।

इस फाटक के ठीक आगे गाँव का चौराहा है–'डी.बी. सुब्बाराव सर्किल'। इसके ठीक सामने मौजूद है पंचायत भवन। पंचायत भवन के बहुरंगी विशाल अहाते में जहाँ हरे रंग से सुसज्जित पंचायत भवन है, तो झरबेरी के रंग का डाकघर है। इसी परिसर में स्थित राशन गोदाम पीले रंग का है। ग्राम सभा भवन का रंग आसमानी नीला और मलापहाड़ी नदी की दिशा में आँगनबाड़ी का एक नन्हा-सा पीला भवन है। मलापहाड़ी नदी पर लोहे की एक पुरानी पुलिया है। पुलिया के पार भी कतार से घर व दुकानें हैं। पर गाँव का मुख्य हिस्सा सुब्बाराव सर्किल के दायें से शुरू होता है, जो अगुम्बे के मेन रोड में मिलता है। गाँव के श्रीमंत रहे स्व. डी.बी. सुब्बाराव और उनके पुत्र स्व. विजयेंद्र राव की हस्ती जिस तरह कभी बुगी के पेड़ की तरह तनी थी, अगुम्बे मेन रोड भी कुछ वैसा ही है। मेन रोड में दायें कोने पर सबसे पहले गोविंदप्पा की दुकान और उससे ठीक सटे झरबेरी के मोहक रंग का उसका घर है। गोविंदप्पा चिरकुमार है। उसकी बहन शैला उसे शादी के वास्ते समझा-समझाकर हार चुकी है। छोटे क़द के गहरे साँवले गोविंदप्पा ने दूल्हा बनने का सुनहरा वक़्त गुज़ार दिया है। गोविंदप्पा के बिस्तर से चिपके बूढ़े पिता पकीरप्पा की आँखों में बेटे के एकाकी भविष्य को लेकर एक स्थायी क्लेश दिखता है। गोविंदप्पा की माँ कुमुदम्मा बहुत पहले चल बसी। वह होती, तो शायद बेटे के पास कुछ हाय-तौबा मचाती। गोविंदप्पा के घर के ठीक सटे राजेंद्र भट्ट की भी छोटी-सी ग्रॉसरी की दुकान है। इसके ठीक सामने सड़क पार पंचायत भवन की चहारदीवारी से सटा 'निःसर्ग' का विशाल हरा-भरा परिसर है। जंगली लता-पता और नाना वृक्षों से भरपूर इस परिसर में स्थित सुंदर-सुरुचिपूर्ण घर में चिर कुँवारी जेनी बाई उर्फ़ जिनी अक्का रहती हैं। वे साहूकार स्व. विजयेंद्र राव की सबसे छोटी बहन हैं। कस्तूरी राव की छोटी बुआ सास। अब सड़क के फिर इस पार राजेंद्र भट्ट की दुकान से सटकर मोटे-सोटे नागराज पई का घर है।

थुलथुला नागराज अपने घर के आगे छोटा-सा तिरपाल तान और उसके नीचे टेबुल जमाकर नारियल व झाल-मूड़ी बेचता है। पहले नागराज का मुँह हमेशा बदनेकाई[1] की तरह स्याह लटका रहता था। गाँव के लोगों का भी हमेशा से मानना था कि वह पैदाइशी मायूस है। सबुज़ पाँव पुरुष। सोलह वर्षों तक हुबली के एक होटल में उसने काम किया। वहाँ भी उसका दिल उचटा ही रहता था। शादी की उम्र भी उसकी निकल चुकी थी और पिता सत्यनारायण पई भी परलोक सिधार चुके थे। एक दिन हुबली के उस होटल की तालाबंदी हो जाने के बाद वह हमेशा के लिये गाँव आ गया। बड़े जतन-जुगाड़ से उसकी माँ शांति पई ने उसके सिर पर छप्पर रखकर उसकी शादी मंदिरों के शहर उडुपि की एक हँसमुख छरहरी सलोनी लड़की भाग्यलक्ष्मी से करायी। फिर भी नागराज पई का कुंभकर्ण की भाँति सोया भाग्य नहीं जागा। भाग्यलक्ष्मी जब विवाह के कुछ समय बाद अपने मायके उडुपि गयी, तो वहाँ श्रीकृष्ण मठ के एक वयोवृद्ध पुजारी से उसने अपने अंतर्मन की व्यथा सुनायी कि और बातें तो दूर अपने पति को वह कभी

1. बैंगन

हँसते तक नहीं देखती। पुजारी ने कुछ पल सोचने के बाद उसे उपाय बताया कि प्रत्येक पूर्णिमा की संध्या खीर बनाकर थाली में परोस वह उसे कुछ देर चाँदनी में रखे। फिर चंद्रमा की स्तुति का मंत्र जाप कर पति को खिलाये। पुजारी ने यह भी सुझाया कि अपने आँगन में वह वैजयंती के पौधे लगाये और प्रत्येक सोमवार को उन पौधों को श्रद्धापूर्वक दीप दिखाया करे। पुजारी ने भाग्यलक्ष्मी से यह भी कहा कि पति को चाँदी के गिलास में ही पानी पीने को दिया करे। भाग्यलक्ष्मी ने तत्काल उडुपि में ही चाँदी का एक गिलास ख़रीद लिया। वापस लौटकर भाग्यलक्ष्मी ने नागराज की हँसी के लिये खीर और वैजयंती के सारे टोटके आजमाये। आख़िरकार पति के चेहरे पर एक हलकी-सी भी मुस्कराहट देखने को तरसती भाग्यलक्ष्मी ने वैजयंती के फूलों का जादू देखा। नागराज स्वभाव के विपरीत कभी-कभी मुसकने लगा। हालाँकि, दोनों के विवाह के अब चार साल बीतने को हैं, लेकिन उन्हें कोई संतान नहीं। गाँव के लोग अफ़सोस से कहते हैं, "हाथी और हिरण की जोड़ी है। बच्चा क्या होगा?" पर भाग्यलक्ष्मी को संतान न होने का पहले जैसा मलाल नहीं। नागराज की कुंडली देखकर गाँव के ज्योतिषाचार्य पंडित शतानंद शास्त्री उससे निर्णायक तौर पर कह चुके हैं कि संतान का योग जातक को दूर-दूर तक नहीं है। कोई ईश्वरीय चमत्कार हो, तो अलग बात है। भाग्यलक्ष्मी ने अपने मन को भरसक समझा लिया है। सदैव पशुवत मुस्कानविहीन नागराज के मुख पर अब कभी-कभार कौंधनेवाली दुर्लभ मुस्कान पर ही वह निहाल रहती है। खुशदिल भाग्यलक्ष्मी इसलिये दोड्डमने की कस्तूरी राव को बहुत अच्छी लगती है। वे कहती हैं, "किसी भी व्यक्ति का सौभाग्य या दुर्भाग्य कैसे उसकी पत्नी होती है, भाग्यलक्ष्मी ने इसे साबित किया। वह एकदम नो रोना-धोनावाली औरत है।" प्यार से वे भाग्यलक्ष्मी को 'वैजयंती माला' बुलाती हैं। वैजयंती के पौधों का चमत्कार तो उसने सिद्ध कर ही दिया।

नागराज के घर के बाद ही है कस्तूरी राव का महाकाय निवास—दोड्डमने। इसके सामने तक सड़क के पार 'निःसर्ग' का परिसर है। दोड्डमने के बग़ल में हरदम ग़मगीन-से दिखनेवाले माधव नायक का दो मंजिला झंडू घर है। बैग और स्कूल ड्रेस तैयार करने का उसका छोटा-सा व्यवसाय है। अपनी कंपनी का नाम उसने 'वुल्फ़ अंब्रेला' रखा हुआ है। गाँव के अधिकांश लोगों का मानना है कि माधव के चेहरे पर वुल्फ़[1] स्थायी रूप से बैठा रहता है। जिद्दी और झक्की माधव नायक नदी किनारे के खेत जैसा है। कब क्या करवट लेगा, कोई ठिकाना नहीं। वह गाँव में सबसे कटा-कटा ही रहता है, जबकि उसका बेटा श्रीनिवास कुछ सामाजिक-धार्मिक स्वभाव का है। आंजनेय मंदिर में पूजा का दायित्व लेकर वह समाज में पिता की असहजता को किनारे करने की अथक कोशिश करता रहता है। कहते हैं न कि पिता पतित भी भला। श्रीनिवास की यह असमर्थता लोग समझते हैं। कस्तूरी राव सोचती हैं कि काश माधव नायक की पत्नी जीवित होतीं, तो वे उन्हें अवश्य कहतीं कि भाग्यलक्ष्मी की तरह वे भी पति के चेहरे की मुस्कान के लिये घर में वैजयंती के पौधे लगायें। माधव नायक के घर के सामने सड़क पार गोविंदराय पंडित का मँझोला-सा घर है। इस घर पर अधिकांश समय ताला ही झूलता रहता है। गोविंदराय पंडित बेंगलूर में नौकरी करते हैं। साल में एक बार ब्रह्मरथोत्सव

---

1. भेड़िया

के अवसर पर मुश्किल से गाँव आ पाते हैं। शेष दिनों में इनके घर के धूल भरे सूने बरामदे पर भूले-भटके कुछ भगत-जगत थोड़ी देर सुस्ता लिया करते हैं। माधव नायक के घर के बग़ल में विवेक पंडित और बालकृष्ण नायक का घर है। घर के सामनेवाले हिस्से में बालकृष्ण ने यों तो जीवन यापन के लिये परचून की एक छोटी-सी दुकान खोल रखी है। पर वे आयुर्वेद और होमियोपैथी की मिली-जुली चिकित्सा भी करते हैं। गाँव में पीलिया, बवासीर और मिर्गी के कई असाध्य रोगियों को उन्होंने ठीक किया है। प्राचीन युग के महान वैद्य चरक कृत 'चरक संहिता' से लेकर होमियोपैथी चिकित्सा के जनक हैनिमेन रचित अमर होमियोपैथी चिकित्सा ग्रंथ 'आर्गेनन' को अपनी दुकान पर बैठे-बैठे बालकृष्ण नायक आज भी घोंकते रहते हैं। वे आयुर्वेद का हवाला देते हुए कहते हैं कि अधिकतर रोगों का कारण है-प्रज्ञापराध। स्वस्थ प्रज्ञा, तो स्वस्थ शरीर। दो साल पहले की बात है। गाँव के इकलौते टेलर मास्टर सुप्रसाद के भतीजे को रह-रहकर मिर्गी के दौरे पड़ते थे। कितने झाड़-फूँक और अंग्रेज़ी दवाओं से इलाज के बावजूद वह ठीक नहीं हुआ। आख़िरकार बालकृष्ण ने घी, सेंधा नमक और हींग को गोमूत्र में उबाल-उबालकर साल भर उसे नियमित पिलवाया। बच्चे की मिर्गी ठीक हो गयी। गाँव के लोगों ने मुसककर कहा, "अगुम्बे गाँव लंका तो नहीं है पर लंका के वैद्यराज सुषेण से कम नहीं हैं अपने वैद्य बालकृष्ण।" वाक़ई, जड़ी-बूटियों का अच्छा ज्ञान है बालकृष्ण नायक को। अगुम्बे के वर्षावन में लगभग पौने चार सौ प्रजातियों के पौधे हैं, जिनमें पौने दो सौ पौधे औषधीय हैं। इन जड़ी-बूटियों का अपनी चिकित्सा में वे पूरा उपयोग करते हैं। बालकृष्ण का पड़ोसी बाबूराव वामन शेनॉय बिहँसकर कहता भी है, "राम-रावण युद्ध में जब लक्ष्मण अचेत हो गये, तो राम को लगा कि लक्ष्मण की जान ज़ा चुकी है। तभी विभीषण ने बताया कि लंका के वैद्यराज सुषेण ही उनकी प्राण रक्षा कर सकते हैं। हनुमानजी निद्रामग्न सुषेणजी को पलंग समेत उठाये चले आये। फिर सुषेणजी के कहने पर संजीवनी बूटी लाने निकले हनुमानजी पर्वत ही उठा लाये। हमारे जंगल-पर्वत एक से एक जड़ी-बूटियों से भरे पड़े हैं। पर इन्हें जानने के लिये कोई सुषेण और बालकृष्ण नायक चाहिये।" बालकृष्ण के घर के सामने सड़क पार राघवेंद्र पई का घर है। वे बैंक सेवा से रिटायर हैं और अपने बेटे के पास बेंगलूर में रहते हैं। संप्रति अपना घर उन्होंने हाई स्कूल के एक शिक्षक को किराये पर दे रखा है। पर अवकाश ग्रहण करने के बाद जब कुछ साल राघवेंद्र पई गाँव के अपने पुश्तैनी घर में थे, उस दौरान उन्हें पेशाब की गंभीर परेशानी हो गयी थी। शरीर की दुर्बलता भी बढ़ गयी थी। बालकृष्ण ने लगातार तीन महीने तक प्रतिदिन उन्हें दस-दस बूँद बरगद वृक्ष का दूध सेवन कराया। राघवेंद्र पई की सारी परेशानी जाती रही। बालकृष्ण के घर से ठीक सटे बाबूराव वामन शेनॉय के घर के बाद सुर्ख़ गुलाबी रंग का गाँव का इकलौता सैलून है। नाटा-खुटा और पक्के रंग में चमकते दाँतवाला पद्मनाभ इसे चलाता है।

सैलून चलाने के लिये उसे मेन रोड की यह जगह अपने मित्र जलंधर से मुफ़्त में मिली हुई है। जलंधर अगुम्बे से तीस किलोमीटर दूर अपनी ससुराल कोप्पा में जाकर बसा हुआ है। उसकी पत्नी माँ-बाप की इकलौती बेटी है और कोप्पा में ससुराल की अच्छी संपत्ति है। वैसे, जलंधर बेंगलूर से प्रकाशित 'विजय कर्नाटक' नामक एक मासिक

पत्र का संपादक है। पद्‌मनाभ के पिता स्व. संजीव भंडारी और जलंधर के पिता स्व. सीताराम शेनॉय दोनों अनन्य मित्र थे। इस मैत्री ने अगली पीढ़ी में भी विस्तार पाया। पद्‌मनाभ और जलंधर भी अच्छे मित्र बने। जलंधर जब अपनी ससुराल जाकर बसने लगा, तो मेन रोड के किनारे की अपनी जगह उसने बतौर अमानत पद्‌मनाभ को दे दी। इसके चंदक़दम पर सिंडीकेट बैंक के पास पद्‌मनाभ का रिहाइशी घर है। पद्‌मनाभ दो भाई हैं। वह बड़ा है और छोटा भाई गिरीश हुब्री स्थित के.एम.एफ. फैक्ट्री में कार्यरत है। पद्‌मनाभ अपनी माँ कामवती, पत्नी विजया तथा बेटे निहार व बेटी नेहा के संग गाँव में रहकर सैलून से अपना गुज़र-बसर करता है। पद्‌मनाभ ने अपने सैलून को भरसक आधुनिक रखने की कोशिश कर रखी है। बाल कटाई, मशीन से बाल कटाई, बाल का मुंडन, बाल का मशीन सेटिंग, बच्चा बाल, बच्ची बाल, दाढ़ी सेटिंग, साधारण दाढ़ी, दाढ़ी निविया, डिटोल दाढ़ी, गोदरेज डाइ, पत्थर डाइ, मेंहँदी डाइ, कलिंग बाल, कलम कटाई और मूँछ कटाई—इस सबका दर उसके सैलून की दीवार से काग़ज़ पर छपा चिपका है। पर कई मायने में उसका सैलून सदावर्त है। दर भले ही दीवार से चिपके काग़ज़ पर घोषित है लेकिन कलम और मूँछ कटाई का पैसा उसे शायद ही कोई देता हो। तरोताज़ा होने के लिये पद्‌मनाभ कभी बीच में खिसककर लिंगराज के 'कामथ होटल' पर चाय पीने जाता है, तो कलम और मूँछ कटाई का काम कई लोग स्वयं भी कर लेते हैं। पद्‌मनाभ की ऐसी अल्पकालिक अनुपस्थिति में कुछेक बार हास्यास्पद हादसे भी होते हैं। कोडीबैल उर्फ़ आश्रम टोला के उमेश शेनॉय का प्रसंग ऐसे हादसों में से एक है। इस बात को अधिक दिन नहीं हुए। उमेश को अपने एक रिश्तेदार के यहाँ हो रहे विवाह में गुड्‌डेकेरि जाना था। कलम व मूँछ ठीक कराने जब वह सैलून में पहुँचा, तो पद्‌मनाभ कुछ लोगों की हज़ामत बनाकर लिंगराज के होटल में चाय पीने गया हुआ था। उमेश को शीघ्रता थी, इसलिये शीशे के आगे कैंची से कलम-मूँछ को स्वयं उसने तरतीब में कर लिया। सहसा उसे कौंध हुई कि वह संबंधी के यहाँ विवाहोत्सव में जा रहा है, थोड़ा सँवर लेना ठीक रहेगा। सैलून के बड़े शीशे से सटे रैक से उसने क्रीम का एक ट्यूब उठाया और थोड़ा क्रीम चेहरे पर लगाकर गुड्‌डेकेरि के लिये निकल पड़ा। विवाहोत्सव कैसा क्या रहा, इसका विवरण तो नहीं लेकिन उमेश शेनॉय की वहाँ क्या गति हुई, इसका विवरण स्वयं अपने श्रीमुख से उमेश ने बुरी तरह झुँझलाकर अगली सुबह सैलून पर दिया।

दरअसल, निविया समझकर उमेश ने जल्दी-जल्दी में शेविंग क्रीम मुँह पर मल लिया था। गुड्‌डेकेरि पहुँचने पर जब उसने मुँह-हाथ धोना शुरू किया, तो पूरा चेहरा फेन ही फेन। एक पल के लिये उमेश चकराकर रह गया। अगल-बगल खड़े लोग भी अचंभित थे। बिना साबुन लगाये सादा पानी से मुँह धोने पर उमेश के चेहरे पर इतना झाग क्यों हो रहा है? ख़ैर, चेहरे पर लगातार पानी का झोंका मारने से झाग तो ख़त्म हुआ लेकिन उमेश को समझ में आ गया कि पद्‌मनाभ के सैलून की क्रीम ने उसकी यह गत बनायी है। वापस अगुम्बे पहुँचने के बाद सुबह-सुबह उमेश शेनॉय ने सैलून जाकर पद्‌मनाभ को रुआँसे स्वर में उलाहना दिया, "पद्‌मनाभ! यह क्या सब फालतू क्रीम रखते हो सैलून में? संबंधियों के यहाँ मैं मजाक बनकर रह गया। चेहरे पर पानी देने के साथ झाग ही झाग...।"

"क्या मुझसे पूछकर क्रीम लगा गये थे?" पद्मनाभ ने झल्लाकर कहा और बाल काटने में व्यस्त हो गया। उमेश शेनॉय की आर्त्त-कथा सुनकर सैलून में बाल कटाने के लिये बैठे परमानंद भट्ट ठठाकर हँस पड़े। गाँव की मलापहाड़ी पुलिया के ऐन पहले परमानंद भट्ट का घर है। खेती-बाड़ी उनके जीवनयापन का आधार है। सैलून में मुँह लटकाये बैठे उमेश शेनॉय से परमानंद भट्ट ने हँसते हुए कहा, "उमेश! तुमने अपनी करनी से इस ज्ञानी गाँव की नाक कटवा दी।" फिर एक पल थमकर वे शुरू हुए, "कुछ साल पहले की बात है। होसुर गाँव के विवेक नायक की बीमार माँ को पहुँचाने मैं मुंबई गया था। सब जानते हैं कि विवेक मेरे बचपन का मित्र है। मुंबई में विवेक का अपना व्यवसाय है। विवेक की माँ गाँव में गंभीर बीमार हो गयी थीं और विवेक ने मुझे माँ को लेकर तुरंत मुंबई आने को कहा ताकि वहाँ माँ का ठीक से इलाज करा सके। खैर, मैं विवेक की माँ को लेकर मुंबई पहुँचा। विवेक की जिद पर मैं दो-तीन दिन मुंबई में रुक गया। अचानक वहीं मेरी पत्नी ने फोन पर सूचना दी कि मेरे श्वसुरजी का देहांत हो गया है। उनके गुजरे तीन दिन होने को थे। अशौच के कारण बाल का मुंडन करवाना आवश्यक था। मैं सैलून गया। बाल के मुंडन की बात सुनकर सैलून का संचालक समझ गया कि किसी के चल बसने के कारण मुझे मुंडन कराना है। उसने छूटते हुए कहा—बाल का मुंडन कराने के 1500 रुपये लगेंगे। महज बाल छिलवाने के इतने रुपये? मैं हैरानी में कुछेक और सैलून में गया। सब जगह वही कहानी। एक सैलूनवाले ने तो बाल मुंडन करने के लिये 2500 रुपये की मांग की। यह कोई मामूली नहीं, मुंबई नगरी है बाबू! मैंने सोचा इससे निपटने के लिये अब अपनी गँवई बुद्धि लगानी ही होगी। इस तरह मन बनाकर मैं एक महँगे सैलून में घुसा। इस सैलून में मैंने बाल मुंडन की चर्चा के बजाय बाल छँटाने की बात कही। मुझे बताया गया कि बाल कटाई के यहाँ तीन हजार रुपये लगेंगे। मैंने राजा की तरह सहमति में कुछ इस तरह सिर हिलाया मानो यह मेरे लिये बहुत मामूली रकम है। लकदक कपड़ों में सजे सैलून के हेड नाई ने बाल छाँटना शुरू किया। मैंने नाई से कहा कि शाम को मुझे एक जरूरी समारोह में जाना है, इसलिये बाल की छँटाई अच्छी होनी चाहिये। एक पल रोककर मैंने उसे यह भी समझाया कि मेरे बाल की अपनी शैली है इसलिये आगे पीछे महीन कटिंग और कनपटी के दोनों तरफ मोटी कटिंग। मेरा निर्देश पाकर वह काबिल नाई शुरू हो गया। आगे और पीछे जब वह अपनी रफ्तार में छाँट रहा था, तो बीच-बीच में मैं धीमे से कहता—थोड़ा और महीन...थोड़ा और...। इस तरह मेरे आगे-पीछे के बाल महीन होते-होते लगभग जड़ तक रह गये और कनपटी के दोनों तरफ के बाल बड़े। यही मैं चाहता भी था। नाई को अब मैंने पीछे से शीशा दिखाने को कहा ताकि पीछे की कटिंग पर नजर डाल सकूँ। जभी नाई शीशा लेकर पीछे खड़ा हुआ कि अपनी योजनानुसार मैं आपे से बाहर होकर उस पर चीख पड़ा। मैंने कहा कि मेरे आगे-पीछे के बाल तो उसने लगभग सफाचट कर डाले और कनपटी के दोनों तरफ के बाल कुत्ते के कान की तरह झूल रहे हैं। मैंने चिल्लाते हुए कहा कि ऐसा जोकर बनकर भला मैं जरूरी समारोह में कैसे मुँह दिखाऊँगा। मैंने सैलून में बैठे लोगों की तरफ समर्थन के लिये देखा, जो मुँह दबाकर हँस रहे थे। इधर वह काबिल नाई घिघिया रहा था कि उसने तो बस मेरे निर्देश का पालन किया। मैंने उससे

गरजते हुए कहा कि मेरी बात को वह खाक नहीं समझा। अब कुत्ते जैसा यह हुलिया लेकर मैं कहाँ जाऊँ? मैं तुम पर केस करूँगा। मेरी गर्जना सुन सैलून का मालिक अपने उस हेड नाई को तरेड़ते हुए हाथ जोड़कर मेरे सामने गलती के लिये माफी माँगने लगा। उसने कहा कि वह वर्षों से यह सैलून चला रहा है पर ऐसी घटना पहली बार यहाँ हुई है। मालिक की चिरौरी के बाद उसे माफ कर देने की भंगिमा में मैंने वहाँ अपराधी की तरह खड़े हेड नाई की तरफ देखा और कहा–कुत्ता डिजाइनवाले मेरे इस बाल से अच्छा कि मेरे बाल को उस्तरे से पूरा छील ही डालो। नाई ने आनन–फानन में मेरा मुंडन कर दिया। फिर सैलून मालिक व नाई माफी माँगते हुए मुझे दरवाजे तक छोड़ने आये। इस तरह निःशुल्क बाल का मुंडन कराकर मैं मुंबई के उस सैलून से निकला।''

अपनी बात ख़त्म करते हुए परमानंद भट्ट ने उमेश शेनॉय के कंधे पर हाथ रखते हुए कहा, ''उमेश! मत भूलो कि गँवई बुद्धि का जोड़ नहीं। इसके आगे देश–विदेश के लोग पानी भरेंगे। इसलिये बुद्धि को घर पर छोड़कर निकलोगे तो मुँह पर फेन ही फेन नहीं, तो और क्या होगा?'' अपने सैलून पर जारी ऐसे एक से एक क़िस्सों के बीच पद्मनाभ मुसकते हुए कैंची–उस्तरा चलाता रहता है। उसका सैलून गाँव का रस–मंजरी केंद्र है। हज़ामत और गप की चाशनी यहाँ साथ–साथ बनती रहती है। पद्मनाभ के सैलून के बग़ल में शुक्रतो किनी का घर है। शुक्रतो मुंबई में नौकरी करता है। गोविंदराय पंडित के घर की तरह उसके घर पर भी ज़्यादातर ताला जड़ा रहता है। शुक्रतो के बाद देवेंद्र नाईक और नलिनी का घर। अपने घर के अगले हिस्से में दोनों ग्रॉसरी की एक छोटी–सी दुकान चलाते हैं। देवेंद्र नाईक के घर सह दुकान की बग़ल से जो रास्ता है, वह राम मंदिर रोड कहलाता है। उसमें आगे जाकर पंचायत सदस्य ममता जगदीश और कई लोगों के घर हैं। राम मंदिर से लेकर हाईस्कूल तक के रास्ते में इडिगास और मोगेविरा समुदाय के लोगों के कई घर हैं। इनमें बीस–पच्चीस परिवार इडिगास बिरादरी के हैं और क़रीब इतने ही घर मोगेविरा लोगों के भी। इडिगास लोगों का मूल पेशा दारू बिक्री का रहा है। अब इस समुदाय के कई लोग सरकारी नौकरियों में भी हैं। पर अभी भी अधिकतर लोग खेतीबाड़ी और दारू बिक्री का काम करते हैं। इसी तरह मछली मारनेवाला मोगेविरा समुदाय भी बीते वर्षों में सरकारी सेवा और अन्य कई नये धंधों से जुड़ा है।

डाकघर का प्रभार सौंपने के क्रम में काग़ज़–पत्तर सिपुर्द करते हुए गजानन नागप्रसाद ने कहा था, ''तुम्हारा मन यहाँ लगेगा हनुमन्नायक! राम मंदिर रोड में शंखपद के घर के सामने मेरा घर है। जब जी करे, आ जाना। राम मंदिर रोडवाले रास्ते के मुँह पर बिजली का लोहे का एक पुराना पोल है। रास्ते और पोल के बग़ल में बनवासी भंगिमा में मौजूद राम मंदिर है। हाँ, हर शनिवार को यहाँ शाम में भजन होता है। देवेंद्र नाईक की दुकान के सामने सड़क के पार दोड्डेरेंगदि प्रेमानंद उर्फ़ कैंटीन परियार का घर है। वही यहाँ भजन करता है। गजमोती है परियार। मिलोगे, तो कहोगे कि मैंने क्या कहा था। अगुम्बे घाटी में ज़माने से वह 'जनता होटल' नाम से 'टी–स्टॉल' चलाता है। दरअसल, देश में इंदिरा गांधी ने जब आपातकाल लगाया, तो उसके खिलाफ उठे देशव्यापी आंदोलन में परियार भी था। केंद्र में जनता पार्टी की सरकार बन गयी, तो परियार ने 'जनता होटल' खोल लिया। तभी से वह 'कैंटीन परियार' नाम से मशहूर है। अगुम्बे घाटी से गुज़रनेवाला

ऐसा कौन वी.आई.पी. होगा, जो उसके स्टॉल पर रुककर चाय न पीता होगा। रामकृष्ण हेगड़े जब मुख्यमंत्री थे, तो उन्होंने कई बार गाड़ियों का कारवाँ रुकवाकर उसके यहाँ चाय पी। वर्तमान मुख्यमंत्री येदियुरप्पा का तो कहना ही क्या? परियार चाय, साहित्य, सिनेमा और संगीत–इन चार चीजों का दीवाना है। यह गाँव उसकी ननिहाल है। परियार की माँ इंदिरा मुझे यों ही याद है। परियार जब उसके गर्भ में ही था, तो उसका पति जाने कहाँ लापता हो गया। तभी से इंदिरा मायके में बस गयी थी। बचपन से धुएँ के चादर में लिपटे अलमस्त परियार से दुख भी काँपता-थरथराता है। हनुमन्नायक! उसके इसी दम का मैं कायल हूँ। खैर, परियार के घर के ठीक बाजू में एस.वी.एस. हाई स्कूल के हिंदी पंडित लीलाधर मास्टर का घर है और यहाँ से जो रास्ता फूटता है, वह टेंपल रोड उर्फ मालगुडी रोड है। इसी मार्ग में आगे जाकर श्रीवेणुगोपाल कृष्णास्वामी का प्राचीन मंदिर है। इस मंदिर की महिमा तो तुमने सुनी ही होगी। आज तुमने यहाँ के डाकघर का कार्य भार लिया है। इसलिये आज शाम की आरती में श्रीवेणुगोपाल कृष्णास्वामी का दर्शन अवश्य कर आना। मालगुडी उर्फ टेंपल रोड के लोगों से भी तुम जल्द ही परिचित हो जाओगे। अगुम्बे पंचायत के पूर्व अध्यक्ष गाँव के पुराने राजनीतिज्ञ विश्वनाथ बायर का घर वेणुगोपाल मंदिर से दस कदम पर है। गाँव के वयोवृद्ध ज्योतिषाचार्य पंडित शतानंद शास्त्री का घर बायर के ठीक बगल में है।'' गजानन नागप्रसाद ने चेहरे पर चमक लाते हुए आगे कहा था, ''अरे भाई हनुमन्नायक! छोटा-सा गाँव है यह। पर अगुम्बे दरअसल अष्टभुजा अगुम्बे है। राम मंदिर के सीधे भी कई घर हैं। परियार के घर से जहाँ श्रीवेणुगोपाल स्वामी के मंदिर का रास्ता फूटता है, उसके ठीक सामने कोने पर छोटा-सा पंचायत ग्रंथागार है। इसकी पीठ पर टेंपल रोड उर्फ मालगुडी रोड में वसंत राव का झड़बेरी के रंग का सुंदर-सुसज्जित निवास है, जिसकी ऊपरी मंजिल पर बना हंचू के छतवाला नन्हा-सा इकलौता नीला कमरा मोर की गर्दन की तरह लहराता दिखता है। वसंत के बेटे-बेटी बेंगलूर में इंजीनियर हैं। वसंत सपत्नीक यहाँ रहते हैं। मलापहाड़ी नदी पर बनी पुलिया के पार भी कई घर हैं। मलापहाड़ी नदी आगे जाकर मेगरबल्ली गाँव के पास मालती नदी में मिलती है। तीर्थहल्ली जानेवाले रास्ते में यहाँ से पंद्रह किलोमीटर की दूरी पर है मेगरबल्ली। हनुमन्नायक! जरा देखो कि नदियाँ कैसे गाँव-गाँव के बीच रिश्ता जोड़कर रखती हैं। अगुम्बे और मेगरबल्ली गाँव को मलापहाड़ी और मालती नदी ने किस दुलार से जोड़ रखा है। दो पुरषा पानीवाली है मलापहाड़ी। दो मर्द पानीवाली नदी। खैर, गाँव में मलापहाड़ी की पुलिया पार के हिस्से को परिहास में गाँव के लोग पाकिस्तान कहते हैं। मस्जिद और गाँव के गिने-चुने मुस्लिम परिवार दरअसल इसी तरफ हैं। बीते पंद्रह-बीस वर्षों से गाँव का विस्तार आंजनेय नगर टोले की तरफ अधिक हुआ है। आंजनेय नगर के रामन्ना, कृष्णप्पा, दिनेश गौड़ा, परमेश्वर कुलाल, शिवराम, तीर्थंकर और चिनप्पा...सबसे तुम्हारी मुलाकात होगी।''

गजानन नागप्रसाद को देर तक सुनने के अनंतर हनुमन्नायक ने साँस खींचते हुए कहा था, ''आपने सचमुच पोस्टमास्टर की सेवा को जिया है अन्ना! आप इस गाँव में अवतार स्वरूप हैं। पूरा गाँव ही आपके मानस में बसा है। आपने तो पूरा ओसाकर[1]

1. भूसा मिश्रित दाने को कुछ ऊँचाई से हवा में गिराकर अलग करना

इस गाँव का परिचय दे दिया।'' हनुमन्नायक को गजानन नागप्रसाद की प्रशंसा के लिये मानो उपयुक्त शब्द नहीं मिल रहे थे। गजानन नागप्रसाद ने पुरानी यादों में खोते हुए तनिक मुस्कराकर कहा, "हनुमन्नायक! तुमने ठीक कहा, डाक-तार सेवा को सचमुच बड़े आनंद से जिया मैंने। जिस साल मैंने इस विभाग में योगदान दिया था, उसी साल मेरी शादी हुई थी। तुम्हारी भाभी उस वक़्त मायके में ही थीं। मुझे लगा कि तुम्हारी भाभी को अपने विभाग का कुछ जलवा दिखाना चाहिये। उन दिनों आज की भाँति गाँव-गाँव में बैंक की सुविधा नहीं थी। लोग ज्यादातर पोस्ट ऑफिस से मनीऑर्डर ही किया करते थे। पता नहीं मुझे भी क्या मौज सूझी और मैंने देखा कि कम से कम कितना पैसा मनीऑर्डर किया जा सकता है। नियम में पाया कि एक पैसे का भी मनीऑर्डर भेजा जा सकता है। आज तो एक पैसा हमेशा के लिये दफ्न हो चुका है। पर उस समय एक पैसे का चलन था। बस मैंने तुम्हारी भाभी के नाम एक पैसे का मनीऑर्डर डाला और संदेशवाले हिस्से में लिखा-'अपनी प्रियतमा के लिये एक आश्चर्यजनक राशि।' हनुमन्नायक! उस समय इस एक पैसे के मनीऑर्डर को लेकर अखबारों में खबर तक छपी थी। एक पैसे का मनीऑर्डर भेजने का रिकार्ड बनानेवाला मैं दुनिया का अकेला व्यक्ति हूँ। तुम्हारी भाभी आज तक इस प्रसंग को याद करती हैं। खैर, यह तो हास-परिहास की बात हुई लेकिन सचमुच इस सेवा को अंतिम दिन तक समर्पित भाव से मैंने निभाया।" गाँव के लोग भी मुक्त कंठ से कहते हैं कि गजानन नागप्रसाद ने पोस्टमास्टर पद के दायित्व का निर्वहन वास्तव में कर्मयोगी की भाँति किया। गाँव में इसलिये सभी उनके प्रति स्नेह और सम्मान का भाव रखते हैं। डॉ. अनिकेत अगुम्बे प्राइमरी हेल्थ सेंटर में चिंता से घुमड़ते हुए सोच रहे थे कि किसी तरह गजानन नागप्रसाद ठीक-ठाक हो, राम-राम कर यहाँ से विदा हो जाते। कुछ भी उन्नीस-बीस हो गया, तो हमेशा के लिये कलंक कि डॉ. अनिकेत के हाथों डाकबाबू की मौत हो गयी। इस गाँव में यों भी ऊक से फूँक भारी है। गाँव में ब्रह्मज्ञानी और त्रिलोकी लोग हैं, तो शेखचिल्लियों की भी कमी नहीं। दस-ग्यारह दिन पहले की बात है। गाँव के आंजनेय नगर टोले के निवासी रमेश गौड़ा के बारह साल के बेटे को लोहे के छोटे आलमीरे के कोने से चोट लग गयी थी। चोट की जगह खून निकल आया था। हमीद के पैसेंजर ऑटो को आनन-फ़ानन में बुलाकर रमेश गौड़ा ने बेटे को लिया और सुरेश के गुड्स ऑटो पर उस आलमारी को लदवाया, जिससे बेटे को चोट लगी थी। दोनों हेल्थ सेंटर पहुँचे। रमेश गौड़ा ने डॉ. अनिकेत से कहा, ''सर! आलमारी भी साथ लेता आया हूँ, जिससे चोट लगी है। तनिक बाहर निकल कर आप ऑटो पर रखी आलमारी देख लें।'' डॉ. अनिकेत के.टी. को लगा कि वे आगे झुककर लोढ़ा बसंत रमेश गौड़ा को साष्टांग प्रणाम कर लें। किसी तरह उन्होंने रमेश गौड़ा को समझा-बुझाकर बच्चे को दवा दी और आलमारी समेत विदा किया।

यह गाँव झल्लुओं-विहंगमों और मलंगों का कुंभ है। इसलिये इस प्राइमरी हेल्थ सेंटर की कार्य-व्यवस्था को पटरी पर लाने के लिये डॉ. अनिकेत को अपने क़िस्म की विशेष सुरक्षात्मक छंदक-प्रणाली अपनानी पड़ी। वरना यहाँ के हास्यास्पद हालडोल में तो वे स्वयं ही हमेशा हूकते रह जाते। अक्सर वे कहते हैं, "यह हॉस्पीटल एक हास्य पटल है।" डॉ. अनिकेत जब यहाँ पदस्थापित हुए थे, तो यहाँ का नज़ारा ही कुछ और

था। पाखाने और पेशाब की जाँच के लिये अधिकतर मरीज़ दियासलाई के डिब्बे में पाखाने का नमूना व पान पराग के बड़े पाउच में पेशाब का नमूना भरकर लाते थे। यह सब देखकर डॉ. अनिकेत ने अपना माथा कूटते हुए अस्पताल के कंपाउंडर से कहा, "रंगास्वामी! यहाँ तो मैं पागल ही हो जाऊँगा। तुम जितनी जल्दी हो, अस्पताल के मुख्य द्वार पर नोटिस बोर्ड लगवाओ।" स्वयं डॉ. अनिकेत ने फटाफट नोटिस बोर्ड के सारे निर्देश लिखे। कंपाउंडर रंगास्वामी ने तीर्थहल्ली जाकर युद्धस्तर पर पेंटर से नोटिस बोर्ड तैयार कराया। ग्रामीणों के लिये यह नोटिस बोर्ड आरंभिक झुँझलाहट के बाद सार्थक सिद्ध हुआ। मल-मूत्र के नमूने दियासलाई के डिब्बों और पान पराग के पाउच में आने लगभग बंद हो गये। पर कुछ कर्मकांडियों ने नोटिस बोर्ड के मज़मून को बेहद अश्लील और असहनीय माना, जो इस प्रकार था–

1. रूटीन पेशाब और पाखाने की जाँच के लिये कृपया शीशी या प्लास्टिक के डिब्बे को पहले गर्म पानी से अच्छी तरह साफ़ करें और तब उसमें नमूना भरकर लायें।
2. गर्भवती स्त्रियों के लिये सुबह के पेशाब का नमूना सर्वोत्तम रहेगा।
3. कृपया सलाई के डिब्बे, पान पराग के पाउच, दालमोठ के पैकेट आदि में मल-मूत्र के नमूने कदापि न लायें।

इस निर्देशिका की जानकारी पाकर गाँव के मार्कंडेय मुनि पंडित शतानंद शास्त्री ने क्रुद्ध होकर कहा, "यह नया डॉक्टर नितांत असभ्य और निर्लज्ज है। और तो और गर्भवती स्त्रियों को लेकर बोर्ड पर ऐसी गंदी सार्वजनिक टिप्पणी? यह रत हिंडक[1] कोकशास्त्री है क्या? राम...राम...राम...।" महीधर ने तो हेल्थ सेंटर पर आकर डॉ. अनिकेत को समझाने की असफल चेष्टा भी की थी कि गाँव की गर्भवती स्त्रियों के पेशाब को लेकर बोर्ड पर इस प्रकार का सार्वजनिक निर्देश गाँव की इज़्ज़त से खिलवाड़ है। पर डॉ. अनिकेत के ऊपर इन प्रलापों का कोई असर न होना था, न हुआ। अलबत्ता, जाँच के लिये शीशी में मल-मूत्र का नमूना लाने का निर्देश बोर्ड पर पढ़कर जब कुछ लोग इत्र की नन्ही शीशी में पेशाब दे गये, तो डॉ. अनिकेत को अपार क्रोध हुआ। पर अंतत: असहाय होकर उन्होंने उन मरीजों को कहा, "यह किसी चिड़ियाखाना का नहीं, आदमी का हेल्थ सेंटर है। लगता है इत्र की इस नन्ही शीशी में आप किसी चिड़िया का पेशाब जाँच के लिये लाये हैं।" धीरे-धीरे डॉ. अनिकेत जब यहाँ रस-बस गये, तो ग्रामीणों की इन हरक़तों पर न उन्हें ख़ास अचरज होता, न वे आपा खोते। आंजनेय नगर टोले के परमेश्वर कुलाल के पिता को जब कुछ दिन पहले पक्षाघात हुआ, तो बदहवास दौड़ते हुए वह अस्पताल पहुँचा, "मेरे अप्पा को ब्रेन में हर्ट अटैक हो गया है।" परमेश्वर के विदीर्ण चेहरे को देख डॉ. अनिकेत ने किसी तरह अपनी हँसी को जज़्ब किया और उसके संग उसके पिता को देखने तत्काल निकल पड़े थे। अपने कंपाउंडर रंगास्वामी से डॉ. अनिकेत अक्सर कहते हैं, "अगर मैं पेशे से डॉक्टर नहीं होता, तो यहाँ दोनों कानों को कपास की गोलियों से हमेशा बंद रखता। पर कोई उपाय नहीं।"

देर से संशय में उलझे डॉ. अनिकेत का जी हुआ कि गजानन नागप्रसाद के पायताने बिसूरती बैठी उनकी पत्नी सुनेत्रा और बेटे गणेश्वर को अब किसी तरह एक गाड़ी का

---

1. कामुक व लंपट व्यक्ति

इंतज़ाम करने के लिये कह ही दें। पर गणेश्वर को भी अच्छी-खासी चोट है। इसके भी हाथ-माथे पर पट्टी बाँधनी पड़ी है। आख़िर क्या किया जाये? गाड़ी तो ख़ुद इनकी भी है। पुराने मॉडल का एंबेसडर। लेकिन वह गाड़ी चलेगी क्या? एंबेसडर का तो थोबड़ा चूर-चूर है और वह अन्नपूर्णा विद्या मंदिर परिसर के झंडोत्तोलन स्थल की ऊपरी सीढ़ी पर चढ़ा पड़ा है। यह गाड़ी ही गजानन नागप्रसाद के लिये काल हो गयी। डॉ. अनिकेत ने गजानन की कलाई थामकर नब्ज़ देखी। फिर सीने पर आले की वृत्ताकार नन्ही चकती को जगह-जगह नचाकर देखा। ईश्वर की असीम कृपा! पहले से बहुत बेहतर! श्रीवेणुगोपाल कृष्णास्वामी ने इज़्ज़त बचा ली। डॉ. अनिकेत के चेहरे पर मुस्कान की एक रेखा कौंध गयी। ओफ़! अधिकांश बड़ी दुर्घटनाओं के मूल में कोई छोटी-सी हास्यास्पद बात छिपी होती है। यह है मनुष्य की फूहड़ सोच और लालसा। अच्छे भले लोग इस चक्कर में अपनी गति-मति खो बैठते हैं। गजानन नागप्रसाद के सिर फटने के पीछे भी ऐसा ही प्रसंग है। खून से लथपथ हालत में जब लद-फँदकर वे हेल्थ सेंटर पहुँचे थे, तो अपने इकलौते बेटे गणेश्वर की तरफ़ आग्नेय दृष्टि से देखते हुए बुरी तरह चीखने लगे थे। डॉ. अनिकेत उन्हें उस दशा में चुप होने को कहते कि इसके पहले गजानन नागप्रसाद अचेत हो गये। परिस्थिति की गंभीरता में पूरी बात का खुलासा उस समय तो नहीं हो सका, क्योंकि डॉ. अनिकेत युद्ध स्तर पर उनकी गहन चिकित्सा में जुट गये थे। पर जब उनसे कम घायल उनके पुत्र गणेश्वर की वे मरहम-पट्टी कर रहे थे, तो उसने लंबी चुप्पी तोड़ते हुए सफ़ाई के स्वर में डॉ. अनिकेत से कहा, "डॉक्टर साहब! पिताजी को कई दिनों से जिद लगी थी कि मैं उन्हें गाड़ी चलाना सिखाऊँ। अन्नपूर्णा विद्या मंदिर परिसर में आज इन्हें इसलिये ले गया था। गाड़ी चलाने की सारी बातें इन्हें समझा दीं। स्टिअरिंग, एक्सलेटर, गेयर और ब्रेक के बारे में बताने के बाद इन्हें ड्राइविंग सीट पर बिठाकर इनकी बगल में मैं बैठा था। गेयर बदलकर ये एक्सलेटर पर पाँव का दबाव रह-रहकर ढीला कर देते थे। इसलिये गाड़ी बार-बार बंद हो रही थी। मैंने इनसे कहा कि एक्सलेटर जरा जोर से दबायें। पर मुझे क्या पता था कि अचानक ये एक्सलेटर को पूरी ताकत से दबाकर दुर्घटना कर बैठेंगे। भला आप ही बतायें कि मैं कैसे चाहूँगा कि जिस गाड़ी में इनके ठीक बगल में मैं बैठा हूँ, वह दुर्घटनाग्रस्त हो जाये?" गणेश्वर ने हलकी कराह के संग माँ की ओर देखते हुए अपनी बात पूरी की।

"पर सबकी जड़ में तुम हो। न तुमने जिद कर इनसे गाड़ी खरीदवायी होती, न यह दुर्घटना होती। आखिर चोट तो तुम्हें भी लगी ही है।" देर से चुपचाप आँसू गिरा रहीं गजानन नागप्रसाद की पत्नी सुनेत्रा ने क्रुद्ध होकर बेटे से कहा। अचेत पति और घायल पुत्र की दशा ने उन्हें दग्ध कर रखा था। पिछले डेढ़ महीने से पिता-पुत्र के बीच इस गाड़ी को लेकर जारी नाटक में कुछ ऐसा विकट मोड़ आयेगा, इसका अनुमान सुनेत्रा को दूर-दूर तक न था। पर रोज़ ब रोज़ की तनातनी को लेकर सुनेत्रा घोर अहस[1] की स्थिति में थीं। न वह पति को रोक सकती थीं, न बेटे को टोक सकती थीं।

वाक़ई यह गाड़ी जब से आयी, घर का चैन छिन गया। गजानन नागप्रसाद को अवकाश ग्रहण करने पर पी.एफ., अर्न लीव व अन्य मदों के रुपये जोड़कर एक मुश्त सात-आठ

1. दुविधा, धर्मसंकट

लाख रुपये मिले थे। इकलौते बेटे गणेश्वर ने एक रात पिता के भावुक तार को छेड़ते हुए कहा, ''पिताजी! आपने कभी जीवन में सुख नहीं किया। हमेशा पैदल और बस पर चलते रहे। हम सबकी जिम्मेदारी ढोने में आपने कभी अपनी सुविधा की चिंता नहीं की। मलापहाड़ी पुलिया के पार 'होटल गुरु प्रसाद' चलानेवाले टी. सुरेंद्र नायक को तो आप जानते ही हैं कि वह कितने साफ-सुथरे सोच का है। वह अपना सेकंड हैंड एंबेसडर बेच रहा है। गाड़ी बहुत ज्यादा चली हुई नहीं है। इसलिये सेकंड हैंड होने के बावजूद लगभग नयी है। सुरेंद्र नायक सत्तर हजार रुपये कीमत कह रहा है। लेकिन मुझे विश्वास है कि आपके नाम पर वह साठ हजार रुपये तक में देने को राजी हो जायेगा।'' एक पल के लिये थमकर गणेश्वर ने फिर अपनी बात पर आते हुए कहा, ''पिताजी! गाड़ी हो जाने से आप जब और जहाँ मर्जी आ-जा सकेंगे। माँ शारदाम्बिका मंदिर में दर्शन के वास्ते श्रृंगेरी जाने के लिये हरेक बार आपको इसलिये मुश्किल होती है क्योंकि बस में ठुँसकर जाना पड़ता है। अपनी गाड़ी रहने पर शिमोगा, मणिपाल, उडुपि, मंगलूर और यहाँ तक कि बेंगलूर भी जाना मुश्किल नहीं रह जायेगा।'' हेल्थ सुपरवाइज़र पुत्र गणेश्वर को उनके लिये इतना असीम प्रेम है, सोचकर गजानन नागप्रसाद भाव विह्वल हो उठे। अपने अक्खड़ और थोड़े झक्की स्वभाव के कारण इकलौते पुत्र से कभी उनका अधिक संवाद नहीं रहा। पर गणेश्वर की सलाह उनके मन को बरबस छू गयी। उन्होंने धीमे से कहा, ''तो सुरेंद्र नायक से बात करो।'' साठ हज़ार रुपये में आशानुरूप सुरेंद्र नायक ने फौरन हाँ कर दी। पोस्ट ऑफ़िस से रुपये निकाल गजानन नागप्रसाद ने बेटे को दे दिये। भुगतान कर गणेश्वर स्वयं गाड़ी चलाते हुए जब अपने दरवाज़े पर उतरा, तो पूरे परिवार की खुशी का पारावार न था। फूल और अक्षत से गाड़ी का पूजन हुआ। लगा कि इंद्र का ऐरावत द्वार पर आ खड़ा हुआ है। सेकंड हैंड होने के बावजूद सफ़ेद एंबेसडर में दमक थी। अगले दिन माता-पिता, पत्नी और अपने दोनों बच्चों को गाड़ी पर बिठाकर गणेश्वर आसपास के कुंचीकल झरना, ओनेकअब्बी झरना, जोगीगुंडी और अगुम्बे सनसेट प्वाइंट घुमा लाया। लक्ष्मीनारायण माल्या के बेटे सुधींद्र से मैत्री के कारण गणेश्वर ने सुधींद्र की गाड़ी पर हाथ साफ़ कर रखा था। उसकी बहुत दिनों की हसरत थी कि काश उसके दरवाज़े पर भी अपनी एक गाड़ी होती। पर हेल्थ सुपरवाइज़र की महज़ मामूली नौकरी में यह सपना पूरा होना संभव नहीं था। पिता के अवकाश ग्रहण करने का वह मानो इंतज़ार ही कर रहा था। इसलिये एक रात भोजनोपरांत गजानन नागप्रसाद जब माँझ आँगन में बैठकर निश्चिंत हो गाँव के स्वच्छ आकाश के चाँद-तारों को निहार रहे थे, तो उपयुक्त समय भाँप उसने गाड़ी की चर्चा छेड़ दी। तीर निशाने पर लगा था। हालाँकि, गजानन नागप्रसाद की पत्नी सुनेत्रा को बाप-बेटे के बीच गाड़ी को लेकर अचानक उमड़ा अनर्गल अनुराग अच्छा नहीं लगा। एक रिटायर व्यक्ति की जमा पूँजी पर इस तरह कहीं शंख बजता है? पर बाप-बेटे की इच्छा को भला वे क्यों भाँड़तीं। वैसे उन्हें पूरी आशंका थी कि यह गाड़ी पिता-पुत्र के बीच सिर फुटव्वल का कारण बनेगी। जो भी हो, कोख से हारना ही पड़ता है। गाड़ी आने के अगले दिन गजानन नागप्रसाद ने बेटे से पूछा, ''गणेश्वर! तुम तो हेल्थ सुपरवाइजरी में गाँव-गाँव घूमते रहोगे। मुझे कहीं जाना होगा, तो कैसे क्या करूँगा?''

"पिताजी! हाथी मिलने पर महावत भी मिल ही जाता है। लोकल में तो सुबह-शाम मैं ही आपको घुमा लाऊँगा। कभी बाहर जाना हुआ, तो छुट्टी ले लूँगा। आप नाहक सोच-सोचकर परेशान न हों।" गणेश्वर ने पिता को इत्मीनान दिलाते हुए कहा। पर सप्ताह बीतते न बीतते गजानन नागप्रसाद की छठी इंद्रिय ने उन्हें समझा दिया कि गाड़ी का उपयोग वे कितना क्या कर सकेंगे। दरअसल, पहले हफ़्ते से ही गणेश्वर हमेशा गाड़ी लेकर रफ़ूचक्कर रहने लगा। इस तरह चढ़ना-घूमना तो दूर, दरवाज़े पर गाड़ी को आँख भर देखना भी गजानन नागप्रसाद के लिये दूभर हो गया। गहराती शाम में परिसर के भीतर गाड़ी लगाकर गणेश्वर जब उनके पास कहानी शुरू करता कि आज गाड़ी से वह कहाँ-कहाँ गया और किस-किस व्यक्ति ने गाड़ी की प्रशंसा में क्या-क्या कहा, तो सुनकर गजानन नागप्रसाद खून का घूँट पीकर रह जाते। एक दिन पत्नी सुनेत्रा से उन्होंने क्षुब्ध होकर कहा, "देख रही हो न श्री 420 को। कितना मुलम्मा देकर इसने मुझसे गाड़ी के लिये पैसा निकलवाया और अब विक्रम राजा बना हुआ है। मैं गाड़ी में बैठने के लिये तरसता देखता रहता हूँ। गाड़ी खरीदकर मैंने स्वयं अपना बाट लगा लिया।" सुनेत्रा ने बात को बिगड़ने से बचाते हुए कहा, "किसी दूसरे की तो नहीं, अपने बाप की ही गाड़ी पर न विक्रम राजा है। क्या ऐसा हुआ है कि आपने कभी कहीं जाने को कहा और वह आपको लेकर न गया हो।"

"मौका कब है कहने का?" गजानन नागप्रसाद ने रुखाई से कहा, "सुनेत्रा! बेटा और लोटा बाहर से ही चमकता है। अधिक मुँह न खुलवाओ।"

सुनेत्रा का मन आशंकित हो उठा। बाप-बेटे के बीच कहीं स्थायी घाव न हो जाये यह गाड़ी। वे भाँप गयीं कि गाड़ी पर नियंत्रण न होने की आँच से गजानन नागप्रसाद का विस्फोट किसी भी दिन भड़क उठेगा। उन्होंने जब परोक्ष रूप से बेटे गणेश्वर को समझाने की कोशिश की, तो उल्टे वह बौखलाने लगा, "मैं तो कबसे प्रतीक्षा कर रहा हूँ माँ कि पिताजी कहीं चलने का कार्यक्रम बनायें। पर यहाँ तो कचकच से ही फुरसत नहीं। चिप्पी सटी पीताम्बरी इस सेकंड हैंड गाड़ी पर तो ये तमाशा है, नयी गाड़ी होती तो पता नहीं क्या होता।" सुनेत्रा से आगे कुछ कहते न बन पड़ा। अब जानें दोनों बाप-बेटे। लेढ़ाई हुई बात में जो पड़े, सो धूल-कीचड़ में सने। हालाँकि, माँ के कहने से पहले गणेश्वर की पत्नी जयंती उसे नेपथ्य के तमाम परिदृश्यों से अवगत करा चुकी थी। विवाह के बाद से ही जयंती का यह जीवन दर्शन रहा है कि पति को कूटकर चूर्ण बना डालने का सर्वाधिकार पत्नी के पास सुरक्षित होता है लेकिन इसका मतलब यह नहीं कि माता-पिता, भाई-बंधु समेत वह किसी दूसरे को भी इसकी छूट लेने देगी। श्वसुर द्वारा परोक्ष में पति पर टीका-टिप्पणी जयंती को क़तई नहीं सुहाती थी। उसने एक रात पति को चिढ़कर कहा, "यह बूढ़ा चील दिन-रात गाड़ी को लेकर भुनभुनाता रहता है। तुम्हारे शरीर में अगर लज्जा होगी, तो तुम गाड़ी की तरफ देखोगे तक नहीं।" गणेश्वर ने बात अनसुनी कर करवट बदल ली। पर अगली ही सुबह उसके लिए शामत बनकर आयी। गजानन नागप्रसाद दरअसल अगली सुबह किसी आवश्यक कार्यवश शिमोगा जाने के लिये जब तक तैयार हुए, तब तक अन्य दिनों की भाँति गणेश्वर एंबेसडर लेकर निकल चुका था। बेटे पर दाँत पीसते गजानन नागप्रसाद बस अड्डे जाकर शिमोगा की बस में

जा बैठे। उन्होंने मन ही मन संकल्प लिया कि आज लौटकर वे गणेश्वर से गाड़ी की चाबी माँग लेंगे। वे अपने संकल्प के संदर्भ में मन ही मन वाक्य बना रहे थे कि बेटे को यह विस्फोटक निर्णय कैसे सुनायेंगे? उनके कहने का रूख़ धधकता तीखा होगा कि मारक ठंडा ? मन में यह सारा तर्क-वितर्क चल ही रहा था कि रास्ते में सामने से आ रहे अपने सफ़ेद एंबेसडर पर सहसा उनकी दृष्टि पड़ी। ड्राइवर के केबिन में बोनट के बग़ल की यात्री सीट पर बैठे गजानन नागप्रसाद ने बस के सामनेवाले बड़े शीशे से देखा कि गणेश्वर एक ठिलठिलाती लड़की के संग मुसकते हुए गाड़ी पर चला आ रहा है। अच्छा, तो गाड़ी से रंगरेलियाँ हो रही हैं। गजानन नागप्रसाद का क्रोध बस के शीशे को फोड़ते हुए अपने एंबेसडर पर सीधे गिरने जैसा था। पर वे खून के कई घूँट एक पल में पी गये। "मारकर फाड़ देंगे आज इस कुलांगार को।" बार-बार यह वाक्य वे बुदबुदा रहे थे। पर किसी तरह उन्होंने मन को शांत किया। बुजुर्ग ज़माने से कहते आये हैं कि जवान बेटे से मुँह लगाना ठीक नहीं। यों भी अगर घर में परायी लड़की के संग घूमने का आँखों देखा प्रसंग वे उठाते हैं, तो बहू-बेटे में महासंग्राम छिड़ जायेगा। ओफ़ ! लफड़े की जड़ है यह गाड़ी। बस आज किसी बहाने से वे उससे गाड़ी की चाबी जब्त कर लेंगे। गाड़ी छिनते ही इस वज्र बेशर्म की तमाम हवाबाज़ी आप से आप बंद हो जायेगी। उन्होंने तय किया कि कल सुबह से वे खुद गाड़ी चलाना सीखेंगे। कोई सौ साल के तो वे हैं नहीं। वे रिटायर भले हो गये हों पर आज भी किसी काम में जुट जायें, तो नौजवानों को पसीना छुड़ा देंगे।

शिमोगा से देर शाम लौटने के बाद जब गजानन नागप्रसाद भोजनादि से निवृत हो आकाश के चाँद-तारों को निहारने की भंगिमा में आये, तो पोते विट्ठल से कहा कि, "जाकर पिताजी को बोलो कि दादाजी बुला रहे हैं।" पिता द्वारा तलब किये जाने पर गणेश्वर स्वाभाविक रूप से आशंकित हुआ। उसे लगा कि दुर्वासा स्वभाव के पिता की गर्जना उसे झेलनी होगी। पर गजानन नागप्रसाद संत-मुनि भाव से बैठे थे। गणेश्वर जब उनके सामने की कुर्सी पर बैठा, तो अत्यधिक शांति से उन्होंने कहा, "मैं कल से गाड़ी चलाना सीखना चाहता हूँ।"

"पर अब इस उम्र में पिताजी...?" हैरान गणेश्वर ने अटकते हुए कहा। हालाँकि, आशंका के विपरीत पिता का ऐसा सागर सरीखा शांत भाव देख उसकी जान में जान आयी थी।

गजानन नागप्रसाद ने पूर्ववत चाँद-तारों को निहारते हुए कहा, "गणेश्वर! सीखने की कोई उम्र नहीं होती। महात्मा गांधी को जिस दिन नाथूराम गोडसे ने गोली मारी थी, उस सुबह भी बँगला भाषा का अभ्यास कर वे प्रार्थना सभा में गये थे।" गणेश्वर ने कुछ कहना चाहा, तो उसे चुप करते हुए उन्होंने कहा, "कल सुबह से मुँह-अँधेरे अन्नपूर्णा विद्या मंदिर स्कूल के परिसर में तुम मुझे गाड़ी चलाना सिखाओगे। स्कूल शुरू होने के घंटे भर पहले हम घर लौट आयेंगे। अब गाड़ी की चाबी मेरे पास ही रहेगी। मैं दिन में भी अभ्यास किया करूँगा।"

गणेश्वर बुझे मन से सहमति जताते हुए उठ खड़ा हुआ। गाड़ी हाथ से जाने का दुख और बुढ़ापे में पिता की बाल सुलभता पर वह आधी रात तक क्षुब्ध रहा। ख़ैर,

जो भी हो, अब कल सुबह से पिताजी को स्कूल के मैदान में गाड़ी का अभ्यास कराना है। उसने यह बात पत्नी को बतायी। पत्नी ने मुँह बनाते हुए उसके जख़्म को यह कहकर सहलाया कि, ''मरने के समय चीटियों के भी पंख उग आते हैं।'' पत्नी ने अपने महत्त्वपूर्ण वक्तव्य में कई सुभाषित और जोड़े, ''बेटे के प्रति ऐसा दुष्टभाव मैं इसी घर में देखती हूँ। मेरे मायके में तुम देखते हो कि मेरे पिताजी का मेरे भाइयों से क्या अटूट प्रेम है। रावण भी अपने बेटे से तुम्हारे पिता-सा व्यवहार न रखता होगा। अब जाओ, कल से आँख मलते हुए जटायु महाराज को गाड़ी चलाना सिखाओ।'' गणेश्वर के अंदर मँडराते क्षोभ में पत्नी की इन बातों ने मानो आग में घी का काम किया। रात-भर वह सो नहीं पाया। करवटें बदलते सुबह हो गयी। पिताजी उसे आवाज़ दे रहे थे। सचमुच पिताजी पागल हो चुके हैं। झल्लाहट के साथ गणेश्वर ने रैक पर रखी गाड़ी की चाबी उठायी और एक साँस में आकर गाड़ी पर बैठ गया। तरोताज़ा दिख रहे पिता आगे की सीट पर मुदित भाव में आसीन हुए। कुढ़ते हुए गणेश्वर ने गाड़ी का रुख़ अन्नपूर्णा विद्या मंदिर की ओर कर दिया। मुँह-अँधेरे गाड़ी की हेड लाइट जलाये आगे बढ़ते गणेश्वर ने गाड़ी की चालन प्रणाली को सूक्ष्मता से समझाते हुए कहा, ''पिताजी! बस गिअर, क्लच, एक्सलेटर, ब्रेक और स्टीयरिंग-इन्हीं पाँच चीजों पर आपको ध्यान लगाना है। कोई दिक्कत होगी, तो मैं सँभाल लूँगा। यों भी स्कूल कैंपस में अभी कोई नहीं होगा।''

अन्नपूर्णा विद्या मंदिर का विशाल परिसर सन्नाटे में डूबा था। किरण बस फूटने-फूटने को थी। ड्राइविंग सीट से उतरकर गणेश्वर ने पिता से कहा, ''आइये अब यहाँ बैठिये और पाँचों चीज गौर से देखकर थाम लीजिये।'' गजानन नागप्रसाद ने ड्राइविंग सीट पर बैठ अपने इष्टदेव और विश्वकर्मा महाराज को स्मरण किया। रात से क्षोभ में डूब-उतरा रहे गणेश्वर को अभी भीतर से हँसी छूट रही थी। ड्राइविंग सीट पर उलझन की मुद्रा में बैठे पिता से अंततः कहना पड़ा, ''पिताजी! गाड़ी स्टार्ट तो कीजिये। इसमें घबड़ाना क्या? आप किसी की जान तो नहीं लेने जा रहे हैं।'' गणेश्वर ने स्वयं गाड़ी स्टार्ट कर दी। गजानन नागप्रसाद ने सहसा अपना हाथ-पाँव सुन्न होता महसूस किया। वे बेटे के निर्देशानुसार यंत्रवत गिअर, क्लच, स्टीयरिंग पर हाथ-पाँव मार रहे थे। बेटे ने एक्सलेटर को पाँव के इशारे से दिखाकर कहा था कि इसी को दबाने से गाड़ी चलती है। पर सबकुछ समझने के बावजूद गजानन नागप्रसाद क्लच, ब्रेक और एक्सलेटर को लेकर बार-बार उलझ रहे थे। एक्सलेटर दबाने के बदले ब्रेक-क्लच एक साथ दबा देते और गाड़ी रह-रहकर बंद हो जाती। झल्लाकर गणेश्वर ने कहा, ''पिताजी! मैं पहले ही आपसे कह रहा था कि गाड़ी सीखना आपके वश का नहीं।''

''अच्छा क्या करना है? आखिरी बार फिर से बताओ। अब गलती नहीं होगी।'' गजानन नागप्रसाद ने कातर स्वर में बेटे से कहा।

''लीजिये, गाड़ी फिर से स्टार्ट करता हूँ। अब गिअर बदलकर एक्सलेटर दबाइये।'' गणेश्वर ने चिढ़कर कहा, ''अरे और दबाइए...एक्सलेटर नहीं दबाएँगे तो गाड़ी फिर बंद हो जायेगी पिताजी।''

गजानन नागप्रसाद मानो शून्य में चले गये। पूरी ताकत से उन्होंने एक्सलेटर को दबाया ताकि गाड़ी कभी बंद न हो। गाड़ी बंद होने पर गणेश्वर फिर उन पर बरसेगा। एक्सलेटर

तल्ले तक चाँपना था कि गाड़ी बेक़ाबू हो गयी। गजानन नागप्रसाद सुधबुध खो बैठे। गणेश्वर की आँखों के आगे भी अँधेरा छा गया। गाड़ी पागल हाथी की गति से दौड़ते हुए स्कूल परिसर के बीचोबीच हर साल झंडोत्तोलन के लिए बनाये ऊँचे चबूतरे से जा टकरायी। बदहवास गजानन नागप्रसाद ने फिर भी एक्सलेटर को चाँपे रखा। गाड़ी का अग़ला हिस्सा तेज़ घड़घड़ाहट के साथ ऊँचे चबूतरे पर चढ़कर उस पर स्थायी रूप से ध्वजारोहण के लिए गड़े लोहे के पोल से टकराकर स्थिर हो गया। चबूतरे की सीढ़ियों और पोल से बुरी तरह टकराने के कारण गाड़ी का अग्रभाग शीशा समेत बुरी तरह चूर-चूर हो गया था। चबूतरे की सीढ़ियाँ अलग क्षतिग्रस्त हो गयीं। पोल तेज़ धक्के से पीछे की तरफ़ झुक गया। गजानन नागप्रसाद का सिर बुरी तरह फट गया और खून दर-दर बहने लगा। गणेश्वर को भी हाथ-पाँव में अच्छी-खासी चोट लगी थी। इस भयंकर टकराहट से उठी आवाज़ और गजानन नागप्रसाद की दर्दनाक चीख सुन अन्नपूर्णा विद्या मंदिर का चौकीदार भागता हुआ पहुँचा। स्थिति गंभीर देख उसने फ़ौरन अग़ल-बग़ल के लोगों को सूचना दी। डाकबाबू दुर्घटनाग्रस्त हो गए हैं, सुनकर लोग भागे हुए घटनास्थल पर पहुँचे। दोनों हाथों से आरक्त बिंबा फल की तरह फटे सिर को दबाये गजानन नागप्रसाद ने सबसे कहा, ''मेरा नसीब तो बेटे के जन्म के साथ ही फूट गया था। सिर तो आज फूटा। मेरे बेटे ने ही जानबूझकर यह दुर्घटना करायी है। यह बारंबार मुझसे कहता रहा—पिताजी! एक्सलेटर दबाइये...और जोर से दबाइये। मैं क्या करता? मैंने पूरा दबा दिया।'' अस्पताल पहुँचकर बेटे को चीखते हुए उन्होंने कहा था, ''अरे मरदूद! तुम्हें क्या लगता है कि मेरा सिर फट गया, तो मैं डरकर गाड़ी सीखना छोड़ दूँगा। मैं तुमसे अच्छी तरह गाड़ी चलाकर दिखाऊँगा। यह मेरी भी जिद है। नालायक़...पाजी कहीं के।'' इतना कह गजानन नागप्रसाद अस्पताल में डॉ. अनिकेत के समक्ष अचेत हो गये।

गाँव में गजानन नागप्रसाद की दुर्घटना की ख़बर फैलते देर न लगी। अचेत डाकबाबू की जिज्ञासा में अनेक लोग दौड़ पड़े। पंचायत सदस्य ममता जगदीश समेत राम मंदिर रोड के तो अधिकांश लोग तत्क्षण अस्पताल पहुँचे थे। रामकृष्णा और शेषाद्रि सरीखे ही राम मंदिर रोड के कुछ लोग थे, जो अब तक घर में थे। शेषाद्रि नागमंगलम ने आख़िरकार घर से निकल रामकृष्णा की चौकठ पर पहुँचकर आवाज़ दी, ''अरे रामकृष्णा! सारे गप्पी गये गंगा नहाने और आप अभी तक घर में हैं?''

रामकृष्णा कंधे पर अँगोछा डालते हुए बाहर निकला, ''हाँ...हाँ...क्यों नहीं। खायें भीम और हगें शकुनी।'' शेषाद्रि के संग आगे बढ़ते हुए रामकृष्णा ने खीजे स्वर में पूछा, ''पहले अस्पताल ही चलें? वहाँ से फिर उल्टे पाँव मंदिर जाना होगा। अरे भाई शेषाद्रि! इस गाँव में क्या बुजुर्ग और क्या बच्चे...तमाशेबाजों की कमी नहीं।''

हाँफते शेषाद्रि ने आहिस्ते से कहा, ''कभी-कभी तो वाकई घटनाओं की लड़ी लग जाती है।''

अस्पताल की तरफ़ तेज़-तेज़ डग भरते रामकृष्णा ने कहा, ''जो सच है, वह तो कहूँगा ही। आग कहने से मुँह थोड़े पकता है। कुछ लोग तमाशा करते रहें और बाकी लोग उनके पीछे दौड़ते रहें। अब अपने डाकबाबू को ही लो। क्या जरूरत थी इस बुढ़ापे में उन्हें गाड़ी सीखने की।'' शेषाद्रि ने चुहल के स्वर में कहा, ''रामन्ना! ऊँचे घर में

तो अधिक बसात बहता ही है। पहाड़ के टीकासन पर बसे बड़े दिलवाले इस गाँव में यह सब न होगा, तो और कहाँ होगा? अगुम्बे में जब कुछ आलापन नहीं है, तो क्यों शंकरनाग 'मालगुडी' बनाने पूरा लाव-लश्कर लेकर यहीं पहुँचे थे और क्यों रामू ह्विटेकर[1] यहां 'कोबरा सेंटर' बनाकर गणेश परिक्रमा करते रहते हैं।''

रामकृष्णा के चेहरे पर बरबस मुस्कराहट खेल गयी, ''शेषाद्रि! तुम एकदम सही हो। बिना काम धंधे के रुतबा है इस गाँव का। खेती न फसल, पहाड़ पर घर। भाई, तुम्हारी ऐंच-पेंच बातों में मैं नहीं आ सकूँगा।''

''आप जो कह लें लेकिन अगुम्बे के आन-तान का जोड़ा नहीं। ब्रह्माजी भी इसे निहारकर हैरान होते होंगे।''

''ऐसा क्यों शेषाद्रि?''

''बात ही ऐसी है। दूर क्यों जायें। आप अपने को ही ले लीजिये। ब्रह्माजी ने शंखपद और आपको कुम्हार बनाकर इस गाँव में चाक चलाने के लिये भेजा। पर आप दोनों कुम्हारी छोड़ सिर्फ खेती करते हैं। क्या ब्रह्माजी को हैरानी नहीं होगी।''

रामकृष्णा ने हँसते हुए शेषाद्रि की पीठ पर धौल जमाते हुए कहा, ''इतनी कुटाई करूँगा कि सारा अंजर-पंजर ढीला हो जायेगा। पर हाँ, यह सही है कि इस गाँव को आन फेरने से फुरसत नहीं।'' राम मंदिर के मोड़ पर आकर दोनों बायें मुड़ मेन रोड के किनारे अस्पताल के लिये बढ़ने लगे। उन्हें घर-घर से लोग बुलबुले की तरह सड़क पर उमड़े दिख पड़े। यह भीड़ श्रीवेणुगोपाल कृष्णास्वामी मंदिर यानी टेंपल रोड उर्फ़ मालगुडी रोड की तरफ़ जा रही थी।

''ये लोग मंदिर जा रहे हैं। वहाँ अलग ही नाटक होने जा रहा है। आज तो सारा दिन अस्पताल और मंदिर में ही गुजर जायेगा। काम पर जाना संभव नहीं दिखता।'' खेत में मज़दूरी कर जीवन यापन करनेवाले शेषाद्रि ने गहरी साँस लेकर रामकृष्णा से कहा। रामकृष्णा ने बिहँसकर उसकी तरफ़ कुछ इस भाव में देखा कि भाई यही तो मैं तबसे कह रहा हूँ। रामकृष्णा के लिए भी खेत पर जाना आज के माहौल में संभव नहीं लग रहा था। गाँव में कुम्हार जाति के बस दो लोग हैं। एक तो रामकृष्णा और दूसरा शंखपद। संयोग से दोनों राम मंदिर रोड में अग़ल-बग़ल रहते हैं। विडंबना यह है कि इन दोनों कुम्हार परिवार के लोगों को अपने जातिगत पेशे से कोई मतलब नहीं। दोनों कृषक हैं और थोड़े-से-पुश्तैनी खेत में रात-दिन एक कर गुज़र करते हैं। कस्तूरी राव के दोड्डमने में काम करनेवाली सावित्री माई अपने टोले के इन दोनों कुम्हारों से क्षुब्ध हो अक्सर कहती है, ''बिना कुम्हार का यह अकेला गाँव है। रामकृष्णा और शंखपद की यही कहानी है कि बाप थे पेट में और पूत ने की शादी।''

खेतों में कुली-मज़दूरी कर जीवनयापन करनेवाला राम मंदिर रोड का कुटप्पा बिहँसकर कहता है, ''अगुम्बे अगम-अपार है। इस गाँव में बढ़ई-लोहार और सोनार सब हैं, लेकिन कुम्हार नहीं।''

रामकृष्णा और शेषाद्रि जब अस्पताल पहुँचे, तो गजानन नागप्रसाद को धीरे-धीरे होश आ रहा था। डॉ. अनिकेत के.टी. की प्रसन्नता का पारावार नहीं था। गजानन नागप्रसाद

1. रोमुलस ह्विटेकर

की अशक्त पड़ी दाहिनी हथेली को उन्होंने अपनी हथेली में थाम लिया। एक सच्चे डॉक्टर को मरीज़ की सलामती के सिवा और क्या चाहिये। कभी-कभी भले ही डॉ. अनिकेत का मन यहाँ के लोगों के अड़बंगेपन पर झुँझला उठता है, लेकिन इस गाँव के लोग उन्हें अग़ल-बग़ल के गाँवों से एकदम भिन्न लगते हैं। मस्त और अनूठे। डॉ. अनिकेत को अक्सर लगता है कि चिकित्सक न होकर वे कवि-लेखक होते, तो लिखते कि इस गाँव के लोग किस प्रकार से रहते हैं? कैसे खुश-उदास होते हैं? कैसे प्यार करते हैं? कैसे बच्चों की तरह झगड़ते और तुरंत गले मिलते हैं? कैसे सच के लिये किसी से भी भिड़ जाते हैं? किस तरह झूठ बोलते हैं? कैसे मरते हैं? यहाँ के पेड़-पौधे, फूल-पक्षी और जुगनू अनेक ध्वस्त शताब्दियों के बावजूद कैसे गुपचुप प्राचीन उल्लास के संग झिलमिलाते-चहकते हैं? इस गाँव की मलापहाड़ी नदी कैसे हँसती है और खुद अपनी मोहक प्यारी हँसी को सुनती है? किस दुलार से चाँद यहाँ पत्ते की नोक पर चुपचाप चढ़ता है? कि इस गाँव की बाल सुलभ लाल हँसी कितनी प्यारी है!

गजानन नागप्रसाद अचानक बेड पर उठ बैठे और सामने चूहे की तरह दुबके बैठे बेटे गणेश्वर को देख दहाड़ मारकर डॉ. अनिकेत से कहा, ''डॉक्टर साहब! इसे अभी यहाँ से जाने को कहिये और बता दीजिये कि यह दुष्ट कभी मेरे सामने न पड़े। इसके लांपट्य का अंत नहीं। इसने आपसे कहा होगा कि गाड़ी सीखने की जिद के कारण मेरी यह दुर्गति हुई है। चलिये बुढ़ापे में मेरा बचपना ही सही। मेरे पिताजी कहा करते थे कि मेरे बाल-बच्चों में जो मेरे बचकानेपन और बददिमागी को बर्दाश्त करता है, वही मेरे हृदय का सच्चा अंश है। पर यह अभागा...! यह तो हमेशा मुझे उपद्रव ही देता है।'' गजानन नागप्रसाद का क्रोध थमने का नाम नहीं ले रहा था। डॉ. अनिकेत ने मुस्कराकर इशारे से गणेश्वर को कमरे से निकल जाने को कहा।

3

दोड्डमने

अम्मा को अब जाकर थोड़ी आँख लगी है। उनकी निगरानी में सारी रात एक पल के लिये भी कस्तूरी राव पलक नहीं झपका पायीं। देर रात तक तो सुजया और रवि भी जगे रहे। अस्सी पार उनकी अम्मा एकदम बच्ची हो गयी हैं। बचपन में जिन बातों के लिये वे स्वयं उन्हें हिदायत देती थीं, अब ख़ुद कर गुज़रती हैं। कल कब पके कटहल का कोआ खाकर उन्होंने ऊपर से पान चबा लिया, पता ही नहीं चला। जबकि बचपन से वे अपने सभी बच्चों को स्वयं बताती रही थीं कि पके कटहल का कोआ खाकर भूले से मुँह में पान नहीं डालना चाहिये। ऐसा करने से पेट फूलकर त्राहिमाम हो जाता है। पर अम्मा शायद सबकुछ बिसरा चुकी हैं। पिछली शाम उनका पेट फूलकर जब तुम्बा हो गया और वे दर्द से बुरी तरह कराहने लगीं, तब झिझकते हुए उन्होंने इसका रहस्योद्घाटन किया।

"ओफ्फ्! जानबूझकर यह क्या किया तुमने अम्मा?" कस्तूरी राव अपनी झुँझलाहट रोक नहीं पायीं। पर अम्मा कुछ न बोलीं। अपने किये पर वे स्वयं लज्जित थीं। कस्तूरी राव ने दुनिया भर का चूरन तथा गैस की दवाओं की लड़ी लगा दी, तब जाकर अम्मा को थोड़ी राहत हुई और आँख लगी। अम्मा को लेकर अभी थोड़ा चैन हुआ ही था कि सुजया को ममता जगदीश का फोन आ गया। पता नहीं क्या बात थी कि सुजया फ़ौरन रवि के संग निकल पड़ी। उनकी इकलौती बेटी सुजया की जहाँ ममता से बहुत गाढ़ी दोस्ती है, वहीं ममता के पति अगुम्बे मंजूनाथ जगदीश से सुजया के पति रवि की पुरानी गहरी मित्रता है। स्कूल से लेकर कॉलेज तक दोनों सहपाठी रहे हैं। कस्तूरी राव ने कलाई घड़ी पर नज़र डाली। पता नहीं हुआ क्या है? लगता है सुजया आज अपनी ड्यूटी पर मणिपाल नहीं जा सकेगी। आमतौर पर यह सुजया के तैयार होने का समय होता है। सुबह साढ़े आठ बजे तक वह मणिपाल की बस पकड़ लेती है। बस ड्राइवर उसे लेने के लिये दोड्डमने के सामने ही बस रोक देता है। सुजया ड्यूटी की बहुत पाबंद है। आज तो ख़ैर मौसम साफ़ है। पर कैसी भी तेज़ बारिश हो या कैसा भी घना कोहरा, वह एम.आई.टी. की अपनी नौकरी में नागा नहीं करती। बारिश से अधिक ख़तरनाक है कोहरा। एकदम हाथ को हाथ नहीं सूझता है। अत्यधिक घने कोहरे से भरी सुबह में कस्तूरी राव कभी इस पक्ष में नहीं होती हैं कि सुजया ड्यूटी पर जाये। पर सुजया किसी की एक नहीं सुनती, "ओ अम्मा! कोहरे से डरकर इस इलाके में रहा जा सकता है क्या? कोहरे का अपना ही आनंद है।"

कस्तूरी राव समझती हैं कि कोहरा वाक़ई ख़तरनाक है लेकिन सुजया भी ग़लत नहीं कहती। वर्षावन के मध्य स्थित इस गाँव का कोहरे के संग अटूट-अनूप नाता है। बेशक इस चारुता को गिने-चुने लोग ही देखते हैं। पर गहन अंधकार और जल-कणों से लहर-बहर करते कोहरे में पहाड़ और जंगल-घाटी के बीच जीवन की अपरिमित प्रीति को लेकर सन्नाटा किस तन्मयता से पूरे अंचल के चैन-सुकून की नक़्शानवीसी करता है, इसे नींद में भी अगुम्बे के तमाम लोग जानते हैं। कोहरा लदने का समय आषाढ़ के संग अब शुरू हो चुका है। सुजया की तरह कोहरे से कस्तूरी राव की दिनचर्या में भी कोई फ़र्क नहीं पड़ता है।

अम्मा की तबीयत के कारण बीती रात भले ही जागरण की रही लेकिन वर्षा के लगभग डेढ़ सौ ऋतु झेल चुके गाँव के सबसे बड़े घर 'दोड्डमने' की कस्तूरी राव की नींद यों भी अलस्सुबह ही खुल जाती है। तभी से पूरे दिन की तैयारी में वे अपनी मोटी-भूरी छड़ी के सहारे आँगन से रसोई तक खुट-खुट शुरू कर देती हैं। दो आँगनोंवाला घर है दोड्डमने। एक प्रवेश द्वार के ऐन बादवाला विशाल माँझ आँगन और दूसरा घर के पिछवाड़ेवाला छोटा आँगन-जिधर स्नान-गृह, गौशाला और कुआँ आदि हैं। बीच-बीच में माँझ आँगन के बरामदे से एक पल रुककर वे मेघमय आकाश को निहार लेती हैं। बादल-चाल को निहारना भी एक अलौकिक अनुभूति है। आषाढ़ का आगमन इस बार पूरे तेवर से हुआ है। पिछली रात लगातार मूसलाधार बारिश की ठहक गूँजती रही। मेघों का आलाप मुँह-अँधेरे तक चलता रहा। कहते हैं कि मेघ, आग, पानी, धुआँ और हवा का संगम है। इंद्र, सूर्य और चंद्रमा वर्षा को नियंत्रित करते हैं। सब श्रीवेणुगोपाल की कृपा है। इसलिये जाने कहाँ-कहाँ के हिम-कण, कितने समुद्रों और नदियों का पानी, कहाँ-कहाँ की आग, कितने सुदूर अंचलों का धुआँ और किन-किन इलाक़ों की हवा समेट-मेह कर मेघों के असंख्य ढुलमुल दल बड़े-बड़े भँवरों के संग यहाँ झूमते-झीमते हैं, कभी-कभी मुँहअँधेरे के सन्नाटे में सोचती हैं कस्तूरी राव। शहरों की अपेक्षा गाँव-खेड़े, खेत और जंगल को मेघों की अधिक प्रतीक्षा भी तो रहती है। आसमान में भीमनाद गर्जन के संग हुमकनेवाले इन कज्जल पहाड़ों से इस गाँव का यों भी कुछ विशेष सनातन साहचर्य है। पावस में वर्षा जब चरम पर होती है, तो जीवन की प्राचीन गंध से महमहाता दोड्डमने कितना आनंद-उत्सुक हो जाता है। तब आँगन में बिछलती बारिश की बूँदों को नन्ही बच्ची-सी पुलक के संग वे रह-रहकर निहारती हैं। वर्षा में बचपन उछलकर जैसे बाहर निकल आता है। कस्तूरी राव सन्नाटे के अपने इन ख़यालों पर आप ही आप मुसकती हैं।

"ओ अभ्रमु।" उनकी दोहरी काया को लेकर उनके पति जयंत राव कभी-कभी परिहास में कहते थे। 'अभ्रमु!' कोश में ऐरावत की प्रकृति-सुभग पत्नी को अभ्रमु कहा गया है। '...अभ्रमु...ओ अभ्रमु।' कभी-कभी पता नहीं मुँहअँधेरे कहाँ से यह आवाज़ उन्हें गूँजती महसूस होती है। पर अब उन्हें अभ्रमु कौन कहेगा? शायद बादलों के बीच मौजूद जयंत राव! दांपत्य जीवन में पति-पत्नी में से किसी एक को नष्ट होकर खाद बनना ही पड़ता है। कभी-कभी वे सोचती हैं कि उन दोनों में कौन नष्ट हुआ? वर्षों पहले गुज़र चुके जयंत राव या स्वयं वह? पद्मवर्ण की कस्तूरी राव के होंठ करुण मुस्कान से क्षत-विक्षत होने लगते हैं। स्मृति के धानी आँचल में बहुत-से सुख-दुख

हैं। 'दोड्डमने' की बहू बनकर आये उन्हें तक़रीबन चालीस साल हो गये। गाँव के आबालवृद्ध की वे कस्तूरी अक्का हैं। अभिभावक-सी बड़ी बहन। सबके मन में उनके प्रति एक सहज सम्मान है। इन चार दशकों में उन्होंने 'दोड्डमने' की चौखट के बाहर दस-पंद्रह बार से अधिक शायद ही क़दम रखा हो। वही, बड़े घर की बहूवाली मान-मर्यादा। उन्हें इस मर्म की गहरी अनुभूति है कि दोड्डमने को इसका डेढ़ सौ साल पुराना इतिहास अपने झुर्रीदार बूढ़े हाथों में किस दुलार और गरिमा से समेटे हुए है। इतिहास ही ईश्वर है। इतिहास ही नश्वरता को अमरत्व देता है। इतिहास ही भविष्य की प्रेरणा देता है। सहन के बरामदे पर कतार से टँगी दोड्डमने के आदि अभिभावक डी.बी. वासुदेव राव और डी.बी. सुब्बाराव से लेकर अपने श्वसुर डी.एस. विजयेंद्र राव तथा पति स्व. डी.वी. जयंत राव की किंचित धुँधली पड़ती जा रही तस्वीरों को कभी-कभी फ़ुरसत के क्षणों में वे ग़ौर से निहारती हैं। ये लोग दोड्डमने के इतिहास हैं। देव-पितर हैं। जीवन में कभी जिनके मिलने की उम्मीद नहीं होती, या तो उनकी तसवीरें शीशे में मँढ़वाकर लगा दी जाती हैं या इससे भी अधिक हुआ, तो उनकी मूर्तियाँ बनवाकर स्थापित कर दी जाती हैं। इसलिये अविस्मरणीय क्षण, देव-पितर और ईश्वर तसवीरों और मूर्तियों के जरिये हमारे बीच होते हैं। जो भी हो, अपने मनोराज्य के ध्वंसावशेषों का बोझ सँभालती कस्तूरी राव के लिये इस घर के पितरों की प्रतिष्ठा लक्ष्मण रेखा और ब्रह्मा की लकीर है। इन तसवीरों के बग़ल में कई दशकों से दीवार पर लटकी जंग लगी बंदूक की तरह। ख़ानदानी परिवारों की प्रतिष्ठा इसी तरह जंग लंगी बंदूक बनी दीवार से लेकर मन की खूँटी पर टँगी रहती है। प्रतिष्ठा की चौखट बनकर। पर चौखट के भीतर रहकर भी अगुम्बे के विलक्षण ब्रह्म मुहूर्त की आभा का उन्हें पूरा अनुमान है। चर्चा छिड़ने पर वे कन्नड़ मिश्रित कोंकणी में मुस्कराकर कहती हैं, ''काली हासु[1] का सफ़ेद हालु[2]। कोहरा और अँधेरा मिलकर आखिर में कितनी प्यारी सुबह देते हैं। एकदम राग आसावरी[3]। सिर्फ रंग पर मत जाओ। कृष्णा कुट्टी के चिकेन स्टॉल की काली मुर्गियाँ भी सफ़ेद अंडे ही देती हैं। काले बादल ही वर्षा की बौछार करते हैं। श्रीवेणुगोपाल कृष्णास्वामी भी तो काले ही हैं।''

बचपन के दौरान अपने मायके में संगीत के रागों को यथासंभव साध चुकीं कस्तूरी राव फिर मन ही मन गाँव के उन लोगों की सूची जोड़ने लगती हैं, जो भुजंग काले होते हुए भी दिल के उजले हैं। जैसे अगुम्बे सनसेट प्वाइंट और जंगल नाका के बीच पहाड़ से पीठ टिकाकर टी-स्टॉल चलानेवाला दोड्डरेंगदि प्रेमानंद परियार उर्फ़ कैंटीन परियार, वहीं उसके ठीक सामने प्राचीन वृक्षों और लता-गुल्मों से घिरी नाग चौड़म्मा झील में नाव चलानेवाला चिरकुमार गुरुवय्या परमेश्वरय्या संजय उर्फ़ बोट संजय, जंगल अफ़सर की नौकरी से अवकाश प्राप्त कर चुके गाँव के 'हॉर्स पावर' के. शिवप्रकाश...और जैसे श्रीवेणुगोपाल कृष्णास्वामी मंदिर के समर्पित अर्चक विष्णुमूर्ति भट्ट।

आधी रात में कभी नींद खुलने पर कस्तूरी राव आँगन में तिरते कोहरे और अंधकार को अक्सर मुदित हो निहारती हैं। कहते हैं, एक हज़ार युग मिलकर ब्रह्मा का एक दिन होता है और इतनी ही दीर्घ ब्रह्मा की रात भी होती है। इस गाँव का हरेक दिन ब्रह्मा

1. गाय, 2. दूध, 3. सुबह का एक राग

का दिन है और रात ब्रह्मा की रात। कोहरे से भरी एक अद्‌भुत ब्रह्मनिशा! तृप्ति की सिहरन से भरी माँझ आँगन में खड़ी काली गाय। शुभ-शुभ। कोहरा तो अगुम्बे का सुहाग-भाग है। साल के नौ महीने और विशेषकर शरद ऋतु की रात्रि के अंतिम प्रहर में कोहरे से लिपटा अगुम्बे मधुर मूक परागण की रोमांचक ऐंद्रिकता के संग परम पुलकित रहता है। चारों तरफ़ कोहरे का मृदुल अलौकिक आवरण। और इस गहन मौन में मंद-मंद डोलती स्मृति की मल्लिका ! वर्षों-वर्ष पूर्व व्यतीत हो चुके छोटे-छोटे मधुर क्षणों का अलभ्य मलार। बाँस के हरे कचोर नये डाले में सहेजे हरे धान की तरह अक्सर हरी होती सुहाग भरी स्मृतियाँ। कनक शैल! सुमेरू पर्वत सरीखी चोटी पर बसे इस गाँव में एक से एक कमलगट्टा लोग हैं। कमल के बीज के अंदर की मीठी गरी की तरह। इनके संग जीते हुए भी तो अब युग बीत गये। पर ये दिन और साल आँखों के परदे के पीछे अटके पड़े आँसुओं में कौंधते रहते हैं। महज़ छह साल के अल्प अंतराल में श्वसुर और पति के गुजरने के बाद कई वर्षों तक एक-एक हण[1] का दुख झेला उन्होंने लेकिन इस ख़ानदान की पताका कभी झुकने नहीं दी। कभी इस परिवार के पास दस हज़ार एकड़ से भी अधिक ज़मीन थी। पर टेनेंसी ऐक्ट में अधिकांश ज़मीन हाथ से निकल गयी। जो ज़मीन है भी, वह फ़ॉरेस्ट एरिया में। रुतबे के नाम पर रह गया बस यह मुकुट–दोड्‌डमने, जिसके मुख पर मौसम और समय की मार साफ़ दिखती है। हालाँकि, मन-प्राण से यह पहले से भी अधिक सुंदर हो गया है। भले ही इस घर का वह पुराना ऐश्वर्य अब नहीं है लेकिन पहले यह सिर्फ़ गाँव का सबसे बड़ा घर था और आज देश-दुनिया के लोगों का अपना सबसे बड़ा घर है। कस्तूरी राव को याद है कि जयंत राव से विवाह के बाद जब वे दोड्‌डमने आयी थीं, तो गाँव के इस ज़मींदार परिवार की क्या शान-शौकत थी। क्या विभव-वैभव! गाँव के इस सबसे बड़े घर में पर्दादारी और मर्यादाओं का भी क्या ज़बर्दस्त निर्वहन था। अपने पिता विजयेंद्र राव के समक्ष या उनकी जानकारी में शायद ही जयंत राव उन्हें लेकर घर से बाहर कभी निकले हों। पर जब कभी विजयेंद्र राव किसी कार्यवश दो-चार दिनों के लिये मंगलूर या बेंगलूर जाते थे, तो ज़िद कर जयंत उन्हें आसपास के मनोहारी झरनों को दिखाने ले जाते थे। अपने पति के संग ही वे अगुम्बे के इर्द-गिर्द के ओनेकअब्बी, जोगीगुंडी, कुड्‌लूतीर्था, कुंचीकल और बरकाना आदि जलप्रपातों को देख पायीं। सभी झरनों की अपनी-अपनी सूरत-सीरत और नामारूप सौंदर्य। मसलन, ओनेकअब्बी झरना को ही लें। इसका मतलब होता है अनाज कूटनेवाली छड़ी। इस झरना को देखकर ही लगता है कि स्त्रियाँ अनवरत अनाज कूटने में तल्लीन हैं और श्वेत-धवल अन्न की वर्षा हो रही है। इसी तरह हरी काई से लिपी एक प्राचीन गुफा से निकलकर अहर्निश आनंद बिखेरता जोगीगुंडी झरना। इसका उद्‌गम अगुम्बे की मलापहाड़ी नदी से है। जोगीगुंडी झरना के बारे में किंवदंती है कि जिस गुफा से होकर यह झरना निकलता है, वहाँ किसी युग में कोई महान योगी तप करते थे। इसी से इसका नाम जोगीगुंडी हुआ। यह झरना अगुम्बे से मात्र तीन किलोमीटर की दूरी पर है। दूध विक्रेता गोपालकृष्णा के शब्दों में, "जोगीगुंडी अगुम्बे के कूल्हे पर है।" वाराही नदी से निकलनेवाला

1. पैसा

भारत का दूसरा सबसे बड़ा झरना कहलानेवाला कुंचीकल भी अगुम्बे के पास ही है। इस अद्‌भुत झरने का दुनिया में 116वाँ स्थान है। अगुम्बे से मात्र सात किलोमीटर दूर स्थित बरकाना झरना भी देश के बड़े झरनों में दसवें स्थान पर है। इसका उद्‌गम सीता नदी से है। और यह कुड्लूतीर्था झरना! अगुम्बे से महज़ बीस किलोमीटर की दूरी पर धाराशार बरसते नन्हे-नन्हे शुभ्र शंखों के विराट लयवाले इस झरने की अपनी अलग शोभा है। झरनों के आलिंगन-आभरण में है धरती पर चाँद-सा यह गाँव, कस्तूरी राव को यह सोचकर ही बहुत अच्छा लगता है।

अगुम्बे के चारों तरफ़ का परिदृश्य भी अलौकिक और विलक्षण है। श्री आदि शंकराचार्य द्वारा स्थापित प्रथम मठ शृंगेरी की दूरी अगुम्बे से मात्र 29 किलोमीटर है। देश-दुनिया के लोग यहाँ आते हैं। शृंगेरी-मठ में स्थित माँ शारदाम्बा के नेत्रों की छवि आधी रात के सन्नाटे में अक्सर बरबस कौंधती है। मन भर आता है। माँ शारदाम्बा गुरु रूपिणी हैं। कस्तूरी राव को अक्सर लगता है मानो अपनी मुग्धकारी मुस्कान के संग माँ कानों में कह रही हैं, ''तू कभी चिंता मत करना। मैं तुझे लगातार देखती हूँ।'' दोड्डमने के अंधकार व सन्नाटे में रोमांचित हो उठती हैं कस्तूरी राव। बचपन में एक-दो बार माता-पिता के संग बेशक वे शृंगेरी मठ गयी थीं। पर विवाह के बाद पति के संग जब-जब वहाँ गयीं, तो पश्चिमी घाट के पठार की सुरम्यता में तुंगा नदी के तट पर बसे श्री आदिशंकराचार्य के इस प्रथम और प्रधान मठ के कण-कण की महिमा और माँ शारदाम्बा की करुणा में भीगीं। कहते हैं कि अद्वैत वेदांत के परम सत्य के प्रसार के लिये जब श्री आदिशंकराचार्य ने विधिवत एक मठ स्थापित करने की ठानी, तो मठ के लिये उपयुक्त स्थल की तलाश में वे बहुत घूमे। इसी क्रम में एक बार पश्चिमी घाट के इस क्षेत्र में तुंगा नदी के तट पर उन्होंने एक विचित्र दृश्य देखा। तीखी धूप में नदी तट की तपती बालुका पर प्रसव पीड़ा से आकुल-व्याकुल एक मेढकी को अपना छत्र फैलाकर नागराज छाँव दे रहे थे। श्री आदिशंकराचार्य के रोमांच का ठिकाना न रहा। मेढक तो सदैव से सर्प का भोजन रहा है। पर यहाँ तो नागराज उसकी रक्षा कर रहे हैं। मठ के लिये इससे उपयुक्त महान भूमि और भला कहाँ हो सकती है! इस तरह शृंगेरी में श्री आदिशंकराचार्य ने अपने प्रथम मठ की स्थापना की और मात्र 32 वर्षों की अपना कुल अवस्था में से बारह वर्षों तक वे शृंगेरी में ही रहे। तुंगा नदी की एक चट्टान पर यंत्र उत्कीर्ण कर चंदन की लकड़ी की बनी माँ शारदाम्बा की प्रतिमा उन्होंने स्थापित कर एक मंदिर निर्मित कराया। तब इस मंदिर की छत फूलों की सघन लड़ियाँ थीं, बस। अब तो बड़े-बड़े पाषाण स्तंभों और रंगीन संगमरमर का मंदिर है। माँ शारदाम्बा की प्रतिमा संपूर्ण स्वर्ण की है। यह स्वर्ण प्रतिमा श्री विद्यारण्य के समय में स्थापित हुई थी। पर कस्तूरी राव के मन में अक्सर माँ शारदाम्बा के मंदिर के फूलों की उस छत की कल्पना उभरती है, जो श्री आदिशंकराचार्य का बनवाया हुआ था। कस्तूरी राव सोचती हैं कि माँ रात की चटख चाँदनी में फूलों की छत के नीचे आज भी चंदन की लकड़ी की उसी अनादि प्राचीन प्रतिमा में मुस्करा रही हैं। जयंत राव ने कुंदाद्रि के शिखर पर एक बार यों ही उनसे पूछा था, ''कस्तूरी! चंदन और चाँदनी का क्या रिश्ता है?'' कस्तूरी राव ने उसी तरह हँसते हुए जवाब दिया था, ''जो रिश्ता मृग और कस्तूरी का है।''

कस्तूरी राव नहीं भूल पाती हैं वह अपरूप दृश्य जब जयंत राव के संग कुंदाद्रि के शिखर से उन्होंने जाने कितनी बार चाँद का डूबना डूबकर निहारा था। वहाँ जाने पर बरबस उनके होंठों पर वह गीत थिरक जाता था, जिसे उनके मायके में लड़कियाँ गाती थीं...'बराक्का बेलाडिंगले...नन्नुरा हालिनंथा बेलाडिंगले...' चाँदनी बहन आओ...तुम मेरे गाँव की दूध जैसी हो...। और चाँदनी की मोहक विशाल पंखुड़ियों को समेटते हुए कुंदाद्रि में चाँद का डूबना। डूबने की अपनी तृप्ति है। यह पर्वतांचल डूबने की महिमा में तन्मय है। अगुम्बे घाटी में स्थित 'सनसेट प्वाइंट' पर सूर्यास्त की शोभा देखने लोग कहाँ-कहाँ से नहीं आते हैं। और इसी तरह कुंदाद्रि में चाँद का डूबना! अगुम्बे से पंद्रह किलोमीटर दूर कुंदाद्रि के शिखर से चाँद का डूबना देखने के लिये पहुँचनेवाले दीवानों की भी कमी नहीं। सारी दुनिया में उदय और उत्कर्ष का यशोगान होता है, लेकिन वर्षावन के इस श्याम अंचल में झरने और डूबने की गहन अनुभूति ही सर्वोपरि और श्रेष्ठ है। डूबना यानी नवोदय की तैयारी के लिये निकलना। झरना...यानी नव प्रस्फुटन हेतु प्रस्थान। और यह सुबह-रात का कोहरा। यह वर्षावन का श्वेत-रेशमी कोआ है। अप्रैल-मई और आधा जून के अमेघ दिनों को छोड़कर शेष महीनों में इस गाँव में बस कोहरे के प्रतिशत का फ़र्क होता है। अगुम्बे सनसेट प्वाइंट पर चने-चुरमुरे बेचनेवाले गाँव के 85 वर्षीय अपरा नायक को अगुम्बे घाटी और जीवन की दुर्गम घाटी के बीच कोहरे के प्रतिशत का सूक्ष्म अंतर अच्छी तरह मालूम है। पर जीवन की तमाम विसंगतियों के बावजूद कोहरे का आनंद लेते हुए कोहरे से जूझने का दर्शन यहाँ के बच्चे-बच्चे और कीट-पतंग तक के रक्त में पैवस्त है। इसलिये अपने आश्रयदाता वर्षावन की भाँति यह गाँव भी निरंतर अस्तित्व-संघर्ष के मौन उत्सव में निमग्न रहता है। जिस तरह वर्षावन के समाज में पुराने झंखाड़ वृक्षों से लेकर कुकुरमुत्तों तक को भृंग, अनगिनत टाँगोंवाले कनखजूरे, गोजर, दीमक और केंचुए नाना प्रकार से मदद करते हैं, इस गाँव का समाज भी कुछ इसी तरह चलता है। एक दूसरे की मदद में सदैव तत्पर। चुपचाप काम में जुटे। अस्तित्व रक्षा के वास्ते ऊर्जा तैयार करने में प्राणपण से तल्लीन। वर्षावन की धरती की ऊपरी परत स्वतः गिरे फलों और पत्तियों से पटी पड़ी होती है। यही नहीं, मकड़जाल की तरह उलझी बूढ़े विशाल वृक्षों की जड़ें भी कवकों के महीन सफ़ेद ढेर से पटी पड़ी रहती हैं। ये बिना जड़ोंवाले जीवंत पौधे कुकुरमुत्तों के समान होते हैं। वर्षावन के आकाश छूते पुरातन वृक्षों के नीचे पड़े सड़े फलों, पत्तों, वृक्षों के गिरे छाल व अन्य कचरों से उनके पोषक पदार्थों को सोखकर वृक्षों के वास्ते भोजन बनाने की जद्दोजहद में ये कवक रात-दिन व्यस्त रहते हैं। इनके संग वृक्षों की जड़ों और उसके इर्द-गिर्द दीमक, गोजर और केंचुए तब तक अपनी गतिविधियों में सक्रिय रहते हैं जब तक कि अचानक वर्षा की सघन और लगातार तेज़ बौछार उन्हें बहा न ले जाए। अपरा नायक रोमांचित होकर कहते हैं, "इन गौण कीट-केंचुओं और कवकों का प्रताप है कि वर्षावन के वृक्ष अपनी शाखों पर नये पत्तों और फूल-फलों की रह-रहकर बौछार करते हैं।"

वर्षावन के गहगह को जानते हैं अपरा नायक। घाटी में हाथियों और हिरणों का दल वे आये दिन देखते रहते हैं। हाथी से लेकर नन्हे कीट-पतंग तक के खेल से

वे अच्छी तरह वाक़िफ़ हैं। हाथी का लीद गिरा नहीं कि दो-चार नन्हे कीड़े तीव्र गति से हरकत में आ जाते हैं। ये लीद-गोबर प्रेमी कीट हैं। इनका अस्तित्व लीद-गोबर से ही है। नर कीट लीद-गोबर को भरसक धक्के देकर फिसलते-गिरते हुए अंततः लीद को अपने तरीक़े से निथारकर लीद की साफ़-सुथरी गोलियाँ बनाते हैं। गोलियों का आकार नर-मादा कीटों से बड़ा ही होता है। गोली बनाने की नर कीट की कला से मादा कीट बहुत खुश रहती है। गोलियों को ढकेलकर सुरक्षित स्थान पर पहुँचाने में मादा कीट जान लगाकर नर कीट की मदद करती है। गोलियों को सुरक्षित स्थान पर पहुँचाने के बाद उसमें घुसकर मादा कीट अंडे देती है। फिर अंडा सेवन के कुछ दिनों बाद उसमें से ढेर सारी भूखी इल्लियाँ निकलती हैं। ये इल्लियाँ लीद-गोबर खाकर बढ़ने लगती हैं। बूढ़े अपरा नायक सोचते हैं–भूख हर जगह है, इंसान से लेकर इल्लियों तक। वृक्ष से लेकर पशुओं तक। पर वर्षावन की भूख में कोई कोलाहल नहीं। निरंतर एक चुप और शांत जद्दोजहद। भूख से लड़ने के लिये ही अपरा नायक को चना-चुरमुरा लेकर अगुम्बे सनसेट प्वाइंट पर इस उम्र में भी जूझना पड़ता है। कभी-कभी क्षुब्ध होकर वे कहते हैं, ''नमक-तेल ही मेरे लिए नारायण और श्री वेणुगोपाल हैं।''

अपरा देखते हैं कि उनके छोटे भाई सुरेंद्र नायक का जीवन किस तरह सुख-चैन में है। पर दो बेटे महेंद्र और मूर्ति तथा एक बिटिया शैला के पिता अपरा नायक को अंतिम साँस तक खटना है। शैला की शादी गणेश किनी से हो चुकी है। दोनों मुंबई में जीवन-यापन करते हैं। बड़े बेटे महेंद्र की शादी हो चुकी है। अपनी पत्नी लक्ष्मी से उसे एक बेटा भी है–महेश। अपरा के छोटे बेटे मूर्ति ने अविवाहित रहने का निर्णय ले रखा है। उनके दोनों बेटे गाँव में ही हैं। महेंद्र महज़ नाम के लिये थोड़ी खेती-बाड़ी करता है। पर मूर्ति कुछ भी नहीं। पूरे कुनबे का ख़र्चा अपरा नायक ही ढो रहे हैं। 'सनसेट प्वाइंट' से अगुम्बे घाटी के कोहरे को वे कभी-कभी डूबते दिल से निहारते हैं। साल के आठ-नौ महीने कोहरे से भरी होती है अगुम्बे की यह अगम घाटी! घाटी में कोहरे का रोमांचक वर्णन करते हुए नाक फड़काकर वे कहते हैं, ''ओ बाबा! अगुम्बे घाटी कोहरे का बावी[1] है।'' चौबीसों घंटे ताड़ी और देसी शराब के नशे में धुत्त रहनेवाले अपरा नायक के चिर कुमार अधेड़ साले के.जे. राव की अगुम्बे घाटी के कोहरे को लेकर अपनी अलग उपमा है। वह तांबूल से कत्थई हो चुकी बत्तीसी निकालकर कहता है, ''देवरू[2] का मोसरू[3]। ईश्वर का दही।''

के.जे. राव हमेशा अपने वयोवृद्ध बहनोई के गले से ढोल की तरह लटका सनसेट प्वाइंट पर डोलता रहता है। उसका पूरा नाम है के. जनार्दन राव। पर अपना यह नाम शायद उसे अब याद भी नहीं। अपना नाम वह सबसे कहता है, ''कर्नल राव!'' के.जे. राव तीर्थहल्ली का है। वह दस भाई-बहन हैं। चार भाई और छह बहनें। उसके बाक़ी तीन भाई तीर्थहल्ली में ही रहते हैं और छहों बहनें अपनी-अपनी ससुराल में। पर जाने क्यों अपरा नायक से ब्याही बहन वत्सला से के.जे. राव को क्या अनुराग है कि अगुम्बे से वह हिलता नहीं। हालाँकि, नशे की उसकी आदत के कारण पत्नी से तकरार मोल लेकर अपरा नायक ने उसे अपने घर से कब का निकाल बाहर कर दिया। के.जे. राव

---

1. कुआँ, 2. देवता, 3. दही

उस दिन से कृष्णा कुट्टी के घर के बरामदे पर सोता है। कृष्णा कुट्टी की पत्नी कात्यायनी ने कई बार इस पर आपत्ति की है। पर कृष्णा कुट्टी को उस पर दया आती है, ''कात्यायनी! ठीक कहा गया है कि भीख माँगकर खाओ लेकिन बहन के दरवाजे मत जाओ। पर अब इस अवस्था में यहाँ से कहाँ जायेगा वह?'' हालाँकि, अपरा नायक को भी पता है कि के.जे. राव सात आसमान या सात पाताल में रहे, उनके लिये वह सिर का स्थायी गूमड़ है। पर सनसेट प्वाइंट आनेवाले पर्यटकों का नि:शुल्क मनोरंजन। दिलचस्प आइटम! उसका सबसे प्रिय विषय है–देश की राजनीति। पूर्व प्रधानमंत्री मोरारजी देसाई का वह भीषण आलोचक है। मोरारजी शराब और नशा के सख़्त विरोधी थे। इसलिये कर्नल के.जे. राव अंतरात्मा से उन्हें नापसंद करता है, "पेशाब पीनेवाला सनकी नेता।" उबकाई आने जैसा मुँह बनाकर वह कहता है, ''अरे वह तो फौज में भी शराब पर पाबंदी लगाने जा रहा था।'' सनसेट प्वांइट पर खाने-पीने के सामान बेचनेवालों का कान दिन भर के.जे. राव के धाराशार राजनीतिक प्रलाप से पका रहता है। लेकिन पर्यटक भरपूर आनंद लेते हैं। झूमता के.जे. राव उर्फ़ कर्नल राव कुदरती विदूषक है। कोई सुने या न सुने, सनसेट प्वाइंट पर पहुँचते ही वह शुरू हो जाता है, "मैं फौज में जाना चाहता था। देश के लिये जान देना चाहता था। पर मेरी फूटी किस्मत...। मैं प्रधानमंत्री इंदिरा से मिलकर कहना चाहता था कि मुझे फौज में भरती करा दे। पर तब वह सत्ता से ही चली गयी। अरे आयरन लेडी थी इंदिरा। क्या आपको मालूम है कि इंदिरा के राज में अचानक महँगाई कैसे कम हो गयी थी? नहीं मालूम, तो मुझसे सुनिये। हुआ यह कि इंदिरा ने ईख पर से रातोरात टैक्स उठा लिया। किसानों को राहत हुई और महँगाई फट् से नीचे आ गयी। खुशी से पागल हो किसानों ने खेतों को ईख से भर दिया। लेकिन मोरारजी ने प्रधानमंत्री बनते ही जिद में ईख पर दोबारा टैक्स लाद दिया। किसान बर्बाद और दुख से पागल। इंदिरा ने किसानों से एकड़ का एकड़ जो ईख लगवाया था, मोरारजी ने नाश कर दिया। यही नहीं, देश का सोना भी मोरारजी ने अमेरिका के हाथ में बंधक रख दिया। यह भी नहीं सोचा कि सोना बहू-बेटी की इज्जत है, उसको कैसे गिरवी रखें। वह तो वैदजी यानी नरसिम्हा राव बहुत झंझट करके अमेरिका से बंधक पड़ा सोना छुड़ाकर लाये। इसलिये कहता हूँ कि मोरारजी भले ईमानदार रहा हो, लेकिन भारी जिद्दी था। उसकी जिद से जो देश की कमर टूटी, वह आज तक सीधी नहीं हुई है। एकदम नौ-नतीजा हो गया। तेली का काम तमोली से लेने पर यही होता है। मोरारजी प्रधानमंत्री आइटम था ही नहीं। वह किसी स्कूल के हेडमास्टर लायक था। नीली पगड़ीवाले सरदारजी भी कुछ ऐसे ही हैं। फरक यही कि मोरारजी जिद्दी, तो सरदारजी पिलपिले। सरदारजी ने तो खैर सर्वनाश ही कर दिया। शुरू मोरारजी ने किया और पराकाष्ठा सरदार मनमोहन ने किया। पर सरदारजी खूसट मोरारजी की तरह जिद्दी-सनकी नहीं। लोकनायक जे.पी.[1] ने प्रधानमंत्री मोरारजी से बहुत विनती की थी कि जापान में जीरो डिग्री से तेइस डिग्री सेंटीग्रेड पर नेताजी सुभाष की अस्थि रखी है, उसे भारत मँगवा लो। मोरारजी ने जे.पी. साहब को कड़ककर कहा कि आप चुपचाप पलंग पर सोये रहिये। राजनीति मैं खेल रहा हूँ,

1. भारत के महान समाजवादी नेता जयप्रकाश नारायण

आप नहीं। तो यही सब करते-करते मोरारजी गये तेल लेने। रही बात वी.पी. सिंह की, तो पी.एम. बनकर देश को बर्बाद करने में उसने कोई कसर बाकी नहीं रखी। एक हमारे कर्नाटक का सितारा देवेगौड़ा साहब पी.एम. बना भी, तो उसको किसी ने टिकने ही नहीं दिया। दस महीने में कुरसी से उठा दिया। इतना भी विचार नहीं हुआ कि भारत के ग्यारहवें प्रधानमंत्री को कम से कम ग्यारह महीने भी छोड़ दें। विरोधियों का एक ही आरोप था कि यह बहुत सोता है। अरे भाई, सोता ही था न। मोरारजी और वीपी सिंह की तरह बदमाशी तो नहीं करता था। कितना सुनाएँ? हीरा गोबर पर भी गिरा हो, तो हीरा ही रहेगा। इस कोहेनूर को भला यह गाँव क्या पहचानेगा? कर्नल राव जो बोलता है सो छानकर। मोरारजी और वी.पी. जैसे पी.एम. से तो अच्छा है हमारे अगुम्बे घाटी का कोहरा। इस कोहरे में तो खैर रास्ता किसी तरह सूझ भी जायेगा। पर ऐसे नेताओं के शासन में कोई रास्ता नहीं सूझेगा।"

विष्णुमूर्ति भट्ट अपनी पकी भौंह ऊँची कर कहते हैं, ''इस उपत्यका में रात्रि से लेकर किरण फूटने के पहले तक काल भैरव उपासनापूर्ण नर्तन करते हैं। साढ़े नौ माह शीतल नर्तन और ढाई माह दाहक नर्दन। प्रकृति और काल भैरव के अलौकिक मेलबंधन की सूक्ष्म कोमल पेचीदगी को बस एक हमारे काले-श्यामल श्रीवेणुगोपाल ही जानते हैं। एकमात्र वही जानते हैं अँधेरे, कोहरे और रोशनी का नेह-छोह।''

अँधेरे और कोहरे को चीरती बाबूराव वामन शेनॉय की खटारा लूना के दरके काँच वाली जर्जर हेडलाइट की पीली पौराणिक रोशनी बस स्टैंड की तरफ़ मुड़नेवाले छोटे-से चौराहे डी.बी. सुब्बाराव सर्किल पर जलते लैंप पोस्ट की धुँधुआयी सफ़ेद रोशनी से रोज़ टकराती है। सफ़ेद और पीली रोशनी का यह दैनिक निर्वाक भौतिक द्वंद्व, पता नहीं क्यों बाबूराव वामन शेनॉय को बहुत अच्छा लगता है। हालाँकि, डी.बी. सुब्बाराव सर्किल के नाम का कोई बोर्ड यहाँ नहीं है। पर ग्रामीणों की ज़बान पर इसका नाम अमिट है। अपने निधन के इतने वर्षों बाद भी सुब्बाराव इस चौराहे पर इसलिये दम साधे खड़े हैं, क्योंकि ग्रामीणों ने इतिहास के पीले दीमक खाये पृष्ठों में उन्हें ग़ायब नहीं होने दिया है। भला कैसे ग़ायब होंगे वे? गाँव का अस्पताल भी सुब्बाराव के नाम पर ही है। दरअसल, दोड्डमने परिवार इस गाँव के लिए नेहरू ख़ानदान की तरह है। गाँव का अस्पताल, स्कूल, पंचायत भवन और जलापूर्ति व्यवस्था-सब इसी ख़ानदान की देन है। इसलिये गाँव में डेग-डेग पर इस परिवार के प्रति कृतज्ञता अंकित है। मसलन, पूर्व की पीढ़ी में दोड्डमने परिवार के मुखिया रहे स्व. डी.बी. सुब्बाराव के नाम पर जहाँ यह चौराहा है, तो इसके ठीक सामने एक बड़े अहाते में स्थित पंचायत भवन का नाम कस्तूरी राव के श्वसुर के नाम पर है-'साहूकार डी.एस. विजयेंद्र राव स्मारक भवन।' स्व. विजयेंद्र राव लगातार 25 वर्षों तक अगुम्बे ग्राम पंचायत के अध्यक्ष रहे थे। अपने पिता डी.बी. सुब्बाराव की तरह ही प्रतापी! लोग उन्हें भी बारह कोस से प्रणाम करते थे। बहरहाल, इस विशाल परिसर में पंचायत भवन के अलावा, अंचेमने[1], आँगनबाड़ी, अन्न वितरण केंद्र और ग्रामसभा भवन है। इसलिये गाँव के खरमस्त लोग इस अहाते को 'पंचानन' कहते हैं।

---

1. डाकघर

पाँच द्वारोंवाले इस परिसर में एक बूढ़ा लैंप पोस्ट अशक्त प्रहरी की तरह सारी रात-भरसक लुकझुक करता रहता है। इस लैंप पोस्ट के धुँधले उजले प्रकाश में पंचायत भवन के पीछे स्थित निशानी गुड्डा[1] की दूर तक पसरी भारी-भरकम अपरूप आकृति परम शांति में निमग्न दिखती है। अगुम्बे का सूर्योदय निशानी गुड्डा के पार्श्व में ही होता है। किसी शौर्यवान राजा के प्राचीन दुर्ग की भाँति गाँव के गिर्द अपनी विशालता के वैभव से गर्वित मौजूद है निशानी गुड्डा। बाबूराव शेनॉय को इसकी कसक रहती है कि अन्नपूर्णा विद्या मंदिर स्कूल के पीछे स्थित किट्टन गुड्डा के समीप काश ऐसा भी एक लैंप पोस्ट होता। निशानी गुड्डा का तम्म[2] है किट्टन गुड्डा। क़द-बुत में निशानी गुड्डा से थोड़ा छोटा। अन्नपूर्णा विद्या मंदिर वालों ने पता नहीं किस फ़ितूर में किट्टन गुड्डा को बीते वर्षों में और कतर-कुतर दिया है। फिर भी किट्टन गुड्डा आकाश से आँखें चार कर मुसकता रहता है। यों पूरा मलनाड अंचल ही पहाड़ों और घाटियों से भरा पड़ा है, लेकिन अगुम्बे की उपत्यका में निशानी और किट्टन गुड्डा अंगद के पाँव की तरह प्रतिपल ग्रामीणों को शक्ति का आभास कराते हैं। गाँव के 'हॉर्स पावर' अवकाशप्राप्त फ़ॉरेस्ट अफ़सर के. शिवप्रकाश अक्सर प्रवचन की मुद्रा में कहते हैं, "ये जंगल-घाटी हमारे ताबीज हैं। आज चेरापूँजी सरीखे जलधर स्थल का भी गला सूखता रहता है, क्योंकि चूनापत्थर-कोयला और चट्टानों के लालच में लगातार की खुदाई से वहाँ के बहुतेरे पहाड़ खोखले हो चुके हैं। जंगल बर्बाद हो चुका है। पर अपने इलाके में हम ऐसा न होने देंगे। जंगल-पहाड़ के ईश्वरीय जंत्र को हमेशा सीने से लगाकर रखेंगे।'' महान राष्ट्रवादी एवं स्वतंत्रता सेनानी श्रीमती कमलादेवी चट्टोपाध्याय के संग भारतीय स्वतंत्रता संग्राम में बढ़-चढ़कर शामिल रहे गाँव के मार्कंडेय मुनि 91 वर्षीय ज्योतिषाचार्य पंडित शतानंद शास्त्री कहते हैं कि, "पश्चिमी घाट की गोद में पड़े अगुम्बे की ध्वजा-गदा हैं ये दोनों पहाड़। गाँव के इष्ट देव! साक्षात मैनाक पर्वत।" कैंटीन परियार मुसककर कहता है, ''दोनों लव-कुश हैं। साथ हँसते और रोते हैं।''

गाँव की पंचायत सदस्य ममता जगदीश ने घोषणा की है कि वह जल्दी ही इन दोनों पहाड़ों पर वाच टावर और लैंपपोस्ट लगवायेंगी। वैसे अगुम्बे बस स्टैंड में रात-भर रोशनी जलती रहती है। पर बस स्टैंड और पहाड़ के ऊपर सारी रात जलती रोशनी का महत्त्व अलग-अलग है। एक अनिवार्यता तो दूसरी प्रकृत सुंदरता। बाबूराव शेनॉय को इसकी कल्पना से ही पुलक होती है। वह आँखें बड़ी कर कहता है, ''हिरनी के सींग की तरह अगुम्बे के मस्तक पर सजे हैं दोनों पहाड़। पंचायत की नयी पद्मिनी ममता ने सचमुच अगर इन पहाड़ों पर प्रकाश करा दिया,तो कमाल ही हो जायेगा।'' वहीं अगुम्बे हाईस्कूल के अवकाशप्राप्त हेडमास्टर पी.एम. कृष्णमूर्ति हेब्बार दार्शनिक भंगिमा में कहते हैं कि, ''तमाम मिठास के बावजूद चीनी भी किसी व्यंजन को नष्ट कर देती है। अधिक अनुराग नुकसान करता है। निशानी और किट्टन गुड्डा अगुम्बे की आत्मा की सीढ़ियाँ हैं। इन्हें किसी वाच टावर या लैंप पोस्ट की मोहताजी भला क्यों होगी। हमें यह कभी नहीं भूलना चाहिये कि यह वर्षावन के बीच बसा गाँव है। यहाँ जो जैसा है, उसे वैसे ही रहने देने में शोभा है। वर्षावन धरती के पर्यावरण की प्राचीनतम व्यवस्था है। अनवरत

1. पहाड़, 2. छोटा भाई

उत्सवपूर्ण। वर्षावनों के बारे में जाने कितनी किताबें घोंटकर बैठा हूँ। इस गाँव के कितने लोगों को इसकी जानकारी है कि ऐसे वर्षावन मध्य व दक्षिणी अमेरिका, अफ़्रीका, एशिया तथा ऑस्ट्रेलिया के कुछ उत्तर-पूर्वी हिस्सों में ही पाये जाते हैं। और यह कि संसार का सबसे विशाल और सघन वर्षावन दक्षिणी अमेरिका और पापुआ न्यू गिनिया में है। दक्षिण एशिया के कुछ वर्षावन तो करोड़ों वर्ष प्राचीन हैं। इनमें ऐसी वनस्पतियाँ, पशु-पक्षी और कीट पतंग हैं, जो और कहीं ढूँढ़े नहीं मिलते। इनमें कई कीट-पतंगों को तो मनुष्य आज तक जान भी नहीं पाया है। जैसे अगुम्बे का ही वर्षावन! आप जंगल में मीलों चलते चले जाएँ, यहाँ एक तरह के दो वृक्ष एक जगह मुश्किल से मिलेंगे। यह विराट विविधता है वर्षावन की। वर्षावन को कहीं स्थानांरित भी नहीं किया जा सकता है, क्योंकि जहाँ मॉनसून सर्वाधिक होता है, वर्षावन का अस्तित्व वहीं रहता है। भारी वर्षा और गर्म मौसम के कारण ही वर्षावन बढ़ते हैं और सघन से सघनतर होते चले जाते हैं। एक बार अगर यह नष्ट हो जाता है, तो इसे फिर से कायम करना असंभव है। भारत के उत्तर-पूर्व, अंडमान व निकोबार द्वीप और कर्नाटक का अपना यह पश्चिमी घाट वर्षावन से सुशोभित है। इसलिये वर्षावन की गोद में आनंद से बैठे इस गाँव में किसी प्रकार की छेड़छाड़ कहीं से भी उचित नहीं।'' पर कृष्णमूर्ति हेब्बार की इस व्यर्थ की लंबी जुगाली से क्या होगा? रात-भर लैंप पोस्ट के प्रकाश में विशाल नागमणि की तरह दीप्त होते दोनों पहाड़ कितने अद्वितीय लगेंगे। बाबूराव वामन शेनॉय अपनी लूना पर उस अंधकार में भी आँखें मिचमिचाकर निशानी गुड्डा की धुँधली आकृति निहारते हुए बस स्टैंड पहुँचने के क्रम में रोज़ यही सोचता है।

अगुम्बेवासियों ने प्राण से प्यारे इन दोनों पहाड़ों को बचाने के लिये कितना संघर्ष किया है। कहावत है न कि हाट का चावल, बाट का पानी कब तक ठहरेगा? गाँव के घरेलू पहाड़ों की हालत भी कुछ ऐसी ही होती है। अन्नपूर्णा विद्या मंदिर वालों ने तो रोकते-रोकते भी किट्टन गुड्डा का थोड़ा मुंडन कर ही दिया। पर गाँववालों ने स्कूल हेडमास्टर के पास सख़्त आपत्ति जतायी। अगुम्बेवासी गाँव के इन पहाड़ों के साथ कोई उकठपनी या खिलवाड़ सहन नहीं कर सकते। वर्षों पहले एक बार सरकार से अनुमति लेकर चेण्णै (जो उन दिनों मद्रास था) की 'खेमका कंपनी' ने मैंगनीज की संभावना की तलाश में इन दोनों पहाड़ों की खुदाई शुरू ही की थी कि पूरा गाँव आपे से बाहर हो गया। खेमका कंपनी वालों को जान लेकर यहाँ से रातोरात भागना पड़ा। बाबूराव वामन शेनॉय तब किशोर था। पर उसे उस दौरान का जुलूस-प्रदर्शन आज भी हू-ब-हू याद है। आलतू-फ़ालतू बाज़ारू हरक़त कोई यहाँ कर ही नहीं सकता। जो करेगा, उसे इस गाँव के लोग त्रेता के बीज में मिलाकर दम लेंगे। बर्बाद कर देंगे। आप यहाँ आकर वर्षा का आनंद लीजिये, पहाड़-जंगल में ट्रेकिंग कीजिये, कोबरा का पता कीजिये, सिनेमा-सीरियल की शूटिंग कीजिये या यहाँ कुछ साल टिककर किसी से प्यार और शादी कर लीजिये—गाँव के लोगों को कोई आपत्ति नहीं होगी। पर बाज़ारू धंधे-खेल से गाँव की शांति नहीं नष्ट कीजिये। तब यह गाँव गुस्सैल साँड की तरह भड़केगा।

अभी पिछले दिनों बस स्टैंड से थोड़ा हटकर सड़क किनारे ही बेंगलूर के कुछ रईसज़ादों ने वृक्षारोपण की परियोजना चलाने के नाम पर यहाँ कई एकड़ ज़मीन ली।

पर बजाय वृक्षारोपण के वहाँ गॉल्फ़ क्लब बनवाने लगे। गाँव के लोगों ने जो हंगामा किया। रईसज़ादे फिर यहाँ लौटकर न आये। अधूरे मुँह बाये गॉल्फ़ क्लब के मैदान में बच्चे अब गेंद खेलते हैं। बस स्टैंड स्थित कैंटीन 'कृष्णा होटल' के संचालक व्यंकटेश से बाबूराव वामन शेनॉय ने कई बार बिहँसकर कहा है, "चलो हमीं दोनों मिलकर वहाँ वृक्षारोपण परियोजना शुरू करते हैं।" व्यंकटेश भी मुसककर कहता है, "तुम शुरू करो न। मैं पीछे से हूँ।"

"अच्छा, तो सोये में ही शादी करोगे?" बाबूराव उसके कंधे पर धौल जमाकर कहता है, "मुन्ना! जवानी में पैर की अँगूठी भी बजती है। जीवन में कुछ परमार्थ करो। परमार्थ।" व्यंकटेश अमूमन बाबूराव के पहुँचने के बाद ही कैंटीन खोलता है। हालाँकि, बराबर उसकी कोशिश रहती है कि 'हनुमान' के यात्रियों को वह चाय-कॉफ़ी पिला सके। पर ज़्यादातर उससे विलंब हो ही जाता है। 'कृष्णा होटल' के अमले-कफ़ले भी पहली बस का समय कभी नहीं पकड़ पाते। बाबूराव ने कई बार परिहास में व्यंकटेश से कहा है कि, "हनुमान के टाइम पर अगर तुम्हारी कैंटीन नियमित खुल जाया करे, तो मैं इतनी सुबह रोज परेड मारने से बच जाऊँगा। तब अखबार और दूध की डिलेवरी तुम ही ले लिया करोगे।" पर बाबूराव जानता है कि सब कहने की बातें हैं। उसे मालूम है कि गाँव के कई बड़े-बुजुर्ग उप देवताओं, जिन्हें रात में भी यक्ष और गंधर्वों की तरह मुश्किल से नींद आती है, को पौ फटे की पहली चाय के साथ अख़बार चाहिये ही चाहिये। मछली की प्रतीक्षा में नदी किनारे एक पाँव पर खड़े बगुले की तरह ये चाय लेकर अख़बार की राह देखते हैं। चाय की नदी में डुबकियाँ मारती मछलियों सरीखे अख़बार! अँधेरे में आप से आप बाबूराव वामन शेनॉय के चेहरे पर हँसी की रेख कौंध जाती है। आषाढ़ से अगहन तक मुँह-अँधेरे में कोहरे का जल-कण पलकों पर जमा हो जाता है और पलक झपकाते ही यों गिरता है जैसे आँसू टपक रहे हों। पर अख़बार के पाठकों को इससे क्या मतलब? कोहरे का आँसू गिराकर भी हर हाल में सवेरे अख़बार दीजिये। एक दिन अख़बार में विलंब होने पर रिटायर्ड हेडमास्टर कृष्णमूर्ति हेब्बार ने झुंझलाकर कहा, "सोने से मढ़ा हुआ अखबार भी अगर विलंब से दोगे न बाबूराव, तो उसे कोई नहीं छुएगा।" इसलिए अख़बार के मामले में समय की पाबंदी बाबूराव समझता है। यही कारण भी है कि इस काम को उसने कभी दूसरे के भरोसे नहीं छोड़ा। अख़बार के बंडल को बस से उतारने के बाद ग्राहकों के हिसाब से बस स्टैंड पर ही छँटनी कर बाबूराव जब तक झोले में सहेजता है, तब तक व्यंकटेश की कैंटीन खुल जाती है। सुबह की पहली कॉफ़ी वह वहीं पीता है।

बाबूराव वामन शेनॉय ने जब से 'नंदिनी दूध' की बिक्री शुरू की है, गाँव के पुराने दूध विक्रेता गोपाल कृष्णा के दूध की बिक्री पर बेशक थोड़ा असर तो पड़ा ही है। पर बाबूराव से गोपाल कृष्णा को कोई डाह-शिकायत नहीं। वह आज भी पाँव पैदल ही सबको दूध पहुँचाता है। बाबूराव वामन शेनॉय की तरह आपाधापी उसके मान का नहीं। वह समझता है कि सौ फीट का कुआँ भरा जा सकता है, लेकिन तीन इंच का पेट नहीं। मेहनत से जीने का हक़ सबको है। मिला-जुलाकर ईश्वर सबको उसका मेहनताना देते ही हैं। किसी से प्रतिस्पर्धा करने या तकलीफ़ पालने से क्या लाभ। आत्मवंचक ही

दूसरों की आलोचना करते या ईर्ष्या रखते हैं। गोपालकृष्णा को अपने काम से ही अवकाश नहीं। सूर्योदय के पूर्व मवेशी घर की साफ़-सफ़ाई, चारा-पानी और दूध दूहने के बाद गोपालकृष्णा गाँव की गलियों-वीदियों[1] में प्रभात फेरी शुरू कर देता है। गोपालकृष्णा की थोड़ी खेती-बाड़ी भी है। सुबह से शाम तक खेत और मवेशियों की चाकरी ही उसकी दिनचर्या है। उसके पिता स्व. के. मनजप्पा का भी यही जीवन था। गोपाल कृष्णा को इस बात का बड़ा संतोष है कि उसका बड़ा बेटा राघवेंद्र खेती-बाड़ी और माल-मवेशी को सँभालने में हमेशा उसकी पीठ पर रहता है। हाँ, छोटा बेटा राजेश शिमोगा में मेडिकल रिप्रेजेंटेटिव की नौकरी करता है।

गोपालकृष्णा अपनी दोनों बेटियों लक्ष्मी और रम्या का विवाह कर निश्चिंत हो चुका है। अब बड़े बेटे राघवेंद्र की शादी करनी है। गोपालकृष्णा की पत्नी नीलम्मा कहती है, "जैसी मेरी दोनों बेटियाँ एकदम शोरे की पुतलियाँ हैं, वैसी ही मुझे दूध पर छिड़के सिंदूर-सी बहू चाहिये।" बहू तो अभी तय नहीं हुई है पर पुत्रवधू के आगमन की तैयारी के मद्देनज़र गोपालकृष्णा ने अपने घर का हंचू हाल ही में पूरा बदलवाया है। एकदम स्पेशल मंगलूर हंचू। यों दक्षिणी कर्नाटक में बहुत जगह हंचू का उत्पादन होता है। पर अगुम्बे के लोग उडुपि, कुंदापुर और मंगलूर से हंचू मँगवाते हैं। गोपालकृष्णा को सेब-सा सुर्ख़ मंगलूर हंचू सबसे अच्छा लगता है। बहरहाल, घर तो सज-धज कर तैयार है। बस अब कन्या तय करनी है। कई जगहों से प्रस्ताव है, लेकिन गोपाल कृष्णा अभी किसी के लिये मन स्थिर नहीं कर पाया है। आज की लड़कियाँ गाँव में जीवन व्यतीत करना पसंद नहीं करतीं। राघवेंद्र को गाँव में रहना है। उसे गाँव में रमनेवाली लड़की चाहिये। घर में लक्ष्मी-सी एक प्यारी बहू आ जाये, तो उसकी पत्नी नीलम्मा को थोड़ी राहत होगी। अभी घर के काम के अलावा मवेशी घर में भी साफ़-सफ़ाई के वास्ते नीलम्मा को हाथ बँटाना पड़ जाता है।

गोपालकृष्णा के पास एकमुश्त आठ गायें हैं। एक बार नीलम्मा ने उसे सुझाया कि गायों का झंझट छोड़ क्यों नहीं बाबूराव की तरह 'नंदिनी दूध' की एजेंसी लेकर वह भी दूध का अपना धंधा जारी रखने की सोचता है! पर गोपालकृष्णा के लिये यह प्रस्ताव कान में आग लहक उठने जैसा था। पत्नी को उसने निर्णायक स्वर में बताया कि, ''मुझे पैकेट वाली नंदिनी नहीं, जीती-जागती नंदिनी चाहिये। बाप-दादा के जमाने से दरवाजे पर गाय देखता रहा हूँ। गायों को हटाने का मतलब है घर से दूध-पूत की विदाई। इसलिये अपने घर से मैं कामधेनुओं को विदा नहीं कर सकता। यह वेणुगोपाल कृष्णास्वामी का गाँव है और मैं गोपालकृष्णा हूँ। जहाँ गोपालकृष्णा, वहाँ धेनु।'' नीलम्मा ने फिर कभी यह बात अपने मुँह पर क्या दिल में भी नहीं लाई। ठीक बात है, गोपाल बग़ैर गायों के कैसे रहेगा? सुबह उठते ही गोपालकृष्णा तीर की तरह सीधे मवेशी घर में घुसता है। गायों को गोठ[2] से बाहर बाँध गोमूत्र साफ़ करता है। गोबर बाहर करता है। उसे पिता की बात हमेशा याद रहती है, ''गोपाल! पशु-पक्षी बिना झोली के फकीर होते हैं। जब तक दरवाज़े पर कामधेनु का वास रहेगा, लक्ष्मी सदा विराजेंगी।'' और गोपालकृष्णा के गृह परिसर के ऐन बाहर पीपल वृक्ष भी है। उसके दादा का लगाया पुराना विशाल पीपल। नाना प्रकार के पक्षियों का स्थायी बसेरा। कहते हैं, जिसके परिसर के पास पीपल का

1. वीथियों, 2. मवेशी घर

पेड़ हो, उस पर हमेशा ब्रह्माजी सहाय रहते हैं। पीपल को ब्रह्माजी का ही रूप माना जाता है। हालाँकि, बहुत कमाई-धमाई की आकांक्षा रखनेवाला व्यक्ति नहीं है गोपालकृष्णा। बस इज़्ज़त-पानी से दो रोटियाँ मिलती रहें। श्रीवेणुगोपाल कृष्णास्वामी की कृपा ही उसके लिये सर्वोपरि है। मंदिर में जब कभी विशेष पूजा-अर्चना के लिये दूध की आवश्यकता पड़ती है, तो वह निःशुल्क दूध पहुँचाता है। 'ब्रह्मरथोत्सव' के समय तो कहना ही क्या। विष्णुमूर्ति भट्ट के घर भी वही दूध देता है। शुरू में कुछेक बार जब उसने पैसे लेने में संकोच किया, तो विष्णुमूर्ति भट्ट ने झिड़कते हुए कहा, "मंदिर में तुम क्या देते हो इससे मुझे मतलब नहीं। पर मैं निःशुल्क दूध नहीं लूँगा।" एकदम दो टूक व्यक्ति हैं अर्चक विष्णुमूर्ति। कभी किसी लटपट में नहीं रहते। इसलिये गोपालकृष्णा को उनके लिये अटूट आदर है। आज आँख खुलते ही गाँव में उठे उत्फाल के कारण उनके यहाँ भी दूध पहुँचाने में देर हो गयी थी।

सोते-जागते श्रीवेणुगोपाल कृष्णास्वामी में तल्लीन रहनेवाले विष्णुमूर्ति भट्ट को उसके कारण तिल भर भी तकलीफ़ हो, गोपालकृष्णा यह कभी नहीं चाहता। वह देखता है कि 'ब्रह्मरथोत्सव' की व्यापक तैयारी और पूरे सप्ताह चलनेवाले इस विराट आयोजन के निरूपण में किस तरह जान झोंककर विष्णुमूर्ति जुटे रहते हैं। हर साल ब्रह्मरथोत्सव की समाप्ति के तत्काल बाद से फिर अगले वर्ष के आयोजन की तैयारी शुरू हो जाती है। ब्रह्मरथोत्सव को लेकर पूरा इलाक़ा उत्साहित रहता है। आसपास के सभी गाँवों के लोग इस अवसर पर यहाँ उमड़े रहते हैं। इन दिनों मंदिर के सघन क्रियाकलापों की व्यस्तता का दबाव चाहे जो भी हो, लेकिन विष्णुमूर्ति मारे आनंद के कृतकृत्य रहते हैं। इस उत्सव में शामिल होने उनके दोनों भाइयों का पूरा परिवार गाँव आता है। विष्णुमूर्ति के दोनों बेटे महेश व गिरीश तथा तीनों बेटियाँ सुधा, ज्योति और ममता भी अपने पति एवं बच्चों के संग हफ़्ते भर के लिये पहुँच जाते हैं। विष्णुमूर्ति की पत्नी सुनंदा को तब थोड़े दिनों के लिये चूल्हे-चौके से मुक्ति मिल जाती है। रसोई घर का मोर्चा बहुएँ, देवरानियाँ और बेटियाँ टेक लेती हैं। विष्णुमूर्ति का परिवार पीढ़ियों से संयुक्त है। और सिर्फ़ एक उन्हीं का परिवार क्या, अगुम्बे का शत प्रतिशत परिवार अपनी संयुक्त परंपरा को आज भी निभा रहा है। गाँव की मतदाता सूची में वैसे 852 लोगों के नाम दर्ज हैं। अगुम्बे पंचायत के पूर्व अध्यक्ष विश्वनाथ बायर की तो ज़बान पर सबका नाम है। पर गाँव में मुश्किल से साढ़े चार सौ लोग होंगे। लगभग आधे लोग सरकारी नौकरियों से लेकर विभिन्न पेशों में बाहर-बाहर कार्यरत हैं। हालाँकि, इससे यहाँ की साझा पारिवारिक व्यवस्था पर कोई फ़र्क नहीं पड़ता। हरेक परिवार का कोई न कोई सदस्य संयुक्तता की पतवार थामे गाँव में मौजूद है।

शुक्रतो किनी और गोविंद राय पंडित सरीखों का घर अपवादस्वरूप है, जिस पर साल के पौने बारह महीने ताला पड़ा रहता है। ये लोग साल में एक बार बस माघ में रथयात्रा के दौरान गाँव आते हैं। वसंत के पंछी की तरह। पर ऐसे परिवार महज़ गिनती के हैं। अधिकांश परिवार का कोई न कोई सदस्य गाँव में स्थायी रूप से रहकर खेती-बाड़ी, पारिवारिक पूजा-पाठ और पर्व-त्यौहार यानी सारे ग्रामीण कार्य-व्यापार का दायित्व सँभालता है। इसलिये पर्व-त्यौहार या 'ब्रह्मरथोत्सव' के अवसर पर सिर्फ़ विष्णुमूर्ति भट्ट ही क्या, गाँव के कुल एक सौ अस्सी परिवारों के लगभग सभी साढ़े आत सौ सदस्य और कुटुंबजन

जब जुटते हैं, तो किसी को किसी प्रकार की भी चिंता नहीं करनी पड़ती है। चारों तरफ़ और हर घर में मानो राग वसंत बहार की अनुगूँज थिरकती रहती है। दोड्डेरेंगदि प्रेमानंद उर्फ़ कैंटीन परियार इसे वसंत की 'चौपहलू छटा' कहता है। यह छटा भला कैसे न हो। विष्णुमूर्ति भट्ट सदैव कहते हैं, ''ऋतुओं में अपने वेणुगोपाल कृष्णास्वामी ही ऋतुराज वसंत हैं।'' वसंत के आनंद में गाँव के सबसे बड़े घर दोड्डमने के सभी छोटे-बड़े पचहत्तर सदस्यों तथा दर्जनों कुटुंबों का जमावड़ा और विचरण भ्रमर दल की तरह मनोहारी लगता है। दरअसल, दोड्डमने के सिरमौर कस्तूरी राव के श्वसुर स्व. विजयेंद्र राव स्वयं दस भाई-बहन थे। तीन भाई और सात बहनें। इनमें तीन बहनें–सुशीला, चंद्रभागा और कुमुदा तो अब दुनिया में नहीं हैं। पर शेष चार बहनों में एक 92 वर्षीया लक्ष्मी अपने बेटे के संग मुंबई में रहती हैं। दूसरी 86 वर्षीया सुनीता अपनी बेटी के पास मैसूर में हैं। सुनीता से छोटी 84 वर्षीया सुनंदा बेटे के साथ तीर्थहल्ली और भाई-बहनों में सबसे छोटी दसवें नंबर की बहन 79 वर्षीया चिर कुँवारी जेनीबाई उर्फ़ जिनी अक्का दोड्डमने के ठीक सामने 'निःसर्ग' नामक अपने आवास में रहती हैं। स्व. विजयेंद्र राव के दोनों छोटे भाई एक 89 वर्षीय नागेंद्र राव जहाँ अपने बेटे के पास हैदराबाद में रहते हैं, वहीं दूसरे भाई 81 वर्षीय वासुदेव राव बेंगलूर में अपने आर्किटेक्ट पुत्र के संग हैं। पर आज भी इन सभी भाई-बहनों के परिवार का तार आपस में और दोड्डमने से ग़ज़ब की मज़बूती से जुड़ा है। यही नहीं, इसके अलावा स्व. विजयेंद्र राव का अपना कुनबा भी कम लंबा-चौड़ा नहीं है। विजयेंद्र राव के पुत्र यानी कस्तूरी राव के दोनों देवरों सुधाकर और किशोर राव के परिवार के अलावा उनकी तीनों ननदों–लता, संध्या और किरण, उनके पति व बाल-बच्चे अमूमन यहाँ के सभी उत्सवों में होते ही हैं। इनके अतिरिक्त कस्तूरी राव के एक-डेढ़ दर्जन चचेरे देवरों की फ़ौज अलग। दो साल हुए कस्तूरी राव के छोटे देवर किशोर राव चल बसे। वे सिंडिकेट बैंक की सेवा में थे। पर उनकी पत्नी व बच्चों ने गाँव से अपना संपर्क बना रखा है। हर उत्सव-आयोजन पर वे सब आते ही आते हैं। कनारा बैंक की सेवा से अवकाश ग्रहण कर चुके बड़े देवर सुधाकर राव तो अपनी पत्नी सुजाता के संग बीच-बीच में भी आ जाते हैं। मन रमने पर सुजाता और सुधाकर महीने दो महीने रह भी जाते हैं। नौकरी से मुक्ति के बाद सुधाकर व सुजाता 'घुमंतू पार्टी' बन गये हैं। कभी दोड्डमने, तो कभी सीधे अमेरिका। सुधाकर का बेटा दासप्पा सुनील अमेरिका में इंजीनियर है। कस्तूरी राव को अक्सर अमेरिका से फोन कर वह बताता है कि अपने गाँव और दोड्डमने को वह कितनी तड़प से याद करता है। कुछ साल पहले जब सुनील यहाँ आया था, तो पूरे गाँव और दोड्डमने के कोने-कोने की वीडियोग्राफ़ी करके ले गया था। कस्तूरी राव से टेलीफ़ोन पर वह कहता है, "बड़ी अम्मा! गाँव और अपने घर की इस फ़िल्म को देखकर लगता है कि वहाँ घूम रहा हूँ। छुट्टी मिली तो अगले ब्रह्मरथोत्सव पर जरूर आना चाहूँगा।" पर अमेरिका के जीवन में अवकाश कहाँ? सुधाकर और सुजाता ही उसके पास जाते रहते हैं। सुधाकर राव अभी दो महीने से अगुम्बे आये हुए हैं और सुजाता बेटे के पास अमेरिका गयी हुई हैं। इसके पहले भी वे दो बार अकेले अमेरिका हो आयी हैं। सुजाता को सिर्फ़ कन्नड़ और मराठी आती है। पर इससे क्या? बोट संजय बिहँसकर कहता है, "कन्नड़ और मराठी की बैसाखी पर ही सुजाता भाभी अमेरिकियों

को औकात में रखती हैं।" सुजाता का मायका उडुपि के पास कउप में है। समुद्र तट पर। अरब सागर के किनारे। कस्तूरी राव कभी-कभी आनंद में सुजाता राव को 'समुद्री सुजाता' कहती हैं। ब्रह्मरथोत्सव के अवसर पर अगर सुजाता दोड्डमने पहुँची होती हैं, तो प्राणपण से लँगड़ा-लँगड़ाकर अपनी छड़ी के सहारे टुक-टुक करते हुए सबके सत्कार-दुलार में जुटी जेठानी कस्तूरी राव का पूरा सहयोग करती हैं। अभी हाल में अमेरिका से टेलीफ़ोन पर कस्तूरी राव से उन्होंने कहा है, "आप निश्चिंत रहिये। अभी काफी समय है। ब्रह्मरथोत्सव के पहले मैं गाँव आ ही जाऊँगी।"

गाँव के प्रमुख व्यवसायी माल्या परिवार में भी ब्रह्मरथोत्सव के समय कुछ ऐसी ही अनूप हलचल रहती है। माल्या लोगों का कुनबा भी दोड्डमने से कम नहीं। ये तो ये, गाँव के इकलौते सैलून संचालक पद्मनाभ, डाकिया राघो और अख़बार विक्रेता बाबूराव वामन शेनॉय जैसों के घर की भी पुलक देखते बनती है। वसंत अपने ऋतुराजवाले ऐश्वर्य के संग बढ़-चढ़कर उपस्थित दिखता है। कुसुम रंग और नाना चटख रंगों के परिधानों में गाँव की स्त्रियाँ उल्लास से खिली रहती हैं। अगुम्बे के इर्द-गिर्द के चार-पाँच किलोमीटर की परिधि में अत्यधिक वर्षा और कम तापमान के कारण नारियल के वृक्ष तो हैं ही नहीं, कामदेव के अधिवास माविन हण्णु यानी आम के वृक्षों की संख्या भी गिनी-चुनी है। पर गाँव में आम के जितने ही वृक्ष हैं, वसंत के आगमन के संग उन पर लदी हरित सुनहरी मंजरियाँ अपना सुवास आधी रात से ही हवा में घोलना तेज़ कर देती हैं। अपने-अपने मंजरों से हुलसित नेरले हण्णु[1], पेरले[2] तथा निंबे हण्णु[3] सरीखे दूसरे वृक्ष भी इस सुवास में अपना योगदान देने से नहीं चूकते। हलसिन हण्णु यानी कटहल के वृक्ष भी गाँव में बेशुमार हैं। हालाँकि, इसके वृक्ष पर कोई मंजर तो नहीं आता लेकिन बरसात में पके हलसिन हण्णु की तेज़ गंध की तरह दोड्डेरेंगदि प्रेमानंद परियार उर्फ़ कैंटीन परियार का सुर है। झोंक चढ़ने पर वह अपना हारमोनियम थाम मंजरों की खुशबू पर और पलीता चढ़ा देता है। संगीत का दीवाना कैंटीन परियार यों भी प्रत्येक शनिवार की शाम राम मंदिर में हारमोनियम पर जब भजन की लड़ी लगाता है, तो आनंद की बौछार-सी हो जाती है। गाँव के पुराने टेलर मास्टर सुप्रसाद तबले पर झूम-झूमकर कैंटीन परियार का साथ देते हैं। सुप्रसाद की पत्नी सुशीला साठ पार होने के बावजूद वहाँ अमरस सुर लगाती है।

''मधुरा मधुरावी मंजुल गाना...हृदया तनिसुआ होसा ताना...मधुरा।'' संगीत तो शहद है, मन को नित नयी-नयी तान देता है। राह चलते भी किसी को पकड़कर सुर छेड़ देनेवाले टेंपल रोड उर्फ़ मालगुडी रोड के 72 वर्षीय लघु कृषक शिव रुद्रप्पा गाँव के अद्भुत जीवाश्म हैं। अपने कंठ को जीवन पर्यंत मधुर रखने के लिये वे नित्य शहद में मिश्री और सोंठ मिलाकर तो चाटते ही हैं, ज्योतिषाचार्य पंडित शतानंद शास्त्री की गुप्त सलाह पर तिल के तेल में पके निर्गुंडी बूटी की जड़ के चूर्ण का भी प्रत्येक दिन सेवन करते हैं। तान-आलाप साधने की प्यास में शिव रुद्रप्पा ने जीवन के कई दशक गुज़ार दिये। परिवार का दायित्व कंधों पर न होता, तो वे संपूर्ण जीवन पूरी तरह संगीत में लय कर देते। वे कहा भी करते हैं कि पूरी सृष्टि लय से उत्पन्न है। पर उनके लय-प्रलय से गाँव में सब पनाह माँगते हैं। वे कब कहाँ और किस समय आलाप शुरू कर देंगे,

1. जामुन, 2. अमरूद, 3. नींबू

कहना मुश्किल है। यही वज़ह है कि उनके दरवाज़े के सामने से जा रहे लोगों की कोशिश रहती है कि किसी तरह उनकी नज़र से बचकर जल्दी निकल जाया जाये। पर अँगरखा और घुटने तक की धोती में ललाट को लाल-सफ़ेद तिलक से अलंकृत कर हारमोनियम की भाथी थामे छोटे क़द किंतु भारी कायावाले शिव रुद्रप्पा अगर अपने घर के बाहरी बरामदे पर बैठे हैं, तो बग़ैर उनसे एक राग सुने क्या मजाल कि कोई एक इंच आगे खिसक जायेगा। कुछ ऊँचा सुनने के कारण एक अर्से से कान में श्रवण यंत्र लगाये रखनेवाले शिव रुद्रप्पा स्वयंसिद्ध गायक हैं। संगीत के एकलव्य। हारमोनियम बजाना भी उन्होंने बग़ैर किसी गुरु के मात्र अपने कठोर अभ्यास से सीखा।

हालाँकि, किसी गुरु से गंडाबंधन नहीं करा पाने की कसक उनके मन में सदैव रहती है। पर हृदय से वे पंडित मल्लिकार्जुन मंसूर को अपना गुरु मानते हैं। राग गौड़ मल्हार की उनकी एक प्रसिद्ध बंदिश 'मना न करिये' पर ही शिव रुद्रप्पा न्यौछावर रहते हैं। कुछेक बार 'ब्रह्मरथोत्सव' के अवसर पर शिव रुद्रप्पा ने लोगों को यह सुनाया भी है, "ऐ री...मना न करिये...। तेरे कारण...आयो रे मेहा...मना न करिये...।" पर इस बंदिश की गहराई को समझने की क्षमता इस गाँव में किसे है? 'मना न करिये' के सप्तक के निचले भाग के स्वर-समूह...मगमरे...रेपगपमम...को समझनेवाला यहाँ है ही कौन? हालाँकि, स्वयं पंडितजी कहते थे कि मलनाड अंचल के लोग क्या, इधर के कीट-पतंग, नदी-पर्वत और पेड़-पौधों को भी मॉनसून और मल्हार के कोमल सनातन संबंध का मर्म मालूम है। पंडितजी वास्तव में तपस्वी थे। धारवाड़[1] से पाँच मील पश्चिम मंसूर गाँव के निवासी सुर सम्राट पंडित मल्लिकार्जुन मंसूर भले वर्ष 1992 में इस धराधाम को छोड़कर चले गये, लेकिन भारतीय शास्त्रीय संगीत को वे बहुत कुछ दे गये। जिस तरह धारवाड़ का पेड़ा बहुत प्रसिद्ध है, कर्नाटक के हुबली-धारवाड़ की भाव-भूमि ऐसे संत-मनीषी के कारण रस-सिद्ध है। वर्ष 1975 से लेकर आजीवन धारवाड़ में अपने सीमित संसाधनों के बावजूद पंडितजी अपने महान उस्ताद अल्लादिया खाँ साहब की पुण्य तिथि के अवसर पर संगीतोत्सव का आयोजन करते ही करते थे। अपने कार्यक्रमों में अक्सर अल्लादिया खाँ साहब के कुछ प्रिय रागों परज, सोहनी और बिहागड़ा को वे बहुत डूबकर गाते थे। शिव रुद्रप्पा को इस बात का संतोष अवश्य है कि कई बार पंडितजी का चरण स्पर्श करने और उन्हें सुनने का सौभाग्य शिमोगा से लेकर श्रृंगेरी तक में मिला। श्रृंगेरी मठ का वह दृश्य शिव रुद्रप्पा के मन में अमिट है, जब प्रात: काल शंकराचार्य पीठ के श्लोकपाठी युवकों के श्लोक गायन के पश्चात पंडितजी ने राग झिंझोटी में 'महादेव विश्वंभर जटाजूट त्रिनेत्र नीलकंठ' का गायन तन्मय हो एक घंटे तक किया था। इस शिवाराधना के बाद उन्होंने फिर सुबह का कोई राग गाया। वहाँ उस समय उपस्थित संगीत के कुछ सुविज्ञों ने जब उनसे जिज्ञासा की थी कि सुबह के समय देर रात वाला यह राग झिंझोटी उन्होंने कैसे गाया, तो मुग्ध भाव से पंडित मल्लिकार्जुन मंसूर ने कहा, "ईश्वर की आराधना में संगीत-सिद्धांत और समय सबका लय हो जाता है। पहले मैं ईश्वर के लिये गा लेता हूँ, उसके बाद ही नश्वर के लिये गाता हूँ।" कहते हैं, धारवाड़ से 35 किलोमीटर आगे येल्लम्मागुड्डा स्थित येलम्मा मंदिर

---

1. कर्नाटक का एक जिला मुख्यालय एवं उत्तरी कर्नाटक का सांस्कृतिक केंद्र

में भी संध्या काल भोर के राग बिलावल में 'देवी दुर्गा सदा संत ऋषि पालनी' गाकर पंडितजी ने इसी तरह एक बार सबको चकित-मुग्ध कर दिया था।

शिव रुद्रप्पा नितांत साधनहीन हैं। पंडितजी की याद में वे भला क्या आयोजन कर सकते हैं। पर उनकी पुण्य तिथि 12 सितंबर को हर साल वे श्रीवेणुगोपाल कृष्णास्वामी मंदिर पर हारमोनियम लेकर बैठ जाते हैं और भर इच्छा अकेले पंडितजी के प्रिय रागों को गाते हैं। गाँव के लोग जिन्हें इस अंदरूनी सच्चाई का नहीं पता, वे मानते हैं कि हर साल पता नहीं क्यों भादो के महीने में ठीक 12 सितंबर को शिव रुद्रप्पा पर एक अलग क़िस्म का दौरा चढ़ता है। भादो महीने की संकष्ट चतुर्थी का दिन हुआ करता, तो एक बात समझ में आती। पर 12 सितंबर? शिव रुद्रप्पा अपने इस कथित दौरे के बारे में किसी को सफ़ाई देना भी नहीं चाहते। वे महसूस करते हैं कि इस दिन पंडितजी की आत्मा से उनका तार सीधा जुड़ता है और इस गहन बात को गुप्त रखना ही बेहतर है। सचमुच अवतार थे पंडितजी। उनके समकालीन गायकों में अधिकांश दिमाग़ से गाते थे, जबकि पंडितजी शुद्ध हृदय से। उनके आलापों को याद कर शिव रुद्रप्पा का मन भर आता है। ख़ैर, पंडितजी का स्थान तो शिव रुद्रप्पा के हृदय में कुछ अलग ही है, पर उनके अतिरिक्त कन्नड़ में भावगीत के साधक पी. कलिंग राव और मैसूर अनंतस्वामी के भी वे अंधभक्त हैं। भावगीत गायिका बी.के. सुमित्रा, बी.आर. छाया और रत्नमाला प्रकाश भी उन्हें बहुत भाती हैं।

"रत्नमाला देखने में कितनी आली-दुलारी है। भावमयी आँखोंवाली भावगीतों की गायिका।" रत्नमाला प्रकाश के भावगीतों की सी.डी. के आवरण पर छपी रत्नमाला की मनोहारी तस्वीर देखकर शिव रुद्रप्पा अक्सर मुग्ध हो तांबूल रंजित कत्थई लाल मुस्कान के संग कहते हैं, "कभी बेंगलूर जाऊँगा, तो मिलूँगा रत्नमाला और उनके महान संगीतज्ञ पिता आर.के. श्रीकांत से। संगीत से जुड़ा कौन ऐसा व्यक्ति होगा जो श्रीकांत जैसे दिग्गज शास्त्रीय साधक को न जानता होगा। बेटी रत्नमाला अपने पिता की सच्ची उत्तराधिकारी है। इन विभूतियों का दर्शन करने जल्दी ही एक बार बेंगलूर की यात्रा करनी होगी।" हिंदी गाने में शिव रुद्रप्पा मोहम्मद रफ़ी और मन्ना डे के शास्त्रीय कौशल पर जान छिड़कते हैं। राग वसंत-बहार में मोहम्मद रफ़ी और लता मंगेशकर के गाये गाने 'मन की बीन मतवारी बाजे...सोये सपने अपने जागे...मन की बीन...' जब वे हारमोनियम पर विभोर होकर छेड़ते हैं, तो मतवारे बादलों की तरह अगुम्बे के आकाश में उड़ने लगते हैं, "बसंत रुत है आ...आ...आ...आ...बसंत रुत है मन रंग डालो...बोलो मगन हो प्रेम की बोली...आ... आ...आ...आ...मन की बीन मतवारी बाजे।" ग्रामीणों को शिव रुद्रप्पा के 'आ... आ...आ...आ...' से बहुत खीज होती है। पर शिव रुद्रप्पा को इस सबसे कोई फ़र्क नहीं पड़ता। गाँव वालों की नज़र में अगर वे शास्त्रीय पागल हैं, तो उनकी दृष्टि में अगुम्बे के लोग सनातन पागल। गाँव के मूढ़ लोग कहाँ से इस मर्म को समझेंगे कि तन से ही तान शब्द की उत्पत्ति है। मन्ना डे साहब सरीखे सुर-साधक के ही ताल-तराने का तरंग गाँव के गँवारों के दिल-दिमाग़ में कितना घुसेगा? पिछले ब्रह्मरथोत्सव के दौरान भी यही हुआ था। संगीत के कार्यक्रम में लोगों को रिझाने के लिये शिव रुद्रप्पा ने भावगीत गाने के पहले मन्ना डे के गाये 'झनक-झनक तोरी बाजे पायलिया' शुरू किया। लोगों

को आरंभ में तो कुछ अच्छा लगा पर जब वे आलाप पर आये, '...मा पा धा...नि सा रे...धा...रे धा...नी...मा पा धा नी सा रे रे रे रे...रे गा रे...गा सा रे नी...नी सारे धा नी...सा पा धा नी...मा पा धा नी सा रे गा...मा रे सा...धा नी पा...' तो लोग उठ-उठ कर जाने लगे। शिव रुद्रप्पा का ऊँचा सुनना और आँख मूँदकर गाना उनके लिये वरदानस्वरूप है। वे हमेशा श्रवण यंत्र उतारकर गायन करते हैं। इसलिये कोई क्या बोल रहा है, उन्हें कुछ भी सुनाई नहीं पड़ता है। आँख मूँदकर विभोर हो जाने के कारण तत्क्षण उन्हें यह भी नहीं पता चलता कि सामने बैठे श्रोता जा रहे हैं या कि जा चुके हैं। शिव रुद्रप्पा मानते हैं कि पूरे गाँव में राग-भास का थोड़ा बहुत शऊर है, तो वह बस एक कैंटीन परियार के पास। बाक़ी किसी में नहीं। हालाँकि, कैंटीन परियार कभी ज़्यादा शास्त्रीय पचड़े में नहीं पड़ता। वह समझता है कि आर.के. श्रीकांत सरीखे दिग्गज को भी गाँव में गाने के लिये अगर बुला लिया जाये, तो एक शिव रुद्रप्पा और लिहाज़ के मारे स्वयं कैंटीन परियार के सिवा उनके सम्मुख कोई तीसरा श्रोता न होगा। आज लोगों के सामने पुरंदरदास और मैसूर वासुदेवाचार्य का राग-संगीत छेड़िये, तो सब उठकर चल देंगे। आम जनसाधारण का जिससे मनोरंजन हो, गाँव-समाज में वही गीत गाना चाहिये। राम मंदिर का शनिवारी गायन हो या ब्रह्मरथोत्सव का अवसर—परियार हमेशा इसका ख़याल रखता है। इसलिये हरेक शनिवार को परियार की सुर-सरिता में राम मंदिर पर गाँव के लोग उमड़े रहते हैं।

बच्चों की टोली भी इस सुर-संगम में पीछे नहीं रहती है। कस्तूरी राव की गुलठुल छोटी नातिन अरुंधती इस बाल-दल की नेतृ है। यह बच्चे काजाण पक्षी की तरह सुरीले हैं। कैंटीन परियार को हमेशा अफ़सोस रहता है कि गाँव में तीन-तीन यानी एक प्राइमरी और दो हाईस्कूल होने के बावजूद किसी में म्यूज़िक टीचर नहीं। कैंटीन परियार को याद है कि ममता जगदीश की सास यानी अगुम्बे मंजूनाथ जगदीश की माँ श्रीमती मूकाम्बिका जगदीश जब तक गाँव में रहीं, वे अपने घर पर बच्चों को निःशुल्क संगीत सिखाती थीं। मूकाम्बिका अगुम्बे प्राथमिक पाठशाला में प्रधान शिक्षिका थीं। उन्हें संगीत से प्रेम अपनी माँ श्रीमती कमलाम्मा से विरासत में मिला। अपने आख़िरी दिनों में कमलाम्मा अपनी बेटी मूकाम्बिका के पास अगुम्बे में ही रहीं। गाँव के बच्चों को संगीत प्रशिक्षण देने की शुरुआत उन्होंने ही की। अगुम्बे के पुराने लोग सरस्वती स्वरूपा कमलाम्मा को आज भी याद करते हुए बताते हैं कि उनमें संगीत के लिये ऐसा अनहद समर्पण था कि अगुम्बे तो क्या, अग़ल-बग़ल के गाँवों में भी जा-जाकर वे बच्चों को संगीत सिखाती थीं। परिणाम यह हुआ कि मूकाम्बिका के घर को सब 'संगीता' कहने लगे। इसलिये ममता जगदीश के घर का नाम आज भी 'संगीता' है।

माँ के गुज़रने के बाद फिर मूकाम्बिका ने अर्से तक इस संगीत परंपरा को निभाया। अगुम्बे प्राथमिक पाठशाला की सेवा से अवकाश ग्रहण करने के बाद 80 वर्षीया मूकाम्बिका अपनी बेटी पूजा के पास पिछले कई वर्षों से उसकी ससुराल होसनगदी गाँव में रहती हैं। दरअसल, पूजा स्कूल में पढ़ाती हैं और इस कारण वे अपने छोटे-छोटे बच्चों पर ध्यान नहीं दे पा रही थीं। पूजा की सास का निधन उनके विवाह के पहले हो चुका था। इसलिये बेटी के लगातार अनुरोध पर बच्चों को सँभालने उन्हें जाना पड़ा। यों बच्चे

तो अब बड़े हो चुके हैं लेकिन दुलार में पूजा माँ को अपने यहाँ से आने नहीं देतीं। बीच-बीच में अगुम्बे मंजूनाथ जगदीश पत्नी ममता के संग होसनगदी जाकर माँ का हाल-चाल लेते रहते हैं। पर अपनी सास के होसनगदी जाने के बाद से घर में अकेली पड़ गयीं ममता जगदीश को भी भारी समस्या हुई। विवाह के कुछ समय बाद ही उन्होंने हेल्थ सुपरवाइज़र की नौकरी शुरू कर ली थी। घर-गृहस्थी और नौकरी को एक संग चलाना उनके लिये मुश्किल हो रहा था। तब ममता ने भी अपनी माँ श्रीमती बसरूर शारदाबाई को ज़िद कर अपने मायके उडुपि से अगुम्बे बुला लिया। अपने पति स्व. गोपाल राव के संग उडुपि स्थित 'सरस्वती हाइयर प्राइमरी स्कूल' में शिक्षिका रह चुकीं शारदाबाई को भी संगीत में अभिरुचि है, लेकिन अपनी समधिन मूकाम्बिका जैसा अमोघ अभ्यास नहीं। अपनी सास की भाँति ममता को संगीत में दख़ल नहीं है, पर बचपन से नृत्य से उनका नाता रहा है। इसलिये जब कभी ममता को फुरसत मिलती है, वे अपने घर 'संगीता' में बच्चों को नृत्य का प्रशिक्षण देती हैं, "धा...धा...दिं...ता...किट...तक...तिट...कत... गदि...गन...।" नृत्य की क्रियात्मकता को नियंत्रण व अनुशासन में रखनेवाले भिन्न-भिन्न तालों की भिन्न-भिन्न लहरों को आज भी भूली नहीं हैं ममता। नृत्य के वास्ते भी संगीत के तीन ताल, झप ताल, एक ताल, सूल ताल, रूपक ताल, तीव्र ताल, दीपचंदी ताल, आड़ा चौताल और धमार ताल की लहरों का ज्ञान आवश्यक है। पर नृत्य और संगीत दो भिन्न विधा हैं। संगीत में मूकाम्बिका का सानी नहीं था। मूकाम्बिका जबसे बेटी के पास होसनगदी गयीं, संगीत प्रशिक्षण देनेवाले का गाँव में स्थायी अभाव हो गया।

संगीत में बच्चों को प्रोत्साहित करने के लिए राम मंदिर पर परियार अक्सर किसी एक भजन में एक न एक बच्चे को हारमोनियम पर बुला लेता है। मारे खुशी के तब बच्चों के दाँत झँपते नहीं। इसलिए बच्चों को भी शनिवार के दिन का इंतज़ार रहता है। सप्ताह में यही एक शनिवार का दिन राम मंदिर के लिये परमानंद का होता है। अन्य दिनों में इस पर 'राम बनवास' की उदासी छाई रहती है। हारमोनियम पर कैंटीन परियार का साप्ताहिक आलाप राम मंदिर की छह दिनों की मायूसी को कर्पूर की तरह उड़ा देता है। परियार को कन्नड़ गानों के अलावा हिंदी गानों पर भी अच्छी पकड़ है। विशेषकर शास्त्रीय तर्ज़ के फ़िल्मी गाने। पार्श्व गायक मन्ना डे और मोहम्मद रफ़ी उसके पसंदीदा गायक हैं। पिछले ब्रह्मरथोत्सव के अवसर पर आयोजित सांस्कृतिक कार्यक्रम में जब परियार ने पुरानी हिंदी फ़िल्म 'सुवर्ण सुंदरी' में मोहम्मद रफ़ी और लता मंगेशकर का राग वसंत बहार में गाया यह गीत, 'कुहू-कुहू बोले कोयलिया...कुंज-कुंज में भँवरे डोले, गुन-गुन बोले' हारमोनियम पर गाया, तो लोग खुशी से पागल हो उठे थे। वसंत जैसे स्वयं परियार के साथ गा उठा था। स्वजनों की भीड़ में शामिल गाँव के नव कुटुंब इस परिवेश में उन्मीलित-आह्लादित होते रहते हैं।

विष्णुमूर्ति भट्ट को सदैव से इस बात का गर्व रहा है कि तेज़ी से आधुनिक हुए भारतवर्ष के भीतर उनका गाँव पुरातन भारत की शोभा और स्वागत की इसकी उष्मा को पूरे यत्न से बचाये हुए है। उन्हें याद है कि उनके दादा कहा करते थे कि, "अपने गाँव का कण-कण जीवन मंत्र से अभिषिक्त है।" पर जीवन मंत्र क्या है, यह आज की दुनिया में कितने लोग समझते हैं? अपनी संस्कृति में संतुष्ट हो शांति से कितने लोग

जी रहे हैं? यह विडंबना नहीं तो और क्या है कि आज 'विश्व ग्राम' के रूप में ख्यात इस दुनिया के लोग बजाय निकट-समीप आने के एक-दूसरे से और दूर ही होते जा रहे हैं। सच्चाई यही है कि प्राचीन भारत के 'वसुधैव कुटुंबकम्' मंत्र से अनभिज्ञ विश्व मानव आज के विश्व ग्राम में लघु से लघुतर होता जा रहा है। पर यह प्राचीन भारतीय जीवन मंत्र यहाँ एक छोटे-से ग्राम में जीवित-जाग्रत है। स्वांतः सुख में निरंतर आत्मलीन-मुदित इस गाँव को विश्वात्मा की अद्‌भुत स्वानुभूति है। यह इसलिये कि एकदम एक सौ अस्सी डिग्री घूमकर यह गाँव अपनी आत्मा के रस में लीन है। पंख में मुँह घुसाकर नींद में विभोर पक्षी की तरह। कभी-कभी तो विष्णुमूर्ति भट्ट को लगता है कि कहीं यह गाँव विश्वात्मा का पार्थिव रूप तो नहीं! यहाँ का आकाश ही कैसा विमोहक है। सुध-बुध बिसरानेवाला। आकाश तो वैसे भी सभी तत्त्वों का मूल है। अत्यधिक सूक्ष्म। मन की भाँति। श्रीवेणुगोपाल कृष्णास्वामी की पूजा-अर्चना करते हुए विष्णुमूर्ति भट्ट को अक्सर यह भाव आता रहा है कि यहाँ के निवासी तो निवासी, यहाँ का आकाश, पहाड़, इर्द-गिर्द की तराई-घाटी, पेड़-पौधों की जड़ें, पशु-पक्षियों के रोएँ और नदी किनारों के नन्हे-नन्हे शंख-पत्थर सबके सब एकमेक हो सामूहिक रूप से स्वांतः सुख की अतींद्रिय अनुभूति में निमग्न हैं। यह स्वांतः ही तो विश्वात्मा है। आत्माराम है। बाहर कहाँ? भीतर जाओ और अपने केंद्र को पा लो। यह भाव बोध श्रीवेणुगोपाल कृष्णास्वामी की अहैतुकी कृपा नहीं तो और क्या है। जीवन का चरम-परम और मूल अजस्त्र स्रोत यही तो है। और वह यहाँ है, कहीं और नहीं। फिर भी कितने लोग जानते हैं अगुम्बे के जीवन-दर्शन को? यहाँ के आनंदमूर्ति ग्राम देवता श्रीवेणुगोपाल कृष्णास्वामी को? पर कन्नड़ फ़िल्म निर्देशक शंकरनाग ने अपने सीरियल 'मालगुडी डेज़' के जरिये श्रीवेणुगोपाल कृष्णास्वामी की महिमा भरसक सारी दुनिया में फैला दी। श्रीवेणुगोपाल कृष्णास्वामी में शंकरनाग को अटूट श्रद्धा थी।

'मालगुडी डेज़' में भूमिका कर चुके दोड्डरेंगदि प्रेमानंद परियार उर्फ़ कैंटीन परियार को गाँव में सब 'अगुम्बे का गंधर्व' कहते हैं। वह शंकरनाग का अंध भक्त है। 'मालगुडी' और शंकरनाग का नाम लेकर किसी नवागंतुक द्वारा उसे बस गुदगुदा देने भर की देर है कि परियार पुराने ज़माने के रिकार्ड प्लेयर के गोल काले तवे की तरह स्मृति की सूई पर नाचने लगता है, "भाई, साक्षात महादेव था शंकरनाग। अपने नाम के बरोबर स्वरूपसिद्ध। अलख का चाँद! 'मालगुडी' की शूटिंग के वास्ते मानो महाकाल ने ही उसे किंग कोबरा के इस वास स्थान पर पहुँचा दिया था। वह शंकर भी था और नाग भी। इसलिये अगुम्बे वह कैसे नहीं आता। उसका जन्म ही शायद अगुम्बे के अविस्मरणीय चित्रण के लिये हुआ था। श्रीवेणुगोपाल कृष्णास्वामी की कृपा से इस सीरियल ने उसे अजर-अमर कर दिया। 'मालगुडी डेज़' के प्रसिद्ध लेखक आर.के. नारायण को भी शूटिंग के दौरान वह अगुम्बे लेकर आया था। सारे लोकेशंस देख विस्मित हो नारायण ने शंकरनाग से कहा था कि मालगुडी तो मेरी कल्पना का एक गाँव है शंकर। पर यहाँ आकर मुझे लग रहा है कि अरे, मालगुडी तो यही है।" फिर गहरे निश्वास के संग कैंटीन परियार नाटकीय भंगिमा में आँखें झपकाकर आल्हा तेज़ करता है, "वो दिन और आज का दिन। अगुम्बे मालगुडी और मालगुडी अगुम्बे। दो नाम, एक प्राण! शूटिंग के दौर में शंकरनाग

जितने महीने अगुम्बे रहा, सुबह पाँच बजे अपनी घोड़ागाड़ी पर यहाँ से पंद्रह किलोमीटर दूर मेगरबल्ली गाँव जाता और वहाँ की मालती नदी में स्नान कर फिर अपनी घोड़ागाड़ी में बैठ सीधे श्रीवेणुगोपाल कृष्णास्वामी मंदिर पहुँच जाता। वहाँ मत्था टेकने के बाद ही वह शूटिंग की शुरुआत करता था। 'मालगुडी' के कई दृश्यों की शूटिंग भी श्रीवेणुगोपाल मंदिर में की गयी। इसलिये आज भी मंदिरवाली सड़क को कुछ लोग टेंपल रोड, तो कुछ लोग 'मालगुडी रोड' कहते हैं। अगुम्बे के रग-रग में मालगुडी की यादें बसी हैं भाई। गाँव के अन्नपूर्णा विद्या मंदिर के कैंपस में अभी भी एक झंखाड़ जंगली पेड़ के नीचे सर फ्रेडरिक लॉली की बीस फीट से भी ऊँची मूर्ति खड़ी है, जिसको 'लॉली रोड' एपिसोड के दृश्यांकन के लिये शंकरनाग ने खास तौर से बेंगलूर से बनवाकर मँगवाया था।।" परियार और 'मालगुडी' जैसे एक सिक्के के दो पहलू हैं। पहलू बदलकर परियार फिर जारी होते हैं, "अरे, 'लॉली रोड' एपिसोड की दिलचस्प कहानी नहीं जानते हो, तो जान ही लो। मालगुडी में जमाने से सर फ्रेडरिक लॉली की मूर्ति स्थापित थी। भारत को आजादी मिलने के बाद मालगुडी की म्युनिसिपैलिटी के चेयरमैन और नेतागण तय करते हैं कि इस जुल्मी अंग्रेज की मूर्ति हटा दी जाये। टेंडर आदि करके बड़े ड्रामे के बाद सर लॉली की मूर्ति हटा दी जाती है। इधर लॉली की मूर्ति हटाये जाने की खबर अखबारों में निकलते ही इतिहास से जुड़ी देश की अनगिनत संस्थाएँ मालगुडी म्युनिसिपल कमिटी के चेयरमैन को ताबड़तोड़ टेलीग्राम देती हैं कि ब्रिटिश राज का एक जालिम अफसर लॉली सर वारेन हेस्टिंग्स के समय में था। पर मालगुडी के ये सर फ्रेडरिक लॉली एक सैनिक गवर्नर थे, जिन्होंने गदर के बाद जंगल साफ-सूफ कराकर मालगुडी को बसाया था। फ्रेडरिक लॉली अंग्रेज़ होते हुए भी भारतप्रेमी थे। उन्होंने ही ब्रिटिश शासकों को पत्र लिखा था कि ब्रिटेन को स्वहित में एक न एक दिन भारत छोड़ना ही होगा। मालगुडी के म्युनिसिपल चेयरमैन को सरकार से भी आदेश आता है कि सर फ्रेडरिक लॉली की मूर्ति फिर से उसी जगह लगाई जाये...। बड़े ड्रामे के बाद सर लॉली की मूर्ति दोबारा स्थापित होती है। आज वह मूर्ति भले उपेक्षित स्थिति में अन्नपूर्णा विद्या मंदिर के एक जंगली पेड़ के नीचे खड़ी है, लेकिन मैं जानता हूँ कि शंकरनाग ने इस एपिसोड को बनाने के लिए कितने यत्न से सर फ्रेडरिक लॉली का काल्पनिक स्केच करवाकर मूर्ति को बेंगलूर में बनवाया था। पैंतीस एपिसोड का इतना सुंदर कसाववाला सीरियल बनाना कोई मजाक नहीं था। शंकरनाग की पत्नी अरुंधती नाग और बेटी काव्या को आज भी इसलिए अगुम्बे से इतना लगाव है। काव्या अपने पति के संग वियतनाम में रहती है। पर जब कभी माँ से मिलने वह बेंगलूर आती है, तो माँ के संग श्रीवेणुगोपाल कृष्णास्वामी का दर्शन करने अगुम्बे पहुँचती ही है। सब महिमा श्रीवेणुगोपाल की। कहते हैं कि श्रीवेणुगोपाल ने स्वप्न में आकर शंकरनाग को गोद में बिठाते हुए भरपूर आशीर्वाद दिया था। उसकी इच्छा थी कि वह इस प्राचीन मंदिर का भव्य कायाकल्प करायेगा। पर इसके पूर्व ही एक सड़क दुर्घटना में शंकरनाग की मृत्यु हो गयी।" इस धाराप्रवाह कथा के मध्य कैंटीन परियार का कंठ कई बार अवरुद्ध होता है।

विष्णुमूर्ति भट्ट ने भी श्रीवेणुगोपाल कृष्णास्वामी के प्रति शंकरनाग की अपार श्रद्धा देखी थी। तब विष्णुमूर्ति के पिता मंदिर के अर्चक थे। विष्णुमूर्ति उन दिनों दफ़्तर से

छुट्टी मिलने पर बीच-बीच में गाँव आते थे। उनके मन में अक्सर यह सवाल उठता रहा है कि मंदिर का कायाकल्प कराने के पहले श्रीवेणुगोपाल स्वामी ने शंकरनाग को अपने पास क्यों बुला लिया? पर ईश्वर के निर्णय के पीछे छिपे रहस्य का पार कौन पा सकता है। आज संसार में न तो आर.के. नारायण हैं और न ही शंकरनाग। भारत के चेखव कहे जानेवाले रासिपुरम कृष्णास्वामी अय्यर नारायणस्वामी यानी आर.के. नारायण जहाँ 13 मई, 2001 को 94 वर्ष की उम्र में चल बसे, वहीं उनके भी पहले 30 सितंबर, 1990 को बेंगलूर से लगभग 300 किलोमीटर दूर दावणगेरे के समीप एक दुर्घटना में शंकरनाग की मृत्यु मात्र 36 वर्ष की अवस्था में हो गयी थी। यह शंकरनाग का ही कला कौशल था कि अगुम्बे की आत्मा में बसकर आज भी मालगुडी हवा और वर्षा की बौछार के मध्य साधारण मनुष्य के जीते-जागते स्वप्न जगत के रूप में पृथ्वी की हथेली की रमणीक लकीरों के बीच मृदुल यौवन को थामे धड़क रहा है। अगुम्बे मेनरोड पर राम मंदिर के ऐन बग़ल में अपने पुश्तैनी घर के दरवाज़े पर अर्से से पंसारी का छोटा-सा व्यवसाय करनेवाले दंपती देवेंद्र और नलिनी को भी साँवले-गठीले शंकरनाग का धीर-गंभीर मुख नहीं भूलता। नलिनी कभी-कभार देवेंद्र से कहती है, "मुझे तो लगता है उनकी आत्मा अभी भी अगुम्बे में विचरती है। इसलिये पिछली रात मैंने उन्हें स्वप्न में देखा।" शंकरनाग की चर्चा चलने पर कस्तूरी राव के होंठों की सहस्त्र टुकड़ियाँ फटने लगती हैं। दोड्डमने में ही तो शूटिंग की अवधि में रुके थे शंकरनाग। कई दृश्यों की शूटिंग भी उन्होंने दोड्डमने में की थी। 'मालगुडी' सीरियल का पहला एपिसोड 'महा कंजूस' दोड्डमने के अंदर ही शूट किया गया था। इसमें एक खाट का उपयोग किया गया था, जो अभी भी ऊपर के कमरे में पड़ी है। कस्तूरी राव इसलिये आज भी इसे कंजूस कॉट[1] कहती हैं। कभी-कभी वे सोचती हैं कि मन के सप्त पाताल में स्मृतियों की कितनी रश्मियाँ संचित होती हैं। इन्हीं रश्मियों में से एक है-शंकरनाग! दोड्डमने की स्मृति का एक अंश वह भी है। गहरी साँस के संग आँखें पोंछते हुए कस्तूरी राव सोचती हैं कि कब...कौन...क्यों...और कैसे...? यह रहस्य एक श्रीवेणुगोपाल कृष्णास्वामी ही जानते हैं। उनकी छत्र-छाया में रहते अब तो दशकों बीत गये।

"सारा गाँव श्रीवेणुगोपाल मंदिर की ओर उमड़ा हुआ है।" कस्तूरी राव की सेविका सुशीला माई ने आते ही रपट पेश की है। पर हुआ क्या है, उसे भी ठीक-ठीक नहीं मालूम। जो भी हो, सुजया और रवि भी तब लगता है मंदिर की तरफ़ ही गये हैं। अरुंधती भी नहीं दिख रही है। यह शैतान भी शायद वहीं भागी है।

---

1. खाट

4

हरा जिराफ़

देवेंद्र नाईक जब सुबह-सुबह दौड़ा हुआ अपने परम मित्र के. शिवप्रकाश के घर पहुँचा, तो उनके घर के ऐन बाहर स्थित विशाल बरगद की शाखों और झुरमुट में हरेक दिन की भाँति बंदरों की फ़ौज कुलाँचें भर रही थी। इनमें कुछ अधेड़ और बूढ़े बंदर संत बसवेश्वर सरीखी बैरागी भंगिमा में डालों पर बैठे शून्य में कुछ निहार रहे थे। बाक़ी हट्टे-कट्टे युवा और नन्हे-मुन्ने बंदर बरगद की मोटी टहनियों से लटकती जटाओं से चिपटे झूले का आनंद ले रहे थे, तो कुछ डंडे की तरह तनी उन जटाओं को पकड़ ऊपर-नीचे करने के कौतुक में व्यस्त थे, जो मजबूती से धरती में जड़ पकड़ चुकी थी। बरगद की नन्ही सुर्ख़ लाल फलियों को कुतरने में गिलहरियों की जमात अलग जुटी थी। शिवप्रकाश के घर के बाहरी बरामदे पर उनका गबरू कुत्ता चैम्पियन शिवप्रकाश अगले पंजों पर अपना फुटबॉल सरीखा भारी मुँह टिकाये ध्यान की मुद्रा में आँखें बंद किये बैठा था। शिवप्रकाश ने अपने बाल-बच्चों की तरह चैम्पियन के नाम के संग भी अपना ख़ानदानी उपाधिनाम जोड़ रखा है। इसलिये चैम्पियन का आधिकारिक नाम-चैम्पियन शिवप्रकाश है। शिवप्रकाश ने उसे तबसे पाला है, जब उसकी आँख भी नहीं खुली थी। शिवप्रकाश का तर्क है कि नवजात चैम्पियन ने जब दुनिया में आँखें खोलीं, तो अपने माता-पिता के रूप में उन्हें और उनकी पत्नी को पाया। इसलिये निर्विवाद रूप से यह उनके पारिवारिक उपाधिनाम का अधिकारी है। शिवप्रकाश की बेटी ज्योति और बेटे अनंत को भी यह बात जँची थी। अलबत्ता, शिवप्रकाश की पत्नी वसुंधरा अवश्य कई दिनों तक कुनमुनाती रहीं कि ख़ामख़ाह लोग इस मूर्खतापूर्ण बात का मज़ाक उड़ायेंगे। पर अंततः पति और बच्चों के बहुमत के आगे मन मारकर उन्हें सहमत होना पड़ा। शिवप्रकाश की बिटिया ज्योति ने मुसकते हुए अपनी माँ से कहा भी था, "अम्मा! शिव का एक नाम भैरवनाथ भी कहा गया है, यह तो तुम जानती ही हो। इसी तरह पिताजी का भी गण है चैम्पियन।"

"तो पिताजी का नाम चैम्पियननाथ रख दो।" वसुंधरा ने मुँह बनाकर कहा, तो ज्योति देर तक ठिलठिलाती रही थी। ज्योति इन दिनों अपने पति नागेश्वर और दो वर्षीय बिटिया मल्लिका के संग मैसूर में रहती है। नागेश्वर वहाँ एक सरकारी उच्च विद्यालय में गणित का अध्यापक है। छठे-छमासे पति व बेटी के संग माता-पिता से मिलने ज्योति अगुम्बे आ पाती है। शिवप्रकाश का बेटा अनंत अपने पिता के पथ का अनुगामी होकर

कर्नाटक अरण्य सेवा में ही संप्रति चिकमंगलूर में पदस्थापित है। पत्नी अपर्णा और दो बेटों अक्षयवट तथा वनराज के संग वह भी सुखद दाम्पत्य जीवन में प्रसन्न है। इस प्रकार शिवप्रकाश बच्चों की ज़िम्मेदारी से मुक्त हो, अगुम्बे में सपत्नीक पूरे आनंद से अवकाश का जीवन व्यतीत कर रहे हैं। अपने पोतों और नातिन को लेकर दोनों का मन ख़ासा प्रफुल्लित रहता है। नातिन मल्लिका का नामकरण शिवप्रकाश का ही किया हुआ है। मल्लिका के फूल शिवप्रकाश के अगुम्बे स्थित परिसर में भी खिलते हैं। यह नन्हा श्वेत फूल ग़ज़ब का महमहाता है। नातिन के जन्म पर इसलिये शिवप्रकाश ने छूटते हुए कहा, "यह तो मल्लिका है।" मल्लिका की महिमा बखानते हुए शिवप्रकाश कहते हैं, "मल्लिका के पुष्प मंदिरों में चढ़ते हैं और स्त्रियाँ उसे जूड़े में भी सजाती हैं।" शिवप्रकाश ने ही अपने दोनों पोतों का नाम अक्षयवट और वनराज रखा। अक्षयवट नाम की प्रेरणा उन्हें अगुम्बे स्थित अपने इस पुश्तैनी घर के समक्ष खड़े वटवृक्ष से मिली। यह प्राचीन वटवृक्ष उनके परदादा के ज़माने से भी पहले का है। शिवप्रकाश के दादा के. श्रीकंठय्या कहते थे कि, "वटवृक्ष अक्षयवट है। यह शिवाराधना का प्रतीक वृक्ष है। यह कभी समाप्त नहीं होता, क्योंकि इसकी टहनियाँ भी जड़ पकड़ती चलती हैं।"

शिवप्रकाश के घर के सामनेवाले इस बरगद की टहनियाँ जिस तरह जड़ पकड़ रही हैं, उससे शिवप्रकाश को विश्वास है कि एक दिन अवश्य यह बरगद दूसरा 'थिमम्मा मरिमनु' बनेगा। कर्नाटक वन विभाग ने एक बार उन्हें आंध्रप्रदेश के अनंतपुर जिले के अंतर्गत कादिरी नामक क़स्बे में दुनिया के सबसे विशाल बरगद यानी 'थिमम्मा मरिमनु' का अध्ययन करने के लिये भेजा था। यह धूसर-सा क़स्बा बेंगलूर से महज चंद घंटे की दूरी पर है। कादिरी की ख्याति इस विशाल बरगद को लेकर ही है। लगभग 19,107 वर्गमील में फैले उस बरगद को देख शिवप्रकाश की आँखें फटी की फटी रह गयीं। यह बरगद ऊँचाई से ज़्यादा फैला हुआ है। इसकी सैकड़ों शाखाएँ मकड़ी के अनंत विशाल जाले की तरह पेड़ के ऊपरी भाग में दिखती हैं। पूरा इलाक़ा, जिसे यह बरगद घेरे हुए है, किसी चमत्कारी वास्तुविद के जादुई कमाल की तरह दिखता है। कभी-कभी शिवप्रकाश सोचकर मन ही मन हँसते हैं कि अगर उनका यह बरगद सचमुच फैलते-फैलते 'थिमम्मा मरिमनु' बन ही जायेगा, तो उनका घर कहाँ जायेगा? तब यह घर असंख्य जटाओं से घिरा-गुँथा बरगद के कोटर जैसा हो जायेगा। पर जो भी हो, बरगद की अपनी महिमा है। यों ही नहीं बरगद पेड़ों में दादा कहलाता है। उनके पिता ने उन्हें बताया था कि जो बच्चा बोल नहीं पा रहा हो, अगर उसे बरगद के पत्ते पर कुछ दिन खिलाया जाये, तो गारंटी है कि वह बोलना शुरू कर देगा। इसलिये शिवप्रकाश ने अपने बेटे अनंत को शुरू से कह रखा है कि, "यह वटवृक्ष अत्यन्त शुभ है। इसकी सदैव रक्षा करना। यह कभी रत्ती भर भी कटना नहीं चाहिये।" और जब शिवप्रकाश को पहला पोता हुआ, तो उन्होंने उल्लास से उमगते हुए कहा, "यह है हमारा अक्षयवट।" फिर चार साल बाद जब उनके दूसरे पोते ने जन्म लिया, तो उन्होंने मुदित हो कहा, "जिसका दादा और बाप दोनों वन सेवा के व्यक्ति हैं, उसका नाम वनराज के अलावा और क्या हो सकता है।" इसी तरह जब एक सुबह उनके निवास पर फ़ॉरेस्ट गार्ड कुत्ते का एक नवजात शिशु यह कहते हुए दे गया था कि, "देखो, कितना गुटुमुटु है। इसकी आँख

भी अभी नहीं फूटी। सड़क किनारे मिला साहब। पता नहीं इसकी माँ कहाँ चली गयी।'' शिवप्रकाश ने दुलार से उसे ले लिया और उस सुबह से उनकी पत्नी वसुंधरा ने रूई के फाहे को दूध में डुबो-डुबोकर पिलाया और पाला। शिवप्रकाश ने कुछ दिनों बाद इसकी आरंभिक कलाबाज़ी देखकर कहा, ''यह चैम्पियन निकलेगा।'' वाक़ई तीन-चार साल में ही फूटकर बब्बर हो गया चैम्पियन। दो साल पहले कर्नाटक अरण्य सेवा से अवकाश ग्रहण कर अपने सभी साज़-ओ-सामान से लदे-फँदे शिवप्रकाश जब अपनी हृष्ट-पुष्ट पत्नी वसुंधरा के संग अगुम्बे के पुश्तैनी निवास में रहने पहुँचे, तो साथ में बेचैनी से अहर्निश पूँछ हिलाता चैम्पियन शिवप्रकाश भी था। माता-पिता के निधन के बाद इकलौती संतान होने के कारण शुक्रतो किनी और गोविंद राय पंडित के घरों की तरह उनके घर पर भी ज़्यादातर ताला ही पड़ा रहता था। हाँ, देख-रेख और समय-समय पर साफ़-सफ़ाई के लिये घर की चाबी अपने बाल सखा देवेंद्र नाईक को उन्होंने बेशक सौंप रखी थी। देवेंद्र ने भरसक यह ज़िम्मा निभाया भी। स्वयं शिवप्रकाश भी 'ब्रह्मरथोत्सव' के अलावा जब दो दिन की भी छुट्टी मिलती थी, तीर की तरह अगुम्बे के वास्ते निकल पड़ते थे। इसलिये बहुत पुराना होने के बावजूद समुचित रख-रखाव के कारण उनका घर कमोबेश ठीक ही हालत में था। अवकाश प्राप्त करने के बाद शिवप्रकाश जब यहाँ स्थायी रूप से रहने आये, तो सिवा एक परत नये रंग-रोगन के उन्हें घर की अवस्था का उद्धार करने के लिये कुछ खास उद्योग नहीं करना पड़ा था। बचपन से लेकर जवानी की मधुर स्मृतियों के संग इस घर ने उन्हें फिर से अपने आलिंगन में ले लिया था। यह आरंभिक जीवन की पुनरावृत्ति का वरदान सरीखा था। वैसे उनके बेटे अनंत ने कहा था कि वे लोग उसके साथ आकर चिकमंगलूर में रहें। पोतों के संग समय खुश-खुश कटेगा। पर शिवप्रकाश ने साफ़ मना कर दिया। उन्होंने पहले से तय कर रखा था कि नौकरी से अवकाश मिलने के बाद गाँव जाकर रहेंगे। अगुम्बे आकर उन्होंने महसूस किया कि कई गुज़रे क्षण फिर से जी उठे हैं। जब वसुंधरा से उनका विवाह हुआ था, तब तक वे कर्नाटक अरण्य सेवा में नहीं गये थे। बहू के रूप में वसुंधरा ने इसी घर में क़दम रखा था। इसलिये वे तो क्या, वसुंधरा भी फिर से हमेशा के लिये अगुम्बे लौटकर पुलकित थीं। उन्होंने पुरानी स्मृतियों की सुरभि बटोरते हुए शिवप्रकाश से कहा, ''याद है, शादी के बाद जब मैं यहाँ आयी थी, तुम चुपके से मुँह-अँधेरे निशानी गुड्डा की तलहटी में जाकर सुरगी के पेड़ पर चढ़ मेरे लिये झोला भर फूल बालों में सजाने के लिये ले आते थे। ओफ, अम्मा सुबह-सुबह स्वादिष्ट होलिगे[1], उपिट्टु[2] और पोंगल[3] कितने लाड़-चाव से बनाती थीं।''

कहना न होगा कि निशानी गुड्डा और किट्टन गुड्डा की आभा, मलापहाड़ी नदी के कल-कल जल और सुरगी की ख़ुशबू से लेकर होलिगे, उपिट्टु और पोंगल का स्वाद फिर से जीवंत हो उठा था। सहज प्रसन्नता की दुनिया में अर्से बाद लौटे थे शिवप्रकाश और वसुंधरा। पर चैम्पियन शिवप्रकाश के लिये यहाँ मानो काला पानी की सजा हो गयी थी। यों अपनी नौकरी के दौरान जब शिवप्रकाश अभयारण्य स्थित सरकारी क्वार्टर में

---

1. पूरनपोली, 2. उपमा, 3. चावल, मूंगदाल, नारियल, हरीमिर्च, करी पत्ता, जीरा व काली मिर्च से बना एक व्यंजन

रहते थे, तब भी चैम्पियन को वहाँ पेड़ों की शाखों से गाहे-बगाहे झूलते बंदरों के दर्शन से भारी झुँझलाहट होती थी। पर अगुम्बे में तो उसके लिये स्थिति स्थायी रूप से विकट हो गयी। दरअसल, यहाँ के ग्रामीणों के अनुपात में बंदरों की संख्या बीस ही होगी, उन्नीस नहीं। गाँव के बुज़ुर्ग चिरकुमार रामय्या सदानंद के पास बंदरों के उपद्रव की पूरी 'हनुमान चालीसा' है। उन्होंने कई बार शिवप्रकाश से कहा है कि गाँव में कुछ लंगूरों का जुगाड़ किया जाना चाहिये ताकि बंदरों का उत्पाती दल औक़ात में रहे। बंदर अगर डरते हैं तो बस आग और लंगूर से। रामय्या सदानंद को बहुत दुख है कि शिवप्रकाश ने उनकी बात को गंभीरता से नहीं लिया है, जबकि सारा गाँव बंदरों से त्रस्त है। घर के छप्परों से हंचू हटाकर कब बंदरों का दल अंदर घुसकर उधम शुरू कर देगा, कहना मुश्किल है। सदानंद के मुताबिक कुछ साल हुए अग़ल-बग़ल के गाँवों के लोगों ने अपने-अपने गाँव के शैतान बंदरों को पकड़कर एक रात चुपके से ट्रक पर अगुम्बे में लाकर छोड़ दिया था। तबसे बंदरों की साम्राज्यवादी हरकतों ने गाँव का पसीना छुड़ा रखा है। दूसरे गाँवों के बंदर लाकर छोड़े जाने की सदानंद की कथा में पता नहीं कितना दम है, लेकिन यह बात सही है कि गाँव और पास के जंगलों में अचानक अप्रत्याशित रूप से बंदरों की तादाद में वृद्धि पायी गयी। बंदरों के दल ने कितनों को हबक्का मारा, कितनों के छप्पर के हंचुओं को तोड़ा, कितनी लड़कियों का दुपट्टा लेकर उड़ा, कितने बूढ़े-बुज़ुर्गों की नाक से चश्मा झपट कर भागा और कितनों के बगीचों में दादागिरी की-इसकी पूरी सूची रामय्या सदानंद के पास है। उनके पुश्तैनी घर के सामनेवाले हिस्से में किराने की उनकी छोटी-सी दुकान में पता नहीं कितनी बार छप्पर से हंचू हटा बंदरों ने उनको नचाया है, इसकी गिनती स्वयं सदानंद के पास भी नहीं। इसलिये वह बंदरों से हमेशा क्षुब्ध रहते हैं। इस गाँव में बादलों और बंदरों का उपद्रव स्थायी है। बादल और बंदर कब किस घर में घुस जायें कहना मुश्किल है। ख़ैर, बादल खिड़कियों और दरवाज़ों से घुसकर घर के सभी सामान नम कर देते हैं, भिगो देते हैं। पर बंदरों की तरह छप्पर से हंचू हटाकर नहीं घुस जाते, कोई तोड़-फोड़ और तमाशा नहीं मचाते। बादल इन शैतान बंदरों की तरह किसी को हबकते नहीं हैं। सदानंद का वश चले तो वह आंजनेय नगर के सनकी चिरकुमार चिनप्पा को उसके चीकू बंदर समेत गाँव से भगा दें। बंदर प्रकरण को लेकर चिनप्पा से सदानंद की कुछेक बार तीखी झड़प भी हो चुकी है। चिनप्पा का यह पालतू बंदर चीकू गाँव की कितनी औरतों और बूढ़ों को हबक चुका है। अनेक लोगों ने चिनप्पा को समझाया है कि वह अपने इस पगले बंदर को दूर किसी घाटी में ले जाकर छोड़ दे। पर चिनप्पा ज़िद पर अड़ा है। वह कहता है कि चीकू उसका सबकुछ है। जीवन का इकलौता चिराग। चिनप्पा ने चीकू को तब से पाला जब उसकी माँ उसे पैदा करते ही मर गयी थी। एक शाम नवजात चीकू उसे पेड़ों की झुरमुट में पड़ा मिला था, जब वह मज़दूरी कर मलंदुर की तरफ़ से गाँव आ रहा था। रूई के फाहे में दूध भिगो-भिगो कर चिनप्पा ने चीकू को पिलाया और माँ की तरह पाला। पर चीकू को देखते ही पता नहीं क्यों सदानंद का पारा गर्म हो जाता है। वे दाँत पीसकर रह जाते हैं। लगता है, यह नालायक़ चिनप्पा अपने को जोगीगुंडी का सिद्ध जोगी समझता है। गाँव में यह किंवदंती है कि महज़ तीन किलोमीटर की दूरी पर स्थित जोगीगुंडी झरना, जहाँ कहते हैं कि एक गुफा

में एक सिद्ध जोगी रहते थे, उन्होंने जंगल के एक वनमानुष को अपना सेवक बना रखा था। बताते हैं कि वनमानुष का एक बच्चा अपनी माँ से बिछुड़कर लुढ़कते-डोलते पता नहीं कैसे जोगी की गुफा में पहुँच गया था। अनुराग आने पर गाँव के सबसे बुजुर्ग ज्योतिषाचार्य पंडित शतानंद शास्त्री कहते हैं कि, "मेरे दादाजी उस वनमानुष के बारे में बताते थे। स्वभाव से तो यह जीव बहुत उत्पाती होता है लेकिन वह वनमानुष उन महान सिद्ध संत का दासोदास रहता था। अगुम्बे समेत आसपास के गाँवों की श्रद्धालु स्त्रियों को पता था कि सैकड़ों साल की अवस्थावाले जोगी कुछ भी ग्रहण नहीं करते। पर उनके सेवक वनमानुष के वास्ते वे सब भरपूर खीर और फल ले जाती थीं। एक-दो किलो खीर, दो-चार दर्जन केले और एकाध दर्जन सेब व अनार वह खेल-खेल में खा जाता था। देखते-देखते वह नन्हा-मुन्ना वनमानुष फूटकर साढ़े पाँच फीट का हो गया।" फिर एक पल रुककर वह कथा का मार्मिक उपसंहार करते हैं कि, "एक रात जब उस महान सिद्ध जोगी ने गुफा में समाधि ले ली, तो सुबह लोगों को इसका पता चला। लोग-बाग जब गुफा के भीतर गये, तो पाया कि शरीर छोड़ चुके संत के चरणों के निकट वनमानुष भी मृत पड़ा था।"

"तो क्या चिनप्पा और उसका चीकू बंदर जोगी और वनमानुष के अवतार हैं?" रामय्या सदानंद बुरी तरह चिनप्पा और चीकू पर कुड़कुड़ाये रहते हैं। शिवप्रकाश के घर के ठीक आगे पसरे बरगद पर बंदरों के चौबीस घंटे की अठखेलियों से चैम्पियन शिवप्रकाश भी सदानंद की तरह ही हमेशा कुपित भाव में रहता है। फुटबॉल सरीखा उसका फूला हुआ असंभार मुख उसकी इस स्थायी कुपित मुद्रा का साथी बन चुका है। पूरी शक्ति से एक उछाल में बरगद की डालों पर पहुँच इन नामुराद बंदरों को पलक झपकते कच्चा चबा जाने की करुण कसक उसकी आँखों में सदैव टूटे काँच की तरह चुभी दिखती है। इस बेचारगी को अंततः सूरदास की तरह स्वीकार कर उसने बंदरों पर अब भौंकना भी छोड़ दिया है।

पहले शिवप्रकाश रातों में चैम्पियन को अपने परिसर में खुला छोड़ दिया करते थे। दिनभर चेन में बँधे चैम्पियन को भी तो आज़ादी चाहिये, सोचते थे शिवप्रकाश। पर आख़िरकार विवश हो शिवप्रकाश को अपना यह लोकतांत्रिक निर्णय बदलना पड़ा। दरअसल, हमेशा बंदरों पर क्रोध से उछलनेवाले चैम्पियन शिवप्रकाश को एक रात बंदरों के दल ने घेरकर इतना काटा-भँभोड़ा कि नींद में भी पूरी तड़क में रहनेवाला चैम्पियन साफ़ अंटाचित हो गया। उस आधी रात में जब शिवप्रकाश ने चैम्पियन का भीषण आर्त्तनाद सुना, तो बग़ैर एक पल का विलंब किये बिस्तर से उछल टॉर्च और एयरगन लेकर बाहर दौड़ पड़े। ओफ़! उनके सामने एक दारुण दृश्य उपस्थित था। चैम्पियन के चारों तरफ़ बंदर भूत-बैताल की भाँति उछल रहे थे। उसकी पीठ पर उसके दोनों कान बुरी तरह मरोड़े दो बाल बंदरों ने सवारी कस रखी थी और बीच-बीच में उसे हबक-हबककर खी-खी और खुक्-खुक् की मस्त आवाज़ें निकाल रहे थे। चैम्पियन असहाय अंधे की तरह कूद-कूदकर दारुण विलाप कर रहा था। बंदरों के दल ने वाक़ई चैम्पियन शिवप्रकाश का अंजर-पंजर ढीला कर दिया था। एयरगन से कई हवाई फायर कर शिवप्रकाश ने चैम्पियन को बंदरों से मुक्ति दिलाई और तबसे ग्रिल से सुरक्षित अपने बरामदे पर रात

में भी उसे चेन में बाँधकर रखने लगे। सरलमना चैम्पियन शिवप्रकाश की करुण पुतलियों में अपने मालिक सह दत्तक पिता के प्रति भी शिकायत भरी है, जिन्होंने चेन में बाँधकर इन कटखने बंदरों से क़यामत की उस विकट रात का प्रतिशोध लेने से उसे वंचित कर रखा है। देवेंद्र नाईक ने असहाय बैरागी चैम्पियन शिवप्रकाश पर एक उड़ती नज़र डाली और सीधे अंदर गया। वह अभी शीघ्रता में था। रसोईघर में वसुंधरा कॉफ़ी तैयार कर रही थीं और शिवप्रकाश अपने कमरे में मीठी नींद में हिलोरें ले रहे थे। वसुंधरा ने मुस्कराकर देवेंद्र से कहा, ''देवन्ना! आपको तो पता ही है कि ये देर से सोते हैं और देर से उठते हैं। जंगलवाली नौकरी की इनकी आदत आज तक नहीं गयी।'' देवेंद्र की तरफ़ कॉफ़ी बढ़ाते हुए वसुंधरा ने कहा, ''मुझे थोड़ा अनुमान है कि आप अभी क्यों आये हैं। वैसे हुआ क्या है? मेरी आया कल्याणी माई अभी कह रही थी कि सारा गाँव श्रीवेणुगोपाल कृष्णास्वामी मंदिर की ओर उमड़ा हुआ है?''

''सारा 'गदग-जैमिनी'[1] लौटकर बताऊँगा भाभी। फिलहाल तो आप शिबू को जगाकर जल्दी मंदिर पर भेजिये।'' देवेंद्र भरसक तेज़ी से गर्म कॉफ़ी सुड़कते हुए बोला।

''आप बढ़िये। मैं इन्हें भेजती हूँ।'' वसुंधरा ने गंभीर स्वर में कहा।

''हाँ भाभी ! मामला कुछ ऐसा ही फँसा है। ऐसे मौके पर वहाँ शिबू का रहना जरूरी है।'' देवेंद्र तेज़ कदमों से मंदिर की ओर चल पड़ा। देवेंद्र की पत्नी नलिनी पहले ही मंदिर के लिये निकल चुकी थी। दरअसल, उत्सुकता के आवेग को कोई रोक नहीं पा रहा था। गाँव में हो रहे वास्तविक चलचित्र को देखने का सुअवसर भला कौन छोड़ता। नलिनी ने भी देवेंद्र से बता दिया था कि ग्रॉसरी की उनकी दुकान आज थोड़ी देर से ही खुलेगी, तो क्या फ़र्क पड़ जायेगा। देवेंद्र ने सहमति जताते हुए नलिनी से कहा था, ''ठीक है। क्या हर्ज है। तुम मंदिर चलो। मैं शिबू को खबर देकर आता हूँ। मुझे पता है कि वह अभी सो ही रहा होगा।'' नलिनी ने पति की बात का कोई प्रतिवाद नहीं किया और मंदिर के लिये निकल पड़ी। शिवप्रकाश और देवेंद्र की अनादि मित्रता का ज्ञान नलिनी और वसुंधरा दोनों को है। इस घोर कलियुग में कृष्ण-सुदामा सरीखी शिबू-देबू की मिताई का उदाहरण लोग गाँव में देते हैं। कर्नाटक अरण्य सेवा के दबंग अधिकारी रह चुके अपने बाल सखा शिवप्रकाश पर जहाँ देवेंद्र को नाज़ रहता है, वहीं शिवप्रकाश को भी अपने सरल हृदय समर्पित मित्र पर अपार अनुराग रहता है। शिवप्रकाश और देवेंद्र की प्रबल मैत्री के प्रथम साक्षी हैं गाँव के पुराने एस.वी.एस. हाईस्कूल के अवकाश प्राप्त हेडमास्टर पी.एम. कृष्णमूर्ति हेब्बार। दरअसल, वे अपने इन दोनों नटखट छात्रों के तीसरे मित्र हैं। वयोवृद्ध हेब्बार आज भी उस अजीबोग़रीब प्रसंग को याद करते हुए मुसककर कहते हैं, ''जब मैं हेडमास्टर था और ये दोनों आठवें दर्जे के मेरे छात्र थे, उसी समय इन दोनों को मैंने अपना मित्र घोषित कर दिया था।''

हेब्बार ने इन दोनों शरारती छात्रों का तीसरा मित्र बनने का परम पद कैसे पाया था, इसकी एक लोमहर्षक कथा है। वर्षों पहले जेठ महीने की एक गोधूलि वेला में गौड़ सारस्वत ब्राह्मणों और कोंकणी लोगों के श्मशान 'गौरीकल' में मची भीषण भगदड़ का लोमहर्षक इतिहास इस रोमांचक कथा से जुड़ा है। हालाँकि, इन बीते दिनों में दुनिया

1. कन्नड़ महाभारत

काफ़ी बदल चुकी है लेकिन गाँव के श्मशानों कप्पेकणा, गौरीकल और सुडगाड़ की शक्ल-सूरत आज भी ज्यों की त्यों है। युग पर युग बीतते रहें पर शरीर धरती के जिस भाग में भस्म-दफ़्न होता है, उसका भाग्य कितना-क्या बदलेगा। वैसे अगुम्बे के जातीय वर्गीकरण का पता यहाँ के श्मशानों से भी चलता है। हर समुदाय का यहाँ अपना अलग-अलग श्मशान है। गौड़ सारस्वत ब्राह्मणों और कोंकणी समुदाय के लोगों का श्मशान गाँव की इकलौती मलापहाड़ी नदी के पास है। इसका नाम है-'गौरीकल'। पुजारी व नायकों का श्मशान 'कप्पेकणा' अन्नपूर्णा विद्या मंदिर स्कूल के समीप तथा अनुसूचित जाति व जनजाति का अंत्येष्टि स्थल 'सुडगाड़' आंजनेय मंदिर के पीछे कुछ दूर हटकर है। अलग-अलग अंत्येष्टि स्थल होने के कारण सबकी अपनी-अपनी समस्या है। 'गौरीकल' की बात ही लीजिये, तो यहाँ कोई शेड वगैरह नहीं होने के कारण वर्षा के दिनों में भारी दुर्दशा हो जाती है। संभवत: राज्य के अधिकांश ग्रामीण इलाक़ों की इस समस्या को महसूस करके ही राज्य की भाजपा सरकार ने गाँवों में सभी हिंदुओं के लिये एक श्मशान-स्थल की नीति अपनायी है। इसी नीति के अंतर्गत सरकार ने अगुम्बे में 'गौरीकल' को गाँव के एकीकृत श्मशान के रूप में स्वीकृति दी है। यह रूद्रभूमि है। पर सरकार समाज से ऊपर नहीं। समाज में आपसी मतांतर के कारण ही यह अभी तक कार्य रूप नहीं पा सका है। कुछ लोगों की अटल राय है कि कोंकणी, गौड़ सारस्वत ब्राह्मण, पुजारी व नायकों का अंत्येष्टि स्थल बेशक एक 'गौरीकल' हो जाये, लेकिन अनुसूचित जाति व जनजाति का श्मशान पहले की भाँति 'सुडगाड़' में ही रहे। पेंच दरअसल 'सुडगाड़' को लेकर ही फँसा हुआ है। गाँव के 85 वर्षीय वरिष्ठ नागरिक अपरा नायक अपने मोटे शीशेवाले चश्मे को नाक पर ऊपर खींचते हुए कहते हैं, "लगता है 'सुडगाड़' को किनारे कर शेष दोनों श्मशानों के एकीकरण का मामला बन जायेगा। यह जरूरी है।" वहीं गाँव के कुछ प्रगतिशील लोगों का कहना है कि सरकारी फ़ैसले का सम्मान करते हुए सभी हिंदुओं का अंत्येष्टि स्थल एक हो ही जाना चाहिये। पर अपरा नायक का चिरकुमार साला के.जे. राव कई बार डी.बी. सुब्बाराव सर्किल पर पंचायत भवन के सामने नशे में नाच-नाचकर एकालाप कर चुका है कि, "कल सरकार कहेगी कि अगुम्बे गाँव को उठाकर निशानी गुड्डा की चोटी पर टिका दो, तो क्या लोग घर उठाकर वहाँ दौड़ पड़ेंगे।" ख़ैर, के.जे. राव उर्फ़ स्वयंभू कर्नल राव तो पागल और नशेड़ी है, लेकिन सच है कि गाँव का बहुमत भी गौरीकल में अनुसूचित जाति व जनजाति को शामिल करने के पक्ष में नहीं है। इसलिये रह-रहकर यह मामला जलता-बुझता रहता है। इधर फिर पिछले कुछ समय, खासकर वर्ष 2010 के पंचायती चुनाव ख़त्म होने के छह माह बाद से यह चिंतन नये सिरे से सुलगा हुआ है कि अर्से से अटके पड़े इस मामले का निराकरण किसी तरह कर दिया जाये। दोड्डेरेंगदि प्रेमानंद उर्फ़ कैंटीन परियार ने अगुम्बे पंचायत के पूर्व अध्यक्ष विश्वनाथ बायर से कहा है कि, "अन्ना! जीते जी भले ही इंसान एक-दूसरे से दूरी बनाये रखे लेकिन मरने के बाद तो साथ होने का इंतजाम करा दो।" बाबूराव वामन शेनॉय को परियार की यही सब बातें नागवार गुज़रती हैं। शेनॉय क्षुब्ध होकर कहता है, "परियार कार्ल मार्क्स का नाती है। वह तो सर्वहारा बात कहेगा ही।" अर्चक विष्णुमूर्ति भट्ट को भी परियार की बात अखरी है।

पर शेनॉय की तरह उन्होंने कोई टिप्पणी नहीं की है। विष्णुमूर्ति मानते हैं कि अर्चक को कभी कोई कटुक्ति नहीं करनी चाहिये। गाँव की पंचायत सदस्य ममता जगदीश के लिये यह विवाद भारी धर्मसंकट का विषय बना हुआ है। इस खड़मंडल की ज़रूरत क्या थी। क्या भला सब ठीक चल रहा था। सरकार ने बेवज़ह बर्र के छत्ते को छेड़ दिया है। मरे हुए लोगों का मामला ही एक दिन इस सरकार को मार डालेगा। चले हैं हिंदुओं को एक करने। बहरहाल, श्मशान एकीकरण के मामले का चाहे जो और जब तस्फ़िया हो, लेकिन कृष्णमूर्ति हेब्बार को आज भी उस गोधूलि वेला की याद है जब शिवप्रकाश और देवेंद्र यानी शिबू-देबू ने गौरीकल में जामुन के पुराने पेड़ से लटके मधुमक्खी के छत्ते को भड़काकर भयानक तांडव का दृश्य उपस्थित करा दिया था। दरअसल, एस.वी.एस. हाई स्कूल में विज्ञान प्रयोगशाला सहायक टी.जी. देवदास पंडित के पिता टी.एन. गुंडापंडित नब्बे वर्ष की आयु में लंबी बीमारी के बाद चल बसे थे। गौड़ सारस्वत ब्राह्मण होने के कारण गुंडापंडित के शव को भरपूर फूल-माला से सजा-बजाकर 'गौरीकल' लाया गया था। पर मुखाग्नि के साथ ही चिता पर पड़े स्व. गुंडापंडित के शव और वहाँ मौजूद उनके स्वजनों और ग्रामीणों की जो दुर्दशा हुई, वह 'न भूतो, न भविष्यति' थी।

अंत्येष्टि के लिये उस गोधूलि वेला में गौरीकल में अच्छी-ख़ासी भीड़ थी। गौरीकल का परिसर बरगद, पीपल, जामुन, सुपारी, अमरूद, कटहल और कर्पूर आदि वृक्षों से आज भी घिरा पड़ा है। गौड़ सारस्वत ब्राह्मणों ने मुस्तैदी से गाँव में अपने समुदाय के इस श्मशान को नाना उपयोगी वृक्षों से सदैव भरपूर रखने की चेष्टा रखी है। मरने के बाद भी अनंतारण्य के मध्य बसे इस गाँव की आत्माओं को प्राकृतिक हरीतिमा की शीतल छाँव मिले, यह सबका उद्देश्य रहा है। आम दिनों में गौरीकल कामल्ली और काजाण सरीखी तरह-तरह की चिड़ियों के कलरव से गुंजार रहता है। सर्प-गींप से लेकर भाँति-भाँति के कीट-पतंग भी यहाँ रमे रहते हैं। मधुमक्खियाँ अपने लिये कोई उपयुक्त वृक्ष चुनकर शहद का छत्ता लगा लेती हैं। भौंरे अपने पसंदीदा मंजरों व फूलों पर उन्मत्त डोलते रहते हैं। अंत्येष्टि के करुण अवसरों को छोड़ गौरीकल में परम शांति रहती है। अंत्येष्टि के दौरान भी वैसे कोई ख़ास कोलाहल नहीं होता। श्मशान में कोई नहीं रोता है। रुदन-विलाप को लोग अपने दरवाज़े पर ही छोड़ आते हैं। पर टी.एन. गुंडापंडित की अंत्येष्टि में उस शाम जमकर चीख-पुकार और अफ़रा-तफ़री मच गयी थी। हालाँकि, गौरीकल स्थित जामुन के विशाल वृक्ष के समीप गुंडापंडित की चिता बड़े इत्मीनान से सजायी गयी थी। शव को स्नानादि कराने के बाद चिता पर आराम से रखा भी गया। पर गुंडापंडित के ज्येष्ठ पुत्र देवदास पंडित ने जभी पिता को मुखाग्नि दी कि ऐन उसी समय शिबू और देबू ने बाल सुलभता में जामुन के पेड़ से लटक रहे मधुमक्खी के बड़े-से छत्ते पर निशाना साधकर ढेला चला दिया। बस फिर क्या था। छत्ता फटकर झूल गया और बुरी तरह भड़की हुई सैकड़ों मधुमक्खियों ने वहाँ मौजूद अनेक लोगों को ताबड़तोड़ डंक मारना शुरू कर दिया। पलक झपकते भीषण गदर मच गया। लोग बाग जान लेकर गौरीकल से भागने लगे। देवदास पंडित समेत उनके दोनों भाई और पाँच-छह स्वजन बचाव के लिये गौरीकल में ही जलती चिता से थोड़ा हटकर मुँह के बल लेट गये।

फिर भी बात बनी नहीं। मुखाग्नि से लहकती आग और धुएँ में शहद के फटे छत्ते की पागल हो चुकी मधुमक्खियों ने गौरीकल में जान हथेली पर लेकर टिके देवदास पंडित समेत उनके दोनों भाइयों व आधे दर्जन स्वजनों को और बुरी तरह बकोटा। अंततः देवदास पंडित, उनके दोनों भाई आत्मादास और कृष्णदास समेत बचे-खुचे स्वजनों को भी चिता पर सें-सें जलते गुंडापंडित के मुर्दे को छोड़ सिर पर पाँव रखकर भागना पड़ा था। रात होते न होते गाँव के पचासेक लोगों का मुँह डंक की चुभन और पीड़ा से पके हलसिन हण्णु यानी कटहल की तरह फूलकर लटक-डहक रहा था। स्वयं कर्त्ता देवदास पंडित को डंक के आटोप से न सिर्फ़ तेज़ बुख़ार हो गया, बल्कि पूरा शरीर फूलकर सामान्य से पाँच गुना हो गया। इस विचित्र पीड़ा और तड़प की औषधि गाँव तो क्या, इलाक़े के किसी डॉक्टर व वैद्य के पास भी नहीं थी। देवदास पंडित की हालत देख उनकी पत्नी व सभी परिजन लगभग नाउम्मीद हो चुके थे कि वे तेरह दिनों तक बैठकर पिता का श्राद्ध कर्म संपन्न कर पायेंगे। उधर गाँव में गहन पीड़ा के बावजूद तीर-तुक्कों का दौर जारी था। अपने फूले-लटके मुँह से गाँव के कुछ बड़े-बुज़ुर्ग कराह-कराहकर उन प्रसंगों का बखान कर रहे थे, जिन अपकर्मों के कारण स्व. गुंडापंडित को चिता पर भी मुक्ति नहीं मिली थी। कुछ लोगों की टिप्पणी थी कि, "कहावत गलत नहीं कि मरनी में ही जीवन की करनी का फल दिख जाता है।" अर्चक विष्णुमूर्ति भट्ट के पिता स्व. गोपालकृष्ण भट्ट ने तब बिहँसकर बात को हवा में उड़ाते हुए कहा था, "अरे, महान आत्मा थे स्व. गुंडापंडित। अपना कर्मफल पूरी ईमानदारी से उन्होंने ग्रामीणों को भी चखा दिया।"

केरल का मूल निवासी कृष्णा कुट्टी अगुम्बे में विवाह कर कई दशकों से बसा हुआ है और जीवन-यापन के लिये काफ़ी समय से मुर्गे की बिक्री का धंधा कर रहा है लेकिन गुंडापंडित प्रकरण के समय गाँव में उसका आगमन नहीं हुआ था। जब कभी गुंडापंडित अंत्येष्टि कांड की चर्चा छिड़ती है तो वह कहता है, "अरे मेरा वश चले तो अगुम्बे के लोगों को मैं उसी तरह रोज मधुमक्खियों का डंक लगवाऊँ। इस गाँव के लोग हैं ही बेकार खाकी अंडे।" कृष्णा कुट्टी की इन बातों का कोई बुरा नहीं मानता। जैसा भी हो, गाँव का दामाद है वह। उसे कुछ भी कहने का हक़ है। गालियाँ देने का भी। पर यह सच है कि कृष्णा कुट्टी का मन अपने बेटे-बहू प्रकरण को लेकर गाँव से हमेशा खट्टा रहता है। कुछ लोग उसे छेड़ते भी हैं कि, "कृष्णा कुट्टी! कौन जानता है कि गुंडापंडित जैसा दृश्य तुम्हारी अंत्येष्टि के समय भी न घटित हो जाये।" कृष्णा कुट्टी तब खीजकर कहता है, "हो नहीं सकता। भूतराय मेरी रक्षा करेंगे। ऐसे ही मैं उन्हें मुर्गियाँ नहीं चढ़ाता हूँ।"

बहरहाल, ईश्वर न करे कि गुंडापंडित सरीखा प्रसंग कभी दोबारा हो। वर्षों पहले की वह शाम वास्तव में विकराल थी। भले ही गाँव में उस प्रसंग को लेकर आज तक हँसी होती है। पर जो कुछ भी हुआ था वह गुंडापंडित के किसी पाप-पुण्य से ताल्लुक़ नहीं रखता था, बल्कि यह गाँव के दो शरारती छोकरों शिवप्रकाश उर्फ़ शिबू और देवेंद्र उर्फ देबू की कारस्तानी थी। देवदास पंडित के मँझले भाई आत्मादास और लोहार अनंताचारी ने दोनों को गौरीकल के एक छोर पर खड़े हो निशाना साधते हुए साफ़ देखा था। हालाँकि,

इसमें थोड़ी भ्रम की स्थिति इसलिये पैदा हो गयी थी क्योंकि और भी कई प्रत्यक्षदर्शी भुक्तभोगियों का कहना था कि ये दोनों शैतान छोकरे बेशक गौरीकल में एक किनारे खड़े थे लेकिन मधुमक्खी के छत्ते पर निशाना शिवप्रकाश उर्फ़ शिबू ने साधा था। वहीं आत्मादास पंडित और अनंताचारी का कहना था कि शिबू ने पत्थर उठाकर देबू को दिया और निशाना देबू ने साधा। लोहार अनंताचारी अडिग था कि वह चाकू से लेकर बैलगाड़ी के चक्के की पट्टी तक तैयार करता है, उसकी चाकू जैसी पैनी आँख हरगिज़ धोखा नहीं खा सकती। बहरहाल, इस घटना को लेकर जितने भी बयान थे, सबका निष्कर्ष यही था कि यह महाकांड इन्हीं दोनों डाकू बच्चों ने किया है। दोनों को ढूँढ़ने के लिये गाँव का एक-एक कोना छान मारा गया। पर दोनों लापता थे। हाँ, अगली सुबह मुँह-अँधेरे दोनों अपने-अपने घर के बरामदे पर सोते पाये गये थे। आधी रात को मार्ग सुगम देख दोनों यह जानते-मानते हुए घर पहुँचे थे कि मार-कुटाई से बच पाना किसी उपाय से संभव नहीं। भूखे रहकर निशानी गुड्डा की तलहटी में भला कब तक छिपा जा सकता है।

दोनों बालकों की कुटाई का प्रथम चरण घर पर उनके पिताओं ने संपन्न किया। फिर खिला-पिला और पीठ पर बस्ता टाँग रास्ते भर कान उमेठते दोनों को स्कूल ले गये। हेडमास्टर कृष्णमूर्ति हेब्बार पहले से पूरे प्रकरण को लेकर दुर्वासा की तरह भड़के बैठे थे, क्योंकि देवदास पंडित उनके स्कूल का मुलाज़िम था और शिबू-देबू उसी स्कूल के छात्र। हेडमास्टर हेब्बार ने दोनों के पिता को जाने को कहा और आठवीं के क्लास टीचर को बुलवा भेजा। क्लास टीचर एन. नागास्वामी को देख शिबू-देबू की तो रूह काँप गयी। गणित के शिक्षक नागास्वामी स्कूल में साक्षात कालनेमि[1] के अवतार माने जाते थे। उनका नाम ही मशहूर था-डंडा नागास्वामी। वे हमेशा अपने हाथ में काले रंग का चमचमाता रूल रखते थे, जो साँप की तरह लहरा-लहराकर बच्चों की हथेली व पीठ पर बरसता-झूमता था। स्कूल के बेक़ाबू शरारती बच्चों की अचूक औषधि थे मास्टर नागास्वामी। वे तरह-तरह की कलाबाज़ी के संग रूल से बच्चों की यों धुनाई करते थे मानो कहीं विदेश जाकर उन्होंने इस कार्य का विशेष प्रशिक्षण लिया हो। हेडमास्टर हेब्बार के निर्देश पर उनके चैंबर में ही डंडा नागास्वामी ने अपनी सुर्ख़ आँखों से निगल जाने की भंगिमा में पहले तांबूल का लाल थूक निगल दोनों को बारी-बारी से घूरा और बौछार शुरू कर दी। हेडमास्टर हेब्बार ने तकरीबन आधे घंटे की पिटाई के बाद नागास्वामी को रुकने को कहा और पहले शिवप्रकाश उर्फ़ शिबू से पूछा, "गौरीकल में कल मधुमक्खी के छत्ते पर पत्थर किसने मारा था?"

"मैंने सर!" मर्मांतक पिटाई के बावजूद शिवप्रकाश ने अपनी सिसकारी पर भरसक नियंत्रण करते हुए कहा। हेब्बार उससे कुछ और पूछते कि बीच में ही देवेंद्र ने तेज़ आवाज़ में कहा, "यह गलत बोल रहा है सर! पत्थर तो मैंने मारा था। यह तो बस मेरे साथ खड़ा था।" हेब्बार को यह बड़ा विचित्र लगा। उन्होंने शिवप्रकाश की तरफ़ प्रश्नवाचक मुद्रा में देखा, तो उसने फिर दोहराया, "यह झूठ बोल रहा है सर। मुझे बचाना चाहता है। इसलिये मेरी ग़लती अपने ऊपर ले रहा है।" देवेंद्र ने फिर छूटते हुए अपने मित्र की बात का प्रतिवाद किया। आख़िरकार, हेडमास्टर हेब्बार को अपना

1. एक राक्षस जिसका वध भगवान विष्णु ने किया था।

सिर घूमता लगा। अजीब पागल लड़के हैं दोनों। उन्होंने फिर से डंडा नागास्वामी को इशारा किया। इस बार तो नागास्वामी यमराज के पिता की भाँति दोनों पर टूट पड़े। उनका चेहरा लाल लोहे-सा धधक रहा था। अब तक गाँव में पता नहीं कैसे ख़बर फैल गयी थी कि देबू-शिबू स्कूल में हेडमास्टर हेब्बार के चैंबर में पिट रहे हैं। लिहाज़ा, दर्जनों लोग अपने सूजे-फूले मुँह के संग स्कूल की तरफ़ दौड़ पड़े। देखते-देखते हेडमास्टर हेब्बार के ऑफ़िस के आगे ग्रामीणों की भीड़ जमा हो गयी। दोबारा एक घंटे तक दोनों की घमासान पिटाई कर चुके डंडा नागास्वामी भी पसीने से नहा चुके थे। पर दोनों लड़के अपनी-अपनी बातों पर अडिग थे।

"मैं तुम दोनों को स्कूल से अभी टी.सी. दूँगा।" हेडमास्टर हेब्बार ने दोनों को ऊपर से नीचे तक घूरते हुए खीजकर कठोरता से कहा।

"आप जो करें सर! सच तो यही है कि मधुमक्खी के छत्ते को पत्थर मारकर मैंने भड़काया था। देबू ने कुछ नहीं किया। ये तो बस वहाँ खड़ा था।" अनवरत मार से अधमरे हो चुके शिवप्रकाश उर्फ़ शिबू ने दृढ़ स्वर में कहा।

"नहीं सर! आप मेरा विश्वास करें। दोषी मैं हूँ। मैं आपको कैसे बताऊँ कि शिबू बेकसूर है।" दुबला-पतला देवेंद्र उर्फ़ देबू, जो धुआँधार पिटाई से फर्श पर छितराया हुआ था, ने मुश्किल से अपना सिर उठाकर कराहते हुए कहा। हेडमास्टर कृष्णमूर्ति हेब्बार के शिक्षक जीवन का ऐसा पहला अनुभव था। वे इन दोनों लड़कों की फ़ितरत पर बुरी तरह अचंभित थे। डंडा नागास्वामी भी बढ़े रक्तचाप के संग अपना काला रूल लिये निढाल हो अंततः कुर्सी पर बैठ गये थे। हेडमास्टर हेब्बार अपने ऑफ़िस के गेट पर जमी भीड़ को चीरते हुए बाहर निकले और लोगों से मुख़ातिब हो कहा, "आप सबने देखा कि दोनों की किस बुरी तरह पिटाई हुई है। आगे और पीटने का मतलब है दोनों को जान से मार डालना। अब क्या करें, आप लोग ही बताएँ। इतनी बड़ी गलती इन्होंने बेवकूफी में की, यह तो पक्का है। स्कूल के ये बच्चे कोई साजिश तो कर नहीं सकते।" हेडमास्टर हेब्बार ने भीड़ की तरफ़ उत्तर के लिये निहारा, "तो क्या इनके हाथ-पाँव तोड़ दिये जायें?" भीड़ बग़ैर कुछ बोले चुपचाप छँटने लगी। दरअसल, दोनों की बेतहाशा पिटाई देख लोगों का भी दिल दहल गया था और सूजे-फूले चेहरों की लहर को तनिक शांति मिली थी। जाते हुए गाँव के कुछ बुजुर्गों ने हेडमास्टर हेब्बार से कहा कि, "जो हुआ सो हुआ सर! अब इनकी जान तो नहीं ही ली जायेगी। जाने दीजिये।" स्कूल की प्रबंध समिति के अध्यक्ष डी.एस. विजयेंद्र राव भी इस घटना से बहुत दुखी थे। पर उन्होंने ग्रामीणों को समझाया था कि इस बचकानेपन के लिए भला बच्चों को क्या सज़ा दी जाय। इसलिए इस हादसे को भूल जाना ही कुशल।

बहरहाल, सबको विदा कर हेडमास्टर हेब्बार लौटकर अपनी कुर्सी पर बैठे। गणित शिक्षक डंडा नागास्वामी हताश भाव से छत की तरफ़ सूनी आँखों से निहार रहे थे। शायद यह सोचते हुए कि अब उन्हें अपने इस सर्पिले रूल को हमेशा के लिये विसर्जित कर देना चाहिये। हेडमास्टर हेब्बार ने शिबू-देबू को पानी मँगवाकर पिलवाया और फिर ऊपर से नीचे तक दोनों को घूरते हुए कहा, "क्या तुम लोगों की टी.सी. काट ही दूँ?"

"आपकी जो मर्जी सर।" दोनों ने एक स्वर में कहा।

हेडमास्टर हेब्बार एक पल रुके और गला साफ़ करते हुए कहा, "एक ही शर्त पर दोनों को माफ कर सकता हूँ। अगर मंजूर हो तो बोलो ?"

गणित शिक्षक डंडा नागास्वामी ने चौंककर पहले हेडमास्टर हेब्बार की तरफ़ और फिर दोनों लड़कों की ओर देखा।

"आप बताएँ सर ! कौन-सी शर्त ?" शिवप्रकाश ने कातर स्वर में पूछा।

"शर्त यह कि आज से तुम दोनों मुझे भी अपना दोस्त बना लो।" हेडमास्टर हेब्बार ने कुर्सी से उठ दोनों के बालों में स्नेह से उँगलियाँ फेरते हुए कहा।

"क्यों नहीं सर...क्यों नहीं सर।" बदहवास शिबू-देबू ने समवेत स्वर में कहा और बुरी तरह सिसकियों में डूब गये। हेडमास्टर हेब्बार दोनों की पीठ सहलाते उन्हें चुप कराने की कोशिश करते रहे, "देखो, ऐसी कोई शरारत नहीं करनी चाहिये, जिससे किसी के मन और शरीर को पीड़ा पहुँचे।" डंडा नागास्वामी ने हेडमास्टर हेब्बार और शिबू-देबू को एक नज़र देखा और भरी-भरी आँखों से हेडमास्टर ऑफ़िस की खिड़की से अपने काले रूल को बाहर फेंक निकल आये।

के. शिवप्रकाश और देवेंद्र नाईक की दोस्ती की कहानी उस दिन से अगुम्बे ही नहीं, आस-पास के गाँवों में भी दंतकथा की तरह फैल गयी। देवेंद्र तो मैट्रिक के बाद आगे नहीं पढ़ पाया और कम ही समय में विवाहोपरांत गाँव की खेती-बाड़ी व घर-गृहस्थी में जुट गया लेकिन शिवप्रकाश ने बेंगलूर तक जाकर आगे की पढ़ाई की और लगे हाथ कर्नाटक अरण्य सेवा में चुन लिये गये। पैंतीस वर्षों की अपनी अरण्य सेवा में शिवप्रकाश ने कर्नाटक-गोवा की सीमा पर स्थित वन क्षेत्र से लेकर भद्रावती अभयारण्य, बाँदीपुर अभयारण्य, रंगनाथिट्टू अभयारण्य, दंडेली अभयारण्य, चिकमंगलूर अभयारण्य और नागरहोले के विराट अभयारण्य में बतौर फ़ॉरेस्ट रेंज ऑफ़िसर अपार ख्याति अर्जित की थी। शहतीर की तरह लंबे-तगड़े और चीते की तरह फुर्तीले शिवप्रकाश जहाँ भी पदस्थापित किये गये, कर्नाटक की कुख्यात टिम्बर लॉबी के लिये हैबत बने रहे। कन्नड़ फ़िल्मों के बँटदार तगड़ी ऐंठी मूँछों वाले गबरू नायकों सरीखी उनकी शक्ल-सूरत पहली नज़र में किसी भी असामाजिक तत्त्व के लिये पसीना छुड़ानेवाली थी। जो लोग जमात-जलसा बाँधकर घने जंगलों में अवैध रूप से शेर, बाघ, चीता, हिरण और चीतल से लेकर एक से एक दुर्लभ पक्षियों का शिकार धड़ल्ले से करते थे, उन्हें अपने इलाक़े में के. शिवप्रकाश के पदस्थापन की ख़बर सुनते ही अपनी-अपनी बंदूकें वर्षों के लिये खोल में डाल देनी पड़ती थीं। शिवप्रकाश को लेकर कहा तो यहाँ तक जाता था कि उन्होंने जंगल माफ़िया के कई भूमिगत ख़ूँख़ार गुर्गों को विकराल जंगल के कोर एरिया में ही अपने सर्विस रिवॉल्वर से ढेर कर वहीं किसी दुर्गम स्थल पर अपने हाथों से फूँक दिया था। इसलिये जब कभी टिम्बर माफ़िया का कोई खुर्राट सदस्य अचानक रहस्यमय ढंग से ग़ायब होता था, तो सबकी निगाह बरबस शिवप्रकाश पर जाती थी। अभयारण्यों या सघन वन के मध्य व इर्द-गिर्द बसे लोग उन्हें जंगल के जादू-देवता के रूप में देखते थे। यही वज़ह हुई कि कर्नाटक सरकार ने कुख्यात दस्यु व चंदन तस्कर वीरप्पन के हौलनाक ऑपरेशन में पुलिस दल के संग शिवप्रकाश को भी विशेष रूप से तैनात किया था। वीरप्पन को मौत

के घाट उतारना कर्नाटक सरकार के लिये जीने-मरने जैसी चुनौती थी। दरअसल, कर्नाटक के अधिकांश पर्वतारण्यों के कण-कण से शिवप्रकाश सुपरिचित थे। 'ऑपरेशन वीरप्पन' के लिये एक ऐसे ही जंगजू जंगल अधिकारी की अनिवार्यता थी, जिसे जंगल के रेशे-रेशे का पता हो। शिवप्रकाश सर्वसम्मति से इसके लिये तय किये गये। जंगल हमेशा उनकी जिंदगी रही।

अगुम्बे में पैदा होने के कारण यह स्वाभाविक था। जंगल उनकी नसों में था। वे जहाँ भी रहे कर्नाटक अरण्य विभाग के वायरलेस सेट से लैस मेटाडोर पर सवार हो जंगल के एक-एक डाल और पत्ते-पत्ते का मुआयना देर रात गये तक करते थे। टिम्बर माफ़िया सदैव आक्रांत रहता था कि पता नहीं कब और कहाँ मेटाडोर लेकर वे भयावह जंगल में बग़ैर किसी डर-परवाह के घुस पड़ेंगे। शिवप्रकाश जिन दिनों बाँदीपुर अभयारण्य में तैनात थे, तो उन्होंने एक जंगली हाथी को पकड़कर बड़े जद्दोज़हद से उसे पालतू बनाया था। कभी-कभी मौज में वे हाथी पर भी जंगल का मुआयना करने निकलते थे। जंगल में चाहे कैसा भी धुएँ की तरह कोहरा छाया हो, शिवप्रकाश की दूरबीन से कुछ भी छूट नहीं सकता था। वे जितने सख़्त मिज़ाज अधिकारी के रूप में ख्यात रहे, उनकी विनोदप्रियता भी वैसी ही रही। उनका यह मिज़ाज आज तक बरक़रार है। उदाहरण के लिये जब कभी कोई पर्यटक मासूमियत में उनसे यह पूछ बैठता कि, "क्या इस अभयारण्य में जिराफ़ भी है?" तो ठहाके लगाकर छूटते हुए वे कहते, "हाँ बेशक! मैं आपको क्या लगता हूँ।" फैंटम सरीखे दिखनेवाले शिवप्रकाश के इसी विनोदप्रिय स्वभाव ने अगुम्बे में भी लंबी गर्दन वाले अफ्रीकी जीव जिराफ़ को लेकर एक अजीब मनोरंजक और रहस्यमय परिस्थिति क़ायम कर रखी है। नौकरी से अवकाश ग्रहण करने के बाद स्थायी तौर पर जब वे अपने गाँव अगुम्बे रहने आ गये, तो जिराफ़ को लेकर उन्होंने मज़ाक-मज़ाक में ग्रामीणों के बीच एक ऐसी अद्‌भुत कथा का बीजारोपण कर दिया जिस पर लोग आज तक यक़ीन करते हैं। अवकाश ग्रहण कर गाँव आने के बाद एक दिन उन्होंने धीरे-धीरे रहस्य खोलने की भंगिमा में ग्रामीणों को बताया था कि जब उनका विदाई समारोह हो रहा था, तो वन विभाग के आला अधिकारियों ने उनसे पूछा कि जीवन-भर कर्नाटक के वन क्षेत्रों की उन्होंने प्राणपण से सेवा की। इसलिये अरण्य विभाग की ओर से वे क्या उपहार चाहते हैं?

"और मैंने सोचने में एक पल नहीं गँवाया। उत्तर जैसे मेरी जीभ पर पहले से सजाकर रखा हुआ था।" शिवप्रकाश लोगों की उत्सुकता को हवा देने के लिये सिर को झटका देते हुए कहते, "अब क्या बताऊँ...। मैंने छूटते हुए कहा कि मुझे अपने निजी उपयोग के लिये वन से कुछ नहीं चाहिये। हाँ, अगर देना ही चाहते हैं, तो हमारे गाँव अगुम्बे से जुड़े रेन फ़ॉरेस्ट इलाके में नागरहोले अभयारण्य का अफ्रीकी सरकार द्वारा प्रदत्त वह इकलौता हरा जिराफ़ भिजवा दीजिये।" शिवप्रकाश फिर एक क्षण रुककर बड़े गौरव से कहते, "वन विभाग के हमारे मित्र अधिकारियों ने भी फैसला सुनाने में कोई देरी नहीं की। कहा-यह कौन-सी बड़ी बात है। अरे जिराफ़ इस जंगल में रहे या उस जंगल में, क्या फर्क पड़ता है। सरकार से तत्काल अनुमति मिल जाएगी। कोई मुश्किल न होगी। आप जब अपने गाँव पहुँचेंगे, तब तक हरा जिराफ़ भी अगुम्बे रेन फॉरेस्ट पहुँच

चुका होगा।'' शिवप्रकाश फिर एक निमिष थमकर इधर-उधर कुछ इस भाव में चौकन्नेपन से देखते मानो भारत के नाभिकीय रहस्यों को प्रकट करने का वे गंभीर अपराध कर रहे हों। इस तरह धीरे-धीरे अगुम्बे में यह 'जिराफ़-कथा' सबके बीच फैलते हुए अग़ल-बग़ल के गाँवों में भी पसर गयी।

शिव प्रकाश ने पूरा रस लेकर सबको यह भी बताया कि अगुम्बे रेन फ़ॉरेस्ट में विचरनेवाला यह हरा जिराफ़ दैवी शक्तियों से युक्त है। उसका जब मन करता है, अपने मूल देश अफ्रीका जाकर बंधु-बांधवों से मिल रातों-रात लौट आता है। वह कहीं भी आ-जा सकता है। एक पल में भद्रावती और अगले पल में नागरहोले अभयारण्य पहुँच जाना तो उसके लिये बच्चों का खेल जैसा है।

''पर अनुशासन का उल्लंघन कभी यह जीव नहीं कर सकता। इसलिये अगुम्बे रेन फ़ॉरेस्ट छोड़कर वह कभी नहीं जायेगा।'' शिवप्रकाश अपने अवाक-विस्मित ग्रामीण श्रोताओं को गम्भीर स्वर में समझाते, ''जो इसकी एक झलक भी पा जायेगा, उसकी मुँहमाँगी मुराद पूरी समझो। और जिसने जिगर बाँधकर इस पर सवारी कर ली, वह जीवित ही स्वर्ग जायेगा। यही नहीं, हरा जिराफ़ अगर भूले-भटके किसी रात आपके दरवाजे के पास से भी गुजर जाए, तो जान जाइए कि देवताओं ने अपनी प्रसन्नता का संदेश आप तक भेजा है।'' कहना न होगा कि शिवप्रकाश की यह विरल 'जिराफ़-कथा' गाँव में कुछ इस कदर फैली कि गाँव के अधिकांश लोग आधी रातों को उठ-उठकर तंद्रा में खिड़की से बाहर एक झलक मार लेते। क्या पता हरा जिराफ़ कभी दिख जाये। जल्दी ही कुछ लोग सुबह उठकर यह कहते पाये गये कि पिछली रात जब गहरा नीला आकाश चाँदनी से दमक रहा था और उन्होंने अचानक घर का मुख्य द्वार खोला, तो पाया कि बिजली की तरह कौंधता दैवी शक्ति वाला हरा जिराफ़ बाहर खड़ा उनके घर को निहार रहा है। फिर वह अगले पल जाने कहाँ लुप्त हो गया। कुछ ग्रामीणों ने अपने दरवाज़े के मार्ग पर उसके पाँवों के निशान की तस्दीक की। हालाँकि, अगुम्बे के फ़ॉरेस्ट ऑफ़िसर पी. लक्ष्मण का मुँह सबको यह कह-कहकर दुख चुका है कि वे दिन-रात जंगल की ख़ाक छानते रहते हैं, लेकिन कोई हरा जिराफ़ आज तक उन्हें नहीं दिखा है। लक्ष्मण का कहना है कि यह महज़ रस लेने के लिये शिवप्रकाश द्वारा फैलायी हुई कपोल कथा है। लेकिन उनकी बात पर यक़ीन करने के लिये कोई अगुम्बेवासी तैयार नहीं। यों इस विवाद पर जब कभी किसी ने सीधे शिवप्रकाश से पूछा है, तो वे मुस्कराकर दार्शनिक अंदाज़ में बात को टालते हुए कहते हैं, ''लक्ष्मण तुम लोगों से यों ही मजाक कर रहा है।'' फिर वे ज़ोरदार ठहाके के संग कहते हैं, ''तुम लोग अगर किसी दिन ईश्वर को भी देखोगे न तो उन पर भी शक करोगे। पूछोगे कि वे सचमुच ईश्वर हैं या नहीं? इसी डर से ईश्वर अदृश्य रहना ही बेहतर समझते हैं। हरा जिराफ़ को भी यही भय है।'' दरअसल, अपने ज़माने के वीर-बाँकुरे किंतु गप्प-रसिक शिवप्रकाश के पास हरा जिराफ़ की कथा का एक अत्यंत निजी संदर्भ भी है। पर इसे एकमात्र जाननेवाली अपनी पत्नी वसुंधरा से भी वे आनंद लेने के लिये कहते हैं, ''मेरे उस निजी प्रसंग से हरे जिराफ़ का कोई संबंध नहीं। विश्वास करो, सचमुच अगुम्बे रेन फ़ॉरेस्ट में हरा जिराफ़ है।''

शिवप्रकाश अर्से तक कुर्ग जिले के अंतर्गत नागरहोले अभयारण्य में भी पदस्थापित रहे। बाद में कुर्ग जिले का नामकरण कोडगु कर दिया गया। कर्नाटक का यह जिला प्राकृतिक छटा के संग-संग अपने धरती-पुत्रों की शूरवीरता के लिये भी प्राचीन काल से ख्यात रहा है । यहाँ के लोकनृत्य कोलत, बोलकट और हुठारी भी एक तरह से युद्ध-नृत्य ही हैं। कृषि कार्यों से निवृत होने के बाद यहाँ के किसान 'कैल पोलद' उत्सव मनाते हैं। यह हथियारों की पूजा का उत्सव है। तलवारों-बंदूकों को साफ़-सूफ़ कर शस्त्रों की विधिवत पूजा की जाती है। इस अंचल के लोग स्वभावतः पैदाइशी योद्धा हैं। पुत्र के जन्म पर इस अंचल में हवा में बंदूक चलाने की परंपरा है और नवजात बालक के हाथों में अरंडी के पौधे के डंठल से बना तीर-कमान रखा जाता है, इस प्रतीक में कि यह भविष्य का योद्धा है। यहाँ के लोगों का क़द-बुत जितना लंबा-तगड़ा होता है, स्वभाव उतना ही सरल । ऐसा क्यों है, इसका उत्तर कोडगु की मिट्टी का मोहक हरित-भरित परिवेश देता है । भारतीय सेना में कोडगु जिले के लोग हमेशा से बड़ी तादाद में रहे हैं । भारतीय सेना के दो प्रमुख-लेफ़्टिनेंट जनरल थिमैया और लेफ़्टिनेंट जनरल के.एम. करिअप्पा इसी सुरम्य अंचल के थे । कोडगु जिले के लोगों को अपने इन दोनों 'सितारे हिंद' पर बहुत नाज़ है । इसी तरह अगुम्बे के 'जंगी लाट' यानी थिमैया और करिअप्पा सब कुछ शिवप्रकाश ही हैं । अगुम्बे के ग्रामीणों का वश चलता तो बल और वीरता को लेकर भारत तथा कर्नाटक सरकार द्वारा दिये जानेवाले सभी पुरस्कारों से उन्हें सुशोभित कर देते । यह बात सही है कि शिवप्रकाश किसी प्रमंडल के कमिश्नर या जिले के कलेक्टर अथवा पुलिस अधीक्षक नहीं रहे। पर एक सामान्य फ़ॉरेस्ट रेंज ऑफ़िसर के पद पर होने के बावजूद मुख्यमंत्री और वन मंत्री तक उन्हें नाम से जानते थे । बात तब की है जब कर्नाटक में रामकृष्ण हेगड़े की जनता पार्टी सरकार थी और हरे रंग का बड़ा रुतबा था । दरअसल, इसकी वज़ह थी कि हेगड़े के दल के झंडे का रंग हरा था। शिवप्रकाश तब मुस्कराकर सबसे कहते थे, "कर्नाटक में अभी हरियाली से खिलवाड़ नहीं चलेगा । सब कान खोलकर सुन लो ।" मुख्यमंत्री हेगड़े एक बार कोडगु के दौरे पर गये, तो उन्होंने अपने सचिव को निर्देश दिया कि कोडगु के फ़ॉरेस्ट रेंज ऑफ़िसर शिवप्रकाश से उनकी मुलाक़ात करायी जाये । शिवप्रकाश जब मिलने गये, तो हेगड़े ने पीठ ठोककर उन्हें सबके बीच शाबाशी दी और अभयदान दिया कि टिम्बर माफ़िया से टक्कर लेने में वे तनिक भी न घबराएँ। हेगड़े ने कहा, "शिवप्रकाश तुम कर्नाटक का हरा जिराफ़ हो । जब तक मैं सरकार में बैठा हूँ, तुम कोई फिक्र न करना ।" हेगड़े का यह वाक्य शिवप्रकाश के लिये उपाधि बन गया। वन विभाग में सब उन्हें 'हरा जिराफ़' कहने लगे। उसके बाद से तो चर्चा यहाँ तक चल पड़ी थी कि अगर हेगड़े दोबारा सरकार में आये, तो शिवप्रकाश का वन मंत्री बनना तय है । पर शिवप्रकाश की कुंडली में राजयोग नहीं था । हेगड़े की सरकार कर्नाटक में दोबारा नहीं बन सकी ।

विभिन्न अभयारण्यों के अनुभव से शिवप्रकाश पूरे जंगल विज्ञानी हैं। कर्नाटक के वन क्षेत्रों में मौजूद कीट-पतंगों से लेकर शेर, बाघ, चीता, हाथी, तेंदुआ, चीतल, गौर दलपति, काकड़, सलेटी मुर्गा, बदसूरत पत्थर छिपकिली, बंदर, लंगूर, बड़ा कठफोड़वा, बड़ी कोयल कसिया, हँसिये जैसी बड़ी घुमावदार चोंचवाला धनेश, पहाड़ी मैना, बुलबुल,

उल्लू, तीन-तीन फीटवाली जंगली गिलहरियाँ, श्वेत चोंचवाला ताड़ अबाबील और आकाश छूने की हसरत से भरे विशाल लंबे वृक्षों की मनोहारी शाखों से उल्टे लटके रहनेवाले लटकन तोते यानी लॉरीकिट–किसी के बारे में शिवप्रकाश को जरा छेड़ दीजिये और फिर विस्तार से सुनिये उनके नस्ल, रूप-रंग, स्वभाव, प्रजनन क्रिया और जंगल में उनकी उपयोगिता की रोचक ज्ञानप्रद कथा। वे गरदन टेढ़ी कर बतायेंगे कि भारत के वनों में नब्बे हज़ार से अधिक पशुओं की प्रजातियाँ और उनसठ हज़ार कीटों की प्रजातियाँ मौजूद हैं। यही नहीं, वर्षावनों और अभयारण्यों में आसमान छूने की ललक से भरे लंबे-लंबे बालगी और बुगी वृक्षों से लेकर पीपल, बरगद, डोमा, रोज़वुड, कटहल, सुपारी तथा अरीका वृक्षों की विकास यात्रा और उनसे जुड़ी अलौकिक अनुभूतियों का जब वे बखान करने लगते हैं, तो लगता है कि दुनिया के बड़े-बड़े वनस्पति विज्ञानी विश्व के कोने-कोने से करुण गुहार लगाएँगे, ''गुरुदेव ! कृपया अपना चरण दें। हम सब आपके चरण पर अपना मस्तक डालेंगे।'' शिवप्रकाश को गर्व है कि उनका देश संसार में दर्ज की गयी वनस्पतियों में से बारह प्रतिशत यानी तक़रीबन 47000 फूलों व बिना फूलोंवाले पौधों का निवास है। प्रकृति के अनूप सौंदर्य संसार का महत्त्वपूर्ण अंश! लता-पता, झार-झंखाड़ और जंगली जड़ी-बूटियों की विशेषताओं से लेकर वे यहाँ तक बता सकते हैं कि जंगल में झूम-झूमकर खिलनेवाले नागचंपा के फूल से बनी औषधि शरीर में पहुँचकर क्या-क्या चमत्कार करती है। जंगली शिकाकाई, अँटवाले यानी सोपनट और रामपतरी का क्या कमाल है, सब उनको कंठस्थ है। वे मुग्ध होकर कहेंगे, ''अहा, रामपतरी से बने धूप और अगरबत्ती की क्या अद्‌भुत स्वर्गिक सुगंधि होती है।'' तब वे शरीर से भले अगुम्बे के अपने पुश्तैनी घर की पुश्तैनी कुर्सी पर होते हैं लेकिन उनकी आत्मा अभयारण्यों और वर्षावनों में उन्मुक्त विचर रही होती है। अंत में शिवप्रकाश सुस्वादु भोजन पर आएँगे और बताएँगे कि घने जंगल में मिलनेवाला 'वाटेहूरी' रसोई में किस तरह खटरस स्वाद उत्पन करता है और कैसे 'रसम' जंगल में मिलनेवाले 'मगनहूरी' के बग़ैर भोजन को बेमज़ा कर देता है।

अगुम्बे स्थित शिवप्रकाश के पुश्तैनी घर के ठीक बाहर विशाल बरगद तो है ही, परिसर के अंदर भी एक से एक दुर्लभ वृक्ष, फलदार पेड़ और जड़ी-बूटियाँ लगी हुई हैं। उनके पिता के. महेश्वरय्या गाँव के अच्छे कृषक थे। उन्हें भी वृक्षों से सनक की हद तक लगाव था। शिवप्रकाश के परिसर के कई विलक्षण और फलदार वृक्ष उन्हीं के जीवनकाल के हैं। अपने परिसर के कई फलदार वृक्षों पर शिवप्रकाश ने जेनतुप्पा[1] के बक्से लगा रखे हैं। बताने की जरूरत नहीं कि उनके परिसर में प्रचुर शहद उत्पादन होता है। पर शिवप्रकाश कभी शहद बेचते नहीं। बस अपने उपयोग के लायक रखकर गाँव के लोगों के बीच बाँट देते हैं। वे कहते हैं, ''शहद खाओगे, तो शहतीर-शहजोर बनोगे।'' गाँव का 80 वर्षीय पांडना शहद निकालने में उनकी मदद करता है। जीवन यापन के लिये इस उम्र में भी लकड़ीवाले चूल्हे पर चाय-कसाय और इडली-बड़ा बनाकर बेचनेवाला पांडना मधुमक्खियों का मार्शल[2] है। जंगल में मधुमक्खियों की टोह लेते हुए थपक-थपककर वह कहीं से कहीं निकल जाता है

1. शहद, 2. फ़ौजी अफ़सर

और माथे पर टोकना भर शहद लेकर ही लौटता है। इसलिये अगुम्बे में सब उसे 'जेनतुप्पा पांडना' यानी 'शहद पांडना' कहते हैं। बूढ़े शहद पांडना को पता है कि अगुम्बे के वर्षावन की मधुमक्खियाँ, मकड़ियाँ व चमगादड़ कब मुसकते और किस मकसद से पलक झपकते हैं। तितलियाँ पंख से पंख जोड़ कब सुस्ताती हैं। पेड़ों के झुरमुट में बैठी नाना प्रकार की चिड़ियों का दल किस बात पर खुश हो चहकता है। वर्षावन के वृक्ष कैसे इन सबके जरिये अपना बीज और फूलों का पराग दूर-दूर तक भेजने की जुगत भिड़ाते हैं ताकि उनकी वंश वृद्धि चौतरफ़ा हो। वंश विस्तार के लिये वर्षावन के वृक्षों को कम प्रयास नहीं करना पड़ता। अपनी प्रजाति के नये पौधों को उगाने के लिये इन्हें सुनिश्चित करना होता है कि उनके फूलों का पराग उन्हीं की प्रजाति के पेड़-पौधों तक पहुँच जाये ताकि वे भरपूर बीज तैयार कर सकें। अपने पराग के हस्तांतरण के लिये ये अपने फूलों के तल में मकरंद निर्मित करते हैं ताकि मधुमक्खियाँ, तितलियाँ, चमगादड़ और चिड़िया मकरंद रस की घूँट लें और दूर-दराज़ के हिस्सों में निकलकर उनकी नस्ल को फैलायें। शहद पांडना किसी प्राचीन कथावाचक की तरह कहता है, "मकरंद में जीभ डुबोकर जब मधुमक्खियाँ, तितलियाँ, चमगादड़ और चिड़िया निकलते हैं, तो उनका पेट रस से डगडग होता है और उनकी पीठ पर पराग के अनगिनत कण चिपके होते हैं। मनुष्यों की भाँति पेड़-पौधों की भी हृदय से कामना होती है कि उनकी संतति ख़ूब फैले और वर्षावन सदैव हरा-भरा बना रहे। यही कारण है कि पेड़-पौधे भरसक फूल-फलों से लदते हैं ताकि पशु-पक्षी इसे खाकर जगह-जगह इसके बीज विसर्जित करें और उनके परिवार को फैलायें। वर्षावन के वृक्ष तो खासकर इस कला में माहिर होते हैं।" शहद पांडना के जंगल-ज्ञान पर शिवप्रकाश हृदय से मुग्ध रहते हैं। जंगल के बीच रहकर भी गाँव में कितने लोग हैं जो जंगल की अँतड़ी और फेफड़े को जानते हैं। शिवप्रकाश संत की तरह आँखें मूँदकर कहते हैं, "जंगल हमें क्या नहीं देता। पर हम उसके साथ क्या व्यवहार करते हैं ?" अगुम्बे रेन फ़ॉरेस्ट एरिया के फ़ॉरेस्ट ऑफ़िसर पी. लक्ष्मण का गाँव अगुम्बे ही है । जब कभी दबे-छिपे ढंग से पेड़ों की अवैध कटाई होती है, तो गाँव के लोग लक्ष्मण को दुत्कारते हैं, "अरे कुछ तो सबक लो अगुम्बे के अंगद शिवप्रकाश से । खाली उसकी तरह चेहरे पर भारी-भरकम मूँछ सजा लेने से नहीं होगा ।" स्वयं शिवप्रकाश भी कहते रहे हैं कि, "सूख चुके वृक्षों की कटाई तो सरकार द्वारा भी स्वीकृत है । लेकिन होता क्या है? चार सूखे पेड़ काटने की अनुमति लेकर जंगल के ठेकेदार चार सौ वृक्षों को काट ले जाते हैं । कर्नाटक की जंगल लॉबी हमेशा से ताकतवर रही है । यहाँ राजनीति के लिये पैसा जंगल और खदान ही तो देते हैं ।"

पी. लक्ष्मण से शिवप्रकाश कई बार कह चुके हैं कि, "मैं रिटायर हो गया हूँ तो क्या ? कोई दिक्कत हो, किसी पेड़ की जड़ और जटा तक को कोई अगर गलत नीयत से छुए भी, तो फौरन मेरे मोबाइल को बजा दो । जंगल के कोर एरिया में उसे उल्टा लटकाकर पीटूँगा ।" शिवप्रकाश की रूह कँपानेवाली पिटाई की शोहरत लटकती तोंदवाले फ़ॉरेस्ट ऑफ़िसर लक्ष्मण सुन चुके हैं । एकदम थर्ड डिग्री। इसलिए आज तक शिवप्रकाश के मोबाइल को उन्होंने कष्ट नहीं दिया है ।

वन सेवा से अवकाश ग्रहण कर चुके शिवप्रकाश दिल से पूरे जवाँ मर्द हैं। वे आज भी नित्य हज़ार बार दंड-बैठक से लेकर हलासन-शीर्षासन, पता नहीं कितने आसन करते हैं। नागरहोले अभयारण्य के गगनचुंबी लौह वाचटावर पर जिस तरह वे घर की सीढ़ियों की तरह फ़र्राटे से एक झटके में चढ़ जाते थे, वह क़ूवत आज भी उन्होंने खोयी नहीं है। पर शिवप्रकाश को अगर अपने जीवन में कुछ खोने का गहरा मलाल है, तो एक ज़माने में अपने सिर पर छितराये सघन घुँघराले बालों का। उनकी माँ बड़े अनुराग से उन्हें कभी बताया करती थीं कि बचपन में उनके बाल कुछ इस कदर घुंघराले थे कि जब वे उनके बालों में तेल लगाकर उन्हें तकिये पर सुलाती थीं, तो तकिये पर अठन्नी-चवन्नी के अनगिनत निशान पड़ जाते थे। जवानी के दिनों में काले बादलों सरीखे गुंफित अपने बाल पर शिवप्रकाश को बेहद नाज़ था। पर उनकी पत्नी वसुंधरा को बड़ी हैरानी होती थी कि लंबे-तगड़े सुदर्शन शिवप्रकाश कैसे देखते-देखते बिल्कुल गंजे हो गये थे। वह एक समय था जब उनके बालों में उलझकर कंघियाँ टूट जाती थीं। बहरहाल, सब कुछ नौकरी के दौरान हुआ। शिवप्रकाश के नब्बे प्रतिशत बाल पचास की उम्र पार करते-करते उन्हें तेज़ी से अलविदा कह गये थे। अलबत्ता चेहरे-मोहरे की चमक ज्यों की त्यों थी। स्वयं शिवप्रकाश के मन में एक दबी चाह थी। उनकी पत्नी वसुंधरा की ज़िद ने उनके भीतर छिपे उस संकोच को अंततः कर्पूर की तरह उड़ा दिया। एक शाम वसुंधरा ने उनसे बड़े निर्णायक स्वर में कहना शुरू किया, "दुनिया कहाँ से कहाँ चली गयी। अब तो लोग धड़ल्ले से विग पहनते हैं। पुराने समय के राजाओं और योद्धाओं के बाल भी उड़ते ही रहे होंगे। पर अपने गंजेपन को मुकुट में वे छिपाये रखते थे। विग भी एक किस्म का मुकुट या टोपी ही है। तुम भी एक अच्छा-सा विग बनवा लाओ।" पत्नी की बात का समर्थन उनके बेटे-बेटी ने भी किया था। इस तरह बहुत चिंतन-मंथन के पश्चात जंगल के कालदूत शिवप्रकाश हफ़्ते भर की छुट्टी लेकर पत्नी के संग गोपनीय यात्रा पर मुंबई गये और अत्यंत छानबीन तथा शोध के उपरांत पंद्रह हज़ार रुपये गिनकर गोरे गाँव स्थित 'एल्योर' नामक विग-शॉप में एक बेहतरीन विग तैयार कराया। मुंबई का वह विग निर्माता यतीन देशपांडे बड़े-बड़े सिने-सितारों का विग बनाता था। विग की विद्या में उसकी शोहरत थी। शिवप्रकाश को शीशे के सामने विग पहनाकर उसने कहा था, "सरजी! आप भले कभी थककर इस विग को खुद फेंक दोगे। पर गारंटी है कि कभी इस विग का एक भी बाल टस से मस न होगा। सिर्फ बीच-बीच में इसे विग शैंपू से धो दिया करना।" पता नहीं उस विग निर्माता ने किस मुहूर्त में और किस मुँह से यह बात कही थी। पर विग पहनकर आदमक़द शीशे के सामने खड़े शिवप्रकाश से उनकी पत्नी वसुंधरा बग़ैर संकोच के खुशी के आवेग में गले लिपट गयीं। सामने वही घुँघराले बालों वाले उनके सुदर्शन पति खड़े थे। शिवप्रकाश को पंद्रह हजार रुपये का यह व्यय निरर्थक नहीं लगा। कमल की तरह खिले शिवप्रकाश मस्तक पर भरपूर बाल लेकर ड्यूटी पर लौट आये।

रोज़ का यह नियम था कि सोते वक़्त वे विग उतार लेते। फिर सुबह ब्रश-व्रश करने के उपरांत विग धारण कर लेते। बीच में एक बार फिर सिर्फ़ स्नान के समय ही थोड़ी देर के लिये विग उतरता था। उसके बाद तो फिर देर रात गये तक उनके

माथे पर विग रूपी मुकुट सजा रहता था। विग इतना स्वाभाविक था कि बहुत ग़ौर से देखने पर ही उनके बाल के नकलीपन का पता चलता था। कनपटी की कलम से विग का ऐसा अद्भुत सामंजस्य था कि कुछ भी क़तई अस्वाभाविक नहीं लगता था। विग लगाने के बाद शिवप्रकाश अपने केशपाश में कुछ इस तरह बँधे कि मात्र पत्नी और बच्चों को छोड़ कोई उनके गंजे मुख को देख ले, यह उन्हें हरगिज़ ग़वारा न था। विभागीय बैठकों में जब कभी उन्हें बाहर जाना पड़ता, तो वे इस बात के लिये बुरी तरह मुस्तैद रहते थे कि गेस्ट हाउस या होटल के कमरे में उनके साथ किसी सहयोगी या सहकर्मी को न टिकाया जाये। रात को सोते समय विग उतारना अनिवार्य है और संकट यह था कि वे किसी दूसरे के समक्ष अपना गंजापन प्रकट नहीं कर सकते थे। विभाग के सभी लोग उनकी इस कुंठा से सुपरिचित थे और उनके वास्ते अकेले पूरा एक कमरा हो, इसका खास ख़याल रखते थे।

कुछेक बार तो अजीबोग़रीब स्थिति हो गयी। एक बार उडुपि में विभागीय बैठक थी। बैठक के बाद वन अधिकारियों का दल अगली सुबह वहीं पास के 'माल्पे बीच' पर गया। समुद्रतट की प्रातः कालीन शोभा के उछाह में सबने कपड़े उतारे और जांघिया पहने स्नान के लिये कूद पड़े। पर अपने मित्रों की लाख ज़िद के बावजूद सिर्फ़ एक शिवप्रकाश थे, जो पानी में नहीं उतरे। बाद में उनके सहकर्मियों को एहसास हुआ कि विग के चलते वे तट से हिले तक नहीं थे। वरना लंबी-चौड़ी कद-काठी के शिवप्रकाश पानी में उतरकर चहर कर देते। पर वे छाती मसोसकर रह गये। सुबह से देर शाम घर पहुँचने तक सिर पर विग टिकाये रखना शिवप्रकाश के लिये यों सदैव कष्टकर रहा। पर इस कष्ट को समय के साथ उन्होंने आत्मसात कर लिया था। गाँव में भी वे विग के प्रति सदैव सचेष्ट रहते। सिर्फ़ रात को सोने के पहले ही वे विग को उतारकर राहत की साँस लेते। ख़ैर, हर रात की भाँति पिछली रात भी शिवप्रकाश ने अपने शयन कक्ष की मेज पर विग उतारकर रख दिया था और गहरी नींद में डूब गये थे। देवेंद्र के विदा होने के बाद उनकी पत्नी वसुंधरा कॉफ़ी लेकर उन्हें जगाने पहुँचीं और देवेंद्र के आने का समाचार देते हुए बताया कि गाँव में देर से हलचल मची हुई है। श्रीवेणुगोपाल कृष्णास्वामी मंदिर पर सारा गाँव उमड़ा पड़ा है। जो भी हो, आख़िर समाज की बात है। उन्हें भी जाना चाहिये।

लेटे-लेटे पत्नी से सारा विवरण सुनने के बाद शिवप्रकाश एक झटके में अँगड़ाई लेकर उठ बैठे। जल्दी से दो घूँट में लगभग ठंडी हो चुकी कॉफ़ी पी और तेज़ी से बाथरूम में घुसकर नित्यक्रिया संपन्न की। वसुंधरा ने आलमारी से पैंट-शर्ट निकालकर रख दिया था। उसी शीघ्रता में वस्त्र धारण कर उन्होंने मेज़ पर पड़े विग को जल्दी से सिर पर लगाया और आयीने के पास एक झलक मारने के लिये बढ़े ही कि एक ज़बर्दस्त दारुण चीख उनके मुँह से निकली। उन्होंने बिजली की गति से विग को निकालकर जमीन पर पटका। वसुंधरा रसोई घर से बेतहाशा दौड़ती कमरे में आयीं। देखकर वे भी हतप्रभ रह गयीं कि रात-भर विग में बसेरा बना चुकी नन्ही लाल चींटियों ने पलभर में शिवप्रकाश के चिकने-सलोने सिर को बुरी तरह बकोट डाला है। ऐसा पहली बार हुआ था। न तो शिवप्रकाश ने और न ही वसुंधरा ने कभी सोचा था कि चींटियाँ भी

विग के भीतर डेरा डाल सकती हैं। लंबे-तगड़े कसरती बदनवाले शिवप्रकाश, जिनसे कर्नाटक के जंगल माफ़िया की कभी रूह काँपती थी, अपने बिस्तर पर पड़े बिलबिला रहे थे। वसुंधरा ने भागकर तौलिये को भिगोया और पति के सिर को बारंबार पोंछा। अभी भी कई मरी लाल चींटियाँ शिवप्रकाश की चाँद से कुछ इस तरह चिपटी थीं कि, ''बाबू! जान देकर भी तुझे न छोड़ेंगे।'' शिवप्रकाश का सिर इससे बिल्कुल सुर्ख़ लाल हो गया था। वसुंधरा ने उन्हें पलंग से सिर लटकाकर सीने के बल सोने को कहा और सिर के नीचे छोटा टब रख बाल्टी में भरा पानी जग से उड़ेलने लगीं। कराहते शिवप्रकाश ने कहा, ''वसुंधरा! अब मुझसे मंदिर न जाया जायेगा।''

शिवप्रकाश ने पलंग के पास नीचे गिरे विग, जिसमें अभी भी सहस्त्र चींटियाँ विचरण कर रही थीं को निहारकर कहा, ''वसुंधरा! दुनिया के ताकतवर लोग हमेशा बहुत टिनीमिनी चीजों और जीवों से हारते हैं। भगवान कृष्ण की मौत एक मामूली बहेलिये के तीर से हो गयी थी। फिर मैं क्या हूँ। अब बहुत हो गया। मेरी एक उम्र हुई। नाती-पोते हो चुके हैं हमारे। प्रकृति का संदेश है कि मैं अब विग न लगाऊँ। पर यह चींटीवाला किस्सा बच्चों को भी न बताना।''

5

भीगा माचिस

वड्डीबैलू श्रीनिवास लिंगराज अपने होटल में पहुँचकर रोज़ की भाँति काउंटर के पीछे लगी अयप्पा स्वामी की तस्वीर को धूप-अगरबत्ती दिखाकर कुर्सी पर बैठा ही था कि मकान मालिक उपेंद्र कामथ सामने थे, "लिंगराज ! हमें श्रीवेणुगोपाल कृष्णास्वामी मंदिर तुरंत चलना चाहिये। गाँव के सारे लोग जा रहे हैं।"

"पर हुआ क्या है ?" लिंगराज ने काउंटर से बाहर निकलते हुए अचकचाकर पूछा।

"मैं रास्ते में बताऊँगा। तुम चलो तो सही। अरे लिंगराज ! तुम भी तो इस गाँव के अंग ही हो।" बहुत कम बोलनेवाले उपेंद्र कामथ ने आगे बढ़ते हुए कहा। लिंगराज जब उपेंद्र कामथ के पीछे निकल रहा था, तो उसके होटल के एक युवा कर्मचारी ने मुस्कराते हुए अपने सहकर्मियों से कहा, "अब एक दिन शुभ मुहूर्त में लिंगराज अन्ना को भी सजा-बजाकर वेणुगोपाल मंदिर पर ले ही जाना होगा।"

उपेंद्र कामथ के साथ चल रहे लिंगराज की जिज्ञासा रह-रहकर छलक रही थी और वह उम्मीद में था कि कामथ खुद ही शुरू होंगे। पर गहरे साँवले रंग के लंबे-छरहरे बुज़ुर्ग उपेंद्र कामथ चुपचाप काले सारस की तरह तेज़ डग भरते श्रीवेणुगोपाल कृष्णास्वामी मंदिर के रास्ते पर चले जा रहे थे। हालाँकि, लिंगराज के 'कामथ होटल' के मकान मालिक उपेंद्र कामथ होटल के ठीक बग़ल में स्थित अपने ख़ानदानी घर में रहते हैं लेकिन मकान मालिक के रोब-रुतबे का कठोरतापूर्वक निर्वहन करते हुए शायद ही कभी वे होटल में क़दम रखते हों। महीने का किराया लिंगराज ही श्रद्धालु की भाँति चढ़ावे की तरह लेकर हर बार उनके पास जाता है। इसलिये अनायास सुबह-सुबह उन्हें अपने काउंटर के सामने देख लिंगराज को स्वाभाविक हैरानी हुई। अगुम्बे मेन रोड के ठीक बग़ल में स्थित उनके मकान के अगले हिस्से में 'सिंडीकेट बैंक' चलता है। यह गाँव का इकलौता बैंक है। इसके पिछवाड़े में वे स्वयं अपनी पत्नी सुलोचना के संग रहते हैं। अपने परिसर के इस आवासीय हिस्से का नाम उन्होंने 'नंद गोकुल' रखा हुआ है। उनके घर के बाएँ 'कामथ होटल' है। फिर होटल के बाएँ कोने पर बग़ल के सोमेश्वर गाँव के शेखर की एक गुमटीनुमा दुकान है। इस दुकान में जेनतुप्पा, गोदी हलवा[1], केला, नारियल, चिप्स और सिगरेट से लेकर धूप-अगरबत्ती सरीखी तमाम चीजें शेखर उपलब्ध रखता है। लिंगराज की तरह शेखर भी उपेंद्र कामथ का किरायेदार है। अगुम्बे मेन रोड क्योंकि स्टेट हाईवे

1. अमावट

पर है, इसलिये वाहनों का आवागमन मुँह-अँधेरे से देर रात या यों कहें कि सारी रात लगा रहता है। गाँव के अंदर की सड़कों का हाल उतना ठीक नहीं लेकिन अगुम्बे मेन रोड की स्थिति अपेक्षाकृत बेहतर कही जा सकती है। शुरू में कुछ निजी छोटी गाड़ियाँ ही भूले-भटके 'कामथ होटल' के पास रुकती थीं। पर लिंगराज की प्रबंधन कुशलता के कारण कुछ समय से अब शिमोगा जानेवाली कई बसें भी यहाँ रुकने लगी हैं। होटल में चाय-कॉफ़ी, माल्ट, कषाय और हॉर्लिक्स से लेकर पूरी, इडली, बड़ा, बंस, दहीबड़ा और उपमा-डोसा सबकुछ मिलता है। वह भी बस स्टैंड और उसके इर्द-गिर्द के होटलों की तुलना में अधिक स्वादिष्ट। रात के आठ बजे होटल बढ़ाकर लिंगराज अगुम्बे से मात्र तीन किलोमीटर दूर स्थित अपने गाँव वड्डीबैलू के लिये चल देता है।

'कामथ होटल' की भी अजीब कहानी है। बीते वर्षों में लिंगराज के पहले पाँच-सात लोग इसे चलाकर छाती कूटते हुए जा चुके हैं। ग्रामीणों की उँगलियों पर सबके नाम हैं ऐदु[1]...एलु[2]...अभागे। सबने इस होटल को घाटे में मजबूर होकर बंद किया। मस्त-मलंग चिरकुमार लिंगराज इसे चुनौती के रूप में चला रहा है। अयप्पा स्वामी की अनुकंपा से अभी तक तो किसी तरह यह पटरी पर है। पर इसे चलाकर बुरी तरह पिट चुके छोटी पूँजीवाले चुनिंदा ग्रामीणों को अभी भी संदेह है कि लिंगराज इस मनहूस होटल को अधिक दिनों तक खींच ले पायेगा। पाँच साल पहले इसे चलाकर लुट-पिट चुका महेंद्र कहता है, ''कामथ होटल की भूमि में ही कुछ संताप है कि जो इसमें हाथ डालेगा, उसे कोपीन पहनकर एक दिन निकलना पड़ेगा। यह कोई हँसी-गम्मत की बात नहीं। लिंगराज अभी बहुत काबिल बन रहा है। देख लेना इसको भी एक दिन कि कैसे भगवा पहनकर भागता है।'' पर लिंगराज को किसी आगंतुक संताप की परवाह नहीं। संताप को शुरू से 'प्रारब्ध का आशीर्वाद' के रूप में वह स्वीकार करता रहा है। इसलिये वह होटल के अपने सहयोगियों से हमेशा कहता है, ''यह होटल तुम लोगों का है। मैं बस काउंटर पर अयप्पा स्वामी के चरणों के नीचे बैठा हूँ।'' लिंगराज के इस दार्शनिक प्रबंधन का ही परिणाम है कि उसके सारे सहयोगी होटल की सफलता के लिये जान लगाये रखते हैं। सुबह में लिंगराज के अपने गाँव से पहुँचने के पहले होटल खोल ये लोग तत्परता से काम शुरू कर देते हैं। होटल में कार्यरत लिंगराज के छह सहयोगियों में पाँच तो अगुम्बे के ही हैं, सिर्फ़ एक हेड कुक गोपाल तीर्थहल्ली का है। उसकी पत्नी रत्नम्मा तीर्थहल्ली में अपने बेटे नागपंचम के साथ रहती है। गोपाल बेटे नागपंचम और बेटी प्रिया की शादी कर निश्चिंत है। वह समर्पित भाव से लिंगराज के होटल में जुटा रहता है। होटल पर ही रहता है। छठे-छमासे ही कभी घर जाता है। शौक में शौक उसे बस पान का है। इसलिये उसके साथी चुटकी लेते हुए कहते हैं, "बड़ा गाल और मुँह में पान, होटल का हाल गोपाले जान।" अधेड़ गोपाल तब मुसककर कहता है, ''अरे भाई, मत भूलो कि मैं रामतीर्थ का वासी हूँ। रामतीर्थ के पास ही तुंगा नदी में परशुरामजी ने अपनी कुल्हाड़ी धोई थी। मालूम है न कि प्राचीन काल में तीर्थहल्ली का नाम रामतीर्थ था। तीर्थहल्ली का कण-कण, पेड़-पौधा और मनुष्य तीर्थ प्रसाद है।'' जो भी हो, लिंगराज को अपने तीर्थप्रसाद गोपाल पर आँख मूँदकर भरोसा है। इसलिये

1. पाँच 2. सात

मुख्य ग्रिल से लेकर होटल के कैश बॉक्स तक की चाबी लिंगराज ने गोपाल को ही सौंप रखी है। वैसे, उसने सहयोगियों से कह रखा है कि, ''मेरी अनुपस्थिति में अगर कोई बड़ी समस्या आये तो बेहिचक मकान मालिक कामथजी से कहो। अरे वे ही तो इस होटल की छतरी हैं।''

बहुत मुसीबत से कभी एक क्षण मुस्करानेवाले मकान मालिक उपेंद्र कामथ से लिंगराज के रिश्ते को लेकर उसके सहयोगी हमेशा अचरज में रहते हैं। यों पहली नज़र में होटल का नाम देख किसी को भी लग सकता है कि यह उपेंद्र कामथ का होटल है। या नहीं, तो उनकी साझेदारी तो इसमें अवश्य है। पर ऐसा कुछ नहीं है। 'कामथ होटल' के किराये के अतिरिक्त उपेंद्र कामथ को होटल से कभी कोई मतलब नहीं रहा है। हाँ, महावीरी ध्वजा की तरह उनकी यह शर्त हमेशा होटल के ऊपर लहराती रही है कि होटल को चाहे बीयर बादशाह विजय माल्या ही क्यों न भाड़े पर लें, लेकिन हर सूरत में इसका नाम 'कामथ होटल' ही रहेगा। मेन रोड के किनारे गाँव के इकलौते बैंक के बग़ल में स्थित यह बड़ा-सा हॉल मात्र होटल के लिये ही उपयुक्त है, इस पर प्रथम दृष्ट्या कोई विवाद नहीं कर सकता है। इस अकाट्य परिस्थिति से आश्वस्त उपेंद्र कामथ ने इसलिये स्थायी तौर पर इस विशाल हॉल के ललाट पर 'कामथ होटल' नाम युग-युगांतर के लिये अंकित करा रखा है। पर समस्त व्यावसायिक पक्ष अनुकूल रहने के बावजूद घाटे का दुर्योग इस होटल के संग सदैव लगा ही रहा है।

इतने वर्षों में गाँव के अधिकांश लोगों की स्थायी धारणा क़ायम हो चुकी है कि इस दुर्योग के मूल में इस होटल का मनहूस नाम है। गाँव के कई बुज़ुर्ग आहिस्ते से उपेंद्र कामथ के मुँह पर भी कह चुके हैं कि व्यावसायिक रूप से यह नाम शुभ नहीं। कुछ वर्ष पूर्व होटल पर ताला मारने की नौबत में पहुँच चुके अगुम्बे के वेंकपय्या ने उपेंद्र कामथ को यहाँ तक सुझाव दिया था कि एक बार जरा नाम बदलकर देखने में क्या हर्ज़ है। वे होटल का नामकरण भले ही अपनी पत्नी के नाम पर कर दें लेकिन एक बार अगर इसकी अनुमति वे दें, तो कर्ज़ लेकर भी होटल को नये सिरे से चलाने के लिये वह कमर कस सकता है। पर उपेंद्र कामथ टस से मस न हुए। उन्होंने बग़ैर कोई सीधा उत्तर दिये ऐसा भाव प्रकट किया कि अगर होटल का यह नाम न रहा, तो वे भी दुनिया में न रह पायेंगे। इस बात को लेकर गाँव में तरह-तरह की राय और अटकलें हैं। कुछ बुज़ुर्गों की अटकल है कि शायद कामथ की जन्मकुंडली में ज्योतिषी ने लिख रखा हो कि उनके आयु-आरोग्य और संपन्नता के लिये 'कामथ होटल' नामक एक होटल अवश्य चलना चाहिये। किसी के नाम वाले होटल में लोग-बाग खाएँगे-पिएँगे, तो अन्नपूर्णा का आशीर्वाद उस व्यक्ति को अवश्य मिलेगा। घर में सब कुछ परिपूर्ण रहेगा। कुछ लोगों का यह भी मानना है कि अपने ख़ानदान का नाम इस इलाक़े में अजर-अमर रखने के लिये कामथ संकल्पित हैं। क्षेपक के तौर पर एकाध बार गाँव में रोजगार करने को उत्सुक तीर्थहल्ली के एक-दो लोगों ने कामथ से जाकर निवेदन किया था कि वे इस हॉल में अच्छा-सा डिपार्टमेंटल स्टोर शुरू करना चाहते हैं। यानी अगुम्बे में एक ग्रामीण मॉल। पर कामथ को ये और ऐसे किसी प्रस्ताव में आकर्षण नहीं हुआ। वे आज तक अडिग हैं कि यह होटल ही रहेगा और वह भी सिर्फ़-कामथ होटल।

गाँव के कुछ लोगों की आस्था यह भी है कि अपने ख़ानदानी उपाधि नाम से मोहित उपेंद्र कामथ का अगर वश चलता, तो अपने मकान में किराये पर चल रहे 'सिंडीकेट बैंक' का नाम वे 'कामथ बैंक' करवा देते। अपनी ज़िद को लेकर हमेशा झंडे पर चढ़े रहनेवाले उपेंद्र कामथ अपने पिता स्व. रामचंद्र कामथ की भाँति आसपास के गाँवों में अर्से तक कोइमुतुर, सोना मसूरी, दप्पा, अइटी और लाल चावल का व्यवसाय करते रहे थे। पर धीरे-धीरे जब चावल का धंधा मंदा पड़ने लगा, तो बीवी-बच्चों के दबाव पर इस व्यवसाय से उन्होंने हाथ-पाँव समेट लिया। भला कब तक इस पिटे धंधे में तुर्रा कूटते। सरकार जबसे ग़रीबों को तीन रुपये किलो चावल देने लगी, चावल का धंधा बैठ गया। वैसे भी, अपने चारों बच्चों की ज़िम्मेदारी से वे मुक्त हो चुके हैं। उन्हें याद है कि उनकी माँ स्व. सत्यवती अपने तीनों बेटों से कहती थीं कि बच्चे जब बड़े हो जाएँ, तो दम बाँधकर बैठ जाना चाहिये। वरना पत उतरते देर नहीं लगती। उनके दोनों बड़े भाई विट्ठल और गोपालमुरली अब दुनिया में नहीं हैं। पर माँ की अनमोल नसीहतों से लाभ उठाने का अवसर उनके पास तो है। उपेंद्र कामथ को याद है कि उनके पिता के मन में माँ के प्रति स्नेह में कभी कमी नहीं रही, लेकिन उनका तेवर हमेशा थोड़ा सख़्त रहा करता था। माँ ने उनके इस हल्के-से कड़े तेवर का कभी बुरा नहीं माना। उल्टे उन्होंने अपने बड़े बेटे विट्ठल को उनकी शादी के बाद समझाया, "बेटा! अपने पिता से सीख ले। पत्नी लक्ष्मी होती है, लेकिन हमेशा उसे अपने साथ पत्ते की तरह लगाये रखना भी ठीक नहीं। किसी भी फल से हमेशा उसका पत्ता लगा रहे, तो फल पर दाग पड़ जाता है।"

बड़े भाई को समझायी माँ की इस बात का उपेंद्र कामथ भी पाबंदी से पालन करते हैं। अब तो दांपत्य जीवन के कितने दशक बीत गये। सन् 1963 में उडुपि जिले के मुद्दुर गाँव की सुलोचना से उनका विवाह हुआ था। उनके चार बच्चे हुए। दो बेटे, दो बेटियाँ। सबसे बड़ी बेटी ज्योति अपने पति मोहन शेनॉय के साथ सुखपूर्वक बेंगलूर में है। मोहन शेनॉय एक स्वीडेन कंपनी के स्वामित्व की वोल्वो फ़ैक्ट्री में कार्यरत हैं। स्वयं ज्योति ब्यूटीशियन यानी सज्जक है। ज्योति के बाद है बेटा मुरलीधर। वह गोवा में एक कनवायर बेल्ट फ़ैक्ट्री साझेदारी में चलाता है। पर साझेदारी के चक्कर में फ़ैक्ट्री कुछ वर्षों से लगातार घाटे में चल रही है। इससे उबरने की उम्मीद भी नहीं। इसलिये गोवा से हाथ-पाँव समेट अब वह गाँव का ही राज-काज सँभालने का मन बना रहा है। मुरलीधर के बाद बेटी रेखा है, जो अपने पति तुलसीदास के संग कुवैत में रहती है। रेखा पूर्णतया गृहिणी है। कुवैत में तनिक भी उसका मन नहीं लगता। इसलिये छठे-छमासे वह कुवैत से मायके आ जाती है। माता-पिता के संग उसका भी दिल बहल जाता है। उपेंद्र कामथ का सबसे छोटा बेटा किशोर अर्से से हार्डवेयर के व्यवसाय में है। शुरू में कुछ साल तक उसने शिमोगा में क़ारोबार किया और बाद में मुंबई चला गया। सबसे छोटा होने के कारण उपेंद्र और उनकी पत्नी सुलोचना का किशोर पर कुछ विशेष अनुराग है। इसलिये उपेंद्र कामथ की हार्दिक इच्छा थी कि किशोर गाँव में रहकर अपना 'कामथ होटल' ही चलाता और सुखपूर्वक रहता। पर किशोर ने यह कहकर साफ़ इंकार कर दिया कि होटल का धंधा उसके वश का नहीं।

लिंगराज को 'कामथ होटल' किशोर के माध्यम से ही क़िराये पर मिला। किशोर उसका बचपन का मित्र है। स्कूली सखा। बहुत स्वल्पभाषी उपेंद्र कामथ ने तो 'कामथ होटल' की चाबी थमाते हुए लिंगराज से कुछ नहीं कहा लेकिन पिता के समक्ष किशोर ने अपने मित्र से कहा, "लिंगराज! बहुत-से लोग इस होटल को चलाने में फेल कर चुके हैं और इस बात से पिताजी को हार्दिक क्लेश है। तुम मेरे मित्र हो, इसलिये इनके लिये भी बेटे जैसे ही हो। कामथ होटल को सफल कर पिताजी के संताप को दूर कर दो; क्योंकि हमारे गाँव के कुछ दुष्टों ने प्रचार कर रखा है कि 'कामथ होटल' नाम ही मनहूस है।" ख़ैर जो भी हो, फिलहाल लिंगराज विगत कुछ वर्षों से छह हजार रुपये मासिक किराया भरते हुए 'कामथ होटल' के नाम की शुभता को सिद्ध करने में प्राणपण से जुटा है । उपेंद्र कामथ इसलिये गुप्त रूप से लिंगराज पर प्रसन्न रहते हैं और पत्नी सुलोचना से उसके बारे में कहते हैं, ''एकदम बीडु कब्बिण...पक्का फौलाद ।'' दार्शनिक लिंगराज के अंतर्ज्ञान को भी अपने प्रति उनकी इस असंभव सदाशयता का आभास है । यह सदाशयता तो अपनी जगह। यों भी लिंगराज को बचपन से इस गाँव से दिली लगाव है। पहली से दसवीं तक की पढ़ाई लिंगराज ने अगुम्बे प्राइमरी, मिडिल स्कूल और अगुम्बे हाईस्कूल में ही की । उसके गाँव वड्डीबैलू के अधिकांश बच्चे अभी भी अगुम्बे के इन्हीं तीनों स्कूलों में पढ़ने आते हैं ।

वड्डीबैलू से अगुम्बे की दूरी ही भला कितनी है ? वड्डीबैलू के लोग भोजन कर अपना हाथ अगुम्बे में सुखाते हैं । वैसे भी अग़ल-बग़ल के गाँवों का सरदार गाँव है अगुम्बे । सरदारवाला नाज़, तो मल्लिगे मोग्गु[1] की कली-सा नाज़ुक मिज़ाज भी । लिंगराज को अगुम्बे की अँतड़ी और नस-नस का पता है । वर्षावन के बीच बसे इस गाँव के बेसगे काल[2], चलिगाल[3], मलेगाल[4], गालि[5], बिसिलु[6], मोड[7], मिंचु[8], मिंचु का सिडिलु[9], अलिकल्लिनमले[10] और बिरुगालि[11]-सबका मर्म मालूम है लिंगराज को । विशाल पर्वत की नाक पर बसे होने के कारण इस अंचल के अन्य गाँवों की तुलना में सूर्य-चंद्रमा और ब्रह्मांड के नाना ग्रह-नक्षत्रों के अपेक्षाकृत अधिक क़रीब है अगुम्बे ग्राम । इसलिये सूर्य की ताम्रवर्णी धधक, चंद्रमा की सान पर चढ़ी शीतलता या फिर बादलों की हाँक मारती बौछार इस गाँव की गोद में सबसे ज़्यादा गिरती है ।

ग्रीष्म की अवधि तो ख़ैर भयावह होती है । वर्षावन के बीच बसा दूसरा चेरापूँजी कहलानेवाला यह गाँव ग्रीष्म के दिनों में कितना उत्तप्त होता है, इसे भुगतनेवाले यहाँ के ग्रामीण ही समझते हैं । दिन चढ़ते ही क्षितिज के समीप स्थित हरे-भरे पहाड़ मूर्छित श्यामल हो जाते हैं । रास्ते की स्वच्छंद कानन श्रेणी जैसे मौत के दिन ही पूरे करती दिखती है। थोड़े-थोड़े फ़ासले पर खड़े जटाजूटधारी बरगद के प्राचीन वृक्ष ही थोड़े स्थिर भाव में दिखते हैं वरना सुपारी के भूरे पेड़ और गहरे भूरे हो जाते हैं। बनपोखरों का जलस्तर घट जाता है और किनारे की काई सूखकर चिमट जाती है। ग्रीष्म की मेख में ठुंककर सबका हाल-बेहाल रहता है। पसीने की वर्षा शरीर पर निरंतर गतिमान रहती है । पीने के पानी का घोर संकट रहता है । वैशाख की तीक्ष्ण हवा में धूल का अलग

1. चमेली की कली, 2. ग्रीष्म, 3. शिशिर, 4. बरसात, 5. हवा, 6. धूप, 7. बादल, 8. बिजली, 9. गर्जना, 10 आँधी, 11. तूफान

ही उपद्रव। कहना न होगा कि चैत्र में जहाँ चित्त थिर नहीं रहता, वैशाख में मन सदैव विदग्ध रहता है। इन डाढांफूँक गर्म दिनों में मनुष्य से भी अधिक व्याकुल-विकल रहते हैं अगुम्बे के सघन जंगल में रहनेवाले नागराज कोबरा। सारी दुनिया में इस छोटे-से गाँव की प्रसिद्धि यहाँ के 'किंग कोबरा' को लेकर है।

अमेरिकी मूल के प्रसिद्ध जीव विज्ञानी भारत के सर्प पुरुष रोमुलस अर्ल ह्विटेकर वर्षों पहले यहाँ किंग कोबरा के शोध के लिये स्थापित अपने संस्थान 'अगुम्बे रेन फ़ॉरेस्ट रिसर्च स्टेशन' पर हर महीने कम से कम एक सप्ताह बिताते ही हैं। अपना स्थायी निवास यों उन्होंने चेण्णै से 50 किलोमीटर दक्षिण चेंगलपट्टू के हरित-भरित क्षेत्र में रखा हुआ है। वहाँ वे अपनी दूसरी पत्नी जानकी लेनिन के संग रहते हैं। जानकी वन्य जीवन पर वृत्त चित्र बनाती है और लेखन करती है। एकदम बिजली-बत्ती है छरहरी गंदुमी जानकी। रोमुलस ह्विटेकर की पहली पत्नी ज़ाहिदा फ़तेह अली उर्फ़ जई ह्विटेकर से भी लिंगराज मिल चुका है। रोमुलस के दोनों बेटों निखिल और समीर की माँ हैं जई। अपनी दोनों पत्नियों के संग रोमुलस बहुत गरिमा से संतुलन निभाते हैं। सरल स्वभाव के श्वेत धवल लंबे बालों और घनी मूँछवाले सत्तर पार लंबे क़द-बुत के रोमुलस ह्विटेकर का लिंगराज हृदय से सम्मान करता है। गाँव के लोगों ने दुलार में रोमुलस के नाम को सरल और संक्षिप्त कर रखा है—रामू। गाँव के लोगों का कहना है कि रामू का जन्म भले ही अमेरिका में हुआ हो, लेकिन आत्मा से वे शुद्ध भारतीय हैं। बीते कई वर्षों से तो वे विधिवत भारतीय नागरिक बन चुके हैं। जेहादी और धुन के पक्के हैं रामू! दरअसल, 'अगुम्बे रेन फ़ॉरेस्ट रिसर्च स्टेशन' स्थापित करने के बाद उन्होंने अंडमान द्वीपसमूह में भी कुछ करने की ठानी। पर अंग्रेज़ जबसे भारत छोड़कर गये, भारत सरकार अंडमान निकोबार द्वीप समूह के लिये कुछ ज्यादा ही संवेदनशील रही। यही वज़ह हुई कि कई दशकों तक किसी विदेशी ने यहाँ क़दम नहीं रखा। रोमुलस ह्विटेकर ने जब यहाँ वन्यजीव और पर्यावरण संरक्षण के काम को शुरू करने का निर्णय लिया, तो उनकी अमेरिकी नागरिकता इसमें आड़े आयी उन्होंने तब निर्णय लेने में एक मिनट की भी देरी नहीं की। वे अमेरिका की नागरिकता त्याग भारतीय नागरिक हो गये और अंडमान द्वीप पर 'अंडमान एंड निकोबार आइलैंड एनवायरमेंट ट्रस्ट' (ए.एन.इ.टी.) की नींव डाली। अब तो यह ट्रस्ट इस भारतीय द्वीप समूह पर वन्यजीव एवं पर्यावरण संरक्षण के साथ-साथ शिक्षा के प्रसार में भी अग्रणी है। रामू ह्विटेकर को दम मारने की फुरसत नहीं है। अगुम्बे और चेण्णै से लेकर वे अंडमान तक दौड़ते रहते हैं। लिंगराज ने मुसकते हुए उनसे कई बार कहा है, ''रामूजी! समय हरदम खिसकने के चक्कर में रहता है और आप हमेशा उसे पकड़ने में जुटे रहते हैं।''

''अरे नहीं लिंगराज! जो बहुत व्यस्त दिखते हैं, उनके पास दरअसल करने के लिये कुछ भी नहीं होता।'' रामू ह्विटेकर 'कामथ होटल' में चाय की घूँट भरकर हँसते हुए ठेठ कन्नड़ में कहते हैं। लिंगराज भी चकित रहता है। कन्नड़ और तमिल भी अंग्रेज़ी की तरह रामूजी के दाँत के नीचे ही है। चिरकुमार लिंगराज से रामू ह्विटेकर को अहैतुक स्नेह है। लिंगराज को याद है कि एक सुबह जब वे चेण्णै से अगुम्बे पहुँचे, तो सबसे पहले गाड़ी 'कामथ होटल' पर रोकी। उस समय होटल में इत्तफाक़ से कोई ग्राहक नहीं था। पता नहीं किस रौ में रामूजी ने कॉफ़ी पीते हुए अपने विदेशी शरीर में बसे

भारतीय मन की जब कथा सुनायी, तो देर तक हैरान रहा था लिंगराज। महज सात साल की अवस्था में वे अपनी माँ श्रीमती डॉरिस नॉर्डेन, सौतेले पिता रामकृष्ण परमहंस चट्टोपाध्याय उर्फ़ राम चट्टोपाध्याय, सगी बहन गेल और सौतेली बहन नीना के संग वर्ष 1951 में अमेरिका से बंबई चले आये थे। भारत आने के बाद दस वर्षों तक रोमुलस अपनी बहन गेल के संग दक्षिण भारत में पश्चिमी घाट के समीप स्थित 'हाईक्लार्क स्कूल', जो बाद में 'कोडइकनाल इंटरनेशनल स्कूल' के नाम से ख्यात हुआ, के हॉस्टल में रहकर पढ़ाई करते रहे। बचपन से रोमुलस को साँपों में गहरी रुचि थी। चार वर्ष की उम्र में जब वे अपनी माँ डॉरिस नॉर्डन के संग अमेरिका के उत्तरी न्यूयार्क स्टेट में रहते थे, उन्होंने जीवन में पहली बार साँप पकड़ा था। 'हाईक्लार्क स्कूल' में आकर भी सप्ताहांत में वे साँपों की तलाश में बेहाल रहते थे। दरअसल, इस स्कूल के चारों तरफ़ घना जंगल था और वहाँ साँपों की बहुतायत थी। एक बार तो हद हो गयी जब रोमुलस ने हॉस्टल के अपने कमरे में बिस्तर के नीचे बारह फुट के एक अजगर को हफ़्ते भर तक छिपाये रखा। अजगर भी कम दोस्तनवाज़ नहीं था। डार्मेट्री में रोमुलस के बिस्तर के नीचे चुपचाप सिमटा रहा। जब एक दिन हॉस्टल के अधीक्षक को इसकी भनक मिली, तो बात स्कूल के प्राचार्य तक पहुँची। प्राचार्य ने रोमुलस को कड़ी फटकार लगाई और इसकी शिकायत पत्र द्वारा रोमुलस के माता-पिता डॉरिस नॉर्डन और राम चट्टोपाध्याय को बंबई भेजी। वर्ष 1951 में अमेरिका से बंबई आकर राम चट्टोपाध्याय ने पत्नी डॉरिस नॉर्डन के सहयोग से भारत का पहला रंगीन मोशन पिक्चर प्रोसेसिंग लैब वर्ली में शुरू किया था। इसका नाम था-'रामनॉर्ड'। स्व. राम चट्टोपाध्याय को बॉलीवुड में कलर फ़िल्म प्रोसेसिंग का महान स्तंभ माना जाता है। राम चट्टोपाध्याय की माँ श्रीमती कमलादेवी चट्टोपाध्याय भारतीय स्वतंत्रता संग्राम की अग्रणी सेनानी तो थी हीं, देश के सांस्कृतिक पुनर्जागरण की समर्थ नेतृ थीं। उनका जन्म मंगलूर[1] के सारस्वत चित्रपुर ब्राह्मण परिवार में हुआ था। बाल विधवा कमला ने वयस्क होने पर बँगला के प्रतिभा संपन्न कवि-नाटककार तथा भारत कोकिला सरोजिनी नायडू के सगे छोटे भाई हरींद्रनाथ चट्टोपाध्याय से प्रेम विवाह किया था। कला-संस्कृति और साहित्य से लेकर थियेटर तक में कमलादेवी चट्टोपाध्याय को गहरी अभिरुचि थी। नक्काशी करनेवालों, मूर्तिकारों, भालू तथा बंदर नचानेवाले मदारियों और नटों को सम्मान-सुख से जीने के लिये उन्होंने ही पहली बार राष्ट्रीय स्तर पर एक सहकारी संस्था का गठन किया था। हस्तशिल्प एवं भारत की परंपरागत कला के उन्नयन में उनकी अविस्मरणीय भूमिका के कारण उन्हें 'भारत की रंगीन क्रांतिकारी महिला' कहा जाता था। वे आपादमस्तक एक भारतीय स्त्री थीं। वर्ष 1988 में जब 85 वर्ष की अवस्था में उनका निधन हुआ,अंतिम दिन तक वे देश की पारंपरिक कला-संस्कृति को सबल करने में जुटी रही थीं। वे स्वयं भी हमेशा पारंपरिक वस्त्र एवं आभूषण में रहती थीं। जिस दिन उनका निधन हुआ, उनकी वेणी हमेशा की भाँति उस दिन भी फूलों से गुँथी थी। कहना न होगा कि रोमुलस ह्विटेकर के सौतेले पिता राम चट्टोपाध्याय को कला और संस्कृति विरासत में मिली थी। हालाँकि, मलंग-मनमौजी पति हरींद्रनाथ चट्टोपाध्याय से कमलादेवी चट्टोपाध्याय

1. मंगलादेवी के नाम पर स्थापित दक्षिण कर्नाटक का एक प्रमुख शहर

के आपसी तनाव और अंततः तलाक के कारण राम चट्टोपाध्याय का बचपन बेहद प्रभावित रहा। रोमुलस ने इसलिये जब होश सँभाला तब जाकर वे अपने सौतेले पिता राम चट्टोपाध्याय द्वारा अक्सर कही जानेवाली इस बात का गूढ़ अर्थ समझ सके कि, "रामू और मेरा बचपन बहुत कुछ एक-सा है।" तमाम सुविधाओं के बावजूद अपने पिता की कमी का संताप तो सदैव रोमुलस के मन में रहा ही। इसलिये पहली पत्नी जई से दूरी के बावजूद उन्होंने दोनों बेटों निखिल और समीर को सीने से लगाकर रखा। फिर भी रामू महसूस करते हैं कि दोनों बेटों की पुलक को वे बचा न सके। स्वयं भुक्तभोगी होकर अपने बच्चों के साथ भी वे वही दुर्घटना कर बैठे। कभी-कभी रामू ह्विटेकर इसलिये खुद को कठघरे में खड़ा पाते हैं। निखिल व समीर भी उनकी तरह ही विडंबनापूर्ण विरासत के वारिस हैं।

कितने बरस बीत गए इस तरह और स्मृति की अरघनी पर अनगिनत बातें भीगे कपड़ों की तरह लदी हैं। रोमुलस ह्विटेकर के अपने पिता अर्ल ह्विटेकर जहाँ फौज में थे, माँ डॉरिस नार्डन एक अच्छी कलाकार थीं। पर रोमुलस और उनकी बड़ी बहन गेल के जन्म के कुछ ही साल बाद डॉरिस का अर्ल से तलाक हो गया। तभी वे राम चट्टोपाध्याय के संपर्क में आईं और उनके संग अंततः भारत आ गयीं। अमेरिका में बचपन के आरंभिक दिन और फिर भारत में बाद के अनगिनत वर्ष! यह एक बहुत लंबी कहानी है। रोमुलस को लगता है कि जेहादी-ज़िद्दीपन अपने फ़ौजी पिता अर्ल ह्विटेकर से उनके खून में आया है और प्रकृति से प्रेम की विरासत उन्हें माँ से मिली है। उतार-चढ़ाव से भरे अपने जीवन को लेकर जब कभी सोचते हैं रोमुलस, तो सूने में भी उनके होंठ सिकुड़ जाते हैं। भारत में स्कूली पढ़ाई पूरी कर आगे की पढ़ाई करने वे अमेरिका चले गये। एक साल बाद न्यूयार्क से अमेरिका के ही मियामी बीच जा पहुँचे, जहाँ कुछ समय तक अपना ख़र्च चलाने के लिये उन्होंने चाकू-छुरियाँ भी बेचीं। बढ़ई के सहायक का भी काम किया। कॉफ़ी हाउस में उत्तेजक लोकधुनों पर गाने भी गाये। मियामी में उनकी मुलाक़ात उस दौर के विख्यात सर्प पुरुष विलियम हॉस्ट से हुई। उनकी अनूठी सर्पशाला से वे बेहद प्रभावित हुए। विलियम हॉस्ट के अलावा और भी कई सर्प विशेषज्ञों के सानिध्य में रहने का उन्हें अवसर मिला। मियामी में सर्पज्ञों के बीच रोमुलस रमे ही थे कि उसी बीच वियतनाम में युद्ध छिड़ गया। 'दो साल सेना की नौकरी या तीन साल क़ैद' की शर्त सामने थी। ज़ाहिर है, रोमुलस ने सेना में भर्ती होना पसंद किया। सेना में उन्हें 'ब्लड बैंक' का प्रभारी बनाया गया। वियतनाम युद्ध का अनुभव भी अद्‌भुत रहा। युद्ध की समाप्ति के बाद रोमुलस अर्से बाद फिर भारत आ गये। यहाँ उन्होंने बंबई में सर्प विष संरक्षण के काम की शुरुआत की। बंबई में ही वे जई से मिले, जो बाद में उनकी पहली पत्नी बनीं। जई के साथ ही मिलकर उन्होंने भारत के प्रथम सरीसृप उद्यान 'मद्रास स्नेक पार्क' और उसके पश्चात 'मद्रास क्रोकोडाइल बैंक' की स्थापना की। इसके कई साल बाद रोमुलस ह्विटेकर ने तमिल में 'ब्वॉय एंड द क्रोकोडाइल' नामक फ़िल्म बच्चों के लिये बनायी, जो बेहद चर्चित रही। दरअसल, यह रचनात्मकता उन्हें अपने सौतेले पिता राम चट्टोपाध्याय से मिली थी। बचपन से घर में सिनेमा के परिवेश का ही प्रभाव था कि उन्होंने वन्यजीवन पर कई महत्त्वपूर्ण डॉक्यूमेंट्री बनायी है। रामू का सौतेला छोटा भाई

नीलकंठ तो पूरे तौर पर सिनेमा के क्षेत्र में है। नीलकंठ बेंगलूर में रहता है और अपनी नृत्यांगना पत्नी अरुंधती के संग विविध विषयों पर फ़िल्म तथा डॉक्यूमेंट्री बनाता है। रामू ह्विटेकर ने अपनी बड़ी बहन गेल और सौतेले भाई-बहन नीना तथा नीलकंठ में कभी अंतर नहीं समझा। गेल अपनी दुनिया में खुश हैं। नीना सिएटल के पाइक्स मार्केट में मोती-मनकों का कारोबार करती है। रामू ह्विटेकर को नीलकंठ का जन्म वैसे ही याद है। बंबई में नीलकंठ का जन्म हुआ था। नीना और नीलकंठ को उनके सामने राम चट्टोपाध्याय ने कई अवसरों पर कहा था, "रामू तुम लोगों का दादा ही नहीं, गार्जिअन है। हम और डॉरिस जब दुनिया में नहीं होंगे, तो रामू ही तुम्हारे दुख-सुख का ध्यान रखेगा।" राम चट्टोपाध्याय ने अपने पिता की तरह रामू को हमेशा स्नेह किया। घर का प्यार ही बाहर की दुनिया में क़ामयाब होने की ताक़त देता है। इस प्यार की पृष्ठभूमि पाकर ही रोमुलस ह्विटेकर ने भारत में वन्यजीव व पर्यावरण संरक्षण की कई संस्थाएँ खोलीं। इनमें 'मद्रास स्नेक पार्क' और 'मद्रास क्रोकोडाइल बैंक' के अलावा 'अगुम्बे रेन फ़ॉरेस्ट रिसर्च स्टेशन' तथा 'अंडमान एंड निकोबार एनवायरमेंट ट्रस्ट' उल्लेखनीय हैं। अगुम्बे में किंग कोबरा से संबंधित शोध संस्थान की शुरुआत रोमुलस ने उस राशि से की जो उनकी माँ श्रीमती डॉरिस नॉर्डन चट्टोपाध्याय उनके लिए वसीयत कर गयी थीं। बाद में प्रकृति व वन्यजीव संरक्षण में उल्लेखनीय योगदान के लिये जब उन्हें वर्ष 2005 में अंतरराष्ट्रीय 'ह्विटले अवॉर्ड' और वर्ष 2008 में 'रॉलेक्स अवॉर्ड' मिला, तो इन पुरस्कारों की राशि को भी रोमुलस ह्विटेकर ने 'अगुम्बे रेन फ़ॉरेस्ट रिसर्च स्टेशन' को समृद्ध करने में लगा दिया ताकि देश-दुनिया से किंग कोबरा पर यहाँ शोध करने आनेवालों को हर संभव सुविधा मिल सके। लिंगराज सबसे खुलेआम कहता है कि इतना पुरस्कार किसी और को मिला होता, तो उसका माथा जरूर उलट गया होता। लेकिन रामू ह्विटेकर को तिल भर भी अहंकार नहीं है। वन और पर्यावरण के लिये समर्पण भाव के कारण ही उन्हें 'ऑर्डर ऑफ़ द गोल्डेन आर्क' और 'पीटर स्कॉट अवॉर्ड' से भी अंतरराष्ट्रीय स्तर पर सम्मानित किया जा चुका है। पर ये सारे पुरस्कार एक तरफ़, अगुम्बे एक तरफ़। रामू ह्विटेकर 'अगुम्बे रेन फ़ॉरेस्ट रिसर्च स्टेशन' के अपने सहयोगियों से अक्सर कहते हैं कि उनके जीवन का महानतम पुरस्कार है—अगुम्बे। पता नहीं क्यों अक्सर रामू ह्विटेकर को लगता है कि अगुम्बे से उनका पूर्वजन्म का कोई नाता है। सचमुच इस गाँव से वे शाश्वत भाव से जुड़े हैं। गौरीशंकर और प्रशांत को अगुम्बे स्थित शोध केंद्र का उन्होंने कर्ता-धर्ता बनाया हुआ है। आये दिन देश-विदेश के सर्पज्ञ और शोध छात्र वर्षावन में स्थित इस अनूठे शोध संस्थान में पहुँचते रहते हैं। गौरीशंकर और प्रशांत उन लोगों को हर संभव सौजन्य प्रदान करते हैं। रामू को उनका छोटा भाई नीलकंठ चट्टोपाध्याय अक्सर बिहँसकर कहता है, "दादा! राम और वन का पुराना रिश्ता है। आप भी इसे निभा रहे हैं।" लिंगराज संयोग से रामू ह्विटेकर के तीनों भाई-बहनों से भी मिल चुका है। गेल, नीना और नीलकंठ—सब अगुम्बे आ चुके हैं और हैरान हुए हैं कि कैसे इस घनघोर जंगल के बीच रामू काम करते हैं। ख़ैर, जंगल के बीच तो यह गाँव ही है। लेकिन विष से छलकता नागराज कोबरा? रामू ह्विटेकर के साहस का गुणगान करते हुए लिंगराज भौंहें ऊँची कर कहता है, "...रामूजी...? अरे भाई रामूजी को भर पेट कलेजे हैं।"

रोमुलस ह्विटेकर सचमुच अवधूत हैं। अगुम्बे के तीखे वैशाख में भी इन्हें कोई फ़र्क नहीं पड़ता। पर जब भारत के उष्ण कटिबंधीय क्षेत्र में मौजूद इस वन-ग्राम में भूले-भटके कभी कोई शोधार्थी वैशाख के समय पहुँच जाता है, तो मारे गर्मी के उसे बेचैनी घेरने लगती है । गाँव के लोग तो जंगल में देखते रहे हैं कि वैशाख के दिनों में हवा को दोनों जीभों से चाटते नागराज कोबरा भी इतने निढाल-बेहाल रहते हैं कि अग़ल-बग़ल में निश्शंक फुदकते मेढ़कों पर भी उनका ध्यान नहीं जाता । यहीं वर्षा के दिनों में एक निवाले में आठ-दस मेढ़कों को निगल जाना और अपने से छोटे सर्पों को गटक जाना इनके लिये साधारण-सी बात है । एक दिन पहले ही आषाढ़ आया है। आषाढ़ के आगमन के संग जब इस वर्षावन के आकाश पर काले-जामुनी मेघों का प्रगाढ़ अंधकार घिरना शुरू होता है और तेज़ हवा के बीच बिजलियों की ध्वजा बीच-बीच में लहराती है, तो बीते महीनों का सारा अनुताप बरबस तिरोहित हो जाता है। गाँव के लोगों के संग-संग नागराज कोबरा की भी जान में जान आती है ।

इस गाँव के एक-एक बण्ण[1] का जानकार है लिंगराज । यहाँ के एक-एक व्यक्ति का रग-रंग जानता है वह । वह मानता है कि अगुम्बे में गुज़री स्कूली पढ़ाई के वे दिन उसके अस्तित्व की पूँजी हैं । लिंगराज अक्सर मुसककर कहता है, ''पहली बार इस गाँव में अवश्य मैं बुधवार के दिन आया रहा होऊँगा। कहते हैं कि बुधवार को अगर कोई किसी जगह जाता है, तो वहाँ बहुत दिनों के लिये अटक जाता है।'' वह महसूस करता है कि अगुम्बे ने ही सही मायने में उसे जीने की दीक्षा दी। संघर्ष का हौसला दिया। संघर्ष और लिंगराज एक सिक्के के दो पहलू हैं । कॉलेजी पढ़ाई के लिये जेब में मात्र पचास रुपये लेकर वह गाँव से बेंगलूर गया था । उसे याद है कि किस तरह अर्थाभाव में एक सप्ताह तक वहाँ उसे 'जागरी' और 'अवल' खाकर रहना पड़ा था । शुरू में उसने कई होटल व ढाबों में कुछ पैसा जुटाने के लिये नौकरियाँ कीं । उसका सपना था कि बेंगलूर स्थित 'ऑल इंडिया मेरीन कॉलेज' में मेरीन रेडियो के कोर्स के लिये नामांकन कराये । एक दिन उसका यह सपना संभव हो गया । पढ़ाई को जारी रखने के लिये शामों को वह एक दवा कंपनी में मेडिकल रिप्रिज़ेंटेटिव का काम करता था । पर तीन साल तक मेरीन कॉलेज में पढ़ने के बाद उसका जी उचट गया । दरअसल, परीक्षा में दो बार वह फ़ेल हो गया था । इस तरह तीन साल गँवाने के बाद उसे एहसास हुआ कि मेरीन रेडियो की पढ़ाई उसके वश की नहीं थी । अगर वह परीक्षा में उत्तीर्ण हो भी जाता, तो आगे प्रशिक्षण के लिये उसे कर्नाटक के बाहर भेजा जाता । कर्नाटक के बाहर क़दम रखना लिंगराज को कभी गवारा न होता । लिंगराज ने तमाम मंथन-चिंतन के बाद मेरीन रेडियो कोर्स की पढ़ाई छोड़ दी । अब वह पूरे तौर पर सुबह से रात ग्यारह बजे तक मेडिकल रिप्रिज़ेंटेटिव की नौकरी में जुट गया ।

कसरती बदनवाले लिंगराज को स्कूली जीवन से ही खेल-कूद और वर्जिश का भारी शौक रहा था । बेंगलूर में भी अहले सुबह काम पर जाने के पहले वह जिम-जॉगिंग और मैराथन रेस में समय लगाता था । बेंगलूर में किसी दिन वह एक शानदार जिमखाना शुरू करने के भी सपने देखता था । वैसे, लिंगराज के जीवन में इस तरह के ढेर सारे

1. रंग

लक्ष्य थे। पर अपनी बहनों की शादी की चिंता उसे प्रतिपल खाये जाती थी। इसी चिंता ने लिंगराज को वापस गाँव लौटा लिया। लिंगराज के सीधे-सरल कृषक पिता देवराज और माँ चंद्रम्मा को अपने बड़े बेटे पर बड़ा भरोसा था। उसे गाँव वापस आया देख दोनों हृदय से गद्गद हो उठे। लिंगराज आठ भाई-बहन हैं। इनमें छह बहनें और दो भाई। चार बहनें लिंगराज से बड़ी हैं। बीच में लिंगराज और उसका छोटा भाई सुनील है। बेंगलूर की एक प्राइवेट कंपनी में सुनील नौकरी करता है। सुनील के बाद दो और छोटी बहनें हैं। गाँव लौट लिंगराज कमर कसकर एक सिरे से बहनों की शादी में जुट गया था। बड़ी बहन की तो काफी उम्र हो गयी थी। उसकी शादी के लिये लिंगराज को ख़ासा शीर्षासन करना पड़ा था। परिवार की आमदनी का एकमात्र आधार खेती थी। पर उन लोगों की बहुत-सी खेती की ज़मीन टेनेंसी एक्ट के अंतर्गत चली गयी थी। बच गया मात्र सात एकड़ खेत, जिसमें लिंगराज के एक चाचा का भी हिस्सा था। चार बहनों की शादी में खेत भी कुछ बिक गया। अच्छा-ख़ासा कर्ज़ भी हो गया। लिंगराज ने फिर भी हिम्मत नहीं खोयी। एड़ी-चोटी एक कर उसने बचे हुए खेतों में कड़ी मेहनत शुरू की। कर्ज़ों से लदा हुआ लिंगराज सबसे कहता, "बहनें धूप और चाँदनी होती हैं, जिनकी शादी कर हम दूसरे के घरों को सजाते हैं। बहनें समाज बनाती हैं। इसलिये बहनों की शादी में लिये कर्ज से मैं परेशान नहीं हूँ। अरे, मैं जल्दी मरनेवाला नहीं। मैंने जिन लोगों से ऋण ले रखा है, उसे चुकाकर ही दुनिया से जाऊँगा।" लिंगराज सच्चा आदमी है, अगुम्बे के सभी लोग यह जानते हैं। इसलिये कभी किसी ने ऋण चुकता करने के लिये उस पर दबाव नहीं बनाया।

ऋण चुकाने के लिये ही अपना पूरा अस्तित्व दाँव पर लगाकर लिंगराज ने 'कामथ होटल' में अपनी गरदन डाली थी। हालाँकि, होटल खोलने के पहले लिंगराज को सबने चेताया था। पर लिंगराज ने किसी एक की न सुनी। होटल के ठीक बग़ल में बैंक रहने के कारण उसे पूरी उम्मीद थी कि लोगों की आमदरफ़्त तो वहाँ रहेगी ही। लिंगराज ने इस तर्क से मन को मज़बूत किया था कि जो लोग वहाँ पैसा जमा करने या निकालने आएँगे, क्या एक चम्मच चाय या कॉफ़ी तक न पिएँगे? ईमानदारी से चलाया जाये, तो होटल चल निकलेगा। लिंगराज का अनुमान ग़लत नहीं था। बैंक आनेवाले कई अनपढ़ और अर्द्ध साक्षर लोग होटल में आकर बैंक के अपने काम-काज से संबंधित फ़ॉर्म भी उससे भरवाने लगे। लिंगराज मौक़ा-मुनासिब अगुम्बे घूमने आनेवाले लोगों के लिये गाइड का भी काम करने लगा। अगुम्बे सनसेट प्वाइंट, 'मालगुडी डेज़' शूटिंग स्थल और वेणुगोपाल मंदिर के अलावा जंगल में किंग कोबरा के संभावित स्थल और ह्विटेकर साहब के इंस्टीच्यूट का भी चक्कर लगाकर पर्यटकों को संतुष्ट करने में वह क़ामयाब हुआ। यों अब गाइड का काम वह विरले ही करता है लेकिन चर्चा छिड़ने पर मुस्कराकर कहता है, "मैं मालगुडी गाँव का राजू गाइड हूँ।"

बहरहाल, लिंगराज ने ज़िंदगी में आज तक जो भी धंधा-रोजगार किया हो, लेकिन वह हृदय से कृषक है। खेती के लिये पूरे छह महीने स्वयं खेत में उतरकर वह जान लगा देता है। इन छह महीनों में होटल के सहयोगी भी उसे समय की राहत दिये रहते हैं। होटल की तरह अपने खेत मज़दूरों के साथ भी उसका वही फ़ार्मूला है। खेत में

जुटे अपने मज़दूरों से वह कहता है, ''यह खेत मुझसे अधिक तुम्हारा है। मुझसे कहीं ज्यादा तुम लोग इसकी सेवा करते हो।'' मज़दूरों को भी पता है कि लिंगराज जो खुद खाता है, वही उन्हें भी खिलाता है। इसलिए मज़दूर उसके खेत में जान लगाये रहते हैं। अपने कृषि कर्म से गद्गद लिंगराज कहता है, ''हाथों में कीचड़, तो मुँह में दही। जिसने खेत में कादो-मिट्टी नहीं किया, वह क्या समझेगा खेती क्या है। छह महीने अगर झोंककर मेहनत की जाये, तो खेत आपको खुश किये बिना नहीं रहेंगे। गोदी भरकर अनाज देंगे। मठोमाठ कर देंगे। बाबा बुद्दन की कृपा रही, तो भरपूर कॉफ़ी भी होगी।'' कॉफ़ी का ज़िक्र आये और लिंगराज बाबा बुद्दन को याद न करे, यह संभव नहीं। 17वीं सदी में उन्होंने ही कर्नाटक में कॉफ़ी के बीज लगाये थे। देश में कुल कॉफ़ी उत्पादन का 85 प्रतिशत अकेले कर्नाटक में होता है। बाबा बुद्दन न होते, तो यह न होता। यही हाल सोने के मामले में भी है। भारत में तैयार होनेवाले पूरे सोने का 85 प्रतिशत कर्नाटक मुहय्या कराता है। रायचूर जिले के कोलार और हट्टी में स्थित सोने की खदानें दुनिया की सबसे गहरी सोने की खदानों में से हैं। इसलिये लिंगराज गर्व से कहता भी है कि, ''कर्नाटक की मिट्टी सोना और अनाज दोनों उगलती है।'' लिंगराज के गाँव वड्डीबैलू से लेकर अगुम्बे और इर्द-गिर्द के अधिकांश गाँवों में बत्ता[1], सुपारी, काली मिर्च और कॉफ़ी की खेती होती है। पर इस पर्वतीय क्षेत्र के किसानों की आमदनी का मुख्य ज़रिया वैसे धान और सुपाड़ी ही है। पूरे शिमोगा क्षेत्र को ही मध्य कर्नाटक का 'बत्ता का कटोरा' कहा जाता है। इस अंचल के सन्नोल्ले, कोईमुत्तुरू और दप्पा चावल का जवाब नहीं। पर मुश्किल है कि समय पर न तो सरकार बीज उपलब्ध कराती है, न ही खाद। किसानों को हार-पार कर ब्लैक में बीज-खाद खरीदना पड़ता है।

अगुम्बे और इसके आस-पास के गाँवों में तीन-तीन सौ इंच वर्षा होती है। अतिवृष्टि से ठंडे पड़े खेतों के कारण फ़सल को बढ़ने के लिये समुचित ताप नहीं मिलता। खेती खिलने के पहले लोट जाती है। फिर भी किसान अपनी तरफ़ से कोई उपाय नहीं छोड़ते। अगुम्बे का यह इलाक़ा शिमोगा संसदीय क्षेत्र और तीर्थहल्ली विधान सभा क्षेत्र में है। यहाँ के स्थानीय विधायक कांग्रेस के किमन्ने रत्नाकर हैं। सांसद हैं भाजपा के बी.वाई. राघवेंद्र। अगुम्बे, वड्डीबैलू, होसुर और मलंदुर सरीखे दर्जनों गाँवों के किसानों ने सांसद के साथ-साथ विधायक से भी बारंबार समय पर बीज, खाद और कीटनाशक आदि की सुविधा शासन से उपलब्ध करवाने की विनती की। पर व्यर्थ। स्थिति में आज तक कोई सुधार नहीं हुआ है। इस क्षेत्र के नेतागण सिर्फ़ ढचर बाँधते हैं। लिंगराज का वश चले तो खेती में वह पूरे इलाक़े का कायाकल्प करा दे।

बीते दस-पंद्रह वर्षों में इधर किसानों ने अरीका का पेड़ जमकर लगाया है। अपने क़िस्म की इस ख़ास सुपारी की बिक्री देश भर में होती है। पान पराग और रजनीगंधा आदि की कंपनीवाले और देश भर के सुपारी व्यापारी यहाँ से भारी मात्रा में अरीका मँगवाते हैं। अरीका का सीजन नवंबर से फरवरी के बीच होता है। बेशक, अरीका ने इधर के किसानों की अर्थव्यवस्था बहुत कुछ सँभाल दी है। श्रीवेणुगोपाल मंदिर कमिटी के अध्यक्ष नाबला गाँव के गुंडप्पा हेगड़े के पास नहीं कुछ भी तो अरीका के एक

1. धान

हज़ार पेड़ हैं। देखने-दिखाने लायक़। लिंगराज ने शिमोगा के अपने भाजपा सांसद बी. वाई. राघवेंद्र से कई बार बहुत जोर देकर कहा है कि और नहीं, तो वह कम से कम यहाँ के अरीका किसानों पर ही थोड़ा ध्यान दे, तो इस इलाक़े की ज़िंदगी बदल जायेगी। सांसद राघवेंद्र मुख्यमंत्री बी.एस. येदियुरप्पा का बेटा है। चाहे तो क्या नहीं करा सकता है। पर वह भी लाख मन की बात ही करता है। करना-धरना कुछ नहीं। ये जनप्रतिनिधि बस आकाश में बादल लहरानेवाले हैं, बारिश करानेवाले नहीं। भाजपा शासन में अभी लूटपाट से मुख्यमंत्री येदियुरप्पा और उसकी ज़मात को फुरसत कहाँ है। कांग्रेसी विधायक किमन्ने रत्नाकर को गाँव की बहुत-सी पुलिया के वास्ते भी वह कई बार कह चुका है । पर सब बेअसर। इतनी बड़ी पंचायत को विकास-मद में राज्य सरकार मात्र छह लाख रुपये सालाना देती है। इस अल्प राशि से क्या होना-जाना है। बिजली की भी वही मोहताज़ी। अगुम्बे में मात्र चार घंटे बिजली रहती है । बिजली विभाग के कनीय अभियंताओं से कई बार उसकी झड़प हो चुकी है । दावणगेरे का रवि नाईक अगुम्बे कैंप इलेक्ट्रिसिटी में बतौर लाइनमैन अर्से से पदस्थापित है। उसके मुताबिक तीर्थहल्ली से जंगल के भीतर से गुज़रते हुए यहाँ के लिये ग्यारह के.वी. बिजली रोज़ भेजी तो जाती है पर जंगल और घनघोर वर्षा के कारण वॉल्टेज हमेशा कम रहता है। बिजली ग़ायब हो जाने के पीछे भी यही कारण है। कई बार भूमिगत बिजली की व्यवस्था के लिये कोशिश की गयी लेकिन वर्षा के चलते उसमें भी क़ामयाबी नहीं मिली। रवि नाईक ने लिंगराज को दो टूक समझाया है कि इसका बस एक ही उपाय है कि आसपास में कहीं बिजली का सब स्टेशन बन जाये। लिंगराज कुढ़ता है, "कौन बनवायेगा सब स्टेशन? कुर्सी के लिये हमेशा पागल बना भाजपाई मुख्यमंत्री येदियुरप्पा और हमेशा मुसक-मुसककर दिलासा की लीद गिरानेवाला उसका बेटा स्थानीय सांसद राघवेंद्र? लिंगायत होने के बावजूद लिंगायतों का कोई गुण नहीं है बाप-बेटे में। वीर शैव कहलानेवाले ये लिंगायत शिव के आराधक होते हैं। शिव औघड़ हैं, उन्हें कुछ नहीं चाहिये। पर येदियुरप्पा और राघवेंद्र को सबकुछ चाहिये। इस इलाके की किस्मत ही फूटी है। स्थानीय कांग्रेसी विधायक किमन्ने रत्नाकर से भी कोई उम्मीद नहीं।"

किसी से राहत की उम्मीद नहीं। और बिजली तो बिजली, पीने के पानी को लेकर ही अगुम्बे में कितनी परेशानी रहती है। भारत का दूसरा चेरापूँजी कहलानेवाले इस वर्षाक्रान्त गाँव में पीने के पानी पर आफ़त की बात कोई सुने, तो हरग़िज विश्वास न करे। 'हनी नीरावरी' यानी वर्षा के जल को पीने के पानी के लिये संचित करने का सारा प्रयास भी विफल रहा। गाँव में तीन सरकारी कुएँ है। लोगों के घर में अपने निजी बीस कुएँ। पर इतने से पूरे गाँव का काम थोड़े चलेगा। कस्तूरी राव के श्वसुर डी.एस. विजयेंद्र राव जब ग्राम पंचायत अगुम्बे के प्रथम अध्यक्ष बने, तो मलापहाड़ी नदी से पानी खींचकर घर-घर पीने का पानी सुलभ कराने के लिए उन्होंने ही गाँव में पहला पंप हाउस बनवाया था। पर बीते दशकों में गाँव की आबादी बढ़ गयी है। एक और पंप हाउस के लिए पंचायत सदस्य ममता जगदीश प्राणपण से लगी हैं। पर जहाँ के एम.पी.-एम.एल.ए. मस्ती की नींद में हैं, वहाँ एक पंचायत सदस्य की क्या बिसात। अपरा नायक अक्सर मुसककर कहते हैं, "पंचायत अध्यक्ष अगर औरत होगी, तो वह सबसे पहले पानी की सुविधा

की चिंता करेगी। वहीं अगर कोई पुरुष होगा, तो वह पहले सड़क को ठीक कराने पर ध्यान देगा।'' गाँव के लोग ग़लत नहीं कहते कि अपरा हमेशा गुनी हुई बात कहते हैं। ममता ने बार-बार कहा है कि अपने कार्यकाल में अगर उन्होंने दूसरा पंप हाउस नहीं बनवा दिया, तो अगला पंचायत चुनाव वह नहीं लड़ेंगी। लिंगराज को इसलिए ममता भाती है। नेता को ऐसा होना चाहिये। कहने को तो कोडीबैल उर्फ़ आश्रम टोले का बीदिरू गिरिधर भी नेता है। अगुम्बे पंचायत कांग्रेस का अध्यक्ष है वह लेकिन किसी गत का नहीं। अपने नाम को छोड़ वह कुछ भी सच नहीं बोलता। ममता जगदीश की तरह बीदिरू गिरिधर के भी राजनीतिक पिता विश्वनाथ बायर ही हैं। पर ममता और इडिगास समुदाय के बीदिरू में जमीन-आसमान का अंतर है।

गाँव में कांग्रेसी राजनीति की कमान जहाँ अगुम्बे पंचायत के पूर्व अध्यक्ष तथा वर्तमान में पंचायत सदस्य विश्वनाथ बायर थामते हैं, वहीं भाजपा की राजनीति के सूत्रधार गाँव के दिग्गज कारोबारी लक्ष्मीनारायण माल्या हैं। माल्या स्वयं पंचायत भाजपा के अध्यक्ष हैं। बायर और माल्या दोनों अपने-अपने मोहरों से ग्रामीण राजनीति की बिसात पर दाँव देते रहते हैं। पर पिछले पंचायती चुनाव में बायर समर्थित प्रत्याशी ममता को माल्या ने भी आशीर्वाद दिया था। दरअसल, ममता ने माल्या के घर पहुँच चरण छूकर आशीर्वाद माँगते हुए कहा था, "मैं गाँव की बहू हूँ। आप लोगों की आपसी राजनीति से मुझे क्या लेना-देना? मुझे आपका आशीर्वाद चाहिये ही चाहिये।" ममता के व्यवहार से माल्या निरुत्तर रह गये और अपने सभी समर्थकों को इशारा दे दिया, "इस बार बीजेपी-कांग्रेस कुछ नहीं। इस बार केवल ममता।" यही वज़ह हुई कि ममता ने अपनी निकटतम प्रतिद्वंद्वी गुड्डेकेरि के उच्च विद्यालय में बतौर शिक्षक कार्यरत शंभू कृष्णमूर्ति की पत्नी जयशीला को भारी मतों के अंतर से परास्त किया। ममता को जहाँ 400 वोट मिले, जयशीला मात्र 100 वोट पा सकी। भाजपा में सक्रिय गाँव के टी. राघवेंद्र की पत्नी कलावती भी हालाँकि अंत-अंत तक चुनाव मैदान में रही। पर माल्या अपने वचन से हिले नहीं। विश्वनाथ बायर और कांग्रेस के प्रति निष्ठा के बावजूद लक्ष्मीनारायण माल्या के इस एहसान को ममता कभी भूलती नहीं हैं। वैसे पंचायत कांग्रेस अध्यक्ष बीदिरू गिरिधर को वह फूटी आँख नहीं सुहाती हैं। पंचायत चुनाव में बीदिरू ने खुलकर ममता का विरोध किया था। लिंगराज ने इस हरकत के लिये बीदिरू को बहुत बुरा-भला कहा था। दरअसल, मुश्किल है कि ममता के आगे उसे कोई नहीं पूछता। कैंटीन परियार ने कई बार धौल जमाते हुए उससे कहा है, "बीदिरू, मेरे प्यारे कुटिल विदूषक! तुम पंचायत कांग्रेस अध्यक्ष न हुए मार नेहरूजी हो गये। इतनी उम्र हो गयी, अब भी तो सुधरो।" साठ पार निर्लज्ज बीदिरू खिसियानी हँसी हँसकर रह जाता है।

वड्डीबैलू श्रीनिवास लिंगराज को याद है कि पिछले विधानसभा चुनाव में तीर्थहल्ली विधान सभा सीट से कांग्रेस टिकट पाने के लिये बीदिरू गिरिधर अपने पक्ष में बहुत आरजू-विनती के संग लिंगराज समेत गाँव के और चार-पाँच लोगों को शिमोगा पहुँचे कांग्रेस पर्यवेक्षक के समक्ष ले गया था। सारी बातें सुनने के बाद पर्यवेक्षक ने पूछा, "तुम्हारा बीदिरू...यानी बाँस, यह नाम कैसे पड़ा?"

"दरअसल, कहते हैं कि जब मेरा जन्म हुआ तो मैं कुछ ज्यादा ही लंबा था, इसलिये मेरी नानी ने कहा कि ये बीदिरू है। एकदम बाँस। बस वही दुलार नाम हमेशा के लिए रह गया।" बीदिरू गिरिधर ने गला साफ़ करते हुए कहा। बीदिरू की बात पर पर्यवेक्षक को जैसे अंदर से गुदगुदी छूट गयी। सहसा छतफाड़ ठहाके लगाते हुए उसने कहा, "बीदिरू...माई बंबू! इस बार तो तुम्हें टिकट नहीं दे पाऊँगा। पर अगली बार किसी भी विधान सभा क्षेत्र से तुम्हें पार्टी टिकट जरूर दूँगा। तुम जीतकर आना और तब इसी बाँस से विधानसभा में कितनों को बाँस करेंगे।" बीदिरू बस निर्लज्ज की तरह हँसता रहा। पर लिंगराज को आज भी याद है कि मारे बेइज़्ज़ती के उसकी इच्छा हुई थी कि काश धरती फटती और वह इस नालायक़ को अंदर फेंक देता। पर्यवेक्षक ने उससे इस तरह बात की होती, तो वह दस बातें सुनाकर ही आता। पटका-पटकी कर लेता। पर्यवेक्षक कोई पीर मियां और भूतराय नहीं है न। पर बीदिरू में आत्मसम्मान नाम की कोई चीज ही नहीं। अपनी तरह चिरकुमार बीदिरू के लिये लिंगराज को बेशक थोड़ी हमदर्दी रहती है। पर कभी-कभी उसकी मूर्खता और बेहयाई उसे बेबर्दाश्त हो जाती है। विधान सभा का टिकट नहीं मिलने के बाद से इस पर कर्नाटक विधान परिषद का सदस्य बनने का भूत चढ़ा हुआ है। विश्वनाथ बायर ने इसे कई बार बुरी तरह झिड़का भी है, "अबे कप्पे[1]! विधान परिषद की सीट कोई आँधी का आम नहीं है।" पर बीदिरू लगातार दिल्ली क़दम मार रहा है।

मौक़े-मौक़े पर लिंगराज भले उसे दो टूक कड़वी बातें कह दे लेकिन गाँव में वह एकमात्र लिंगराज के ही दिल में दिल डालता है। कोई छह माह पहले एक दिन दिल्ली से लौटने पर लिंगराज के होटल में कॉफ़ी की चुस्की लेते हुए उसने भेदभरी मुस्कान के संग कहा, "ओ लिंगराज स्वामी! मेरी तो बात बन गयी। अब विधान परिषद में जाने से मुझे कोई रोक नहीं सकता। सोनियाजी[2] का दरबारू तो छोड़ो, मैं तो उनके रसोई घर तक पहुँच चुका हूँ।"

"अच्छा! क्या जादू चम्मच भिड़ाया?" लिंगराज ने हैरान होते हुए पूछा।

"देखो, यह बात सिर्फ़ अपने तक रखना। तुम तो जानते हो कि कोई भी बात मैं तुमसे नहीं छिपाता। सोनिया गांधीजी के रसोइयाजी से मेरा अच्छा परिचय बन गया है। सब श्रीवेणुगोपाल स्वामी की महिमा।" बीदिरू ने फुसफुसाकर कहा।

"विधान परिषद में रसोइया क्या करेगा? बीदिरू! तुम पागल हो गये हो क्या?" लिंगराज ने हँसते हुए कहा।

"अरे स्वामी लिंगराज! बस देखते जाओ। रसोइयाजी दही के तोड़ हैं। पहुँचे हुए फकीर। रसोइया हैं, तो कोई ऐसा-वैसा मत समझो। सोनियाजी से अँगरेजी में ही बात करते हैं। सोनियाजी की सोहबत में थोड़ा इटालियन भी बोल लेते हैं। भाई लिंगराज! मेरे जैसे मामूली आदमी को सोनिया-दरबार का कौन बड़ा आदमी पूछता। सो मैंने अक्ल लगाई और बहुत मुश्किल से सोनियाजी के रसोइयाजी का पता किया। अब तुम एक बात बताओ-तुम्हारे होटल का हेड कुक गोपाल अगर तुमसे कुछ विनती करेगा, तो क्या तुम नहीं सुनोगे?"

"जरूर। इसमें क्या शक।"

---

1. मेढक, 2. भारतीय राष्ट्रीय कांग्रेस की राष्ट्रीय अध्यक्ष सोनिया गांधी

"इसी तरह सोनियाजी के घर में उनका खाना पकानेवाले रसोइयाजी अगर मुझे विधान परिषद में भेजने की प्रार्थना करेंगे, तो क्या सोनियाजी नहीं सुनेंगी?"

"पर सोनियाजी से उनके रसोइयाजी तुम्हारे लिये क्यों प्रार्थना करेंगे?"

"यही तो बात है। पिछले डेढ़ साल से रसोइयाजी को खुश करने की कोई कोशिश मैंने नहीं छोड़ी है। अपने गाँव का बेहतरीन सन्नोल्ले चावल, कॉफ़ी और सुपारी के बोरे पहुँचा-पहुँचाकर उनका दिल जीत चुका हूँ मैं।"

"वह तुम्हें ठग रहा है बीदिरू! उसे हप्पा देकर कुछ नहीं मिलेगा।''

"लिंगराज! ऐसा न सोचो। रसोइयाजी बड़े कैरेक्टरवाले आदमी हैं। सोनियाजी और राहुलजी[1] ने ऐसे ही नहीं अपना रसोईघर उनके हवाले कर रखा है।"

"ईश्वर करें तुम्हारा विश्वास सच हो बीदिरू।" लिंगराज ने गहरी साँस लेते हुए कहा।

दिन बीते। बीदिरू गिरिधर ने चावल और कॉफ़ी की बोरियों के संग दिल्ली की कुछ और गुप्त यात्राएँ कीं। चावल, सुपारी और कॉफ़ी की बोरियाँ लेकर वह किसके पास जाता है, यह रहस्य लिंगराज के अलावा कोई नहीं जानता था। पर इधर एक सुबह बीदिरू सूखा चेहरा लिये 'कामथ होटल' पहुँचा।

"क्या हुआ बीदिरू? चेहरा क्यों उतरा हुआ है?" लिंगराज ने उसके लिये कॉफ़ी का आदेश देते हुए कहा।

"लिंगराज स्वामी! मेरी किस्मत ही फूटी है। रसोइयाजी आखिर मेरी कितनी मदद करेंगे।" बीदिरू की आवाज़ में दबी हुई सुबक थी।

"पहेली मत बुझाओ बीदिरू! बताओ तो सही क्या हुआ?"

"विधान परिषद के लिये सोनियाजी से भरपूर आरजू-विनती कर रसोइयाजी ने मेरा नाम सूची में दिलवा दिया था। सोनियाजी ने रसोइयाजी से कहा–तुम मुझे इतना अच्छा फूड खिलाते हो और मैं तुम्हारी एक छोटी-सी बात नहीं मानूँगी। सोनियाजी ने सूची के अंत में मेरा नाम जोड़ ही दिया। पर मेरा भाग्य ही सोया हुआ है लिंगराज। रसोइयाजी सोये भाग्य को तो जगा नहीं सकते। रसोइयाजी ने बताया कि सूची जब जारी की जाने के लिये टाइप हो रही थी कि ऐन अंत में मेरे नाम के समय टाइपराइटर के फीते की स्याही खत्म हो गयी। बस सूची में मेरा नाम टाइप होने से रह गया। फीते की स्याही मेरे नाम के समय ही सूखनी थी। पर रसोइयाजी ने मुझे विश्वास दिलाया है कि अगली बार वे टाइपिस्ट के सिर पर पहले से मुस्तैद रहेंगे कि वह सूची टाइप करने के लिए टाइपराइटर में नया रिबन लगाये।"

"वह चिकने मुँह का ठग तुमको बेवकूफ बना रहा है बीदिरू। याद करो, मैंने पहले भी तुमसे कहा था।" लिंगराज ने अफ़सोस ज़ाहिर करते हुए कहा।

"नहीं लिंगराज! रसोइयाजी को गलत मत समझो। उन्होंने मुझसे कहा कि मोम की मरियम हैं सोनियाजी। अगली बार वे जरूर इस बात की भरपाई कर देंगी। अरे लिंगराज, यह ममता जगदीश तो बस पंचायत में सिमटकर रह जायेगी। अगली बार मैं तुम्हें विधान परिषद में जाकर दिखाऊँगा। सिर्फ हमारे रसोइयाजी बुलंद रहें।"

---

1. सोनिया गाँधी के पुत्र

"तुम्हारे पंच प्राण रसोइयाजी और तुम दोनों मैल का बैल बनानेवाले हो। बनाते जाओ। रही बात ममता की, तो उससे कृपया अपनी तुलना मत करो। उसने इस पंचायत की नाक ऊँची की है।" लिंगराज ने खिन्न होते हुए कहा। ममता जैसी समर्पित जन-प्रतिनिधि की आलोचना उसे असहनीय है। ठीक है कि गाँव में सब बहुत पढ़े-लिखे नहीं हैं। नागरी प्रज्ञा कम है। पर साक्षर तो सभी हैं और अच्छे-बुरे का ज्ञान सबको है। सबको पता है कि सुबह से रात तक गाँव के विकास के लिये ममता फिरकिनी की तरह नाचती रहती है।

लिंगराज का वश चले तो अगले लोकसभा चुनाव में वह ममता को शिमोगा संसदीय क्षेत्र से कांग्रेस उम्मीदवार बनवा दे। येदियुरप्पा के नाक़ाबिल सांसद बेटे बी.वाई. राघवेंद्र को ऐसी ही जांबाज़ उम्मीदवार पटखनी दे सकती है। पर ममता कांग्रेस पार्टी में है। कांग्रेस को अच्छे उम्मीदवार नहीं सूझते। लिंगराज ने कई बार बिहँसकर ममता से कहा है, "क्या-क्या करोगी तुम? दूसरा पंप हाउस तो लगवा दोगी लेकिन बग़ैर बिजली के पंप हाउस पानी कैसे खींचेगा? दोनों पंप हाउस यहाँ के एम.एल.ए.-एम.पी. रत्नाकर और राघवेंद्र की तरह बैठे रहेंगे। इसलिए तुम्हें बिजली का एक सब स्टेशन भी लगवाना पड़ेगा।" ममता ने बिना देरी किए हमेशा दिलेरी से कहा है, "उसकी भी कोशिश करूँगी।" पर समस्या पानी और बिजली की ही नहीं, कुदरती भी है। इधर जंगली जानवरों का उपद्रव खेतों में अलग है । पश्चिमी घाट के वन क्षेत्र के मध्य होने के कारण अगुम्बे और इसके आसपास के गाँवों के खेतों को जंगली भैंसे, हिरण, मोर, बंदर और सुअर निरंतर बर्बाद करने पर तुले रहते हैं । लिंगराज का सपना है कि जब कभी जीवन में उसके पास एकमुश्त तीन-चार लाख रुपये होंगे, तो वह जंगली जानवरों से अपने खेतों के बचाव के लिये खेतों के चारों तरफ़ फेंसिंग करायेगा । कभी कृषि-चर्चा छिड़ने पर कैंटीन परियार ठंडी आहें भरकर लिंगराज से कहता है, "कृषकों का यही जीवन है । जब सभी जीव-जंतु और पशु-पक्षी उसके उगाये अनाज से अपना पेट छककर भर लेते हैं, तभी वह खेत से फसल काटकर अपने घर ला पाता है ।" लिंगराज के पास एयरगन भी है । वह भरसक बंदूक की आवाज़ से जंगली भैंसों, हिरणों और सुअरों को भगाता है । जंगली भैंसे और हिरण तो फ़सल को थोड़ा-सा बढ़ने के साथ ही चरना शुरू कर देते हैं। तीस दिनों के अंदर सब खा-पीकर ठुट्ठ। तब फ़र्टिलाइजर और स्प्रे का झोंका मारने पर बिचड़े फिर से पनकते हैं। इस इलाक़े में शेर और काला तेंदुआ भी है । पर फ़सलों को इन दोनों से उतना नुक़सान नहीं । अलबत्ता, इनके कारण रातों में खेत अगोरने के लिये खेत में छोटा-सा घर डालकर रहना ख़तरे से खाली नहीं । कुछ समय पहले ही मलंदुर के एक किसान को काला तेंदुआ आधी रात में खेत में बनी झोंपड़ी से उठा ले गया । काफ़ी तलाश के बाद जंगल में पुलिस को उसका कंकाल मिला । लिंगराज को कई बार उमक हुई है कि वह रात को बंदूक लेकर खेत में बने खोप में रहे । पर उसके माता-पिता ने उसे क़सम दे-देकर रोक लिया है । फिर भी लिंगराज की खेती जीव-जंतुओं के तमाम उपद्रव के बावजूद दूसरों की तुलना में संतोषप्रद है ।

लिंगराज और शहद पांडना की तरह अपरा नायक भी जंगल के षट्शास्त्री हैं। लिंगराज की इसलिये उनसे छनती भी है । भौंहें ऊँची कर लिंगराज कहता है, "अपरा का माने ही है पदार्थ और लौकिक विद्या। यही हैं हमारे अपरा नायक।" विश्व के मानचित्र पर

भूमध्य रेखा के पास हरे-भरे थप्पे ढूँढ़ पर्यावरण और भूगोलशास्त्र के विद्वान चाहे जिस ज्ञान और कला से वर्षावन को रेखांकित कर उसकी खूबियों का वर्णन करते हों, लेकिन लिंगराज को विश्वास है कि अगुम्बे घाटी के सनसेट प्वाइंट पर चने-चुरमुरे बेचकर गुज़र करनेवाले वयोवृद्ध अपरा नायक ऐसे तमाम शिक्षाशास्त्रियों पर कहीं भारी पड़ेंगे। अगुम्बे के चारों तरफ़ फैले वर्षावन का ब्यौरा किसी सत्यनारायण कथावाचक की तरह उनकी जीभ पर है। अपने बचपन के दिनों को याद कर अपरा नायक मंत्रमुग्ध हो बताते हैं कि उन दिनों का यह वर्षावन इतना घनघोर था कि इसमें घुसने की कोई हिम्मत नहीं जुटा पाता था। सैकड़ों-सैकड़ों साल पुराने आकाश छूते झमटदार वृक्षों और उनकी जड़ों से लेकर भरसक ऊपर तक लिपटी नाना प्रकार की लताओं, बेल और वनस्पतियों की सघनता से क़ायम चौबीसों घंटे के स्थायी अंधकार में एक से एक भयावह वन्य जीव, हँसिये जैसी बड़ी नुकीली घुमावदार चोंचवाला पक्षी धनेश, सर्पराज कोबरा, खून चूसने को आतुर विषैले मच्छरों और जोंक से लेकर पेड़ की शाखों पर किटकिटाते-मटरगश्ती करते बंदरों के दल व नर मधुमक्खियों तथा झिंगुरों की डरावनी जुगलबंदी के बीच बड़े-बड़े मातवरों की लुंगी गीली हो जाती थी।

अपरा नायक जानते हैं कि कितना बड़ा जीवंत थियेटर है वर्षावन। अपनी रक्षा के लिये यहाँ कीट-पतंग भी क्या अदभुत स्वांग करते हैं। ये बिंदी-चिंदी भर के कीट जान बचाने के लिये उन जीवों की नकल करते हैं जो बेहद ख़तरनाक और कसैले होते हैं। उदाहरण के लिये पेड़ की एक डाल पर आराम फरमा रहे एक पतंगे पर स्वादिष्ट निवाले की उम्मीद में चिड़िया तभी हमला बोलती है, कि पतंगा भभकते हुए अपने दोनों पंख पसारता है। दो बड़ी डरावनी आँखों-सा दिखनेवाला पतंगे का पंख चिड़िया को बरबस भयभीत कर देता है। मारे घबराहट के चिड़िया तुरंत वहाँ से खिसक लेती है। इस तरह जान बचाने के लिये नन्हे-मुन्ने कीट-पतंगों को हरदम रूप धरना बड़ा काम आता है। अगर क़िस्मत ख़राब न हो तो, ये ग्रास बनने से बहुत दिनों तक बचे रहते हैं। मसलन कुछ इल्लियों की त्वचा पर सर्प सरीखे चिन्ह होते हैं। कुछ कीट तो एकदम पक्षियों के बीट की तरह दिखते हैं। वहीं कुछ कीट की शक्ल बिल्कुल उस नन्हे पत्ते सरीखी होती है, जिस पर वे विश्राम कर रहे होते हैं। कई बार तो ये अपने को पेड़ की टहनियों के रंग में ढ़ालकर जान बचाये रखते हैं। यही छलावरण है कि वर्षावन में घुसते ही ये कीट-पतंग जल्दी नज़र नहीं आते। इन नन्हे पर महान अभिनेता-अभिनेत्रियों को देखने के लिए मृदुल खुफ़िया दृष्टि की ज़रूरत है। यह सब देखते-देखते अपरा नायक की जासूस आँखें अब बुढ़ा गयी हैं। आकाश छूते वृक्षों की शाखों पर काई के समान उगनेवाले रोएँदार पत्तोंवाले छोटे पौधे और लतर क्या कम नौटंकीबाज हैं। ये पौधे विशाल-ऊँचे वृक्षों की सबसे ऊपरी शाखों पर पालथी जमाये डटे रहते हैं। चालू भाषा में ये 'हवाई पौधे' हैं। ये पौधे वर्षावन के लगभग सभी विशाल वृक्षों की डालों और उनकी छोटी-छोटी दरारों में डेरा डाले रहते हैं। किसी भी पुराने वृक्ष में तभी खोखर बनता है कि कोई न कोई पौधा खट् से उसमें अपना असला-खसला जमा लेता है। और सिर्फ़ शाख ही नहीं, पत्तों तक पर भी बसेरा डालने की कला में ये निपुण हैं। इस तरह वर्षावन में एक ही वृक्ष पर ऐसे दर्जनों पौधे व लतर आसन डटाये मिलते हैं। अपरा नायक को उनके पिता ने एक बार जंगल में साथ

लेकर घूमते हुए बताया था कि इस तरह के परजीवी पौधे किसी भी दमदार वर्षावन के तिलक सरीखे हैं। वृक्ष की ऊपरी डाल पर टिके रहने के कारण इन्हें धूप भी पर्याप्त मात्रा में मिलती है और इसलिये इनका विकास भी भरपूर होता है। हवा ऊपर-ऊपर ही इनके बीजों को उड़ाकर दूर-दूर तक ले जाती है और इनके ख़ानदान को फैलाती है। वृक्ष की शाखों पर पलनेवाले ये रोएँदार पौधे और लतर अपने तल में एक छोटा-सा हौज़ भी निर्मित कर रखते हैं, जिसमें ये वर्षा से प्राप्त पोषक तत्त्व व जल अपने लिए जमा करते रहते हैं। ये परजीवी रोएँदार पौधे ही नवजात कीट-पतंगों के भी आश्रय होते हैं। अगुम्बे के वर्षावन का शासन भले ही नागराज कोबरा के नाम से चलता है; लेकिन इस रियासत के किलेदार वर्षावन के ये आसमान चूमते वृक्ष ही हैं। वैसे इन विशाल किलेदारों को भी हजारों-लाखों नन्हे सैनिकों का सहारा रहता है, जो बेल और लताओं की शक्ल में इनके संग अहर्निश क़वायद कर रहे होते हैं।

अपरा नायक दार्शनिक भंगिमा में कहते हैं, "वर्षावन के ये विराटकाय वृक्ष इसलिये ध्वजा की तरह अटल हैं, क्योंकि इनकी जड़ों को अनगिनत वनस्पतियाँ, बेल और लताएँ मजबूती से कसकर धरती से बाँधे रखती हैं। ये लता-वनस्पतियाँ न हों, तो इन महाकाय वृक्षों की कल्पना भी नहीं की जा सकती। जीवन में भी क्या ऐसा ही नहीं है? बड़े कद-बुत के लोगों की जड़ों को निरखिये, तो इन्हीं लता-वनस्पतियों की तरह इनके चारों तरफ भी बहुत-से छोटे-छोटे लोग हैं। पर जिस तरह वर्षावन में पहले की तरह विराटकाय वृक्ष उतने नहीं रह गये हैं, समाज में भी पहले की भाँति बड़े और महान विचारोंवाले लोग नगण्य हो गये हैं।" फिर तनिक थमकर अपरा कहते हैं, ''हाल-साल से धीरे-धीरे अगुम्बे के वर्षावन में घुसना पहले की तरह उतना दुरूह और रोमांचक नहीं रह गया है । पेड़ों की निरंतर अवैध सघन कटाई के कारण ऐसा संभव हो पाया है ।'' अपरा नायक तो सरल भाव से कथा सुना जाते हैं लेकिन शिवप्रकाश का खून खौल उठता है । उन्होंने तय कर रखा है कि अब हर क़ीमत पर वर्षावन की हिफाज़त करनी है । अगुम्बे रेन फ़ॉरेस्ट को टिम्बर माफ़िया ने बीते वर्षों में चाहे जितना और जो भी नष्ट किया हो, लेकिन अभी भी यह वर्षावन अगम-अपार है और इसके अनगिनत रहस्य आज भी आत्मा के रहस्य की तरह अनुद्घाटित हैं ।

कर्नाटक का यह पुरातन वन ग्राम वर्षा की अनवरत धुंध में नदी तट पर स्थिर नौका की भाँति इसलिये आज भी मंद-मंद विभोर रहता है । वैसे भी फरवरी से मई की अवधि छोड़कर साल के आठ महीने यहाँ शीतल ही रहते हैं। मध्य जून से अक्टूबर यानी पूरे साढ़े चार महीने अगुम्बे के लिये अतिवृष्टि के होते हैं। जेठ के अंतिम सप्ताह में अमूमन मॉनसून बादलों के सहस्त्रों झालर के संग आता है। वर्षावन यों भी धरती का सर्वाधिक गर्म और अत्यधिक भीगा हिस्सा होता है । इसलिये यहाँ नमी भी बहुत अधिक रहती है। पर धाराशार वर्षा में भीगने से अगुम्बे को कोई शिकायत नहीं । शिवप्रकाश के जीवन का तो स्वर्णिम समय जंगल में व्यतीत हुआ है । वे जानते हैं कि जंगल में भयावह दावानल भड़कानेवाली माचिस की एक सूखी तीली से कहीं बेहतर है माचिस की भीगी हुई तीली । ग्रीष्मकाल जंगल के लिये जानलेवा है । इसलिये भी अगुम्बेवासियों को वर्षा ही सुहाती है । बाबूराव वामन शेनॉय की यों वर्षाकाल में अख़बार और दूध वितरण करने में दुर्गति

हो जाती है । तेज़ वर्षा में लगता है कि गाँव के रास्ते भी जोर से दौड़ लगा रहे हैं। कुलाँचें मार रहे हैं। ऐसे में उसकी पुरानी लूना का संतुलन रह-रहकर लड़खड़ाता है। फिर भी वह कभी क्षुब्ध नहीं होता । वर्षा का जो दस्तूर है, वह होगा। 'कामथ होटल' के अपने काउंटर पर बैठा वड्डीबैलू लिंगराज इस इलाके के नवागंतुकों से मुसककर कहता है, "मेघों का घड़ा है अगुम्बे । जलधर ग्राम ।" गाँव का ख़ानदानी दूध विक्रेता गोपालकृष्ण सहज भाव में कहता है, "भगवान शंकर की नाक है यह गाँव । इसलिये विराट पर्वत, घनघोर जंगल, नागराज कोबरा, ख़तरनाक बिच्छू, एक से एक दुर्लभ पक्षियों, कीट-पतंगों और भूत-प्रेत की जमघट के बावजूद यहाँ सदैव आनंद और उल्लास की ही छटा रहती है ।" अपनी दुकान पर तेज़ बारिश को निहारते हुए देवेंद्र नाईक की पत्नी नलिनी अक्सर गुनगुनाती है, "मनमदन बूँद मेघ बरसे...भीगे कुसुम बण्ण साड़िया... ।" बचपन में नलिनी ने बाक़ायदे संगीत गुरु से हारमोनियम बजाना सीखा था । अब तो अभ्यास छूट गया है । पर होंठों से संगीत नहीं छूटा । अपनी मोहिनी दंत मुस्कान के संग वह कहती है, "पान का पत्ता है हमारा अगुम्बे ।" अपनी हरी-भरी हँसमुख पत्नी के ठीक उलट सूखे नारियल-सी काया वाला देवेंद्र नाईक दार्शनिक की तरह कहता है, "इन्द्र का सुखासन । माया जीत ग्राम है यह । वर्षा सारे राग-द्वेष और दुखों को धो-पोंछ देती है ।"

"वर्षा संसार के सारे संतापों को कैप्चर करके रखती है ।" अपने उद्यानपूर्ण निवास 'निःसर्ग' में रह रही जेनीबाई भी गहरे निश्वास के संग कहती हैं ।

देवेंद्र नाईक और जेनीबाई ग़लत नहीं कहते । अगुम्बे वासियों का अधिकांश समय वर्षा को झेलने की तैयारी और वर्षा को झेलने में ही व्यतीत हो जाता है । कुछ भी उल्टा-पुल्टा सोचने का यहाँ मौक़ा ही कहाँ। साल भर में औसतन यहाँ आठ हज़ार मिलीमीटर बारिश होती है । ज्योतिषाचार्य और सामुद्रिक शास्त्र के महापंडित शतानंद शास्त्री आँखों देखी बात बताते हैं कि सन् 1946 में तो यहाँ एक बार सिर्फ़ अगस्त माह में साढ़े चार हजार मिलीमीटर बारिश हुई थी, जो आज तक किसी वर्षावन के लिये एक रिकार्ड है । लगभग 91 वर्षीय शास्त्रीजी इतिहास के संदूक हैं। इस अंचल का एक-एक महत्त्वपूर्ण सन् और समय उनकी ज़बान पर है। उन्हें हू-ब-हू वह सारा दृश्य आज भी याद है जब सन् 1927 के अगस्त माह में गाँधीजी ने चक्रवर्ती राजगोपालाचारी और गंगाधर राव देशपांडे के संग शिमोगा, भद्रावती, होन्नली, सागरा व तीर्थहल्ली की सघन यात्रा की थी और इस अंचल में ब्रिटिश राज के ख़िलाफ़ बिगुल फूँका था। पूरे उत्साह से किशोर वय के शास्त्रीजी उस ऐतिहासिक यात्रा में शामिल रहे थे। फिर तो देश की आज़ादी के बाद ही उन्होंने राहत की साँस ली। पर आज भी शास्त्रीजी को यह बात सालती है कि अंग्रेज़ उनके इलाक़े का नाम हमेशा के लिये अशुद्ध कर चले गये। अगुम्बे की महावृष्टि को लेकर जब कभी चर्चा चलती है, तो वे कहते हैं, "शिव मूगु[1] से नाम बना शिवमोगा। यानी शिवजी की नाक। पर नीच अंग्रेज़ों ने उसका अपभ्रंश प्रचलित कर दिया-शिमोगा। खैर जो भी हो, नाम बिगाड़ देने से स्थान का संस्कार थोड़े ही बिगड़ेगा। शिवजी की नाक के ऐन नीचे बसा है हमारा अगुम्बे। यहाँ नहीं, तो और कहाँ होगी महावृष्टि ?" हालाँकि, सिर्फ एक शास्त्रीजी ही नहीं, कर्नाटक प्रांत के मध्य स्थित पूरे

1. नाक

शिमोगा जिलावासियों को अपने क्षेत्र की प्राकृतिक शोभा-सुषमा पर गर्व रहता है। शिमोगा जिले की भौगोलिक स्थिति है भी अनूप। इसके पूरब में चित्रदुर्गा जिला, उत्तर में धारवाड़ जिला, दक्षिण में चिकमंगलूर जिला, उत्तर-पश्चिम में उत्तरी कन्नड़ जिला और दक्षिण-पश्चिम में दक्षिण कन्नड़ जिला है। शिमोगा के इर्द-गिर्द के ये जिले भी प्रकृति के वरदान से लदे हैं। पर शिमोगा इन सब में अव्वल है। प्रकृति की इस जिले पर विशेष कृपा है।

प्रशासनिक दृष्टि से शिमोगा नौ तालुकों में बँटा है—भद्रावती, चन्नागिरि, होन्नली, होसनगरा, सागर, शिकारीपुरा, शिमोगा, सोराबा और तीर्थहल्ली। पर इन नौ तालुकों में तीर्थहल्ली, सोराबा और होसनगरा जंगल और पहाड़ों का ख़ज़ाना है। ख़ासकर तीर्थहल्ली तालुका तो ठेठ मलनाड है, जिसके अंतर्गत अगुम्बे का विराट वर्षावन है। अगुम्बे इंद्र की राजगद्दी है। अगुम्बे के एस.वी.एस. हाईस्कूल के प्रधानाचार्य पद से अवकाश ग्रहण करने के बाद यहीं बस चुके पी.एम. कृष्णमूर्ति हेब्बार को स्मरण है कि कैसे लगभग पच्चीस साल पहले एक बार यहाँ लगातार पूरे पंद्रह दिनों तक झूम-झूमकर वर्षा होती रही थी। सूर्य की किरणें उस समय स्वप्नवत हो गयी थीं और जीवन जकथक हो गया था। चेरापूँजी के बाद वैसे ही नहीं इस गाँव का स्थान है। कृष्णमूर्ति हेब्बार मुसककर पत्नी पद्मा से कहते हैं, "ये है मॉनसून-मैजिक! अरब सागर और हिंद महासागर की तरफ़ से भारत के पश्चिमी-दक्षिणी छोर पर जब हवाएँ आती हैं, तो यही बारिश कराती हैं। यही मॉनसून है पद्मा! मॉनसून अंग्रेज़ी शब्द है। इसका जन्म पुर्तगाली शब्द 'मॉन्सैओ' से हुआ है। और मॉनसून मैजिक कोई अगुम्बे आकर देखे।" उनकी पत्नी पद्मा भड़क उठती हैं, "अरे भाड़ में जाये ऐसा मैजिक।" कपड़ों की धुलाई और साफ़-सफाई के प्रति सदैव सचेष्ट रहीं कृष्णमूर्ति हेब्बार की पत्नी पद्मा हेब्बार को अगुम्बे से बस यही एक शिकायत है कि वर्षा के महीनों में कपड़ों को सुखाना यहाँ कितना दुष्कर हो जाता है। यों कृष्णमूर्ति हेब्बार अक्सर पत्नी को कपड़ों की धुलाई की उनकी सनक को लेकर झिड़कते हुए थक चुके हैं। पर हेब्बार महाशय के शरीर पर हंस के पंख की तरह दमकते कपड़े के नेपथ्य में भीगे कपड़ों के संग बारिश से कमर कसकर टक्कर लेतीं पद्मा हेब्बार ही हैं। वे पति से बराबर कहती रही हैं कि, "प्रधानोपाध्याय स्वच्छ नहीं होगा, तो विद्यार्थी को ज्ञान क्या देगा।" कृष्णमूर्ति हेब्बार इसलिये हास-विलास में पद्मा को 'पाध्याय' कहते हैं। पद्मा हेब्बार तब गर्वित भाव से कहती हैं, "प्रधानोपाध्याय की पत्नी भला और क्या होगी ?"

अगुम्बे की चिंता मात्र भीगे कपड़ों तक ही सीमित नहीं, घरों को भी भीगने से बचाने को लेकर रहती है। इसलिये वर्षा को लेकर यहाँ के लोग महीनों पहले से बड़ी महीन-बारीक तैयारी करते हैं। जिस तरह भीगने से बचने के लिये लोग बरसाती पहनते हैं, अगुम्बेवासी हर साल अपने घरों को आषाढ़ के ऐन पहले लाल-हरे और नीले-पीले प्लास्टिक से चारों तरफ़ बेढ़ देते हैं। शिवप्रकाश क़तार से सजे इन घरों को निहारकर कहते हैं, "ओफ ! रंगीन रेनकोट पहनकर ये घर कितने प्यारे-प्यारे खिलौनों की तरह दिखते हैं न। अगुम्बे की बरसात में बचपन लौट आता है।" प्लास्टिक के व्यापक चलन के पहले जिंघुरिगे या सुपारी के पत्तों की चटाई से अधिकतर घरों को दरवाज़ों और खिड़कियों का मुख छोड़कर लपेट दिया जाता था। अपरा नायक के लिये मानो यह कल की बात

है। अपरा को याद है कि कैसे उनके दादा जिंघुरिगे के पत्तों को बाँट-गूँथकर लंबा-चौड़ा चादरनुमा 'मडलो' तैयार करते थे। उन दिनों गाँव के अधिकांश घर मिट्टी और बाँस से निर्मित होते थे। इसलिये भी उन्हें अतिवृष्टि से बचाना अत्यावश्यक होता था। 'मडलो' से घेरने के बाद सुपारी वृक्ष की जटाओं से बनी रस्सी से घरों को बाँधने की प्रक्रिया संपन्न की जाती थी। यही नहीं, केले के थंभ को सुखाकर भी रस्सी बनायी जाती थी और उसे मजबूती प्रदान करने के लिये पानी में कई दिनों तक छोड़ रखा जाता था। जलावन या कई क़िस्म के अगड़म-बगड़म घरेलू सामान रखने के लिये अधिकतर घरों के ठीक बगल में बाँस और मडलो के उपयोग से बने एक छोटे-से गुडिसलु[1] रखने का चलन आज भी बरक़रार है। बदले समय के साथ गाँव में यों भले ही मडलो की जगह बहुत हद तक प्लास्टिक ने ले ली है, लेकिन श्रीवेणुगोपाल कृष्णास्वामी मंदिर, राम मंदिर और आंजनेय मंदिर में सुपारी के पत्तों से बने चादर 'वाटे' की महत्ता पहले की ही भाँति है।

विष्णुमूर्ति भट्ट के घर में भी आज तक मडलो और वाटे का ही इस्तेमाल होता है। हाँ, उनके पड़ोसी महीधर का घर बेशक रंगीन प्लास्टिक से लिपटा रहता है। कैंटीन परियार बाल सुलभ हँसी के संग कहता है, "क्या अद्भुत है! ब्लैक एंड ह्वाइट और इस्टमैन कलर दोनों अगल-बगल।" कस्तूरी राव ने हफ़्ते भर पहले अपने देवर सुधाकर राव से कह कुछ मज़दूरों को बुलवाकर हंचू की स्थिति का मुआयना करवा लिया है। घरों की ढलवाँ छतों पर तरतीब से लगे हंचू का जायज़ा बरसात के पहले ठोक-ठठाकर अमूमन गाँव के सभी लोग कर लेते हैं। कौवे हंचू के सबसे बड़े दुश्मन होते हैं। चूहों की तलाश में रह-रहकर चोंच घुसेड़ हंचुओं को उकट देते हैं। सुधाकर राव पिछले एक-डेढ़ माह से जलावन के भी जुगाड़ में भिड़े हैं। वर्षाकाल के लिये जलावन-संग्रह का कार्य विगत दो माह से चल रहा है। कैंटीन परियार से लेकर गाँव का इकलौता सैलून संचालक पद्मनाभ तक अपनी-अपनी हैसियत से हर साल की तरह लगातार जलावन के भंडारण में अभी भी लगे हैं। अधिकांश जलावन घरों को साफ़ कर ताड़ से रँगा जा चुका है ताकि चार-पाँच महीनों तक लकड़ियाँ बग़ैर सीलन के सुरक्षित रहें। जलावन के लिये सूखी लकड़ियों से लेकर सुपारी वृक्षों का सूखा पत्ता, धान की कुन्नी और गोबर से बने छोटे-छोटे उपलों का पर्याप्त संग्रह पूरी बारिश के लिये अभी भी जारी है। साथ ही उपलों से झड़े बुरादे बर्तन माँजने के लिये बोरियों में भरे जा रहे हैं। गैस का चूल्हा गाँव के अधिकांश घरों में जरूर आ गया है लेकिन मिट्टी के चूल्हे की विदाई अगुम्बे के रसोई घरों से नहीं हुई है। उडुपि से गैस का सिलिंडर हर माह आता है। पर एक घर में एक सिलिंडर से कितना काम चलेगा। मिट्टी का चूल्हा ही अंतिम अवलंब है। इसलिये रसोई घरों में मिट्टी के चूल्हे 'बरहम बाबा' की तरह स्थापित हैं।

पंखा गणपति के लिये जलावन संग्रह दुरुह कार्य है। माल्या परिवार से हर साल उसे जलावन में थोड़ी मदद मिल जाती है। पंखा गणपति इसलिये माल्या परिवार का गुण गाते नहीं अघाता है, "अरे भाई, पूरे जंगल का ठेका है माल्या खानदान की मुट्ठी में। दानवीर है माल्या खानदान।" बहरहाल, जलावन के संग-संग वर्षा के पहले खाद्य पदार्थों का संग्रह भी एक महत्त्वपूर्ण कार्य है। गृहणियों पर विशेषकर खाद्य सामग्रियों के संकलन

---

1. छोटी झोपड़ी

की ज़िम्मेवारी होती है। अभी तो आषाढ़ का प्रवेश ही हुआ है लेकिन कस्तूरी राव ने अपनी इकलौती बिटिया सुजया को हर साल की भाँति दो महीने पहले से ताकीद करनी शुरू कर दी थी। हाट जाकर सुजया ने पिछले माह ही मसालों की ख़रीददारी की। अगुम्बे की गृहणियाँ मसालों को जाँच-परख कर ख़रीदने में पारंगत हैं। लाल मेणसीनकाई[1], ईरुल्लि[2], तेंगिनकाई[3] और पर्याप्त अक्कि[4] भंडार में न हो, तो वर्षा कैसे कटेगी। बरसात के समय प्याज़ की क़ीमत आसमान में सुराख़ बनाने लगती है। इसलिये पति रवि के संग दोबारा हाट जाकर सुजया ने एक-एक मन प्याज़-आलू और आधा मन मिर्च भी ख़रीद लिया था। मणिपाल के शैक्षणिक संस्थान एम.आई.टी. में कार्यरत सुजया रोज़ बस से मणिपाल जाती है। अगुम्बे से मणिपाल की बस-यात्रा डेढ़ घंटे की है। थककर चूर हो जाती है सुजया। छुट्टी का संकट उसके साथ रहता है। फिर भी वह अम्मा के आदेश को नहीं टालती। उसकी अम्मा खुद दर्जी की सूई है। कभी खाली नहीं बैठती। अज्जि और अम्मा के बारे में जब भी सोचती है सुजया, तो उसकी आँखें छलक आती हैं। उसे लगता है कि अगुम्बे के आकाश में छाई रहनेवाली काली बदरियों के पोर-पोर में समाई टीस को अज्जि और अम्मा हमेशा अपने भीतर चोरी-चोरी सहेजती रहती है। उसके पिता जब गुज़रे थे, वह महज़ नवीं में पढ़ती थी। भरी जवानी में विधवा हो चुकी अपनी अम्मा की एक-एक रात की साँसों की साक्षी है सुजया। और यह ममता की मारी अज्जि! बेटी की व्यथा के आगे बिछ गयी। तीर्थहल्ली का अपना घर-द्वार सबकुछ बेटे-बहुओं के हवाले कर हमेशा के लिये दोड्डमने में आ गयी। सुजया महसूस करती है कि उसकी लौ को बचाने के लिये अज्जि और अम्मा दोनों की हथेलियाँ सदैव से खड़ी रही हैं।

सुजया के मूक अनुराग को भाँपती हैं कस्तूरी राव। सुजया को दो बेटियाँ हैं–अदिति और अरुंधती। पढ़ाई में कुशाग्र अदिति अभी उज्रे कॉलेज में बी.एस-सी. में पढ़ रही है। वहाँ वह हॉस्टल में है। अरुंधती यहीं अन्नपूर्णा विद्या मंदिर में आठवें दर्जे में है। कस्तूरी राव ईश्वर से हरदम एक ही बात कहती हैं कि अम्मा और उनसे सुजया ने जैसे हर पल दुलार पाया, दोनों बेटियों से भी सदैव दुलार पाये। सुजया के पति रवि से वे संतुष्ट हैं। उनके लिये वह दामाद भी है, बेटा भी। आये दिन घर में कुछ न कुछ लफड़ा लगा ही रहता है। कभी किसी कमरे का कोई ख़राब स्विच ठीक कराना, कभी बढ़ई बुलाकर कोई टूटी सिटकिनी ठीक कराना और कभी मिल जाकर धान कुटवाना। यह सारा मोर्चा रवि थामता है। रवि की मदद से इस बार भी कस्तूरी राव वर्षाकाल के लिये पर्याप्त उसना चावल दो माह पहले तैयार करवा चुकी हैं। उनके विराट आश्रम में अरबा और उसना दोनों चावल का भरपूर ख़र्च है। इसलिये अगहन की समाप्ति के बाद आठ-दस मन उसना चावल तो वे तत्काल बनवा लेती हैं और शेष दस-पंद्रह मन वैशाख के दिनों में बरसात के लिये। वैसे, जिन घरों में सिर्फ़ उसना चावल का ही उपयोग है, उनकी गृहणियाँ अगहन समाप्त होते ही धान को उबालकर धूप में सुखाती हैं और मुस्तैदी से धनकुट्टी मिल भिजवाकर धान कुटवा लेती हैं। इसी तरह नारियल की गिरी को धूप में सुखाकर तेल की पेराई के लिये मिल भेजा जाता है। नारियल के पेड़ गाँव में नहीं हैं, इसलिये गाँव में खपत के लिये ज़्यादातर नारियल उडुपि से मँगवाया जाता है। हालाँकि,

1. मिर्च, 2. प्याज, 3. नारियल, 4. चावल

अब तो नारियल तेल की तुलना में वनस्पति तेल का इस्तेमाल अधिक होता है। बरसात के वास्ते सुपारी संग्रह का भी अभियान गाँव में चलता है। सुपारी के गुच्छे लग्गी से तोड़कर गिराये जाते हैं। बरसात के पहले घरों में नाना प्रकार के अचार भी तैयार कर लिये जाते हैं। मसलन कटहल के बीज और नमक-मसाले से तैयार किया गया हलसीनाबीजादा संतानी या फिर कच्चे आम, प्याज, हरी मिर्च, नारियल, सरसों और नमक के योगायोग से निर्मित 'चंद्रपुली'। आम के मौसम में गाँव के लोग तीर्थहल्ली, कारकल और शिमोगा से नीलम, रसपुरी, तोतापुरी और मुंडप्पा सरीखे तरह-तरह के आम मँगवाते हैं। गाँव में आम के वृक्ष गिने-चुने हैं। पर आषाढ़ लदते ही आम से गदराये-भीगते गाँव के ये चुनिंदा आम्र वृक्ष कितनों को पागल कर देते हैं। वर्षा के दिनों में भीगे पेड़ों पर चढ़ना ख़तरे से ख़ाली नहीं। एक बार पंखा गणपति बरसात में आम के पेड़ पर चढ़ने का दंड भोग चुका है। पेड़ से फिसलकर टूटे हाथ-पाँव के संग कई महीने तक उसे प्लास्टर में रहना पड़ा था।

बहरहाल, तमाम एहतियात और तैयारियों के बावजूद हर साल नये सिरे से एक उल्लास मिश्रित चिंता सबको यहाँ घेरे रहती है। एक-एक शब्द भी बहुत सोचकर ख़र्च करनेवाले उपेंद्र कामथ माथे पर बल देकर कहते हैं, "चैन के बीच रहकर भी चैनदारी नहीं।" ठीक उसी तरह जैसे अविवाहित रहकर भी लिंगराज को चैन नहीं। उपेंद्र कामथ के संग वेणुगोपाल कृष्णस्वामी मंदिर जा रहे पसीने से तरबतर लिंगराज को अचानक याद आया कि माँ ने हलसीनाबीजादा संतानी तैयार करने के लिए कई दिनों से उसे कुछ कच्चा कटहल लाने को कह रखा है। लिंगराज समझता है, बुढ़ापे में माँ अकेली पड़ गयी है। उसकी माँ चंद्रम्मा इधर सोते-जागते फिर उससे कह रही है, "तू शादी कर ले रे लिंगराज! अब मुझसे गृहस्थी नहीं सँभलती। एक ही बात को गरदानना मुझे अच्छा नहीं लगता। अभी कोई देरी नहीं हुई है। तू कह तो मैं किसी अच्छी लड़की के लिये बात चलाऊँ।" लिंगराज हर दिन माँ के इस प्रलाप को बिहँसकर टाल जाता है, "मेढ़क को कपड़े पहनाने की कोशिश मत करो अम्मा।" चंद्रम्मा ने बड़े बेटे लिंगराज के विवाह के लिये माँ दुर्गाम्बा से मनौती मान रखी है। शिमोगा जिले के ही सागर तालुका के अंतर्गत स्थित वरदाहल्ली की माँ दुर्गाम्बा के प्रति चंद्रम्मा को अटूट आस्था है। साल में एक बार पति देवराज के संग वह माँ के चरणों में मत्था टेकने जाती है। माँ की प्रतिमा छोटी-सी है। पर ग़ज़ब की कौंध है प्रतिमा में। कहते हैं, हज़ारों साल पहले महर्षि वेदव्यास ने यहाँ माँ की प्रतिमा स्थापित की थी। अगत्स्य मुनि ने यहाँ वर्षों तक साधना की थी। बाद के दिनों में यह महान संत श्रीधर स्वामी की साधना स्थली रही। जनश्रुति के अनुसार एक समय माँ ने श्रीधर स्वामी को स्वप्न में आदेश दिया कि वह आयें और उनके स्थल का जीर्णोद्धार करायें। श्रीधर स्वामी ने स्वप्न के इस आदेश को संकल्प माना। यहाँ आकर उन्होंने पूरी तन्मयता से दुर्गाम्बा मंदिर का जीर्णोद्धार कराया। अंतिम साँस तक माँ की साधना में रमे रहे। उन्हें मोक्ष की प्राप्ति हुई। श्रीधर स्वामी की समाधि यहीं है। कहते हैं, स्वामीजी की आत्मा आज भी यहीं है। माँ को मत्था टेक चंद्रम्मा स्वामीजी की समाधि पर भी प्रणाम करने जाती है। समाधि तक पहुँचने के लिये तीन सौ सीढ़ियाँ चढ़नी होती हैं। पर पति देवराज का हाथ थाम हाँफते-लँगड़ाते वह समाधि

पर जाती ही है। चंद्रम्मा को माँ दुर्गाम्बा और श्रीधर स्वामी में प्रबल श्रद्धा है। इन्हीं के आशीर्वाद से उसकी छहों बेटियों की शादी हो सकी। पर लिंगराज? पार्थ बेटा है यह। इसके छोटे भाई सुनील ने बेंगलूर में प्रेम विवाह कर गृहस्थी बसा ली और बड़ा होकर यह अभी तक बैठा है। सोच-सोचकर चंद्रम्मा दग्ध होती रहती है। लिंगराज माँ की कसक समझता है। पर अपने चक्कर में अगर वह उलझता, तो बहनों की शादी फँस जाती। होटल खोलने के साल भर बाद उसने आख़िरी दो बहनों की भी शादी कर दी थी। छह बेटियों से भरा घर चंद वर्षों में खाली हो गया।

लिंगराज के पिता ग्रामीणों से कहते हैं, ''छह बेटियों को जन्म भले मैंने दिया लेकिन पिता का दायित्व मेरे बड़े बेटे लिंगराज ने निभाया।'' ज्योतिषाचार्य पंडित शतानंद शास्त्री इस बात पर भाव विह्वल होकर कहा भी करते हैं कि, ''लिंगराज पैदाइशी जनरेटर[1] है। उसके जयखाते में भगवान श्रीअयप्पा ने ढेर सारा पुण्य नोट कर रखा है।'' यों पुण्य कमाने के भाव से नहीं लेकिन अपनी हैसियत में नेकी करने से लिंगराज कभी बाज नहीं आता। गाँव में सबको पता है कि उसके होटल पर सूरदास कृष्णप्पा का चाय-नाश्ता सालों भर फ्री है। ऐसे और भी अनेक ग़रीब-लाचार लोग हैं। अगुम्बे से मात्र चार किलोमीटर की दूरी पर स्थित कौरीहकलू गाँव का जन्मांध कृष्णप्पा गाहे-बगाहे बैंक के काम से छड़ी-छाता घसीटते हुए पहुँचता है। सरकार से उसे एक हज़ार रुपया पेंशन मिलता है। इसके अलावा श्रृंगेरी और मंदार तीर्थ मंदिर पर भी वह भिक्षाटन करता है। पर लिंगराज ने अपने सहयोगियों को बता रखा है कि कृष्णप्पा समेत होटल पर जितने भी निर्धन-विकलांग आकर खायें-पियें, उनसे पैसा नहीं लिया जाये। हालाँकि, लिंगराज के होटल के हेड कुक गोपाल को होटल पर सूरदास कृष्णप्पा की मुफ़्तखोरी एकदम नहीं सुहाती है। कृष्णप्पा को हज़ार रुपया मासिक पेंशन मिलता है, भिक्षाटन से उसे पैसे होते हैं और तिस पर 'कामथ होटल' में फ्री चाय-नाश्ता। भला यह कोई बात हुई? गोपाल ने लिंगराज को कई बार जन्मांध 'उडपा सर' का उदाहरण दिया है। शतरंज के माहिर खिलाड़ी और कई बार शतरंज की प्रतियोगिता में राष्ट्रीय पुरस्कार पा चुके 'उडपा सर' यों तो स्थायी रूप से शिमोगा में रहते हैं लेकिन सप्ताह में एक दिन शुक्रवार को वे 'अन्नपूर्णा विद्या मंदिर' के बच्चों को शतरंज का प्रशिक्षण देने अगुम्बे अवश्य आते हैं। शिमोगा में 'नालंदा चेस एकेडेमी' चलानेवाले 'उडपा सर' पेशे से वकील हैं और शतरंज के क्षेत्र में उनके हज़ारों शिष्य कर्नाटक में भरे पड़े हैं। उनके सिखाये शिमोगा व अगुम्बे के सौ से ऊपर बच्चे हर साल जिला व राज्य स्तरीय शतरंज प्रतियोगिता में भाग लेते हैं। क्या ग़ज़ब की स्मृति है उनकी। अन्नपूर्णा विद्या मंदिर के एक-एक बच्चे को उनकी आवाज़ के सहारे वे नाम से जानते हैं। 'उडपा सर' शुक्रवार को जब अगुम्बे आते हैं तो 'कामथ होटल' में कॉफ़ी पीते हैं और जाने के समय भी एक कप कॉफ़ी। लिंगराज ने कई बार उडपा सर से कहा है कि उन्हें पैसे देने की ज़रूरत नहीं। यहाँ के बच्चों के लिये शिमोगा से वे इतनी परेशानी उठाकर आते हैं। पर उडपा सर कभी नहीं माने हैं। वे पहले पैसा देते हैं फिर कॉफ़ी को हाथ लगाते हैं। कृष्णप्पा की तरह नहीं कि छड़ी घसीटकर रिरियाते हुए ही होटल में दाख़िल हो रहे हैं। हेड कुक गोपाल का वश चले तो बग़ैर पैसे लिये

1. विद्युत उत्पादक यंत्र

वह उसे एक चम्मच भी कॉफ़ी पीने न दे। पर अपने परदुखकातर मालिक लिंगराज के आगे वह हार जाता है। लिंगराज उसे हर बार यह कहकर शांत कर देता है कि, ''गोपाल! उडपा सर एक अपवाद हैं मेरे भाई। उनसे सबकी तुलना मत मरो।'' अंधा कृष्णप्पा जब होटल पर नाश्ते व कॉफ़ी के लिये ड्रामा फैलाता है, तो मन मसोसकर गोपाल होटल के सहयोगियों से कहता है, ''इसके चूतड़ पर सटका लगाकर मैं एक सेकंड में इसकी हुकुर-पुकुर की नौटंकी दुरुस्त कर दूँ। पर हमारे मालिक करुणानिधान हैं। यह होटल अंधे, लूले, लँगड़े--सबके लिए सदावर्त है।'' बात सही है। दरअसल, बेंगलूर में जिन दिनों लिंगराज मेरीन कॉलेज में पढ़ रहा था, अक्सर ग़रीब-विकलांगों को होटलों के आगे रखी कचरे की बाल्टियों से जूठा चुन-चुनकर खाते देखता था। तब उसका कलेजा कट कर रह जाता था। जब तक वह बेंगलूर में रहा, एक जर्जर-लाचार बूढ़े को खिलाता रहा। उसी समय उसने तय किया कि वह जीवन में कभी एक होटल ज़रूर खोलेगा और ऐसे अनाथों को सम्मानपूर्वक खिलाया करेगा। गाँव लौटने पर जब वह काफ़ी ऋण से लद गया, तो तय किया कि ऋण चुकाने के लिये वह होटल ही खोलेगा। इस तरह होटल की मुराद उसने पूरी की।

लिंगराज को गाँव के लावारिस कुत्तों पर भी बहुत दया आती है। उसके होटल पर गाँव के दस-बारह लावारिस कुत्ते पलते हैं। चार-पाँच गायों को भी वह नित्य खिलाता है। लिंगराज करुणा से कहता है, "मौत को झेलना आसान है, भूख को नहीं। भूखा आदमी या पशु मिट्टी भी खा लेगा।" उसका मित्र उपेंद्र कामथ का पुत्र किशोर कहता है कि, ''जिंदगी में हर आदमी को एक 'किक' चाहिये। किसी को यह 'किक' पैसे और पद से आता है, किसी को शराब से आता है, तो किसी को औरत से । मेरे मित्र लिंगराज को यह 'किक' परमार्थ से आता है। मनुष्य से लेकर पशु-पक्षी और कीट-पतंग तक लिंगराज के कुटुंब हैं।'' यों किशोर ने लिंगराज को कई बार समझाया है कि पका आम सुहावन होता है, लेकिन पका मर्द भयावन। अधिक उम्र में अगर वह शादी करना भी चाहेगा, तो संभव नहीं होगा। पर लिंगराज को परमार्थ में ही लगन है। उपेंद्र कामथ के संग तेज़-तेज़ चलते हुए लिंगराज को लगा कि मंदिर पर ज़रूर कोई परमार्थ का मामला है । पर उपेंद्र कामथ और परमार्थ? मंदिर समीप आ गया था लेकिन उलझन में फँसे लिंगराज ने कामथ से फिर पूछा, ''आखिर बात क्या है ?''

''बताना क्या है । अब तो मंदिर पहुँच ही रहे हैं । स्वयं समझ लोगे।'' उपेंद्र कामथ ने अपनी रफ़्तार और बढ़ाते हुए कहा । लिंगराज भी बुरी तरह चौंककर रह गया । श्रीवेणुगोपाल कृष्णास्वामी मंदिर की ओर बढ़ता ऐसा कारवाँ 'ब्रह्मरथोत्सव' के अवसरों के अलावा उसने कभी नहीं देखा था ।

6

पृथिवी सूक्त

"नानु एनु माडुवेनु...मैं क्या करूँ?" विष्णुमूर्ति भट्ट ने गहरी हताशा में स्वयं से प्रश्न किया। पर उन्हें कोई उत्तर नहीं मिला। लगा कि चारों तरफ़ छाया इरूलु[1] आज छँटनेवाला नहीं है। वे हतप्रभ खड़े रहे। कलेजा बुरी तरह धड़धड़ा रहा था। परसों ही तो सूर्य-मृगशिरा नक्षत्र की विदाई के संग ज्येष्ठ की अवधि समाप्त हुई है और कल सूर्य-आर्द्रा नक्षत्र के संग आषाढ़ का आगमन हुआ है। पर पिछली रात की सघन वर्षा के बाद धीरे-धीरे धूप से चिलकती जा रही आषाढ़ की यह सुबह अपने साथ व्याकुलता ही व्याकुलता लेकर आयी है। भीड़ एकदम से मंदिर पर पहुँचेगी, तो उन्हें क्या करना चाहिये? मरे हुए चूहे को ठंड नहीं लगती। एक कौंध में उन्होंने सोचा कि भीड़ के पास आते ही वे सीधे हाथ जोड़ लेंगे, "वयविट्टु नन्नन्नु क्षमिसिरी...कृपया मुझे माफ कर दीजिये।" कारण उन्हें पूछना ही नहीं है। कारण को लेकर विवाद करने से भीड़ का क्रोध भड़केगा। झोल-झगड़ा होगा। लातालूती होगी। विष्णुमूर्ति मरकताल यानी भाटा की चरम अवस्था में थे।

भीड़ अब मंदिर के सामनेवाले चबूतरे के समीप आ गयी थी। विष्णुमूर्ति भट्ट ने अब ग़ौर से देखा, तो बरबस उन्हें हलकी राहत-सी महसूस हुई। दरअसल, तमाम कोलाहल के बावजूद भीड़ में किसी प्रकार की उत्तेजना नहीं थी। सभी जन हँसते-बतियाते चले आ रहे थे। उन सबके संग चल रहे पुलिसकर्मी भी बीच-बीच में मुसकते दिख रहे थे। अजीब पागल गाँव है। यहाँ उनके देवता कूच कर गये हैं और ये लोग मुसकते-ठठाते आ रहे हैं। इस गाँव के लोगों का पार पाना कठिन है। उनकी व्यग्रता उन्हें बुरी तरह कुरेद रही थी। स्वयं को लाख सांत्वना देने के बावजूद मन अनवरत चिकोटियाँ काट रहा था कि जो भी हो लेकिन भीड़ और पुलिस कोई सामान्य-सी बात या प्रहसन की स्थिति हरगिज़ नहीं हो सकती। क्या पता, कहीं सब यही बातचीत कर बिहँस-मुसक रहे हों कि आज अर्चक विष्णुमूर्ति भट्ट को पटक-पटककर सबक सिखाएँगे। गाँव के बहुसंख्यक वोक्कालिग्गा लोग सम्मान देने का चाहे लाख स्वांग करें लेकिन कोंकणी और गौड़ सारस्वत ब्राह्मणों को लेकर एक कुंठा तो इन सबके मन में कहीं न कहीं रहती ही है।

शिमोगा का भाजपा सांसद बी.वाई. राघवेंद्र भले लिंगायत समुदाय का है लेकिन तीर्थहल्ली विधानसभा क्षेत्र से वोक्कालिग्गा समुदाय के उम्मीदवार को छोड़ कोई

1. अँधेरा

दूसरा जीत नहीं सकता। तीर्थहल्ली का कांग्रेस विधायक किमन्ने रत्नाकर वोक्कालिग्गा है। अगुम्बे भी वोक्कालिग्गा समुदाय बहुल गाँव है। पच्चीस हज़ार एकड़ के क्षेत्रफल वाले इस गाँव की आबादी के अस्सी प्रतिशत लोग वोक्कालिग्गा ही हैं। वोक्कालिग्गा का मतलब होता है–वह व्यक्ति जो खेत जोतता है। संक्षेप में वोक्कालिग्गा माने कृषक–खेतिहर समुदाय। प्राचीन शिला लेखों और अभिलेखों से ज्ञात होता है कि 'वोक्कालिग्गा' शब्द का चलन पाँच हजार साल पहले भी था। इसके पर्याप्त प्रमाण हैं कि जमकर कृषि कार्य करने और आम जन साधारण को खाद्यान्न मुहय्या कराने के अतिरिक्त जो लोग गाँव और तत्कालीन प्राचीन समाज के कबीलाई सरदार बनकर गाँव की पूरी विधि–व्यवस्था को भी नियंत्रित रख गाँव–समाज में ख्यात होते थे, वही वोक्कालिग्गा लोग 'गौड़ा' उपाधि नाम अपने संग लगाने लगे। अगुम्बे में इन गौड़ा यानी वोक्कालिग्गा लोगों के बाद दूसरे नंबर पर कोंकणी ब्राह्मणों की संख्या है। इनके बाद तीसरे नंबर पर जी.एस.बी. यानी गौड़ सारस्वत ब्राह्मण हैं। अगुम्बे मंजूनाथ जगदीश व उनकी पत्नी पंचायत सदस्य ममता जगदीश का परिवार और रामय्या सदानंद–मात्र ये दो घर राजापुरी सारस्वत ब्राह्मण (आर.एस.बी.) हैं। ये लोग कैवल्य मठ से जुड़े हैं। गाँव में चौथे नंबर पर दलित, पाँचवें नंबर पर इडिगास, छठे नंबर पर मोगेविरा और सातवें स्थान पर मुस्लिम समुदाय है, जिसकी संख्या गाँव की कुल आबादी के लगभग एक प्रतिशत है। गाँव में बस छह मुस्लिम परिवार हैं। कुछ साल पहले इन लोगों ने गाँव में एक छोटी–सी मस्जिद बनवाई है। बेंगलूर की 'मोहिउद्दीन जुम्मा मस्जिद कमिटी' का इसमें आर्थिक सहयोग है। इसी कमिटी ने तंबी अब्दुल रहमान को मुल्ला के रूप में यहाँ पदस्थापित भी कर रखा है। मुल्ला तंबी यहाँ अपनी बेगम जुबैदा, बेटे मोहम्मद अली और बेटी फ़ातिमा के संग रहते हैं। निष्कर्ष यह कि चुटकी भर की आबादी वाले मुसलमान इस गाँव की मुख्य धारा में तिनके की तरह दिखते हैं। पवन के भुस!

हालाँकि, पचास के दशक में यहाँ मुस्लिमों की आबादी अपेक्षाकृत कहीं अधिक थी। इस इलाक़े में सड़क निर्माण, सरकारी भवनों के निर्माण और मछली व्यापार के सिलसिले में उस समय कई मुस्लिम परिवार यहाँ आकर बसे थे। गाँव के मेन रोड पर अबू बकर का 'ताज होटल' उसी ज़माने का है। पर बाद के वर्षों में कई मुस्लिम परिवारों का रोज़ी–रोटी की तलाश में यहाँ से पलायन हो गया। गाँव में ईसाई मात्र एक है–टेलीफ़ोन का लाइनमैन जोज़फ। पूरा नाम विलियम रॉड्रिक्स जोज़फ। पर गाँव के लोग उसे टुल्लू जोज़फ पुकारते हैं। अगुम्बे से लगभग डेढ़ किलोमीटर की दूरी पर एक छोटा–सा चर्च भी है। केरल के एक फ़ादर इसकी देखरेख के लिये तैनात हैं। हिब्री तरफ़ के कुछ ईसाई परिवार यहाँ प्रेयर के लिये आते हैं। चर्च परिसर में एक वृद्धाश्रम भी है। प्रेयर के लिये वहाँ साइकिल से नियमित जानेवाला टुल्लू जोज़फ बताता है कि चर्च के वृद्धाश्रम में हमेशा दस–बारह बूढ़े रहते हैं, जिन्हें कोई आय–उपाय नहीं है। वह कभी–कभी बिहँसकर कहता है, ''गाँव में बस एक गुरुद्वारा की कमी है। वरना मंदिर, मस्जिद और थोड़ी दूरी पर चर्च तो यहाँ है ही।'' कैंटीन परियार तब टुल्लू जोज़फ को छेड़ने से बाज़ नहीं आता, ''अरे, तो तुम ही किसी सिख को

पकड़ लाओ। उसे गाँव में बसा देंगे। सिख के बसने से देर-सबेर गुरुद्वारा भी बन ही जाएगा। हिंदू, मुस्लिम, सिख, ईसाई...गाँव में पूरा भारत कंप्लीट हो जायेगा।'' टुल्लू जोज़फ तब मुँह सिकोड़कर कहता है, ''जहाँ बड़े-बड़े ढोल वहाँ तुमकी का मोल? धाकड़ गौड़ा और ब्राह्मण लोगों के आगे मेरी क्या हैसियत कि मैं किसी को बसाऊँ। मैं यहाँ कोई राजनीति करने के लिए हूँ?'' अधिसंख्यक होने के कारण कृषि पर मुख्यतया आश्रित गौड़ा समुदाय का दबदबा स्वाभाविक रूप से गाँव की राजनीति में है। फिर भी कोंकणी और गौड़ सारस्वत ब्राह्मणों के आगे वे लोग ताव बचाकर ही हमेशा पेश आते हैं। वैसे, एक ज़माने में गौड़ सारस्वत ब्राह्मण डी.बी. वासुदेव राव और उनके वारिस डी.बी. सुब्बाराव तथा डी.एस. विजयेंद्र राव ही गाँव के ज़मींदार थे। गाँव का सबसे बड़ा घर दोड्डमने आज भी इस इतिहास की गवाही देता है। हालाँकि, बीते एक दशक में माल्या परिवार का उदय गाँव के नये साहूकार के रूप में हुआ है। पर प्रश्न किसी के उदय-अस्त का नहीं। मन या बेमन से, बहुसंख्यक गौड़ा लोगों ने सदैव कोंकणी और गौड़ सारस्वत ब्राह्मणों को सिर आँखों पर रखा है। हमेशा इज़्ज़त दी है। पर आज...? शीशे में बाल पड़ गया, तो पड़ ही गया। जब आज अर्चक की ही धज्जी उड़ाने पर सब तुले हैं, तो कैसी इज़्ज़त और क्या मान? अब बचा ही क्या?

भीड़ बस अब चंद हाथों की दूरी पर थी। विष्णुमूर्ति भट्ट ने देखा कि मंदिर के ऐन पड़ोस में रहनेवाले अगुम्बे ग्राम पंचायत के पूर्व प्रमुख के. विश्वनाथ बायर और पंचायत सदस्य ममता जगदीश भीड़ में सबसे आगे हैं। इन सबके भी आगे उछल-उछलकर चल रहा है पंखा गणपति। हमेशा हाथ में पंखा लिये रहनेवाला झक्की गणपति चिरकुमार है। गाँव में किसी का भी यज्ञ-प्रयोजन हो, गणपति बिन बुलाये भी पहुँच जाता है और आयोजन की सफलता के लिये प्राणपण से आख़िर तक जुटा रहता है। अपने परिश्रम को जताने के लिये वह हमेशा हाथ में एक छोटा-सा पंखा रखता ही है। यहाँ तक कि भीषण ठंड के मौसम में भी। इसलिए गाँव में सब उसे पंखा गणपति कहते हैं। गाँव के कुछ लोग परिहास में कहते भी हैं कि गणपति अपनी माँ के पेट से पंखा हाथ में लिये ही निकला था। विष्णुमूर्ति भट्ट ने अत्यंत क्षुब्ध भाव से भीड़ की तरफ़ देखा। अगले ही पल अगुम्बे हाईस्कूल के अवकाश प्राप्त प्रधानाचार्य पी. एम. कृष्णमूर्ति हेब्बार और गाँव के वयोवृद्ध ज्योतिषाचार्य पंडित शतानंद शास्त्री पर भी उनकी नज़र पड़ी। उत्साह से छलकता-ठठाता दोड्डेरंगदि प्रेमानंद उर्फ़ कैंटीन परियार भी दिखा।

अचानक क्या हो गया है इन सबको? वयोवृद्ध हेब्बार को देख ख़ासा अचरज हुआ। अत्यंत धीर-गम्भीर और हमेशा अध्ययन-मनन में जुटे हेब्बार के लिये किसी भी गुल-गपाड़े में शामिल होना क्या, झाँकना तक संभव नहीं है। और ये काँपती टाँगों पर चल रहे शतानंद शास्त्री! धीरे-धीरे डग भरते वे भी आ रहे हैं। गाँव का पुराना अलापिया शिव रुद्रप्पा भी। जैसे धुंध छँटने पर चारों तरफ़ का दृश्य स्पष्ट दिखाई देता है, भीड़ में शामिल एक-एक चेहरे को देख विष्णुमूर्ति भट्ट की हैरानी सँभाले नहीं सँभल रही थी। अरे! यह कस्तूरी अक्का की बेटी सुजया...अपने पति

रवि के साथ। मेन रोड पर स्थित 'कामथ होटल' चलानेवाला अधेड़ चिरकुमार लिंगराज भला क्यों काम-धंधा छोड़कर अपने मकान मालिक उपेंद्र कामथ के संग जुलूस में जुटा हुआ है। और अगुम्बे बस स्टैंड के पास 'चेरापूँजी होटल' चलानेवाला गाँव का सर्वाधिक धनाढ्य माल्या परिवार का यह मदमस्त लड़का गौतम माल्या! समीप आ चुके एक-एक चेहरे से विष्णुमूर्ति भट्ट की नज़र फिसल रही थी। श्रीवेणुगोपाल मंदिर के ऐन बग़ल यानी रथवीदी के पीछे स्थित कोडीबैल उर्फ़ आश्रम टोले के ब्राह्मण, कुम्हार, गौड़ा और बढ़ई समुदाय के सभी पंद्रह घरों के लोग भी भीड़ में उमग रहे हैं। पंचायत कांग्रेस का अध्यक्ष बीदिरू गिरिधर भी खद्दर झाड़कर इस हलचल में गूलर की तरह पेट फुलाये चला आ रहा है। इसका घर भी कोडीबैल उर्फ़ आश्रम टोला में ही है। हासनवाली मटमैली काली टोपी लगाये मलंदुर का पगला चंद्रू और गाँव के एक-एक घर को सिर नवा-नवाकर हर सुबह प्रणाम करनेवाला टेंपल रोड उर्फ़ मालगुडी रोड का चिरकुमार गुरुनाथ अभी कैसे भीम की तरह सीना तानकर चल रहा है।

आंजनेय नगर टोले के लोग तो ऐसे उछालें मार रहे हैं, जैसे कोई जश्न मनाने पहुँचे हों। उन्हें समझ में नहीं आ रहा था कि भीड़ की आगवानी वे हँसते हुए बढ़कर करें, या यों ही ठस्स खड़े रहें। भीड़ और पागल हाथी में कोई अंतर नहीं। क्या पता, कब क्या कर गुज़रे। फिर भी मन को बाँध विष्णुमूर्ति भट्ट मंदिर के बरामदे से निकल थोड़ा आगे बढ़ आये। ठीक है, जटायु-मरण ही सही। कर्तव्य पालन करते मर जाना अधिक अच्छा। लहराती हुई भीड़ अब सीधे उनके सम्मुख थी। भीड़ के रुकते ही गाँव की पंचायत सदस्य ममता जगदीश सहसा मुड़कर भीड़ में घुस गयीं और जैसे कोई दक्ष समुद्री गोताख़ोर डूबे हुए आदमी को बाहर निकाल लाता है, उन्होंने एक सहमे-सकुचाये लड़के और लड़की को सबसे आगे लाकर कहा, "अर्चकजी! इन दोनों का विवाह अभी और यहीं संपन्न होगा। आप कृपापूर्वक जल्दी से शालिग्राम को विवाह के लिये अनिवार्य वस्तुओं की सूची लिखवा दें। हम लोग दोनों की शादी कराकर ही जाएँगे।" अच्छा, तो इस धमक की वजह यह है। ममता की बात से विष्णुमूर्ति भट्ट की जान में जान आयी। सच है कि जीवन का अधिकांश भय ज़्यादातर काल्पनिक और अंततः हास्यास्पद होता है। असली संकट सामने आने पर जाने कहाँ से मुक़ाबले का साहस भी आ जाता है। पर संकट की कल्पना से सारा साहस काफ़ूर हो जाता है। विष्णुमूर्ति भट्ट जैसे बहुत देर बाद अपने आप में लौटे। इतनी देर में ही न जाने कितनी बार वे आकाश-पाताल एक कर गये थे। इधर ममता ने अपनी बात ख़त्म भी नहीं की थी कि गाँव के पुराने ख़न्नास नेता इस इलाक़े के सबसे बड़े जीवन बीमा एजेंट और पंचायत सदस्य विश्वनाथ बायर ने थोड़ी हुमक के संग आदेश भरे स्वर में कहा, "अब देरी न करो पंडित! देख रहे हो न कि सारा गाँव यहाँ मौजूद है।" अगुम्बे मेन रोड पर किराने की छोटी-सी दुकान चलानेवाले शालिग्राम पर उड़ती दृष्टि डाल विष्णुमूर्ति भट्ट ने गहरी हैरानी से कहा, "पर ये दोनों कहाँ मिल गये? बीते एक महीने से इनका परिवार पागलों की तरह इन्हें ढूँढ़ रहा है। दोनों पक्षों ने एक-दूसरे के ऊपर पुलिस में

बेटे-बेटी के अपहरण का मामला दर्ज करा रखा है। दोनों बच्चों को तो जानता ही हूँ। यह अपने ग्रामीण रत्न पद्माकर का बेटा शुभंकर है और यह लड़की बग़ल के अगसरकोणे गाँव के जे.बी. मंजप्पनायक और सर्प-विष झाड़नेवाली शारदाम्मा की बेटी अरण्या है। दोनों ने अन्नपूर्णा विद्या मंदिर से दसवीं की पढ़ाई की और तीर्थहल्ली के 'तुंगा कॉलेज' से साथ ही इंटर फाइनल की परीक्षा दी है। आजकल के बच्चों को थोड़ी छूट दीजिये और देखिये तमाशा। रोज बस से तीर्थहल्ली आते-जाते हो गया महाकांड।''

''आपसे हम लोगों का सामान्य ज्ञान बढ़ाने और हमें नैतिक शिक्षा देने के लिये तो नहीं कहा गया है। शुभ कार्य में मनहूस लोग झाम लगाते हैं। आप दोनों के विवाह की अविलंब तैयारी कराएँ।'' आगे बढ़ते हुए युवक गौतम माल्या ने किंचित आवेश में कहा।

''मैं ही मूर्ख हूँ जो मर्यादा की बात करता हूँ। इस गाँव में वैवाहिक मर्यादा की तो कबके धज्जी उड़ चुकी है। आये दिन यहाँ अंतरजातीय और अंतरधर्म विवाह हो रहा है। अब यही लड़का जहाँ जी.एस.बी. है, वहीं लड़की इडिगास समुदाय की। चलो, मैं विवाह कराने को तैयार हूँ। पर दोनों के माता-पिता की उपस्थिति के बगैर यह विवाह कैसे होगा ? कन्यादान कौन करेगा ? वर के पिता की जिम्मेदारी कौन निभायेगा ? विवाह एक संस्कार होता है, खेल-कूद नहीं। वर का अर्थ समझते हो? सूर्यदेव का एक नाम वर भी है।"

"और वधू? जो वध करे? आपका प्रवचन सुनने का समय किसी के पास नहीं है। अब जी.एस.बी. और इडिगास की दुनिया से निकलिये अर्चकजी! अरण्या के संस्कृत श्लोकों का उच्चारण सुना है आपने? खैर यह सब छोड़ें। आप कृपया दोनों के विवाह की प्रक्रिया आरंभ करें। यह पूरे गाँव का आदेश है।" गौतम माल्या के स्वर में झुँझलाहट भड़क उठी।

"मैं श्रीवेणुगोपाल स्वामी के आदेश का गुलाम हूँ, गाँववालों का नहीं। विवाह के लिये दोनों पक्षों का होना अनिवार्य है। यह गुड्डा-गुड़िया का विवाह नहीं। इसे मजाक-परिहास नहीं बनाएँ।'' युवक गौतम माल्या के आवेश पर विष्णुमूर्ति भट्ट को भी तमक आ गयी। यह नालायक़ लड़का गौतम, जो स्वयं अपने परिवार की नाक कटा चुका है, अभी कितना उछल रहा है। परिस्थिति को सँभालने के अंदाज़ में पंचायत सदस्य ममता जगदीश ने विष्णुमूर्ति की भभक पर पानी छिड़कते हुए कहा, ''अगर इनके माता-पिता विवाह के लिये राजी होते, तो क्या ऐसी नौबत ही आती ?''

''मैं समझता हूँ ममता। तुम नदी में कुआँ मत खोदो। कई पुश्तों से हमारा खानदान श्रीवेणुगोपाल स्वामी की सेवा में है। मुझसे अनीति का काम नहीं हो सकता। शिकारी ब्याह कराने के लिए मैं यहाँ नहीं बैठा हूँ। तुम्हें मालूम है कि इन दोनों के लापता हो जाने के बाद से कई बार दोनों के माता-पिता मंदिर की चौखट पर आकर सिर पटक चुके हैं।'' झल्लाये विष्णुमूर्ति भट्ट को शांत करने के लिये ममता ने आगे कुछ कहना ही चाहा कि विष्णुमूर्ति ने अनसुनी की भंगिमा में आवेश से सिर झटकते हुए कहा, ''ममता! भवानी भी अपनी आँखें किसी को नहीं देती हैं। तुम लोगों के दबाव में

अंधा होकर यह काम तो मैं हरगिज नहीं करूँगा। भगवद्धाम जाऊँगा, तो इस अपराध का क्या जवाब दूँगा? जरा सोचो कि बिना निश्चय तामुलम[1], नंदीपूजन[2] और हवन[3] के मैं कैसे यह विवाह करा दूँ। इन दोनों को शह देकर तुम लोग उचित नहीं कर रहे हो।'' कहते हुए विष्णुमूर्ति भट्ट ने अग़ल-बग़ल नज़रें दौड़ायीं। वे भाँप गये कि ग्रामीणों की भीड़ को चीरकर निकल पाना संभव नहीं है। उन्होंने यह भी ग़ौर किया कि उनकी बातों की प्रतिक्रिया भीड़ पर अच्छी नहीं हुई है। गौतम माल्या ने खीजकर कैंटीन परियार से कहा, ''याद है, 'मालगुडी सीरियल' का 'मंदिर का बुड्ढा' वाला एपिसोड ? विष्णुमूर्ति भट्ट में ठीक उसी तरह इनके परबाबा का भूत घुसा हुआ है।'' गौतम की बात सुन गुरुवय्या परमेश्वरय्या संजय उर्फ़ बोट संजय ने मुस्कराकर दाद देते हुए कहा, ''वाह ! क्या कमाल याद किया तुमने गौतम। ठीक वही मालगुडी सीरियल का टैक्सी ड्राइवर दास, जिसके ऊपर एक प्राचीन मंदिर के बूढ़े पुजारी की आत्मा सवार हो जाती है और कमर झुकाकर उसी जर्जर बूढ़े पुजारी की तरह काँपती आवाज में ड्राइवर दास कहता है, कहाँ हैं मेरे जमाने के लोग ? ऐसा जमाना आया कि कोई ईश्वर को नहीं पूजता। जो राजा विष्णु वर्मा हर साल यहाँ आता था, वह भी अब नहीं आता। मैं क्या करूँ? मैं कृष्णमूर्ति भट्टर इस मंदिर का निर्माता...?'' बोट संजय ने एक मँजे कलाकार की भाँति उस पूरे डायलॉग को हू-ब-हू पेश कर दिया।

गाँव के लोगों ने उसके लंबे नाम को संक्षिप्त रूप दे रखा है–जी.पी. संजय उर्फ़ बोट संजय। वह अद्‌भुत हास्यावतार है। अगुम्बे घाटी के पास 'सनसेट प्वाइंट' से थोड़ी ही दूर आगे पहाड़ की तलहटी में कैंटीन परियार के टी-स्टॉल के ठीक सामने एक प्राचीन नागचौड़म्मा झील है। संजय इसी झील का बोटमैन है। बोटिंग के संग-संग वह पर्यटकों का ख़ासा मनोरंजन भी करता है। संजय की डायलॉग प्रस्तुति पर हँसी से दोहरे होते हुए गौतम माल्या ने कहा, ''संजय! बुड्ढा झंपाली अभी सिद्धांत बघार रहा है लेकिन पूछो पुराने लोगों से कि जवानी में कैसा रसिया रहा है यह अर्चक विष्णुमूर्ति भट्ट। अरे, इस गाँव में कलाकारों की कमी नहीं है संजय। इसलिये मालगुडी-डेज़ की शूटिंग के भले वर्षों बीत गये हों लेकिन बराबर एक न एक एपिसोड यहाँ होता ही रहता है।'' कैंटीन परियार को मानो सहसा कुछ कौंध गया। अपनी सुपरिचित नाटकीय भंगिमा में परियार ने कहा, ''याद है, उस एपिसोड में मंदिर के बुड्ढ़े का नाम कृष्णमूर्ति भट्टर

1. निश्चय तामुलम : कर्नाटक की संस्कृति में जब वर-वधू पक्ष विवाह के लिये सहमत हो जाते हैं, तो पान के पत्ते पर सुपारी रखकर विवाह को विधिवत तय किया जाता है। इस अवसर पर जहाँ वर पक्ष की ओर से वधू के लिये साड़ी-ब्लाउज, आभूषण, नारियल व मिष्ठान्न प्रस्तुत किया जाता है, वहीं वधू पक्ष वर के लिये धोती, सोने की अँगूठी, नारियल एवं मिष्ठान्न भेंट करता है। पंडितगण मंत्रोच्चार के संग इस अवसर को उत्सवित करते हैं। इसके पश्चात वर-वधू की कुंडली मिलाई जाती है ताकि विवाह की तिथि सुनिश्चित की जा सके।
2. नंदी पूजन : जब विवाहोत्सव के कुछ दिन शेष रह जाते हैं, तो 'नंदी पूजा' की जाती है ताकि बिना किसी विघ्न-बाधा के विवाह संपन्न हो जाये। पूजा घर में चावल के एक छोटे-से ढेर पर ताँबे के कलश और नारियल को रख विवाहोत्सव संपन्न होने तक कलश की आरती की जाती है। इसके पश्चात विवाह का प्रथम न्योता यानी आमंत्रण-पत्र ईश्वर को दिया जाता है।
3. हवन : विवाह के दिन वर-वधू के निवास पर विवाह के पूर्व हवन-कार्य संपन्न होता है।

था और उसकी दिवंगत पत्नी का नाम सीता। अपने अर्चकजी का नाम कृष्णमूर्ति की ही तर्ज़ पर विष्णुमूर्ति है और पत्नी का नाम सुनंदा। अगुम्बे परमानेंट मालगुडी है भाई।'' परियार ने ज़ोरदार ठहाका लगाया। उधर ममता फिर नये सिरे से विष्णुमूर्ति भट्ट को समझाने की कोशिश कर रही थीं, ''हम इन दोनों के माता-पिता को क्या मना नहीं लेंगे ? आपको क्या ऐसा नहीं लगता ?'' चन्द्रू ने ममता के समर्थन में पूरी हुमक के साथ हासन की काली टोपीवाला सिर हिलाया। गुरुनाथ लगातार कुछ बुदबुदाते हुए मंदिर को बार-बार प्रणाम कर रहा था।

ममता और विष्णुमूर्ति के संवाद को चुपचाप देर से सुन रहे विश्वनाथ बायर की आँखें अब तक सुर्ख़ हो उठी थीं। ममता को किनारे कर तीव्र आवेश में उन्होंने ऊपर से नीचे तक विष्णुमूर्ति को घूरते हुए कहा, ''पंडित! तुम टेलिग्राफ मास्टरी से कभी ऊपर नहीं उठ पाये। तुम्हारी टेलिग्राफ वाली बोली-बानी सुनने यहाँ कोई नहीं आया है। जिद के गाछ न बनो। तुम खुली आँखों से देख रहे हो न कि इन दोनों के संग पूरा गाँव यहाँ खड़ा है। यही है निश्चय तामुलम। यही है नंदी पूजन और हवन। और समस्त गाँव ही क्या...ये पुलिसवाले भी... ।'' विश्वनाथ बायर ने विद्युत गति से मुड़कर भीड़ के एक कोने में खड़े हो बातचीत कर रहे पुलिसवालों की तरफ़ देखा, ''इन दोनों के माता-पिता द्वारा दर्ज शिकायत पर ही इन पुलिसवालों ने अगसरकोणे गाँव के जंगली हिस्से में छापामारी कर इन्हें पकड़ा। लगभग एक महीने से ये दोनों बच्चे पता नहीं कैसे हिम्मत बाँधकर वहाँ जंगल की पुरानी डाकिन्या गुफा में छिपकर रह रहे थे। डाकिन्या गुफा के बारे में किसे नहीं मालूम कि आज भी वहाँ एक विकराल डाकिनी रहती है, जिसके नाचने की आवाज साँझ गहराते ही अगसरकोणे के जंगल में गूँजने लगती है। वैसे, डाकिनी और भूत-प्रेत तो भूतेश्वर के अनुचर ही हैं। पर एक पल भी रह सकोगे उस डाकिन्या गुफा में? चकोर-चकोरी सरीखा प्रेम है इनका। प्रेम के पागलपन में ही ये दोनों एक महीने तक उसमें छिपे रहे। गाँववालों को जब पता चला कि पुलिस इन्हें गिरफ्तार कर ले जा रही है, तो आँधी-तूफान की तरह दौड़कर सबने पुलिस दल को घेर लिया। यह क्या तमाशा है ? अरे भाई, दोनों बालिग हैं और आपस में राजी-खुशी हैं। इनके माता-पिता के सिर पर पता नहीं क्यों वज्र गिर रहा है। आज से पूरा समाज इन दोनों का अभिभावक है।'' फिर एक क्षण रुककर स्वयं को तनिक सहज करते हुए विश्वनाथ बायर ने आगे कहा, ''विष्णुमूर्ति ! ये शुभंकर एकदम ओल्लेय हुडुगु...बहुत अच्छा लड़का है। प्रतिभाशाली बच्चा! और यह लड़की अरण्या...! अवलु इंपागि हाडुत्ताले...अद्‌भुत मीठा गाती है। याद है न पिछले ब्रह्मरथोत्सव के मौक़े पर आयोजित नाटक 'बुद्धिलीला' में शुभंकर और अरण्या ही कृष्ण एवं राधा बने थे। परियार के मार्गदर्शन में शुभंकर ने ही उस नाटक का निर्देशन भी किया था। पिछले दो वर्षों से ब्रह्मरथोत्सव के अवसर पर आयोजित नाटक का निर्देशक यही लड़का रहता है। हरिदासों के अनगिनत कीर्तनों से लेकर पंप, कनक दास और अल्लम प्रभु सरीखे प्राचीन कन्नड़ संत-कवियों की बहुत-सी रचनाएँ जाने इसे कैसे कंठस्थ हैं। मैं तो अचरज में रहता हूँ। शायद यह सब इसने अपने पूजा-पाठी पिता पद्‌माकर से पाया है। मुझे तो कभी-कभी लगता है कि इसे समुचित प्रोत्साहन मिले तो यह भावी शंकरनाग है।'' विश्वनाथ बायर की इस

बात पर पंखा गणपति स्वयं को पंखा झलते हुए झूम पड़ा, "अहा, पिछली बार मोर की क्या विलक्षण सज्जा की थी शुभंकर ने...! राधाजी मोर को ढूँढ़ रही हैं और नृत्यरत श्याम सुंदर मोर लीला करते प्रकट होते हैं... । अरे भाई ! जो नाचेगा वही बचेगा ।" पंखा गणपति गाते हुए लगभग नृत्य की भंगिमा में आ गया, "कान्हा मोर बन आयो...राधा प्यारी ने बुलायो... ।" पंखा गणपति आगे और सुर लगाता कि विश्वनाथ बायर ने उसे झड़पकर चुप करते हुए विष्णुमूर्ति भट्ट से कहा, "अरे तुम मेरा मुँह क्या देख रहे हो ? अब जल्दी से शालिग्राम को वैवाहिक सामग्री की सूची लिखवाओ ।"

विश्वनाथ बायर को अगुम्बे का उलि[1] कहा जाता है । बायर की सुर्ख़ गुर्राहट ने विष्णुमूर्ति भट्ट को सहमा दिया । बायर की तमक हाबु[2] का दाँत है । एकदम विष बुझा । विष्णुमूर्ति भट्ट के चेहरे पर क्षणांश के लिये असहायता की लकीरें उभरीं और वे अनमने कातर भाव से शालिग्राम को वैवाहिक सामग्री की सूची लिखवाने लगे, "नारियल... पान...सुपाड़ी...थोड़ा चावल...ताँबे का कलश...वर-वधू...दोनों के लिये सिल्क चादर...। इसके अलावा कन्या के वास्ते नवाड़ी साड़ी[3], हरी चूड़ियाँ...संभव हो तो मंगलसूत्र... और वर के लिये धोती...अंगवस्त्रम्...फेंटा...पगड़ी...बस यही सब... ।" विष्णुमूर्ति भट्ट लगभग एक साँस में पूरी सूची लिखवा गये । अब तक पूरी तरह सहज हो चुके विश्वनाथ बायर ने ज्योतिषाचार्य पंडित शतानंद शास्त्री और अवकाशप्राप्त प्रधानाचार्य पी.एम. कृष्णमूर्ति हेब्बार की तरफ़ मुड़कर कहा, "कन्नड़ विवाहों से सरल और आनंदपूर्ण विवाह शायद ही देश के किसी अन्य प्रांत में होता है । अन्य प्रांतों में रात को विवाह होता है। पर कर्नाटक में सुबह से दोपहर के पहले तक विवाह संपन्न हो जाता है।" बहरहाल, भीड़ के लोग अब उल्लसित भाव में थे । पर विष्णुमूर्ति भट्ट अभी तक खिन्नता से उबर नहीं पाये थे । उन्होंने मूर्छित स्वर में विश्वनाथ बायर से कहा, "विश्वनाथ भाई ! हाथी के संग गन्ना चूसने की मूर्खता भला कैसे कर सकता हूँ। बस आपकी बात मैं रख रहा हूँ ननगित नीनु दौड्डवनु...आप बड़े हैं मुझसे...हर तरह से...आनेगिंत कुदुरे सण्णहु...कौन नहीं जानता कि हाथी से घोड़ा छोटा होता है । विवाद करना मेरे नक्षत्र में नहीं है।"

कैंटीन परियार ने वातावरण को सहज-स्वाभाविक करने के लिए छूटते हुए मुसककर कहा, "भट्टजी! यह ऐतिहासिक विवाह है, जिसमें वर-वधू को गिरफ़्तार करने आये पुलिसवाले भी बराती बन चुके हैं ।" विष्णुमूर्ति भट्ट ने तनिक खिन्न स्वर में कहा, "ये बाराती क्या खाक ब़नेंगे? तुम लोगों ने तो पुलिसवालों को शादी की घोड़ी बना दिया।" पंखा गणपति बड़ी बेतकल्लुफ़ी से खुद को पूर्ववत् पंखा झलते हुए बोला, "बात को समझने की कोशिश कीजिये। यह आषाढ़ की आँधी है अर्चकजी ! नवीन संदेश लेकर आयी है। समय रहता तो येत्तिन गाड़ी[4], मोटर गाड़ी या घोड़ी क्या, लड़के को आने[5] पर सवारकर यहाँ लाते ।" वर की सवारी के लिये हाथी की चर्चा सुनकर अवकाशप्राप्त प्रधानाचार्य कृष्णमूर्ति हेब्बार के गंभीर चेहरे पर मुस्कान कौंध गयी । विशालकाय सुसज्जित द्रोण सूँड और कान हिलाता अनायास जैसे उनके सामने आ खड़ा हुआ । गप्पी पंखा गणपति ने भले कहने को कह दिया लेकिन आज के मोटर-विमान युग में अब हाथी का वह

1. शेर, 2. साँप, 3. विवाह के अवसर पर पहनी जानेवाली कन्या की साड़ी, 4. विवाह के अवसर पर बैल या साँड द्वारा खींची जानेवाली पुष्प और आम्रपल्लव से सुसज्जित गाड़ी, 5. हाथी

पुराना रुतबा कहाँ। यों शिमोगा में आज भी एक 'सकरेबैलू एलीफेंट कैंप' है। यह वन विभाग के अंतर्गत है और इसमें 18 हाथी हैं। शिमोगा के जंगलों में आज भी हाथियों की कमी नहीं है। लगभग 643 वर्ग किलोमीटर में फैले 'नागरहोले टाइगर रिज़र्व' में भी हाथियों की बहुतायत है। लेकिन पिछले कई सालों से प्रचंड सूखा पड़ने के कारण शरीर से अत्यधिक पानी निकलने और आँत में संक्रमण की वजह से बड़ी तादाद में हाथियों की मौत की ख़बरें अख़बारों में आती रही हैं। पानी की तलाश में कर्नाटक के जंगल से निकल ये हाथी सीमावर्ती तमिलनाडु के मुदुमलई और केरल के वायनाड के जंगलों में चले जाते हैं। ये तभी लौटते हैं जब कर्नाटक में पर्याप्त वर्षा होने लगती है। पहले तो मलनाड से गोवा और महाराष्ट्र तक 'एलीफेंट कॉरीडोर' था। अर्से से वह बाधित है। इसलिये जहाँ जो हाथी हैं, गाँव और खेतों में उपद्रव मचाते रहते हैं। इनको क़ाबू करेगा कौन? हाथी पकड़ने के लिये सरकार की अनुमति चाहिये। पर हाथी पकड़ने और रखने की औक़ात आज कितनों की है। हाँ, कुछ मठों में आज भी हाथियों को अवश्य पूरी साज-सज्जा से रखा जाता है। मठों को कमी ही क्या है। शिमोगा का 'होम्बुजा क्षेत्र मठ' जो जैन मठ है, वहाँ का हाथी विशाल टीले जैसा है। मठवाले उसे हमेशा दूल्हे की तरह सजा-बजाकर रखते हैं। पर उसमें द्रोण वाली बात कहाँ। अदभुत था द्रोण!

हेब्बार महाशय वर्षों पहले के उस दृश्य में पहुँच गये जब कस्तूरी राव से विवाह के लिये उनके स्कूल के सहायक शिक्षक डी.वी. जयंत राव की बारात अगुम्बे से तीर्थहल्ली के लिये पूरे तामझाम से निकली थी । वह जेठ का महीना था । कृष्णमूर्ति हेब्बार को तारीख़ तक याद है–5 जून । पर साल कौन-सा था, यह पक्का याद नहीं । सन् 1970 या 1971 में से कोई साल । कृष्णमूर्ति हेब्बार को 5 जून का स्मरण इसलिये रहता है, क्योंकि स्वयं उनके विवाह की तिथि 6 जून और वर्ष 1963 है । यानी अपने विवाह की तिथि से ठीक एक दिन पूर्व। साल का भले ही अंतर हो । कृष्णमूर्ति के पिता का निधन बहुत पहले हो चुका था । बचपन से आर्थिक तंगी से जूझते हुए मेधावी कृष्णमूर्ति हेब्बार ने जब स्नातक की परीक्षा उत्तीर्ण कर ली, तो उडुपि तालुका अंतर्गत के अपने गाँव पेरूडुरू स्थित स्कूल में ही बतौर शिक्षक उनकी नौकरी लग गयी । यह स्कूल उडुपि के ऐन बग़ल में स्थित मणिपाल की 'मणिपाल एकेडेमी ऑफ़ जनरल एजुकेशन' द्वारा संचालित है । कुछ ही वर्षों में अपनी कर्तव्यनिष्ठा के कारण युवा तुर्क कृष्णमूर्ति पेरूडुरू के उस स्कूल में सहायक प्रधानाचार्य के रूप में प्रोन्नति पा गये । इस बीच उनके विवाह के लिये उनकी माँ के पास अनगिनत प्रस्ताव आये । पर आख़िरकार उनकी माँ को पुत्रवधू के रूप में पसंद आयीं पद्मा, जो पेरूडुरू गाँव की ही थीं। शालीन कृष्णमूर्ति आज भी जब अपने वैवाहिक प्रसंग को याद करते हैं, तो बिहँसकर कहते हैं, "अंततः लोकल कैंडिडेट की जीत हुई ।" पर विवाह के दो ही साल बाद यानी सन् 1965 में कृष्णमूर्ति हेब्बार को पुनः एक प्रोन्नति स्थानांतरण के संग मिली और वे अगुम्बे स्थित एस.वी.एस. हाईस्कूल के प्रधानाचार्य बनाकर भेज दिये गये । अगुम्बे स्थित यह 'श्रीवेणुगोपाल स्वामी उच्च विद्यालय' जो इस इलाक़े में एस.वी.एस. हाई स्कूल के रूप में ख्यात है, की स्थापना 27 जून, 1965 को हुई थी। स्कूल का उद्घाटन डॉ. टी.एम.ए. पई ने किया था, जिन्होंने मणिपाल को शिक्षा के क्षेत्र में विश्वफ़लक पर

लाया था। वर्षावन के बीच स्थित गाँव अगुम्बे में एक उच्च विद्यालय हो, इसकी कल्पना दरअसल महान शिक्षाविद् डॉ. पई ने ही की थी। एक बार अगुम्बे होकर गुज़रते हुए डॉ. पई तब अत्यंत क्षुब्ध हुए थे जब उन्हें पता चला कि इस गाँव के अधिकांश बच्चे मिडल स्कूल से निकलने के बाद पढ़ाई इसलिये छोड़ देते हैं क्योंकि हाईस्कूल इस गाँव से लगभग 15 किलोमीटर की दूरी पर मेगरावल्ली में स्थित है। मलनाड अंचल के इस ग़रीब गाँव के मात्र दस प्रतिशत अभिभावकों की आर्थिक क्षमता है कि वे बस भाड़ा देकर प्रतिदिन अपने बच्चे को मेगरावल्ली हाईस्कूल में भेज सकें। लिहाजा, डॉ. पई की पहल पर इस गाँव के श्रीमंत डी.एस. विजयेंद्र राव की अध्यक्षता में एक एजुकेशन सोसाइटी 'अगुम्बे शिक्षण संस्था' का गठन हुआ। इत्तफाक से लगे हाथ कर्नाटक सरकार ने भी अगुम्बे में एक हाईस्कूल की स्वीकृति दे दी। इस तरह श्रीवेणुगोपाल स्वामी के नाम पर हाईस्कूल आरंभ हो गया। शुरू में एक वर्ष तक कक्षाएँ श्रीवेणुगोपाल कृष्णास्वामी मंदिर के परिसर में लगती रहीं। बाद में इसका अपना भवन बना। अगुम्बे के मूल निवासी और गोवा में होटल व्यवसाय के बड़े कारोबारी वी.पी. शानबाग ने भी स्कूल को भरपूर आर्थिक सहयोग दिया। सरकारी होने के बावजूद अर्से तक अगुम्बे का यह उच्च विद्यालय 'मणिपाल एकेडेमी ऑफ़ जनरल एजुकेशन' के संरक्षण में था। स्कूल की प्रबंध समिति के अध्यक्ष थे गाँव के पुराने साहूकार-ज़मींदार परिवार के मुखिया डी.एस. विजयेंद्र राव। दौलतमंद दिल के इन्सान। उन्हीं के सबसे बड़े लड़के डी.वी. जयंत राव स्कूल में सहायक शिक्षक थे, जिनकी बारात में कृष्णमूर्ति हेब्बार अगुम्बे से तीर्थहल्ली गये थे। अगुम्बे से तीर्थहल्ली कोई ज़्यादा दूर नहीं है, मात्र 20 किलोमीटर।

अगुम्बे में रहते हुए कृष्णमूर्ति हेब्बार को अब तो पाँच दशक से अधिक हो रहे हैं। प्रधानाचार्य पद पर योगदान के तीन साल बाद ही एक बना-बनाया घर खरीदकर वे यहाँ के स्थायी निवासी भी हो गये थे। दरअसल, अगुम्बे मेन रोड पर ब्रजमोहन शेनॉय का घर था, जिसके अगले हिस्से में शेनॉय इडली-डोसा और कॉफ़ी बेचा करते थे और पीछे वाले हिस्से में परिवार के संग रहते थे। ब्रजमोहन का बेटा मंगलूर में नौकरी करता था और घर लेकर वहीं बस गया था। बाद में ब्रजमोहन शेनॉय ने भी बेटे के पास मंगलूर जाने का फैसला किया। अगुम्बे स्थित अपना घर बेचने को व्यग्र ब्रजमोहन से मात्र 5 हजार रुपये में कृष्णमूर्ति हेब्बार की बात बन गयी। इस नन्हे-मुन्ने घर का हलका-फुल्का जीर्णोद्धार कराकर कृष्णमूर्ति जो इसमें आये, तो आज तक यहाँ सुकून में हैं। अभी भी इस घर की अस्सी-नब्बे साल पुरानी चौकठ की नक्काशी देखते बनती है। साल के तीन-चार महीने कृष्णमूर्ति भले अपने मूल ग्राम पेरूडुरू या अपने बच्चों के पास जाकर व्यतीत करते हों, लेकिन शेष आठ महीने वे जंगल और बादलों के बीच मोर-मगन अगुम्बे के अपने घर में पत्नी के संग रमे रहते हैं। वैसे, सन् 1965 में जब वे पहली बार यहाँ आये थे, तो आने के पहले अगुम्बे के बारे में उन्होंने बहुत कुछ सुना था। मसलन यह कि अत्यधिक वर्षा के कारण चेरापूँजी के बाद देश में इसी गाँव का स्थान है और यह भी कि अगुम्बे का समीपवर्ती जंगल नागराज कोबरा की संततियों से भरा पड़ा है। इसलिये प्रोन्नति के संग अगुम्बे के लिये स्थानांतरण आदेश पाकर उस समय कृष्णमूर्ति हेब्बार प्रसन्नता और उद्विग्नता के मिश्रित भाव में थे।

उनकी माँ और पत्नी पद्मा ने बारंबार कसम के साथ हिदायत दी थी कि शाम और मुँह-अँधेरे वे वहाँ किसी सूरत में भी घर से बाहर नहीं निकलेंगे। शाम से अगले दिन किरण फूटने के पहले तक का समय नागराज कोबरा के विचरण का होता है। उसका डँसा पानी भी नहीं माँगता। पद्मा गहरी चिंता में थीं कि पता नहीं उनकी चूड़ियाँ सलामत रह पाएँगी या नहीं। इसलिये वे शुरू में ज़िद पर अड़ी थीं कि वह उनके संग वहाँ चलेंगी। पर कृष्णमूर्ति हेब्बार ने पद्मा को समझाया था कि अभी तो उन्हें खुद ही नहीं मालूम कि वे वहाँ कहाँ रहेंगे। पद्मा को उन्होंने भरपूर दिलासा दी थी कि ठीक-ठाक घर की व्यवस्था होते ही वे अवश्य उन्हें अगुम्बे ले जाएँगे। अगुम्बे में अनवरत वर्षा की कहानी सुन कृष्णमूर्ति हेब्बार ने बड़ी मुस्तैदी से नयी छतरी और बरसाती उडुपि बाज़ार जाकर ख़रीद ली थी। पर कोबरा? पद्मा ने तो ख़ैर उनके समझाने पर किसी तरह जी कड़ा कर लिया था लेकिन माँ उनकी नज़र बचाकर धारोंधार रोती रही थीं। बेटा कोबरा के मुँह में जा रहा था। एक सुबह बहुत विकल होकर माँ ने जाने के पहले उनसे कहा था, "कृष्णा! जान हथेली पर लेकर नौकरी करना जरूरी है क्या?" पर कृष्णमूर्ति हेब्बार ने उन्हें झिड़क दिया था, "अगर ऐसा रहता माँ, तो उस गाँव के सभी लोग कोबरा के पेट में रहते। गाँव रहता ही नहीं।" कृष्णमूर्ति हेब्बार के बड़े भाई ने भी माँ को भरपूर परितोष दिया पर उनके आँसू रुके नहीं।

नाना आशंकाओं से घिरे कृष्णमूर्ति हेब्बार जब अगुम्बे पहुँचे तो बरबस उन्हें लगा, मानो वे आनंदधाम पहुँच गये हों। पर्वत की चोटी पर बसे इस गाँव की रौनक़ ही उन दिनों कुछ और थी। उस समय नहीं कुछ भी तो गाँव की आबादी एक हज़ार के क़रीब थी। अब तो यहाँ मुश्किल से आठ-साढ़े आठ सौ लोगों के नाम मतदाता सूची में हैं। गाँव के आधे लोग तो बेंगलूर, बीजापुर और मंगलूर-मैसूर से लेकर मुंबई तथा चेण्णै में नौकरी करते हैं। हम्पी-हुबली, हासन-होसपेट तथा कुर्ग और बदामी में भी गाँव के अनेक लोग सरकारी नौकरियों में पदस्थापित हैं। अगुम्बे निवासी मनोहर एस. राव को ही लीजिये। बतौर ज्योतिषी मुंबई में उनका ख़ासा नाम है। इसी विद्या से कमाकर उन्होंने हाईस्कूल के पिछवाड़े में आधुनिक डिजाइन का कितना सुंदर घर बनवाया है। विश्वनाथ बायर कभी-कभी कहते हैं, "हमारे ज्योतिष भूषण पंडित शतानंद शास्त्री के आगे ज्ञान में बच्चा है मनोहर राव। पर आज क्या कुछ नहीं है उसके पास।"

वैसे एक मनोहर राव ही नहीं, विभिन्न पेशों में विभिन्न जगहों पर इस गाँव के ऐसे कई लोग हैं। हाँ, इतना अवश्य है कि अगुम्बे का ग्रामीण चाहे दुनिया के किसी कोने में हो, अपने माता-पिता की वार्षिकी, नवरात्र-दशहरा और ब्रह्मरथोत्सव में लाख काम छोड़कर भी गाँव पहुँचता ही है। आपस का यही अटूट बंधन इस गाँव का रस-रूप और प्राण है। अर्थयुग की इस विश्वव्यापी अनंत गाढ़ी कालिमा में भी प्रेम का यह अभेद्य दुर्ग इसलिये पर्वत की नाक पर टिका हर हाल में मुस्कराता रहता है। अगुम्बे के पुराने ज़मींदार-साहूकार डी.वी. वासुदेव राव के वंशजों को ही लें, तो भले ही रोज़ी-रोज़गार के सिलसिले में इस परिवार के अधिकांश सदस्य देश-दुनिया में फैले हों, लेकिन अगुम्बे मेन रोड पर स्थित उनका डेढ़ सौ साल पुराना गाँव का विशालतम दोमहला घर दोड्डमने आज भी अपने 75 से अधिक पारिवारिक सदस्यों की अनूप

छतरी है। दो-दो कुएँ हैं इस घर में। अंदर ही एक गौशाला भी। 'वज्रगारे' यानी मिट्टी, जागरी, चूना तथा पत्थर की दो फीट मोटी दीवारों और रोज़ व टीकवुड से निर्मित चौखट व खिड़की-किवाड़ोंवाले दोड्डमने के सभी सदस्यों का अपनापा वज्र की तरह मज़बूत है। कहते हैं, कभी संत विश्वेश्वरय्या ने यहाँ रुककर इस घर पर विशेष कृपा बरसायी थी। इसलिये गाँव में पैसेवाले आज भले कई लोग हो गये हों, लेकिन इस पुराने ज़मींदार परिवार का अभी भी बहुत सम्मान है। इसी तरह आपस की एकजुटता से ही लक्ष्मीनारायण माल्या का परिवार कहाँ से कहाँ पहुँच गया। एकदम रंक से राव। चावल के व्यवसाय से लेकर जंगल की ठेकेदारी तक में इस परिवार का पूरे इलाक़े में दबदबा है।

दशकों पहले इस गाँव के स्व. बाबूराव माल्या एक सर्वसाधारण किसान थे। उनके बेटे व्यंकटेश माल्या भी खेती-बाड़ी से ही किसी तरह गृहस्थी की गाड़ी खींचते रहे थे। व्यंकटेश के चार बेटे हुए-लक्ष्मीनारायण, कृष्ण, गणेश और देवराय। बड़े बेटे लक्ष्मीनारायण सचमुच नाम के अनुरूप निकले। अपनी सूझबूझ और कठोर परिश्रम से लक्ष्मीनारायण ने परिवार को देखते-देखते आकाश लगा दिया। आज दोड्डमनेवालों से कहीं बीस ही पड़ता है यह परिवार। पर यह 'दोड्डमने' या माल्या परिवार की तुलना नहीं है। जो परिवार जितने में है, साथ और खुश है। गाँव के स्व. परमेश्वरय्या के बेटे जी.पी. संजय उर्फ़ बोट संजय को ही ले लीजिये। उसने विवाह नहीं किया है। चार भाइयों में सबसे छोटा संजय ही गाँव में रहता है। बाक़ी के तीनों भाई बाहर नौकरी करते हैं। पर बोटमैन संजय अपने संयुक्त परिवार का समर्पित नाविक है। पर्व-त्यौहार और मौक़ा मुनासिब जब सभी भाई परिवार समेत गाँव में जुटते हैं, तो संजय दिलोजान से हाज़िर रहता है। इसलिये कृष्णमूर्ति हेब्बार के मन में कई बार यह ख़याल आया है कि अगर कोई समाजशास्त्री उनसे परिचित होता, तो वे अवश्य इस गाँव की अटूट संयुक्त परिवार परंपरा पर शोध का निवेदन करते। और सबसे अद्भुत कि यह संयुक्त भाव मात्र अपने परिवार तक ही सीमित नहीं है। कुटुंब संस्कृति की इसकी विराट छतरी परायों को भी अपने भीतर कुछ इस दुलार से समेट लेती है कि कोई नवागंतुक जितने दिन अगुम्बे में रुकता है, अगुम्बेवासी बनकर ही सोचता है।

कृष्णमूर्ति हेब्बार को अथर्ववेद का 'पृथिवी-सूक्त' इस गाँव के लिये एकदम उपयुक्त लगता है...'यह वही भूमि है जिस पर आनंद भरी किलकारी से अपने कंठ को निनादित करनेवाले मानव उमंग से गाते और नाचते हैं।' सचमुच, यही है अगुम्बे! यही है इसका चरित-चरित्र। संचार क्रांति, बाज़ारवाद और उपभोक्ता संस्कृति के इस भीषण पागल समय में गहरी प्राचीन मानवीयता और पारिवारिकता को कुछ इस यत्न से बचाये हुए है यह गाँव, जिससे एक भरपूर पुष्ट समाज बनता है। अगुम्बे पुस्तकों में सिमट चुके उस मोहक प्राचीन भारत का एक जीता-जागता अवशेष है। लगभग पाँच सहस्त्र वर्षों से भारत भूमि के ग्राम व नगर, अरण्य और कृषि क्षेत्र, नदी तट और गिरिकन्दर, नृत्य और संगीत से ओतप्रोत थे। जीवन सहज विनोद और सुख-सौहार्द्र से छलकता था। उसी जनमंगल का अंतिम दुर्लभ अध्याय है यह गाँव। भारतीय संस्कृति की आत्मा को हमेशा के लिये बर्बाद कर देने की तरक़ीब सोचनेवाले लॉर्ड मैकाले का हाथ शायद

इतना लंबा नहीं था, जो इस पर्वत ग्राम को छू पाता। कृष्णमूर्ति हेब्बार को लगता है, मानो उनकी आत्मा जीते जी इस गाँव की माटी से एकमेक हो चुकी है। सरकार द्वारा भी तैनात मुलाज़िम भले यहाँ तबादला होने पर शुरू में चिंतित होते हों, लेकिन जब वे यहाँ आते हैं तो फिर लौटने का नाम नहीं लेते। अगुम्बे प्राथमिक स्वास्थ्य केंद्र के डॉ. अनिकेत के.टी. के संग भी कुछ ऐसा ही हुआ। दावणगेरे के जे.जे.एम. मेडिकल कॉलेज से एम.बी.बी.एस. करने के बाद डॉ. अनिकेत जब सरकारी सेवा में आये, तो उनकी पहली पोस्टिंग अगुम्बे हुई। पर यहाँ पदस्थापन का आदेश पाकर वे ख़ासे दुखी हुए। अब बीते कई वर्षों से डॉ. अनिकेत अगुम्बे के अंग बन चुके हैं। गाँव के लोग आनंद में उन्हें डॉ. अगुम्बे अनिकेत कहते हैं। हालाँकि, हेल्थ सेंटर पर साधन के संकट को लेकर उन्हें कई बार झुँझलाहट होती है पर सच है कि डॉ. अनिकेत का जब भी यहाँ से तबादला हुआ है, तो कोशिश करके उन्होंने उसे रद्द करवाया है। तबादला रुकवाने में उन्हें मुश्किल इसलिये नहीं हुई है, क्योंकि कोई डॉक्टर यहाँ आना नहीं चाहते और वे यहाँ से जाना नहीं चाहते। पर डॉ. अनिकेत तो कृष्णमूर्ति हेब्बार के बहुत बाद यहाँ आये।

अब तो अगुम्बे बस स्टैंड के समीप 'माल्या रेसीडेंसी' और 'चेरापूँजी होटल' सरीखे एकाध छोटे-मोटे होटल व रेस्ट हाउस भी यात्रियों के लिये खुल गये हैं। हालाँकि, कर्नाटक के तीन प्रमुख जिलों शिमोगा, चिकमंगलूर और मंगलूर की सीमा पर होने के कारण यह गाँव सदैव लोगों की आवाजाही के मध्य रहा है। पर पाँच दशक पहले कृष्णमूर्ति हेब्बार जब यहाँ स्कूल में योगदान देने आये थे, तो उन दिनों बाहरी लोगों के रुकने के लिये यहाँ कुछ भी नहीं था। उडुपि में उनके कुछ परिचितों ने इस अत्यंत पिछड़े गाँव के बारे में उन्हें बताया था, जो शृंगेरी जाने के क्रम में इधर से गुज़रे थे। इसलिये पेरुडुरू में बस पर बैठने के बाद रास्ते भर कृष्णमूर्ति इसी चिंता में उलझे रहे थे कि वहाँ उतरकर वे अपना बोरिया-बिस्तर कहाँ डालेंगे। स्कूल परिसर में अगर व्यवस्था होगी भी, तो पता नहीं कैसी होगी? उन दिनों अगुम्बे बस स्टैंड की भी यह शक्ल-सूरत न थी और उस समय इस रूट में इतनी बसें भी नहीं थीं। अब तो अकेले हनुमान बस सर्विस की ही दर्जन भर बसें चलती हैं। इसके अलावा भी और कई कंपनियों की खिलौनां-सी सुंदर अनगिनत बसें। पर उन दिनों सीमित यात्रियों और कम बसों के कारण अगुम्बे बस स्टैंड आज की तरह चहल-पहल से भरा नहीं होता था। तब यहाँ एकमात्र सिद्दलिंगय्या की एक बहुत छोटी-सी चाय-कॉफ़ी की दुकान हुआ करती थी। आज तो बस स्टैंड पर पूरे सज-धज के साथ सरकार द्वारा बंदोबस्ती पर पक्के का रेस्टोरेंट खुला हुआ है और इडली, डोसा, बड़ा, चाय, कॉफ़ी तथा लस्सी की रेलमपेल मची रहती है। अग़ल-बग़ल की भी दो-चार चाय कॉफ़ी की दुकानों की व्यस्तता देखते बनती है। कृष्णमूर्ति हेब्बार जब पहली बार यहाँ बस से उतरे थे, तो उस सुबह बस स्टैंड पर उतरकर उन्होंने सिद्दलिंगय्या की झोपड़ीवाली दुकान में कॉफ़ी पी थी । सिद्दलिंगय्या अब दुनिया में नहीं है, लेकिन उसके बेटे चंद्रप्पा ने अपना कारोबार काफ़ी बढ़ा लिया है । बहरहाल, उस सुबह अगुम्बे बस स्टैंड पर उतरे गिने-चुने स्थानीय लोगों के जाने और कॉफ़ी पीने को उतरे यात्रियों को वापस बिठाकर बस जब फिर से बस स्टैंड को वीरानी में छोड़कर

निकल गयी थी, तो बेडिंग-बक्से के संग वहाँ अकेले रह गये बाहरी यात्री कृष्णमूर्ति हेब्बार के पास एक गठीले बदन का गोरा-चिट्टा और लंबे क़द-बुत का युवक आया, "आप संभवत: श्री कृष्णमूर्ति हेब्बार हैं ?"

सहमति में सिर हिलाने पर सफ़ेद झक्क लुंगी व कमीज़ में सुशोभित युवक ने उन्हें नमस्कार करते हुए कहा, "मैं जयंत राव ! एस.वी.एस. हाईस्कूल में सहायक शिक्षक हूँ। आप हमारे घर चलें। मेरे पिता श्री विजयेंद्र राव आपकी प्रतीक्षा कर रहे हैं। आपका पोस्टकार्ड उन्हें समय से मिल गया था कि आज सुबह बस से आप यहाँ आ रहे हैं।" विजयेंद्र राव की विशाल हवेली 'दोड्डमने' देखकर विस्मित रह गये थे कृष्णमूर्ति। उस समय क्या आल-बाल था दोड्डमने का। विजयेंद्र राव ने हवेली के बरामदे पर पहुँचते ही प्रणामपाती के उपरांत उनकी चिंता दूर कर दी थी, "कृष्णमूर्ति ! ऊपर के कमरे में तुम अपना सामान जमा लो।" उन्होंने अपने बेटे जयंत को संकेत किया कि वह उन्हें ऊपर के कमरे में ले जाये। उस दिन से तक़रीबन डेढ़ वर्ष तक कृष्णमूर्ति दोड्डमने में ही रहे। रहना-सहना, भोजन-पानी सब नि:शुल्क। लोग-बाग आयें, खायें-पियें विजयेंद्र राव को इसकी शगल थी। पर संकोची स्वभाव के कृष्णमूर्ति हेब्बार को यह अच्छा नहीं लगता था कि वे बग़ैर एक पैसा दिये दोड्डमने में रहें और खायें-पियें। वे जानते थे कि पैसे का प्रस्ताव देने पर विजयेंद्र राव बुरी तरह भड़क उठेंगे। लिहाजा, दोड्डमने में डेढ़ साल तक रहने के बाद कृष्णमूर्ति हेब्बार स्कूल परिसर के एक कमरे में इस तर्क के संग रहने चले आये कि परिसर में रहने से स्कूल का काम-काज निपटाने में उन्हें ज़्यादा सुविधा होगी। अगुम्बे स्थित सरकारी इंस्पेक्शन बँगले के चौकीदार को भोजन बनाने के लिये उन्होंने ठीक कर लिया था। स्कूल परिसर में आने के साल-डेढ़ साल बाद ही उन्हें पता चला कि अगुम्बे मेन रोड पर स्थित एक कोंकणी परिवार का घर बिक्री के लिये है। विजयेंद्र राव से उन्होंने अनुरोध किया कि वे गृहस्वामी ब्रजमोहन शेनॉय से बात करें। इस तरह बात बन गयी। मकान की रजिस्ट्री के पश्चात् सामान्य-से जीर्णोद्धार के बाद कृष्णमूर्ति यहाँ परिवार ले आये। अगुम्बे आकर पद्मा भी बहुत खुश हुईं क्योंकि दूर से अगुम्बे को लेकर जो डरावनी छवि उनके मन में थी, वह यहाँ आकर रहने के बाद शीघ्र ही दूर हो गयी।

दोड्डमने परिवार में आने-जाने से भी पद्मा का दिल लगा रहता था। कृष्णमूर्ति हेब्बार को वह सुबह आज तक याद है जब दोड्डमने से निकल रही जयंत राव की शानदार बारात देख पद्मा भी चकित रह गयी थीं। जयंत राव की शादी तीर्थहल्ली के पुराने ज़मींदार के वंशज तीर्थहल्ली जवलि रामकृष्ण राव की बेटी कस्तूरी से तय हुई थी। साधन-संपदा में रामकृष्ण राव किसी भी मायने में विजयेंद्र राव से उन्नीस न थे। तीर्थहल्ली स्थित उनके भारी-भरकम पुश्तैनी निवास का नाम था-तोड्डमने। अंग्रेज़ीदाँ लोग इसे 'गार्डेन हाउस' कहते थे। इसी बगीचे की एक अनुपम पुष्प थीं-कस्तूरी राव। कृष्णमूर्ति हेब्बार को याद है कि बारात के भव्य स्वागत और विवाहोत्सव की शान-शौक़त में रामकृष्ण राव ने कोई कसर नहीं छोड़ी थी। इस मौक़े पर तीर्थहल्ली तालुका ही क्या, शिमोगा जिले के अधिकांश नामचीन दिग्गज मौजूद थे। विजयेंद्र राव ने जब रामकृष्ण राव से पूछा था कि बारात में वे कितने लोगों को लेकर पहुँचें, तो विनम्र भाव से मुस्कराकर

रामकृष्ण राव ने कहा था, "पूरा अगुम्बे। आपके परिवार से सबको प्रेम है, आप भला किसे छोड़ेंगे।" और मोटा-मोटी पूरा गाँव ही चल पड़ा था। बारात को तीर्थहल्ली लिवा लाने के लिये रामकृष्ण राव ने तक़रीबन एक दर्जन घोड़े और दसेक मोटरगाड़ियाँ तो भेजी ही थीं, दूल्हे जयंत राव के लिये शाही ढंग से सुसज्जित 'येत्तिन गाड़ी' और समधी विजयेंद्र राव के लिये चाँदी के हौदे से सुसज्जित हाथी। आज भी अपरा नायक से जब कभी कोई यह प्रसंग छेड़ देता है, तो उस वक़्त उनके आनंद का कोई ओर छोर नहीं रहता है। अपरा यह कहते हुए हँसी से लोट-पोट होने लगते हैं कि कैसे मोटरकार में पहली बार बैठ रहे कुछ ग्रामीण बग़ैर गेट खोले खिड़की से अंदर घुसने की चेष्टा में निढाल हो गये थे। बहरहाल जो भी हो, कुल मिलाकर यह दो राजपरिवारों के बीच हुए रिश्ते जैसा परम भव्य दृश्य था। तीर्थहल्ली से लेकर अगुम्बे तक के लोगों ने अचरजपूर्ण उल्लास के संग कहा था, "न भूतो, न भविष्यति।" वाक़ई यही हुआ था। अगुम्बे में बारात को लाने के लिये किसी ने एक साथ मोटरगाड़ी और हाथी तक उतार दिया हो, यह मामूली बात नहीं थी। ऐसा पहले कभी नहीं हुआ था। कुछ लोगों ने चुटकी ली थी, "भाई, यह दो हाथी हैसियतवाले खानदान का रिश्ता है।"

रामकृष्ण राव ने अपने समधी विजयेंद्र राव के लिये जो हाथी भिजवाया था, वह भी आगे जाकर ऐतिहासिक ही साबित हुआ। कुछ ज़्यादा ही डील-डौलवाला घूमते-फिरते प्राचीन किले-सा मटमैला धूसर 'द्रोण' नामक वह हाथी उसी साल एच.डी. कोटे तालुक के कंकण कोटे फ़ॉरेस्ट एरिया में तेज़ बरसात के समय 'खेद्दा आखेट' के दौरान बहुत मुश्किल से कब्ज़े में आया था। खेद्दा आखेट का मतलब है हाथियों के झुंड को खदेड़कर पकड़ना। यह बड़े जीवट और कौशल का काम है। यह बहुत ख़र्चीला भी होता है। रिकार्ड नहीं कि खेद्दा आखेट में कभी एक सौ हाथी एकमुश्त पकड़े गये हों। स्वयं विजयेंद्र राव बताते थे कि सन् 1950 में मैसूर राज्य वन विभाग ने ढाई लाख रुपये ख़र्च कर जो 'खेद्दा आखेट' कराया था, उसमें मुश्किल से सत्तर हाथी पकड़े गये थे। कभी-कभी इस आखेट में कुछ विलक्षण हाथी भी पकड़ में आ ज़ाते थे। अमूमन हाथी का वज़न 6,750 किलोग्राम होता है लेकिन मैसूर में दो महाकाय हाथी थे जिनका वज़न 7,409 किलोग्राम और 6,854 किलोग्राम था। द्रोण का वज़न इससे भी ज़्यादा था। खेद्दा आखेट में पकड़े जाने के बाद शुरुआती दौर में द्रोण को शिमोगा से तीर्थहल्ली के बीच लकड़ी ढोने के काम में लगाया गया था। डोड्डापज्जी द्रोण का महावत था। द्रोण के संपर्क में वह तभी से आ गया था, जब उसे पकड़ा गया था। दरअसल, डोड्डापज्जी के पिता चेन्नकेशवैया को यह ज़िम्मा दिया गया था कि वे उसे वश में करें। पर यह आसान न था। द्रोण जब बौखलाता था, तो चेन्नकेशवैया का भी रंग उड़ जाता था। पर द्रोण के साथ मित्रवत अठखेलियाँ-चुहल करनेवाला उनका बेटा डोड्डापज्जी ही था, जो इस दुलारू गजराज को सहला-मनाकर क़ाबू में लाता था। इसलिये डोड्डापज्जी स्वत: उसका महावत बन गया। रामकृष्ण राव के विशेष अनुरोध पर द्रोण को लेकर महावत डोड्डापज्जी अगुम्बे पहुँचा था। कृष्णमूर्ति हेब्बार को याद है कि सजे-धजे विराट द्रोण को देख गाँव में तमाशा-सा लग गया था। उस हाथी को देख अगुम्बे के लोगों ने छूटते हुए कहा था, "यह तो इंद्र का ऐरावत है।"

सुबह को नियत समय पर जब बारात निकली, तो जयंत राव दूल्हे के लिये आयी येत्तिन गाड़ी पर बैठे। नाना फूलों और आम के पल्लव से सुसज्जित येत्तिन गाड़ी को खींचने के लिये फेन तथा लारयुक्त मुखवाले दो पुष्ट बैल जुते थे। उनके मुख से उनकी लाल जीभें रह-रहकर बाहर आ रही थीं। उनके सींग भी फूलों से सजे थे। उधर जयंत राव के पिता विजयेंद्र राव द्रोण की पीठ पर आसीन हुए। सुबह-सुबह हाथी और येत्तिन गाड़ी के पीछे बारात से लदी मोटरगाड़ियों व घोड़ों का एक लंबा कारवाँ अद्‌भुत लग रहा था। रास्ते में जब मधुमेह के मरीज विजयेंद्र राव को एक-दो बार पेशाब करने के लिये हाथी को रुकवाना पड़ा, तो परेशान होकर उन्होंने कहा, ''मैं मोटरगाड़ी पर ही बैठ जाता हूँ। हाथी से कितनी बार चढ़ूँ उतरूँ?'' उस समय मोटरगाड़ी में बैठे अपरा नायक ने बिहँसकर कहा, ''मेरे दादाजी कहते थे कि हाथी पर कभी भूले से भी नहीं बैठना। अजीब हौलनाक पशु है यह। मान लो बैठने को राजी न हुआ, तो नीचे कैसे उतरेंगे?'' अपरा नायक का तुक में तुक मिलाते हुए किसी ने कहा, ''हाँ भाई, बैठा हुआ भी हाथी गधे से कहीं बड़ा ही होता है।'' तो क्या हाथी खाली जायेगा? महावत डोड्डापज्जी ने क्षुब्ध होकर कहा, ''इससे और तो कुछ नहीं तीर्थहल्ली में अगुम्बे की हँसी होगी।'' इन सारी चर्चाओं को जानकर दूल्हे जयंत राव ने येत्तिन गाड़ी को रुकने का इशारा दिया। उतरकर जयंत ने पिता से कहा, ''आप आराम से येत्तिन गाड़ी में विश्राम करते हुए चलें। हाथी पर मैं बैठ जाता हूँ। सचमुच, गाँव की जग हँसायी नहीं होनी चाहिये।''

बेटे की बात विजयेंद्र राव को भी जँची। वे येत्तिन गाड़ी में आकर बैठ गये और उत्साह से भरे जयंत द्रोण की पीठ पर इंद्र की भाँति सवार हो गये। इस तरह मंथर गति से सुबह की हवा खाते हुए जब बारात तीर्थहल्ली में रामकृष्णराव के घर के समीप पहुँची, तो उनके घर की लड़कियाँ दूल्हे को देखने की उत्सुकता में येत्तिन गाड़ी में झाँकने गयीं। अंदर बैठे वयोवृद्ध विजयेंद्र राव को देख सब एक संग चिहुँक पड़ीं, ''अरे, दूल्हा तो बुड्ढा है । कस्तूरी की शादी क्या इस बुड्ढे से होगी ?'' लड़कियों ने यह ख़बर बिजली की गति से आँगन में पहुँचाई, तो रामकृष्ण राव की पत्नी जे.आर. श्रीमती बाई छाती कूट-कूटकर पति को कोसने लगीं । फूल-सी उनकी बेटी के साथ उनके पति ने भला ऐसा खिलवाड़ क्यों किया । कहना न होगा कि पूरे घर में क्रंदन-रुदन की लहर दौड़ गयी । बात जब स्वयं रामकृष्ण राव के कानों में गयी, तो वे बुरी तरह झुँझला उठे । कस्तूरी के लिये जिस बाँके-सजीले युवक जयंत को देखकर उन्होंने पसंद किया, वह अचानक बूढ़ा कैसे हो गया ? बाहर जाकर जब उन्होंने स्वयं वस्तुस्थिति देखी, तो हँसते-हँसते उनका हाल बुरा था । आधे रास्ते में येत्तिन गाड़ी में बैठ जाने के अपने निर्णय के कारण विजयेंद्र राव अलग पानी-पानी हुए जा रहे थे । येत्तिन गाड़ी में झाँककर हताश होती लड़कियों की भंगिमा ने उन्हें परेशान कर दिया था । उधर जयंत राव किसी वीर योद्धा की तरह सजे-धजे द्रोण की पीठ से उतरे तो रामकृष्ण राव ने घर की बिसूरती लड़कियों को इशारा किया, ''लड़का वहाँ है ।'' फिर तो सबकी खुशी का पारावार न रहा । महादेव-कामदेव दोनों मानो जयंत राव के साथ चल रहे थे । दूल्हेवाली श्री-शोभा वाक़ई जयंत राव पर चढ़ी थी । रामकृष्ण राव ने येत्तिन गाड़ी से उतर रहे अपने समधी विजयेंद्र राव की आगवानी करते हुए बिहँसकर कहा, ''अब मुझे एक और समधिन का

जुगाड़ लगता है करना ही होगा।'' विजयेंद्र राव ने झेंपते हुए कहा, ''अरे महाराज! ऐसा कुछ भ्रम फैल जायेगा, यह मुझे मालूम होता तो मैं हाथी से कदापि नहीं उतरता।''

बहरहाल, दो दिनों तक बारात तीर्थहल्ली में रुकी रही। बारात का अपूर्व स्वागत हुआ और विदा होते वक़्त रामकृष्ण राव ने द्रोण के महावत को जो विदाई करनी थी वह तो भरपूर की ही, विजयेंद्र राव ने भी महावत डोड्डापज्जी को चाँदी के इक्यावन सिक्के बतौर बख़्शीश दिये। जयंत राव के विवाह के तक़रीबन ग्यारह-बारह वर्षों बाद सन् 1982 में अगुम्बे के लोगों को पता चला कि मैसूर के मशहूर दशहरा में आयोजित होनेवाले भव्य जंबो सवारी 'चिन्नादा अंबारी' में देवी चामुंडेश्वरी को बिठाकर चलने का गौरव महाकाय गजराज द्रोण को ही मिला था। मैसूर दशहरे में हाथियों का जुलूस ज़माने से निकलता रहा है। दो किलोमीटर तक चलनेवाले इस जुलूस की तैयारी महीनों पहले से शुरू हो जाती है। लगभग एक दर्जन चुनिंदा क़द-बुत के हाथी इस जुलूस में शामिल होते हैं। राज्य के विभिन्न हिस्सों से हाथियों को ट्रक में लेकर उनके महावत मैसूर पहुँचते हैं। कृष्णमूर्ति हेब्बार को दो-तीन बार इस रम्य-भव्य आयोजन को मैसूर में देखने का अवसर मिला है। सन् 1982 से लगातार 1998 तक विशालकाय द्रोण ने मैसूर दशहरे में हाथियों के जुलूस का नेतृत्व किया था। कृष्णमूर्ति हेब्बार एक-दो बार तो द्रोण के आकर्षण से ही खिंचे मैसूर पहुँचे थे। सोने का भव्य हौदा पीठ पर लादे देवी चामुंडेश्वरी को लेकर हाथियों के जुलूस का नेतृत्व करता द्रोण सचमुच देवराज इंद्र का ऐरावत लगता था। कृष्णमूर्ति हेब्बार ने लौटकर जयंत राव और उनकी पत्नी कस्तूरी राव को भी द्रोण के रुतबे के बारे में बताया था। जयंत राव ने कहा भी था कि एक बार दशहरे के मौक़े पर वह भी मैसूर जाकर द्रोण को देखना चाहेंगे। पर नियति को शायद यह मंजूर नहीं था। सन् 1986 में विवाह के मात्र 15 वर्षों के बाद ही जयंत राव का निधन हो गया था। अत्यधिक बढ़े मधुमेह से उनकी किडनी क्षतिग्रस्त हो चुकी थी। दोड्डमने कुछ वर्षों से लगातार मौत के पसीने से भीग रहा था। सन् 1980 में विजयेंद्र राव गुज़र गये और इसके ठीक छह साल बाद उनके ज्येष्ठ पुत्र जयंत। विपत्ति का गहन अंधकार मानो 'दोड्डमने' के कण-कण में प्रवेश कर गया था।

द्रोण की मृत्यु भी बहुत दर्दनाक हुई। सन् 1998 में बल्ले नामक गाँव में द्रोण ने एक पेड़ की पत्तियों को खाने के लिये डाल को सूँड में लपेटा ही था कि डाल टूटने के साथ हाइ टेंशन पावर का केबल भी नीचे आ गया। एक पलक में भीषण करेंट से द्रोण की मृत्यु हो गयी। जयंत राव की तरह ही द्रोण भी अल्पायु में चल बसा। उसकी अंत्येष्टि कर्नाटक सरकार ने राजकीय सम्मान के संग की। द्रोण की मौत के बाद से तीन पुश्तों से महावत डोड्डापज्जी ने हमेशा के लिये महावती छोड़ दी। मैसूर दशहरे के दौरान बाद के वर्षों में कई वरीय पदाधिकारियों के लगातार अनुरोध के बावजूद डोड्डापज्जी मैसूर की 'जंबो सवारी' में शामिल होना क्या, कभी देखने तक नहीं गया।

श्रीवेणुगोपाल कृष्णास्वामी मंदिर के सामने जुटी भीड़ के बीच खड़े कृष्णमूर्ति हेब्बार जाने कहाँ-कहाँ से गुज़र गये। अपने पिता सदृश्य स्नेह बरसानेवाले अगुम्बे के औलिया स्व. विजयेंद्र राव...अपने सहायक शिक्षक स्व. जयंत राव...नयी-नवेली दुल्हन बनकर 'दोड्डमने' आयी लक्ष्मी स्वरूपा कस्तूरी राव...और महाकाय द्रोण! भाग और सुहाग

का कोई ठिकाना नहीं। ओफ़... ! उत्सव का अवसर प्रफुल्लता के बीच गुज़री विपत्तियों का विद्युत गति से स्मरण कराता है। कृष्णमूर्ति हेब्बार ने आहिस्ते से सिर को झटका दिया। इस उम्र में पुरानी बातें रह-रहकर पीछा करने लगती हैं। वे ग़ौर करने लगे हैं कि अब वर्तमान की अपेक्षा पुरानी बातें अधिक याद रहती हैं।

"लीजिये आ गया सारा सामान। अब शंख बजवाइये।" ऑटो से सामान लेकर उतरते हुए शालिग्राम ने हनुमान-अदा में कुछ इस तरह कहा, मानो वह पूरा पर्वत उठा लाया हो। लेकिन शालिग्राम ऑटो पर अकेले नहीं था। वह अशोक के ऑटो से आया था और उस ऑटो पर अपरा नायक का हर पल नशे में मस्त रहनेवाला साला के.जे. राव उर्फ़ 'कर्नल राव' भी था। चिरकुमार के.जे. राव काश सचमुच का कर्नल होता तो अपरा नायक के माथे पर बोझ की तरह न लदा होता। उसको लेकर अपरा की अपनी बीवी से अक्सर नोक-झोंक हो जाती है। कोई मौक़ा नहीं जब यह हबड़ा अपरा नायक की इज़्ज़त उतारने को मौजूद न रहा हो। अभी ही, पता नहीं इसे कहाँ से गंध मिल गयी। ऑटो ड्राइवर अशोक ने लड़खड़ाते के.जे. राव को किसी तरह सहारा देकर नीचे उतारा। नीचे उतरते ही के.जे. राव लद से जमीन पर पालथी मारकर शुरू हो गया, "अगुम्बे आ...प्रेम संजया...। ऐ मोहब्बत दिल जिंदाबाद। भारत माता की जय...।" के.जे. राव सुर के चरम पर था और भीड़ में मौजूद अपरा नायक को लग रहा था कि बढ़कर इस उल्लू को दस जूते जड़ दे। पर साले और विदूषक का मुँह कौन रोक सकता है। कर्नल के.जे. राव ने पूरे परिदृश्य को और रोचक बना दिया था। सदानंद रमय्या अगर बंदर-दल के उपद्रव से त्रस्त रहते हैं, तो अपरा नायक बस इस एक बंदर से। पर करें क्या? के.जे. राव को ऑटो से उतारने के बाद शालिग्राम के सहयोग से अशोक ने मिठाई की दो बड़ी-बड़ी टोकरियों को भी उतारकर मंदिर के बरामदे पर रखा।

मंदिर के सामने जमी भीड़ अब पूरे उल्लास में थी। ममता और सुजया मंदिर के कोनेवाले कमरे में वधू अरण्या को परिधान परिवर्तन और सज्जा-शृंगार करने ले गयीं। गौतम माल्या और सुजया के पति रवि ने दूल्हे शुभंकर को एक तरफ़ ले जाकर तैयार होने को कहा। वैसे, श्रीवेणुगोपाल कृष्णास्वामी के गर्भ-गृह के कपाट को बंद करने का समय हो रहा था। विष्णुमूर्ति भट्ट ने व्यग्र होकर कहा, "अब शयन का समय समीप है। आप लोग कृपया शीघ्रता करें।" भीड़ में फिर हलचल हुई। शोर में कई स्वर टकराये, "अरे भई, जल्दी से वर-वधू को तैयार कराओ।" इस शोर-संगम का असर हुआ। हालाँकि, पंखा गणपति ने हुमककर कहा, "सुंदर स्त्री को क्या शृंगार की आवश्यकता नहीं होती? थोड़ा धैर्य रखिये।" पर कुछ ही देर में शुभंकर और अरण्या को सजा-धजाकर बाहर ले आया गया। साज़-सज्जा चाहे कितनी भी आपाधापी में हो, वर-वधू में एक विलक्षण श्री-शोभा आ ही जाती है। शुभंकर और अरण्या के पूरे व्यक्तित्व में बिजली छिटक रही थी। धोती पहने शुभंकर ने ऊपर कुछ नहीं पहन रखा था। उसके गले में फूलों की माला अद्‌भुत दीप रही थी। आभूषण का अभाव खटक रहा था। सो वर-वधू के लिये आनन-फ़ानन में आभूषण का इंतज़ाम विश्वनाथ बायर ने अपनी तरफ़ से कराया था। शुभंकर के भाथे पर सिल्क की पगड़ी खिल रही थी। उसके हाथ में बाँस की एक पतली छड़ी थी जिसके अग्र भाग में कुछ पुष्प और पत्ते बँधे थे। शुभंकर का ललाट

बिंदियों से सजा था और आँखों में सुरमई काजल कौंध रहा था। अरण्या तो साक्षात वनदेवी-सी दिख रही थी। उसके बाल फूलों की सघन माला से कुछ इस अनुपम ढंग से गुँथे थे कि माला गूँथनेवाले को सब मन ही मन दाद दे रहे थे। अरण्या ने सुर्ख़ लाल पाड़वाली नीली साड़ी पहन रखी थी। उसके गले में विश्वनाथ बायर द्वारा प्रदत्त सोने का एक सुंदर हार था और दोनों कलाई को पुष्प से लपेट दिया गया था। माथे पर कुंकुम की बड़ी-सी बिंदी रह-रहकर कौंध रही थी। पंखा गणपति ने विभोर होकर विश्वनाथ बायर से कहा, ''साक्षात् राधा-कृष्ण! ब्रह्मरथोत्सव के दिन 'बुद्धिलीला' नाटक में राधा-कृष्ण बने ये दोनों क्या बिल्कुल ऐसे ही नहीं लग रहे थे। याद है, उस दिन की इनकी प्रस्तुति पर रामू ह्विटेकर ने दोनों को एक हजार रुपया इनाम दिया था।" विश्वनाथ बायर उसकी बात पर हौले-से मुस्करा उठे। पंखा गणपति दोबारा शुरू हो गया, ''कान्हा मोर बन आयो...राधा प्यारी ने बुलायो... ।'' गाँव के सुरसागर अलापिया शिव रुद्रप्पा ने गहरे निश्वास के संग कहा, ''गलती हो गयी। मुझे हारमोनियम लेकर आना चाहिये था। राग गुणाश्री में अभी 'जय श्री शंकर सुत गणेश' का गान इस शुभ घड़ी में आवश्यक था।'' पंखा गणपति ने छूटते हुए कहा, ''कहिये तो आपके घर से हारमोनियम ला दूँ।'' विश्वनाथ बायर खीज उठे, ''अभी संगीत सभा की यहाँ कोई ज़रूरत नहीं। आप लोग शांत रहें। चुपचाप विवाह होने दें।'' विष्णुमूर्ति भट्ट अब वर-वधू के बीच सिल्क के चादर का गठबंधन पकड़े वैदिक मंत्र पाठ के संग दोनों को मंदिर के गर्भ-गृह में प्रणाम कराने ले गये। फिर बाहर आकर मंत्रोच्चार के संग वैवाहिक प्रक्रिया शुरू कर दी। किसी ने भीड़ में से आवाज़ दी, ''अर्चकजी! हड़बड़ी की शादी में कहीं कनपटी पर न सिंदूर लग जाये।'' झल्लाकर विष्णुमूर्ति भट्ट ने कहा, ''तब आप ही आकर विवाह संपन्न कराइये।'' बोलनेवाले को उसके अग़ल-बग़ल खड़े लोगों ने डपटकर चुप कराया कि विवाह के मंत्रोच्चारों के बीच वह अर्चक से मुँह न लगाये। बोट संजय की तरफ़ देखकर गौतम माल्या बिहँस पड़ा, ''मोम की नाक है बुड्ढे विष्णुमूर्ति भट्ट की और नाटक देखो इसका।'' अफ़रातफ़री के इस माहौल में रोमुलस ह्विटेकर के 'अगुम्बे रेन फ़ॉरेस्ट रिसर्च स्टेशन' पर हमेशा ताबेदारी में जुटे रहनेवाले आंजनेयनगर टोले के खेत मज़दूर तीर्थंकर के बेटे संतोष उर्फ़ संतू ने खुश होते हुए चंद्रहास से कहा, "अन्ना! पति को अंग्रेज़ी में हस्बेंड, फ्रांसीसी में मारी और जर्मन में मन कहते हैं...वहीं पत्नी को अंग्रेज़ी में वाइफ, फ्रांसीसी में एपूज और जर्मन में एअफ्राओ कहते हैं।" लगातार भाग-दौड़ में उलझे चंद्रहास ने उसे झिड़कते हुए कहा, "अबे चुप कर गूबे[1]! बाद में ज्ञान बघारना।"

श्रीवेणुगोपाल स्वामी मंदिर परिसर उत्सव में निमग्न था। गौतम माल्या और रवि मिठाई की टोकरियों से सबके बीच मिष्ठान्न वितरण कर रहे थे। आनंद विभोर कैंटीन परियार ने विश्वनाथ बायर से कहा, ''अन्ना! आज तो सब कुछ शीघ्रता में हुआ। कायदे से विवाहोत्सव का भोज आज ही होना चाहिये था। पर इतने कम समय में यह संभव नहीं था। इसलिये कल दिन में यहीं मंदिर परिसर में मेरी तरफ से भोज का आयोजन होगा। रसोई तैयार करने का जिम्मा 'कामथ होटल' के लिंगराज को दे रहा हूँ।'' विश्वनाथ बायर ने ऊँचे स्वर में सबको सुनाकर कहा, ''परियार कल भोज के वास्ते सबको आमंत्रित

1. उल्लू

कर रहे हैं। रसोई बनाने का कांट्रेक्ट लिंगराज को दिया जा रहा है।'' बायर की बात पर उपेंद्र कामथ के संग वहाँ मौजूद लिंगराज मुस्कराया और पंचायत सदस्य ममता ने तालियाँ बजायीं, ''परियार मामा की जय।'' ममता हमेशा से कैंटीन परियार को मामा कहती हैं। विश्वनाथ बायर ने बिहँसकर कहा, ''अरे ममता! जय तो कल होगी...भोज के बाद।'' फिर परियार की तरफ़ मुड़कर बोले, ''हाँ, कल सुबह कोबरा सेंटर जाकर ह्विटेकर साहब को भी भोज के लिये आमंत्रित कर देना। सुना है, वे परसों ही गाँव आये हैं।'' कैंटीन परियार ने मुस्तैदी से कहा, ''आप चिंता न करें। रोमुलस ह्विटेकरजी समेत कोबरा सेंटर के उनके सभी साथियों प्रशांत, गौरीशंकर और नीति वगैरह को भी भोज के लिये न्योता दे आऊँगा। ये लोग तो इस गाँव के अंग हैं। इन्हें कैसे भूलेंगे।'' फिर तनिक थमकर कहा, ''डॉ. अनिकेत, पोस्टमास्टर साहब हनुमन्नायकजी तथा उनके सहयोगियों को भी। यहाँ तैनात पुलिसकर्मियों को भी...। अगर डाकबाबू गजानन नागप्रसाद की तबीयत कल तक ठीक हो गयी, तो उन्हें और उनके बेटे गणेश्वर को भी। और हाँ, शुभंकर के पिता रत्न पद्माकर को भी न्योता भिजवा दूँगा। पर उसे खाली हाथ नहीं, कुछ उपहार के संग न्योता भेजूँगा। आखिर वर का पिता है वह। कल ही शिमोगा से मैंने दो झोले नीलम और रसपुरी आम मँगवाये हैं। बड़ा पुष्ट दाना है। देवदास पंडित के हाथों एक झोला आम के उपहार के संग आज शाम ही उसको निमंत्रण भेजूँगा।'' कैंटीन परियार ने अपनी बात पूरी भी नहीं की थी कि शंख ध्वनि शुरू हो गयी। शंख बजाने में प्रवीण राघवांक अनवरत 'पू...उ...उ...हू' की ध्वनि को गुँजायमान कर रहा था। शंखवादन को अगर संगीत के क्षेत्र में विधिवत मान्यता मिली होती, तो राघवांक को राष्ट्रीय स्तर का सर्वश्रेष्ठ पुरस्कार मिला होता। शंख के मंद्र-नाद में सिद्धि है उसकी। यही वज़ह है कि गाँव में किसी के यहाँ विशेष पूजा के अवसर पर शंख बजाने के लिये राघवांक को बुलाया ही जाता है।

शंखध्वनि और मंत्रोच्चार-दुर्वाक्षत के बीच श्रीवेणुगोपाल कृष्णस्वामी मंदिर के प्रांगण का कण-कण अभी हँस रहा था। विश्वनाथ बायर का सेवक बीते कुछ घंटों में बाल्टी का बाल्टी नीबू का शर्बत लोगों को पिला चुका था। चारों तरफ़ अब आनंद रस छलक रहा था। पंखा गणपति एक हाथ से स्वयं को पंखा झलते हुए विष्णुमूर्ति भट्ट के सहयोग में लगातार तत्पर था। बीच-बीच में नीबू शर्बतवाले को इशारे से बुलाकर विष्णुमूर्ति भट्ट को शर्बत पिलवाने में भी उसने मुस्तैदी बरती थी। के.जे. राव उर्फ़ कर्नल राव मंदिर के बाहर अब पालथी मारे घरघराती आवाज़ में आलाप ले रहा था, ''फुलबा बन महके...देखो झूमे डाली...डाली...बदरा बन बरसे...देखो नाचे हरियाली...। हो...कोमल तन लचके...ज्यों चम्पे की डाली...।'' एक निमिष थमकर वह फिर शुरू हो गया, ''...गाँव में आज आनंद के सावन का पछवा बह रहा है। हो बदरा बन बरसे...देखो नाचे हरियाली...।'' कर्नल राव अब उठकर मानो बादल का कुर्ता पहने झूम रहा था। वह भले कभी होश में न रहता हो लेकिन कन्नड़ से लेकर हिंदी फ़िल्मों के सैकड़ों गाने उसे याद हैं। उसके बहनोई अपरा नायक को क्रोध के संग-संग हार कर इस गधे पर असहाय हँसी भी आती है। अपना आलाप बंद कर अब वह नारा लगा रहा है, ''हमारा अगुम्बे प्रेम का मंदिर है...अरे ये भगवान का घर है। अगुम्बे जिंदाबाद!''

सनकी-शराबी लोग झक में सच्ची बातें बेधड़क कह जाते हैं। अगुम्बे कोई आज का प्रेम ग्राम नहीं है। अपरा नायक तो अक्सर कहते हैं, "मेघ इस ब्रह्मांड का काम-रूप पुरुष है और अगुम्बे मेघों का गाँव है। इसलिए प्रेम-प्रसंगों का न होना ही यहाँ विस्मय की बात होती।" मंदिर पर खड़े अपरा नायक को बरबस 70 साल पहले का एक प्रसंग कौंध गया। उस समय वे महज एक किशोर थे। मुश्किल से दस-बारह वर्ष के। कस्तूरी राव के श्वसुर साहूकार विजयेंद्र राव ने जब दूसरी शादी की थी, तो उस समय गाँव में अर्से तक रसीली बातों की चाशनी गाढ़ी होती रही थी। उस ज़माने में यों बहु-विवाह कोई नयी बात नहीं थी। पर अंतरजातीय विवाह एक भयावह घटना मानी जाती थी। साहूकार विजयेंद्र राव ने अपनी पहली पत्नी जयलक्ष्मी के रहते विजातीय सरस्वती बाई से प्रेम विवाह कर लिया था। जयलक्ष्मी से जबकि उनकी छह संतानें थीं। तीन बेटे-जयंत, सुधाकर व किशोर और तीन बेटियाँ-लता, संध्या व किरण। बच्चे बड़े हो गये थे। पर सरस्वती बाई के प्रेम में विजयेंद्र राव ने किसी की परवाह न की। इसके ऊपर भी अगर सरस्वती बाई गौड़ सारस्वत ब्राह्मण होतीं, तो विजयेंद्र राव के लिये शायद उतनी मुश्किल न होती। पर सरस्वती बाई किस जाति और गाँव की थीं, यह अंततः रहस्य ही रह गया। 'मिक्स दाल'-गाँव के लोग सरस्वती बाई के अज्ञात कुल-शील को लेकर चुटकी लेते थे। दरअसल, अगुम्बे प्राथमिक विद्यालय में सरस्वती बाई शिक्षिका के रूप में पदस्थापित थीं। विजयेंद्र राव गाँव की बड़ी हस्ती थे और गाँव के ज़मींदार के अलावा वे अगुम्बे पंचायत के अध्यक्ष भी थे। सरस्वती बाई पर वे बुरी तरह मोहित थे। अंततः इस प्रेम की परिणति विवाह के रूप में हुई। विजयेंद्र राव की पहली पत्नी जयलक्ष्मी बड़े घराने से थीं। ज़ाहिर है कि रो-रोकर उन्होंने दोड्डमने सहित आसमान सिर पर उठा लिया था। उनके सबसे बड़े भाई श्रीनिवास राव कनारा बैंक के राष्ट्रीयकरण के पहले उसके निदेशक हुआ करते थे। दूसरे भाई भीमसेन राव शिमोगा के नामी वकील थे। सबसे छोटे भाई अनादि राव का अपना लंबा-चौड़ा व्यवसाय था। तीनों भाइयों ने अपनी बहन के संग हो रहे अन्याय को लेकर विजयेंद्र राव को कम ऊँच-नीच नहीं दिखाया। चेतावनी दी कि अंतरजातीय और उस पर भी नीच कुल में विवाह करने के कारण उन्हें समाज से बहिष्कृत किया जा सकता है। पर विजयेंद्र राव पर इन धमकियों-चेतावनियों का असर न होना था, न हुआ। उनके खिलाफ़ पंचायत कौन बिठाता। हाँ, समाज और परिवार की इतनी परवाह विजयेंद्र राव ने अवश्य की थी कि ब्याह कर सरस्वती बाई को दोड्डमने नहीं लाये। टेंपल रोड में सरस्वती बाई का घर बसा दिया। सरस्वती बाई ने कभी दोड्डमने में क़दम नहीं रखा। अलबत्ता, मामला शांत होने पर गाँव के लोगों ने मुसककर कहना शुरू किया कि विजयेंद्र राव ने एक संग लक्ष्मी और सरस्वती दोनों को पत्नी बना लिया। सरस्वती बाई से विजयेंद्र राव को तीन लड़के-सुरेश, अरविंद और मोहन हैं तथा तीन बेटियाँ-कात्यायनी, जयश्री और नलिनी। सुरेश राव कनारा बैंक के मैनेजर पद से अवकाश ग्रहण कर चुके हैं। अरविंद भी पी.टी. टीचर की नौकरी से रिटायर हैं और मोहन राव शुरू से गाँव की खेती-बाड़ी देख रहे हैं। उनकी तीनों बेटियाँ अब दादी-नानी बनी बैठी हैं।

वैसे दो विवाह स्व. विजयेंद्र राव के पिता स्व. डी.बी. सुब्बाराव ने भी किया था। पर अपनी पहली पत्नी गौड़म्मा से अनुमति लेकर। दरअसल, विवाह के 15 वर्ष बीत

जाने के बावजूद जब गौड़म्मा से डी.बी. सुब्बाराव को संतान की प्राप्ति नहीं हुई, तो गौड़म्मा की स्वीकृति से उन्होंने उडुपि के समीप के मुल्की गाँव की संजीवम्मा से दूसरा विवाह किया था। संजीवम्मा से उन्हें दस संतानें हुईं। गौड़म्मा ने बड़ी बहन की तरह दसों बच्चों के लालन-पालन में संजीवम्मा की मदद की। डी.बी. सुब्बाराव ने भी आजीवन गौड़म्मा को हथेली पर रखा। ग़नीमत हुई कि उनके ज्येष्ठ पुत्र विजयेंद्र राव ने उनके निधन के बाद विजातीय सरस्वती बाई से दूसरा विवाह किया। उनके सामने विजयेंद्र राव को ऐसी शादी करने की हिम्मत हरगिज़ न पड़ती। बहरहाल, यह सब ज़माने पहले की बातें हैं।

आज न तो विजयेंद्र राव हैं न जयलक्ष्मी और न ही सरस्वती। पर सरस्वती बाई से विजयेंद्र राव के विवाह का प्रसंग अगुम्बे की एक ऐसी अमर प्रेम कथा है, जिसका ज़िक्र परिस्थिति के अनुरूप मौक़े-मौक़े पर हो ही जाता है। यह प्रेम कथा गाँव के सभी प्रेम विवाहों की नज़ीर और आधारशिला है। अंततः इस प्रबल प्रगतिशील तर्क के साथ कि अगुम्बे कोई आज का क़रामाती गाँव नहीं। गाँव के अन्नपूर्णा विद्या मंदिर स्कूल के प्राचार्य एच. रामप्पा का नाम भी इस क़रामात में दर्ज़ है। उडुपि जिले के कारकल तालुका अंतर्गत हिब्री गाँव के रामप्पा वर्षों से यहाँ पदस्थापित होने के कारण गाँव के अंग बन चुके हैं। रामप्पा महाशय ने अगुम्बे प्राइमरी स्कूल की शिक्षिका सुदेशना कुमारी से वर्षों तक प्रेम करने के बाद उसे विवाह में परिणत किया। सुदेशना कुमारी इन दिनों कंदलूर प्राइमरी स्कूल में पदस्थापित हैं और छुट्टियों में पति रामप्पा के पास अगुम्बे आती हैं। अपने प्रणय प्रसंग की चर्चा छिड़ने पर रामप्पा और सुदेशना का चेहरा आज भी किशोर-किशोरियों की तरह सुर्ख़ हो जाता है। अगुम्बे में नाना प्रकार की प्रेम कथाओं और विवाह के प्रसंग हैं। कुछ साल पहले गाँव के सुदर्शन शेनॉय के द्वितीय विवाह का मामला तो ग़ज़ब ही तूल पकड़ गया था। उडुपि में रेल के लाइनमैन की नौकरी कर रहे सुदर्शन की शादी बहुत कम अवस्था में हो गयी थी। बहुओं-दामादों और नाती-पोतों से भरा घर। सुदर्शन शेनॉय ने हमेशा अपने परिवार को गाँव में रखा। महीने में जब उसे अवकाश मिलता, गाँव आकर घर के ख़र्च के लिये पत्नी को पैसे पहुँचा जाता। कभी उसका बेटा उडुपि आकर उससे पैसे ले जाता। एक बार जब बेटा उडुपि स्थित उसके रेलवे क्वार्टर पर मासिक ख़र्च लेने आया, तो घर में एक अपरिचित महिला को देख चौंककर रह गया। सुदर्शन शेनॉय ने बेटे को सफ़ाई दी कि क्वार्टर में एक कमरा खाली-ढनढन पड़ा था, इसलिये उसने इस ज़रूरतमंद औरत को कमरा किराये पर दे दिया है। पर धीरे-धीरे यह बात खुल गयी कि सुदर्शन ने उस महिला से शादी कर ली है। वह सुदर्शन की दूसरी बीवी है। यह ख़बर गाँव में सुदर्शन शेनॉय की पहली पत्नी रंभा को मिली, तो एकबारगी वह सन्न रह गयी। फिर उसने तत्काल अपने को सँभाला और अगले ही दिन बेटे-बहू और पोते-पोतियों की फौज़ लेकर उडुपि पहुँच गयी। सबके संग उडुपि स्टेशन पर वह धरना पर बैठ गयी। रेल के बड़े अधिकारियों को जब मामले की जानकारी मिली, तो उन लोगों ने सुदर्शन शेनॉय को सेवामुक्त करने की धमकी दी। इस कड़ी चेतावनी को पाते ही सुदर्शन शेनॉय ने पत्नी रंभा के पाँव पकड़ लिये और अनुनय किया कि वह इसकी लिखित शिकायत न करे। अगर उसकी नौकरी चली गयी,

तो वह उसे और उसके बच्चों को मासिक ख़र्च नहीं दे पायेगा। सुदर्शन ने रंभा से कहा कि अकेलेपन के कारण यह अपराध तो उससे हो गया। उसने विनती की कि दूसरी पत्नी प्रेमलता उसकी दासी बनकर रहेगी। सुदर्शन के काफी गिड़गिड़ाने के बाद रंभा आख़िरकार इस बात पर राजी हुई कि दूसरी पत्नी उसके साथ उडुपि में नहीं, बल्कि अगुम्बे में रहेगी। रंभा और प्रेमलता तबसे अगुम्बे में ही रहती हैं। हालाँकि, जब-जब सुदर्शन शेनॉय गाँव आता है, दोनों पत्नियों के बीच उसकी दुर्गति हो जाती है। पर बीतते वर्षों के साथ सुदर्शन शेनॉय इस संग्राम का अभ्यस्त हो चुका है। दोनों पत्नियों के बीच वह भरसक संतुलन साधने की कोशिश करता रहता है। ऐसे प्रसंगों को लेकर ज्योतिषाचार्य पंडित शतानंद शास्त्री निष्कर्ष में कहते हैं, ''भौंर न छाँड़े केतकी, तीखे कंटक जान। प्रेम के आगे कोई देव-दैव नहीं। शिव ने जब कामदेव को भस्म किया था, तो कामदेव का अधिकांश भस्म इसी गाँव में गिरा था। अशरीरी-अनंग देवता कामदेव तो शिव के आशीर्वाद से सृष्टि के कण-कण में हैं लेकिन इस पर्वत ग्राम पर उनकी महती कृपा है।'' अपरा नायक के फैले होंठ चोर मुस्कान से टेढ़े हो आये। उन्होंने इधर-उधर निगाह दौड़ायी। कृष्णा कुट्टी भीड़ में कहीं नहीं दिखा। अपरा नायक को मालूम है कि इस प्रकार के विवाहों से स्वयं वर्षों पहले प्रेम-विवाह कर चुके कृष्णा कुट्टी को बेहद बौखलाहट होती है। उसे इस मुद्दे पर पूरे गाँव से गुस्सा रहता है।

अगुम्बे में मलापहाड़ी नदी पर बनी पुरानी पुलिया के पार वाले हिस्से को गाँव के लोग परिहास में 'पाकिस्तान' कहते हैं। दरअसल, गाँव में जो भी गिनती के मुस्लिम परिवार हैं, सब इधर ही बसे हुए हैं। मस्जिद भी गाँव के इसी हिस्से में है। हालाँकि, गाँव के नवोदित साहूकार लक्ष्मीनारायण माल्या से लेकर, बोट संजय और अपरा नायक का घर भी गाँव के इसी हिस्से में है। कृष्णा कुट्टी भी अपनी पत्नी कात्यायनी के संग इधर ही रहता है। उसका घर और चिकेन सेंटर दोनों इसी तरफ़ है। कृष्णा कुट्टी मलयाली है। लगभग 40 साल पहले केरल के केनेन्नूर जिले के अंतर्गत अपने गाँव पपन्नूर से टिम्बर लोडिंग के काम के सिलसिले में कृष्णा कुट्टी मज़दूरों की जमात के संग अगुम्बे आया था। उस समय वह एक खिलता हुआ गबरू युवक था, जिसकी मसें अभी फूटी हो थीं। काम के सिलसिले में महीनों कृष्णा कुट्टी को अगुम्बे में रुकना पड़ गया था। इस अवधि में चुपके से कब कामदेव ने बाण चलाकर कृष्णा कुट्टी और गाँव के रामन्ना तथा पद्मावती की इकलौती बेटी कात्यायनी के बीच बुरी तरह हलचल पैदा कर दी, इसका पता किसी को नहीं चला। एक सुबह श्रीवेणुगोपाल मंदिर में आकर जब कृष्णा कुट्टी ने कात्यायनी की माँग में सिंदूर डाल दिया, तो रामन्ना और पद्मावती ने पूरे गाँव में सबके पास जा-जाकर विलाप किया। पर ग्रामीणों ने किसी तरह दोनों को समझाकर शांत किया था। पंचायत अध्यक्ष साहूकार विजयेंद्र राव के कड़े हस्तक्षेप से रामन्ना और पद्मावती ने बेटी-दामाद को घर में घुसने दिया था। कृष्णा कुट्टी और कात्यायनी को तीन बेटे—आनंद, सुरेश और दिनेश तथा दो बेटियाँ हुईं—आशा और उषा। नाती-नातिन की खिलखिलाहटों में रामन्ना और पद्मावती तब पिछला सारा संताप भूल गये। अब तो ख़ैर रामन्ना और पद्मावती दोनों दुनिया में नहीं हैं। कृष्णा कुट्टी और कात्यायनी भी जीवन का आधा से अधिक सफ़र तय कर चुके हैं। कात्यायनी सिंडिकेट बैंक में एटेंडर का

काम करती है। कृष्णा कुट्टी ने माल्या परिवार के घर की सीध में एच.एम. चंद्रशेखर के ग्रॉसरी की दुकान से सटकर 'चिकेन स्टॉल' खोल रखा है। चिकेन स्टॉल के लिये मुर्गा-मुर्गी वह शिमोगा और तीर्थहल्ली से लाता है। गाँव के वोक्कालिग्गा, दलित और मुस्लिम लोग मुर्गा खाते हैं। विशेष अवसरों और परिस्थितियों में भूत, पिशाच और पंचोल्ली को बलि प्रदान करने में भी कृष्णा कुट्टी के मुर्गे-मुर्गियों की ख़पत होती है।

कृष्णा कुट्टी और कात्यायनी की गृहस्थी मिला-जुलाकर आनंदपूर्वक चल रही थी। बड़ी बेटी आशा की शादी मुंबई में कार्यरत एक अच्छे लड़के मंगेश से कुछ साल पहले हुई थी। तीनों बेटे भी काम-रोजगार में लग गये थे। बड़ा बेटा आनंद जहाँ अगुम्बे घाटी में स्थित माइक्रोटावर पर प्रहरी की सेवा में है, वहीं मँझला सुरेश उडुपि में बस ड्राइवर है और छोटा दिनेश भी कोप्पा से अगुम्बे के बीच बस ड्राइवरी करता है। कृष्णा कुट्टी और कात्यायनी सोच ही रहे थे कि आनंद की शादी अब कर दें और उसके बाद उषा के लिये उपयुक्त लड़के की तलाश शुरू करें कि इसी बीच मँझले बेटे सुरेश ने उन पर भयंकर वज्रपात कर दिया। कात्यायनी के पुश्तैनी घर के ऐन बग़ल में मोहम्मद इसहाक़ का घर है। इसहाक़ मियाँ एकदम अल्लाह मियाँ की गाय। अपनी दो बेगमों के संग वे बड़े हिल्लत-मिल्लत से इसमें रहते थे। इधर कुछ वर्षों से इस घर पर ताला पड़ा है और यह घर खंडहर का रूप ले रहा है। दरअसल, कृष्णा कुट्टी और कात्यायनी तथा मोहम्मद इसहाक़ के घर पर एक संग क़हर तब टूटा जब कृष्णा कुट्टी के मँझले बेटे सुरेश ने मोहम्मद इसहाक़ की बेटी बानो के संग भागकर शादी कर ली। दोनों परिवार जैसे पाताल में अचानक लुढ़क गये। कृष्णा कुट्टी का वश चलता तो सुरेश का गला काट उसके सिर का कीमा बना अगुम्बे घाटी में फेंक आता। पड़ोस की लड़की जिसे कल तक वह बेटी की नज़र से देखते आये थे, के संग सुरेश ऐसी हरक़त कर गुज़रेगा इसकी कल्पना भी कृष्णा कुट्टी और कात्यायनी ने नहीं की थी। मोहम्मद इसहाक़, जो खेती-बाड़ी के अलावा बैल के पाँव में लोहे का ठोका मारने के उस्ताद थे, इस सदमे से टूटकर चारपाई पकड़ चुके थे। गाँव में चारों तरफ़ हर संभव ठिकाने पर सुरेश और बानो को ढूँढ़कर कृष्णा कुट्टी और मोहम्मद इसहाक़ हताश हो चुके थे। दरअसल, ख़तरा भाँपकर सुरेश और बानो उडुपि में छिपे हुए थे। मामला यहीं तक नहीं रहा। ग़ैर मजहब के एक लड़के से मुस्लिम लड़की की शादी के मुद्दे ने इतना तूल पकड़ लिया कि कई मुस्लिम संगठनों के नेता अगुम्बे पहुँच गये। पर इन तमाम हलचलों से अगुम्बे के लोग विरक्त थे। जब संगठनों के नेताओं ने गाँव के प्रमुख लोगों से बात की, तो सबने स्थितप्रज्ञ भाव में एक सुर से कहा, "दोनों ने प्रेम किया न? शादी की न? तो अब उन्हें जीने दो।"

लगता था सारे गाँव ने मिलकर एक ही वाक्य रट लिया है। गाँववालों के इस उद्घोष से मुस्लिम संगठनों के नेता हैरान-परेशान वापस लौट गये। कृष्णा कुट्टी गाँववालों पर बुरी तरह नाराज़ हुआ। व्यथित मोहम्मद इसहाक़ ने अपने घर पर ताला मारा और परिवार लेकर गाँव से हमेशा के लिये निकल पड़े। वे कहाँ गये, इसका पता आज तक किसी को नहीं। ख़ैर इतनी बातें हो गयीं लेकिन ग्रामीणों ने सुरेश और बानो के मुद्दे पर अपनी राय नहीं बदली। कुछ महीने बाद जब उडुपि में सुरेश और बानो को पूरी जानकारी मिली,

तो दोनों गाँव आये। पर कृष्णा कुट्टी और कात्यायनी ने दोनों को घर में घुसने नहीं दिया। आख़िरकार, अपने घर से तीन-चार घर बाद स्थित अपने दोस्त चिदंबर के घर दोनों रुके। श्रीवेणुगोपाल कृष्णास्वामी मंदिर में विष्णुमूर्ति भट्ट के कुनमुनाने के बावजूद दोनों ने पूजा की। गाँव में दोनों हफ़्ते भर रहे और पूरे हफ़्ते दोनों को किसी न किसी घर से भोजन का आमंत्रण मिलता रहा। गाँव की रथयात्रा में शामिल होने अब दोनों प्रतिवर्ष पाबंदी से गाँव पहुँचते ही हैं। विष्णुमूर्ति भट्ट खून के घूँट पीकर रह जाते हैं। पर करें क्या? ग्रामीणों की यही इच्छा, तो यही सही।

सुरेश और बानो को दो बेटियाँ हैं—नंदिता और निवेदिता। कृष्णा कुट्टी और कात्यायनी चोर स्नेह से दोनों पोतियों को देख-लेते हैं पर बात नहीं करते। कात्यायनी की चमकती आँखों में बेटे-बहू और पोतियों के लिये उमड़ती ममता कोई भी देख सकता है। कई बार दबी ज़बान से उसने कृष्णा कुट्टी से कहा भी है कि, "खोटा बेटा और खोटा पैसा भी समय पर काम आता है।" पर कृष्णा कुट्टी हमेशा हुड़क उठा है, "उस नालायक से मुझे कभी काम नहीं पड़ेगा। फालतू में उसकी चर्चा छेड़कर मेरा कलेजा मत खाओ।" हालाँकि, कृष्णा कुट्टी के अंतर का पट कोई खोलकर देखे, तो अपने मँझले बेटे के लिये उसे भी कम छोह नहीं। बचपन से ही यह वज्र बदमाश है। शेखचिल्ली जैसी इसकी बालसुलभ मूर्खताओं और शैतानियों से हमेशा परेशान रहता था कृष्णा कुट्टी। सुरेश की उन हरक़तों को याद कर आज भी तमाम नाराज़गी के बावजूद कात्यायनी को सूने में बरबस हँसी छूट जाती है। वर्षों पहले की बात। एक बार कृष्णा कुट्टी की बड़ी बहन केतकी कुट्टी भाई से मिलने केरल से लंबे प्रवास पर आयी थी। दरअसल, काफ़ी समय से किसी न किसी शारीरिक व्याधि से वह परेशान रहती थी। स्थानीय चिकित्सक भी उसका मर्ज़ पकड़ पाने में असमर्थ हो चुके थे। भाई को पोस्टकार्ड लिख-लिखकर बराबर इस बारे में वह बताती रहती थी। कृष्णा कुट्टी ने एक बार उसे पत्र लिखकर कहा कि वह उसके पास जलवायु परिवर्तन के लिये सीधे अगुम्बे चली आये। अगुम्बे की अच्छी आबोहवा का विवरण पोस्टकार्ड में जितना समा सकता था, वह कृष्णा कुट्टी ने बहन को लिख डाला। आख़िरकार, भाई के यहाँ एकाध माह रहने का मन बनाकर केतकी कुट्टी अगुम्बे पहुँच गयी। बेटे-बहुओं से भरे घर के कारण केतकी कुट्टी को घर-गृहस्थी की चिंता से मुक्ति मिल चुकी थी। बेटे-बहू भी खुश थे कि माँ कुछ समय के लिये मामा के पास जा रही है। पर कड़क मिज़ाज की बुआ केतकी का आगमन कृष्णा कुट्टी की बड़ी बेटी आशा, तीनों बेटों आनंद, सुरेश व दिनेश और सबसे छोटी बेटी उषा के लिये गले का फाँस बन गया। भारी-भरकम डील-डौलवाली कठोर अनुशासनप्रिय बुआ से पाँचों भाई-बहन हफ़्ते भर में त्रस्त हो उठे थे। दरअसल, कात्यायनी बच्चों को सुबह स्कूल भेज एटेंडर की अपनी नौकरी पर सिंडिकेट बैंक चली जाती थी और कृष्णा कुट्टी चिकेन स्टॉल के अपने धंधे पर निकल जाता था। सूर्यास्त के बाद ही दोनों घर लौटते थे। इधर स्कूल से घर पहुँचकर पाँचों बच्चे ज़ाहिर है कि माता-पिता के आने के पहले तक पूरे घर को सिर पर उठाये रखते। हफ़्ते भर पहले आयी बुआ शुरू में तो इनकी खुराफ़ातों को खून का घूँट पीकर देखती रही और जब उसे बेबर्दाश्त हो गया, तो इन बाल-दानवों की ब्यौरेवार शिकायत भाई को पेश करने लगी। कहना न होगा कि उसके

बाद से आये दिन माता-पिता के हाथों एक न एक की पिटाई होने लगी। एक दिन सुरेश ने अपने भाई-बहनों के बीच ऐलान किया कि उनके अप्पा के पैसे पर यहाँ ताक़त जमा करने आयी ताड़का सरीखी बुआ का होश ठिकाने लगाना ज़रूरी है। इस महत्त्वपूर्ण कार्य के लिये अगला दिन सुनिश्चित कर लिया गया।

अगली दोपहरी जब पाँचों भाई-बहन स्कूल से आये, तो विस्मय की हद तक अच्छे बच्चे बने हुए थे। दोपहर का भोजन कर केतकी कुट्टी अपनी विराट काया बिस्तर पर फैलाये विश्राम कर रही थी। सुरेश ने उसके समीप जाकर बहुत प्रेम भाव से विनीत हो कहा, "बुआ! लगता है आपकी तबीयत ठीक नहीं। क्या आपकी सेवा कर दूँ ?"

"जीते रहो मेरे लाल!" सुरेश की असंभव विनम्रता पर हैरान केतकी कुट्टी पेट के बल लेट गयी ताकि सुरेश उसकी कमर व पीठ ठीक से दबा सके। सुरेश ने शुरू में बुआ को इत्मीनान करने के लिये हाथ से दबाना शुरू किया। दरवाज़े के कोने में खड़े उसके चारों भाई-बहन धड़कते दिल से इशारे का इंतज़ार कर रहे थे। अचानक उछाल मारकर सुरेश बुआ की पीठ पर चढ़ बैठा और उसकी चोटी कसकर थाम ली। तब तक विद्युत गति से उसके चारों भाई-बहन भी योजनानुसार लपककर बुआ की पीठ पर सवार हो गये और उसकी बेतहाशा कुटाई करने लगे। एक पल के लिये केतकी कुट्टी को कुछ समझ में नहीं आया और जब बात उसे समझ में आ गयी, तो बुरी तरह चीख मारते उसने उठने की कोशिश की। पर उसकी चोटी को लगाम की तरह खींचे बैठा सुरेश उसे उठने ही नहीं दे रहा था। पेट के बल लेटी केतकी कुट्टी बचाव के लिये हाथ-पाँव का भी उपयोग नहीं कर पा रही थी। लगभग पौन-एक घंटे तक इस तरह यथाशक्ति सभी भाई-बहनों ने केतकी कुट्टी की जमकर पिटाई की और केतकी कुट्टी जब इस दर्दनाक ताता-थैया से लस्त-पस्त हो गयी, तो कूदकर चारों भाई-बहन भाग निकले। देर तक कराहती केतकी कुट्टी घायल नागिन की तरह गुस्से से पागल हो रही थी। अपना सामान उसने फ़ौरन बाँध लिया था और भाई-भाभी के आने पर पूरी घटना का बिलख-बिलखकर लोमहर्षक बयान किया था। बताने की आवश्यकता नहीं कि कृष्णा कुट्टी और कात्यायनी, दोनों ने मिलकर अपने पाँचों बच्चों की ऐतिहासिक पिटाई की। कृष्णा कुट्टी ने बहन से कहा कि वह वापस केरल लौटने की ज़िद न करे। सेहत के वास्ते अभी कुछ दिन और उसका यहाँ रहना आवश्यक है। पर केतकी कुट्टी अंदर से बुरी तरह डर गयी थी। उसमें आतंक समा गया था कि कृष्णा कुट्टी और कात्यायनी की अनुपस्थिति में फिर ये शैतान बच्चे उसकी गत बनायेंगे। इसलिये भाई-भाभी के लाख अनुरोध के बावजूद उसने उडुपि के लिये बस पकड़ ली, जहाँ से आगे केरल जाने के लिये उसे ट्रेन मिलती। गाँव पहुँचकर केतकी कुट्टी ने भाई को दो पंक्तियों का एक आख़िरी पोस्टकार्ड भेजा, "तुम्हारे यहाँ का सत्कार कभी भूल नहीं सकूँगी। मैंने यह भूलकर अपराध किया कि मछली और मेहमान तीन दिन में महकने लगते हैं।"

केतकी कुट्टी को भयाक्रांत कर भगानेवाला यही सुरेश बचपन में पिता के चिकेन स्टॉल पर मुर्गी के दरबों के इर्द-गिर्द बिल्ली की तरह घुमड़ता रहता था। किस मुर्गी ने अंडे दिये और किसने नहीं, यह जानने के वास्ते वह हमेशा आतुर रहता था। मुर्गियों के ऐन अंडा देते समय वह कई बार उनके नीचे इस कौतूहल में अपनी हथेली लगा

देता कि अंडा निकलने के समय कैसा लगता है। फिर उसे यह सोच-सोचकर हैरानी होती थी कि अंडा निकलते वक़्त क्यों रसगुल्ले की तरह नरम होता है और बाहर निकलने के चंद पलों के अंदर उसका बाहरी हिस्सा इतना कड़क कैसे हो जाता है। इस पहेली में उलझे सुरेश ने एक दिन फिर ज्यों ही अंडा दे रही मुर्गी के नीचे हथेली डाली कि बुरी तरह खीजकर मुर्गी ने चोंच से उसकी हथेली पर चोट कर दी। चोंच की तीखी चोट से तिलमिलाये सुरेश ने आव देखा न ताव, मुर्गी को पकड़कर चिकेन स्टॉल के समीप स्थित कुएँ में फेंक दिया। गहरे कुएँ से उड़कर बाहर निकल आने की क्षमता मुर्गी में नहीं थी। पूरी ताक़त से कुड़कुड़ाती मुर्गी कुएँ में बदहवास हो जोर-जोर चक्कर मार रही थी। कुएँ की जगत पर पानी भरने गये लोगों ने दौड़कर कृष्णा कुट्टी को सूचना दी कि सुरेश ने मुर्गी की क्या दुर्गति की है। कृष्णा कुट्टी के पड़ोसियों को यह चिंता थी कि मुर्गी अगर फ़ौरन बाहर नहीं निकाली गयी, तो कुएँ में ही सड़-गल जायेगी। तब उन लोगों के पेयजल का अवलंब यह कुआँ बेकार हो जायेगा। आख़िरकार कुएँ में रस्सी से बाल्टी डालकर घंटों यत्न करने के बाद मुर्गी उछलकर बाल्टी में बैठी और बाहर निकाली गयी। मुर्गी मुक्ति अभियान के तत्काल बाद जैसा कि होना ही था, कृष्णा कुट्टी ने सुरेश की जमकर ठुकाई की। पर इतना सब कुछ होने के बावजूद अंडे में कुछ क्षणों में होनेवाले परिवर्तन को लेकर सुरेश की उधेड़बुन ख़त्म नहीं हुई।

धरती पर खड़े होकर पेशाब करने और पाताल सरीखे कुएँ की जगत पर खड़े होकर पेशाब करने में कैसा फ़रक महसूस होता है, इसका अनुभव प्राप्त करने के बाद भी अपने पिता कृष्णा कुट्टी के अनगिनत थप्पड़ों से सुरेश का मुँह कई दिनों तक सूजा रहा था। सदैव उत्सुक मन वाले सुरेश ने बानो से भी परिवार के तमाम विरोध के बावजूद शायद इसलिये शादी की थी कि बचपन से जिस लड़की के संग वह खेलता-कूदता और उछलता-मचलता रहा है, बीवी बन जाने पर उस लड़की में अचानक क्या परिवर्तन आ जाता है। सुरेश ने पाया कि बचपन से इठलाती-ठिलठिलाती रहनेवाली मसखरी बानो शादी होते ही गाल फुलाकर गंभीर और ज़िम्मेदार बन गयी थो।

बानो की ही ज़िद पर पिछले साल की रथयात्रा में सुरेश और बानो ने तुलावार सेवा भी की थी। इसमें तराजू पर एक तरफ़ इंसान दूसरी तरफ़ चावल-नारियल होता है। इंसान के वज़न के बराबर चावल-नारियल ईश्वर को चढ़ाया जाता है। सुरेश और बानो की 'तुलावार सेवा' पर खीजे कृष्णा कुट्टी ने कहा, "यह पागल गाँव किसी को भी किसी भी बात की छूट दे सकता है।" वैसे, गाँव में शायद ही किसी को मालूम कि कृष्णा कुट्टी और कात्यायनी बानो से चाहे जितना भड़कते हों, लेकिन जब कभी आपस में उसके बारे में दोनों बातें करते हैं तो उसका नाम 'दिव्या' लेते हैं। यह बात सुरेश को भी मालूम नहीं। दोनों की 'तुलावार सेवा' को लेकर यों विष्णुमूर्ति भट्ट के समक्ष विरोध प्रकट करते हुए कृष्णा कुट्टी ने कहा था, "श्रीवेणुगोपाल स्वामी के मंदिर में आप बानो को कैसे प्रवेश देते हैं?" अर्चक विष्णुमूर्ति भट्ट ने तब क्षुब्ध होकर कहा, "तुम जानते हो न कि यहाँ किसी से मुँह लगाना ही फालतू है। अब जाने वेणुगोपाल।" घर पहुँचने पर कात्यायनी ने अपने पति से जब पूछा, "ठीक है, बानो का वेणुगोपाल मंदिर में प्रवेश अनुचित है। लेकिन दिव्या का?" कृष्णा कुट्टी ने असमंजस भाव से कात्यायनी

को देखा और चुपचाप 'चिकेन स्टॉल' के लिये निकल पड़ा। कात्यायनी ने कई बार अपने पति को समझाया है कि क्लेश को कभी थिरने नहीं देना चाहिये। अधिक दिनों तक टिक जाने पर यह घाव बन जाता है।

प्रेम के मृदुल झटके से इस गाँव का शायद ही कोई घर बचा हो। पर इस मृदुल झटके की पूर्णाहुति पारिवारिक तांडव के बिना कभी नहीं हुई। ऐसे प्रेम-प्रसंगों की लंबी लोमहर्षक परंपरा में कोडीबैल उर्फ़ आश्रम टोला के निवासी चक्रगदाधर ने हाल-साल में जो कीर्तिमान क़ायम किया, वह कभी भुलाया जानेवाला नहीं है। विश्वनाथ बायर उस प्रकरण पर आज भी कहते हैं, "हमारे कोडीबैल उर्फ आश्रम टोले में एक से एक धुरंधर-प्रतापी लोग हैं। एक तरफ बीदिरू गिरिधर जैसा अवंड, तो दूसरी ओर चक्रगदाधर जैसा प्रचंड।'' विश्वनाथ बायर 'प्रचंड' की उपाधि चक्रगदाधर को यों ही नहीं देते हैं। साल भर पहले की बात है। चक्रगदाधर ने अपनी बेटी पुष्पी के प्रेम-विवाह को लेकर कन्यापक्ष की ध्वजा लहराने की दिशा में जो कुछ भी किया, वह दिमाग चकरानेवाला था। दरअसल, बीते कुछ वर्षों से पुष्पी होसुर गाँव के समृद्ध कृषक यज्ञपति के इकलौते बेटे यज्ञवाहन के संग जंगल व अमराइयों के एकांत में प्यार की पींगें भर रही थी। एक दिन यज्ञवाहन और पुष्पी ने तय किया कि अब चाहे जो हो, वे विवाह करके रहेंगे। पर दोनों इस सच्चाई से अवगत थे कि उनके माता-पिता इस विवाह को क़तई सहन नहीं करेंगे। तीर-कमान और तोप-बंदूक, जो भी संभव होगा, निकाल लेंगे। पर यज्ञवाहन और पुष्पी ने जंगल में आलिंगनबद्ध होकर जो निर्णय लिया था, वह अटल हो चुका था। अंततः तमाम मंथन के बाद एक दिन यज्ञवाहन और पुष्पी भाग निकले। ख़बर फैलते देर न लगी कि यज्ञवाहन और पुष्पी ने उडुपि के श्रीकृष्ण मठ में जाकर शादी कर ली है। क्रोध से पागल यज्ञपति ने अपने दूतों को तत्काल भेज उडुपि का चप्पा-चप्पा छनवा लिया। उधर बुरी तरह बौखलाये चक्रगदाधर ने यज्ञवाहन के पिता यज्ञपति पर थाने में अपनी बेटी के अपहरण का मामला दर्ज़ करवाया। पलटकर यज्ञपति ने भी चक्रगदाधर पर अपने बेटे के अपहरण का केस किया। हालाँकि, इन तमाम शीर्षासनों का कोई फलाफल न निकलना था न निकला। महीने भर बाद यज्ञवाहन और पुष्पी ने यह अनुमान लगाकर कि परिवार में अब तक सबका क्रोध शांत हो गया होगा, अपने-अपने पिता को मोबाइल पर ख़ैरियत रिपोर्ट दी कि वे लोग कुशल-मंगल हैं। अपने परिवार का भी कुशल-मंगल चाहते हैं। इस बीच यज्ञपति को उनके स्वजनों ने बहुत समझाया भी था कि पुष्पी देखने में बहुत सुंदर है। चक्रगदाधर को भले उनके जितना खेत-पथार नहीं, लेकिन वह भी एक सुखी कृषक हैं। इसलिये अब सबकुछ भूलकर इस संबंध को उन्हें स्वीकार कर लेना चाहिये। क्रोध से राख होकर अब तक ठंडे पड़ चुके यज्ञपति ने इसलिये बेटे से कहा कि पुष्पी के संग वह घर लौट आये। वे पुष्पी को पुत्रवधू के रूप में अपना लेंगे। पर उन्होंने बेटे से कहा कि पुष्पी अपने पिता से कहे कि वे थाने में उनके ऊपर दर्ज़ अपहरण का मामला उठा लें।

पिता यज्ञपति की बातों से यज्ञवाहन अत्यंत हर्षित हुआ। उसने पिता का संदेश पुष्पी को बताया और कहा कि वह अपने पिता से इस बारे में बात करे। पुष्पी ने चक्रगदाधर से बात की और कहा कि उनके श्वसुर इस रिश्ते को मान्यता देने को राजी हैं। अगर

वे तैयार हो जायें, तो सारी कड़वाहट आनंद में परिणत हो जायेगी। पुष्पी अपने पिता की दुलारी बेटी थी। उसे विश्वास था कि अब इस बदली परिस्थिति में उसके पिता अवश्य राजी हो जायेंगे। और सचमुच पुष्पी की खुशी का ठिकाना न रहा जब सारी बातें सुनकर उसके पिता ने कहा कि वे आज ही मामला वापस लेने जा रहे हैं। चक्रगदाधर ने पुष्पी से कहा कि वह यज्ञवाहन से उनकी बात कराये। चक्रगदाधर ने यज्ञवाहन से कहा कि, "बेटे! जो हुआ सो हुआ। अपहरण का केस मैं उठाने निकल रहा हूँ। तुम कल तक पुष्पी को घर पहुँचा दो और अगले दिन अपने गाँव से विधिवत बारात लेकर अगुम्बे आओ। पुष्पी और तुम्हारी शादी मैं समाज के बीच धूम-धाम से करूँगा। मैं आज ही से विवाह की तैयारी शुरू कर देता हूँ।'' चक्रगदाधर के इस मधुरस से यज्ञवाहन और पुष्पी भरपूर आह्लादित हुए। चक्रगदाधर ने भी अपना वचन निभाया और अगुम्बे थाने से मामला उसी दिन वापस ले लिया। लगे हाथ मामला वापसी के आवेदन की एक कार्बन-प्रति यज्ञपति के यहाँ भिजवा भी दी, जिस पर थाने की मुहर लगी थी। यज्ञपति ने इसकी सूचना अपने पुत्र को दे दी। यज्ञवाहन ने उल्लसित हो तब पिता को बताया कि वह पुष्पी को उसके घर छोड़ने अगुम्बे जा रहा है। अगली सुबह बारात लेकर अगुम्बे चलना है। यज्ञवाहन आनंद-पुलकित पुष्पी को लेकर जब चक्रगदाधर के घर दोपहर में पहुँचा, तो देखा कि शामियाना वग़ैरह लगवाने में चक्रगदाधर व्यस्त हैं। अब शक की कहीं से कोई गुंजाइश नहीं थी। पुष्पी को उसके पिता के हवाले कर वह अपने गाँव होसुर पहुँचा और पिता यज्ञपति को आँखों देखा हाल बताया कि किस तरह पुष्पी के पिता प्राणपण से अगले दिन दोनों के विवाह की तैयारी में जुटे हैं। सुनकर यज्ञपति को भी अच्छा लगा। उन्होंने युद्धस्तर पर अपने सभी सगे-संबंधियों को बारात के लिए मोबाइल से आमंत्रित किया।

अगली सुबह लगभग एक दर्जन गाड़ी में यज्ञपति अपने पुत्र व बारात के संग चक्रगदाधर के यहाँ पहुँचे, तो उनके पाँव तले की ज़मीन ही खिसक गयी। न वहाँ कोई शामियाना था, न कुर्सियाँ थीं। आज इस घर में विवाह होनेवाला है, इसका कोई चिन्ह मौजूद नहीं था। चक्रगदाधर थोड़ी देर बाद घर से निकले। घर के आगे गाड़ियों की कतार देख हैरान होते हुए उन्होंने अपमान से स्याह पड़े यज्ञपति से पूछा, "इतनी गाड़ियाँ लेकर क्यों आये हैं? और ये लोग कौन हैं?"

"आपने ही यज्ञवाहन से कहा था कि बारात लेकर आयें।" यज्ञपति ने दूल्हे राजा बने बेटे की तरफ़ आग्नेय दृष्टि से घूरते हुए चक्रगदाधर से कहा।

"हाँ, कहा तो था। पर आप लोग अभी जायें। हैं लँगड़े और नाम हनुमान! आपका नाम यज्ञपति किसने रख दिया? क्या आप नहीं जानते कि विवाह एक यज्ञ है, मजाक नहीं। दोनों की शादी हो ही चुकी है। अब फिर से शादी की जरूरत क्या है? मैं परसों बेटी को विदा करूँगा। अपने बेटे को भेज दीजियेगा।" चक्रगदाधर ने सजे-धजे यज्ञवाहन की तरफ़ हिकारत से देखते हुए कहा, "इस लड़के ने नाहक आपको परेशान कर दिया।''

"पर यह सरासर गुंडागर्दी है।" यज्ञपति ने क्रोध से काँपते हुए हुंकार भरी।

"गुंडागर्दी तो आपके बेटे ने की। इसकी सजा तो इसे मिलनी ही चाहिये। अफ़सोस कि आप भी इसमें पिस गये।" चक्रगदाधर के चेहरे पर कुटिल मुस्कान थी।

"एक बार पुष्पी से मुझे मिल तो लेने दीजिये। " यज्ञवाहन ने पिता की तरफ़ कातर दृष्टि से देख चक्रगदाधर से अनुनय के स्वर में कहा।

"पुष्पी? वह अभी कहाँ मिलेगी? प्यारे बच्चे! तुम अभी चुपचाप पिता के संग बारात को लेकर अपने गाँव जाओ। एक महीने तक एक-एक पल मैंने जो खून का घूँट पिया है, तुम एक-दो दिन भी नहीं पी सकते?" चक्रगदाधर ने कड़े तेवर में कहा, "बहस से कोई फायदा नहीं। परसों आओ। मैं तुम्हें खून के घूँट का स्वाद कैसा होता है, यह बताना चाहता हूँ।"

देर तक तनातनी के बाद बारात बस लौटने को थी कि पूरे मामले की जानकारी विश्वनाथ बायर को हुई। ममता जगदीश भी दौड़ी हुई चक्रगदाधर के यहाँ पहुँचीं। थोड़ी ही देर में चक्रगदाधर के यहाँ सारा गाँव उमड़ पड़ा। देखते-देखते वहाँ कुर्सियाँ जुटा दी गयीं। ममता जगदीश ने अनुरोध कर यज्ञपति को किसी तरह शांत किया। विश्वनाथ बायर ने तमककर कहा, "यह क्या तमाशा है गदाधर? गाँव की इज्जत से मत खेलो। शादी नहीं करनी थी, तो बारात लेकर बुलाया क्यों? और फिर पुष्पी भी तो अपनी मर्जी से ही लड़के के साथ गयी थी। क्या पुष्पी की शादी अब कहीं और करोगे? हद हो गयी।"

"नहीं अन्ना! पहले वेद तब लबेद। मैंने बस यही किया। पहले वेद की बातें और उसके बाद वेद विरुद्ध व्यवहार। कन्यापक्ष को लोग कमजोर-लाचार समझते हैं। पर अब दुनिया बदल गयी है। बस मैं इन्हें यही संदेश देना चाहता हूँ कि वर पक्ष की मनमानी अब नहीं चलनेवाली। इस लड़के ने मेरी सीधी-सादी पुष्पी को बहकाकर सारा कांड किया।'' चक्रगदाधर ने विश्वनाथ बायर से हाथ जोड़ते हुए कहा, "शादी तो दोनों कर ही चुके हैं। अब दोबारा क्या शादी होगी? अब इस बारात का स्वागत आप कर दें अन्ना! सारा खर्च मैं दे दूँगा। पर आज तो मुझसे कुछ न किया जायेगा।"

"और पुष्पी?" विश्वनाथ बायर ने ऊपर से नीचे तक चक्रगदाधर को घूरते हुए पूछा।

"पुष्पी को भी दो दिनों की सजा है। उसे भी अपनी मनमानी का कुछ दंड मिलना चाहिये। इसलिये वह तो अब परसों ही जायेगी अन्ना! मुझे इस बात से थोड़े ही इंकार है कि पुष्पी का पति यज्ञवाहन है।"

"तो फिर ठीक है। यज्ञवाहन तब तक मेरे यहाँ रहेगा और पुष्पी को लेकर ही होसुर जायेगा।" इस तरह चक्रगदाधर के दरवाज़े पर बैठी बारात का भरपूर स्वागत विश्वनाथ बायर के नेतृत्व में ग्रामीणों ने किया। पर चक्रगदाधर अपनी जगह से हिले तक नहीं। बारात को विदा करते वक़्त विश्वनाथ बायर और ममता जगदीश ने पूरे गाँव की ओर से यज्ञपति से क्षमा याचना की। अपने वचन के मुताबिक दो दिनों बाद चक्रगदाधर ने यज्ञवाहन के संग पुष्पी को पूरे तामझाम से होसुर विदा किया। चक्रगदाधर ने गुस्से में चाहे जो पैंतरेबाजी की, लेकिन अंततः बात सँभल गयी। पर अपने बेटे गौतम माल्या के चलते पी. कृष्ण माल्या का तो अंतिम अपमान हो गया था। अपरा नायक ने भीड़ में मौजूद गौतम माल्या को देखा। यह लड़का लक्ष्मीनारायण माल्या के चार भाइयों में दूसरे नंबरवाले भाई कृष्ण माल्या का बेटा है। कृष्ण माल्या पिछले साल ही तो गुज़रे हैं। कृष्ण माल्या के तीन बेटों में सबसे बड़ा पवन अमेरिका में इंजीनियर है। उसकी पत्नी वहीं लेडी डॉक्टर है। सबसे छोटा भरत भी बेंगलूर में अपना कारोबार कर सपरिवार

सुखी है। पर यह मँझला बेटा गौतम अंतिम साँस तक कृष्ण माल्या के लिये संताप बना रहा। बस स्टैंड के पास एक फटीचर-सा 'चेरापूँजी रेस्टोरेंट' चलानेवाले गौतम माल्या ने मणिपाल की एक पुजारी जाति की लड़की से बहुत पारिवारिक हंगामे के बावजूद प्रेम विवाह किया था। पर यह प्रेम विवाह अधिक दिनों तक चल न सका। कृष्ण माल्या से भरपूर मुआवज़ा वसूलकर लड़की ने पूरा ज़लील करने के बाद गौतम को तलाक दिया। परिवार के सरदार लक्ष्मीनारायण माल्या अपने छोटे भाई कृष्ण माल्या पर महीनों तक बुरी तरह कुपित रहे थे कि क्यों उसने अपने नामुराद मँझले बेटे के दबाव में आकर अंततः इस विवाह की स्वीकृति दी थी। पर अदृश्य भाग्य लक्ष्मीनारायण माल्या पर भी ठहाके लगा रहा था। दो साल बाद ही उनके छोटे बेटे प्रदीप ने उन्हें साँप सुँघा दिया। लक्ष्मीनारायण माल्या के दो बेटे हैं—सुधींद्र और प्रदीप तथा एक बेटी—प्रतिभा। बेटी की शादी उन्होंने मंगलूर के एक प्रतिष्ठित संपन्न परिवार के लड़के से बहुत धूमधाम से की। बड़े बेटे सुधींद्र का विवाह अगुम्बे के समीप स्थित सोमेश्वर गाँव के एक सम्मानित परिवार की लड़की रश्मि से हुआ। पर विवाह के बाद ससुराल में दुलार से रश्मि को सब सिंधु पुकारते हैं। सुधींद्र की पत्नी सिंधु नहीं तो और क्या होगी।

अच्छे कुल-शील की सिंधु ने सबका दिल जीत रखा है। माल्या परिवार के लंबे-चौड़े कारोबार में व्यस्त अपने पति के संग अब वह भी रुचि लेने लगी है। जंगल का ठेका, राइस मिल, परिवहन, होटल और डिपार्टमेंटल स्टोर-अनगिनत काम को देखना होता है। लक्ष्मीनारायण माल्या और उनकी पत्नी को सिंधु पर गर्व होता है, जब वह अपने जिम्मे के गृह-कार्यों को निपटाकर अगुम्बे बस स्टैंड के पास स्थित डिपार्टमेंटल स्टोर में पति का हाथ बँटाने जाती है। यह डिपार्टमेंटल स्टोर माल्या परिवार का राम-झरोखा है, क्योंकि इसी के ऊपर उनका होटल भी है। यहीं बैठकर परिवहन व्यवसाय की भी देखरेख हो जाती है। जंगल के ठेके में कार्यरत मुलाज़िमों का नियंत्रण भी यहीं से होता है। लक्ष्मीनारायण माल्या इस मनोकामना में थे कि अब शीघ्र ही अपने छोटे बेटे प्रदीप का विवाह सिंधु जैसी ही किसी ज़िम्मेवार और प्यारी लड़की के संग कर वे अपने अंतिम दायित्व से मुक्त हों। पर घर में एक सुबह जोरदार बिजली गिरी जब प्रदीप ने ऐलान किया कि वह अगुम्बे के फ़ॉरेस्ट गार्ड गुरुमूर्ति की बेटी दीपिका से विवाह करेगा। मोगेविरा जाति के गुरुमूर्ति की बेटी को प्रदीप अपनी पत्नी बनायेगा, सुनकर लक्ष्मीनारायण माल्या मूर्च्छित होते-होते बचे।

अपने से कमतर जाति की लड़की को प्रदीप घर में बहू बनाकर लायेगा? लक्ष्मीनारायण माल्या को लगा कि वे एकदम से पागल हो जायेंगे। उन्होंने छतफाड़ चीख़ के संग प्रदीप से कहा, "मछली पकड़नेवाली जाति की लड़की इस खानदान की बहू बनकर आएगी, तो इस घर से मेरी अर्थी उठेगी।" कुछ दिनों तक अपने उग्र स्वभाव के पिता का मिज़ाज भाँपकर प्रदीप ने चुप्पी साधे रखी। इस बीच लक्ष्मीनारायण माल्या ने गाँव के कार स्ट्रीट निवासी गुरुमूर्ति और उसकी पत्नी सविता को हर कला-कौशल और धमक-चमक से समझाने की कोशिश की कि वे अपनी बेटी दीपिका को प्रदीप से हर हाल में दूर कर लें। लक्ष्मीनारायण माल्या ने यह भी कठोरतापूर्वक दोनों को समझाया कि जाति और हैसियत के अंतर को वे नज़रअंदाज भी कर दें पर एक ही गाँव के

लड़के-लड़की में वैवाहिक संबंध कैसा विचित्र लगेगा। लक्ष्मीनारायण माल्या ने साथ-साथ कई अच्छे परिवारों की लड़कियाँ भी प्रदीप के लिए देखीं। पर प्रदीप को किसी लड़की का चित्र पसंद नहीं आया। प्रदीप को बस दीपिका चाहिये थी। हालाँकि, पिता के भयवश उसने कह दिया कि, "पिताजी! आप जो चाहेंगे, वही होगा।" पर प्रदीप उचित अवसर की तलाश में था। उसे जब यक़ीन हो गया कि दीपिका के संग उसके विवाह को परिवार किसी हाल में स्वीकृति नहीं देगा, तो एक सुबह वह दीपिका के संग हादीगल भाग गया। हादीगल के गणपति मंदिर में जाकर उसने दीपिका से शादी कर ली। तीर्थहल्ली और कोनन्नूर के मध्य स्थित हादीगल का गणपति मंदिर बहुत प्राचीन है। प्रदीप को यही जगह सटीक लगी। गाँव के श्रीवेणुगोपाल मंदिर में विवाह असंभव था। प्रदीप जानता था कि यहाँ के मंदिर परिसर में उसके पिता उसे और दीपिका को आकर ढेर कर देंगे। विवाह के बाद हालाँकि प्रदीप ने उसी शाम दीपिका के संग अपने घर आने का दुस्साहस दिखाया। एक अंतिम विश्वास था कि संभवतः विवाह के बाद परिवार राजी हो जाये। पर लक्ष्मीनारायण माल्या ने दोनों को घर की दहलीज़ तक पर पाँव नहीं रखने दिया।

"तुमने माल्या खानदान पर जो दाग लगाया है, वह समुद्र का सारा जल झोंक देने पर भी धुल नहीं सकता। इस मछुआरिन के साथ जाओ मछलियाँ मारो। नमक खाने के बाद पानी पीना पड़ता है बाबू! अब पानी पियो।" लक्ष्मीनारायण माल्या का ऐसा विकराल रूप घर में पहले किसी ने नहीं देखा था। झलफल साँझ थी। स्थिति विकट देख प्रदीप उसी रात कुरूमलिगे आ गया। किसी तरह कुछ पैसे जोड़ उसने यहाँ अपना छोटा-सा धंधा शुरू किया। अब उसे एक बेटा भी है। बेटे को लेकर भी वह अगुम्बे आया। पर लक्ष्मीनारायण माल्या टस से मस नहीं हुए। दो दिन कार स्ट्रीट स्थित अपनी ससुराल में रहकर प्रदीप कुरूमलिगे लौट गया। गाँव के लोग इस प्रसंग में भी यही बात दोहराते हैं, "प्रदीप ने दीपिका से प्रेम किया। शादी की। अब माल्या दोनों को जीने दे।" वाक़ई, प्रेम के मामले में विचित्र आला गाँव है यह। अन्नपूर्णा विद्या मंदिर के मौजूदा हेडमास्टर रामप्पा प्रेम-प्रसंगों की शल्य क्रिया पर मुस्कराकर रह जाते हैं और शिक्षिका सुदेशना कुमारी के संग वर्षों पहले अगुम्बे में हुए अपने प्रेम-विवाह को याद करते हैं। प्रेम है, तो है। इसका क्या किया जाये भाई? कैंटीन परियार ऐसे प्रसंगों पर कहता है, "काना आदमी ठीक, काना समाज नहीं ठीक। यहाँ के दो-चार लोग भले पैदाइशी काने हैं, लेकिन इस गाँव का समाज काना नहीं है।" अपरा नायक ने देर से बकर-बकर किए जा रहे कानी क़िस्मत वाले अपने साले को निहारा। इसी अभागे टरू को ही यहाँ कोई लड़की नहीं मिल सकी।

वैवाहिक कार्यक्रम अब समापन के क़रीब था। विष्णुमूर्ति भट्ट 'हवन पूर्णावती' आरंभ कर चुके थे। विश्वनाथ बायर ने प्रश्नवाचक भंगिमा में कहा, "विवाह के बाद दोनों कहाँ जाएँगे? ये दोनों हमारे यहाँ भी रह सकते हैं। दोनों के माता-पिता तो इन्हें अपने यहाँ टपने न देंगे।" स्व. जयंत राव और कस्तूरी राव की बेटी सुजया ने बग़ैर एक पल जाया किये कहा, "और कहाँ...दोनों दोड्डमने जायेंगे। यह भी भला कोई पूछने की बात है। रास्ते से ही अरुंधती को घर भेजकर मैंने अम्मा को खबर दे दी है।"

"हाँ...हाँ...दोड्डमने।" भीड़ ने एक स्वर से समर्थन किया। कृष्णमूर्ति हेब्बार का मन भर आया। सुजया में भी वही, अपने दादा व बापवाली कौंध है। वे भीड़ को चीरते वर-वधू के समीप पहुँचे और वधू अरण्या के हाथों में पाँच सौ एक रुपये थमाते हुए कहा, "हाँ, दोड्डमने जाओ। शुभ गृह है दोड्डमने।" विश्वनाथ बायर ने भी बढ़कर विष्णुमूर्ति भट्ट के हाथों में दक्षिणा के दो सौ इक्यावन रुपये डाल दिये। विष्णुमूर्ति भट्ट ने तनिक अप्रस्तुत होते हुए कहा, "यह क्या? मैं समाज से कोई बाहर हूँ क्या?"

"विवाह की दक्षिणा मेरे मित्र! बिना दक्षिणा के ब्राह्मणों से कोई कार्य नहीं लेना चाहिये।" विष्णुमूर्ति की पीठ पर हाथ रख बायर हँस पड़े। पंखा गणपति जाने कहाँ से उन दोनों के बीच प्रकट हो गया और स्वयं को तेज़-तेज़ पंखा झलते हुए मुसककर बोला, "अर्चकजी! मैंने कहा था न कि यह आषाढ़ की विलक्षण आँधी है। मधुर संदेश लेकर गाँव में आयी है।"

पंखा गणपति की बात सुन कैंटीन परियार के मुख पर बरबस स्मृतिपूर्ण अनुराग का मेघखंड छा गया। विश्वनाथ बायर और विष्णुमूर्ति भट्ट की तरफ़ मुख़ातिब हो परियार ने कहा, "अन्ना! अपने गुरु शंकरनाग की अभी याद आ रही है। ओफ्फ! क्या लाजवाब इंसान था शंकरनाग। 'मालगुडी' के निर्देशन के दौरान एक शाम अपने कर्नाटक में बहुत प्राचीन शिलालेख पर अंकित संस्कृत का एक पद्य उसने पूरे लय में सुनाया था मुझे। वह इतना अच्छा लगा था कि मैंने कंठस्थ कर लिया।" परियार स्मृतियों के मेघ में डूबते-उतराते लय में आ गया, "गूँजते हैं जब प्रेमियों के कोमल हृदयरूपी नगाड़े...गाते हुए झूम उठता है जब भ्रमरों का दल...मंद मारुत देता है ताल...लाल किसलय रूपी हाथों से...तब नचाता है अंतरंग रूपी रंगमंच पर मन्मथ मुग्ध हो अपनी रति को...यही तो पृथ्वी का उल्लासवर्द्धक भरत नाट्य है...जो सहज ही भारत का नाम है।" रंगमंच के सूत्रधार की तरह परियार पूरे भाव तरंग में था, "यही अरण्या और शुभंकर हैं...पृथ्वी का काल सिद्ध भरत नाट्य अन्ना! हम साधारण मनुष्य हैं। हमारे जीवन का सत्य पृथ्वी रूपी रंगमंच पर धीरे-धीरे उद्घाटित होता है।" विश्वनाथ बायर ने आगे बढ़कर कैंटीन परियार को सीने से भींच लिया, "तम्म...मेरे छोटे भाई! साहित्य और कला की उतनी समझ मुझे नहीं लेकिन जीवन की थोड़ी समझ तो है। तू सच्चा कलाकार है मेरे भाई!"

7

आम का आषाढ़

"सावित्री! स्नानद मनेयन्नु शुद्ध माडु।"[1] सावित्री को निर्देश देते हुए कस्तूरी राव छड़ी टेकते रसोईघर की तरफ़ बढ़ीं। सुबह की शुरुआत बेशक थोड़ी हलचल भरी होती है। पर कस्तूरी राव की दोनों सेविकायें सावित्री और सुशीला माई आज कुछ ज़्यादा ही बढ़-चढ़कर बिजली की गति से काम-काज में जुटी हैं। सुशीला माई के पीछे कुछ देर से दोड्डमने पहुँची सावित्री ने पूरी परिस्थिति की सप्रसंग व्याख्या कर सुशीला माई को भी व्याकुल कर दिया है। हड़बड़ में गड़बड़ ही गड़बड़। कस्तूरी राव भाँप रही हैं कि कठपुतलियों की तरह नाच रहीं उनकी दोनों गृह सेविकाओं को दरअसल जल्दी से काम निपटाकर मंदिर भागने की व्यग्रता है। इन दोनों अकालवृद्धा सुस्त घोड़ियों में भी आज जाने कहाँ से दो गुनी जान आ गयी है। अन्य दिनों में तो उनकी यह दोनों चींटी हर काम कठहुज्जत से करती हैं। पर इस टिरफिस और टिल्लेपन का किया क्या जाये? जो हर जैसे बहे, उसे वैसे ही जोतना होता है। अभी मंदिर जाने से रोकने पर तय है कि दोनों गाल फुला लेंगी।

कस्तूरी राव ने अपनी मोटी कलाई पर बँधी घड़ी देखी। समय कहाँ है? घर में आकर शालिग्राम की दैनिक पूजा करनेवाले देवदास पंडित भी अभी तक नदारद हैं। मंदिर की भीड़ में आँखों को सिकोड़-सिकोड़कर वे भी रस ले रहे होंगे। वे आ गये होते, तो उनसे जिनी अक्का के यहाँ से आम के पल्लव और पूजा के अतिरिक्त कुछ ज़्यादा फूल ले आने को कहतीं। पर आज तो सारा गाँव जैसे छुट्टी पर है। सुजया आज नौकरी पर मणिपाल नहीं ही गयी। रवि के संग वह भी अभी तक मंदिर पर है। उसने अरुंधती को दौड़ाकर उनके पास ख़बर भिजवा दी है कि विवाह संपन्न होते ही वर-वधू को साथ लेकर वह घर पहुँचेगी। सुजया भी अपने बाप-दादा की तरह ही फ़रमान भेजती है। यह खिलंदड़ी अरुंधती भी संदेश सुनाकर फिर मंदिर भाग गयी। इधर ये दोनों फूल कुमारियाँ मंदिर कूच करने के लिये पागल हो रही हैं। ऐसे में पता नहीं कैसे सँभलेगा? सुजया किसी भी पल वर-वधू को लेकर पहुँच सकती है। कस्तूरी राव को बेटा नहीं है। सुजया उनकी इकलौती बेटी है। आज बहू की उन्हें आगवानी करनी है। शुभंकर को तो वह बचपन से जानती हैं। मलापहाड़ी पुलिया के पार 'होटल गुरूप्रसाद' चलानेवाले टी. सुरेंद्र नायक के घर के बग़ल में शुभंकर के पिता रत्न पद्‌माकर का घर है। परिश्रमी

1. स्नानागार को साफ़ करो।

कृषक है पद्माकर। मात्र तीन एकड़ खेत है उसके पास। पर वह झमटकर खेती करता है। पहाड़ की इस चोटी पर अक्ल दंग करनेवाला प्रयोगशील कृषक पद्माकर अपनी खाल में मस्त रहनेवाला पूजा-पाठी इंसान है। गाँव में उसके टक्कर की सब्जी कोई नहीं उपजा पाता। मटर, टमाटर, बैगन, फ्रांसबीन, आलू, शिमला मिर्च और अदरक की उसकी खेती देखने-दिखाने लायक़ होती है। उसके घर के छोटे-से परिसर में अमरूद, नीबू से लेकर गुलाब और चम्पा-चमेली तक के पेड़-पौधे हैं। मुँह-अँधेरे से पद्माकर पेड़-पौधों की सेवा में जुट जाता है। मसलन पेड़-पौधों में पानी देने, सड़े-गले फूल-पत्तों को बाहर निकालने, निराई-गुड़ाई करने और पौधों में लगनेवाले कीड़ों का निरीक्षण करने सरीखे अनगिनत काम उसके पास होते हैं। घर के परिसर में लगे पेड़-पौधों को निरखने के बाद वह फटाफट तैयार होकर खेत पर निकल पड़ता है। रत्न पद्माकर को पिछले दिनों तुलसी की खेती का भूत सवार हो गया। फिर तो उसने पूरे एक एकड़ में कर्पूर तुलसी, वन तुलसी, बावई तुलसी, काली तुलसी, श्री तुलसी और श्यामा तुलसी की झड़ी ही लगा डाली। किसी ने उसे बताया कि तुलसी की डेढ़ सौ क़िस्में होती हैं। पद्माकर का संकल्प है कि वह एक दिन इन तमाम क़िस्मों को जुटाकर दम लेगा। बारिश और नम जलवायु में तुलसी की खेती अच्छी होती है। इसलिये अगुम्बे की धरती पद्माकर की तुलसी के लिये और भी उपयुक्त है। पद्माकर की तुलसी की शोहरत धीरे-धीरे बढ़ रही है। शिमोगा और तीर्थहल्ली से लेकर मंगलूर व उडुपि तक से लोग उसके खेत से तुलसी के पत्ते और तेल के वास्ते तुलसी की मंजरी खरीदने आने लगे हैं। पद्माकर के एक एकड़ में तीन बार की कटाई में तक़रीबन दस क्विंटल तुलसी के पत्ते निकलते हैं। पद्माकर की योजना है कि आगे से वह दो एकड़ में तुलसी की खेती फैलायेगा। तुलसी का पौधा थोड़ा छाँव प्रेमी होता है। इसलिये तुलसी के पौधों के बीच-बीच में पद्माकर कालमेघ और सफ़ेद मूसली की भी फसल लगा लेता है। वह धरती माता के मर्म को समझता है कि वे हमेशा दोनों हाथों से भरपूर देने को तैयार रहती हैं। बहरहाल, उसके तुलसी प्रेम के कारण गाँव में अब सब उसे 'तुलसी पद्माकर' कहने लगे हैं। स्वभाव का सरल पद्माकर एकबगाहा है। दैनंदिन व्यवहार से लेकर खेती तक में। गाँव में सबको मालूम है कि प्रसन्नचित्त अवस्था में किसी के लिये प्राण तक न्यौछावर करनेवाला रत्न पद्माकर कुपित होने पर छाती का जम है। दुर्वासा और परशुराम का अवतार। क्रोध में आपका, न बाप का। शुभंकर उसका इकलौता बेटा है। जबसे वह अरण्या के संग लापता हुआ, पद्माकर खून के घूँट पी-पीकर दिन गुज़ार रहा था। हालाँकि, उसकी पत्नी सुमन ने लगातार उसे बहुत शांत-सहज करने की चेष्टा की। पर पद्माकर की धधक कम नहीं हुई। अभी पिछले दिनों देर तक कस्तूरी राव के पास बैठे पद्माकर ने चलते समय कहा था, "कस्तूरी अक्का! एक बार यह कत्ते[1] मिल तो जाये। सिर खोलकर बुकनी कर दूँगा। आप जानती हैं कि मैं हमेशा हौरा-झौरा से दूर रहनेवाला आदमी हूँ। ऐसा अभद्र आचरण मुझे हरगिज सहन नहीं है।"

"दोनों सहपाठी-संगी रहे हैं पद्माकर! एक साथ मैट्रिक किया। इंटर तक की पढ़ाई की। सांस्कृतिक कार्यक्रमों में भी सदैव दोनों साथ रहे। वर्षा के समय बूँदों की टपटप,

---

1. गधा

हवा की सनसनाहट और वसंत के दिनों में कोयल की कूक की आवाज़! पिछले कई कार्यक्रमों में मंच के नेपथ्य से शुभंकर और अरण्या ने इनके स्वरों की क्या अद्भुत प्रस्तुति की। गाँव के लोग दोनों की कला पर मुग्ध रहते हैं। बिना किसी विधिवत प्रशिक्षण के शुभंकर कितनी प्रवीणता से हारमोनियम और बाँसुरी बजाता है। और अरण्या! कितनी सुकंठ और सुंदर है। पद्माकर! दोनों प्यारे बच्चे हैं। इस पर इतना आपा खोने की जरूरत नहीं। दोनों जब भी आएँ, तो उन्हें आशीर्वाद दो। इस गाँव की यह कोई प्रथम घटना तो है नहीं।" कस्तूरी राव ने पद्माकर के घाव के छालों पर देर तक भरसक चंदन लेप लगाते हुए कहा था।

"सवाल नहीं है अक्का! इस लड़के ने मुझे अपने आचरण से घटती के पहर में पहुँचा दिया है। पर मेरी बुद्धि ने कोई कंठी नहीं पहन रखी है।" कहते हुए तिक्त-क्षुब्ध भाव से पद्माकर निकल पड़ा था। कस्तूरी राव को उसी क्षण भविष्य का परिदृश्य समझ में आ गया था कि रत्न पद्माकर बेटे के प्रेम विवाह के मसले पर तोप-तलवार बना हुआ है। इसलिये कस्तूरी राव को यह सुनकर क़तई आश्चर्य नहीं हुआ जब सबके लाख समझाने-बुझाने के बावजूद वह आज मंदिर पर नहीं गया। कस्तूरी राव को यह भी पता है कि शुभंकर और अरण्या को विवाहोपरांत दोड्डमने में टिकाने को लेकर पद्माकर उन पर घोर कुपित हो उठेगा। पर किया क्या जाय? गाँव-समाज की यही इच्छा है। और वे इसके ऊपर नहीं हैं। वैसे भी बेटी का मान तो समाज के सिर आँखों पर होता है। अरण्या को भी छुटपन से गाहे-बगाहे वे देखती ही आयी हैं। अगसरकोणे के जे.वी. मंजप्पानायक और शारदाम्मा की बेटी है यह। सर्प विष उतारने में शारदाम्मा का जवाब नहीं।

शारदाम्मा का पति मंजप्पानायक भी एक छोटा-सा किसान है। दोनों के पाँच बच्चे हैं। चार बेटे-पद्मनाभ, रामास्वामी, नारायणस्वामी और प्रकाश तथा एक बेटी-अरण्या। सर्प विष की चिकित्सा शारदाम्मा अगसरकोणे गाँव के चारों तरफ़ फैले सघन जंगल में उपलब्ध जड़ी-बूटियों से करती है। इसका ज्ञान उसे किसी गुरु से प्राप्त नहीं, बल्कि कुछ क़ुदरती है। पुट्टेगौड़ा की तरह मंत्र से सर्प विष का झाड़-फूँक वह नहीं करती है। इस अंचल में साँप से लोग कुछ अधिक ही सचेत रहते हैं, फिर भी साल में सर्प दंश के पाँच-छह मामले शारदाम्मा की चौखट पर आ ही जाते हैं। शारदाम्मा स्वयं किसी के यहाँ नहीं जाती है। लगभग बीस-पच्चीस घरोंवाले इस छोटे-से गाँव अगसरकोणे में सुपारी के वृक्षों से चारों तरफ़ से घिरे लता-पता से आच्छादित शारदाम्मा के घर पर सर्प दंश के शिकार व्यक्ति को खाट पर टाँग उसके स्वजन ही दौड़ते हुए पहुँचते हैं। शारदाम्मा का स्पष्ट निर्देश है कि सर्प काटने के घंटे भर के भीतर अगर मरीज़ पहुँचा दिया जाये, तो वह शर्तिया उसे बचा लेगी। देर होने पर श्रीवेणुगोपाल ही जाने। कुछ साल पहले कस्तूरी राव ने स्वयं शारदाम्मा का चमत्कार देखा था जब उनकी सेविका सुशीला माई का इकलौता बेटा सर्पदंश से अचेत था और शारदाम्मा ने उसके मुँह में जड़ी-बूटी का घोल डाल उसे पाँच मिनट में उठाकर बैठा दिया। देवदास पंडित इसलिये हमेशा श्रद्धावनत होकर कहते हैं, "साक्षात नागेश्वरी है शारदाम्मा।" इलाक़े के लोग शारदाम्मा का चाहे जितना जो श्रद्धा-सम्मान करते हों, लेकिन शारदाम्मा स्वयं सदैव से कस्तूरी राव का बहुत आदर करती आयी है। किसी के यहाँ जल्दी क़दम नहीं रखनेवाली शारदाम्मा जाने कितनी बार पर्व-त्यौहारों

में कस्तूरी राव के आमंत्रण पर दोड्डमने आयी है। कई बार अरण्या भी माँ के साथ दोड्डमने आ चुकी है। पर आज वह बहू के रूप में यहाँ आ रही है। दोड्डमने में बहू की आगवानी की अपनी मर्यादा और भव्यता रही है। इसे कस्तूरी राव कमतर कैसे होने देंगी। सोंट[1] के कष्ट ने उन्हें छड़ी पकड़ा दी है, वरना यह तैयारी तो उनके लिये अकेले दम पर चुटकियों की बात थी। गुनधुन में डूबी कस्तूरी राव ने चूल्हे पर कॉफ़ी का पानी चढ़ाया ही कि सावित्री की चीख ने उन्हें चौंकाकर रख दिया। वे किसी तरह किवाड़ के पल्ले को पकड़ छड़ी के सहारे रसोईघर से निकलीं। चीख स्नान-गृह से आयी थी। स्नान-गृह की सफ़ाई तो इसने कर दी थी। फिर यह स्नान-गृह में जाकर कैसे गिर गयी है। दोड्डमने का स्नान-गृह मोहनजोदड़ो और हड़प्पाकालीन सभ्यता के दिनों की तर्ज़ पर है भी। इसका फ़र्श बड़े-बड़े प्राचीन चट्टानों से निर्मित है। ठंडे और गर्म जल के काँसे के दो बहुत बड़े-बड़े घड़े रखने के लिये इसमें चार फुट ऊँची खाँचेदार पत्थर-पटिया भी चट्टानों को ही काट-कूट कर बनी हुई है। दोनों घड़ों के खाँचों में नीचे फ़र्श तक सुराख़ है। एक घड़े में तो शीतल जल यों ही रहता है। दूसरे घड़े के जल को गर्म करने के लिए स्नान-गृह के बाहर से सुराख़ के मुँह में जलावन जोड़ दिया जाता है, जो मंद-मंद ताप से पेंदी और अंतत: पूरे घड़े को उत्तप्त कर देता है। अभी थोड़ी देर पहले आँगन के कुएँ से जल निकाल सावित्री स्नान-गृह साफ़ करने और घड़ों में जल भरने के बाद बाहर निकल स्नान-गृह के एक घड़े के सुराख़ में आँच के लिये जलावन जोड़ती दिखी थी। फिर पता नहीं कब अंदर जाकर फिसल गयी। वैसे भी, ढनमनाने की आदत है इसकी। रसोई से निकल वे पिछवाड़ेवाले आँगन की चौखट तक पहुँचीं, तो देखा स्नान-गृह के दरवाज़े पर सुशीला माई ठिलठिला रही है, "सावित्री गिर गयी। मंदिर जाने के लिये स्नान-गृह के दर्पण में पलटकर जल्दी से मुख निहारने गयी थी हमारी सुंदरम्मा।" उसकी नाभि से होंठ तक गुदगुदी मची हुई थी, "आँखें गुद्दी में हैं इसकी।"

"अरे पागल! वह गिरी हुई है और ठहाके लगा रही है तू। जा पहले उसे उठा तो सही।" कस्तूरी राव ने हलकी खीज के संग सुशीला माई को झिड़का, तो वह किसी तरह अपने में लौटते हुए सावित्री को सहारा देकर उठाने के लिये साड़ी समेटती हुई स्नान-गृह में घुसी। हालाँकि, यह अच्छी बात नहीं, लेकिन पता नहीं क्यों किसी को गिरते देख हँसी छूट ही जाती है। और वैसे भी, उनकी दोनों सेविकाओं के बीच अहर्निश शीत युद्ध चलता रहता है। कराहती-कुहरती और गिरने से लज्जित सावित्री को सहारा देकर ला रही सुशीला माई के होंठों में अभी भी मुस्कान भिंची हुई है।

"क्या जरूरत थी इतना तूफान करने की? ओ मेरी जक्कणियों[2]! तुम दोनों को मालूम है न कि वर-वधू मंदिर से सीधे यहीं आ रहे हैं। फिर भी पता नहीं कौन-सा बाइस्कोप तुम दोनों का मंदिर पर छूटा जा रहा है। उम्र हो गयी, लेकिन अधीरता नहीं गयी है। चलो, पहले कॉफ़ी पियो। वर-वधू की आगवानी के लिये तैयारी भी तो करनी है।" कस्तूरी राव रसोई के सामने लगे लंबे डायनिंग टेबुल की बेंच पर सावित्री को बैठा रसोई में गयीं और चूल्हे पर खौल चुकी कॉफ़ी उतार गिलास में ढालने लगीं। ओफ़! खेल-खेल में चोट खा गयी सावित्री। थोड़ी देर में वे इसे एक कप हल्दी-दूध भी उबालकर देंगी।

1. कमर, 2. यक्षिणी

अंदर के चोट का शमन करेगा। सुशीला माई और सावित्री अपनी मालकिन के लिये यों ही समर्पित नहीं हैं। वे जानती हैं कि मालकिन को भी उन दोनों के लिये गत्र स्नेह है। सावित्री और सुशीला माई के सामने कई बार कैंटीन परियार ने चुहल में कस्तूरी राव से कहा है, "कस्तूरी अक्का! कांग्रेस पार्टी का पुराना चुनाव चिन्ह याद है? जोड़ा बैल? उसी तरह ये दोनों आपकी जोड़ी गाय हैं।"

"तुम्हे क्यों जलन हो रही है परियार भाई? भाग्यवान के लिये तो भूत भी खट देता है। इसमें क्या शक कि भागवंत हैं हमारी कस्तूरी अक्का।" दोनों कोरस में कहती हैं।

भागवंत! अपने भाग्य को लेकर उलझन में रहती हैं कस्तूरी राव। बड़े ख़ानदान की बेटी, बड़े घर की बहू। मायके से ससुराल तक सबका लाड़-प्यार। पर इस सौभाग्य के नेपथ्य में है दुर्भाग्य और संघर्ष की संतप्त छायाएँ और सँकरे जीवन की संपूर्ण एषणाएँ। भरे यौवन में वैधव्य और अपने मान-सम्मान के लिये जूझते जर्जर दोड्डमने की कातर पतवार थामे वर्षों तक क्या सन्नाटा बीता है, यह कस्तूरी राव का हृदय ही जानता है। पर यह भी कट गया। वक्ष में छिपी वेदना की थाती को लेकर उन्हें चिता पर ही जाना है। कस्तूरी राव को अक्सर लगता है कि यह उनके नाम का असर है। कस्तूरी मृग की भाँति उन्हें भवसागर के चारों ओर दौड़ते रहना है। वे आकाश से टपकती नीलिमा को देखती हैं। शायद आकाश-सा ही नीला होगा भवसागर!

"क्या वर-वधू के लिये यही नीला नया बेड शीट ऊपरवाले कमरे में बिछाना है?" अब तक सहज हो चुकी सावित्री उनसे आकर पूछती है।

"हाँ, यही। ऊपरवाले कमरे का टेबुल क्लॉथ और परदा भी बदल दे सावित्री। ड्रेसिंग टेबुल के शीशे को भी ठीक से तौलिये में थोड़ा सर्फ लगाकर पोंछ देना।" कमर की तकलीफ़ के कारण अब ऊपर के कमरे में वे जा ही कहाँ पाती हैं। सावित्री को निर्देश देते हुए उन्हें ऊपर के कमरे में मौजूद आदमक़द शीशे वाले पुराने ड्रेसिंग टेबुल की बरबस याद आयी। अब ऐसा भव्य ड्रेसिंग टेबुल बनना कहाँ संभव है। कस्तूरी राव ने स्मरण किया कि उनके पिता ने किस तरह तीर्थहल्ली के सबसे मानिंद व नफ़ीस बढ़ई नकुल को महीनों तक घर पर रखकर उनको दिया जानेवाला सारा फ़र्नीचर तैयार करवाया था। पलंग, टेबुल और ड्रेसिंग टेबुल में नकुल द्वारा काढ़े गये बेल-बूटों को आज के ज़माने का कोई बढ़ई देखे, तो उसे पसीना छूट जाये। यह भी है कि पहले इस तरह के फ़र्नीचर मुँहमाँगा पारिश्रमिक देकर गिने-चुने लोग ही बनवाते थे और इसलिये तब के बढ़ई साँस रोककर महीनों-महीनों तक पूरी तन्मयता से अपनी कला उकेरते थे। और तो और दोड्डमने के चौखट-किवाड़ों की कारीगरी ही कोई देखे कि आज तक इनमें क्या नमक-चमक है। सहसा उन्हें याद आयी कि प्रवेश-द्वार की भी अभी साज़-सज्जा करानी है। उन्होंने सुशीला माई को तत्काल आवाज़ देकर बुलाया, "जिनी अक्का के यहाँ से आम्र पल्लव, सेवंतिगे, दुंडु मल्लिके और दासवारा के फूल जल्दी से लेती आओ। कुछ अधिक ही लाना। प्रवेश द्वार की चौखट को आम्र पल्लव और फूलों की लड़ियों से सजना है सुशीला माई।" जिनी अक्का के सामनेवाले अहाते की तरफ़ तत्काल तेज़ी से निकल रही सुशीला माई को फिर एक पल के लिये रोककर कस्तूरी राव ने तनिक व्यग्रता से कुछ इस अंदाज़ में कहा कि व्यस्तता में कहीं वे भूल न जायें, "और सुनो,

ऊपर वाले कमरे में पलंग के चारों तरफ़ भी फूलों की लड़ियाँ लगानी होंगी। साथ ही कमरे में थोड़ा अगरू भी जला देना होगा।"

बहुत देर से बेटी की बेचैनी को देख रही वहीं फर्श पर चुप बैठ आटा चालती कस्तूरी राव की माँ श्रीमती जे.आर.बाई से अंततः रहा नहीं गया। इत्मीनान दिलाते हुए उन्होंने लाड़ से कहा, "ओ कस्तूरी! तू नाहक परेशान न हो। सुशीला माई को फूल लाने दे। मैं फूलों की लड़ियाँ चटपट गूँथ दूँगी। सावित्री जाकर सब करीने से लगा देगी।"

'चटपट!' कस्तूरी राव माँ की हौसला अफ़जाई पर चुपचाप मुस्करा देती हैं। वह जानती हैं कि माँ को लड़ियाँ गूँथने में घंटे भर से भी ऊपर लग जायेंगे। पर नब्बे साल की उम्र में वे इतना कह भी देती हैं, यही क्या कम बड़ी बात है।

माँ की ममता के आगे वे नतमस्तक रहती हैं। उनके प्रति असीम ममता के कारण ही माँ ने तीर्थहल्ली और तोड्डमने तक को त्याग दिया और जगद्धात्री की तरह हमेशा के लिये उन्हें गोद में लेकर यहाँ बैठ गयीं। माँ हैं, इसलिये आज इस उम्र में भी वे हर पल अपने बचपन को जीती हैं। और माँ? इस अवस्था में आकर वे एकदम बच्ची हो गयी हैं। दोड्डमने की दो बूढ़ी बच्चियाँ हैं वे दोनों माँ-बेटी। कस्तूरी राव के मुँह पर मुस्कान की किरण खेल जाती है। वे जानती हैं कि अगर माँ को अब लड़ियाँ गूँथने से मना कर देंगी, तो रात तक माँ बच्चे की तरह मुँह लटकाये रहेंगी। अपनी उम्र को जैसे आज तक उन्होंने क़बूल ही नहीं किया है। सुबह से दोपहर तक वे कछुआ गति से दोड्डमने के कार्य में फिरकिनी की तरह जुटी रहती हैं। उनकी प्रातः कालीन दिनचर्या में से एक महत्त्वपूर्ण कार्य अपनी नातिन सुजया की चोटी भी गूँथनी है। प्रत्येक सुबह जब सुजया मणिपाल स्थित शैक्षणिक संस्थान में नौकरी पर जाने के लिये स्नानादि कर रसोई घर के सामनेवाले लंबे हॉल के डायनिंग टेबुल पर नाश्ता कर रही होती है, अपनी झुकी कमर से श्रीमती जे.आर. बाई झूल-झूलकर उसके लंबे बालों में पूरे मनोयोग से कंघी करती हैं और बड़े यत्न से चोटी गूँथती हैं। सुजया की चुलबुली बेटी अरुंधती कभी-कभार जान-बूझकर जब उन्हें छेड़ती है, "बड़ी अज्जि! जरा मेरी भी चोटी बाँध दे। मुझे स्कूल में देर हो रही है," तो श्रीमती जे.आर. बाई उसकी चुहल को अनसुने अंदाज़ में टरकाते हुए कहती हैं, "अपनी अज्जि से कह।" फिर कस्तूरी राव बिहँसते हुए अरुंधती की कंघी-चोटी करती हैं। अरुंधती की कंघी-चोटी की ज़िम्मेवारी उनकी है। माँ और अरुंधती के बीच की छेड़छाड़ को अक्सर मुसकते हुए वे कनखियों से देखती रहती हैं। उन्हें चिढ़ाने के लिये कभी अरुंधती कहती है, "तेरी नातिन बस गोरी है। इसके अलावा क्या है...मोटी-सोटी एकदम गबदू।" और तब श्रीमती जे.आर.बाई की तमक देखने लायक़ होती है, "हे...उसे नजर न लगा। माँ का एक आना गुण भी अपना ले न, तो इंसान बन जायेगी तू।"

"ओफ्फ्! तू किसके फेर में पड़ी है अम्मा?"

माँ को चुप कराते हुए कस्तूरी राव मुस्कराकर अरुंधती को तरेड़ती हैं। ठिलठिल करती अरुंधती तब बस्ता लेकर स्कूल भागती है। अपनी परनानी से अरुंधती की यह टुनक-ठुनक मानो सनातनी है। अरुंधती जब एकदम गोद की नन्ही-मुन्नी थी, तो अपनी नानी को नाम से पुकारती थी, "कस्तूरी! मुझे भी चाय दे। अरी कस्तूरी! जरा सुन तो

इधर।" दरअसल, अपनी परनानी श्रीमती जे.आर. बाई को 'कस्तूरी-कस्तूरी' करते सुनकर अरुंधती भी अपनी नानी से परनानी की तरह बातें करने लगी। श्रीमती जे.आर.बाई तब तुनककर कहतीं, "ओ मेरी अम्मा! अज्जि है तेरी। उसे कस्तूरी-कस्तूरी मत कर।" कस्तूरी राव को हँसी छूट जाती, "जाने दो न अम्मा! तुम्हारे साथ-साथ कोई और तो हुआ इस उम्र में मुझे कस्तूरी बुलानेवाला।" घर में चार-पीढ़ियों का यह रमन-चमन अनूप है। इसी आनंद में समय कैसे निकल जाता है, पता नहीं चलता। शाम को सुजया जब मणिपाल से लौटती है, तो पूजा गृह में संध्या वही देती है। अपनी नानी और माँ की भाँति वह भी उतनी ही पूजा-पाठी है। नौकरी के कारण जबकि उसके पास समय नहीं रहता। फिर भी जितना पार लगता है, वह बाज़ नहीं आती। संध्या देकर जब वह कोई एक भजन गाती है, तो नानी से लेकर माँ और बिटिया अरुंधती उसके संग जहाँ बैठे होते हैं, सुर लगाते हैं। मसलन रसोई घर में बैठी कस्तूरी राव, शाम होते ही बिछावन पर जम चुकीं श्रीमती जे.आर. बाई और रसोईघर से सहन के बीच उछलती अरुंधती वहीं से सुर थाम सुजया का साथ देते हैं। प्रत्येक बृहस्पतिवार को जब सुजया मार्गेश्वरी लक्ष्मी का विशेष पाठ समाप्त कर उनकी वंदना में शुरू होती है, "जय-जय देवि...विजय देवि...श्री लक्ष्मी माते। कृपा प्रसादे सुख-शांति लाभे...जय-जय देवि माते...श्री लक्ष्मी माते," तो घर की चारों पीढ़ी की जुगलबंदी अद्‌भुत होती है। दोड्डमने देर तक इस समवेत गान से स्पंदित रहता है। कुछ इस लय-भाव में कि घर एक सामूहिक प्रार्थना है। कि मुझमें मेरा क्या है! थोड़ा-थोड़ा सब में हूँ। वंदना गाकर अंत में सुजया घंटा बजाती है और दोड्डमने का कण-कण मंदिर के लय में पहुँच जाता है। फिर आरती की थाली लेकर सुजया अपनी नानी और माँ के पास जाती है और उसके बाद अरुंधती अपनी माँ से आरती की थाली ले घर के कोने-कोने में दिखा देती है। ऐसे में श्रीमती जे.आर. बाई को अपनी छोटी परनातिन पर बरबस अनुराग उमड़ जाता है और वे सुजया से कहती हैं, "सुजया! यह बंदरिया सुधर रही है। देखना, अपनी बड़ी बहन अदिति की तरह ही धीरे-धीरे यह भी एक दिन पढ़ने-लिखने में मन लगायेगी। बचपने का इसका बंचरपन अब उतार पर है।"

"क्या कहा? इस बार भी क्लास में सेकंड आयी हूँ।" तब आरती की थाली जल्दी से पूजा-गृह में धम से पटक अरुंधती परनानी के सामने कमर पर हाथ रख बाल पहलवान की तरह खड़ी हो जाती है। परनानी से भिड़ने का मौक़ा वह कभी गँवा नहीं सकती।

"ओ मेरी मधुमक्खी! फस्ट आ फस्ट। तेरी बड़ी बहन अदिति मैट्रिक में फस्ट आयी थी। ऐसे भी हर क्लास में वह फस्ट आती थी। तू हमेशा से सेकंड पर ही लटकी है। अभी आठवीं में है। इसलिये अभी से जोर लगा कि कम से कम मैट्रिक में फस्ट आ सके।" श्रीमती जे.आर. बाई पोपले मुँह में मुसकती हैं।

"देख रही हो अज्जि! कैसे चिढ़ा रही है मुझको बड़ी अज्जि।" पाँव पटकती अरुंधती तब नानी की अदालत में पहुँचती है।

"गुस्सा करना ठीक नहीं। बड़ी अज्जि ठीक कह रही है। अभी आठवीं क्लास तक तो खैर जो भी। पर मैट्रिक में तो तुम्हें अपनी दीदी की तरह फस्ट आना होगा न। तभी अच्छे कालेज में एडमिशन मिलेगा। चल अब जाकर पढ़ने बैठ जा मेरी प्यारी सोना।" कस्तूरी राव दुलार में नसीहत की छौंक मारती हैं।

टमाटर की तरह गाल फुला अरुंधती किताब खोलकर बैठ जाती है। कुछ देर के सन्नाटे के बाद श्रीमती जे.आर. बाई अपनी नटखट परनातिन को मनुहारती हैं, "ओ मेरी गुल्लू! पुस्तकवन्नु ओदु[1]। तू जरूर फस्ट आयेगी। अदिति से भी अधिक नंबर से मैट्रिक पास करेगी।"

"कह देती हूँ बड़ी अज्जि! तू मुझे टोका न कर।"

"ना...ना...गुच्छा नयी...इतना गुच्छा नयी। नवशुक्ला सरस्वती तेरे ऊपर अवश्य कृपा करेंगी। तू बड़ी अफसर बनेगी एक दिन। बेहद बदमाश अफसर।" श्रीमती जे.आर. बाई तब दुलार-मार के अंदाज़ में होती हैं।

"बड़ी अज्जि!" अरुंधती चीखती है।

"अरे क्या हुआ?" कस्तूरी राव रसोई घर से ही आवाज़ लगाती हैं, तो डायनिंग टेबुल पर बैठ माँ के सहयोग में जुटी सुजया रस लेकर भीनी हँसी में कहती है, "वही फिर परनानी-परनातिन-संग्राम।"

"ओ अरुंधती। चल आ खाना खा। सुबह उठकर पढ़ना।" कस्तूरी राव पुकारती हैं। सुबह से रात तक घर की घूमती चक्की रुकने का नाम नहीं लेती। शाम गहराते ही थकान से उनकी आँखें झलफलाने लगती हैं। दोड्डमने में वैसे काम का कोई आदि अंत नहीं। पर अपने सीमित साधन में घर को चलाते हुए कस्तूरी राव किसी से कोई अभाव-अभियोग नहीं करतीं। उनके लिये यह दोड्डमने ही कर्नाटक है। भारत है। पूरा ब्रह्मांड और अंतरिक्ष है। उनकी माँ श्रीमती जे.आर. बाई अपने अन्य पाँच बेटे-बेटियों और उनके बच्चों के यहाँ दिल्ली-बेंगलूर कई बार घूम चुकी हैं। लेकिन कस्तूरी राव ने विवाह के बाद पति स्व. जयंत राव के संग कुछेक बार निकलने के अलावा दोड्डमने से बाहर कभी पाँव नहीं रखा है। बहन, देवरों तथा उनके बच्चों ने भी कई बार कसम देकर आने को कहा। पर कस्तूरी राव इस एक बात पर कभी राज़ी नहीं हुई हैं। उनकी बड़ी बहन शांति की बेटी सूचना दिल्ली के मयूर विहार इलाक़े में रहती है। सूचना ने कई बार उनसे कहा है, "मासी! तू एक बार दिल्ली आ। तुझे मथुरा-वृंदावन ले चलूँगी। वृंदावन में बाँके बिहारीजी का दर्शन करना। दिल्ली के बहुत पास है वृंदावन। उसी रास्ते में आगरा भी। वहाँ ताजमहल।" पर कस्तूरी राव हमेशा मुसककर टाल गयी हैं, "अरे सूचना! दोड्डमने ही मेरा वृंदावन और ताजमहल है। यही मेरा भारत है।" इसलिये सूचना अपनी मौसी को 'दोड्डमने की इंदिरा गांधी' कहती है। सच है कि कस्तूरी राव के लिये दिल्ली तो दूर, यहाँ तक कि उन्हें तीर्थहल्ली भी जाना गवारा नहीं होता। कभी फूलों के रस-रंग और मकरंद से लदी तोड्डमने की उजाड़ बगिया में अब उन्हें कैसा लगेगा? सिर्फ़ संताप। तीर्थहल्ली का नाम आते ही उनके ज़ेहन में अपने प्रतापी पिता तीर्थहल्ली जवलि रामकृष्ण राव की छवि कौंधती है। राम के बिना सूनी अयोध्या। मात्र 58 वर्ष की अवस्था में नव मुंडे उत्सव के एक दिन पूर्व मार्च महीने में वे चल बसे थे और पाँच एकड़ के विशाल परिसर में स्थित उनकी हवेली तोड्डमने की श्री मानो हमेशा के लिये चली गयी थी। तोड्डमने! यानी पुष्प गृह। क्या कुछ नहीं था इस नंदन कानन में। लाल कमल से आच्छादित एक छोटा-सा मनोहारी तालाब, आम, अमरूद, कटहल,

1. किताब पढ़

अनन्नास और नारियल वृक्षों की शोभा से अलंकृत था यह घर। अगुम्बे में अत्यधिक वर्षा से त्रस्त हो भले आम और नारियल के वृक्ष नहीं पनपते हों, लेकिन तीर्थहल्ली में इसकी कमी नहीं। नारियल और आम के पेड़ वहाँ भरपूर हैं। तीर्थहल्ली किसी वर्षावन के मध्य नहीं है, इसलिये अगुम्बे की भाँति अतिवृष्टि का उपद्रव वहाँ नहीं। कस्तूरी राव को याद है कि जब किसी साल सावन-भादो में मंद वर्षा होती थी, तो अपनी सखियों के संग मेघ को वे सब गा-गाकर मनुहारती थीं...''हुइय्यो...हुइय्यो मलेराया...हुविना थोटके निरिल्ला...बारो-बारो मलेराया...बाले थोटके निरिल्ला'...बरसो-बरसो मेघराज! फूलों के बगीचे में पानी नहीं है...केले के बगीचे के लिए पानी नहीं है...! बरसो-बरसो मेघराज! कस्तूरी राव याद करती हैं कि अगहन के दिनों में तोड्डमने परिसर किस तरह धान के टीलों से पट जाता था। ठीक उसी तरह प्रचुर सुपारी की पैदावार। आज वही परिसर और खेत है। पर न वो देवी, न वो कड़ाह। कस्तूरी राव के छह भाई-बहनों में सबसे बड़े जे.आर. रवीन्द्रनाथ वर्षों पहले गुज़र चुके हैं। रवीन्द्रनाथ से छोटी बहन शांति का विवाह सिरसी के संपन्न बालिगा परिवार में हुआ था। उनके पति का भी निधन हो चुका है। शांति अक्का मंगलूर में इन दिनों अपनी भाभी के साथ रहती हैं। कभी-कभी अम्मा से मिलने वे अगुम्बे आ जाती हैं। इधर कुछ माह पहले अम्मा के नब्बेवें जन्मदिन पर बेटी सूचना के संग वे दोड्डमने आयी थीं। सूचना अपने पति के संग दिल्ली में रहती है। शांति अक्का से छोटे भाई जे.आर. चिरंतन दास मेकेनिकल इंजीनियर थे। वे भी अब दुनिया में नहीं हैं। चौथे नंबर पर हैं स्वयं कस्तूरी राव। उनसे छोटे भाई जे. आर. नागराज तीर्थहल्ली में ही रहकर खेती-बाड़ी और अपना व्यवसाय देखते थे। वे कुँवारे थे। कुछ साल पहले वे भी चल बसे। तीर्थहल्ली में इन दिनों बस ले-देकर रह गये हैं कस्तूरी राव के सबसे छोटे भाई जे.आर. रंगनाथ। वे सिंडिकेट बैंक की सेवा में थे। नौकरी से अवकाश ग्रहण करने के बाद से वे तोड्डमने में रहते हैं।

"कभी तोड्डमने आने का जी नहीं करता?" छोटे भाई रंगनाथ कई बार अगुम्बे आकर कह गये हैं, "अम्मा को लेकर आओ न। शांति अक्का को भी मंगलूर से बुला लेंगे। एक बार फिर से उन बीते दिनों की यादों को हम साथ जियेंगे।" पर कस्तूरी राव हमेशा टाल गयी हैं। उन्हें लगता है कि एक समय में हमेशा हँसी-खुशी और सौभाग्य-समृद्धि से छलकते तोड्डमने के वर्तमान कुरूप-विकृत रूप को वे सहन ही नहीं कर पायेंगी। अपनी स्मृति में संचित पिता के स्वर्णिम युग वाले तोड्डमने को कस्तूरी राव किसी भी प्रकार से मलिन नहीं होने देना चाहती हैं। बीते वर्षों में जब कभी कोई विवाह या बच्चे का जन्म हुआ, तो अपनी अम्मा को दामाद रवि के संग उन्होंने अवश्य तीर्थहल्ली भिजवाया है। अम्मा के साथ दो-तीन बार सुजया और उसकी दोनों बेटियाँ अदिति और अरुंधती भी विवाह और जन्मोत्सव आदि में शरीक होने तीर्थहल्ली गयी हैं। पर कस्तूरी राव ने स्वयं तीर्थहल्ली जाने का क्लेश कबूल नहीं किया है। अम्मा के लौटने पर हर बार तोड्डमने की बदहाली का विवरण सुन वे भीतर से दग्ध हो उठती हैं। तीर्थहल्ली और तोड्डमने उनके बचपन और कैशोर्य का उल्लास है। इसलिये तीर्थहल्ली का अपरिचित से अपरिचित कोई आ जाता है, तो कस्तूरी राव के पुलक की सीमा नहीं रह जाती। वे कहती भी हैं, "मायके से आया कौवा भी बहुत प्यारा लगता है।" एक स्त्री के लिये उसका मायका

अंततः एक स्नेह-स्वप्न-मग्न स्मृति है, जबकि ससुराल उसका अनिवार्य दायित्व। इसलिये दोड्डमने को एक पल के लिये भी सन्नाटे में छोड़ जाना कस्तूरी राव को मंजूर नहीं। लंबे-चौड़े शक्ल-सूरतवाले दोड्डमने की वे धरिणी हैं। इस घर के पुरखों की अमानत के गौरव को अपने जीते-जी वे किसी भी रूप में भरसक क्षीण नहीं पड़ने देंगी। गौड़ा समुदाय बहुल इस बस्ती में कोंकणी ब्राह्मणों की तादाद कम है। फिर भी उनका परिवार अपने आचरण और संस्कार के कारण गाँव का सिरमौर रहा है। मुख्यतः कृषि कार्यों से जुड़ा रहा गाँव का लगभग अस्सी प्रतिशत गौड़ा समुदाय हालाँकि अब व्यापार-व्यवसाय तथा नौकरियों से भी जुड़ गया है। पर जी.एस.बी. लोग कृषि के अलावा विद्याव्यसन से भी जुड़े रहे हैं। ये समाज के आचार-व्यवहार और संस्कृति के पोषक रहे हैं। शायद इसलिये कन्नड़ समाज में अभी भी इनका मान बरक़रार है। अगुम्बे से लगभग डेढ़ घंटे की बस यात्रा से मणिपाल पहुँचा जाता है। किसी ज़माने में यह बंजर-पथरीला इलाक़ा लगभग बियाबान था। बहुत कम लोग यहाँ बसे थे। पर जी.एस.बी. लोगों ने इस जगह को सचमुच मणि जैसी जगमगाहट दे दी।

"आज देश-दुनिया के बच्चे यहाँ मेडिकल, इंजीनियरिंग और क्या-क्या नहीं पढ़ने आते हैं। मणिपाल में ज्ञान की दुनिया बसानेवाले पई बंधु जी.एस.बी. ही हैं न।" अपने श्वसुर स्व. डी.एस. विजयेंद्र राव की यह बात आज भी कस्तूरी राव के कानों में गूँजती है। पर क्या जी.एस.बी...? अनजान लोग चकरा जाते हैं। आख़िर क्या बला है भाई यह जी.एस.बी.?

"अरे भाई गौड़ सारस्वत ब्राह्मण!" कृष्णमूर्ति हेब्बार सरीखे कोई बुजुर्ग ठीक से समझा देते हैं, "शब्दकोष देखो, 'जी.एस.बी.' का मतलब समझ में आ जायेगा।" कृष्णमूर्ति हेब्बार पर तब उनका शिक्षक रूप मानो सवार हो जाता है, "शब्दकोष में स्पष्ट लिखा है। पूर्व देशों का नाम 'गौड़ देश' है। गौड़ शब्द से विशेषण 'गौड़ीय' बनता है। जैसे 'गौड़ीय वृत्ति' और 'गौड़ीय भक्ति' आदि। ब्राह्मणों के एक गोत्र का नाम गौड़ ब्राह्मण है। गुजरात में पुरोहित को गौड़जी कहा जाता है। कोंकणी ब्राह्मण ज्यादातर गौड़ ब्राह्मण हैं। अगुम्बे में कोंकण मूल के ही गौड़ सारस्वत ब्राह्मण लोग हैं। रहन-सहन में अति सुसंस्कृत। खान-पान में बहुत संयमी। शुद्ध शाकाहारी। कृषि और विद्याव्यसनी समुदाय है यह।" कृष्णमूर्ति हेब्बार जी.एस.बी. पर घंटों व्याख्यान दे सकते हैं, "जी.एस.बी. लोग यों तो सारी दुनिया में फैले हैं लेकिन मुख्य रूप से इनकी जड़ें गोवा, महाराष्ट्र, कर्नाटक और केरल में हैं। गोवा में जब पुर्तगालियों का आतंक सिर चढ़कर बोलने लगा, तो ये लोग पलायन कर केरल से कर्नाटक आदि प्रांतों में आकर बसे थे। इसलिये कर्नाटक निवासी जी.एस.बी. की कोंकणी में जहाँ कन्नड़ की फेंट है, वहीं केरल के जी.एस.बी. की कोंकणी में स्वाभाविक रूप से मलयालम की महक है। हालाँकि, जी.एस.बी. लोगों का अधिक जमावड़ा पश्चिमी घाट इलाक़े में ही है।" कृष्णमूर्ति हेब्बार के जी.एस.बी. विषयक व्याख्यान में योगदान देने से गाँव के ज्ञानकुंज ज्योतिषाचार्य पंडित शतानंद शास्त्री भी नहीं चूकते, "अब कथा सुनना ही चाहते हैं, तो ठीक से सुनिये। प्राचीन कथा के अनुसार माँ सरस्वती के उपासक सारस्वत मुनि को एक बार यह आवश्यकता महसूस हुई कि उनकी शिक्षा तथा उनके सिद्धांतों का प्रचार-प्रसार व्यापक रूप से हो। पर इस कार्य के लिये दक्ष-सुयोग्य शिष्य उपलब्ध नहीं थे। उन्होंने सरस्वती माता से मदद की प्रार्थना की। उनकी तपोसाधना

से प्रसन्न हो सरस्वती माता ने उन्हें चौदह पुत्र रत्न दिये। सबका जो नाम था, वही उपाधि उनके सारस्वत वंशज आज तक अपने नाम के संग लगाते हैं। उनके चौदहों पुत्रों की अलग-अलग योग्यताएँ थीं। सारस्वत मुनि ने सबको समुचित शिक्षा देकर विभिन्न भूभागों में भेजा। विदा करते समय उन्होंने अपने पुत्रों को उनके उद्देश्य से भलीभाँति अवगत कराया। सारस्वत ब्राह्मण कोई आज के नहीं हैं। इनका उल्लेख वेद, रामायण और महाभारत के अलावा श्रीमद् भागवत और भविष्योत्तर पुराण तक में आता है। कहते हैं कि ऋषि परशुराम ने सारस्वतों के निवास के लिये वरुण देव पर दबाव डाल समुद्र से कोंकण हेतु भूखंड निकाला था, जो आज का गोवा है। पर गोवा में पुर्तगालियों के आगमन के बाद उनके आतंक से कोंकणियों का धर्मांतरण होने लगा और कोंकणी बोलने तक पर पाबंदी लगा दी गयी।" पंडित शतानंद शास्त्री के अगम-अपार ज्ञान प्रवाह को थामते हुए तब कृष्णमूर्ति हेब्बार कहते हैं, "बस-बस पंडितजी! अरे सूर्य की आभा को कोई दबा सकता है क्या? ज्ञान के मामले में सारस्वतों का हाथ कोई नहीं पकड़ सकता। सन् 1840 में जब देश में अंग्रेजी शिक्षा का सूत्रपात हुआ, तो सारस्वतों ने बढ़-चढ़कर अंग्रेज़ी सीखी। ज्ञान और योग्यता के कारण ही सारस्वत लोग नगर शासकों के विश्वास पात्र बने। शासन में ऊँचे-ऊँचे पदों पर आसीन हुए। नये दौर में भी भला ये किस क्षेत्र में नहीं आये। दामोदर धर्मानंद कौशांबी, पु.ल. देशपांडे से लेकर हिंदी सिनेमा की हस्ती गुरुदत्त, थियेटर और सिनेमा के दिग्गज गिरीश कर्नाड, क्रिकेटर सुनील गावस्कर, मणिपाल में शिक्षापुंज क़ायम करनेवाले टी.ए. पई और देश के बीयर बादशाह विजय माल्या तक सब जी.एस.बी. हैं। इस लंबी सूची को कहाँ तक गिनाऊँ? अपना यह अंचल आज इसलिये इतना सुसंस्कृत है क्योंकि जी.एस.बी. इधर भरे पड़े हैं। पुर्तगालियों के आतंक से जब बड़े पैमाने पर जी.एस.बी. समुदाय गोवा से निकला, तो बहुत-से लोग कर्नाटक के उत्तरी-दक्षिणी जिलों और शिमोगा जिले के सुरम्य हिस्सों में आकर बसे। अगुम्बे के घन वन में बसे जी.एस.बी. परिवार भी अधिकतर उसी दौर के हैं।" कृष्णमूर्ति हेब्बार ज्ञान की खान हैं। जी.एस.बी. ही क्या, वे किसी भी मसले पर घंटों बोल सकते हैं। लेकिन हरदम नहीं। किसी विषय पर उनका अनुराग जगता है तभी।

कस्तूरी राव को याद है कि पढ़ने-लिखने का कैसा अनुराग था जयंत राव को भी। स्कूल के पुस्तकालय की कोई किताब उनसे छूटी नहीं थी। मेधावी छात्रों पर तो वे जान छिड़कते थे। सुजया का पति रवि भी उनका छात्र ही था। तीर्थहल्ली के अंतर्गत ही बेगर के समीप जिकनहरली गाँव के निवासी कमलाक्ष पई के तीन पुत्रों में सबसे छोटा। रवि की उम्र जब महज़ तीन साल की थी, तब एक मोटर साइकिल दुर्घटना में कमलाक्ष पई चल बसे थे। भरी जवानी में। कस्तूरी राव के नाना और कमलाक्ष पई परिवार दूर के रिश्तेदार भी थे। पर यह संबंध तो बाद में स्पष्ट हुआ। कमलाक्ष पई के गुज़रने के बाद उनके तीनों बेटों और एक बेटी शांति के सामने जीवन-यापन का संकट था। कमलाक्ष पई की पत्नी सरोजिनी कमलाक्षी आर्थिक विपदा में बुरी तरह हताश थीं। बच्चों के पढ़ने का भी संकट था। ऐसी ही स्थिति में रवि का नामांकन निर्धन छात्र के कोटे पर अगुम्बे हाईस्कूल में हुआ था। जयंत राव ने रवि की समस्या भाँपकर उसे दोड्डमने में ही रख लिया था। अगुम्बे हाईस्कूल से ही रवि ने दसवीं की परीक्षा उत्तीर्ण की और आगे की पढ़ाई करने श्रृंगेरी

गया। जयंत राव संस्कारी रवि को देखकर कहते थे, "कस्तूरी! सुजया का विवाह इसी से करेंगे।" कस्तूरी राव को लगता है कि जयंत राव के मन में यह भी बात थी कि रवि के रूप में मात्र उन्हें जमाई नहीं, एक बेटा भी मिल जायेगा। हालाँकि, रवि के संग सुजया का विवाह जयंत राव तो नहीं देख सके। पर अपने जीवनकाल में पहल कर उन्होंने अपने चचेरे भाई के लड़के डी.एन. विवेक से रवि की बहन शांति का विवाह करा दिया था। दरअसल, जयंत राव को अनुमान था कि अगर हर प्रकार से इस परिवार को सहयोग नहीं दिया गया, तो यह परिवार नष्ट हो जायेगा। संघर्ष के इसी दौर में रवि के मँझले भाई की भी मृत्यु हो गयी थी। अब तो सरोजिनी कमलाक्षी के गुज़रे भी कई साल बीत गये। वर्ष 1996 में वे चल बसी थीं। पर जीवन के आख़िरी दिन उनके लिये शांति और संतोष के थे। अपने बड़े बेटे के पास उन्होंने अंतिम साँस ली, जो रत्नगिरि के फिशरीज़ कॉलेज में प्रोफेसर हैं। रवि के लिये भी वे सुकून में थीं। वे महसूस करती थीं कि ससुराल में रहकर उनका बेटा खुश है। रवि को लेकर सरोजिनी कमलाक्षी से जब उनका कोई रिश्तेदार कहता, "रद्दी लोहा हल का फाल, बुद्धू बेटा बसे ससुराल," तो सरोजिनी उसे बहुत झिड़कतीं। रवि ने जब भाड़े पर चलाने के लिये एक ट्रक ख़रीदा और उसका नाम रखा 'कमलाक्ष', तो मारे खुशी के उनकी आँखें झरझरा उठी थीं। जीवन-भर संघर्ष में उलझी रहीं सरोजिनी कमलाक्षी ने अपने अंतिम समय में दोनों बेटों से कहा था, "तुम दोनों को सुखी देखती हूँ, तो लगता है कि मेरा संघर्ष सफल हो गया।"

संघर्ष तो हर मनुष्य की नियति है। कस्तूरी राव स्वयं इसका जीता-जागता उदाहरण हैं। उन्होंने बड़े हौसले से अब तक के वक़्त को निभाया है। दोड्डमने की अष्टभुजी अम्मा बनकर। यही वज़ह है कि आज दोड्डमने की पहचान 'कस्तूरी अक्का हाउस' के रूप में है। मात्र छह वर्षों के अंतराल में पति व श्वसुर की मौत ने दोड्डमने को झकझोर दिया था। आँगन में प्रतिपल भैरो का नर्तन था। खेती-पत्ती बर्बाद हो गयी थी। सूखे धान पर पानी कैसे छिड़का जाये, सोच-सोचकर कस्तूरी राव महीनों तक हलकान-परेशान रहीं। अंततः उन्हें मानो श्रीवेणुगोपाल ने रास्ता दिखा दिया। उन दिनों अगुम्बे में कोई होटल नहीं था। कस्तूरी राव को लगा कि दोड्डमने को बचाने का एक ही उपाय है–'होम स्टे' शुरू करना। पहाड़ों में लंबी पैदल यात्रा का आनंद लेनेवालों यानी ट्रेकिंग करने और किंग कोबरा पर शोध करनेवालों के वास्ते एक प्यारा होम-स्टे। उन्होंने तय कर लिया था कि पर्यटकों से वे कुछ नहीं कहेंगी। अपनी स्वेच्छा से वे जो दे दें। इसलिये हमेशा वे मुस्कराकर कहती हैं, "यह तुम सबका घर है, होटल नहीं। यहाँ बिल नहीं दिया जाता। खाओ-पिओ, घूमो-मजे करो और खुश-खुश जाओ। पैसे नहीं भी दिये, तो कोई बात नहीं।" इस तरह कस्तूरी राव ने इस बड़े घर को और बड़ा बना दिया। पहाड़ पर वर्षावन के बीच बसा दुनिया भर के लोगों का बेहद अपना प्यारा प्राचीन घर। देश के दूसरे चेरापूँजी का आनंद लेने, किंग कोबरा पर शोध या ट्रेकिंग करने या विश्वख्याति के टी.वी. सीरियल 'मालगुडी डेज़' की शूटिंग से जुड़े स्थलों को देखने जब भी यहाँ कोई बाहर से आता है, तो उसकी हसरत होती है कि वह 'कस्तूरी अक्का हाउस' भी जाये। कस्तूरी अक्का से मिले और हो सके तो एक रात के लिये भी इस प्राचीन घर में प्राचीन विश्राम का संतोष पाये। कस्तूरी अक्का को उनके बेटी-दामाद

ने बता रखा है कि इंटरनेट पर अगुम्बे के वर्षावन, 'अगुम्बे रेन फ़ॉरेस्ट रिसर्च स्टेशन', 'मालगुडी डेज़' के शूटिंग स्थल और 'कस्तूरी अक्का हाउस'–सबका विवरण है।

"दुनिया जानती है हमारी कस्तूरी अक्का को।" कैंटीन परियार विभोर हो ठहाके लगाता है।

"अरे मुन्ना! एस.एल.सी. फेल कस्तूरी अक्का पर यह श्रीवेणुगोपाल कृष्णास्वामी की कृपा है।" वे हँसती हैं।

पर्यटकों से कस्तूरी राव कन्नड़ मिश्रित हिंदी–अंग्रेज़ी बोलती हैं। उनके शब्दों में 'बटलर लैंग्वेज़'। बस अपने प्रीतिसु[1] और बटलर लैंग्वेज़ के दम पर वे दोड्डमने की दुनिया चलाती हैं।

कस्तूरी राव के प्रीतिसु से गाँव के सभी घरों को हर सुबह पाबंदी से सिर नवानेवाला टेंपल रोड उर्फ़ मालगुडी रोड का चिरकुमार गुरुनाथ और मलापहाड़ी पुलिया के ठीक पहले सुरेंद्र भट्ट के खंडहर बन चुके घर के बग़ल के अपने पुश्तैनी घर में रहनेवाला चिरकुमार गुरुवय्या परमेश्वरय्या संजय उर्फ़ बोट संजय सरीखे लोग भी जुड़े हैं। गाँव के ये चुनिंदा अविवाहित कहाँ चूल्हा–चक्की में सुबह–शाम हाथ–पाँव जलायें? इसलिये दोड्डमने का चौका ही ज़िंदाबाद। कस्तूरी राव को भी कुछ फ़र्क नहीं पड़ता। इतने लोगों की रसोई में दो मुट्ठी चावल ज़्यादा पकने में क्या परेशानी है। कस्तूरी राव इनसे कोई नियमित पैसे बाँधकर नहीं लेती हैं। गुरुनाथ और संजय को जब जो जुड़ता है, थमा जाते हैं। कस्तूरी राव इनकी मुश्किल समझती हैं। संजय तो फिर भी ठीक–ठाक कमा लेता है, लेकिन खेत मज़दूर गुरुनाथ हमेशा आर्थिक तंगी में रहता है। संजय की स्थिति उससे बेहतर है। साल के नौ महीने तक बोट संजय को दम लेने की भी मोहलत नहीं रहती। सिर्फ़ घनघोर वर्षा के तीन महीनों यानी जुलाई से सितंबर तक वह बोट बंद रखता है। इन तीन महीनों में नाग चौड़म्मा झील भी एकदम से बल खाती नागिन बन जाती है। इसलिये अक्टूबर से जून तक ही संजय अपने बोट पर पर्यटकों को घुमाता है। जाड़े के दिनों में पर्यटक अधिक संख्या में अगुम्बे का सूर्यास्त देखने 'सनसेट प्वाइंट' पर आते हैं। उस समय संजय का भी बोट हमेशा लदा रहता है। बोट के पहले संजय पहले सरकारी दारू की दुकान चलाता था। पर जब कर्नाटक सरकार ने राज्य में दारू शॉप बंद कराया, तो संजय कुछेक साल तक बेरोज़गार रह गया। एक दिन कैंटीन परियार ने उसे सुझाया कि क्यों नहीं वह नाग चौड़म्मा झील में बोटिंग के वास्ते विलेज़ फ़ॉरेस्ट कमिटी में टेंडर भरता है। बस वह दिन और आज का दिन। जी.पी. संजय दारू संजय से बोट संजय बन गया और उसकी जीवन नैया आराम से मंद–मधुर गति से चलने लगी। टेंडर के अनुबंध के मुताबिक़ उसे पाँच हज़ार रुपये प्रतिमाह भरना पड़ता है। यानी साल के साठ हज़ार रुपये। थोड़ा आगे–पीछे कर संजय की नाव किसी तरह खिंच जाती है। संजय को और बहुत की चाह भी नहीं। बीवी–बच्चे के बोझ से वह सर्वथा मुक्त है। साल में एक–दो बार जब उसके तीनों भाइयों का परिवार और बहन–बहनोई अगुम्बे आते हैं, तभी उसके यहाँ चूल्हा जलता है। बस उन हफ़्ते–दस दिनों में उसके घर की गृहस्थी हरक़त में आती है। संजय के सबसे बड़े भाई जी.पी. सीताराम शिमोगा में एक प्राइवेट बस में

1. प्यार

ड्राइवर थे। कुछ साल हुए हर्ट अटैक से उनकी मौत हो गयी। अब उनकी पत्नी और दोनों बेटे संदेश और संदीप ब्रह्मरथोत्सव के अवसर पर आते हैं। दूसरा भाई जी.पी. श्रीधर तीर्थहल्ली में कर्नाटक स्टेट रोड ट्रांसपोर्ट की सेवा में है। उसको एक लड़का वेणुगोपाल और लड़की रूसला है। उससे छोटे जी.पी. रमानाथ की नौकरी दावणगेरे में है। वह वहाँ फायर ऑफ़िस की नौकरी में है। उसे भी एक बेटा और एक बेटी है। संजय की इकलौती बहन कृपा हिब्री में ब्याही है। उसका पति रमेश बैंक की सेवा में है। जब सभी भाई-बहनों का कुनबा गाँव में एक साथ जुटता है, तो संजय का मन पुलकित हो उठता है। लेकिन उन चंद दिनों में ही चूल्हे-चक्की के सरंजाम में उसका पसीना छूट जाता है। वह नहीं चाहता है कि साल में एक-दो बार आनेवाले उसके परिजनों पर किसी क़िस्म का भार पड़े। गाँव आकर भी अगर उन लोगों को दाना-पानी जोड़ना ही पड़ जाये, तो उन्हें गाँव आने का आनंद क्या मिलेगा? बोट संजय को कस्तूरी राव पर हैरानी होती है कि इतने बड़े बेड़े को वे कैसे खींचती हैं। संजय कहता भी है कि दोड्डमने समुद्री जहाज है और इसका प्रबंधन असाधारण है। यह कस्तूरी राव के ही वश का है। इसके लिए भरपूर संसाधन और जनबल चाहिये। कस्तूरी राव ने अपनी स्वयं की दो भुजाओं के अतिरिक्त छह भुजाओं की व्यवस्था बहुत सिफ़त से कर रखी है। इनमें एक है सुशीला माई, जो रसोई के कार्यों में उनका सहयोग करती है। दूसरी सावित्री घर के बर्तन और बाक़ी साफ़-सफ़ाई का मोर्चा सँभालती है। और तीसरे हैं देवदास पंडित, जो दोड्डमने के प्राचीन पूजा-गृह में नियमित आकर पूजा करते हैं। सबका सबसे जैसे अद्‌भुत तार जुड़ा है। कस्तूरी अक्का की रसोई-सहायिका सुशीला माई का पति पांडुरंग पंडित बस स्टैंड के थोड़ा पश्चिम बढ़ने पर आंजनेय मंदिर के निकट इडली, बड़ा, चाय और कॉफ़ी की दुकान चलाता है। मैसूर पाक और खुबी मिठाई बनाने में भी उसके हाथ का जोड़ नहीं। ख़ास-ख़ास आयोजनों पर कस्तूरी अक्का अपने यहाँ उसे बुलाकर यह दोनों मिठाई बनवाती हैं। सुबह उठकर सुशीला माई सबसे पहले पांडुरंग पंडित के होटल के काम-काज में थोड़ा हाथ बँटाती है और तब दोड्डमने का रुख़ करती है। वक़्त की बहुत पाबंद है वह। कस्तूरी अक्का के यहाँ जब सुबह की चाय-कॉफ़ी का पहला दौर ख़त्म होता है कि वह पहुँच जाती है। इसके बाद ही रसोई की तैयारी शुरू होती है। सुशीला माई के जीवन में भी कम व्यथा नहीं। एक बेटे मंजूनाथ और एक बेटी शुभा को तमाम संघर्ष के बावजूद बड़े लाड़-दुलार से पाला था सुशीला माई और पांडुरंग पंडित ने। पर अणप्प शेनॉय से विवाह के मात्र नौ वर्षों बाद शुभा की मृत्यु हो गयी। अब उसका एकमात्र पुत्र ही उसकी निशानी है। बालक स्कूल में पढ़ता है। ख़ैर, यह तो विधि का विधान था। ईश्वर ने शुभा को पृथ्वी पर इतने ही दिन रहने को लिखा था। पर सुशीला माई अपने इकलौते बेटे मंजूनाथ की हरक़तों से रोज़ मरती है। विवाहित और बाल-बच्चेदार मंजूनाथ ने चौबीसो घंटे शराब में डूबे रहने की अपनी आदत के कारण पूरे परिवार का जीवन नरक कर रखा है। उसका बाप पांडुरंग एक टुकड़ा सुपारी तक नहीं खाता। पता नहीं कहाँ से यह कुसंस्कार इसमें आ गया। सुशीला माई को रंभा जैसी रूपमती अपनी पुत्रवधू मल्लिका और पोती पद्मश्री तथा पोते प्रताप को लेकर गहरा अफ़सोस रहता है। जबकि बचपन से पढ़ने-लिखने में तेज़ था मंजूनाथ। कन्नड़भाषियों को आमतौर से हिंदी

लिखने-बोलने में दिक़्क़त होती है, लेकिन उसने हिंदी में स्नातक किया। अगर इंसान की तरह रहता तो आराम से यहीं के एस.वी.एस. हाईस्कूल या अन्नपूर्णा विद्या मंदिर में हिंदी शिक्षक की उसकी नौकरी पक्की हो जाती। कुछ महीनों तक उसने बतौर हिंदी शिक्षक अन्नपूर्णा विद्या मंदिर में काम भी किया था। पर शराबी शिक्षक को कौन स्कूल बर्दाश्त करेगा? आजकल वह बड़ी मुश्किल से पिछले कुछ समय से करकला के पास बोरकटे स्थित काजू फैक्ट्री में काम कर रहा है। पांडुरंग पंडित अफ़सोस से कहता भी है, "इसी को कहते हैं पढ़े फारसी बेचे तेल...। हिंदी साहित्य पढ़ा लड़का काजू के छिलके उतार रहा है।" बेटे को पारिवारिक ज़िम्मेदारी का बोझ देने के लिये सुशीला माई ने किसी तरह समझा-बुझाकर मल्लिका को बच्चों के साथ बोरकटे भेजा हुआ है।

"मंजूनाथ कुछ भी उल्टा-पुल्टा करे, तो कस्तूरी अक्का के फोन पर तू मुझे बताना।" सुशीला माई ने पुत्रवधू को बोरकटे की बस पर चढ़ाकर अलविदा करते हुए भर्राये स्वर में कहा था।

"देवरन्नु ध्यानिसु[1]। श्रीवेणुगोपाल का ध्यान करती रहो सुशीला माई।" आँसू टपकाती सुशीला माई को परितोष देती हैं कस्तूरी राव, "इरूलु के बाद अरुणोदय है सुशीला माई।" कस्तूरी राव को लगता है, बेटे के लिये उन्हें नाहक अफ़सोस होता था कि काश सुजया के एक भाई होता। पर मंजूनाथ सरीखे बेटे से तो बेटा न होना ही अच्छा है। उनकी सुजया ही उनकी तोट[2] है। उनके सभी दुखों की मलहम। पर सुशीला माई जैसी बदक़िस्मती सबके साथ नहीं होती। कस्तूरी राव की दूसरी हेल्पर सावित्री इस मामले में बड़े भागों वाली है। उसका पति व्यंकटेश कड़ी मेहनत से अपनी एक एकड़ ज़मीन में ही अच्छी फ़सल उपजा लेता है। इसके अलावा कस्तूरी राव के दामाद रवि के ट्रक में वह लेबर का भी काम कर लेता है। सावित्री के सिर्फ़ दो बेटे हैं—प्रशांत और प्रदीप। बड़ा बेटा प्रशांत बी.एस-सी. करके शिमोगा स्थित स्कूली किताबों की एक बड़ी दुकान में नौकरी करता है। छोटा प्रदीप तो लुत्ती है एकदम। बी.बी.एम. करके वह भी बेंगलूर की एक अच्छी कंपनी में नौकरी करता है। किसी को कोई दुर्व्यसन नहीं। दोनों अपने माँ-बाप को नियमित पैसे भी भेजते हैं। सावित्री की बस एक ही चिंता है कि दोनों बेटों के लिये उसे अच्छी बहुएँ मिल जायें।

"हेदरिके[3] अक्का! कोई घावली[4] न आ जाये।" चिंतित हो अक्सर कहती है सावित्री। आवारा शराबी मंजूनाथ के ठीक विपरीत है—कुंकुम बण्ण की प्यारी-सी मल्लिका। अगर विधाता प्रशांत और प्रदीप के ठीक विपरीत पुत्रवधू भेज देंगे, तो उसका हँसता खेलता घर बर्बाद हो जायेगा।

"देवरन्नु ध्यानिसु सावित्री!" कस्तूरी राव बिहँसकर उससे भी कहती हैं।

"आप सबसे यही कहती हैं अक्का! सुशीला माई को भी और मुझे भी।" सावित्री ठुनकती है।

"तो क्या? श्रीवेणुगोपाल से माँगो! एकदम कित्तले[5] जैसी बहू देंगे तुमको।" कस्तूरी राव चुहल में मुसकती हैं, "और देवदास पंडित से भी माथा ठुकवाओ।"

"हुँह...देवदास पंडित! सो रहता तो वह सुशीला माई का ही दुख न हर लेता।"

---

1. भगवान का ध्यान करो, 2. बाग, 3. डर, 4. चमगीदड़, 5. संतरा

कस्तूरी राव को मालूम है कि देवदास पंडित से भड़की रहती है सावित्री। दरअसल, देवदास पंडित का सुशीला माई और पांडुरंग पंडित से बहुत नज़दीक का संबंध है। पर उन्हीं दोनों के लिये क्या उपाय किया देवदास ने। कस्तूरी राव जानती हैं कि देवदास पंडित कोई सिद्ध-संन्यासी नहीं, जिसके आशीर्वाद से चमत्कार हो जायेगा। एस.वी.एस. हाईस्कूल के अवकाशप्राप्त प्रयोगशाला सहायक देवदास पंडित को अपने यहाँ पूजा के कार्य में उन्होंने इसलिये रख लिया क्योंकि वह जी.एस.बी. है। भला आदमी है। मोटा-मोटी पूजाकर्म जानता है और कई पुश्तों से उसका परिवार दोड्डमने का अनुगत रहा है। कोई विकल्प नहीं रहने के कारण राम मंदिर की भी पूजा का दायित्व इसे ही मिला हुआ है। रिटायर, खाली आदमी है। हर प्रकार से स्वतंत्र। बेटी वैशाली और बेटे विक्रम के विवाह की ज़िम्मेदारी से मुक्त होकर पत्नी सविता पंडित के संग सुख-शांति का जीवन व्यतीत कर रहा है। दामाद कृष्णानंद भट्ट कारकला के फ़ॉस्फ़ेट माइंस में नौकरी करता है और संग-संग अपने पिता द्वारा संचालित किताब की दुकान में भी हाथ बँटा लेता है। वैशाली और कृष्णानंद भट्ट को एक बेटा और एक बेटी है-प्रमुख व प्रणति। देवदास पंडित के बेटे विक्रम और उसकी पत्नी वेदा विवेका को अभी मात्र एक बेटी है-पूर्विका। देवदास पंडित ने श्रीवेणुगोपाल कृष्णास्वामी के पास एक पोते के लिये प्रार्थना की अर्जी रख छोड़ी है। यों देवदास पंडित की राय में बेटा-बेटी दोनों महत्त्वपूर्ण हैं। जिसको सिर्फ़ बेटी होती है, उसे घर के चिराग़ की कमी रहती है। जिसको सिर्फ़ बेटा होता है, उसमें जीवन की सच्ची मर्यादा नहीं आती।

"बेटी जीवन की मर्यादा सिखाती है। जिसको मात्र बेटा रहता है, वे हमेशा खड़े ही रह जाते हैं।" देवदास पंडित भी मौक़े-मौक़े से कस्तूरी राव की उपस्थिति में सावित्री पर परोक्ष रूप से तीर साधने में नहीं चूकते। तब सावित्री हत्थे से उखड़ जाती है, "फालतू का प्रवचन मत करिये पंडितजी। शुक्र मनाइये कस्तूरी अक्का ने आपको पंडित की असली पदवी दे दी, वरना नाम में पंडित लगे रहने से कोई पंडित नहीं हो जाता।"

"चींटी को चर्बी निकल जाये, तो उसका उपचार ईश्वर ही जानें। पूँछ को कभी पंख नहीं बनाना चाहिये। अक्का! तुमने सावित्री का दिमाग खराब कर रखा है। मैंने कब कहा कि मैं ज्ञानी पंडित हूँ? मैं तो दोड्डमने में गुलाम का तिलाम हूँ। बहुत छोटा सेवक।" देवदास पंडित भी तमक उठते हैं।

"ओफ्फो। बहस छोड़ो। बच्चों की तरह लड़ते हो तुम लोग।" कस्तूरी राव झुँझलाती हैं, तो बूढ़ी सुशीला माई सयानी बच्ची के भाव में आ जाती है, "सावित्री! इस उम्र में बच्चों की तरह नहीं झगड़ना चाहिये।"

दोड्डमने के सामने स्थित जिनी अक्का के परिसर 'निःसर्ग' से आम्रपल्लव और पुष्प लेकर सुशीला माई निकल ही रही थी कि देवदास पंडित दोड्डमने की सीढ़ियों पर चढ़ते दिख गये। "पंडितजी! जरा इन आम्रपल्लवों का बंदनवार बनाकर चौखट पर लगा दीजिये। कस्तूरी अक्का इसके लिए जाने कब से आपको याद कर रही हैं।" देवदास पंडित बजाय अंदर जाने के दोड्डमने के बाहरी बरामदे की सीढ़ी पर बैठ गये और क्रमशः आम्रपल्लव तथा पुष्प को धागे के गिरह में फटाफट बाँध बंदनवार तैयार कर डाला। फिर उठकर प्रवेश द्वार के काली नक्काशीदार चौखट को कुछ इस तरह

निहारा, जैसे वे उसे पहली बार देख रहे हों। दो-तीन मिनट मुआयना करने के बाद चौखट के दोनों तरफ़ की कील से बंदनवार को बड़े कलात्मक ढंग से लटकाकर जब उन्होंने सजा दिया, तब उन्हें मानो चैन मिला। ठीक है—देवदास ने अपने आप से मन ही मन कहा। उन्हें पता है कि कस्तूरी राव एक नज़र में बहुत बारीकी से किसी भी चीज या काम को तज़वीज लेती हैं। सहन में जाकर देवदास ने आवाज़ दी, "अक्का! जरा दरवाजे पर एक नजर डाल लो।" रसोई घर में जुटी कस्तूरी राव थोड़ी देर बाद छड़ी के सहारे आहिस्ते-आहिस्ते चलती दरवाज़े तक आईं और देवदास द्वारा की गयी मुख्य द्वार की सज्जा को निहारकर संतोष से कहा, "इदु ओल्लेदु[1]।" फिर एक क्षण थमकर कहा, "देवदास! पूजा की आवश्यकता के लायक फूल रखकर बाकी अम्मा को दे दो। वे लड़ियाँ गूँथ देंगी। ऊपर के कमरे में पलंग को सजाना है। वर-वधू को लेकर सुजया जो पल नहीं पहुँची है, अरुंधती के मार्फत दो घंटे पहले ही वह खबर भेज चुकी है।"

"अम्मा से होगा इतनी जल्दी? मैं कर देता हूँ।" देवदास पंडित ने सुझाव के स्वर में कहा।

"अरे अम्मा कर लेंगी। तुम दो तो सही। वह कब से फूलों की प्रतीक्षा में बैठी हैं।"

"लेकिन परेशान हो जायेंगी वे...।"

"देवदास इतनी देर से तुम मंदिर पर डटे थे। तुम्हें तब तक तो कोई चिंता नहीं थी। तुमने मुख्य द्वार पर बंदनवार लगा दिया, यही काफी है। अब तुम पूजा-गृह की व्यवस्था देखो।" छड़ी टेकती कस्तूरी राव रसोई घर की तरफ़ बढ़ गयीं। देवदास पंडित पूजा-गृह में प्रवेश कर गये। रसोई घर में सुशीला माई ने 'पोंगल' तैयार करने के लिये चावल, मूँगदाल, नारियल, हरी मिर्च, करी पत्ता, जीरा और काली मिर्च आदि का सरंजाम जुटा रखा था। वर्षों से साथ काम करते हुए सुशीला माई उनकी उठती-गिरती पलकों का मतलब समझती है। उसे किसी चीज़ के लिये कहना-टोकना नहीं पड़ता। सावित्री उसकी तुलना में थोड़ी सुस्त है। ठेला गाड़ी। उसे कोई भी काम बार-बार बताना होता है। सुशीला माई ने बग़ैर कहे तुलसी के चबूतरे को लाल-श्वेत तिलकों से सुसज्जित कर दिया था। आँगन में अल्पना भी बना दी थी और अब मुख्य द्वार पर बनाने जा रही थी।

''ऊपर का कमरा एकदम ठीक हो गया। बस अम्मा लड़ियाँ गूँथ दें, तो पलंग के चारों ओर सजाकर लटका दूँगी।'' सावित्री ने साँसें खींचते हुए कहा, ''पता नहीं वर-वधू कब तक आयेंगे। कोई खबर मिली अक्का?'' रसोई घर की चौखट के कोने से लगकर खड़ी सावित्री आगे और अपनी उत्सुकता को विस्तार न दे, इसलिये उसे बीच में ही रोकते हुए कस्तूरी राव ने पोंगल की सामग्रियों को बड़ी डेगची में चूल्हे पर चढ़ाते हुए कहा, ''ओ मेरी उपदेवी! वे लोग जो पल नहीं आये। तू जा परियार की पत्नी पूर्णिमा और नागराज की पत्नी वैजयंतीमाला भाग्यलक्ष्मी से जल्दी यहाँ आ जाने को कह। मैं जानती हूँ कि ये दोनों औरों की तरह उतावली नहीं हैं। मंदिर पर ये हरगिज न गयी होंगी। कहना कस्तूरी अक्का ने अभी तुरंत बुलाया है। तू चिंता मत कर। फूलों की लड़ियाँ पलंग के चारों तरफ सुशीला माई सजा देगी।''

---

1. यह अच्छा है

"अब अचानक अभी इन दोनों से क्या काम पड़ गया?" सावित्री ने भुनभुनाते हुए मुँह सिकोड़ा और सुस्त क़दमों से मुड़ गयी, "सही है कि भाड़े की घोड़ी कभी नहीं थकती।"

"तेरी अक्ल कच्ची ही रह गयी सावित्री! अरी लाड़ो, हम लोग तो हैं ही लेकिन वर-वधू के आगमन पर स्वागत के लिये गाँव की कुछ और भी स्त्रियाँ तो होनी चाहिये न।" कस्तूरी राव ने रसोई घर से तनिक तेज़ स्वर में कहा, "हर बात में मीन-मेख निकालने की तेरी आदत जानेवाली नहीं है।"

पता नहीं सावित्री ने कितनी बात सुनी और कितनी उसके दिमाग़ में गयी। कस्तूरी राव ने पोंगल को डेगची में कलछुल से चलाकर कलाई घड़ी पर नज़र डाली। दस बजने को हैं और यह सुशीला माई कितनी देर से मुख्य द्वार पर अल्पना ही बना रही है। ये दोनों उजबक वर्षों से उनके यहाँ काम कर रही हैं लेकिन प्रत्येक दिन इन्हें ओनामासी कराना पड़ता है। इधर अम्मा को भी क्या धुन चढ़ गयी कि फूलों की लड़ियाँ वही गूँथेंगी। ओफ्फ्! कैसा मुँह बनेगा जब वर-वधू चौखट पर होंगे और यहाँ अधूरे कामों को पूरा करने की हलतलबी मची होगी? पर किया भी क्या जाये? लगता है सुशीला माई अल्पना बनाने में आज अपनी सारी कला उड़ेलकर ही दम लेगी। "ओ सुशीला माई...।" उन्होंने आवाज़ लगाई ही कि उनकी प्रधान आमात्य की अदा में सुशीला भाई सामने थी, "मुख्य द्वार की अल्पना बन गयी। अम्मा की बनायी लड़ियाँ भी पलंग के चारों तरफ मैंने लगा दी हैं। सुहाग की सेज तैयार।"

"पूर्णिमा और वैजयंतीमाला भाग्यलक्ष्मी को मैं साथ ही लेती आयी हूँ। कहा, कस्तूरी अक्का ने साथ लिवा लाने को कहा है! जरूरी और जल्दी है। दोनों आँगन की अल्पना निहार रही हैं। मैं जा रही हूँ, जिनी अक्का को भी बुला ही लाती हूँ।" जादुई हरा जिराफ़ की तरह रसोई घर की चौखट में गरदन घुसेड़ती यह सावित्री थी। आज इन अहदियों ने तो सचमुच चमत्कार कर दिया। कस्तूरी राव ने राहत भरे स्वर में कहा, "ठीक है सावित्री, तुम जिनी अक्का को बुलाती आओ और सुशीला माई तुम पूर्णिमा और वैजयंतीमाला भाग्यलक्ष्मी को बिठाओ। पानी पिलाओ। पोंगल तैयार ही है। मैं उतारकर बस आ ही रही हूँ।" कस्तूरी राव ने रसोई घर के रैक पर रखी तैयार सामग्रियों पर एक सरसरी निगाह डाली...मैसूर कुजांबु, जीरा-मिलागु रसम, सागु, बादाम पायसम...इतना काफ़ी है। चलो, अब गढ़ विजय। इस चैन को और महसूस करने के लिये दूसरे चूल्हे पर उन्होंने फटाफट कॉफ़ी चढ़ा दी। पूर्णिमा, वैजयंतीमाला भाग्यलक्ष्मी और जिनी अक्का के संग वे भी दो घूँट कॉफ़ी पी लें। तब तक वर-वधू पहुँचेंगे। उन्होंने पोंगल को डेगची में निहारा। तैयार थी। डेगची उतारते हुए उन्होंने पुकार लगाई, "ओ सुशीला माई! सबके लिये कॉफ़ी है। आकर ले जा।" औसतन चार-पाँच पुकार में सुननेवाली सुशीला माई बस एक पुकार में हाज़िर थी।

"पूर्णिमा, वैजयंतीमाला भाग्यलक्ष्मी, जिनी अक्का, अम्मा, सावित्री और तेरी--सबकी कॉफ़ी है।" रस्सी पर चलनेवाले नट की तरह ट्रे में कॉफ़ी लेकर निकल रही सुशीला माई से उन्होंने कहा। आज तो ख़ैर अकस्मात ये सयानी लग रही हैं लेकिन अमूमन अपनी इन दोनों सेविकाओं को उन्हें हर काम तोते की तरह रटाना पड़ता है। वरना कब ये अन्न का कन्न कर दें, कहना मुश्किल है। इन दोनों कनकौओं की डोर तो ख़ैर खींची भी जा सकती है लेकिन मेघ को भला बरसाती कौन पहना सकता है। जो सूर्यदेव मेघ निर्मित करते हैं, उन्हें ही मेघ का बस एक टुकड़ा ढँक लेता है। यों पिछली रात की घनघोर वर्षा के बाद

सुबह से आकाश अमेघ है। हलकी धूप निकली हुई है। पर मेघ कब उमड़कर आकाश की रंगत बदल दें, कहना कठिन है। वर्षों से इस मेघ ग्राम में रहने के कारण वे आकाश देखकर एक पल में बता सकती हैं कि कब बारिश होगी या कि छाये हुए मेघ पुष्कर अथवा आवर्तक मेघ हैं...या फिर संवर्तक अथवा द्रोण। इन चारों कोटि के मेघों के भी दस भेद हैं। सामुद्रिक शास्त्र के मर्मज्ञ ज्योतिषाचार्य पंडित शतानंद शास्त्री मेघशास्त्र में अगाध हैं। उनको बस तनिक छेड़ दीजिये और सुनिये मेघशास्त्र की टीका। कस्तूरी राव मन ही मन लगातार श्रीवेणुगोपाल से मना रही हैं कि किसी तरह देर शाम तक बादलों को रोके रखें। शाम के पहले अगर आकाश ने नाक बहाना शुरू किया तो सब गुड़-गोबर हो जायेगा।

''अभी हलकी धूप है लेकिन आषाढ़ चढ़ गया है न। इसलिये वर्षा का कोई ठिकाना नहीं।'' सुशीला माई कॉफ़ी की घूँट भरते हुए कहती है।

''ओ काली जीभ, चुप कर। धूल सनी चिड़िया ही चिल्लाती है कि वर्षा होगी। कल रात-भर की वर्षा से मन नहीं भरा है क्या? शाम से पहले वर्षा हो गयी न, तो सब चौपट हो जायेगा।'' कस्तूरी राव उसे झिड़कती हैं, ''तू फकडोल ही रह गयी।''

''उहूँ...रात के पहले वर्षा का प्रश्न ही नहीं। मैं भी समुद्र किनारे की बेटी हूँ।'' वैजयंतीमाला भाग्यलक्ष्मी मुसकती है।

''अल्पना से माँझ आँगन कितना खिल रहा है।'' पूर्णिमा तत्काल विषय बदल देती है। सहमति में जिनी अक्का भी सिर हिलाती हैं।

''तुम लोग तब तक यहाँ ब्याह कर नहीं आयी थी पूर्णिमा! अरे इस आँगन को शंकरनाग ने 'मालगुडी सीरियल' में अमर कर दिया। मालगुडी के 'नागा' एपिसोड का एक हिस्सा इस आँगन में ही शूट किया गया था। मालगुडी के एक सँपेरे और उसके मासूम बेटे पुंडी की कहानी है यह। पुंडी की माँ गुज़र चुकी है। वह अपने बाप के संग नाग के करतब दिखाता है। याद है न जिनी अक्का?'' कस्तूरी राव पर बरबस स्मृति का मेघाडंबर लटक आया है।

''भला क्यों नहीं याद रहेगा?'' जिनी अक्का बिहँसती हैं, ''उस दिन इस आँगन में चारों कोनों पर औरतें बैठी थीं और नागराज को बाहर कर पुंडी का बाप बीन बजा-बजाकर कह रहा था...यह पवित्र नाग है अम्मा! साधारण नाग नहीं। पार्वती देवी की याद कर। उसके बाजूबंद को याद कर। छोटे-छोटे नाग। आखिर नाग होते हैं क्या...? स्वर्ग में अपने स्थान पर लौटने की राह देखनेवाले महान आत्मा! इस इंतजार को आसान कर दे अम्मा! दान कर...।''

''बाप रे! आपको तो वह पूरा दृश्य कंठस्थ है जिनी अक्का।'' कस्तूरी राव विस्मय और आनंद से हँसती हैं।

''उस दिन आँगन के एक कोने पर मैं भी थी।'' कहकर सुशीला माई अपने टूटे निचले दो दाँतों की खाली जगह में बालसुलभ उमंग के संग जीभ अटका लेती है।

''तू कैसे नहीं रहती मेरी जान की आफत।'' कस्तूरी राव उसकी उमग को थपकाती हैं।

महान उपलब्धि के अपने इतिहास की पुष्टि से अलंकृत सुशीला माई के चेहरे पर शर्मीली-सी हँसी छिटकी ही थी कि दरवाज़े पर आहट हुई।

''लो, आ गयी खबर लेकर मेरी खजन चिड़ैया।'' लगभग दौड़ती आ रही अरुंधती को देख कस्तूरी राव ने कहा।

"अज्जि! वर-वधू राम मंदिर पर प्रणाम कर रहे हैं। उन्हें बायर नानू की गाड़ी से लेकर अम्मा बस पाँच मिनट में आ रही हैं।" अरुंधती साँस स्थिर करते हुए जल्दी-जल्दी कहती है।

"ठीक है...ठीक है। यहाँ सारी तैयारी हो चुकी है।" कस्तूरी राव सबके चेहरे पर बरबस छा गयी हलचल को सहज करती हैं, "चलें, हम लोग मुख्य द्वार पर ही चलें।" सभी मुख्य द्वार की ओर बढ़ने लगीं। सुशीला माई अक्षत, रोली-चंदन और पुष्प की थाली लेने फ़ौरन पूजा गृह गयी।

देवदास पंडित ने मुख्य द्वार की तरफ़ जाते हुए कहा, "सुशीला माई, शंख भी लेती आना।"

सावित्री मुँह बनाते हुए बुदबुदायी, "काम अढ़ाने में देवदास पंडित का जोड़ नहीं। पर मुझे क्या? मुझ पर जरा हुक्म चलाने की हिम्मत तो कर ले। इसका सारा नखरा-तिल्ला सुशीला माई ही झेलती है।"

सावित्री की बुदबुदाहट पर कस्तूरी राव कभी कान नहीं देती हैं। अपने तीनों पहियों-सुशीला माई, सावित्री और देवदास पंडित की पल-पल की नालिशों को वे सुनने लगें, तो दिमाग का चूड़ा बन जाये। और यह नटखट अरुंधती। एक पल थिर नहीं रहती। चकरी बँधी है इसके पाँव में। छलाँग मारकर फिर निकल रही अरुंधती को मुख्य द्वार पर सदल-बल खड़ी कस्तूरी राव ने आवाज़ दी, "अब फिर कहाँ चली तू।"

"राम मंदिर।" भागती अरुंधती ने कहा। राम मंदिर दोड्डमने से बमुश्किल दो छलाँग पर है। जब वर-वधू वहाँ प्रणाम कर यहीं आ रहे हैं, तो इसको वहाँ दोबारा जाने की जरूरत क्या थी! पर अरुंधती गाँव के बाल-दल के संग गाड़ी के आगे-आगे चलने का रोमांच नहीं छोड़ सकती। कस्तूरी राव ने अपने बचपन को याद किया कि जब कोई दूल्हा हाथी या ज़्यादातर येत्तिन गाड़ी पर बारात के संग तीर्थहल्ली आता था, तो अपनी सहेलियों की जमात के साथ येत्तिन गाड़ी के इर्द-गिर्द दूल्हे को झाँकते-निहारते इस उम्र में वे भी इठलाती चलती थीं। उन्होंने याद किया कि तीर्थहल्ली का जब कोई लड़का अपनी नयी-नवेली दूल्हन को लेकर पहली बार घर आता था, तो उनकी आगवानी में स्त्रियाँ किस तरह आनंदोल्लास में लहराते हुए मंगल-गान गाती थीं। बचपन में सुनी महादेवियक्का का गान मन में गूँजने लगा...'नीलमणि की फर्श बिछाकर...कनक तोरण लगाकर...मूंगे का चप्पर लगाकर...मोती-चाँदनी बिछाकर...ओ नव वधू तेरा स्वागत करती हूँ।' महादेवियक्का मध्यकालीन कन्नड़ भक्ति साहित्य में अल्लम प्रभु और संत बसवेश्वर की कड़ी में थीं, जिनके गीत उन दिनों की स्त्रियों के मन-प्राण में बसे थे। कमोबेश आज भी हैं।

"वह आ रही है गाड़ी।" देवदास पंडित ने अचानक हर्ष कल्लोल किया।

विश्वनाथ बायर की सुर्ख़ लाल फोर्ड जीप चींटी चाल से सड़क पर सरक रही थी। फ़ोर्ड जीप के आगे उल्लास से उमगते बाल-दल की नेतृ बनी अरुंधती स्वयं कुछ इस धीर-गंभीर भंगिमा में थी कि वर-वधू को यथा स्थान सुरक्षित पहुँचाने की महती जिम्मेवारी उसके बाल-दल के ही माथे पर है। अरुंधती के बाल-दल के पीछे शुभंकर व अरण्या के मित्रों आलोक, दिलीप, गौरव, अंजना, गीता और इरा आदि की टोली। जीप की पिछली सीट पर अरण्या व शुभंकर हैं तथा आगे की सीट पर सुजया हैं। विश्वनाथ बायर का छोटा पुत्र शशिभूषण गाड़ी चला रहा है। शशिभूषण बेंगलूर में बैंक की सेवा में है। अभी परसों ही गाँव आया है। शशिभूषण के पास अपनी मारुति वैन भी है। पर गाँव में उत्सव-आयोजन

के हर शुभ अवसर पर इस लाल फोर्ड जीप को सगुनिया माना जाता है। स्वयं विश्वनाथ बायर जब भी पंचायत सदस्य या पंचायत अध्यक्ष के लिये नामांकन पत्र दाख़िल करने गये, तो इसी गाड़ी पर। वर्ष 2010 के पंचायत चुनाव में भी वे ममता को साथ लेकर इसी जीप से नामांकन पत्र भरने गये थे। किसी की बेटी को ससुराल विदा करना हो, किसी दूल्हे को लिवा लाने के लिये वाहन की आवश्यकता हो, विश्वनाथ बायर की यह सदाबहार लाल फोर्ड जीप सदैव सेवा में प्रस्तुत रहती है। रथ यात्रा के दिनों में तो कहना ही क्या। शशिभूषण को भी इस जीप से गत्र स्नेह है। दरअसल, 1942 मॉडेल की यह सेकंड हैंड जीप उसके पिता ने शिमोगा के एक पुराने रईस से ख़रीदी थी। दूसरे विश्वयुद्ध के दौरान विशेष रूप से इस मॉडेल की जीप मिडल ईस्ट देशों के लिये बनायी गयी थी।

शशिभूषण कई बार अपने पिता से इस जीप की महिमा बखान चुका है, "अप्पा! यह जीप क्लासिक कार के दर्जे में आती है। इसे कम न जानो।" विश्वनाथ बायर ने सदैव मुसककर इस भाव में कंधे उचकाये हैं कि अब गाड़ियों की इतनी बारीकी के बारे में भला वे क्या जानें। पर दुलार में कभी-कभी अपनी जीप को वे 'पमपम जीप' कहते हैं।

फूल मालाओं और लता-पता से सुसज्जित लाल जीप अब माधव नायक के घर के समीप आ गयी है और दोडड्मने के मुख्य द्वार पर एकत्रित महिलाओं ने 'मंगल-गान' का तान छेड़ दिया है। आगे-आगे वैजयंतीमाला भाग्यलक्ष्मी गा रही है, "...पायल बजाती देखो आ रही है मेरी प्यारी वधू...हँसती मुसकती आँचल में स्वर्ग ला रही है...मेरी प्यारी वधू! ऋतुनायक को देखो रिझा रही है...मेरी दुलारी वधू।" पीछे-पीछे अन्य औरतें समवेत स्वर में मंगल-गान में साथ दे रही हैं। बाल-दल का नेतृत्व करती अरुंधती सभी साथी बच्चों के संग दोड्डमने के सामने सड़क पर एक-एक सेकंड की व्यग्रता झेलती खड़ी है। शशिभूषण बायर ने एक धचके में अब दोड्डमने के आगे जीप खड़ी कर दी है। महिलाओं के दल ने मंगल-गान का सुर और तेज़ कर दिया है। सुजया फ़ौरन गाड़ी से उतर वर-वधू से कह रही है, "दोड्डमने में तुम दोनों का स्वागत! आओ...!" पहले शुभंकर और उसके पीछे सकुचायी अरण्या। सुंदर-सतेज मुस्कानयुक्त शुभंकर और मलमल-सी दिपती लावण्यमयी अरण्या। परियार की पत्नी पूर्णिमा और वैजयंतीमाला भाग्यलक्ष्मी दोनों की आगवानी में बरामदे से नीचे उतर आयी हैं। देवदास पंडित ब्रह्म रूप पकड़ पूरी शक्ति से शंख फूँक रहे हैं। दोड्डमने के बाहरी बरामदे पर जमा स्त्रियों ने शुभंकर और अरण्या को अपने वृत्त में लेकर फूल-मालाओं से लाद दिया है। देवदास पंडित अब शंख बजाना बंद कर जोर-जोर से पूरे लय में दूर्वाक्षत देते हुए मंत्र-पाठ कर रहे हैं। आनंद से ओतप्रोत कस्तूरी राव ने अब वर-वधू को दही-सिंदूर का टीका लगाया है और उनके माथे को चूमते हुए मुसककर सबसे मुख़ातिब हो कहा है, "अपने कन्नड़ में एक कहावत है कि अच्छी धरती से अंगूर की बेल लो, अच्छी माँ से उसकी बेटी लो। अपनी शारदाम्मा की प्यारी-मनोरमा बिटिया है यह। निरूपम सुंदरी! एकदम ललित छवि श्यामा प्यारी...। ईश्वर करें यह जीवन-भर आकाश से लटके फूल के झूले में झूले।" कस्तूरी राव के इर्द-गिर्द खड़ी सभी स्त्रियों ने इसी बात पर फिर एक नये मधुर गीत का टंकार छेड़ दिया है। परी-सी कृषांगी अरण्या के गोल मुख पर लज्जा के अनगिनत लाल-लाल पुष्प खिल आये हैं। उसकी निश्छल कजरारी आँखें झुकी हैं। कस्तूरी राव ने सुजया और देवदास पंडित को इशारा दिया है कि

तुलसी चौरे पर प्रणाम कराकर सबको पूजा-गृह ले जायें। कुलदेवता को प्रणाम फिर उसके बाद ही कुछ। देवदास पंडित के संकेत पर गाती हुई स्त्रियों का दल वर-वधू के संग तुलसी चौरे पर शीश नवाते हुए पूजा-गृह की ओर बढ़ चला है। अरुंधती ट्रैफिक इंस्पेक्टर की तरह सबको मार्गदर्शन देने की भंगिमा में पसीने से तरबतर है। पूजा-गृह में वर-वधू के प्रणाम कर निकलते ही अरुंधती ने शोर-शराबे से हलकान हो एक ओर कुरसी पर बैठी परनानी जे.आर. श्रीमती बाई के पास वर-वधू को ले जाते हुए मुसककर कहा है, "इन्हें प्रणाम करो! ये मेरी बड़ी अज्जि हैं। मुझसे बहुत झगड़ा करती हैं। पर तुम दोनों को बहुत प्यार करेंगी।" पोपले मुँह से मुस्कराती आर.जे. श्रीमती बाई ने बारी-बारी वर-वधू को सीने से लगाया है, "सौभाग्य...दीर्घायु...", वे आनंदातिरेक में बुदबुदायी हैं।

कस्तूरी राव ने इस बीच हस्तक्षेप करते हुए उद्घोषणा की है, "अभी कोई नहीं जायेगा। सबको मुँह मीठा करके जाना होगा। रात को पूर्णिमा, वैजयंतीमाला भाग्यलक्ष्मी, जिनी अक्का आप सबका भोजन यहीं होगा। आज वधू अपने हाथों से सबको खिलाने की रस्म पूरी करेगी। उसके बाद 'मंडल वियर्जन' यानी सभी बड़ों को प्रणाम करेगी। थोड़ी देर में सावित्री से लीला, ममता जगदीश, कात्यायनी, नलिनी, वसुंधरा और हेडमास्टर हेब्बार साहब की पत्नी पद्माजी को भी रात्रि भोजन का निमंत्रण भिजवा देती हूँ...।"

कस्तूरी राव ने अपनी बात अभी पूरी भी नहीं की थी कि अचानक अवतरित हुए कैंटीन परियार ने ठहाके लगाते हुए कहा, "कंजूसी नहीं कस्तूरी अक्का! मुझे और संगीत की मेरी बाल मंडली को भी रात्रि के आयोजन में शामिल करो। शाम को यहाँ आँगन में संगीत का एक छोटा-मोटा आयोजन होगा। तबला पर साथ देने के लिये सुप्रसाद और गाने में साथ देने के लिये उसकी पत्नी सुशीला को भी बुला लूँगा।"

"अरे तो मना कौन कर रहा है? सावित्री से इन सबको भी सूचना भिजवा देती हूँ। वैसे तुम भी इन्हें जरूर से कह देना।" कस्तूरी राव ने मुस्कान बिखेरते हुए कहा, "नटखट नंदलाल है परियार।"

"देवदास पंडित कहाँ हैं?" कैंटीन परियार ने इधर-उधर देखते हुए पूछा।

"और कहाँ, पूजा-गृह में होंगे।" कहते हुए कस्तूरी राव ने देवदास पंडित को आवाज़ दी, "पंडितजी! जल्दी पधारो। परियार बुला रहे हैं।"

पूजा-गृह से जहाँ देवदास पंडित धोती समेटते निकले, वहीं ट्रे में सबके लिये बादाम पायसम और स्पेशल खुबी मिठाई लिये सुशीला माई सहन के बरामदे की तरफ़ आती दिखी। उसके पीछे सावित्री, पानी भरे गिलासों को ट्रे में थामे।

"चलो वर-वधू से शुरू करो।" कस्तूरी राव ने सुशीला माई से कहकर अरुंधती को इशारा किया, "ओ मेरी लड्डू लक्ष्मी! चल भैया-भाभी का मुँह मीठा कर।" अरुंधती अपनी मनोहर दंत पंक्ति फैला पायसम की कटोरी लेकर शुभंकर-अरण्या के सत्कार में जुट गयी। सुशीला माई सबको खुबी मिठाईयुक्त पायसम की कटोरी थमाने लगी।

"और चौतानन[1]? वह तो रह ही गया।" वैजयंतीमाला भाग्यलक्ष्मी ने बिहँसते हुए कहा।

---

1. यह विवाह के बाद वर-वधू के बीच आमोद-प्रमोद का क्षण होता है। मसलन वधू सेज सजाकर उस पर दो साड़ियाँ और दो नारियल रखती है। उस सेज पर बैठकर वर-वधू फिर एक-दूसरे को केला खिलाते हैं।

"पायसम खाकर तुम लोग दोनों को उनके शयनकक्ष में ले जाओ। ऊपर के कोनेवाले कमरे को इनके लिये सुसज्जित करा रखा है।" कस्तूरी राव ने बिहँसते हुए कहा, "यह सब आनंद विलास तो तुम्हीं लोग छेड़ोगी। इसमें हम बूढ़े-बुजुर्गों का क्या काम?"

"ओफ्फ! क्या अमृत पायसम खाया।" कैंटीन परियार ने आनंद का स्वाद मुँह में चुभलाते हुए कहा, "कस्तूरी अक्का! तुम्हारे हाथ की मिठास ही अलग है।"

"खाई हुई रोटी तुरंत भुला दी जाती है मुन्ना।"

"पर कस्तूरी अक्का के हाथों का पायसम नहीं।" परियार ने ठिलठिलाते हुए कहा और वहीं खड़े देवदास पंडित से मुख़ातिब हुआ, "पंडिताधिराज! आपको तो मालूम ही है कि कल दिन में श्रीवेणुगोपाल स्वामी मंदिर पर इस विवाहोत्सव की खुशी में भोज है। गाँव के लोगों के अलावा मोबाईल से जहाँ तक संभव हुआ है, मैंने सूचना दे दी है। जैसे, अपने इलाके के विधायक किमन्ने रत्नाकर के साथ-साथ अरुंधती नाग और शिबन्ना को भी कह दिया है। शिबन्ना ने कहा है कि वे हर हाल में बेंगलूर से कल भोज में शरीक होने आयेंगे। आप तो जानते हैं कि 'मालगुडी डेज' के जमाने से शिबन्ना का इस गाँव से क्या लगाव है।" एक पल थमकर परियार ने अपने वक्तव्य की पूर्णाहुति की, "पंडितजी ! अब इस भोज में वे आयें या नहीं, लेकिन हम लोगों का तो फर्ज बनता है कि शुभंकर के पिता रत्न पद्माकर और माँ सुमन तथा अरण्या की माँ शारदाम्मा और पिता मंजप्पानायक को भी निमंत्रण भेजा जाये।"

"निश्चय! मनुष्य को कर्म की चोरी कभी नहीं करनी चाहिये।" देवदास पंडित ने बुजुर्ग दार्शनिक की तरह कहा, "कल के भोज के वास्ते दोनों पक्षों को न्यौता अवश्य जाना चाहिये।"

"तो आदरणीय पंडित देवदासजी! दोनों के यहाँ शाम-शाम तक जाकर न्यौता देने की जिम्मेवारी आपकी रही। पर इनके यहाँ खाली हाथ झुलाते जाना उचित नहीं। मैंने कल ही शिमोगा से दो सौ नीलम और रसपुरी आम मँगवाये हैं। अभी पूरे पके नहीं हैं। आप मेरे साथ चलें और दोनों के लिये दो अलग-अलग झोले में आम ले आकर दोड्डमने में रख दें। फिर जब जी करे, सुविधानुसार आम का झोला लेकर इन दोनों के यहाँ चले जायें। दरअसल, अभी मेरे सामने ढेर सारा काम पड़ा है। आपको आम थमाकर मैं सीधे ह्विटेकर साहेब के इंस्टीच्यूट पर उन्हें न्यौता देने जाऊँगा। उसके बाद लिंगराज के 'कामथ होटल' पर। कल के भोज का सारा इंतजाम तो आज रात से कल सुबह तक कर ही लेना होगा न। चलिये पंडितजी! अब जल्दी कीजिये।"

"हाँ, भाई परियार! मेहनती घोड़े की मौत दौड़ने में ही हो जाती है। सुबह से एक पैर पर ही खड़ा हूँ। पर तुम्हारे आदेश को भला कैसे टाल सकता हूँ।" देवदास पंडित ने तनिक खीजकर कहा, "पूछ लो कस्तूरी अक्का से।"

"ये ठीक कह रहे हैं परियार! वैसे, इन्होंने थोड़ी शालीनता बरती है। सच है कि घोड़ा नहीं बैल की तरह खटते हैं हमारे पंडितजी। बैल के भाग्य में खटने के अलावा और होता ही क्या है। एक भोर से इन्होंने जान की बाजी लगा रखी है।" कस्तूरी राव ने तनिक हास्य के संग कहा।

"खैर, आप सब जो मजाक उड़ा लें।" मुसकते जा रहे परियार के पीछे निकलते देवदास पंडित बुदबुदाये।

दसेक मिनट में देवदास पंडित दोनों हाथों में आम से भरा झोला लिये दोड्डमने आ गये। झोलों को पूजा-गृह की दीवार से सटाकर रख दिया और आधे घंटे तक आँगन के बरामदे में हाँफते-सुस्ताते रहे। ऊपर के कमरे से हँसने-खिलखिलाने की आवाज़ें आ रही थीं। आँगन में कुछ रंगीन टिटहरियाँ चैन से फुदक रही थीं। कस्तूरी राव की पुकार से देवदास पंडित का ध्यान टूटा। वे भोजन के लिये बुला रही थीं। डायनिंग हॉल में जाकर अपना पीढ़ा खींच देवदास पंडित पद्मासन लगाकर बैठ गये। लंबे डायनिंग टेबुल के बावजूद देवदास पंडित को उस पर बैठकर खाना नहीं सुहाता।

"ठीक से भोजन करिये। आपको कई जगह जाना भी है।" कस्तूरी राव ने स्नेह से कहा।

"शारदाम्मा के यहाँ अगसरकोणे पैदल जाने-आने का मतलब है दो से ढाई घंटे। साइकिल तो मैं चलाता नहीं हूँ।" देवदास पंडित ने कौर रोककर तनिक तिक्त स्वर में कहा, "यह जिम्मा किसी साइकिल या मोटरसाइकिल वाले को दिया जाता। खैर...।"

"आप जानते हैं न कि मामला कितना टनक-टुनक है। इन दोनों के यहाँ न्यौता देने सबको नहीं भेजा जा सकता।" कस्तूरी राव के स्वर में वात्सल्य की पुचकार थी, "भोजन के बाद एकाध घंटे आराम करके निकलिये।" पर देवदास पंडित रुके नहीं। शारदाम्मा के यहाँ का आम का झोला ले वे अगसरकोणे के लिये निकल पड़े। सोचा वहाँ से लौटकर आयेंगे, तो शुभंकर के पिता रत्न पद्माकर के यहाँ चले जायेंगे। गोधूलि के पहले-पहले वे दोनों जगह का काम संपन्न कर लेना चाहते थे। शाम के बाद कहीं आने-जाने से अब वे परहेज़ करते हैं। अँधेरे में कहीं किसी पत्थर से टकराकर गिर ही गये, तो बुढ़ापे में मुँह-हाथ तुड़वाकर महीनों बिस्तर पर बिलबिलाते रहना होगा। इसलिये शरीर की रक्षा मनुष्य का प्रथम धर्म है। परियार की बात पर वे इनकार भी कर देते लेकिन कस्तूरी अक्का की भावना के आगे वे सदैव नतमस्तक हो जाते हैं। कई पीढ़ियों से इस ख़ानदान से उनके परिवार का दूध-बताशे जैसा रिश्ता रहा है। कस्तूरी अक्का के श्वसुर स्व. विजयेंद्र राव के यशस्वी पिता स्व. डी.बी. सुब्बाराव उनके पिता टी.एन. गुंडापंडित को अपनी अलिजिह्वा यानी गले के भीतर की घाँटी कहते थे। बाघ सरीखे डी.बी. सुब्बाराव से जल्दी किसी को कुछ कहने की हिम्मत नहीं होती थी। पर कम वय के होने के बावजूद गुंडापंडित उनके मुँहलगे थे। वे उनसे कुछ भी कह-सुन लेते थे। देवदास पंडित ने पिता के मुख से ही यह कथा सुनी थी कि जब गुंडापंडित के पिता यानी देवदास पंडित के पितामह चल बसे, तो डी.बी. सुब्बाराव ने गुंडापंडित से पूछा कि पिता का श्राद्धकर्म वे कैसे क्या कर रहे हैं। गुंडापंडित ने छूटते हुए कहा, "आपने भी अपने पिता का जैसा श्राद्धकर्म नहीं किया होगा, कुछ उस तरह से करेंगे।" सुनकर डी.बी. सुब्बाराव बुरी तरह तमक उठे, "क्या बात है गुंडापंडित, यह कैसी बहकी बात तुम कर रहे हो?"

"ठीक ही तो कह रहा हूँ। पिता के श्राद्ध के वास्ते पैसे नहीं हैं और खेत बेचकर श्राद्ध संपन्न करने जा रहा हूँ। आपने तो अपने पिता का श्राद्ध खेत बेचकर नहीं किया था।"

सुनकर डी.बी. सुब्बाराव जोरों से हँस पड़े, "तुम भी हद हो गुंडापंडित! अब तुम्हें चिन्ता करने की जरूरत नहीं। न ही खेत बेचने की। जो जरूरत हो, मुझसे ले लेना।"

देवदास पंडित इस पुश्तैनी प्यार को भला कैसे भूल जायेंगे। इसलिए वे कस्तूरी अक्का के सामने दासो-दास रहते हैं।

देवदास पंडित जब अगसरकोणे से दोड्डमने लौटे, तब शाम के चार बज रहे थे। सुशीला माई तथा सावित्री मिलकर आँगन में प्राणपण से दरी-जाज़िम बिछाने में व्यस्त थीं। अच्छा, तो जैसा कि परियार कह रहा था, आज शाम यहाँ संगीत का पारिवारिक आयोजन होना है। उन्होंने बरबस आसमान को निहारा। छिटपुट बादल थे। पर अभी चिंता नहीं। बादलों के पेट का निचला हिस्सा जब फूलता दिखता है, तभी वर्षा की संभावना प्रबल होती है। आषाढ़ के महीने में तो यहाँ घरों के कमरों में बादल भर जाते हैं। स्कूलों में घंटों पढ़ाई बाधित रहती है, क्योंकि वर्ग में बादल घुसे रहते हैं। बादलों में घुसे बच्चे मुसकाते-मठरते रहते हैं और शिक्षकों की हिदायत पर अपने-अपने बस्ते की किताब-कॉपियों को भीगने से बचाने के यत्न में भरपूर धमाचौकड़ी करते हैं। अन्नपूर्णा विद्या मंदिर और एस.वी.एस. हाई स्कूल में गर्मी की छुट्टी अप्रैल के दूसरे सप्ताह से मई के अंतिम सप्ताह तक रहती है। इसके बाद जब स्कूल खुलता है, तो कक्षाओं में बादलों की गुदगुदी शुरू हो जाती है। आज ग़नीमत है कि आसमान सुबह से साफ़ है।

''क्या हुआ, शारदाम्मा मिली? और मंजप्पानायक?'' छड़ी टेकती कस्तूरी राव ने रुककर जब उनसे पूछा, तो देवदास पंडित ने आसमान से नज़रें हटायीं।

''मंजप्पानायक तो कुछ शांत भी थे। पर शारदाम्मा तो घायल सर्पिणी की भाँति धधक रही थीं। वह मेरी बात सुन बिना कुछ बोले सुलगती आँखों से अंदर चली गयीं। मंजप्पानायक ने मुझे संकेत से समझा दिया था कि उनसे कोई तर्क न करूँ। खैर, आम का झोला मैं जबरन मंजप्पानायक को थमाकर चला आया। मुझे नहीं लगता है कि वे दोनों कल भोज में आयेंगे। जो हो, अब रत्न पद्‌माकर के यहाँ से भी हो ही आता हूँ।'' देवदास पंडित ने आम का दूसरा झोला उठाते हुए धीमे से कहा।

''कॉफ़ी पी लो, तब निकलना। कुपित शारदाम्मा ने तो पानी या कॉफ़ी के लिये भी नहीं पूछा होगा।'' देवदास पंडित को कुरसी पर बैठने का इशारा कर कस्तूरी राव ने हल्के अफ़सोस से कहा और छड़ी टेकती रसोईघर की तरफ़ बढ़ गयीं।

''देख लीजिये, कैसा-कैसा गला सुखाने और मार खानेवाला काम मुझे सौंपा जाता है।'' देवदास पंडित खीज को दबाते हुए बोले।

दरी-जाज़िम और रंगीन चादरों से सजा-बजा दोड्डमने का विशाल माँझ आँगन फुदकता दिख रहा था। कॉफ़ी पीते हुए देवदास पंडित को सुखद सिहरन हुई। अर्से बाद यह आँगन फिर से पुलक-थिरक रहा है। लग रहा है मानो हज़ारों रंगीन टिटहरियाँ रंगीन चादर की शक्ल में आँगन में आकर बैठ गयी हों। अगसरकोणे आने-जाने की थकान और कुढ़न बरबस दूर हो गयी। रत्न पद्‌माकर के वास्ते रखे आम के झोले को लेकर वे निकलने को हुए कि पूर्णिमा, वैजयंतीमाला भाग्यलक्ष्मी और नलिनी सामने से हँसती-बतियाती आती दिखीं।

''हमें देखते ही आप निकलने लगे। यह नहीं चलेगा पंडितजी।'' देवेंद्र की हँसमुख पत्नी नलिनी ने अपने चश्मे के भीतर आँखें झपकाते हुए चुहल की, ''आपके बिना यहाँ की संगीत सभा भला पूरी होगी?''

"अरे कल के भोज के वास्ते रत्न पद्माकर के यहाँ न्यौता देने जा रहा हूँ। पूर्णिमा से पूछो, इसी का पति मुझसे यह दंड-बैठक करा रहा है। मैं बस गया और आया।" देवदास पंडित ने निहाल हो चेहरे पर मुस्कान बिछाते हुए कहा।

धीरे-धीरे दोड्डमने का आँगन महिलाओं-बच्चों से भर गया। आकाश में भी तारे भर गये और मोती-सा चाँद निकल आया। कस्तूरी राव ने राहत की साँस ली-अब बारिश नहीं होगी। चाँद-तारे बारिश के पहरेदार हैं। सुजया के पति रवि ने बड़े कला-कौशल से आँगन के चारों कोनों पर वेपर लाईट लगा दी थी। सो आँगन खुशी और रोशनी की जुगलबंदी में जगमग कर रहा था।

"जब शाम है ऐसी मतवाली...तो रात का आलम क्या होगा...जी क्या होगा...?" हारमोनियम की पेटी थाम गुनगुनाते आ रहे कैंटीन परियार के प्रवेश से सहसा आँगन में चहक बढ़ गयी। परियार की पीठ पर उनके बुजुर्ग तबलची सुप्रसाद तबले को बड़े झोले में लिये थे। साथ में उनकी पत्नी सुशीला भी थीं। परियार और उनके साजिंदों ने जब पेटी-तबला महफ़िल के बीच में सजाया, तो अरुंधती का बाल-दल भी हलचल में आ गया।

"शुभ कार्य में विलंब क्यों? सब लोग जुटे हैं लेकिन रागों की वर्षा अभी तक शुरू नहीं हुई है?" मनोहर दंत पंक्ति बिखेरती पंचायत सदस्य ममता जगदीश ने आते ही कहा और पालथी मार परियार के सामने बैठ गयीं।

"आजकल हरेक कार्यक्रम के उद्घाटन के लिये एक नेता की जरूरत होती है। तुम आ गयी, तो बस अब शुरू हुआ जाता है ममता। हाँ, तुम्हारे सामने एक अत्यंत महत्त्वपूर्ण सूचना देना चाहता हूँ। सबको पता है कि कल दिन में श्रीवेणुगोपाल कृष्णास्वामी मंदिर पर शुभंकर और अरण्या के विवाहोत्सव के उपलक्ष्य में भोज का आयोजन है। अभी थोड़ी देर पहले ह्विटेकर साहब को उनके इंस्टीच्यूट पर मैं न्योता देने गया था। वे यह जानकर बहुत खुश हुए कि यह वही दोनों बच्चे हैं जिन्हें 'ब्रह्मरथोत्सव' के अवसर पर 'बुद्धि लीला' नाटक में राधा व कृष्ण की भूमिका के लिए उन्होंने पुरस्कृत किया था। ह्विटेकर साहब ने मुझसे कहा कि कल के भोज का सारा खर्च वे उठायेंगे। आयोजन में हर प्रकार से सहयोग करेंगे। सो जय हो रामू ह्विटेकर की।" अपनी दाढ़ी खुजलाकर मुसकते हुए परियार ने हारमोनियम की भाथी दो-तीन बार लहरायी और एक पल थमकर पूछा, "शुभंकर...अरण्या...हमारे दोनों सितारे? वे दोनों कहाँ रह गये?"

परियार की पीठ पर शुभंकर-अरण्या को साथ लेकर उसी क्षण पहुँची अरुंधती ने नाटकीय भंगिमा में कहा, "यह देखिये सर! दोनों पधार चुके हैं।" तालियों की गड़गड़ाहट से आँगन गूँज उठा। कुछ काल विश्राम कर चुके होने के कारण शुभंकर व अरण्या के चेहरे पर स्निग्ध शांति थी। सबको प्रणाम कर दोनों बैठ गये। परियार अब पूरे अनुराग में थे। सुप्रसाद ने तबले को ठोका...'धा...तत्...धि...न...त्रक...धि...धि...ना...तत्...।'

"कौन-सा राग सुनियेगा? जयजयवंती? वृंदावनी सारंग? राग ललिता गौरी या चंद्रकौंस ?" परियार पूरे रौ में थे। हारमोनियम की भाथी उनकी तरंगित उँगलियों में आगे-पीछे हो रही थीं।

"हृदय का राग...परियार मामा अपने दिल का राग सुनाइये।" ममता जगदीश ने मुस्कराते हुए कहा।

परियार ने सुप्रसाद की तरफ़ देखा और हारमोनियम पर धुन का लहरा दिया। सुप्रसाद तबले पर शुरू हो गये। परियार अब पूरे लय में थे...

"केतकी गुलाब जूही चम्पक बन फूले...!"

परियार के पीछे अरुंधती के नेतृत्व में बाल-दल ने इसे दोहराकर कोरस किया, तो और समाँ बँध गयी। परियार सहसा मानो त्रिलोक में थे...

"केतकी, गुलाब, जूही
चम्पक बन फूले
कोयल की पंचम सुन
दुनिया दुख भूले
केतकी, गुलाब, जूही...!"

अब सुप्रसाद ने तबले पर पूरा मोर्चा थामा। परियार ने फिर सुर पकड़ा...

"चित चुराये
हँसत जाये
गालन को छू ले...
केतकी, गुलाब, जूही
चम्पक वन फूले...।"

परियार अंतिम अंतरे पर थे। ममता जगदीश ने आनंदातिरेक में कहा, "मामू! सरस्वती माता ने आज आपको अपनी गोद में बिठा रखा है। आषाढ़ में आपने वसंत उपस्थित कर दिया...ऋतु वसंत अपनो कंत...गोरी गरवा लगाये...केतकी...गुलाब...जूही...वाह क्या कहने...क्या कहने हैं मामू...।" सहन के बरामदे पर कुर्सी लगाकर बैठी कस्तूरी राव ने मुसकते हुए कहा, "ओ ममता! अपना परियार गाँव का पुराना रसराज है। रागों का राजा।" परियार ने हारमोनियम की भाथी स्थिर कर दी। सुप्रसाद भी तबले पर ठहर गये। शुभंकर को संकेत से परियार ने अपने स्थान पर बुलाकर हारमोनियम सिपुर्द कर दिया, "अब शची और इंद्र का युगल गान होगा...डुएट...। अरण्या तुम भी इधर आओ।" सकुचायी अरण्या उठकर शुभंकर के पास बैठ गयी।

"तुम अपनी जगह जमे रहो।" परियार ने सुप्रसाद से कहते हुए उद्घोष किया, "तो अब सीमाहीन मधुमय संगीत...।" तालियों की गड़गड़ाहट से आँगन दोबारा गूँज उठा। इसी गूँज के बीच शुभंकर ने अरण्या को संकेत देते हुए हारमोनियम की भाथी पर लहरा आरंभ किया और पहले अंतरे के संग ही सब विभोर हो उठे। शुभंकर व अरण्या मानो तृप्ति की गुहा में एकमेक हो गा रहे थे...

"सुमति सीताराम
आत्माराम सीताराम
सुमति सीताराम...!
तरण तारण
चरण चारू...धाम...
सुमति सीताराम...।"

सुप्रसाद तबले पर पूरी गति में थे और दोड्डमने दोनों के मधुर युगल स्वर में मारे पुलक के डूब-उतरा रहा था...

"शाश्वती-सी कृपा सीता
राम-सी करुणायतन
सर्वदा सम्मुख विराजे
आंजनेय प्रणाम...!
सुमति सीताराम...!!"

संगीत की आनंद धारा पर भावों की नैया में सबके सब विह्वल थे। ऐसा समवेत आनंद इधर हाल-साल में न मिला था। गीत की समाप्ति पर परियार ने उठकर शुभंकर को गद्गद हो सीने से भींच लिया। उधर भाव-विह्वल ममता जगदीश ने अरण्या को बाँहों में भर लिया। कस्तूरी राव ने सुशीला माई और सावित्री को सबके बीच कॉफ़ी वितरण का निर्देश संगीत समापन के पहले ही दे दिया था। सो दोनों अभी कॉफ़ी वितरण में जुटी थीं। इसके बाद सबका भोजन परोसा जाना था। कॉफ़ी पीते हुए स्त्रीगण बातचीत एवं एक-दूसरे के कुशल-क्षेम में व्यस्त थीं कि अचानक दोड्डमने के मुख्य द्वार पर तीव्र आर्त्तनाद के स्वर ने सबको स्तब्ध कर दिया। यह देवदास पंडित थे, जो बुरी तरह लस्त-पस्त और निढाल दशा में कराहते-कलपते आ रहे थे। परियार ने विद्युत गति से लपककर उन्हें सँभालकर कुर्सी पर बिठाया। आख़िर अचानक इन्हें हुआ क्या? अभी कुछ घंटे पहले क्या भले चंगे थे। हतप्रभ कस्तूरी राव जब तक पूछतीं कि देवदास बुक्का फाड़कर रोने लगे। इस रसभंग से आँगन में जमा भीड़ भी बुरी तरह हैरान थी। कस्तूरी राव ने सुजया व अरुंधती को संकेत किया कि शुभंकर और अरण्या को इस तमाशे से निकाल उनके कमरे में ले जाये। कस्तूरी राव को लगा कि मामला अवश्य कुछ न कुछ गंभीर है। उन्होंने सुशीला माई को आवाज़ देकर फ़ौरन देवदास पंडित के लिये कॉफ़ी लाने को कहा। पर बिलखते देवदास ने मना कर दिया। कैंटीन परियार के बहुत मनुहारने पर आख़िरकार देवदास पंडित ने अपने संग हुए हादसे का जब सुबक-सुबककर बयान किया, तो तमाम हमदर्दी के बावजूद बहुत मुश्किल से कस्तूरी राव और परियार अपनी हँसी रोक पाये। दरअसल, शुभंकर के पिता रत्न पद्माकर के यहाँ भोज के न्योते के संग नीलम और रसपुरी आम का झोला लेकर जाना ही देवदास पंडित के लिए जानलेवा साबित हुआ था। ज्यों ही आम का झोला रत्न पद्माकर के बरामदे पर रखकर देवदास ने अगले दिन के भोज में न्यौते का प्रसंग छेड़ा कि रत्न पद्माकर के क्रोध का ओर-छोर न रहा। नीचे रखे आम के झोले से आम ले-लेकर देवदास पंडित को उसने अंधाधुंध मारना शुरू किया, "स्साले, मेरे खून को नाली में उड़ेलकर मजाक उड़ाने आये हो। मेरे जी.एस.बी. खानदान में किसी ने कमतर जाति में विवाह न किया था। पर मेरे बेटे ने इडिगास समुदाय की छोकरी से शादी कर मेरी कुल परंपरा को बर्बाद कर दिया। ये आम तुम खाओ और गाँव में मेरे मरने का उत्सव मनाओ।" सिसकते हुए देवदास पंडित ने कहा, "अक्का! मैं तो हक्का-बक्का रह गया। आम ज्यादातर कच्चे थे। दो-चार आमों की चोट खाकर मैं भागने लगा। दुर्भाग्यवश घबराहट में उसका गेट खोलकर बाहर निकलने में मुझे मिनट भर लग गया। पर इस एक मिनट में उस जानवर ने झोले का एक भी आम मेरे ऊपर बाकी न

रखा। कच्चे आम पत्थर जैसे सख़्त। लोग आम खाते हैं, मैंने आम की मार खाई।'' देवदास पंडित ने कैंटीन परियार को माथे का गूमड़ दिखाते हुए कहा, ''न विश्वास हो, तो इसे देखो। यह प्रसंग किसी से कहने में भी लाज लगेगी। इस तरह का हादसा गाँव में किसी के संग न हुआ, न होगा। पूरे शरीर की एक-एक नस दर्द से टनक रही है। तुम लोग उसे तुलसी पद्माकर कहते हो? अरे वह राक्षस...दानव पद्माकर है...दानव।''

कोने में खड़ी हो देवदास पंडित की आर्त्त व्यथा-कथा सुन चुकी सावित्री ने आँगन में उपस्थित महिलाओं के बीच इस समाचार को विद्युत-सी चपलता के संग प्रसारित किया, ''पंडितजी रत्न पद्माकर के हाथों आम से भरपूर पिटाई खाकर आ रहे हैं। सिर पर गूमड़ तक निकल आया है।'' मधुमक्खी-दल की भाँति महिलाओं के झुंड ने देवदास पंडित को अपने घेरे में ले लिया। उनके गूमड़ का एक-एक कर सबने निरीक्षण किया। फिर नाना उत्सुकतायें, नाना प्रश्न। मसलन कुल कितने आम रहे होंगे? कितने कच्चे थे, कितने अधपके? ये और ऐसे अनगिनत सवाल।

कुछ देर से बादलों के पेट का निचला हिस्सा फूल रहा था और अब सिमसिम बारिश शुरू हो चुकी थी। सुशीला माई ने चिंतित स्वर में कुछ देर पहले ही सबको सचेत कर दिया था, ''जिटि-जिटि[1] माले[2] कभी भी धारे-धारे[3] शुरू हो जायेगा।'' इसलिये सभी स्त्रियाँ बच्चों समेत सहन के बरामदे में जमा हो चुकी थीं। सुशीला माई और सावित्री जल्दी-जल्दी आँगन से दरी-जाज़िम और रंगीन चादरों को समेट सहन के बरामदे पर दोहरा कर बिछा रही थीं ताकि भोजन के लिये सबको बिठाया जा सके। बीच में चुहल भरे स्वर में सावित्री ने देवदास पंडित से पूछा, ''पंडितजी! क्या गूमड़ सेंकने के लिये थोड़ा पानी गरम कर दूँ?''

''अरे तेरा नाश हो! तू ही गरम पानी से अपने को सेंक।'' देवदास पंडित बौखला उठे। फिर खिन्न होकर उन्होंने परियार से हताश स्वर में कहा, ''देख रहे हो न मेरी खिल्ली! सब तुम्हारे कारण हुआ। मेरे लिये मार खाने से भी अधिक दारुण तो यह कथा हो जायेगी। गाँव में मेरे लिये चलना दूभर हो जायेगा। परियार! तुमने मुझे हास्य का एक स्थायी पात्र बना दिया।'' आँसू, क्रोध और क्षोभ में लिथड़े देवदास पंडित अपने आपे में नहीं थे। कैंटीन परियार ने देवदास पंडित को मरहम लगाते हुए मनुहार भरे स्वर में कहा, ''अरे रत्न पद्माकर अपना ही हाथ चबानेवाला व्यक्ति है। पर आपकी अंतरात्मा शुद्ध है। ऐसा व्यक्ति किसी भी मुसीबत को झेल सकता है। देखिए न...ईश्वर ने आपको आघात भी दिया तो आम से...पत्थर से नहीं। पवित्र व्यक्ति मार भी खाता है तो फल से ही।''

''तुम हास्य कर रहे हो या संवेदना दिखा रहे हो?'' देवदास पंडित भड़क उठे।

''संवेदना...एकदम सच्ची संवेदना।'' कैंटीन परियार ने अपनी हँसी को भरसक नियंत्रित करते हुए कहा।

---

1. बूँदाबाँदी, 2. वर्षा, 3. मूसलाधार

8

सिर कटी लाश

सुबह से थाने पर लोगों का जमघट है। शिमोगा से डी.एस.पी. मुरूगेश सोमन्ना अनुसंधान में पहुँचे हुए हैं। आंजनेय नगर टोला के आगे खेत में एक सिर कटी अज्ञात लाश मिट्टी-कीचड़ में लिथड़ी पाई गयी है। कल भी सारी रात झूम-झूमकर वर्षा हुई है। यों अति वृष्टि से भले यह गाँव त्रस्त रहता हो लेकिन वर्षा के आगमन पर ग्रामीणों के आनंदोद्रेक का कोई ओर-छोर नहीं रहता है। वैसे भी आज अरण्या और शुभंकर के विवाह के उपलक्ष्य में श्रीवेणुगोपाल कृष्णास्वामी मंदिर पर सबको भोज का न्यौता है। ऐसे में जाने कहाँ की सिर कटी लाश का चक्कर आ फँसा है। इस गाँव में मुस्कान और मुसीबत एक साथ क़दमताल करती है। शायद कल आधी रात की तेज़ झड़ी के बीच खेत में हत्यारों का दल लाश को फेंक गया। इसी कारण सुबह वर्षा थमने के बाद जानकारी मिलने पर जब थाने के पुलिसकर्मी इसे लाने गये, तो लाश कीचड़ से बुरी तरह लथपथ थी। अगुम्बे थाना के सब इंस्पेक्टर श्रीराम उपाध्याय ऐसी रहस्यमय लाशों के मामले में फ़ौरन डी.एस.पी. मुरूगेश सोमन्ना को शिमोगा सूचित करते हैं। आज भी ख़बर मिलते ही डी.एस.पी. सोमन्ना बग़ैर विलंब किये पहुँच चुके हैं। उन्होंने आंजनेय नगर के कृष्णप्पा, रामन्ना,दिनेश गौड़ा, सुंदरेश नायक, परमेश्वर कुलाल, चिनप्पा, नागेश शास्त्री और खेत मज़दूर गोविंद कुट्टी तक को पूछताछ के लिये थाने पर बुला रखा है। गोविंद कुट्टी मारे घबराहट के रास्ते से ही बुक्का फाड़-फाड़कर रो रहा है। खेतों में हाड़तोड़ मजदूरी कर किसी तरह दो जून की रोटी जुटानेवाले गोविंद कुट्टी ने जीवन में पहली बार थाने में पैर रखा है। थाने के नाम पर ही उसका प्राण सूखता है। थाने से ग़रीब गोविंद कुट्टी को भला क्या लेना-देना?

गाँव में कुल जमा दो मलयाली हैं। एक कृष्णा कुट्टी और दूसरा गोविंद कुट्टी। पर कृष्णा कुट्टी की तरह गोविंद कुट्टी गाँव का जमाई नहीं है। पंद्रह साल पहले अपनी मलयाली पत्नी जानकी के संग वह इस इलाक़े के सड़क निर्माण कार्य में सपत्नीक बतौर मज़दूर आया था। उसका मन यहीं रम गया और वह यहीं बस गया। अगुम्बे गाँव का विस्तार एक-डेढ़ दशक से क्योंकि आंजनेय नगर टोला की तरफ़ ही हो रहा है, इसलिये इसकी आबादी मिली-जुली है। ब्राह्मण से लेकर बढ़ई व दलित तक यहाँ बसे हुए हैं। एक मलयाली गोविंद कुट्टी भी।

"मुँह बंद करते हो कि बंद करूँ हाजत में?" थाने के हवलदार सत्यनारायण नायक की हुड़क पर सिसकारी भर-भरकर रो रहा गोविंद कुट्टी अब सुबक पर आकर थिर गया है।

"यह रोज मजदूरी करता है, तब खाता है। आज बेचारे की रोटी मारी गयी।" कुहकते गोविंद कुट्टी की तरफ़दारी में दिनेश गौड़ा आहिस्ते से कहता है।

"तुम ज्यादा बैरिस्टर मत बनो। साले वकालत करने चले हैं। अरे इस पागल गाँव में एक दिन मैं ही पागल हो जाऊँगा। तुम सब खिसके हुए हो। जरा इस सनकी चिनप्पा को देखो, गले से बंदर लटकाकर थाने आया है। डी.एस.पी. सोमन्ना को तो जानते हो न! यमराज के कठबाप हैं। इस चिबिल्ले को बंदर समेत चबा जायेंगे। कसम से हनुमानजी के कोप का भय न होता, तो चिनप्पा के इस चीकू बंदर को मैं अभी चीर डालता।" हवलदार सत्यनारायण नायक ने खौलते हुए कहा।

"मेरे न कोई आगे है, न पीछे। यह चीकू ही मेरा बच्चा है। मेरे बिना यह एक पल नहीं रह सकता।" गरदन से लटके चीकू के सुनहरे भूरे माथे को सहलाते हुए चिनप्पा के स्वर का लाड़ बरबस छलक पड़ा, "हवलदार साहब! हमारी आपकी तरह चीकू को भी ईश्वर ने ही बनाया है। जीवों पर दया करेंगे, तभी ऊपरवाले की कृपा आप पर बरसेगी।"

"फिलहाल तो तेरे माथे पर डी.एस.पी. सोमन्ना का डंडा बरसनेवाला है। इसलिये तू मुझे धर्म-दर्शन मत पढ़ा। पूछताछ के बाद अभी जब कृष्णप्पा निकलेगा, तो चैंबर में डी.एस.पी. साहेब के पास तू जायेगा। तेरा और तेरे चीकू बंदर की तबीयत हरी हो जायेगी।" हवलदार सत्यनारायण नायक ने व्यग्रता से घड़ी देखते हुए कहा, "पता नहीं यह बेवकूफ़ राममूर्ति कहाँ मर गया। क्या ठिकाना शिव रुद्रप्पा उसे भी पकड़कर संगीत सुनाने बैठ गया हो।" देर से टेंपल रोड उर्फ़ मालगुडी रोड के निवासी गाँव के सुर सम्राट शिव रुद्रप्पा को बुलाने निकले थाने के सिपाही राममूर्ति पर सत्यनारायण नायक को खीज हो रही थी। मोबाइल भी नहीं उठा रहा है कमबख़्त। शिव रुद्रप्पा के बारे में डी.एस.पी. साहब तीन-चार बार पूछ चुके हैं। दरअसल, लघु कृषक शिव रुद्रप्पा के पास जो भी किंचित खेत है, वह गाँव के आंजनेय नगर पट्टी में ही है। बिला नागा शिव रुद्रप्पा ब्रह्म मुहूर्त में संगीत साधना के उपरांत खेत पर पहुँचते ही हैं। यह जानकारी पाकर कि सिर कटी लाश को खेत में सबसे पहले शिव रुद्रप्पा ने ही देखा, डी.एस.पी. मुरूगेश सोमन्ना ने अगुम्बे थाने के सब इंस्पेक्टर श्रीराम उपाध्याय को आदेश दिया कि शिव रुद्रप्पा नामक व्यक्ति जहाँ भी हो, उसे फ़ौरन थाने पर हाज़िर किया जाये। फ़रमान पाते ही सिपाही राममूर्ति को पवन पुत्र की तरह शिव रुद्रप्पा के यहाँ दौड़ा दिया गया। बात-बात पर कुपित-क्रुद्ध हो उठनेवाले डी.एस.पी. सोमन्ना जब कभी छठे-छमासे अगुम्बे थाने पर पहुँचते हैं, सब इंस्पेक्टर श्रीराम उपाध्याय समेत यहाँ के समस्त पुलिसकर्मियों की हवा गुम रहती है। वरना अगुम्बे थाना हमेशा वृंदावनी भाव में रहता है। शांत और आनंद में निमग्न। इस थाने पर मुश्किल से कभी कोई शिकायत आती भी है, तो बस पड़ोसी से सीमा विवादों की। अगुम्बे थाने के अंतर्गत अगुम्बे समेत इर्द-गिर्द के पाँच पंचायतों के गाँव हैं। इन पाँचों पंचायतों के कुल जमा 554 लोगों ने मात्र वन्य जीवों से फसलों की रक्षा के लिये बंदूक, एस.बी.बी.एल., एस.बी.एम. एल., बी.बी.बी.एल., डी.बी.एम.एल. और रिवॉल्वर का लाइसेंस ले रखा है। अगुम्बे गाँव के तीस लोगों के पास तो बस साधारण बंदूक का लाइसेंस है। गाँव में सिर्फ़ दो लोगों-एक

आनंद राव और दूसरे लक्ष्मीनारायण माल्या ने रिवॉल्वर का लाइसेंस लिया हुआ है। यह भी बस शौक-शान के लिये। हाँ, इस थाने को अगर मुसीबत है तो बस एक कि अक्सर पड़ोसी जिलों के अपराधी किसी को मारकर लाश यहाँ के जंगल और निर्जन स्थानों पर फेंक जाते हैं। यही नहीं, कई ऐसे भी वाक़ये होते हैं जब दूसरे इलाक़े का कोई आदमी यहाँ के जंगलों में आकर विषपान या पेड़ से लटककर खुदकुशी कर लेता है। इसलिये बारहाँ अज्ञात लाशों की रहस्यमय गुत्थी से अगुम्बे थाने के पुलिसकर्मियों को बाल नोचते हुए जूझना पड़ता है। फिर इस तरह की पेचीदगी को सुलझाने के लिए शरलक होम्स की तरह शिमोगा के डी.एस.पी. मुरूगेश सोमन्ना को उतरना पड़ता है। गहरी तफ़्तीश और खोजबीन के मामले में डी.एस.पी. मुरूगेश सोमन्ना की ख्याति जेम्स बॉण्ड और 007 की है। सोमन्ना जब आते हैं तो सब इंस्पेक्टर उपाध्याय उनके सम्मान में अपना चैंबर छोड़ देते हैं। आज सुबह से ही डी.एस.पी. सोमन्ना चैंबर में आसन ग्रहण कर चुके हैं और थाने के सभी पुलिसकर्मियों को भरोसा है कि इस बार भी वे हर बार की भाँति इस सिर कटी लाश का रहस्य सुलझाकर ही दम लेंगे। सोमन्ना दर्प से कहते भी हैं कि, ''अर्डर-मर्डर सुलझाते हुए तो जीवन बीत गया। लाश का भूत मेरे कानों में सब कुछ बक जाता है।'' क़ाबिलियत के कारण ही डी.एस.पी. सोमन्ना का डंका बजता है।

कृष्णप्पा जब लंबी पूछताछ के बाद चैंबर से निकला, तो हवलदार सत्यनारायण नायक के आदेशानुसार औसत क़द का दुबला-पतला चिनप्पा अपने चीकू बंदर को गले में लटकाये डी.एस.पी. सोमन्ना के समक्ष प्रस्तुत हुआ।

''यह क्या तमाशा है?'' बंदर समेत सामने खड़े चिनप्पा को देख डी.एस.पी. सोमन्ना की आँखों में मारे क्रोध के बिजली लपक उठी, ''यह पुलिस स्टेशन है। सर्कस नहीं...उल्लू का पट्ठा...।'' आपा खो बैठे डी.एस.पी. सोमन्ना ने झपट की मुद्रा में कुर्सी से उठकर चिनप्पा के हाथ को मरोड़ झटका देते हुए कहा, ''मुँह फाड़कर क्या देख रहा है? बंदर को बाहर फेंककर तू आयेगा कि मैं चढूँ तेरे सीने पर? सबने इस पुलिस स्टेशन को मजाक बनाकर रख दिया है।'' गुस्से से काँपते डी.एस.पी. सोमन्ना ने चीखते हुए सब इंस्पेक्टर श्रीराम उपाध्याय को आवाज़ लगायी ही थी कि चिनप्पा की गरदन से उछल कर चीकू पलक झपकते डी.एस.पी. सोमन्ना की गरदन पकड़कर पलटा मारते हुए पीठ पर लटक गया। जब तक डी.एस.पी. सोमन्ना की चीख पर चौंकते हुए श्रीराम उपाध्याय चैंबर में घुसे तब तक डी.एस.पी. सोमन्ना की चीख घिघियाहट में बदल चुकी थी, ''इसे...इसे हटाओ...उपाध्याय हटाओ इसे...।''

चैंबर के कोने में पड़ा डंडा उठाकर सब इंस्पेक्टर उपाध्याय ने जब चीकू की पीठ पर जोर से लगाया, तो विद्युत गति से फिर पलटा मारते हुए चीकू डी.एस.पी. सोमन्ना के सीने पर झूल गया। चीकू के लिये लाठी से किया गया तेज़ वार डी.एस.पी. सोमन्ना की गरदन पर पड़ा और वे बुरी तरह बिलबिला उठे। सब इंस्पेक्टर श्रीराम उपाध्याय का तो खून ही सूख गया। मारे आतंक के डंडा हाथ से गिर गया। अब उन्हें निलंबन से कोई नहीं बचा सकता। चीकू अब डी.एस.पी. सोमन्ना के डर का मज़ा लेते हुए उनके मुँह पर खूँ...खूँ...खीं...खीं. की आवाज़ें निकाल रहा था। गले में पींग भरती आफ़त से

डी.एस.पी. सोमन्ना बेतरह पीले पड़े हुए थे। उनकी घिग्घी बँधी हुई थी। अगुम्बे के रास्ते में पेड़ों पर उछल-कूद मचाते बंदरों के दलों को वे बराबर देखते रहे थे, लेकिन किसी बंदर से उनका इस तरह कभी सीधा पाला नहीं पड़ा था। हतप्रभ खड़े सब इंस्पेक्टर श्रीराम उपाध्याय की पीठ पर पहुँच चुके हवलदार सत्यनारायण नायक ने निष्काम भाव से खड़े चिनप्पा को विकल स्वर में पुचकारते हुए कहा, "बेटा चिनप्पा ! आफत को समेट ले। बात मान ले।" पूरे दृश्य के निरपेक्ष द्रष्टा बने चिनप्पा ने अब तक स्याह पड़ चुके डी.एस.पी. सोमन्ना से उदासीन स्वर में कहा, "आप चुपचाप कुर्सी पर बैठ जायें। दरअसल, चीकू मेरा बच्चा है और कोई मेरे पर हमला करे, यह कभी बर्दाश्त नहीं कर सकता। आप मुझ पर हाथ नहीं उठाते, तो यह मेरी गरदन से बस लिपटा रहता और आपकी यह गत न करता। खैर, अब जैसा कहता हूँ करें और चुपचाप फिर से कुर्सी पर बैठ जायें।"

चिनप्पा के आदेश पर कलेजा मज़बूत करते हुए डी.एस.पी. सोमन्ना काँपती टाँगों से कुरसी पर बैठ गये। उनके बैठते ही चीकू उछलकर कुर्सी के सामने की मेज़ पर बैठ गया और आँखें मिचमिचाकर चारों तरफ़ निगाहें दौड़ाता रहा।

"मैं इस चिम्पांजी चिनप्पा का खून पी जाऊँगा। इसकी छाती की बाती तोड़ दूँगा।" डी.एस.पी. सोमन्ना की पुलिसिया गर्मी ने फिर ताव मारा। इस तड़क को शायद मेज़ पर महाराजा की तरह बैठा चीकू भाँप गया और अपनी नन्ही-नन्ही हथेलियों से डी.एस.पी. सोमन्ना की धनुषाकार मूँछ को खींच ताबड़-तोड़ थप्पड़ मारने लगा। चीकू का थप्पड़ खा रहे असहाय डी.एस.पी. सोमन्ना को करुण भाव से देखते हुए सब इंस्पेक्टर श्रीराम उपाध्याय ने चिनप्पा को हाथ जोड़ते हुए कहा, "ओ मेरे बाप चिनप्पा! अब तो अपने हनुमानजी का भाभट समेट।"

चिनप्पा ने कुछ यों भाव प्रकट किया जैसे वह कुछ सुन ही न रहा हो। पर अगले पल वह उसी स्थायी बैरागी भाव से मेज़ की तरफ़ बढ़ा और डी.एस.पी. सोमन्ना को थप्पड़ मारने में व्यस्त चीकू की पीठ पर थपकी दी। चीकू ने उपसंहार में दाँत फैलाते हुए खीं-खीं...खूँ-खूँ की आवाज़ निकाल डी.एस.पी. सोमन्ना को चेतावनी की मुद्रा में एक बार फिर आक्रांत किया और पलटकर अच्छे बच्चे की तरह पूर्ववत चिनप्पा की गर्दन से झूल अँगूठा चूसने लगा।

"अबे उल्लू के बच्चो! इस लंपाक को फौरन बाहर निकालो। मैं तुम सबको सस्पेंड करूँगा। तुम लोगों ने जानबूझकर मेरी बेइज्जती कराई है।" डी.एस.पी. मुरूगेश सोमन्ना ने लगभग बिलखते हुए रुआँसे स्वर में कहा। चैंबर से निकलने जा रहे चिनप्पा ने रुककर बेहद ठंडी निगाह से उन्हें ऊपर से नीचे तक निहारा। डी.एस.पी. सोमन्ना के पूरे शरीर में सिहरन की ठंडी लहरें भर गयीं, "तुम्हें कुछ नहीं कर रहा हूँ बाबा! तुम जाओ...जाओ मेरे मालिक...।" सोमन्ना की प्रार्थना मुद्रा में जुड़ी हथेलियाँ काँप रही थीं। चीकू के संग चिनप्पा बाहर निकल आया।

"मैं तुम दोनों को हथकड़ियाँ डालकर यहीं हाजत में बंद करूँगा।" चिनप्पा के जाते ही डी.एस.पी. सोमन्ना चैंबर में हताश खड़े सब इंस्पेक्टर श्रीराम उपाध्याय और हवलदार सत्यनारायण नायक पर पूरी ताक़त से चिल्लाये। इतने में सिपाही राममूर्ति

मेज़ पर पानी से भरा जग और गिलास रख गया और हवलदार सत्यनारायण नायक को विनम्र भाव से जानकारी दी, "टेंपल रोड से शिव रुद्रप्पा को पूछताछ के लिये ले आया हूँ।"

"जाओ, पहले व्यंकटेश के 'कृष्णा होटल' से बड़े साहब के लिये कड़क चाय और बिस्कुट लेकर आओ।" सब इंस्पेक्टर श्रीराम उपाध्याय ने मातमी स्वर में भरसक नव उत्साह की बूँद डालते हुए कहा।

"अरे भाड़ में जाये तुम्हारी चाय। पहले यह बताओ कि बंदर लेकर उस बेहूदे चिनप्पा को मेरे पास आने किसने दिया था? जान लो, मैं एक-एक को देख लूँगा।" डी.एस.पी. सोमन्ना किसी भी तरह अपने आप पर क़ाबू नहीं पा रहे थे। हवलदार सत्यनारायण नायक ने कातर दृष्टि से सब इंस्पेक्टर श्रीराम उपाध्याय की ओर देखा। सत्यनारायण नायक की ही बेपरवाही के कारण चिनप्पा अपने चीकू बंदर समेत डी.एस.पी. सोमन्ना के सम्मुख पेश हुआ था। माहौल की मारक और करुण संवेदनशीलता भाँप सब इंस्पेक्टर श्रीराम उपाध्याय ने बग़ैर कुछ बोले नज़रें नीचे कर लीं। हवलदार सत्यनारायण नायक ने भी सिर झुका लिया। ग़नीमत हुई कि इसी बीच सिपाही राममूर्ति ट्रे में चाय लेकर आ गया, तो चैंबर की ग़मगीनी थोड़ी कम हुई।

"सर, चाय तो पी लीजिये। बाहर में देर से कई लोग बैठे हैं। आंजनेय नगर का रामन्ना, सुंदरेश नायक, नागेश शास्त्री, दिनेश गौड़ा, परमेश्वर कुलाल और गोविंद कुट्टी समेत टेंपल रोड का शिव रुद्रप्पा भी, जिसने सुबह-सुबह सबसे पहले खेत में सिर कटी लाश देखी...सभी हैं।" सब इंस्पेक्टर श्रीराम उपाध्याय ने अनुनय के स्वर में सूचित किया। चीकू की हरकतों से डी.एस.पी. सोमन्ना का गला बुरी तरह खुश्क था। चाय की सख़्त ज़रूरत महसूस हो रही थी। पर अपनी बेइज़्ज़ती से निढाल डी.एस.पी. सोमन्ना कहीं से भी अपनी तिलमिलाहट कमतर हुआ दिखाना नहीं चाहते थे। सो श्रीराम उपाध्याय को उन्होंने तरेड़कर देखा और बस स्टैंड के 'कृष्णा होटल' से आयी स्पेशल कड़क चाय को चार-पाँच घूँटों में गटक गये। अत्यधिक चीखने से भूख भी लग आयी थी। पर इसके बावजूद बिस्कुट को उन्होंने हाथ तक नहीं लगाया।

"शिव रुद्रप्पा को भेजो।" डी.एस.पी. सोमन्ना ने सब इंस्पेक्टर श्रीराम उपाध्याय की तरफ़ सुलगती आँखों से देखा, "बंदरवाला तो गया, अब भालूवाले को भेजो।" श्रीराम उपाध्याय ने चुप्पी साधे रखने में ही भलाई समझी। हवलदार सत्यनारायण नायक को इशारा किया कि शिव रुद्रप्पा को चैंबर में भिजवाये। इशारे के तत्काल बाद छोटे क़द के भारी-भरकम सत्तर पार शिव रुद्रप्पा चैंबर में लंबोदर-विनायक की भाँति हाज़िर थे। देर से खीजे-बौखलाये डी.एस.पी. सोमन्ना ने शिव रुद्रप्पा को कुड़कुड़ायी सुर्ख़ आँखों से घूरते हुए पूछा, "आप क्या जानते हैं?" पर शिव रुद्रप्पा बस सूनी आँखों से उन्हें देखते रहे। कुछ न बोले। अचानक जैसे सब इंस्पेक्टर श्रीराम उपाध्याय को चेत हुआ, "सर! ये कुछ ऊँचा सुनते हैं। शायद हड़बड़ी में अपना श्रवण यंत्र घर पर ही भूल आये हैं। इनसे कुछ ऊँची आवाज में पूछना होगा।"

"उपाध्याय! मैं सचमुच तुम्हें छोड़ूँगा नहीं। तुमने पूरी नाटक मंडली बुला ली है। इस गाँव के जितने भी ढ़ोर-डंगर हैं आज सबको मेरा वध करने के लिये तुमने जमा

कर लिया है।'' सब इंस्पेक्टर श्रीराम उपाध्याय को तरेड़ कर डी.एस.पी. सोमन्ना ने लगभग चिल्लाते हुए शिव रुद्रप्पा से दोबारा पूछा, ''आप क्या जानते हैं?''

''कौन मैं?'' शिव रुद्रप्पा के झुर्रीदार कमंडलनुमा श्यामल मुख पर मुस्कान की अनगिनत रेख कौंध गयी, ''वैसे, मूलतः संगीत में छह जनक राग और छत्तीस रागिनियाँ हैं। इसके अलावा सैंकड़ों राग। मैं संगीत के कोई सौ-डेढ़ सौ राग जानता हूँ। जिन रागों में मेरी पकड़ है उनमें राग खमाज, खंभावती, कलावती, आसावरी, गौड़ मल्हार, गोरख कल्याण, मारवा, नालारानी, हिंडोल, पूर्वी, भैरव, राग बिहाग...।'' शिव रुद्रप्पा तन्मय हो रागों की पूरी सूची गिना ही रहे थे कि डी.एस.पी. सोमन्ना छतफाड़ू चीत्कार के संग फट पड़े, ''...चौप्प...चौप्प...।'' इस दहाड़ पर सब इंस्पेक्टर श्रीराम उपाध्याय और हवलदार सत्यनारायण नायक समेत कई सिपाही चैंबर की तरफ़ लपके। डी.एस.पी. सोमन्ना हिस्टीरिया के मरीज़ की तरह चीखे जा रहे थे और शिव रुद्रप्पा बालसुलभ मुस्कान के संग मुदित-विभोर थे, ''आपमें से कोई मेरे घर जाकर जल्दी से मेरा हारमोनियम ला दीजिये। साहब संगीत प्रेमी हैं। आज जी खोलकर इन्हें एक से एक रागों का आनंद दूँगा। अरे, मैं सुर सम्राट पंडित मल्लिकार्जुन मंसूर का एकलव्य हूँ। अहा, गुरुजी क्या सुर लगाते थे। आज साहब को राग गौड़ मल्हार की उनकी एक सबसे प्रिय बंदिश 'मना न करिये' मैं अवश्य सुनाऊँगा। साहब जैसे गुणग्राहक लोग लाखों में एक होते हैं।'' शिव रुद्रप्पा धाराप्रवाह बहे जा रहे थे कि डी.एस.पी. सोमन्ना एक झटके में कुर्सी से उठ खड़े हुए और क्रोध से थर-थर काँपते हुए चैंबर से तीर की तरह निकल बाहर सामने खड़ी अपनी जीप की तरफ़ बढ़े। तभी सामने से आ रहे के.जे. राव उर्फ़ कर्नल राव ने कमर तक झुककर उनका अभिवादन किया, ''जय हिंद सर! मैं कर्नल राव...। अरे आपने अगुम्बे के कर्नल राव को नहीं पहचाना? सुना है आप कल रातवाली सिर कटी लाश की छानबीन करने आये हैं। जरूर करिये। यहाँ बराबर सिर कटी लाशें गिरती हैं। पर क्यों गिरती हैं, इसकी तह में जाइये। ऊपर-ऊपर जाँच करने से सिर कटी लाशें यहाँ के जंगल में इसी तरह पड़ी मिलेंगी और आप परेशान होते रहेंगे। दरअसल, इस सबकी जड़ में है मोरारजी देसाई। इंदिरा ने प्रधानमंत्री बनकर ईख पर से टैक्स उठा लिया, मोरारजी ने फिर टैक्स चढ़ा दिया। यही नहीं, देश का सोना जनताराज में अमेरिका के पास बंधक रख आया। वह तो धन्य आंध्रपुत्र नरसिम्हा राव, जो प्रधानमंत्री बनने पर अमेरिका से वह सोना छुड़ाकर लाया। हाँ, वी.पी.सिंह भी मोरारजी जैसा ही पीएम हुआ। दोनों ने देश को ऐसे दुष्ट ग्रहों से लपेटा कि आज तक देश के सुनसान जंगलों में लाशें गिर रही हैं, आत्महत्याएँ हो रही हैं...।'' सामने नशे में झूमते के.जे. राव उर्फ़ कर्नल राव के जारी प्रलाप से डी.एस.पी. सोमन्ना कुछ पल के लिये संज्ञाशून्य दशा में पहुँचकर जड़वत खड़े रहे। वे इतने दिनों से कई जाँच-पड़ताल में अगुम्बे आते रहे हैं। पर यहाँ के इन पागल-झक्कियों से एक संग कभी ऐसा सामना नहीं हुआ था। डी.एस.पी. सोमन्ना को खीज में साँस अटकती-सी महसूस हुई। उन्हें खामोश खड़े देख सब इंस्पेक्टर श्रीराम उपाध्याय और हवलदार सत्यनारायण नायक को भी कुछ नहीं सूझ रहा था। सहसा जैसे डी.एस.पी. सोमन्ना की चेतना लौटी और वे दहाड़ मारकर चीख पड़े, ''उपाध्याय! मैं एक बाप का बेटा होऊँगा, तो फिर इस थाने पर पेशाब भी करने नहीं आऊँगा। थाने का मतलब जानते

हो? जहाँ था को ना और ना को था किया जाता है। स्साले तुम लोग बस देखते जाओ। पूरे आंजनेय नगर टोले को बँधवाऊँगा। कमीने चिनप्पा, इस पागल गवैये...और इस बेहूदा-झक्की नकली कर्नल को भी। जान लो कि तुम लोगों की नौकरी अब नहीं बचनेवाली है।'' परिस्थिति की गंभीरता का अनुमान शायद के.जे. राव को भी लग गया। उसने पान सने कत्थई दाँत निकालकर कहा, ''अच्छा मैं चलता हूँ। वैसे मैं जो भी बोलता हूँ, छानकर बोलता हूँ। आपको मेरी बात नहीं अच्छी लगी, तो मैं क्या करूँ?'' डी.एस.पी. सोमन्ना ने उसे निगल जानेवाली जलती आँखों से देखा। वे अपनी जीप स्टार्ट कर चुके थे। सब इंस्पेक्टर श्रीराम उपाध्याय और थाने के समस्त पुलिसकर्मी मूक दशा में यों खड़े थे जैसे युगों पहले श्रीराम के वनगमन के समय अयोध्या के विकल निवासीगण। सोमन्ना की जीप निकलने के बाद थाने पर कुछ मिनट तक मौत का-सा सन्नाटा छाया रहा। आख़िरकार, हवलदार सत्यनारायण नायक ने बौखलाकर वहाँ बैठे रामन्ना, सुंदरेश नायक, नागेश शास्त्री, गोविंद कुट्टी और दिनेश गौड़ा से कहा, ''अब क्या हम लोगों का श्राद्ध करने के लिये तुम लोग यहाँ बैठे हो? भागो...।'' सत्यनारायण नायक की आवाज़ में फटे बाँस जैसी हताश झरझराहट थी, ''और आप अब यहाँ क्या कर रहे हैं?'' पूरे परिदृश्य में हैरान खड़े शिव रुद्रप्पा से सत्यनारायण नायक ने दाँत पीसते हुए कहा, ''आपको राग मरम्मत की जरूरत है।'' ऊँचा सुनने के कारण शिव रुद्रप्पा को पूरी बात समझ में नहीं आयी, तो दिनेश गौड़ा से पूछा, ''हवलदार साहब किस राग के बारे में कह रहे हैं ?''

दिनेश गौड़ा समझदार आदमी है। शिव रुद्रप्पा का हाथ पकड़े वह चुपचाप सबके संग थाने से निकल आया है। थाने पर अभी सबकी फटी पड़ी है। क्या ठिकाना, इस सीधे-सादे और भोले शिव रुद्रप्पा पर ही ये भड़ास निकालना शुरू कर दें। शिव रुद्रप्पा अभी तक रागों के उधेड़बुन में उलझे थे। दिनेश गौड़ा ने उनसे ऊँचे स्वर में कहा, ''अन्ना! हमें भोज में भी तो जाना है। आप जल्दी घर निकलिये और तैयार होकर मंदिर पर पहुँचिये।'' शिव रुद्रप्पा सहसा जैसे अपने आप में लौटे, ''ओह दिनेश! मुझे तो पहले ही मंदिर पर होना है। कल रात ही रामू साहब ने आदमी भेजकर संदेश दिया था कि भोज आरंभ होने के पहले मुझे 'गणपति वंदना' करनी है। वैसे, गणपति विनायक की मुझे दो दर्जन से अधिक वंदना कंठस्थ है। पर आज मैं 'गाइये गणपति जगवंदन' सुनाऊँगा। रामू साहब को इसका सुर-आलाप बहुत पसंद है।'' शिव रुद्रप्पा ने फ़ौरन कान पर हाथ रखा और आँखें मूँदकर कहा, ''सुन ही लो इसका एक अंतरा।''

''नहीं अन्ना! अब समय नहीं। दस बज रहे हैं। मंदिर पर ही सुनूँगा।'' दिनेश गौड़ा ने रामन्ना, सुंदरेश, नागेश और गोविंद कुट्टी को चलने का संकेत दिया। अपने चीकू बंदर के संग चिनप्पा थाने से पहले ही जा चुका था। शिव रुद्रप्पा भी आख़िरकार भारी-भरकम क़दमों से बस स्टैंड की तरफ़ बढ़ गये। वहाँ उन्होंने हमीद का ऑटो ठीक किया ताकि घर से हारमोनियम लेकर फ़ौरन मंदिर पर पहुँच सकें।

9

रामूजी का भोज

'अगुम्बे रेन फ़ॉरेस्ट रिसर्च स्टेशन' के गौरीशंकर और प्रशांत समेत कई सहयोगियों के संग रोमुलस ह्विटेकर अपनी वर्तमान जीवन संगिनी जानकी लेनिन के साथ मुँह-अँधेरे से श्रीवेणुगोपाल कृष्णास्वामी मंदिर परिसर की साफ़-सफ़ाई में जुटे हुए हैं। भोज में अभी तीन-चार घंटे का समय है। इसके पहले मंदिर और उसके इर्द-गिर्द को चकचका देने के लिये रामू ह्विटेकर कोई कसर छोड़ना नहीं चाहते। मंदिर के ऐन सामने दस क़दम पर स्थित अश्वत्थमराकट्टे की दुर्गति देखकर वे क्षुब्ध हैं। पीपल वृक्ष के चारों तरफ़ बनी इस विशाल ऊँची वेदी पर नाग की अनगिनत पत्थर की छोटी-छोटी मूर्तियाँ पत्थर के लंबे-लंबे सीलों से टेक लगाये झाड़-झंखाड़ के बीच कीचड़ से सनी पड़ी हैं। 'नाग पंचमी' में इनकी पूजा होती है। कार्तिक मास में इनके चारों तरफ़ 'दीपोत्सव' होता है। पर शेष दिनों में ये सभी मूर्तियाँ लेढ़ाई हालत में इसी तरह पड़ी रहती हैं। श्रीवेणुगोपाल मंदिर में पूजा-पाठ के लिये कर्नाटक सरकार नारियल-चावल और धूप-अगरबत्ती के अलावा अर्चक व सफ़ाईकर्मियों के वेतन मद में हर महीने 1372 रुपये देती है। पर इस लव लेश राशि से क्या होगा। अगुम्बे समेत आसपास के गाँवों के लोग भी इस मंदिर के लिये हमेशा मुस्तैद रहते हैं। हाँ, मंदिर के सफ़ाईकर्मियों को मंदिर परिसर की स्वच्छता की कोई परवाह नहीं। गाँव की स्त्रियाँ अगर पर्व-त्योहार या यज्ञ-जाप के अवसरों पर अश्वत्थमराकट्टे से लेकर मंदिर के भीतर तक कोने-साने सफ़ाई न करें, तो यहाँ गंदगी का साम्राज्य बना रहेगा। रामू ह्विटेकर को चुटकी-भर की भी गंदगी सहन नहीं। सिर्फ़ भोज का ख़र्च गछ लेने से नहीं होता। पैसा फेंककर देह झाड़ लीजिये, इससे अहंकार झलकता है। गाँव के लोग भी जानते हैं कि रामू किसी काम में जुटते हैं, तो अपना सौ फ़ीसदी देते हैं। किसी भी काम में वे एकबग्गा हैं। आज भी अपने वैन में एक दर्जन झाड़ू और बाल्टी लादकर ही मंदिर पर आये हैं। अश्वत्थमराकट्टे वेदी की सफ़ाई के बाद वेदी के बीचोबीच खड़े पीपल वृक्ष के निचले भाग के एक हिस्से में दीमक के सघन प्रकोप को देख उनका मन खिन्न हो उठा है। अश्वत्थमराकट्टे अस्वस्थ है। इस पुण्य वृक्ष की दुर्दशा को लेकर किसी को फ़िक्र नहीं। ख़ैर, इसका उपचार भोज के बाद जल्दी ही किसी दिन किया जायेगा। सुबह की आरती के लिये अर्चक विष्णुमूर्ति भट्ट जब पहुँचे तो पाया कि रामू ह्विटेकर उनका इंतज़ार ही कर रहे थे। विष्णुमूर्ति ने गर्भ-गृह का द्वार खोलते हुए मुसककर कहा, "रामूजी!

गाँव का कोई भी मौका महल हो, आप चूकते नहीं हैं। आज तो सुबह से अपनी टोली के साथ आपने पूरा मंदिर परिसर हुर्रा दिया है।''

''अभी और सफाई बाकी है भट्टजी।'' कहते हुए रामू ह्विटेकर सदलबल मंदिर के भीतरी हिस्से की सफ़ाई में जुट गये थे। तब किरण भी फूट गयी थी। हलद आभा से युक्त श्रीवेणुगोपाल कृष्णास्वामी मंदिर की दीवारें सुबह की अरुणिमा के संग कनकचंपा के फूलों की तरह अपनी प्राचीनता में बिहँस रही थीं। रात-भर हुई घमासान बारिश ने मंदिर की दीवारों को भिगो-भिगोकर तृप्त कर दिया था। रामू ह्विटेकर ने भी इस सैकड़ों साल पुराने मंदिर की छत से चिपके झोल-झल्लों और दीवारों-आलों में जमी धूल की परत को पूरा झाड़-पोंछकर कानन कर दिया। कैंटीन परियार को उन्होंने कल ही बता दिया था कि वे सवेरे मंदिर पहुँचकर वहाँ की सारी बात-व्यवस्था देख लेंगे। सेंटर के अपने सभी सहयोगियों से पिछली रात उन्होंने कहा था कि भोज का आयोजन सिर्फ़ चावल-दाल और केला-कटहल जुटा देने भर से नहीं हो जायेगा। भोज के स्थान पर आयोजन की विभूति झलकनी चाहिये। हालाँकि, श्रीवेणुगोपाल कृष्णास्वामी मंदिर को किसी अतिरिक्त विभव-वैभव की कोई ज़रूरत नहीं। फिर भी मंदिर परिसर की साफ़-सफ़ाई करने स्वयं श्री वेणुगोपाल झाड़ू-बाल्टी लेकर तो नहीं दौड़ेंगे।

थोड़ी देर की ही मेहनत में पूरा मंदिर परिसर खिलखिला रहा है। मंदिर में चाहे जो झोल-झक्कड़ रहता हो, गर्भ-गृह को अर्चक विष्णुमूर्ति स्वयं नित्य साफ़ करते हैं। आज भी पहुँचकर उन्होंने सबसे पहले गर्भ-गृह को धोया था। गर्भ-गृह में कोई घुसपैठ विष्णुमूर्ति को सहन भी नहीं। रामू ह्विटेकर अब गर्भगृह की सीढ़ियों को धो रहे हैं। उनके पीछे पानी भरी बाल्टी लेकर खड़ी जानकी मुसककर कहती है, ''रामू! तुमको हमेशा से मछलियों के लिये कपड़े सिलने में मजा आता है। याद है न सेंटर पर रिसर्च करने आये चेण्णै के मंगलम से स्पेनी लड़की सुजाना की शादी में भी तुमने इसी तरह जान लगा दी थी।'' एक पल के लिए रुककर रामू ह्विटेकर तीन साल पहले की सुनहरी स्मृति में गुम हो मुस्कराते हुए वहीं सीढ़ी पर बैठ गये हैं। दिलचस्प सवालों से लैस औसत क़द व सुनहरी भूरी आँखोंवाला प्यारा लड़का मंगलम बरबस कौंध गया है। भारत जैसे गर्म जलवायुवाले देश में हरेक साल साँप काटने से हज़ारों लोग मर जाते हैं, क्या यही स्थिति अन्य गर्म जलवायुवाले देशों में भी है? किन-किन देशों में साँप एकदम नहीं होते? समुद्री साँप के ज़हर और धरती पर पाये जानेवाले साँपों के ज़हर में अधिक ज़हरीला कौन होता है? क्या साँप उड़ते भी हैं? चेण्णै से किंग कोबरा पर शोध करने आये मंगलम के पास ये और ऐसे सवालों का ज़ख़ीरा था। और वह संतरे-सी प्यारी लड़की सुजाना! किंग कोबरा के पीछे रात-दिन अगुम्बे के दुर्गम जंगलों में मंगलम को साथ लेकर घूमते-भटकते एक दिन उसके प्यार में खो गयी। रामू ह्विटेकर को वह सुबह हू-ब-हू याद है जब सकुचाते हुए सुजाना ने उनसे कहा था, ''सर! आयी वांट टू मैरी मंगलम।'' एक दिन उनकी पहली पत्नी ज़ई ने भी उनसे सीधे यही कहा था। रामू ह्विटेकर इसलिये जब भी किसी युवा मन के प्रेम की कोमल झलक देखते हैं, तो बरबस उनके सामने ज़ई आकर खड़ी हो जाती हैं। उनकी ज़िंदगी की पहली लड़की, जो पहले उनसे प्यार और वर्ष 1974 में शादी कर ज़ाहिदा फ़तेह अली से ज़ई ह्विटेकर बनीं। मद्रास विश्वविद्यालय

से अंग्रेज़ी में एम.ए. ज़ई के माता-पिता लइक और जफ़र फ़तेह अली सरीखे सच्चे-सरल इंसान अब कहाँ दिखते हैं। ज़ई साक्षात अपने माता-पिता का प्रतिरूप हैं।

यह महज़ एक संयोग नहीं, तो क्या था कि सात साल की उम्र में रामू ह्विटेकर अपनी माँ श्रीमती डॉरिस नॉर्डन ह्विटेकर और सौतेले पिता राम चट्टोपाध्याय के संग अमेरिका से सीधे मुंबई आये थे। वहीं ज़ई मुंबई में ही जन्मीं और पली-बढ़ी थीं। प्रकृति और पशु-पक्षियों से प्रेम की तालीम ज़ई को अपने परिवार से विरासत में मिली थी। ज़ई के अब्बा जफ़र फ़तेह अली स्वयं एक प्रकृति विज्ञानी थे। ज़ई के दादा सालिम अली भारत में पक्षी-ज्ञान के पितामह थे। प्रकृति प्रेम ने ही रोमुलस ह्विटेकर को ज़ई के क़रीब लाया था। जंगल-पर्वत, पशु-पक्षी, सर्प-कीट, नदियों और समुद्र के प्रति बालसुलभ उत्सुकता और अनुराग ज़ई में आज भी है। ज़ई का यह निर्मल जुनून उनकी सभी किताबों में झलकता है। 'काली एंड द स्नेक' में काली नामक एक बच्चे की कहानी उन्होंने क्या ख़ूबसूरती से बुनी है। ज़ई ने इरुला जनजाति के बीच वर्षों तक काम किया। काली के बहाने इस किताब में इरुला जनजाति की पूरी गाथा वे लिख गयीं, जो साँप भूनकर खाती है। काली इरुला समुदाय का बच्चा है। काली स्कूल तो जाता है लेकिन वहाँ उसे क़तई अच्छा नहीं लगता। काली के मन को अक्सर यह बात कुरेदती है कि स्कूल में उसके सहपाठी उसकी इस साँपवाली पृष्ठभूमि को लेकर क्या सोचते होंगे। वह सोचता है कि काश उसके पिता एक साँप पकड़नेवाले न होकर एक सामान्य बस कंडक्टर, डाकिया या कुछ और होते। पर एक दिन जब एक बड़ा-सा धामिन साँप काली की कक्षा में घुस जाता है और काली अपने ख़ानदानी हुनर से उसे क़ाबू में ले लेता है, तो उसके संगी-सहपाठी उसे हीरो के रूप में देखने लगते हैं। ज़ई ज़बर्दस्त क़िस्सागो हैं। उनके दोनों बेटे निखिल और समीर जब नन्हे-मुन्ने थे, तो रातों को उन्हें सुलाने के लिये ज़ई ने न जाने कितने क़िस्से गढ़े। काली की कहानी भी इनमें एक थी, जो बाद में किताब की शक्ल में आयी काली का चरित्र वास्तविक है। बचपन में काली उनके दोनों बेटों का साथी था, अब काली एक भरा-पूरा युवक है और 'स्नेक वेनम कोऑपरेटिव' में काम करता है। वह कोबरा, करैत और एक से एक साँप पकड़ता है। दोनों बेटे आज भी उन कहानियों और उसे रहस्यमय-रोचक तरीक़े से सुनाने के ज़ई के अंदाज़ को याद कर मुसकते हैं। उनके दोनों बेटों में बड़ा निखिल अपने पिता द्वारा चेण्णै में स्थापित 'मद्रास क्रोकोडाइल बैंक ट्रस्ट' (एम.सी.बी.टी.) में क्यूरेटर है। छोटा समीर अभी पढ़ाई कर रहा है। निखिल को बचपन में जहाँ पशु-पक्षी आदि की कहानियाँ भाती थीं, वहीं समीर को जंगल-पहाड़ की। ज़ई का उपन्यास 'अप द घाट' मूलतः समीर के बचपन में रची गयी दक्षिण भारतीय पर्वतीय अंचल की रोचक गाथा है। और ज़ई ने जो सबसे यादगार किताब लिखी है, वह अपने पति रोमुलस ह्विटेकर पर-'स्नेकमैन : द स्टोरी ऑफ़ अ नैचुरलिस्ट'। इस क़िताब का पहला से आख़िरी पन्ना रोमुलस के लिये ज़ई का प्यार और बस प्यार है। प्रकृति-पुत्र रामू ह्विटेकर का संपूर्ण ऋतु-तंतु इसमें जिया है ज़ई ने। पर किताब ही क्यों, जीवन में भी तो। कोई किसी को जीता कैसे है? ज़ई को लेकर कभी-कभी सोचते हैं रामू और सिहर उठते हैं। कई अवसरों पर उन्होंने महसूस किया है कि ज़ई से उनके अलगाव को लेकर दोनों बेटों में गहरी कसक है।

मंदिर के गर्भगृह की सीढ़ी पर बैठे रामू एक ही पल में कहाँ-कहाँ से गुज़र गये हैं। पास खड़ी जानकी पर वे एक सरसरी नज़र डालते हैं। गुनाह तो उनका है। जानकी ने भला क्या किया? ज़ई को तो उनसे दो बेटे भी हैं पर उम्र में उनसे 27 साल छोटी जानकी को तो उनसे कोई संतान भी नहीं। जानकी को उन्होंने शुरू में ही साफ़ कर दिया था कि उनसे वह कभी बच्चों की उम्मीद न करे। प्रकटतः जानकी को इस बात की शिकायत भी नहीं। शायद इस मुद्दे पर उसने अपने को समझा लिया है। जानकी का जीवन बस उनके लिये समर्पित है। उन पर लिखी अपनी क़िताब 'माई हस्बैंड एंड अदर एनिमल्स' में जानकी का यह एहसास झलकता है। बिना बच्चे की अधूरी स्त्री जानकी लेनिन! बिना पति की अधूरी स्त्री ज़ई! सोचकर ही रामू ह्विटेकर का मन उद्विग्न होने लगता है। ज़ई और जानकी दोनों के संग उन्होंने अन्याय किया है। उम्र के बड़े फ़ासले के कारण रामू के दोस्तों को विश्वास नहीं था कि जानकी के संग उनका रिश्ता अधिक दिनों तक टिक सकेगा। पर यह झक्की-जिद्दी जानकी। रामू इस सच को समझते हैं कि एक पुरुष एक संग जहाँ कई स्त्रियों को प्रेम कर सकता है, वहीं एक स्त्री एक बार में किसी एक ही पुरुष से प्रेम कर सकती है। जानकी उनमें तन्मय है। यों भी, एक पहेली ही है जानकी। अपने नाम की पहेली की तरह।

जानकी लेनिन? जानकी? लेनिन? क्या बला है ये? ईसाई, हिंदू या कट्टर वामपंथी? आख़िर क्या? अपनी किशोरावस्था से जवानी में क़दम रखने तक स्वयं जानकी इस पहेली में उलझी रही थी? किशोरावस्था के दिनों में वह हर साल चेण्णै की टेलीफ़ोन डाइरेक्ट्री के नये संस्करण को बहुत उत्सुकता से पलटती थी। पर डाइरेक्ट्री में 'लेनिन' टाइटिलवाला नाम हर बार उसे एक ही मिलता–अपने पिता का। तब वह अक्सर सोचती थी कि अन्य सामान्य लोगों की तरह उसके पिता का नाम भी वेंकट सुब्रह्मण्यम, मोहम्मद फलाँ हुसेन या मि. चिलाँ थॉमस क्यों नहीं है? जब वह तेरह साल की हुई तब जाकर ठीक से समझ पायी कि उसका परिवार शत-प्रतिशत हिंदू है और उसके पिता श्रीमान लेनिन पुराने पक्के समाजवादी हैं। वे देवी-देवताओं के पीछे आँख मूँदकर भागनेवालों के बजाय जीवन की तार्किक वास्तविकताओं में आस्था रखते हैं। अनीश्वरवाद और नास्तिकता सरीखे भारी-भरकम शब्दों के लगातार कानों में गूँजते रहने के बाद जानकी को इस निष्कर्ष पर पहुँचने में ज़्यादा मुश्किल नहीं हुई कि उसका परिवार अन्य आम परिवारों की तरह नहीं है। जानकी के पिता के संग 'लेनिन' उपाधिनाम कैसे जुड़ा यह कथा कम अद्भुत नहीं। कहानी यों है कि सन् 1931 में द्रविड़ आंदोलन के पुरोधा पेरियार ई.वी. रामास्वामी और उनके मित्र रामनाथन ने दुनिया के कुछ महत्त्वपूर्ण देशों की राजनीतिक व्यवस्था का अध्ययन करने की ठानी। बेशक पेरियार तमिलनाडु के एक संपन्न-समृद्ध परिवार से थे लेकिन अंग्रेज़ी का ज्ञान उन्हें नहीं था। पर उनके मित्र रामनाथन को क्योंकि अंग्रेज़ी की अच्छी जानकारी थी, इसलिये दोनों बेधड़क दुनिया की यात्रा पर निकल पड़े। कहना न होगा कि मित्र रामनाथन की विदेश यात्रा के सभी ख़र्चों का वहन पेरियार ने किया। इस यात्रा में पेरियार और रामनाथन ने अधिकांश यूरोपीय देशों की यात्रा की। पेरियार ई.वी. रामास्वामी और रामनाथन रूस भी जाना चाहते थे। पर ब्रिटिश सरकार ने इसकी अनुमति उन्हें नहीं दी। बावजूद इसके जब उनका जहाज रूस के एक बंदरगाह पर रुका, रामनाथन और पेरियार चुपचाप जहाज

से कूद पड़े तथा मास्को के लिये निकल पड़े। दोनों को सोवियत रूस के प्रति इतनी उत्कंठा इसलिये थी क्योंकि अंग्रेज़ों ने रूस के कम्युनिस्टों के विरुद्ध काफ़ी कुछ दुष्प्रचार कर रखा था। पर वहाँ घूमते हुए पेरियार और रामनाथन को इस दुष्प्रचार के ठीक उलट तस्वीर देखने को मिली। भारत जैसे देश जहाँ गाँवों में दारूण ग़रीबी थी, उसकी तुलना में रूस के ग्रामीण अंचल की समृद्धि और महिलाओं की जागरुकता देख दोनों मित्र मुग्ध होकर भारत लौटे। सोवियत रूस का 'मॉडल' दोनों के मन में गहरे पैठ चुका था।

सन् 1933 में विश्व भ्रमण के पश्चात भारत आगमन के बाद पेरियार ई.वी. रामास्वामी और रामनाथन का तमिलनाडु में अभूतपूर्व स्वागत हुआ। रामनाथन के कुटुंब और परिजन यह कहते नहीं अघा रहे थे कि उन्होंने यूरोप और रूस में फ़र्राटेदार अंग्रेज़ी बोलकर तमिलों के ज्ञान की ध्वजा लहरा दी। रामनाथन महाशय जब विदेश से लौटे ही थे, कि उसी दौरान उनकी बहन को एक बेटा हुआ था। रामनाथन जब भाँजे को देखने आये, तो संयोग से उसी दिन उनके भाँजे का नामकरण संस्कार था। बहन के घर पर ज़ाहिर है उत्सव का वातावरण था। अर्से बाद भाई को आया देख बहन की प्रसन्नता का पारावार नहीं था। उल्लास के उस परिवेश में रामनाथन को ही यह सम्मान दिया गया कि नवजात भाँजे का नामकरण वही करें। रामनाथन जैसे पहले से ही सोचकर बैठे थे। उन्होंने भाँजे का नाम रखा–लेनिन। रामनाथन ने बहन–बहनोई को बताया कि यह सोवियत रूस के एक युगांतरकारी नेता का नाम है। बहन–बहनोई यह जानकर बहुत प्रसन्न हुए कि बेटे का नाम अंतरराष्ट्रीय हस्ती के नाम पर रखा गया है। हालाँकि, घर–परिवार के कई लोग इस परदेसी नाम का ग़लत उच्चारण कर बालक लेनिन को 'लेलिन' भी पुकारते थे। अपने बचपन का यह दिलचस्प अनुभव जानकी के पिता ने उसे कई बार विहँसते हुए बताया था।

अन्य दक्षिण भारतीयों की तरह तमिल लोगों में अपने नाम के संग कुल, परिवार, पिता और गाँव का नाम जोड़ने की पाबंदी नहीं है। हाँ, उपाधिनाम को संक्षिप्त कर उसके प्रथम अक्षर को नाम के पहले लगाने की परंपरा तमिलों में रही है। इस लिहाज से जानकी का नाम एल. जानकी होता था। बड़े होने पर जानकी ने महसूस किया कि वह चाहे कितनी भी प्रगतिशील हो जाये लेकिन अंततः वह एक प्राचीन पितृ–सत्तात्मक परिवार की सदस्य है। तमिल नाम परंपरा में एक विशेष बात यह भी है कि तमिल स्त्रियों को विवाह के बाद अपने नाम के संग पति का नाम नहीं जोड़ना पड़ता है। इसलिये जानकी को मालूम था कि उसे जीवनपर्यंत एल. जानकी ही रहना है। अपने परिवार की इकलौती बेटी होने के कारण उसका नाम उसकी दादी के नाम पर जानकी यानी 'धरती की बेटी' रखा गया था। जानकी जब स्कूल में दाख़िल हुई, तो अंग्रेज़ी माध्यम के उस स्कूल में पश्चिमी सभ्यता के हिसाब से परिवार का उपाधिनाम ज़्यादातर पुकारा जाता था। इस तरह स्कूल में एल. जानकी अंततः जानकी लेनिन हो गयी। जानकी स्वयं भी मानती है कि एल. जानकी नाम उतना आकर्षक नहीं था, जितना कि जानकी लेनिन। हालाँकि, जानकी को अपने नाम को लेकर नाना प्रकार की आशंकाओं ने तब परेशान किया जब 19 साल की उम्र में वह अमेरिका की यात्रा पर निकली। जानकी को यह चिंता खाये जा रही थी कि अमेरिका के आप्रवासी अधिकारी उसके नाम को लेकर कोई बखेड़ा न खड़ा कर दें। यूरोप यात्रा में जबकि जानकी को तनिक भी असहजता महसूस नहीं हुई थी क्योंकि वहाँ कई मज़बूत सोशलिस्ट पार्टियाँ

थीं। पर अमेरिका को लेकर जानकी के मन में नाना आशंकाएँ थीं क्योंकि उसे पता था कि कम्युनिज़्म यानी साम्यवाद वहाँ के लिये एक असहनीय शब्द है। कहीं उसे अमेरिकी एयरपोर्ट से ही तो नहीं लौटा दिया जायेगा? जानकी के मन में आशंका अंत-अंत तक बनी रही थी। पर अमेरिकी हवाई अड्डे पर तैनात अधिकारियों के व्यवहार ने उसे दंग-हैरान कर दिया जब उन लोगों ने मुस्कराकर कहा, ''जानकी लेनिन? ओफ़! इंट्रेस्टिंग नेम।'' लगे हाथ अधिकारियों ने जानकी से जानना चाहा कि अमेरिका में वह क्या करेगी?

''मैं जैक्सन जा रही हूँ। एक फ़िल्म फ़ेस्टिव्ल में शामिल होने।'' तनावग्रस्त जानकी ने सूखते गले से अटकते हुए बताया।

''क्या ख़ूब! मैं भी जैक्सन[1] से ही हूँ। वह दुनिया की चंद खूबसूरत जगहों में एक है। आपको वहाँ सचमुच बहुत अच्छा लगेगा।'' अमेरिकी अधिकारी ने पासपोर्ट पर मोहर मारते हुए मुदित होकर कहा। उस समय जानकी को लगा कि अगर अमेरिका जानकी लेनिन को स्वीकार कर सकता है, तो दुनिया का कोई कोना उससे परहेज़ नहीं करेगा। अब तो जब भी कोई जानकी से उसके नाम का रहस्य पूछता है, तो वह आराम से मुस्कराते हुए कहती है, ''पहले मेरे लिये कुछ पीने के लिये लाओ, फिर मैं अपने नाम की पूरी कथा सुनाऊँगी।'' अच्छे मन में होने पर वह सरलता से एक्सप्रेस ट्रेन की तरह धड़धड़ाते हुए पूरी कथा कह डालती है, वरना बातों को देर तक घुमाती रहती है। जानकी की यही बालसुलभ ठिलठिल अलमस्ती रोमुलस ह्विटेकर को बहुत भाती है।

''क्या हुआ? कहाँ गुम हो नागराज?'' जानकी ने मोहक हँसी के संग रोमुलस ह्विटेकर के कंधे पर दुलार से हाथ रखा है। रामू एक पल के लिये अटक-से गये हैं, ''अरे नहीं...कुछ भी नहीं।'' रामू ह्विटेकर ने जानकी की आँखों में देखा, फिर मन में अनायास घिर आये ख़यालों को झटकते हुए सेंटर के स्वयंसेवक संतू को आवाज़ लगाई है। मंदिर के मुख्य द्वार पर छतरी के नीचे खड़ा संतू पवनपुत्र की तरह सामने खड़ी गाड़ी से चाय का थर्मस और गिलास निकाल भागा हुआ पहुँचा है और चाय ढालने लगा है। इन कुछ ही वर्षों में रामू ह्विटेकर की उठती-गिरती पलकों का मर्म संतू समझने लगा है। वह गर्व से कहता भी है कि, ''रामूजी अंग्रेज़ी में मेरा फादर, स्पेनी में पाद्रे, जर्मन में फाटर और कन्नड़ में अप्पा है। मैं रामूजी का अंग्रेज़ी में सन, स्पेनी में ईखो, जर्मन में जोन और कन्नड़ में मग हूँ। बाप-बेटे का संबंध है हमारा।'' अपने खेत मज़दूर पिता तीर्थंकर से उसने कई बार कहा है, ''जान लो अप्पा, रामूजी के वास्ते मैं जान भी दे सकता हूँ।'' सुनकर कृषकाय अधेड़ तीर्थंकर अपनी खिचड़ी घनी मूँछों में मुसकता है। नहीं पढ़ा-लिखा है तो क्या, वह भी समझता है कि सच्चे प्यार की क़ीमत सिर्फ़ जान ही होती है।

जानकी तो ख़ैर बहुत पढ़ी-लिखी है, वह इस बात को बढ़-चढ़कर समझती है। रोमुलस को वह अपनी जान की तरह जीती है। अपने जीवन में जानकी के आने के बाद रोमुलस ने वन्य जीवन पर लगातार कई डॉक्यूमेंट्री व फ़िल्में बनाईं। अपनी किताबों, लेखों और वार्ताओं की सीमित पहुँच से रोमुलस क्षुब्ध रहते थे। अर्से से यह बात उनके

---

1. अमेरिका के मिसीसीपी प्रांत की राजधानी जैक्सन याज़ू नदी के दक्षिण में स्थित है। जैक्सन शहर का नामकरण ऐंड्रयू जैक्सन के नाम पर हुआ था, जब वे सेना में जनरल के पद पर थे। बाद में वे अमेरिका के राष्ट्रपति भी हुए।

मन में कुलबुला रही थी कि सिनेमा को वे अपनी अभिव्यक्ति का माध्यम बनायें। इसके लिये उन्होंने अपने पुराने स्कूली मित्रों श्रीमती लुइस हेनिमेन रिबर, उनके पति जॉन रिबर तथा फ़िल्मकार मित्र शेखर दत्तात्रेय को लेकर एक टीम भी बनायी और तय किया कि साँपों, सर्पदंश तथा साँपों का शिकार करनेवाली इरुला जनजाति सरीखे विषयों को लेकर फ़िल्में बनायेंगे। इसी क्रम में नेशनल ज्युग्राफ़िक टेलीविज़न की मशहूर हस्ती रिचर्ड फ़ॉस्टर और कैरॉल के साथ 'रैट वाटर्स' नामक एक फ़िल्म उन्होंने बनायी भी। पर रोमुलस महसूस कर रहे थे कि जिस रफ़्तार से वे फ़िल्म निर्माण करना चाहते हैं, वह बात कहीं से बन नहीं पा रही। ऐसे में ही एक दिन जानकी उनके जीवन में आयी और फिर तो फ़िल्मों की झड़ी-सी लग गयी। रामू और जानकी ने मिलकर 'स्पंकी मंकी', 'थंडर ड्रेगंस', 'मग्गर्स ऑफ़ श्रीलंका' और 'द स्नेक हंटर' जैसी कई अद्‌भुत फ़िल्में कीं। रामू ह्विटेकर को लगता है कि स्त्री-पुरुष का इंजन-इंधन का नाता है। पुरुष स्त्रियों का उपयोग अनेक स्तर पर इंधन की तरह करता है। वे सोचते हैं कि ज़ई और जानकी अगर उनके जीवन में न आयी होतीं, तो वे इतना कुछ नहीं कर पाते।

फिर सिर्फ़ यही दोनों क्या? रामू भला भूल सकते हैं माँ डॉरिस नॉर्डन और दादी कमलादेवी चट्टोपाध्याय की अद्‌भुत स्नेहमय छवि! उनके बचपन और किशोरावस्था की छुकछुक-धकधक गाड़ी की इंधन माँ और दादी थीं। दोनों अब दुनिया में नहीं हैं। लेकिन आकाश-से अनंत उनके अनन्य अनुराग की छाँव में रामू आज भी हैं। हमेशा रहेंगे। दादी ने कभी उन्हें अपने सगे पोते से कम नहीं समझा। फिलीपीन के अंतरराष्ट्रीय 'रेमोन मेगसेसे' पुरस्कार और चेकोस्लोवाकिया के सर्वोच्च स्वर्णपदक सम्मान से लेकर दादी को 'वाटूसल पुरस्कार' समेत कई पुरस्कार मिले थे। पर वर्ष 1955 में जब उन्हें 'पद्‌म भूषण' से अलंकृत किया गया, तो रामू ह्विटेकर की खुशी की सीमा नहीं थी। बारह वर्षीय रामू को दादी उस अलंकरण समारोह में सबके साथ दिल्ली ले गयी थीं। रामू सोचते हैं तो उन्हें लगता है कि उनके जीवन में थिरकते नीले मोरों सरीखे उल्लास के ऐसे दुलार भरे क्षणों की स्मृति है ही भला कितनी? इसलिये पुलक का कोई छोटा-सा भी दुर्लभ निश्चिंत अवसर वे कभी गँवाना नहीं चाहते। जानकी ग़लत नहीं कहती है कि मछलियों के लिये कपड़े सिलने का उनको शगल है। चाहे वह मंगलम और सुजाना रहे हों या आज शुभंकर व अरण्या! रूपवान आकाश के इन बादल-बिजलियों की युगलबंदी के लय में डूबने के लिये वे हमेशा तत्पर रहते हैं।

मंदिर के बाहर गाड़ी रुकने की आवाज़ हुई है। परियार और लिंगराज बातचीत करते अंदर आ रहे हैं। उनके साथ एक लंबे-छरहरे अधेड़ भी हैं।

"आप लोग चाय पी रहे हैं? चलिये अब एक राउंड बादाम दूध पीजिये। आप लोगों के लिये स्पेशल बादाम दूध तैयार करवाकर लाया हूँ।" संतू के हाथ में केतली थमाते हुए लिंगराज मुसकता है, "ओय संतू! बादाम दूध को स्पेनी, जर्मन और फ्रेंच में जो भी कहते हैं, कहते हुए चलो बादाम दूध ढालो।"

"दूध को अंग्रेज़ी में मिल्क...फ्रेंच में ले...रूसी में मलाको और जर्मन में मिल्श कहते हैं।" गिलास में बादाम दूध ढाल रामू ह्विटेकर को बढ़ाते हुए संतू ने परमज्ञानी की तरह आँखें झपकायी हैं।

"और बेटा, बादाम को क्या कहते हैं?"

"बादाम को अंग्रेज़ी में एलमंड कहते हैं...लेकिन फ्रेंच, जर्मन, स्पेनी और रूसी में क्या कहते हैं, यही नहीं फरिया रहा है।" उधेड़बुन में उलझे संतू ने बुदबुदाकर अटकते हुए कहा है।

"ओफ लिंगराज! एक तो रामूजी के इस संत ज्ञानेश्वर का दिमाग यों ही खराब रहता है और ऊपर से तुम इस पर और भूत चढ़ा रहे हो। अब ये दस भाषाओं में बादाम का नाम पता करने के लिये सेंटर पर सबका सिर खायेगा।" कैंटीन परियार ने संतू के सिर पर हाथ फेरते हुए ठहाका लगाया। फिर तुरंत बग़ल में खड़े अपने साथ आये सज्जन से परिचय कराते हुए कहा, "रामूजी! ये शिवा हैं। हमारे शिबन्ना! शंकरनाग के दायें हाथ। वैसे, बेंगलूर में रहते हैं लेकिन अपने पश्चिमी घाट के चिकमंगलूर जिले के भगवती फॉरेस्ट एरिया में इनका गाँव है–किग्गा। यह नन्हा-सा गाँव श्रृंगेरी से मात्र पाँच-छह किलोमीटर की दूरी पर है। आपको तो मालूम ही है कि वह भी वर्षावन का इलाका है। शिबन्ना सन् 1975 में शंकरनाग के संपर्क में तब आये जब वे गिरीश कर्नाड की कन्नड़ फ़िल्म 'ओंदानोंदु कालदल्ली' यानी...वंस अपॉन ए टाइम में हीरो का रोल कर रहे थे। उन दिनों शंकरनाग बेंगलूर में 'संकेत' नामक एक थियेटर ग्रुप भी चलाते थे। शिबन्ना 'संकेत' में सक्रिय हुए और फिर उनके अभिन्न अंग बन गये। 'मालगुडी डेज' के प्रोडक्शन में तो खैर यही सर्वेसर्वा थे। शिबन्ना इन दिनों 'रंग शंकर' थियेटर ग्रुप से जुड़े हैं। शंकरनाग की पत्नी अरुंधती नाग इसकी डाइरेक्टर हैं।"

"हम लोगों के लगातार अनुरोध पर रात-भर बेंगलूर से ड्राइव कर आज के आयोजन में शामिल होने के लिये ही शिबन्ना आये हैं। मालगुडी के जमाने से अगुम्बे से इनका गहरा लगाव है।" लिंगराज ने कैंटीन परियार द्वारा दिये जा रहे परिचय का उपसंहार किया।

"अब शिबन्ना के बारे में इतना बताने की जरूरत पड़ेगी? इनसे पहले भले न मिला, लेकिन इनके बारे में जानता हूँ भाई। अरुंधती से भी मैं परिचित हूँ। मेरा नमस्ते कहियेगा उनको। बेंगलूर यात्रा में कई बार 'रंग शंकर' में मैंने उनके शोज़ देखे हैं।" शिवा से गले लगकर रोमुलस ह्विटेकर गद्गद हैं, "इस मौके पर आपका आना बहुत अच्छा लग रहा है शिवा! अब आज का सारा आयोजन हमारे इन्हीं दोनों भाइयों परियार और लिंगराज पर निर्भर है। घंटे-डेढ़ घंटे बाद लोग यहाँ भोज में शामिल होने आ रहे हैं। यही दोनों बतायेंगे कि कितनी क्या तैयारी हो पाई है।"

"सबकुछ लगभग रेडी है रामूजी! मोरू कुजाम्बु[1] से लेकर पायथम परूप्पु मसिआल[2], जीरा मिलागु रसम, मैसूर रसम, मट्टाकोस पोरियाल[3], पोटैटो पालिया[4], पोरिथा कुट्टु[5], सागु, वेल्लारीकई-थक्कली वेंगया पचाडी[6], मंगाई पचाडी[7], थेंगयी सदम[8], बीस्सी बेले हुल्ली अन्ना[9], वेन पोंगला[10], पायसम...पुडिंग...कितना गिनाऊँ?" लिंगराज ने एक साँस में व्यंजनों की सूची गिना दी है।

---

1. बटर मिल्क कुजाम्बु, 2. हरा चना दाल, 3. बंद गोभी पोरियाल, 4. आलू मसाला, 5. दाल कुट्टु, 6. मिक्स्ड वेजिटेबुल दही सलाद, 7. आम दही सलाद, 8. नारियल चावल, 9. मसालेदार सांभर चावल, 10. चावल पोंगल।

"बस...बस...समझ गया लिंगराज! तुमने तो बहुत बड़े भोज का इंतजाम कर लिया है। अब और क्या चाहिये?" रामू ह्विटेकर की मुस्कराहट में संतोष का भाव है, "क्यों भाई शिवा? लगता तो है कि लिंगराज और परियार आज रंग जमाकर ही रहेंगे।"

"रामूजी! रंग तो जमायेंगे आज हमारे गाँव के रसराज शिव रुद्रप्पा।" हमीद के ऑटो से उसी समय हारमोनियम लेकर मंदिर पहुँचे शिव रुद्रप्पा को देख कैंटीन परियार ने ऊँची आवाज़ में कहा है ताकि शिव रुद्रप्पा सुन लें।

"मैं कोई पुरंदरदास या पंडित मल्लिकार्जुन मंसूर तो हूँ नहीं, फिर भी कोशिश करूँगा।" शिव रुद्रप्पा ने गुरु के सम्मान में बरबस कान छूते हुए गद्गद हो कहा है, "मैं आप लोगों के बताये समय पर उपस्थित हूँ।"

"मंदिर के भंडार-गृह में अब मैं सारी सामग्री रखवाना शुरू कर देता हूँ। यह अच्छा नहीं लगेगा कि लोग भोज में शामिल होने मंदिर पहुँच रहे हैं और मैं भोजन की सामग्री ही ढुलवा रहा हूँ।" लिंगराज ने परियार से मुख़ातिब हो कहा है, "मैं होटल पर बढ़ता हूँ।"

"अरे मैं भी चलता हूँ। शिबन्ना भी दोड्डमने जाकर तैयार होंगे।" कैंटीन परियार ने लिंगराज के कंधे पर हाथ रखते हुए रामू ह्विटेकर से कहा है, "रामूजी! आप और जानकी सुबह से मंदिर पर जुटे हैं। आप भी अपनी टीम के साथ सेंटर से तैयार होकर एक घंटे में आ जाइये।" जानकी ने भीनी हँसी के संग रामू ह्विटेकर की तरफ़ देखा है। रामूजी ने परियार की पीठ पर स्नेहपूर्ण धौल जमाते हुए कहा है, "तो कैंटीन किंग! चलो हम लोग भी नहा-धोकर जल्दी पहुँचते हैं। साढ़े ग्यारह बज रहा है। अब ज्यादा समय नहीं है।"

साढ़े बारह बज रहा है। मंदिर पर लोगों का आमगन शुरू हो चुका है। क्या पुरुष...क्या स्त्री...क्या बच्चे! सबके सब। आबालवृद्ध। पूरा गाँव उत्सवमय लग रहा है। युवकों का उत्साह देखते ही बन रहा है। विश्वनाथ बायर, ममता जगदीश और कैंटीन परियार मंदिर के मुख्य द्वार पर सबकी आगवानी में जुटे हैं। गाँव के मार्कंडेय मुनि शतानंद शास्त्री, अवकाश प्राप्त हेडमास्टर कृष्णमूर्ति हेब्बार और अपरा नायक सरीखे अधिकांश वरिष्ठ नागरिकों का आगमन हो चुका है। मुंबई में ज्योतिषी के रूप में नाम कमा चुके मनोहर राव संयोग से एक हफ़्ते से गाँव आये हुए हैं। वे भी मौजूद हैं। वे शिवप्रकाश के संग मंदिर पहुँचे हैं। पंचायत अध्यक्ष वीणा गिरीश पंचायत कार्यालय के सभी सहयोगियों के संग अभी-अभी पहुँची हैं। उनके संग अगुम्बे की जनजातीय महिला पंचायत सदस्य सुशीला चंद्रा भी हैं। कस्तूरी राव तो ख़ैर कहीं नहीं जाती हैं लेकिन उनकी बुआ सास जिनी अक्का, ममता जगदीश की माँ बसरूर शारदाबाई, नलिनी, वसुंधरा, कात्यायनी, वैजयंतीमाला भाग्यलक्ष्मी और पूर्णिमा से लेकर सुशीला माई व सावित्री समेत युवतियों-लड़कियों की भी खासी भीड़ उमड़ी हुई है। लिंगराज ने अपने 'कामथ होटल' पर तैयार भोजन की समस्त सामग्री लोगों के आगमन के पूर्व मंदिर के भंडार में व्यवस्थित कर रखी है। अर्चक विष्णुमूर्ति भट्ट को पहले ही लिंगराज ने मंदिर में श्रीवेणुगोपाल कृष्णास्वामी को भोग लगानेवाले परात में सभी व्यंजनों को सजाकर दे दिया था ताकि वे श्रीवेणुगोपाल के शयन के पहले भोग लगा दें। मंदिर के चारों तरफ़ की छतरी के बरामदे पर भोजन के लिये बेंच-टेबुल करीने से लगाया हुआ है। सभी आगंतुकों से वहाँ स्थान लेने का अनुरोध किया

जा रहा है। इधर मंदिर के मुख्य द्वार के एक कोने पर कर्नल के.जे. राव का संभाषण जारी है कि मोरारजी देसाई ने देश को कैसे बर्बाद कर दिया। दूसरे कोने पर चंद्रू टाइगर अभी बीदिरू गिरिधर के संग किसी गंभीर राजनीतिक मुद्दे पर वार्ता में तल्लीन है।

अब रोमुलस ह्विटेकर और जानकी भी सेंटर की अपनी पूरी टीम के संग गाड़ी से पहुँच गये हैं। उनकी पीठ पर ही शिबन्ना अपनी गाड़ी से सुजया व अरुंधती के संग उतर रहे हैं। इसी गाड़ी में शुभंकर-अरण्या भी हैं। शिबन्ना दोड्डमने में हर बार की तरह रुके हैं। कैंटीन परियार ने इसलिये उनको ज़िम्मेदारी दी थी कि वही अपनी गाड़ी से शुभंकर व अरण्या को लेकर मंदिर पहुँचें। सुजया ने शुभंकर और अरण्या को उतरने का संकेत दिया है। सौंदर्य-सुरभि के घन रस से मानो सद्यः निकली अरण्या, कितनी प्यारी कनक-किरण-सी लग रही है। और शुभंकर! गाँव के पुरंदरदास शिव रुद्रप्पा के श्रीमुख से बरबस निकल पड़ा है, "श्याम गौर सुखधाम...धीर ललित नायक!" कैंटीन परियार ने रामू ह्विटेकर, जानकी, शिवा और वर-वधू की आगवानी करते हुए कहा है, "बस आप लोगों की ही प्रतीक्षा हो रही थी। हमारे रसराज शिव रुद्रप्पा कब से 'गणेश वंदना' के लिये उमक रहे हैं।" परियार की स्वस्ति वाणी से शिव रुद्रप्पा का श्यामल मुख प्रसन्नता से उसी तरह दमक उठा है, जैसे बादल पर सहसा किरण पड़ने से उसकी किनारियाँ सप्तरंगी हो उठती हैं। कैंटीन परियार ने हालाँकि उन्हें पहले से आदरपूर्वक सख़्त हिदायत दे रखी है कि सिर्फ़ एक 'गणेश वंदना' के अलावा उन्हें कुछ नहीं गाना है। भोज के बीच में लोग-बाग कुछ भी सुनना पसंद नहीं करते।

"हमारे गुरुजी पंडित मल्लिकार्जुन मंसूर औला साधक थे। शंख की भाँति निर्मल। क्या लहरें उड़ाते थे। उनको नमन करते हुए आज इस शुभ अवसर पर श्रीवेणुगोपाल कृष्णास्वामी के श्रीचरणों में यह वंदना अर्पित कर रहा हूँ।" इस संक्षिप्त वक्तव्य के साथ शिव रुद्रप्पा सुरों के संग आँख मूँदकर छिड़ गये हैं, "गाइये गणपति जगवंदन...गाइये... आ...आ...आ...आ...शंकर सुवन भवानी नंदन...गाइये गणपति...।"

हारमोनियम की भाथी थामें शिव रूद्रप्पा आज अपनी आत्मा में गोते लगाकर गा रहे हैं, "मोदक प्रिय मुद मंगलदाता...विद्या वारिधि बुद्धि विधाता...गाइये गणपति जगवंदन...।"

'गणेश वंदना' की समाप्ति के बाद शिव रुद्रप्पा अभी कुछ पल के लिये ख़ामोश खोये बैठे हैं। आज उन्हें भी बस एक वंदना गाकर तृप्ति मिल गयी है। यह न मिली होती, तो परियार की हिदायत को धता बताकर वे गाते ही चले जाते।

भोज शुरू है। युवकों की टोली केले के निर्मल हरे पत्तों पर व्यंजन परोसने में जुटी है। भीतरी छतरी के बरामदे के दो हिस्सों में जहाँ पुरुषगण बैटे हैं, वहीं एक भाग में महिलाएँ। मंदिर के मुख्य द्वार की छतरी के नीचे मौजूद लोग दूसरी खेप में पंगत जमायेंगे। अर्चक विष्णुमूर्ति भट्ट को जब कैंटीन परियार ने भोजन के लिये प्रथम पाली में बैठ जाने का अनुरोध किया, तो उन्होंने मना करते हुए कहा, "अरे भई, मंदिर में भोज हो रहा है। इसलिये मैं भोज के कर्ता-धर्ता में से हूँ। मैं अंत में रामूजी और तुम लोगों के संग बैठूँगा।"

"धमगज्जर भोज! रामूजी की जय!" देवेंद्र नाईक ने जयकार किया है। अब आम का झोंका चल रहा है। महँगा है तो क्या, भोज रोज़-रोज़ थोड़े होता है। रामूजी ने भोज

के वास्ते ख़ास तौर से शिमोगा से भरपूर आम मँगवा रखा है। भोजन परोस रहे बारिक युवक बाल्टी-बाल्टी आम लेकर सबके पत्ते पर जी खोलकर डाल रहे हैं। लिंगराज ने सहसा एक युवक से बाल्टी लेकर पंगत में बैठे देवदास पंडित के पत्ते पर एक संग चार-पाँच आम डाल दिये हैं।

"अरे...अरे...यह क्या? इतना?" देवदास चिहुँक उठे हैं।

"पंडितजी! आपने आम की मार झेली है। इसलिये मुआवजे में आपको ज्यादा आम मिलना ही चाहिये।" लिंगराज ने मुसकते हुए कहा, "पहले पत्ते पर के आम खत्म कीजिये फिर और दूँगा।"

"ठीक है। तुम लोग जो परिहास कर लो।" देवदास पंडित की आवाज़ में खीज मिश्रित झेंप है। लिंगराज-देवदास संवाद से पंगत में ठहाका गूँज उठा है। आम चूसते हुए देवदास पंडित की कातर आँखें लगातार कैंटीन परियार को ढूँढ़ रही हैं। इसी गधे के चलते आम का मज़ाक जीवन-भर के लिये उनके संग नत्थी हो गया है।

भोज लगभग समापन पर है और थोड़ी देर से आकाश में घुमड़ रहे बादलों की झिरझिरी शुरू हो चुकी है। अपरा नायक ने गद्गद हो कहा है, "भोज के समय वर्षा होती, तो सब चौपट हो जाता। चलिये रामूजी की मूँछ लाल हो गयी...। एकदम दंगल...थई-थई भोज।" लगे हाथ बोट संजय ने बजरंगबली की अदा में उद्घोष किया है, "राम-जानकी की जय।" पंडित शतानंद शास्त्री ने यह सुनकर मुग्ध हो हाथ जोड़ लिये हैं, "क्या अद्भुत! गाँव में राम-जानकी की युगल जोड़ी! कभी इस पर इस तरह से गौर ही नहीं किया था।" इन संवादों से रामू ह्विटेकर और जानकी मुसक रहे हैं। भोज के उपरांत सब एक-एक कर शुभंकर-अरण्या को 'आशीर्वादी' दे रहे हैं। मंदिर परिसर 'अखंड सौभाग्य...अखंड आनंद...दीर्घायु' की अनवरत अनुगूँज से पुलकित है। रामू ह्विटेकर, जानकी और कैंटीन परियार के संग एक तरफ़ खड़े शिवा ने रामू ह्विटेकर से कहा है, "रामूजी! मुझे मालूम है कि शुभंकर और अरण्या को थियेटर में गहरी दिलचस्पी है। अभी इनका इंटर का रिजल्ट आने में समय है। इसलिये कस्तूरी अक्का को मैंने प्रस्ताव दिया है कि कुछ दिनों के लिये दोनों को मैं अपने संग बेंगलूर लिये जाऊँ। वहाँ 'रंगशंकर' के कलाकारों से मिलकर और वहाँ की गतिविधियों में शरीक होकर इन्हें अच्छा लगेगा। मेरा मतलब एक छोटा-सा प्यारा हनीमून ट्रिप। 'रंग शंकर' की डॉरमेट्री में इनके रहने की अच्छी व्यवस्था कर दी जायेगी।"

"ग्रेट...ग्रेट...।" रामू ह्विटेकर और जानकी लेनिन ने एक संग छूटते हुए कहा है, "रीयली वंडरफुल!"

"रामूजी! बादल झुमानेवाले जादूगर हैं हमारे शिबन्ना। सचमुच दोनों के लिये इससे बढ़कर आनंद मनाने की बात भला अभी और क्या होगी?" बारिश की झिरझिरी में भीगते हुए कैंटीन परियार का चेहरा विभोर है।

"क्या बात है? कौन बादल झुमा रहा है?" विश्वनाथ बायर उत्सुक मुस्कान के संग टहलते हुए नज़दीक आ गये हैं।

"शिबन्ना कुछ दिनों के लिये शुभंकर और अरण्या को अपने साथ बेंगलूर ले जाना चाहते हैं। कह रहे हैं कि दोनों वहाँ 'रंग शंकर' में थियेटर का अनुभव लेंगे। आपको

तो मालूम ही है कि दोनों कितने थियेटर प्रेमी हैं।'' कैंटीन परियार ने एक दक्ष संवाददाता की तरह वार्ता का पूरा ब्यौरा दिया है।

''अरुंधती नाग भी इन दोनों को देखकर बेहद खुश होंगी। दरअसल, अगुम्बे का एक कौवा भी आ जाये, तो वे बाग-बाग हो जाती हैं अन्ना। इस गाँव से है ही उनका ऐसा लगाव।'' शिवा ने बिना देरी किये विश्वनाथ बायर के समक्ष आप्त वचन प्रस्तुत किया है।

''अरे भाई, मैं तो सबसे कहता हूँ कि शुभंकर भविष्य का शंकरनाग है। गाँव के ब्रह्मरथोत्सव के दौरान हमारे गाँव के जीते-जागते भूतेश्वर प्रेमानंद परियार की देखरेख में शुभंकर के निर्देशन की सांस्कृतिक प्रस्तुति यादगार होती है। इसलिये शिबन्ना! परियार ने ठीक ही कहा है कि यह प्रस्ताव देकर तुमने सही में बादल झुमा दिया। मैं तो चाहता हूँ कि आगे बी.ए. की पढ़ाई भी ये दोनों बेंगलूर में ही करें। वहाँ पढ़ाई के संग-संग थियेटर और सिनेमा भी सीखें। इसमें होनेवाले खर्च में मुझे जो कहोगे, सहयोग करूँगा। गाँव के बच्चे देश-दुनिया में नाम करें, इससे बढ़कर क्या बात होगी।'' विश्वनाथ बायर आत्मीय मुस्कान के संग कहते हैं, ''शिबन्ना! कुछ किया जाये इनके लिये मेरे भाई।''

''ठीक है अन्ना! मैं अरुंधती से बात करूँगा। अभी मैं अपने गाँव जा रहा हूँ। यहाँ तक आ गया हूँ, तो अपने गाँव से हो ही आता हूँ।'' शिबन्ना ने गंभीर भाव से कहा, ''कल सुबह तक मैं अपने गाँव किग्गा से अगुम्बे आ जाऊँगा। फिलहाल तो दोनों मेरे साथ बेंगलूर चलेंगे, फिर आगे की बात आगे।''

आषाढ़ आये आज तीसरा दिन है। आषाढ़ प्रवेश के ठीक एक दिन पहले जेठी पूर्णिमा थी। इसलिये आज भी चाँद मोती की भाँति दीप रहा है। खिलंदड़ी अरुंधती इसे कहती है, ''आकाश में अटकी इडली।'' दोपहर में एक-डेढ़ घंटे की झिरझिरी के बाद बारिश थमी, तो आकाश फिर खुल गया। साँझ की चिड़िया ने आहिस्ते से निशानी गुड्डा और किट्टन गुड्डा पर अपने दोनों पाँव जमा दिये। रात के परम शांत डैनों में अभी दुबका सो रहा है अगुम्बे। पर दोड्डमने के ऊपरी मंजिल के कोनेवाले कमरे में शुभंकर व अरण्या जाग रहे हैं। उनकी मधु यामिनी है। वे याद कर रहे हैं अगसरकोणे के भीषण जंगल की भयावह डाकिन्या गुफा में व्यतीत दिनों को। वे कठिनतम दिन थे। पर अमर मधुर दिन थे। एक महीने तक उनके कुछ साथी आलोक, दिलीप और गौरव आधी-आधी रात में दबे पाँव उन लोगों के लिये पूरी मुस्तैदी से बिला नागा भोजन पहुँचाते रहे थे। अंजना, इरा व गीता उन लोगों के वास्ते अपने-अपने घरों से चुपचाप भोजन का पैकेट बना आलोक, दिलीप व गौरव को सुलभ करा देती थीं। फिर ये तीनों डाकिन्या गुफा के लिये निकलते थे। आज उस समय को सोचकर मधुर रोमांच होता है। शुभंकर मनोहर मुस्कान के संग कहता है, ''अरण्या! सबके प्यार ने पार लगाया।'' खिड़की से शुभंकर और अरण्या ने आकाश को निहारा है। बाल हंस-सा पुलकित चंद्रमा सफ़ेद बादलों की आवाजाही के बीच मुदित है। शाम से ही बिजली नहीं है। मेज़ पर रखे लैंप की बत्ती को एकदम नगण्य कर शुभंकर ने अब नीचे एक कोने में रख दिया है।

''गाँव के लोग हमें कितना प्यार करते हैं।'' शुभंकर इस निबिड़ एकांत में सहज ही कृतज्ञता से छलक आया है।

''हाँ, वे हमें और हमारे कला-अनुराग को बहुत स्नेह करते हैं।'' शुभंकर के अलिंगन में सिमटी अरण्या आहिस्ते से कहती है। उसके होंठों की दोनों पंखुड़ियों के बीच से दमकती दंत पंक्तियाँ पुष्प पराग की तरह कौंध गयी हैं। शुभंकर को अक्सर लगा है कि एक स्मित मुख सुबह, बारिश और चाँदनी का घर होता है। और यह है अरण्या! अरण्य स्मिता अरण्या !

''अरण्या...! वह देखो...उधर खिड़की की तरफ। वो...हरा जिराफ।'' सहसा विद्युत गति से बिस्तर से उछलकर शुभंकर ने खड़े होते हुए चिहुँककर कहा, ''अभी...अभी इस खिड़की से झाँक रहा था। अचानक एक पल में कहाँ गुम हो गया?'' शुभंकर के स्वर में स्वाभाविक रूप से अपार विस्मय है।

''हरा जिराफ को पहले कभी तुमने देखा था?'' अरण्या के स्वर में हैरान उत्सुकता है।

''नहीं, बस सुना था...।'' खिड़की के बाहर निहारते हुए शुभंकर मानो शून्य में कहीं खो गया है।

''तो शुभंकर आज की हमारी इस रात का यह शुभ-सगुन है। हरे जिराफ़ के बारे में मैंने भी सुन रखा है।''

''दोड्डमने की ऊपरी मंजिल के इस कमरे की खिड़की तक की ऊँचाई है उसकी। एकदम खिड़की के सामने खड़ा हमें देख रहा था। हमारी नजर पड़ते ही गायब हो गया। गजब की दमक है उसमें..।'' शुभंकर किसी भी तरह विस्मय से उबर नहीं पा रहा है।

''मैंने सुना है कि वह जादुई जिराफ है। दोड्डमने की ऊपरी मंजिल तो क्या, आकाश को भी छू सकता है। शुभंकर! हरा जिराफ हमें अपनी दैवी कृपा देने आया था।''

10

ओंदानोंदु कालदल्लि उर्फ़ वंस अपॉन ए टाइम

इन दिनों अरुंधती नाग दशकों पीछे की पुलक में खोई हुई हैं। उल्लास और आँसू से भरी पुलक! उदासी और खुशी कैसे एक दूसरे को विस्थापित करती रहती है, इसे महसूस करना ही तो थिएटर है। 'रंग शंकर' में लगातार 'वैरी' का रिहर्सल जारी है। आगामी 9 नवंबर को शंकर के जन्मदिन पर इसकी प्रस्तुति होगी। शुभंकर व अरण्या समेत सभी ग्यारह कलाकार दिन-रात एक कर प्राणपण से जुटे हैं। कई दृश्यों के संवाद पर अरुंधती की आँखें बरबस तरल हो उठती हैं। लगता है, शंकर आहिस्ते से उनके बग़ल में आकर बैठ गये हैं। 'रंग शंकर' के हॉल में अँधेरा है। सिर्फ़ मंच पर रोशनी जल रही है। अंधकार में झिलमिलाती स्मृति की रोशनी।

अरुंधती और शंकरनाग के जीवन का यह पहला नाटक था, जो उन्होंने साथ किया था। प्रख्यात अमरीकी नाटककार जॉन पैट्रिक ने 'हेल फ्रिज़ेज ओवर' से लेकर 'दैट्स नॉट माइ फ़ादर' सरीखे दर्जनों चर्चित नाटकों की रचना की थी, लेकिन 'द हेस्टी हर्ट' उनमें सर्वश्रेष्ठ था। यह प्रथम विश्वयुद्ध के दौरान एक सैनिक अस्पताल की कहानी थी, जिसमें विभिन्न आठ देशों के बुरी तरह घायल सैनिक एक संग भर्ती हैं। इन सभी सैनिकों की तीमारदारी में जुटी नर्स सिस्टर मार्ग्रेट एक स्कॉटिश सैनिक से सहसा प्रेम करने लगती है। उस सैनिक की किडनी फेल हो चुकी है और उसके जीवन के दिन बस गिनती के हैं। स्कॉटिश सैनिक और मार्ग्रेट के प्रेम को भाँप शेष सभी सैनिक जीवन के अंतिम मोड़ पर पहुँच चुके उस स्कॉटिश सैनिक का भरपूर मनोरंजन करने की कोशिश करते हैं ताकि वह कुछ और जी ले। 'वैरी' जॉन पैट्रिक के इसी नाटक का गुजराती रूपांतर था। अरुंधती ने इसमें सिस्टर मार्ग्रेट का रोल किया था। शंकर आर्मी डॉक्टर की भूमिका में थे। असंगत जीवन में भी क्या अद्‌भुत संगति है। हम प्रेम और मृत्यु का सामना कैसे करते हैं–यही था यह नाटक। बाद के दिनों में अरुंधती और शंकर ने एक संग और भी कई नाटक किये लेकिन 'वैरी' दोनों के लिये अविस्मरणीय रहा। शंकर के जीवनकाल में ही अरुंधती ने स्वयं इसका गुजराती से कन्नड़ में रूपांतरण किया था ताकि इसका पुनर्मंचन किया जा सके। पर यह हसरत ही रह गयी। शंकर दुनिया से चले गये। दरअसल, यह नाटक शंकर और अरुंधती का प्रथम प्रेम था। आनंद के क्षणों में शंकर कहते थे, ''ओ अरु! एक बार फिर हम 'वैरी' को जरूर स्टेज करेंगे। याद करो तो इस प्ले में ग्यारह लड़कों के बीच बस तुम एक अकेली लड़की थी। इस नाटक

के लिये उन दिनों हमने कितने पापड़ बेले थे। सिर्फ हम दोनों को छोड़कर शफी इनामदार और परेश रावल समेत सभी कलाकार इसमें गुजराती थे। डाइरेक्टर को भी हम दोनों से इसमें रोल कराने की क्या जिद थी। हम लोगों के वास्ते गुजराती का स्पेशल क्लास लगवाया गया था...।'' शंकर सुखद स्मृतियों में बस खोते चले जाते।

''पर तुमसे पहले मैंने गुजराती सीखी थी।'' अरुंधती उन्हें छेड़तीं।

''हाँ...हाँ अरु, जानता हूँ कि तुम जीनियस हो। मुझसे ज्यादा तेज।'' शंकर मुस्कराकर कहते।

''ओफ शंकर! तुम क्या हो, यह तुम्हें अब प्रूव करने की जरूरत है? पर बेशक वह प्ले हमारे जीवन का पुल था। बहुत डेलिकेट प्ले था 'वैरी'...। एक अच्छा नाटक कल्पित मंत्र की तरह होता है, जादुई असर करनेवाला।'' ख़यालों में खोई अरुंधती कहतीं।

आजकल 'वैरी' के रिहर्सल को देख फिर से वही वर्षों पुरानी स्मृतियाँ हरी हो उठती हैं। बग़ल की सीट पर रखे बैग से अरुंधती रूमाल निकालती हैं। सिस्टर मार्ग्रेट के रोल में अरण्या है और आर्मी डॉक्टर की भूमिका में शुभंकर। रिहर्सल के दौरान जब अरण्या सिस्टर मार्ग्रेट का संवाद बोलती है, तो अरुंधती को लगता है कि यह वर्षों पहले की अरु है, जो अरण्या की काया में प्रवेश कर सिस्टर मार्ग्रेट की भूमिका निभा रही है। और आर्मी डॉक्टर बना शुभंकर ! डिट्टो वही धीर-गंभीर शंकर। शिबन्ना सचमुच ग़ज़ब का गोताखोर है। गहरी डुबकी मारकर बेशकीमती मोती निकाल लाता है। शिबन्ना के संग शुभंकर और अरण्या के आगमन के साथ ही पहली नज़र में अरुंधती को पता नहीं क्या इलहाम हुआ कि उन्होंने छूटते हुए शिबन्ना से कहा, ''तुमने तो मेरी रोटी शहद में गिरा दी शिबन्ना! मैं इन दोनों को लेकर 'वैरी' डाइरेक्ट करूँगी।'' पहाड़ की चोटी पर बसे साधनहीन गाँव के इन बच्चों के रंगमंच-प्रेम की कथा फ़ोन पर ही शिबन्ना से सुनकर अरुंधती मुग्ध थीं। ऐसे ही सीधे-सादे तो थे वे और शंकर, जब पहली बार मिले थे। रंगमंच से जुड़कर इसी तरह प्रेम किया और परिणय सूत्र में बँधे।

''पर इन लोगों के इंटर का रिजल्ट जल्दी आनेवाला है।'' शिबन्ना आहिस्ते-से अरुंधती से कहते हैं, ''इन्हें दस-पंद्रह दिनों में वापस लौटना होगा।''

''अरे नहीं शिबन्ना! अब ये बच्चे यहीं पढ़ेंगे। इनका रिजल्ट आने दो, मैं 'नेशनल कॉलेज' के प्रिंसिपल से एडमिशन के लिये बात कर लूँगी।'' शुभंकर और अरण्या की तरफ़ देखते हुए अरुंधती मुस्कराकर कहती हैं, ''ये पढ़ेंगे और थिएटर भी करेंगे।'' बिल्कुल यही कुछ उम्र थी शंकर और उनकी, जब उन्होंने 'वैरी' में रोल किया था। अरुंधती को याद है वे एक-एक क्षण जब रिहर्सल के बाद मूंगफलियाँ फोड़ते शंकर मुसकते हुए उनकी खिंचाई करते, ''पूरे प्ले पर छाई हो तुम सिस्टर मार्ग्रेट! पर मैं भी कोई धूप में सुखाई ईंट नहीं हूँ! आने दो समय, तब देखना अपने ताश के इक्के को।'' और सचमुच, अनवरत संघर्ष के बाद आया वह स्वर्णिम समय। शंकरनाग कन्नड़ फ़िल्मों के महानायक बन गये।

अरुंधती की आँखों के सामने लगातार रील की तरह घूमते हैं वे सारे दिन। शंकर से अपने शुरुआती सिलसिलों के वे सुनहरे दिन। अरुंधती का जन्म दिल्ली में हुआ था। दस वर्ष की उम्र तक वे दिल्ली में ही रहीं। पर वर्ष 1966 में अरुंधती के पिता कृष्णमूर्ति

राव भारत सरकार से मुक्ति लेकर दिल्ली से हमेशा के लिये बंबई आ गये थे। बंबई के 'एस.आई.ई.एस. स्कूल' और खार स्थित 'बाबूभाई पन्नालाल मोहन लाल स्कूल' में स्कूली पढ़ाई संपन्न करने के बाद अरुंधती को 'नरसीमुंजी कॉलेज' में दाख़िला मिला था। शुरू से अरुंधती की अभिरुचि चित्रकला और अभिनय में थी। अपने कॉलेज में होनेवाले नाटकों में उन्होंने पूरे उत्साह से भाग लेना शुरू किया। पढ़ाई में कोई ख़ास दिलचस्पी नहीं रहने के कारण वे नियमित रूप से क्लास भी नहीं जाती थीं। बस घूमना-टहलना, दोस्तों के संग कोकाकोला पीते हुए मस्ती करना ही उनकी दिनचर्या थी। एक शाम जब अरुंधती अपने पालतू कुत्ते मोंटी को घुमाने निकली हुई थीं, तो उनका दोस्त सुभाष डंगाइच रास्ते में मिल गया। सुभाष ने बताया कि हाल में वह थियेटर ग्रुप 'इप्टा' में शामिल हुआ है और वहाँ का माहौल वाक़ई बहुत अच्छा है। उसे भी 'इप्टा' से जुड़ जाना चाहिये। इस तरह एक शाम सुभाष के संग अरुंधती 'इप्टा' जा पहुँचीं। उन दिनों सिने दिग्गज एम.एस. सथ्यू की पत्नी शमा ज़ैदी 'एक चादर मैली-सी' का निर्देशन कर रही थीं। दो चोटी और नॉटी ब्वायज़ जूते में पहुँची अरुंधती में पता नहीं शमा को क्या दिखा कि उन्होंने उस नाटक में उसे फ़ौरन सलामती का रोल दे दिया। आगे इसी टीम के संग अरुंधती ने 'ख़ालिद की ख़ाला', 'शतरंज के मोहरे' और 'अतीत की परछाइयाँ' सरीख़े कई ज़बर्दस्त सफ़ल नाटकों में काम किया। हालाँकि, 'इप्टा' को लेकर अरुंधती के माता-पिता और बड़े भाई परेशान थे, क्योंकि यह कम्युनिस्ट थिएटर ग्रुप था। पता नहीं कम्युनिस्टों के चक्कर में कल को क्या मुसीबत खड़ी हो जाये। उन दिनों एक 'इंडियन नेशनल थिएटर' ग्रुप भी चलता था, जो कांग्रेसी विचारधारा का माना जाता था। शंकरनाग इसी ग्रुप में थे। उस उम्र में अरुंधती को विचारधारा आदि को लेकर कोई मगज़मारी नहीं थी। इसलिये ग्यारह लड़कों व एक लड़की को लेकर जब 'इंडियन नेशनल थिएटर' ने गुजराती नाटक 'वैरी' के मंचन की योजना बनायी और अरुंधती को इसमें रोल करने का प्रस्ताव दिया, तो अरुंधती ने फ़ौरन हामी भर दी। 'वैरी' के सेट पर ही अरुंधती की शंकरनागरकट्टे उर्फ़ शंकरनाग से पहली मुलाक़ात हुई थी। सौम्य चेहरा, उन्नत ललाट, गहरी सपनीली आँखों और चाल में दृढ़ता के संगम थे शंकर। उनमें कुछ ऐसा था, जो उन्हें सबसे अलग करता था। कुछ ही दिन पहले कॉलेज से निकले शंकर को 'बैंक ऑफ़ इंडिया' में क्लर्क की नौकरी मिली थी। उत्तरी कर्नाटक के मल्लापुर गाँव के किसान सदानंद नागरकट्टे आर्थिक मोरचे पर हमेशा संघर्षरत रहे थे। इसलिये उनके बेटे शंकर को एक नौकरी की बहुत ज़रूरत थी। पर थोड़े ही दिनों में शंकर को इस सच्चाई से दो-चार होना पड़ा कि नौकरी और थिएटर में संतुलन निभा पाना असंभव है। थिएटर की क़ीमत पर शंकर को कुछ भी क़बूल नहीं था। उनकी इस घुटन को अरुंधती शिद्दत से महसूस करती थीं। अंतरमुखी स्वभाव के शंकर ने पहले दिन से ही अरुंधती को आकृष्ट किया था। टीम के ग्यारह लड़कों में एकमात्र शंकर बेहद पढ़ाकू थे। रिहर्सल के दौरान जब कभी वक़्त मिलता, उनके हाथ में कोई न कोई किताब होती। जबकि बाक़ी दस लड़के, जो बड़े बापों के बेटे थे, खाली समय में पूरी ऐश-मस्ती करते। 'वैरी' के बाद भी शंकर के साथ अरुंधती ने कई नाटकों में भूमिका की। थिएटर को लेकर अक्सर बातचीत में शंकर कहते, "अरु! थिएटर के ज़रिये हम

मनुष्यता को सत्यापित करते हैं। थिएटर समय की इच्छा का प्रतिबिंब है। इसलिये थिएटर से जीने-मरने जैसा प्यार करना होता है। इसके साथ ही उदास और खुश होना होता है। जिस तरह जीवन में रीटेक नहीं होता, थिएटर में भी रीटेक नहीं होता।''

''हाँ भरत मुनि! समय को सेंस करना ही थिएटर का सौंदर्यबोध है।'' अरुंधती बिहँसकर कहतीं।

''बेशक, अरु! 'नाट्यशास्त्र' के प्रवर्तक भरत मुनि का नाटकों के लिये सिद्ध सुभाषित है–रस आधार। इस रस आधार से ही हमें हिम्मत, प्रतिरोध और सौंदर्य बोध की संजीवनी मिलती है।'' शंकर अपनी गंभीर भंगिमा में जारी रहते।

सचमुच, यह दुनिया एक महानाट्यशाला है। शंकर के संग गुज़रे समय को याद कर सोचती हैं अरुंधती नाग और दग्ध होती हैं। पर शंकर का कहना सही था कि थिएटर जीवन को प्रोत्साहन देता है। दुर्घटना में शंकर की मौत के बाद थिएटर ने ही उनके जीवन को प्रोत्साहित किया, नये सिरे से रस-आधार दिया। वरना अरुंधती का जीवन तो क्षत-विक्षत हो चुका था। आरंभिक अवस्था में कठोर जीवन-संघर्ष और थिएटर ने शंकर को भी बहुत जल्दी परिपक्व कर दिया था। अरुंधती को याद है कि छह वर्षों के परिचय में कई बार कहने के बावजूद शंकर ने उन्हें अपना घर नहीं दिखाया था। बाक़ी दोस्त कहते थे कि वह अपना घर तुम्हें कभी नहीं दिखायेगा, क्योंकि वह बेहद तंग और छोटा है। एक दिन जब अरुंधती ने बातचीत बंद करने की धमकी दी, तो ग्रांट रोड स्थित गणेश प्रसाद बिल्डिंग की अपनी छोटी-सी कोठरी में आख़िरकार वे ले गये। उस कोठरी में किताबें ही किताबें थीं और फ़र्श पर ही सोने लायक़ दो ग़ज जगह शंकर ने किसी तरह निकाल रखी थी। किताबों से भरी शंकर की वह मासूम कोठरी अरुंधती के ज़ेहन में आज भी है।

''मैं थिएटर और इन किताबों के संग तुम्हें प्यार करती हूँ।'' अरुंधती ने कमरे से निकलते हुए शंकर से कहा था। उसी शाम छह साल की दोस्ती के बाद उन दोनों ने जीवन साथी बनने का निर्णय लिया था। तय हुआ कि शादी बेंगलूर में शंकर के जन्म दिन के अवसर पर 9 नवंबर को होगी। वह 1979 साल था और शादी के सिर्फ़ दो दिन पहले दोनों ने अपने दोस्तों और परिजनों के बीच इसकी घोषणा की थी। शादी के पहले शंकर ने बैंक की नौकरी से भी इस संकल्प के साथ इस्तीफ़ा कर दिया था कि अब वह थिएटर व सिनेमा के अलावा और कुछ नहीं करेंगे। सुप्रसिद्ध फ़िल्म निर्देशिका सई परांजपे की फ़िल्म में कुछ माह पहले असिस्टेंट डाइरेक्टर के रूप में काम कर उनका आत्मविश्वास बढ़ चुका था। वे आश्वस्त थे कि फ़िल्म निर्देशन के क्षेत्र में उन्हें क़ामयाबी मिलकर रहेगी। पर इसी बीच उन्हें गिरीश कर्नाड जैसे थिएटर व सिनेमा के दिग्गज ने अपनी कन्नड़ फ़िल्म 'ओंदानोंदु कालदल्लि' (वंस अपॉन ए टाइम) में हीरो के रोल का प्रस्ताव दिया था। इस प्रस्ताव से शंकर की खुशी का ठिकाना नहीं था। अरुंधती को याद है कि उस शाम वे मुंबई के छबीलदास ऑडिटोरियम में एक शो कर रही थीं। शंकर ने वहाँ फ़ोन कर कहा कि शो ख़त्म कर वह उनसे जल्दी मिलें। मिलने पर शंकर ने कहा कि उन्होंने तो पूरे तौर पर निर्देशन के क्षेत्र में उतरने का फैसला किया था, इसलिए इस प्रस्ताव से वे हैरान हैं। पर अरुंधती ने कहा, ''इस हैरानी में भी तुम

खुश होओ शंकर! यह ईश्वर का भेजा हुआ अवसर है। इसे एकदम आँख मूँदकर तुम्हें करना चाहिये।'' इस फ़िल्म के साथ ही शंकर को सम्मान और शोहरत की झड़ी लग गयी। उन्हें अंतरराष्ट्रीय फ़िल्म फ़ेस्टिवल में 'बेस्ट एक्टर' का अवॉर्ड मिला। पर इसके बाद जहाँ उनके पास काम ही काम होना चाहिये था, इसके बजाय लंबे समय तक एक कठोर सन्नाटा छाया रहा। न काम, न पैसा। अर्से तक फिर संघर्ष का सिलसिला। समय काटने के लिये उन्होंने 'फ़िल्म एप्रिसिएशन' का कोर्स किया। फ़िल्म विधा की कई बारीकियों को लेकर इससे शंकर को नयी दृष्टि मिली। दरअसल, वे जो भी करते थे, उसमें डूबकर। अरुंधती को याद है कि उस दौरान वे भारतीय सिनेमा की यात्रा पर उनसे देर तक चर्चा करते थे, ''अरु! अपने देश में सिनेमा ने विलक्षण प्रगति की है। एक जमाना था जब सिनेमा के अभिनेता–अभिनेत्री का परिचय पोस्टर पर नट–नटी के रूप में दिया जाता था। उदाहरण के लिये सन् 1935 में बनी फ़िल्म 'देवदास' का पोस्टर मराठी में कुछ यों था–'न्यू थिएटर्स लिमिटेड चा लोकप्रिय बोलपट–देवदास। नट: सायगल, पहाड़ी सान्याल, अंधकवि कृष्णचंद्र डे। नटी : जमुना, राजकुमारी।' पर आज भारतीय फ़िल्में अंतरराष्ट्रीय स्तर पर सम्मान पा रही हैं।'' गर्दिश के दिनों में भी शंकर ने कभी हौसला नहीं खोया। इसलिये क़िस्मत फिर नये सिरे से मुस्करायी और अगली कन्नड़ फ़िल्म 'सीताराम' में हीरो की यादगार भूमिका के बाद शंकर ने कभी मुड़कर नहीं देखा। हालाँकि, निर्देशक बनने की हसरत रखनेवाले शंकरनाग ने मात्र सात कन्नड़ और एक हिंदी फ़िल्म के अलावा अपने जीवन के सर्वाधिक चर्चित टी.वी. सीरियल 'मालगुडी डेज़' का निर्देशन किया। और अभिनय, जिसे कैरियर बनाने के बारे में सोचा तक न था, सौ कन्नड़ फ़िल्मों में उन्होंने अपने सफल अभिनय का झंडा लहराया। उनकी अंतिम अभिनीत फ़िल्म थी 'सुंदर कांड', जिसका प्रदर्शन उनके निधन के बाद हुआ था।

'वैरी' के रिहर्सल में अरुंधती चुपचाप आकर बैठ जाती हैं। फिर शुरू हो जाती है दुनिया की धूम–धूल के बीच वही समय को पकड़ने की कोशिश। उनकी ख़ामोशी को शिबन्ना अपने मसखरेपन से तोड़ते हैं, ''यही है, डाइरेक्शन का अरुंधती रंग। ख़ामोशी में ही सारे संकेत।'' अरुंधती आँखों-आँखों में मुस्कराती हैं। शिबन्ना की सचमुच वे शुक्रगुज़ार हैं। अरण्या और शुभंकर को 'रंग शंकर' में लाकर शिबन्ना ने फिर से 'वैरी' के मंचन के उनके पुराने सपने को सच करा दिया। उन्होंने सभी कलाकारों को स्क्रिप्ट का मर्म समझा दिया था और बस...। पर शुभंकर व अरण्या ने तो पूरे प्ले का ज़िम्मा थाम लिया। क्या इन दोनों से पूर्व जन्म का कोई संबंध रहा है उनका? अरुंधती की उठती–गिरती पलकों को ये समझते हैं और अन्य कलाकारों को भी पूरी भाव शांति से पटरी पर रखते हैं। सिस्टर मार्ग्रेट की भूमिका कर रही अरण्या नर्स की श्वेत वेश–भूषा में सुनहरे पीले केंद्रवाले सफ़ेद पंखुड़ियों के फूल–सी कितनी कमनीय लगती है...और आर्मी डॉक्टर के लिबास में शुभंकर...कितना सौम्य दिखता है। शंकर के जन्मदिन पर उनकी बिटिया काव्या अपने पति सलिल के संग वियतनाम से आ रही है। उसने फोन पर कहा है कि 'वैरी' का शो वह हर हाल में देखना चाहती है। 'इसे देखकर तुमसे और पापा से एक संग मिलना होगा'–कहा है काव्या ने। शुभंकर और अरण्या से मिलकर वह बहुत खुश होगी। उस अनदेखे अतीत का पुनर्मंचन देखकर विभोर होगी। मीनार पर

टँगे घंटे की लंबी धुन जैसे मन में गूँजती है, अरुंधती नाग को लगता है कि अतीत की क़ई घुमावदार तहें उनके भीतर गूँज रही हैं। शंकर कन्नड़ फ़िल्म जगत के व्यस्ततम स्टार थे। पर तमाम व्यस्तताओं के बावजूद समय निकालकर वे थिएटर करते ही थे। थिएटर के प्रति एक तो स्वयं भी उनका गहरा समर्पण था, दूसरे अरुंधती के भी थिएटर प्रेम का वे बेहद सम्मान करते थे। अरुंधती के लिये उनकी मुट्ठी में कुछ भी था। सीमा में निस्सीम। उस प्रेम को आज भी हर पल अपने भीतर महसूस कर भीगती हैं अरुंधती। पाँच-छह कन्नड़ फ़िल्मों के अलावा अरुंधती ने दो-तीन हिंदी फ़िल्में भी कीं लेकिन थिएटर ही हमेशा उनके मन का सावन रहा। शंकर के गुज़रने के बाद थिएटर ने ही उन्हें गहरे अवसाद से उबारा। अरुंधती महसूस करती हैं कि थिएटर विश्वात्मा से जुड़ने का माध्यम है। आज भी थिएटर ही उनके और शंकर के बीच मजबूत विश्वबंधन है। इसलिए यह रंग-यात्रा वे आख़िरी साँस तक निभायेंगी।

मात्र ग्यारह वर्षों का दांपत्य जीवन रहा उनका। वर्ष 1985 में उनकी इकलौती बेटी काव्या के जन्म के पाँच वर्षों बाद ही सितंबर, 1990 में एक सड़क दुर्घटना में शंकर चल बसे थे। उस समय उनके संग गाड़ी में अरुंधती और पाँच साल की काव्या भी थी। एन.ई.118 नंबर वाली शंकर की वह फिएट कार अरुंधती को आज भी याद है। तारीख़ थी 30 सितंबर। शंकर 'जो कुमारस्वामी' नामक अपनी नयी फ़िल्म की शूटिंग के लिये दावणगेरे के रास्ते में थे। गाड़ी उनका ख़ास ड्राइवर येलप्पा चला रहा था। वह एक माहिर ड्राइवर था। पर उस दिन जैसे साक्षात काल घुमड़ा हुआ था। दावणगेरे से 14 किलोमीटर पहले अनागोडु में तेज़ गति से जा रही एक ट्रक 'ख़्वाजा नवाब' ने शंकरनाग की फिएट कार को कुछ इस बुरी कदर धक्का मारा कि शंकरनाग और ड्राइवर येलप्पा की दुर्घटनास्थल पर ही मौत हो गयी। अरुंधती भी दुर्घटना में बुरी तरह घायल हुईं। पर वे किसी तरह बच गयीं। फिर भी पूरे दस महीने तक उन्हें ह्वील चेयर पर रहना पड़ा था। उनका चेहरा भी गहरा कट गया था, जिसके निशान अभी तक हैं। ग़नीमत से दुर्घटना के दौरान नन्ही काव्या छिटककर दूर एक घनी झाड़ी में जा गिरी थी, इसलिये उसे कुछ नहीं हुआ। अब तो इस हादसे को दो दशक से कुछ अधिक ही हो रहे हैं! पर अरुंधती आज भी उस हादसे को याद कर काँप उठती हैं।

भाग्य और नियति सर्वोपरि है—समय ने अरुंधती नाग को यही सिखाया है। यह भी बताया है कि एक मज़बूत साफ़ दिल बड़े से बड़े दुर्भाग्य को रौंदकर आगे निकलता है। दरअसल, संसार के विपुल मायाजाल में स्वच्छंद हास के संग जीने के लिये कठोर संकल्प और साहस चाहिये। गुज़रे दो दशकों को इसी संकल्प और साहस के संग जिया है अरुंधती ने। उन्हें हमेशा लगता रहा है कि सप्तर्षि मंडल की भाँति शंकर उनके संग हैं और ऋषि वशिष्ठ की पत्नी अरुंधती की तरह वे अटल सुहागन हैं। शंकर उनके ध्रुव हैं। धुरी हैं उनकी। इसलिए लगातार जद्दोजहद के बाद वर्ष 2004 में इसी हौसले के संग बेंगलूर में उन्होंने 'रंग शंकर' की स्थापना की। बीते पाँच-छह वर्षों में यहाँ लगभग तीन हज़ार शो हो चुके हैं। थिएटर के लोगों को एकजुट कर बना यह ट्रस्ट 'रंग शंकर' रंगकर्मियों का स्थायी उल्लास है। यह शंकर के नाम का प्रभाव है। शंकर स्वयं में एक उल्लास थे। ईश्वर के विलक्षण विन्यास। शायद इसलिये ईश्वर ने बहुत जल्दी उन्हें अपने

पास बुला भी लिया। अरुंधती के बड़े भाई मोहन राव उन्हें परितोष देते हुए दुलार से कहते हैं, ''ओ मेरी गुंडु! मेरी पुट्टु! किसी व्यक्ति का सौभाग्य या दुर्भाग्य उसकी पत्नी होती है। तू महानायक शंकर की सौभाग्य थी। महज 35 साल की उम्र और बारह वर्ष के कैरियर में ही वह अगले सात जन्मों का काम यों ही नहीं कर गया।''

शंकर को यह सब कुछ करना ही था। भाग्य और नियति को सत्यापित करने के लिये अल्पायु में उन्हें सब कुछ करके जाना था–सोचती हैं अरुंधती। अगर यह पूर्व निर्धारित नियति नहीं थी, तो अपने साथी और सहयोगियों द्वारा तीव्रता से मना करने के बावजूद वे 'जो कुमारस्वामी' फ़िल्म बनाने का निर्णय ही भला क्यों लेते ? दरअसल, जो कुमारस्वामी एक युग में उत्तरी कर्नाटक के परम सिद्ध संत हुए। कहते हैं कि उनके आशीर्वाद से लोगों की असाध्य बीमारियाँ ठीक हो जाती थीं, दुख–कातर निःसंतानों को संतान सुख मिलता था और यहाँ तक कि जन्मजात नेत्रहीन आँखों में ज्योति पा जाते थे। इसलिए लोग उनकी अलौकिक शक्ति के समक्ष श्रद्धा से प्रणत रहते थे। इस महान निरंजन उपासक के प्रसंग में एक अजीब बात थी। बीते दिनों में उनके ऊपर थिएटर से जुड़े कई निर्देशकों ने नाटकों का मंचन किया और उन्हें कुछ नहीं हुआ। पर जब–जब किसी फ़िल्म निर्देशक ने उन पर फ़िल्म बनाने की कोशिश की, किसी न किसी हादसे में उसकी मौत हो गयी। ऐसे विचित्र लोमहर्षक कुसंयोग के कारण भयवश बाद के दिनों में किसी फ़िल्म निर्देशक ने इस विषय को छूने का दुस्साहस नहीं किया। कन्नड़ सिने जगत में यह जनश्रुति फैल गयी कि जो कुमारस्वामी को फ़िल्म की रील में क़ैद होना सहन नहीं है। वे सर्वतंत्र स्वतंत्र हैं। इस जनश्रुति के अर्से बाद धुन के धनी शंकरनाग को अचानक क्या झोंक चढ़ गयी कि उन्होंने तय कर लिया कि इस भ्रांति को वे तोड़ेंगे और जो कुमारस्वामी पर फ़िल्म बनाकर दम लेंगे। हालाँकि, अरुंधती, शिबन्ना और उनके बड़े भाई अनंत नाग–किस–किसने नहीं उन्हें इसके लिये अंत–अंत तक मना किया। पर जो कुमारस्वामी का भूत शंकर पर बुरी तरह सवार था। वह किसी की सुनने को तैयार नहीं थे। आख़िरकार, वही हुआ जो होना ही था। फ़िल्म के मुहूर्त के बाद शूटिंग के लिये शंकर दावणगेरे के वास्ते निकले ही थे कि सड़क दुर्घटना में उनकी मृत्यु हो गयी। साधना–उपासना से जुड़े लोगों ने उस समय कहा था कि जो कुमारस्वामी जिन्हें हृदय से प्रेम करते हैं, उनमें स्वर्गोन्मुख प्यास जगाकर अपनी शरण में ले लेते हैं। अनंत के सहभागी और मोक्ष के विधायक जो कुमारस्वामी ने महानायक शंकर को अपनी शरण में ले लिया। अरण्या और शुभंकर के मन में शंकरनाग को लेकर अनेक जिज्ञासायें हैं। मसलन, थिएटर और सिनेमा को उन्होंने कैसे एक भाव से सिद्ध कर रखा था? कन्नड़ सिनेमा के महानायक बनने की यात्रा उन्होंने कैसे तय की? उनके अभिनय और निर्देशन की विशेषतायें क्या थीं? ये और ऐसी अनगिनत उत्सुकतायें। 'वैरी' की इस टीम के अन्य बच्चों के मन में इतने प्रश्न नहीं हैं। शंकरनाग को लेकर शुभंकर और अरण्या की यह जिज्ञासा स्वाभाविक भी है, क्योंकि उनके इलाक़े में 'मालगुडी' के कारण शंकरनाग की कहानियाँ किसी दंतकथा के नायक की भाँति फैली रही हैं। इन्हें सुन–सुनकर ही वे बड़े हुए हैं। अरुंधती वात्सल्यपूर्ण हँसी बिखेर कर कहती हैं, ''शंकर के किस्से सुनना हो तो, शिबन्ना से सुनो। एक से एक दिलचस्प कहानियाँ।''

"चाहे वह थिएटर का स्टेज हो या सिनेमा का परदा, दिल हिलाते थे शंकरनाग।" शिबन्ना स्मृतियों की मिंजाई-ओसाई में खोने लगते हैं, "थिएटर और सिनेमा को एक संग कैसे वे निभाते थे, बस उनकी इसी एक कथा से तुम्हें पता चल जायेगा।" गहरी साँस लेकर शिबन्ना ज़ारी हैं, "उस शाम हम सारे कलाकार स्टेज पर हँसते-हँसते बेहाल हो गये थे। बेंगलूर के कलाक्षेत्र में 'नागमंडल' का शो था। गिरीश कर्नाड लिखित इस नाटक का निर्देशन स्वयं शंकरनाग ही कर रहे थे। इस नाटक में मेरे और रमेश भट्ट समेत कन्नड़ रंगमंच के कई नामचीन स्टेज आर्टिस्ट थे। शंकरनाग इस नाटक के निर्देशक के अलावा अरुंधती के संग मुख्य भूमिका में भी थे। खैर, नाटक की पूरी तैयारी हो चुकी थी। पचासेक बार हम लोगों ने रिहर्सल कर रखा था। कहीं कोई कसर नहीं थी। दरअसल, शंकर किसी भी काम को तन्मय होकर पूरे मन से करते थे।" एक पल रुककर अरुंधती की तरफ़ देख शिबन्ना फिर शुरू हैं, "उस दिन सुबह से बेंगलूर से पचास किलोमीटर के फासले पर नंदी हिल्स इलाके में शंकर की एक फ़िल्म की शूटिंग थी। शंकर ने 'नागमंडल' के हम सभी रंगकर्मियों से कह रखा था कि फिक्र की कोई बात नहीं, वे एकदम पक्के समय पर पहुँच जायेंगे। इसलिये सारे कलाकार इत्मीनान में थे। नाटक शाम को सात बजे से शुरू होना था। तब तक दुनिया में मोबाइल फोन नहीं आया था। नंदी हिल्स के सेट से शंकर ने कला क्षेत्र में शाम को छह बजे मुझे फोन करके बताया कि वे बस पहुँच ही रहे हैं, इसलिये नाटक समय से शुरू हो जायेगा। 'नागमंडल' नाटक में प्रथम दृश्य नायक-नायिका के विवाह का था। नायक शंकर थे और नायिका अरुंधती। इसलिये प्रथम दृश्य में ही शंकर की उपस्थिति अनिवार्य थी। पर शाम सात बजे तक शंकर का कोई पता नहीं था। हालाँकि, हम सब समझते थे कि शंकर किस तरह यहाँ पहुँचने की खातिर परेशान होंगे। इधर शो के वास्ते दर्शकों की बढ़ती बेचैनी और शोर से तंग हो हमने आखिरकार पंद्रह मिनट विलंब से, यानी सवा सात बजे शो शुरू कर दिया। तब तक भी शंकर की कोई खबर नहीं थी। गनीमत से प्रथम दृश्य विवाह का था और इसलिये आरंभ एक विवाह-गीत से था। 'नागमंडल' के हम सभी कलाकारों ने संगीत की तेज धुन पर विवाह-गान शुरू कर दिया। उम्मीद थी कि विवाह गान संपन्न होते-होते भी शंकर आ जायेंगे, तो बिगड़ती जा रही बात किसी तरह सँभल जायेगी। पर शंकर का कोई पता नहीं। मंच पर जलती रोशनी चंद पल के लिये बुझी और हम कलाकारों ने आपस में बिजली की गति से तय किया कि एक राउंड फिर 'विवाह गीत' को दोहरायें। दूसरी बार भी जब 'विवाह गीत' हो चुका, शंकर नहीं पहुँचे थे। लिहाजा, तीसरी दफा...। एक ही गीत को तीसरी बार उठाया जाता देख दर्शक बुरी तरह खीज उठे। शोर बेतहाशा बढ़ गया। पर कोई उपाय नहीं था। सारे कलाकार शंकर पर बुरी तरह खफा हो रहे थे कि अब चौथी दफा अगर 'विवाह गीत' की आवृत्ति हुई, तो लोग मंच पर जूते-चप्पलों की बरसात शुरू करेंगे। तभी समस्त कलाकार उस खीज में भी मारे खुशी के हैरान हो उठे। गीत के तीसरे राउंड की समाप्ति के ऐन पहले गान-मंडली में से दूल्हे की सज्जा में शंकर अचानक प्रकट हुए और दर्शकों का अभिवादन किया। गुस्से व बेचैनी के संग किसी तरह विवाह-गीत गा रहे कलाकारों को दरअसल पता ही नहीं चल पाया था कि दूल्हे का मेकअप जल्दी से कर गीत के तीसरे राउंड के

अंत में कब शंकर उनके बीच शामिल हो गये हैं। शंकर को मंच पर देखते ही दर्शकों ने तालियों की मूसलाधार बौछार की। लोगों में शंकर का यही जादू था, जो सिर चढ़कर बोलता था। उन्हें देखते ही लोगों का सारा गुस्सा काफूर हो गया था। शो के बाद शंकर के ड्राइवर ने बताया कि गाड़ी में ही उन्होंने अपना शर्ट उतार लिया था ताकि ग्रीन रूम में शर्ट उतारने में उनका वक्त बर्बाद न हो। वे बगैर शर्ट के दौड़ते हुए ग्रीन रूम में पहुँचे। जल्दी-जल्दी दूल्हे का मेकअप कराया और आहिस्ते-से दबे पाँव विवाह-गान की कलाकार मंडली में घुसकर गाने लगे। उनकी यही अदा थी, जिस पर उनके दोस्त-अहबाब कुर्बान रहते थे। सिनेमा और थिएटर में उन्होंने कभी किसी को उन्नीस नहीं समझा। ही वाज रीयली ग्रेट...। शंकर न भूतो न भविष्यति है...।" लगता है शंकर नहीं, आँखें मूँदकर जलशस्य आवल[1] की शोभा का वर्णन कर रहे हैं शिबन्ना। चाँदी के दमकते पंचपात्र में दूध भरकर शिवलिंग पर उड़ेल शंकर का महाभिषेक कर रहे हैं वे। शंकर के बारे में शिबन्ना को सुनते हुए अक्सर शुभंकर का मन वर्षा में महापूरित नदियों की भाँति भर आता है।

कभी-कभी अरण्या से वह कहता है, "सच में बड़े भाग्यवान हैं शिबन्ना। शंकरनाग जैसे महानायक को इतनी अंतरंगता से देखा।"

---

1. कमल सदृश्य एक पुष्प

11

छोटा दर्पण

सितंबर माह का मध्य है और आज भाद्र पूर्णिमा के संग-संग महालया का भी आरंभ है। पर गाँव गहरी उदासी में है। महीधर की पत्नी लीला आज सुबह चल बसी। लंबे अर्से से वह हृदय रोग से जूझ रही थी। अब तक इस एकमात्र अंतिम इच्छा के संग वह जीवन से चिपकी थी कि बेटे चंद्रहास का विवाह देख ले। पर ईश्वर ने अंततः इसकी मंजूरी नहीं दी। आगामी माघ में चंद्रहास का विवाह पहले से तय है। लड़की मलंदुर की है। वैसे, घर में मृत्यु होने पर एक साल तक कोई शुभ कार्य नहीं किया जाता है। यह महीधर पर निर्भर है कि वह अपने बेटे चंद्रहास के विवाह को लेकर क्या निर्णय लेता है। अपरा नायक और देवदास पंडित सरीखे गाँव के कुछ लोगों को बहुत अफ़सोस है कि बेचारी लीला को पुत्रवधू का मुँह देखना नसीब नहीं हुआ, जबकि कैंटीन परियार और बोट संजय समेत गाँव के अधिसंख्य लोग मानते हैं कि महीधर जैसे कुटिल और सनकी पति से आख़िरकार उस पुण्यात्मा को मुक्ति मिल गयी। ऐसा कोई दिन नहीं था कि वह घर में बात-बेबात फसाद नहीं करता था। जब वह मृत्यु शय्या से चिपक गयी थी, तब भी किसी दिन वह उसे गाली-गलौज़ करने से बाज़ नहीं आया। पर लीला भी जाने किस माटी की बनी थी। शायद ही कभी उसने पति को उलटकर जवाब दिया हो। पति के हाथों कई बार पिटने के बावजूद बाहर किसी के सामने उसने कभी आँसू नहीं निकाले। गाँव का ख़ानदानी गोल्ल गोपालकृष्ण कातर स्वर में कहता है, "अरे भाई, मैं रोज महीधर के यहाँ दूध देने जाता रहा हूँ। मैं तो हरेक दिन का साक्षी हूँ। राक्षस के पाले में पड़ी लीला सचमुच बड़ी सीफतवाली स्त्री थी। महीधर ने उसका राई-काई कर दिया।"

कैंटीन परियार अवरुद्ध कंठ से कहता है, "जीवन में भाभी का स्नेह क्या होता है, मैंने उन्हीं से जाना।" दोड्डमने में उदास बैठी कस्तूरी राव गहरी साँस लेकर अपनी माँ जे.आर. श्रीमती बाई से कहती हैं, "मुझे हू-ब-हू याद है अम्मा, जब नयी-नवेली दुल्हन लीला अगुम्बे आयी थी। श्रीपंचमी की चाँदनी-सी सुंदर थी वह। पर महीधर जैसे राहु-कालिया ने उसे नष्ट कर दिया। अपने उजड्ड व्यवहारों से उसका अस्तित्व विदीर्ण कर दिया। एक अच्छी स्त्री का जाना शीतल-मधुर जलवाले आँगन के कुएँ का सूख जाने जैसा होता है।" कस्तूरी राव डबडबा गयी हैं। उन्होंने अम्मा और सुजया से कहा है, "आज चूल्हा जलाना उचित नहीं होगा। फिर भी आँत और दाँत तो मानते नहीं हैं। इसलिये आज असिद्ध भोजन से ही काम चला लो।" सुशीला माई अपनी मालकिन की

बातों में हामी भरते हुए कहती है, "देखियेगा, महीधर को अपने पाप का महाविष झेलना पड़ेगा। धरती पर कोई क्या इसका फैसला करेगा। इसके कर्मों का अंतिम फैसला तो आकाश करेगा। आह, लीला की बेटी बेचारी कुसुम रोती-खीजती माँ का मुख अंतिम बार देखने के लिये पति के संग चिकमंगलूर से जरूर चल चुकी होगी। कुसुम ऐन अपनी माँ जैसी प्यारी है लेकिन बेटा चंद्रहास बाप के साँचे में ढला है। चंद्रहास की शादी के बाद जो लड़की आयेगी, उसे लीला की तरह ही न जीवन-भर संताप झेलना पड़े।" मालकिन को मौन देख असमंजस में फँसी सुशीला माई अपनी बात का तुरंत उपसंहार करती है, "जो भी हो, मुझे उससे क्या लेना-देना? हाँ, श्रीवेणुगोपाल से प्रार्थना है कि लीला को स्वर्ग में शरण दें।" ज्योतिषाचार्य पंडित शतानंद शास्त्री अपने ज्ञानबल पर दावे से कह रहे हैं कि, "कल्याणी लीला ने जीवन में जो भी कष्ट सहा लेकिन वह सीधे स्वर्ग गयी है। भाद्र शुक्ल के दिन सूर्य-उत्तरा फाल्गुनी नक्षत्र में उसने शरीर छोड़ा है। और वह भी सुहागिन होकर। सुहागिन रहकर किसी स्त्री का मृत्यु वरण करना बड़े भाग्य की बात होती है। वैधव्य जीवन तो रौरव नरक है। उससे भी दारुण है विधुर होना। मैं स्वयं इसको भोग रहा हूँ, इसलिये समझता हूँ। महीधर को भी अब जीवन पर्यंत यह शूल झेलना होगा।"

"शतानंद शास्त्री सरल आत्मा हैं। इसलिये ऐसी बातें कर रहे हैं। लीला की तेरहवीं बीतने दो फिर देखना महीधर का महानाटक! वह बिना विलंब किये दूसरा विवाह करेगा। अरे, लड़की के लिये वह कंजूस पर्याप्त 'कन्या-शुल्क' भी देने को तैयार होगा।" बोट संजय विहँसकर कैंटीन परियार से कहता है, "गुरु! इस बात पर कोई मुझसे बाजी लगा ले।"

"पर उसके तो बेटे की शादी होनी है।" गोल्ल गोपालकृष्ण ने चिहुँककर विस्मय से आँखें फैला दी हैं।

"लगता है कि तुम अभी तक बाल बोध ही हो। तय जान लो कि अब अपने विवाह के बाद ही यह बेटे का विवाह करेगा।" बोट संजय मुसकता है।

"संजय! सारा गाँव जानता है कि वह दुष्ट है। पर किसी दुष्ट को और अधिक काला करने की कोशिश नहीं करनी चाहिये।" गोपालकृष्ण आहिस्ते से कहता है, "साठ-बासठ ग्रीष्म में झुलसे व्यक्ति से कौन लड़की विवाह के लिये राजी होगी भला?"

"ठीक है गोपाल! बस तेरहवीं बीतने की प्रतीक्षा करो।" बोट संजय अंतर्यामी भंगिमा में कहता है, "देखना कि विवाह के लिये कैसी अकड़बाई उठती है इसे।"

ज्योतिषाचार्य शतानंद शास्त्री कुंडली-जातक और निमित्त देखते-लिखते हैं। देव पूजा और प्रेत-बाधा दूर करने के अलावा हस्तरेखा देख भविष्यवाणी करने में भी उनका कोई सानी नहीं। उनके पांडित्य का डंका आसपास के कई गाँवों में बजता है। पर बोट संजय? उसे तो ज्योतिष का दूर-दूर तक कोई ज्ञान नहीं, लेकिन महीधर को लेकर उसकी भविष्यवाणी सच होती दिख रही है। लीला की तेरहवीं संपन्न होने के साथ ही दूसरे विवाह के लिये महीधर की व्याकुलता बरबस सतह पर आ गयी है। पंडित शतानंद शास्त्री से लेकर कस्तूरी राव और ममता जगदीश के अलावा विश्वनाथ बायर, लक्ष्मीनारायण माल्या व विष्णुमूर्ति भट्ट के पास लगातार वह अपने पुनर्विवाह की विवशता का विलाप रट रहा है, "लीला की प्रबल और अंतिम इच्छा थी कि चंद्रहास का विवाह शीघ्र हो। इसलिये चंद्रहास के विवाह की तिथि आगे बढ़ाने का तो कोई प्रश्न नहीं। आगामी माघ में चंद्रहास

का विवाह होना ही है। पर एक ही बात मुझे खाये जा रही है कि बहू जब आयेगी तो उसकी आगवानी कैसे होगी? मेरे दरवाजे पर कौन करेगी नयी लक्ष्मी का स्वागत ? और वैसे मेरा भी पूरा जीवन सामने पड़ा है। अगर अधिक जी गया, तो क्या बेटे-बहू के भरोसे मेरा जीवन चल पायेगा? अपने अंतिम समय में लीला ने मुझसे वचन लिया था कि अगर वह नहीं रही, तो मैं बिना विलंब किये पुनर्विवाह कर लूँ। लीला ने कहा था कि इससे उसकी आत्मा निश्चिंत और प्रसन्न होगी। हो सकता है कि और तो और मेरा बेटा-बेटी ही मेरी इस बात को झूठ समझे लेकिन जो सच है, वह है। मेरी जो अवस्था है, उसमें रास रचाने के लिये मुझे कोई रमणी तो चाहिये नहीं। इस धर्मसंकट से श्रीवेणुगोपाल मुझे कैसे उबारेंगे, यह वही जानें। सोच-सोचकर मेरा कलेजा फटा जा रहा है।''

बहरहाल, फटे कलेजे के संग महीधर इन दिनों पद्मनाभ के सैलून का नियमित सेवन कर रहा है। सौ रुपये ख़र्च कर उसने बाल में मेहँदी डाई करवायी है। निविया से दाढ़ी बनवाने में भी वह प्रति दिन पंद्रह रुपये व्यय कर रहा है। उसने ग़ौर किया है कि महज़ एक हफ़्ते में उम्र की चुगली करती चेहरे की झुर्रियाँ बहुत हद तक रास्ते पर आ गयी हैं और कपोलों की लुनाई भी बढ़ गयी है। टेलर मास्टर सुप्रसाद से नयी काट के कुछ चुनिंदा रंगीन कुर्ते भी उसने सिलवाये हैं। आयीने में अब स्वयं उसे एक नया महीधर दिखता है। वह महसूस करता है कि लीला की लंबी बीमारी से उपजी खिन्नता के कारण उसने अर्से से अपने ऊपर ध्यान देना छोड़ दिया था। आयुर्वेद और होमियोपैथी के मिश्रित स्वयंभू चिकित्सक बालकृष्ण नायक की सलाह पर यौवन और यौन शक्ति की वापसी के लिये इन दिनों वह आँवले के चूरण को शहद में मिलाकर बिला नागा चाटता है। साथ-साथ कच्चे आँवले का रस और आँवले के मुरब्बे के संग चौबीस घंटे में दो किलो दूध भी पचाता है। गाँव के धन्वंतरि बालकृष्ण नायक का कहना है कि आँवले के नियमित सेवन से ही जर्जर वृद्ध महर्षि च्यवन ने फिर से यौवन को प्राप्त किया था। महर्षि चरक और महर्षि सुश्रुत ने भी इस बात की पुष्टि की है कि शारीरिक दुर्बलता, आँखों की कमजोरी, दिल-दिमाग़ की रुग्णता और क्षीण हो रही स्मरणशक्ति को ठीक करने के लिये आँवला रामबाण है। यही नहीं, उच्च रक्तचाप, मधुमेह, पथरी, बवासीर, पेचिश और नकसीर को भी यह अपने निकट फटकने नहीं देता है। बालकृष्ण नायक की ही सलाह पर आँवला के संग-संग महीधर ने पपीता को भी साध लिया है। बालकृष्ण ने उसे कुपीलु उर्फ़ कुचला के बीज और छाल का भी सेवन करने को कहा है। इससे शरीर के सभी अवयवों की क्रियाओं में भरपूर उत्तेजना तो आ ही जाती है, नपुंसकता के अलावा मूत्र रोग और मानसिक थकावट का भी नामोनिशान नहीं रहता है। सदैव हरे-भरे रहनेवाले कुपीलु वृक्ष का क़द-बुत आम के वृक्षों की तरह ही होता है। जुलाई से सितंबर माह तक इसमें फूल तथा फरवरी-मार्च में फल आते हैं। महीधर को पता चला है कि तीर्थहल्ली के आसपास के कुछ गाँवों में कुपीलु के पेड़ हैं। फिलहाल तो इसकी छाल को कूट इसकी फक्की खाकर ही काम चलाया जायेगा। बालकृष्ण नायक से उसने कहा है कि ख़र्च के लिये कोई चिंता नहीं, जितनी जल्दी हो वही तीर्थहल्ली जाकर कृपया कुपीलु वृक्ष का पता लगायें और उसकी छाल ला दें। खोये यौवन की वापसी के बिना पुनर्विवाह का कोई मतलब नहीं।

महीधर ने अपनी कुंडली भी ज्योतिषाचार्य पंडित शतानंद शास्त्री से दिखाई है। उसके हाथ में समय अधिक नहीं है। यह अक्टूबर का दूसरा सप्ताह है। फरवरी, 2011 में चंद्रहास का विवाह है। जो भी करना है, नवंबर तक कर लेना है। उसके हाथ में बस यही एक डेढ़ माह है। अधिक विलंब करने से और समस्या उत्पन्न होगी। अपने विवाह का सारा कार्यक्रम उसे येनकेन प्रकारेण इसी अल्प अवधि में निपटाना है। शतानंद शास्त्री ने सूक्ष्म गणना कर निष्कर्ष निकाला है कि महीधर की कुंडली में दूसरे विवाह का योग है लेकिन बावजूद इसके उसे पत्नी सुख नहीं है। मंगल दोष के कारण ही प्रथम पत्नी का अल्पायु में निधन हुआ। यही नहीं, महीधर की कुंडली में प्रथम, चतुर्थ, सप्तम, अष्टम और द्वादश भाव में स्थित राहु, शनि व केतु की उपस्थिति को लेकर भी शास्त्रीजी बहुत चिंतित हैं। यह ग्रह योग जहाँ अवांछित अनैतिक कार्यों के लिये उकसाता है, वहीं मानसिक चंचलता में वृद्धि का कारक होता है। शतानंद शास्त्री ने विवाह को शीघ्र सुगम करने के वास्ते सर्वदोष परिहार के लिये कहा है। इसमें सात्विक-निमिष्ठ ब्राह्मणों को गोदान के अलावा अन्न, सुवर्ण, फल-मूल और वस्त्रादि दान करना होता है। शास्त्रीजी के अनुसार इससे सभी अरिष्टों की शांति होगी और पुनर्विवाह के लिये एक स्वस्थ-शालीन कन्या का योग बनेगा। सदैव से शास्त्रीजी का अपना नियम-संकल्प है कि वे दक्षिणा ग्रहण करते हैं किंतु दान नहीं। इसलिये महीधर ने विष्णुमूर्ति भट्ट के साथ-साथ राम मंदिर के अर्चक देवदास पंडित और आंजनेय मंदिर के पूजन प्रभारी माधव नायक के बेटे श्रीनिवास को हज़ार-हज़ार रुपये का अन्न-फल और वस्त्र दान किया है। लोक लाज के मारे गोदान उसने नहीं किया है। उसे लगा कि पुनर्विवाह की लालसा में गोदान करने से वह पूरे गाँव में हास्य का पात्र बन जायेगा। हालाँकि, बोट संजय विहँसकर कहता है, ''पिंजड़े में नाचकर अगर किसी को लगे कि कोई उसे नहीं देख रहा है, तो यह उसकी बेवकूफी है। दूसरी शादी के लिये वह कितना क्या दंड-बैठक कर रहा है, यह गाँव में किसी से छिपा है क्या?''

अक्टूबर माह का अंत हो रहा है। पर बात कहीं बन नहीं पा रही है। होसुर वाला विवाह-प्रसंग ख़त्म हो चुका है। होसुर के लक्ष्मणाचारी की बेटी के बारे में महीधर को अपरा नायक से सलाह मिली थी। सनसेट प्वाइंट पर सुबह से सूर्यास्त तक चने-चुरमुरे बेचनेवाले बूढ़े अपरा नायक को दसों दिशाओं की जानकारी मिलती रहती है। होसुर के कई लोगों से दरयाफ़्त करने पर पता चला था कि लड़की की अवस्था यही कोई 20-22 साल है और थोड़े दबे रंग की होने के बावजूद वह सुंदर है। अब रंग को लेकर वह चाटेगा क्या? हर तरह से महीधर को यह मामला जँचा था। पंचायत अध्यक्ष वीणा गिरीश होसुर की हैं। इसलिये महीधर ने उन्हीं के माध्यम से बात चलवाने की कोशिश की थी। पर वीणा गिरीश ने इस बेमेल संबंध के लिये पहल करने से साफ़ इंकार कर दिया था। आख़िरकार, होसुर के ही अपने एक पुराने परिचित कार्तिक किनी को महीधर ने पकड़ा। कार्तिक के मार्फ़त ही ग़रीब खेत मज़दूर लक्ष्मणाचारी को दस हज़ार रुपये 'कन्या-शुल्क' भी महीधर ने भिजवा दिया था। अभाव में गले तक धँसा लक्ष्मणाचारी इस संबंध के लिये खुशी-खुशी तैयार हो गया था। पर जिस दिन कन्या निरीक्षण कर विवाह तय होने की औपचारिकता संपन्न होनी थी, उसके एक रात पहले लड़की घर

से भाग चुकी थी। दरअसल, लड़की को यह जानकारी मिल चुकी थी कि उससे तिगुनी उम्र के व्यक्ति के संग उसका जीवन नत्थी किया जानेवाला है। ख़ैर, बहुत झंझ-मंझ के बाद लक्ष्मणाचारी ने 'कन्या-शुल्क' के आधे रुपये लौटाये। उसका कहना था कि महीधर के कारण ही उसे अपनी बेटी से हाथ धोना पड़ा। विलाप करते हुए उसने कहा, "इनकी शादी तो कहीं हो भी जायेगी लेकिन मेरी बेटी क्या कभी मिल पायेगी? क्या ठीक कि उसने भागकर आत्महत्या ही कर ली हो?" इस घटना के बाद से महीधर के पुनर्विवाह की संभावना पर बड़ा-सा ताला लटक गया है। अगुम्बे से दस किलोमीटर दूर गुड्डेकेरि की एक ग़रीब लड़की को लेकर भी लाख कोशिश के बावजूद बात नहीं बन पायी। हताशा में महीधर ने उसके लिये पचास हज़ार रुपये तक 'कन्या शुल्क' देने की पेशकश की। पर लड़की को मनाया न जा सका। उसने अपने पिता से साफ़ कह दिया कि इस बूढ़े से विवाह करने के बजाय वह आजीवन कुँवारी रहना पसंद करेगी। इस तरह छह-सात कथा-प्रसंग उठकर धड़ाधड़ काल-कवलित हो गये।

महीधर की बढ़ती हताशा को भाँप शतानंद शास्त्री ने अब कुछेक अचूक गुप्त चमत्कारी टोटके भी उसे बताये हैं। इसमें काले धतूरे के फूल को कर्पूर और गोरोचन के साथ ब्रह्म मुहूर्त में पीसकर तिलक लगाना है। ऐसा करने से कोई कन्या किसी पुरुष पर मर मिटती है। दूसरे टोटके में किसी पसंदीदा कन्या का नाम कागज़ पर लाल कलम से लिख शहद की छोटी-सी शीशी में डुबोकर किसी गुप्त स्थान पर रख देने से मनोकामना की सिद्धि होती है। 'कामथ होटल' के लिंगराज का गाँव वड्डीबैलू एकदम अगुम्बे की काँख में बसा हुआ है। एक दिन किसी कार्यवश वड्डीबैलू जाने पर वहाँ के राजेंद्र नायक की बेटी ताम्रा को महीधर ने देखा, तो देखता ही रह गया था। सच, कीचड़ की कमलिनी है वह। राजेंद्र की हालत अपरा नायक के साले कर्नल के.जे. राव से कम नहीं है। चिर कुमार होने के कारण के.जे. राव को तो परिवार की चिंता करने की कोई ज़रूरत कभी रही नहीं, लेकिन हमेशा नशे में धुत्त रहनेवाले राजेंद्र को भी कभी अपने बीवी-बच्चों की परवाह नहीं रहती। महीधर ने लिंगराज से कहा कि वह ताम्रा के विवाह के लिये राजेंद्र की पत्नी नागेश्वरी से बात चलाये। यही नहीं, ताम्रा का नाम सादे कागज़ पर लाल स्याही से लिख महीधर ने कई दिनों तक शहद की शीशी में डुबोये रखा। उसे पूरी आशा थी कि ठीक-ठाक 'कन्या शुल्क' ले-देकर ताम्रा के संग उसकी बात अवश्य बन जायेगी। लिंगराज के अलावा वड्डीबैलू के और भी कई लोगों से महीधर ने राजेंद्र नायक की पत्नी नागेश्वरी पर दबाव दिलवाया। पर वह टस से मस न हुई। नागेश्वरी ने दो टूक कहा कि, "वह इस मनहूस खूसट से ताम्रा का विवाह करने के बजाय बेटी को विष खिलाकर मार डालना पसंद करेगी।" जिस दिन नागेश्वरी ने अंतिम रूप से अपना निर्णय सुना दिया, महीधर ने मारे क्रोध के ताम्रा के नामवाली शहद की शीशी उठाकर फेंक दी। काला धतूर, कर्पूर और गोरोचन मिश्रित तिलक लगाना भी बंद कर दिया।

पुनर्विवाह में पिता की विफलता को देख अब चंद्रहास को चिंता सताने लगी है। कहीं अपने पुनर्विवाह के चक्कर में पिताजी उसका विवाह टाल तो नहीं देंगे? मलंदुर के जंगल में एक-दो बार चुपचाप वह अपनी भावी-पत्नी रेणुका से मिल भी चुका है। उस प्यारी-सी लड़की के संग विवाह का टलना वह किसी भी सूरत में सहन नहीं कर

पायेगा। व्यग्र और चिंतित चंद्रहास ने चुपचाप ज्योतिषाचार्य शतानंद शास्त्री से मिलकर अनुरोध किया है कि उसके पिता के पुनर्विवाह के लिये यथाशीघ्र जो भी यज्ञ-जाप हो, वह दया करके शुरू कर दें। इसके लिये जैसे भी होगा, वह पिता को बिना बताये सारे ख़र्च का इंतज़ाम कर देगा। पिता-पुत्र की मनोदशा को लेकर शास्त्रीजी क्षुब्ध हैं। महीधर की कुंडली में द्वितीय विवाह का संयोग है। लेकिन कब? यह तो एक विधाता ही जानते होंगे। विधि के विधान को आगे-पीछे करने की हैसियत भला किसे है। मुक्का मारने से कहीं कटहल पकता है। वैसे, शास्त्रीजी ने चंद्रहास को आश्वस्त कर दिया है कि वे उसके पिता के अविलंब पुनर्विवाह हेतु जाप शुरू कर चुके हैं और इसमें कुछ भी ख़र्चने की ज़रूरत नहीं। शास्त्रीजी ने उससे कहा है कि ईश्वर की कृपा से ही कोई विवाह तय होता है। इसलिये उसका विवाह भी निर्धारित समय पर हो जायेगा। वह बस प्रत्येक दिन श्रीवेणुगोपाल स्वामी के श्रीचरणों में हाज़िरी लगाता रहे। छठे-छमासे कभी मंदिर का रूख़ करनेवाला चंद्रहास इधर कुछ समय से नित्य मंदिर पर चुपचाप शीश नवा जाता है और अर्चक विष्णुमूर्ति भट्ट हैरान रह जाते हैं। उन्हें लगता है कि माँ के असामयिक निधन ने संभवत: चंद्रहास में यह चमत्कारिक बदलाव लाया है।

गाँव में अब तक सब मान चुके थे कि महीधर का पुनर्विवाह असंभव है। पर अचानक पिछले दो दिनों से इस मसले को लेकर सुरसुरी तेज़ है। पंडित शतानंद शास्त्री ने बाड़ेहेले गाँव की एक कथा सुझायी है। बाड़ेहेले के संपन्न कृषक निराकार नायक की कन्या सुचित्रा 35 वर्ष की अवस्था पार कर चुकी है। चालीस के औन-पौन होगी। बेटी के अत्यधिक वज़न के कारण लाख प्रयासों के बावजूद निराकार नायक उसके हाथ पीले करने में आज तक सक्षम नहीं हो सके हैं। सुचित्रा गोरी-चिट्टी है। नाक-नक्श भी सुंदर हैं उसके। पर उसका फोटो देखते ही लड़केवाले कहते रहे हैं, ''पर्वत जैसी यह कन्या मेरे बेटे के साथ मेल नहीं खायेगी।'' निराकार नायक की आये दिन अपनी पत्नी से नोक-झोंक होती है, ''दुलार में बचपन से इतना ठूँस-ठूँसकर खिलाया कि देखो अब कोई लड़का शादी के लिये राजी ही नहीं हो रहा है।'' निराकार की पत्नी ने बेटी का वज़न कम करने के लिये बीते कई सालों से कोई कसर नहीं उठा रखी है। पर सुचित्रा का वज़न घटने के बजाय बढ़ता ही गया है। तीर्थहल्ली से बेंगलूर तक के चिकित्सकों को दिखाकर थक चुके निराकार अपनी पत्नी से कहते हैं, ''शरीर कोई गुब्बारा नहीं कि जब चाहा फुलाया और जब चाहा पिचका दिया। मैं सुचित्रा के विवाह के लिये मुँहमाँगी राशि खर्च करने को तैयार हूँ, आगे ईश्वर की इच्छा।'' चारों तरफ़ से हताश निराकार नायक एक रिश्तेदार की सलाह पर इधर दो दिन पहले सुचित्रा की कुंडली लेकर ज्योतिषाचार्य पंडित शतानंद शास्त्री के पास अगुम्बे पहुँचे थे, ''पंडितजी! अगर मेरी बेटी बिना सिंदूर चढ़े रह गयी, तो इसी क्लेश से मैं मर जाऊँगा।'' शास्त्रीजी ने उन्हें तीन दिनों बाद बुलाया है। सुचित्रा की कुंडली का मनोयोगपूर्वक अध्ययन करते हुए शस्त्रीजी ने फलाफल निकाला है कि कन्या की कुंडली में विलंब से विवाह का योग है और वह भी किसी विधुर से। पर विवाह का समय अब सन्निकट है। सुचित्रा की कुंडली बनाते हुए शास्त्रीजी के झुर्रीदार मुख पर मुस्कान तिर आयी उन्हें लगा कि महीधर के विवाह का मुहूर्त आ चुका है। निराकार नायक के अपने यहाँ आने के एक

दिन पहले उन्होंने महीधर को बुलाकर सारा विवरण देते हुए कहा कि इससे अच्छा संबंध उसके लिये दूसरा हो नहीं सकता। निराकार नायक बाड़ेहेले के संपन्न गृहस्थ हैं। उनके यहाँ 'कन्या शुल्क' का भी चक्कर नहीं है। लड़की चालीस साल छू रही है। इसलिये अवस्था भी मिलान है। संगीत में प्रशिक्षित है। हारमोनियम बजाती है। कन्या के वज़न को लेकर विद्वान शास्त्रीजी ने कहा कि, "हाँ, खाते-पीते संपन्न घर की होने के कारण कन्या कुछ अधिक स्वस्थ है। इसे उसकी कमी नहीं मानी जानी चाहिये। वैसे भी, दूसरे विवाह में एक आँख बंद ही करके चलना होता है।"

"आप मेरे पिता तुल्य हैं, जो उचित समझें निर्णय कर दें। अब नवंबर माह चढ़ गया है। मेरे पास समय भी नहीं है।" हताश्वास महीधर ने विगलित भाव से शास्त्रीजी के पास पूर्ण समर्पण कर दिया है।

"ठीक है। कल निराकार नायक आ ही रहे हैं, तो मैं तुम्हारी कथा उनके समक्ष प्रस्तुत करता हूँ।" पंडित शतानंद शास्त्री ने गहरी साँस लेकर कहा।

अगले दिन निराकार नायक जब शास्त्रीजी के यहाँ पहुँचे, तो शास्त्रीजी पहले से पूरी भाव-भंगिमा में तैयार बैठे थे। सुचित्रा की कुंडली पर किये अपने लिखित विचार को उन्हें थमाते हुए शास्त्रीजी ने कहा, "नायकजी! बिटिया की कुंडली को मैंने जितना समझा और गुना है उस हिसाब से किसी विधुर से इसके विवाह का योगायोग है। वह भी इस एक मास के भीतर।"

"विधुर वर?" निराकर नायक डूबते हृदय से बुदबुदाकर रह गये।

"नायकजी! दोष आपका नहीं। यह सच है कि आँखें अपने को छोड़ सबको देखती हैं। पर इन्हीं आँखों से मनुष्य दर्पण में स्वयं को तो देखता ही है। सुचित्रा चालीस को छू रही है और उसका वजन भी बहुत अधिक है। बढ़े वजन के कारण ही उसके विवाह में इतना विलंब भी हुआ है। और फिर माता-पिता मात्र जन्म दे सकते हैं, भाग्य नहीं। कौन पिता नहीं चाहेगा कि उसकी पुत्री का विवाह किसी अति पुरुष के संग समय से हो। जानता हूँ कि आप सामर्थ्यवान हैं, किंतु प्रारब्ध के आगे आप भी कन्यादान को लेकर अब तक असहाय ही बने बैठे हैं।" शतानंद शास्त्री जारी रहे, "नायकजी! मेरे गाँव में ही सुचित्रा के लिये एक उपयुक्त कथा प्रसंग है। आप कहें तो मैं बात चला सकता हूँ।"

"आप भविष्य द्रष्टा हैं। कृपया मेरा मार्गदर्शन करें। अपने दोनों बेटों का विवाह मैं कर चुका हूँ लेकिन इस इकलौती बेटी के विवाह को लेकर मैं निरूपाय हो चुका हूँ।" औसत कद-काठी के बावजूद भव्य व्यक्तित्ववाले निराकार नायक का कंठ अवरुद्ध हो आया।

"मेरे गाँव का सुखी संपन्न कृषक है महीधर नायक। अवस्था साठ के करीब है। पत्नी का कुछ माह पहले निधन हुआ है। एक पुत्री और एक पुत्र का पिता है। बिटिया विवाहित है। बेटे का विवाह होना है। महीधर दूसरा विवाह करना चाहता है। मेरे जानते सुचित्रा के लिये इससे उपयुक्त कथा हो नहीं सकती।" शतानंद शास्त्री ने छिलका छुड़ाकर निराकार नायक को विस्तारपूर्वक सब कुछ बता दिया है, "आप चाहें तो महीधर से आपको अभी मिलवा भी सकता हूँ।" शतानंद शास्त्री शून्य में देखते हुए अस्फुट स्वर में बोले, "श्रीवेणुगोपाल की अब जैसी कृपा।"

शास्त्रीजी ने अपने दालान पर ही महीधर को बुलवा भेजा है। निराकार नायक ने थोड़ी देर बाद सामने से आ रहे महीधर को एक झलक में आपाद मस्तक निहारा है। यह व्यक्ति साठ छू रहा होगा लेकिन पूरा हृष्ट-पुष्ट है। निराकार नायक ने मन को समझाया–जो परिस्थिति है, उसमें कुछ तो समझौता करना ही होगा। किसी भलेमानुष की बेटी आँगन में आजीवन कुँवारी बैठी रह जाये, यह महाकलंक है। नरक में भी जगह नहीं मिलेगी।

"महीधर! ये बाड़ेहेले गाँव के श्री निराकार नायक हैं। तुमसे अवस्था में बड़े ही होंगे। चरण स्पर्श करो।" पंडित शतानंद शास्त्री के संकेत पर महीधर बिना एक पल विलंब किये निराकार नायक के पाँव पर झुक गया। उसे बात समझते देर नहीं लगी। उसने सोचा, शास्त्रीजी चतुर-सुजान हैं और उन्होंने बहुत दुनिया देखी है। वे जो कहेंगे उसे आँख मूँदकर मान लेना है। आख़िर इसके अलावा उसके पास कोई विकल्प भी तो नहीं।

"महीधर! निराकारजी की कन्या के संदर्भ में कुछ संकेत मैंने तुम्हें दिया था। तुम्हारे बारे में भी मैंने इन्हें सब कुछ बता दिया है। अब इस प्रसंग को कार्यरूप देना निराकारजी और तुम पर निर्भर है। हालाँकि, मुझसे सही मायने में पूछो तो सब कुछ श्रीवेणुगोपाल की इच्छा पर निर्भर है। पर फिलहाल मेरी इच्छा है कि निराकारजी को तुम अपने यहाँ कम से कम चाय तो पिलाओ।" शास्त्रीजी ने अपनी चिर-परिचित मंद मुस्कान के संग जब महीधर की तरफ़ देखा, तो बात महीधर की समझ में आ गयी कि शास्त्रीजी चाहते हैं कि निराकार नायक अपने भावी दामाद के हैसियत का निरीक्षण कर लें। निराकार नायक के चेहरे पर भी मुस्कान की रेख तिर गयी। शास्त्रीजी अंतर्यामी सिद्ध सुपुरुष हैं। उन्होंने उनके दिल की बात कह दी। ठीक है, हार-पार कर सुचित्रा का विवाह विधुर से करना होगा। लेकिन भावी दामाद का घर-द्वार देखना तो आवश्यक है।

महीधर इस अंतिम बाज़ी को किसी हाल में भी गँवाना नहीं चाहता था। उसने छूटते हुए कहा, "शुभ कार्य में विलंब क्या? आपने मेरे मुँह की बात छीन ली। कृपया आप दोनों अभी मेरे यहाँ चलने का कष्ट करें।"

ज्योतिषाचार्य पंडित शतानंद शास्त्री कुछ दिनों से ग़ौर कर रहे हैं कि लट्ठमार बोली-बानीवाला महीधर शहद टपकाने लगा है। महीधर के घर पर शास्त्रीजी और निराकार नायक के सत्कार हेतु आनन-फ़ानन में जो व्यवस्था की गयी, उससे निराकार नायक अत्यंत गद्गद हैं। चंद्रहास ने दौड़-भागकर चाय के संग महज़ आधे घंटे में भरपूर मिठाई और नमकीन आदि का इंतज़ाम कर दिया था। पिताजी की शादी की बात बन गयी! यह जानकर वह अति प्रसन्न था। उसे लग रहा था कि उसके विवाह के इर्द-गिर्द मँडरा रहे विघ्न के बादल अब छँट जायेंगे। चंद्रहास से भी मिलकर निराकार नायक संतुष्ट हुए। उन्होंने सोचा कि लड़का भला है और उम्मीद है कि सौतेले बेटेवाली हिंसा वह सुचित्रा के प्रति अपने मन में कभी नहीं रखेगा। महीधर के घर-द्वार को देख तथा खेती-बाड़ी के बारे में जानकर भी निराकार को पूरा इत्मीनान हुआ। इस घर में सुचित्रा सुखी रहेगी। शास्त्रीजी ने निराकार नायक के समक्ष ही महीधर को अपना आदेश सुना दिया कि व्यर्थ में कन्या निरीक्षण आदि का नाटक नहीं होना चाहिये। यह कार्त्तिक मास का शुक्ल पक्ष चल रहा है। आज से पाँचवें दिन अक्षय नवमी पड़ रही है। विवाह के लिये सर्वोत्तम

दिन! शास्त्रीजी ने तिथि सुनिश्चित कर दी है। शतानंद शास्त्री ने निराकार नायक से यह भी कहा है कि बस दो एंबेसडर या मारुति वैन सुबह में वर एवं बारात को लिवा ले जाने के लिये उन्हें अगुम्बे भेज देना है। बाराती में मुश्किल से सात-आठ लोग होंगे। सभी लोग विवाह की शाम ही वधू के संग गाँव आ जायेंगे। निराकार नायक को शास्त्रीजी ने हिदायत दी है कि विवाह और कन्या की विदाई में भी कोई तामझाम नहीं होना चाहिये।

महीधर का विवाह तय हो गया है, वर्षा की झिरझिरी की तरह गाँव में यह ख़बर हरेक घर को भिगो रही है। कैंटीन परियार ने अपने टी-स्टॉल पर चाय ढालते हुए बोट संजय से विहँसकर कहा है, ''मालगुडी के इस 'महीधर एपिसोड' के डाइरेक्टर जटायु महाराज शतानंद शास्त्री हैं। सुना है, अपरा नायक के नेतृत्व में उन्होंने बारात ले जाने का निर्देश दिया है। साथ ही चंद्रहास को बारात जाने से मना किया है। कहा है—बाप का विवाह किसी बेटे ने नहीं देखा है। और यह चंद्रहास! उसके पाँव पृथ्वी पर नहीं हैं। उसे लग रहा है कि उसके विवाह की भव बाधा दूर हो गयी। क्या निष्ठुर दुनिया है संजय! ठीक ही हुआ, लीला भाभी मरकर तर गयीं। पर देख लेना, दूसरी पत्नी ही महीधर को दुरुस्त करेगी।'' सुशीला माई व्यथित हो कहती है, ''यह विवाह नहीं, विनाश है कस्तूरी अक्का।'' महीधर के विवाह प्रसंग पर अपनी सेविका सुशीला माई के लगातार प्रलाप पर कस्तूरी राव ने एक पंक्ति की टिप्पणी कर ताला जड़ दिया है, ''सुशीला माई! श्रीवेणुगोपाल स्वामी से प्रार्थना करो कि उसकी दूसरी पत्नी का लीला वाला हश्र न हो।''

महीधर अपनी दूसरी पत्नी सुचित्रा को लेकर बारात समेत लौट आया है। पिता के पुनर्विवाह की सूचना से कुसुम अत्यंत क्षुब्ध है। वह गाँव नहीं आयी है। महीधर ने कस्तूरी राव से अनुनय किया था कि सुचित्रा को सूने घर में आकर कैसा लगेगा ? कुछ भी संख्या में गाँव का स्त्रीगण समाज तो उसके आगमन पर पहुँचे। कस्तूरी राव के दबाव पर तमाम ना-नुकर के बावजूद सुशीला माई और सावित्री भारी मन से वैजयंतीमाला भाग्यलक्ष्मी, नलिनी और पूर्णिमा के संग नववधू की आगवानी कर आयी है। पंचायत सदस्य ममता जगदीश ने भी इस अवसर पर पहुँचकर चार चाँद लगा दिए हैं। दरअसल, कस्तूरी राव ने ममता को फ़ोन कर कहा था कि महीधर कितना भी मूढ़ हो, इसमें उसकी दूसरी पत्नी का क्या दोष? लीला के जीते जी अगर वह दूसरी स्त्री लाता, तो विरोध की बात बनती। इसलिये गाँव के स्त्रीगण समाज को जाकर नववधू का सम्मान करना चाहिये।

''नववधू? फूल-सी डोली की हथिनी दुल्हन! साक्षात त्रिजटा।'' दोड्डमने लौटकर सावित्री ठहाके लगा रही है, ''कस्तूरी अक्का ! गाँव में निशानी गुड्डा और किट्टन गुड्डा के बाद अब यह एक तीसरी पहाड़ी...सुचित्रा पहाड़ी। इतना बड़ा वक्ष और पेट मैंने किसी स्त्री का आज तक न देखा था। डेढ़-दो क्विंटल से कम की न होगी महीधर की अधेड़ नववधू।''

''गोरी-चिट्टी है। आँख-नाक भी तराशे हुए हैं। पर वजन ही असाध्य है। पेट तो लगता है जैसे दो जुड़वाँ बच्चे लटके हैं।'' सुशीला माई गंभीर स्वर में बात को कुछ सहज करने की कोशिश करती है, ''जो भी हो, कुछ कमी है तभी तो उसके माँ-बाप ने उसे महीधर के संग नत्थी किया है। सुना है, बाड़ेहेले गाँव का सबसे बड़ा काश्तकार है सुचित्रा का बाप।''

"यह जान लो कि लीला की सारी कलप का हिसाब लेने के लिये ही श्रीवेणुगोपाल ने सुचित्रा को महीधर के घर लाया है। सावित्री! तुमने शायद ध्यान नहीं दिया कि आज बीच में एक-दो बार महीधर ने जब टोका-टाकी की, तो उसने किस तरह उसे तरेड़ कर देखा।" नलिनी चश्मे के भीतर से आँखें झपकाकर भविष्यवक्ता की भंगिमा में कहती है, "मेरी बात मिला लेना कस्तूरी अक्का! लीला की तरह यह पिटनेवाली नहीं। महीधर की कलाई पकड़ लेगी, तो उसकी सात पीढ़ी भी ताकत लगाकर नहीं छुड़ा पायेगी।"

"अरे पागल! आज यह सब बात मत कर। दोनों को शुभ-शुभ सुहागरात मनाने दे।" कस्तूरी राव मुसककर कहती हैं, "नलिनी! विवाह करने में वैसे भी इस गाँव को महारत प्राप्त है। महीधर ने तो पहली पत्नी के मरने पर दूसरी शादी की है लेकिन इस गाँव में नाना विध के विवाह हैं। तुम्हें नहीं मालूम होगा। तब मैं विवाह के बाद नयी-नयी आयी ही थी। माधव नायक के सामने के घरवाले गोविंदराय पंडित और उसके भाई गंगाधर पंडित का क्या दिलचस्प-चर्चित विवाह हुआ था।" कस्तूरी राव एक पल के लिये थमती हैं, तो अधीर नलिनी कहती है, "अब बता ही दो न कस्तूरी अक्का! कहानी छेड़कर छोड़ो मत।"

"तो सुनो!" कस्तूरी राव विहँसते हुए कथा उठाती हैं, "गोविंदराय पंडित और इसका भाई गंगाधर पंडित जमाने से बेंगलूर में नौकरी करते हैं। गाँव भी दोनों कम ही आते हैं। इसलिये उनके घर पर हमेशा ताला लटका रहता है। पर वर्षों पहले जब एक ही दिन गोविंद और गंगाधर की दुल्हनें उतरी थीं, तो उनके घर के दरवाजे पर दोनों को देखने गाँव की स्त्रियों की भीड़ उमड़ आयी थी। दरअसल, कौरीहटु गाँव में गोविंदराय पंडित की शादी ठीक हुई थी। अगुम्बे से बारात लेकर गोविंदराय पंडित के पिता वहाँ गये थे। विवाह के समय उसके छोटे भाई गंगाधर की दृष्टि गोविंदराय की पत्नी की छोटी चचेरी बहन पर पड़ी। अनिंद्य सुंदरी...अल्हड़ किशोरी। प्रथम दृष्टि में ही कामदेव का बाण सीने में लगा। उसने तत्काल खाना-पीना त्याग दिया। पिता से सीधे कहते तो हिम्मत न पड़ी लेकिन अपने मामा से उसने कहा कि अगर इस लड़की से उसका विवाह अविलंब न कराया गया, तो उसका शव ही गाँव लौटेगा। बड़ा नाटक हुआ। पर संक्षेप में कथा यह कि उसी शाम अगुम्बे वापस होनेवाली गोविंदराय पंडित की बारात दो दिनों तक कौरीहटु में टिकी रही और दोनों बहुओं को लेकर ही लौटी।"

"गंगाधर तो महासुंदरी पत्नी को लेकर आया था लेकिन पहाड़ी-सी विशाल स्त्री महीधर क्यों उठा लाया? कहाँ कमलिनी-सी लीला और कहाँ यह सुचित्रा...।" कैंटीन परियार की पत्नी पूर्णिमा मुँह बनाती है।

"हिमालय की चोटी पर चढ़नेवाले से किसी ने पूछा कि आप हिमालय पर कैसे पहुँच गये, तो पर्वतारोही ने जवाब दिया कि हिमालय क्योंकि वहीं था। प्यारी पूर्णिमा! जिसको जहाँ पहुँचना होता है, पहुँचता ही है। महीधर को बाड़ेहेले की पार्वती सुचित्रा के पास पहुँचना था, सो वह पहुँच गया।" कस्तूरी राव मुस्कराती हैं।

कस्तूरी राव भले ही इस रोचक वार्ता को टालकर संक्षिप्त कर दिया करें लेकिन महीधर और सुचित्रा की कैसी निभ रही है, इसको लेकर गाँव के पेट में लगातार गुदगुदी मची है। चर्चा है कि महीधर के घर के हालात पखवाड़े भर में बहुत कुछ बदल गये

हैं। चंद्रहास भी पहले से सचेत हो गया है। सुचित्रा के तेवर से बाप-बेटे को पता चल गया है कि लीला के दिनों की बददिमाग़ी की अब घर में कोई जगह नहीं। महीधर की सनक के कारण घर में अर्से से जमा कबाड़ को भी सुचित्रा ने साफ़ करा दिया है। ममता जगदीश को यह देखकर गहरी प्रसन्नता हुई है कि सुचित्रा ने लीला की तस्वीर को फ्रेम में मढ़वाकर माला समेत ससम्मान दालान में लगवा दिया है। ममता भावुक हो कस्तूरी राव से कहती हैं, "जीते जी बाप-बेटे ने लीला को इतना सम्मान नहीं दिया था।" लीला के बिस्तर पकड़ने के बाद से महीधर के घर में रसोई बनानेवाली आशा माई ने ममता जगदीश को बताया है कि, "मैं अब सिर्फ झाडू-पोंछा और बर्तन माँजने के हाबी-जाबी में रहती हूँ। भोजन सुचित्रा तंगी[1] स्वयं बहुत अच्छा पकाती हैं। उसके हाथ का उद्‌दिन बेले[2], कडले बेले[3] और बिसिबेले हुलि[4] खाओगी, तो जी से न छूटेगा।" महीधर के घर नित्य दूध देनेवाला गोपाल कृष्णा भी चकित हो कहता है, "दूसरी पत्नी ने आते ही महीधर के रुपया-पैसा धोकर रखने की आदत पर रोक लगा दी है। पहले हर सुबह उसके घर में चटाई पर कुछ न कुछ रुपया-पैसा सूखते अवश्य देखता था।"

हमेशा मनमानी करनेवाला महीधर घर में हुए परिवर्तनों को क़बूल कर स्वयं अपने आप पर हैरान है। बात-बात में वह लीला पर भड़क उठता था। पर अब मूक दर्शक बना रहता है। बिस्तर में भी सुचित्रा उससे हमेशा दूर-दूर ही रहती है। शायद अपने अत्यधिक वज़न को लेकर उसमें यह कुंठा हो—सोचता है महीधर। यों उसकी अक्सर तीव्र इच्छा हुई है कि सुचित्रा को बाँहों में लेकर उसे दुलार करे। उसके मोटे गुलाबी होंठों को चूमे। गोरे-चिट्‌टे कोमल विशाल स्तनों व पेट को सहलाये। उसकी गहरी नाभि को चूमे। पर सुचित्रा को यह हरगिज़ गवारा नहीं। पंडित शतानंद शास्त्री से महीधर ने खिन्न होकर अपनी पूरी व्यथा रखी है, "मेरा जीवन नष्ट हो गया पंडितजी।"

"महीधर! तुम्हारी कुंडली देखकर मैंने तुम्हें बता दिया था कि तुम्हें पत्नी सुख नहीं। लीला तो तुम्हारे अत्याचारों को झेलकर गयीं। अब सुचित्रा से कृपया तुम कलावती कन्या सरीखे व्यवहार की आशा मत करो। जो भाग्य ने दिया है, उसे प्रसाद समझो। हस्तिनी नायिकाओं की थोड़ी भिन्न मनोदशा होती है। 'ऋतु संहारम्' में हस्तिनी नायिका के संदर्भ में महाकवि कालिदास का एक श्लोक है, जिसका अर्थ है, 'हे प्रिये! विशाल जांघों के भार से पीड़ित, जरा मध्य भाग नतवाली, कुचों के भार से क्लेशित होकर धीरे-धीरे चलनेवाली स्त्री रात्रि के रतिकालीन वेश को जल्दी छोड़कर दिन के लायक वेश रचती है।' स्पष्ट है कि रतिक्रिया के लिए हस्तिनी नायिका को बहुत अनुरक्ति नहीं होती। महीधर! अब तुम जिस अवस्था में हो, तुम्हें भी इसकी आकुलता नहीं होनी चाहिये। उसे गृहिणी समझो, रमणी नहीं।" पंडित शतानंद शास्त्री ने स्मरण दिलाते हुए कहा, "और याद करो! तुमने कहा था कि तुम्हें अपनी घर-गृहस्थी के लिये एक गृहिणी की आवश्यकता है।"

महीधर ने यह सोचकर मन को समझा लिया है कि समय के साथ सुचित्रा शायद कुछ सहज हो जाये। चंद्रहास के विवाह के पश्चात घर में बहू आने से संभवतः उसमें कुछ परिवर्तन हो। पर एक पहेली जो महीधर को लगातार कुरेद रही है कि लीला के प्रति तमाम सम्मान के बावजूद सुचित्रा ने अपने शयन-कक्ष से लीला के समय का सुंदर-सा

---

1. छोटी बहन, 2. उड़द की दाल, 3. चने की दाल, 4. सांबर भात

पुराना नक्काशीदार ड्रेसिंग टेबुल आख़िर चंद्रहास के कमरे में क्यों रखवा दिया? अभी न तो चंद्रहास का विवाह हुआ है, न उसकी पत्नी आयी है। वैसे भी चंद्रहास का श्वसुर विदाई में अपनी बेटी को ड्रेसिंग टेबुल आदि तो देगा ही। फिर...फिर सुचित्रा ने ऐसा क्यों किया? क्या सुचित्रा उस आदमक़द शीशे में अपने को इसलिये नहीं देखना चाहती क्योंकि कभी लीला उसमें अपने को देखती थी? अपने स्वभाव के विपरीत एक रात बहुत मनुहार से लगातार कुरेदने पर सदैव अपने भीतर बंद-सी रहनेवाली सुचित्रा ने महीधर को भर्राये गले से अटकते हुए कहा, "लीला अक्का को लेकर नहीं। दरअसल, बाल सँवारने के लिये छोटे दर्पण से मैं काम चला लेती हूँ। ड्रेसिंग टेबुल के आदमक़द शीशे में अपने बेढब शरीर को देखना मुझे सहन नहीं।" सुचित्रा फूट-फूटकर रो पड़ी थी। महीधर ने पहली बार उस आधी रात में अपनी बाँहों में लेकर उसके मोटे गुलाबी होंठों को चूमा। रूई-से कोमल उसके बड़े-बड़े स्तनों, थलथलाते विशाल पेट को सहलाया और अपनी सारी मुरादें पूरी कीं। फिर देर तक सुचित्रा बिस्तर पर शांत-निश्चेष्ट लेटी रही। कठोर स्वभाव के महीधर का मन भी पिघल गया और उसे लगा कि विशाल क़द-काठी की एक नन्ही-सी बच्ची उसके बग़ल में सोई है। उसने मन में सोचा कि शास्त्रीजी की बात भले अपनी जगह पर सही हो लेकिन हस्तिनी नायिका की भी अपनी अलग सुरभि और शोभा होती है। उसे पंडित शतानंद शास्त्री की बात याद आयी कि सुचित्रा हारमोनियम बजाती और गाती भी है। उसने तय किया कि सुचित्रा को चकित होने की हद तक खुश करने के लिये वह कल ही उडुपि जाकर उसके लिये हारमोनियम ख़रीद लायेगा। होगा तो आगे के प्रशिक्षण के लिये शिव रुद्रप्पाजी को एक दिन घर बुलाकर सुचित्रा से मिलवा देगा।

12

ए मासे नाटका

"रंग दुर्गा हैं अरुंधती नाग! भारतीय रंगमंच को अर्द्धनारीश्वर के लक्ष्य तक पहुँचाने में देश की जिन कुछ महत्त्वपूर्ण महिला रंगकर्मियों ने इस दौर में अपना प्राण झोंक दिया, अरु उनमें एक हैं।" भावुक होकर कहते हैं शिबन्ना। 'रंग शंकर' के बूढ़े एकाउंटेंट रंगा राव भी कहते हैं, "अरुंधती के जीवन में थिएटर के अलावा और है ही क्या? इकलौती बिटिया पति के संग वियतनाम में ही रहती है। इसलिये 'रंग शंकर' ही उनकी माया है। वे इसकी आदिशक्ति हैं।" शुभंकर व अरण्या को याद है, उनके थिएटर गुरु परियार कहते रहे हैं कि लक्ष्यभेद के वास्ते दीवानगी की ज़रूरत होती है। परियार के सामने इस दीवानगी के उज्ज्वल उदाहरण थे स्व. शंकरनाग। शिबन्ना के साथ जब शुभंकर-अरण्या का बेंगलूर का कार्यक्रम तय हुआ, तो आनंद से विभोर प्रेमानंद परियार ने कहा था, "शंकरनाग की तरह की ही दीवानगी से रंगभाषा में सृजनात्मक मुठभेड़ करने का सामर्थ्य लंबी साधना के बाद अरुंधती ने भी पाया है। काम के अनुशासन से वे कोई समझौता नहीं करती हैं। उनकी छाँव में जितने दिन रहोगे, तुम दोनों के अवचेतन का आकाश खिलेगा।" परियार अन्ना ने ठीक कहा था। 'रंग शंकर' का कार्य अनुशासन देखते ही बनता है। 'रंग शंकर' की व्यवस्था से आरंभ से जुड़े सुरेंद्रनाथ और गायत्री दायें-बायें हाथ हैं अरुंधती नाग के। समर्पित अमात्य। क्या मजाल कि 'रंग शंकर' की नियम-व्यवस्था में ये दोनों कुछ भी चल से विचल हो जाने दें।

शंकरनाग के जन्मदिन के अवसर पर 9 नवंबर को 'वैरी' के शो में अरण्या व शुभंकर ने देखा था कि बेंगलूर के प्रबुद्ध समाज और थिएटर जगत में अरुंधती नाग का कितना सम्मान है। श्रीमती आर.नागरत्नम्मा, गिरीश कर्नाड, बी. जयश्री, पी. लंकेश, चंद्रशेखर कंबार और एच.जी. सोमशेखर से लेकर बी.वी. राजाराम व एस. मालती सरीखे कन्नड़ रंगमंच के एक से एक दिग्गज उस शाम 'वैरी' के शो में आये थे। कन्नड़ रंगमंच की इतनी महान हस्तियों को एक संग देखना सचमुच एक अद्वितीय अनुभूति थी। 'स्त्री नाटक मंडली' की संस्थापक और महान रंगकर्मी श्रीमती आर. नागरत्नम्मा के अवदान के बारे में कैंटीन परियार से शुभंकर व अरण्या ने सुना भर था कि कैसे उन्होंने कन्नड़ थिएटर के प्रथम महिला ट्रुप की स्थापना की थी और किन संघर्षों से आज अस्सी पार की अवस्था में भी इसे चला रही हैं। इसी तरह 'स्पंदन' थिएटर ग्रुप की प्रमुख बी. जयश्री के बारे में भी परियार ने ही बताया था, जिन्हें इसी 2010 वर्ष के जुलाई महीने में थिएटर

के क्षेत्र में महत्त्वपूर्ण योगदान के लिये राज्यसभा सदस्य मनोनीत किया गया है। शुभंकर–अरण्या समेत सभी कलाकारों ने शो के समापन के बाद मंच पर आमंत्रित इन सभी रंग–दिग्गजों के चरण स्पर्श किये। ऐसे महान रंग साधकों की वे चरणधूलि भी बन सकें, तो जीवन धन्य हो जाये। शिबन्ना के स्नेह और अरु ताई की महिमा के कारण ही तो ऐसे विरल–विलक्षण पल की प्राप्ति हो पाई। शो ख़त्म होते ही अरु ताई ने शुभंकर–अरण्या को भाव–विह्वल हो गले लगा लिया था। काव्या ने मुस्कराकर माँ से कहा, ''इस शो को देखने के लिये खास तौर से वियतनाम से मेरा आना सार्थक हो गया मम्मी। पापा का दिल आज बेहद खुश होगा। 'वैरी' के शो से बढ़कर उनके लिये शानदार बर्थ–डे गिफ़्ट और क्या हो सकता था।'' काव्या ने शिबन्ना से कहा, ''अंकल ! आप वाकई बड़े जौहरी हैं। शुभंकर–अरण्या सरीखे नगीनों को आप तो गजब निकाल लाये।'' काव्या के पति सलिल राज्याध्यक्ष ने अरुंधती की तरफ़ मुख़ातिब हो कहा, ''यू आर ग्रेट मॉम ! इस ट्रिप में मजा आ गया।''

रंगमंच की मासिक कन्नड़ पत्रिका 'ए मासे नाटका' के संपादक एल. कृष्णप्पा ने 'वैरी' की यादगार प्रस्तुति को लेकर अद्‌भुत अग्रलेख लिखा है। विशेषकर शुभंकर व अरण्या की भूमिका को लेकर उन्होंने टिप्पणी की है कि, ''वर्षावन के गाँव से निकलकर आये ये दोनों कलाकर गहरे नीले आकाश में मेघों की अनुपम उड़ान हैं।'' कन्नड़ रंगमंच की दुनिया में एल. कृष्णप्पा एक चलते–फिरते ज्ञान कोष हैं। बारह साल से निकल रही रंग–पत्रिका 'ए मासे नाटका' उनकी साँस है। इसका पहला अंक उन्होंने वर्ष 1998 के अगस्त माह में निकाला था। आज यह पत्रिका डेढ़ सौ साल पुराने कन्नड़ रंगमंच का एकमात्र मुखपत्र है। कन्नड़ रंगमंच के दिग्गजों स्व. ब.व. कारंत से लेकर गिरीश कर्नाड, मारलसिदप्पा, डॉ. विजया और टी.एन. सीताराम–सब से सानिध्य रहा है कृष्णप्पा का। और अरु ताई तो अरु ताई। इधर के दौर के रंगकर्मियों, नाटककारों व निर्देशकों में भी रामचंद्र देवा, दामोदर शेट्टी, एच.एस. राघवेंद्र राव समेत एस. मालती, जी.एन. रंगनाथ राव और जे. श्रीनिवास मूर्ति–कौन ऐसे हैं जिनके रंगकर्म को इस पत्रिका ने अपनी समीक्षा से चार चाँद न लगाये हो। इन चंद महीनों में एल. कृष्णप्पा के स्नेह से शुभंकर व अरण्या अभिभूत हैं। दोनों को जब कभी थोड़ा अवकाश मिलता है, उनकी पत्रिका के दफ़्तर पहुँच जाते हैं। यह दफ़्तर जहाँ कन्नड़ रंगमंच की हर नयी धड़कन को सुनता सहेजता है, वहीं पुरालेखागार की भाँति कन्नड़ रंगमंच के इतिहास को भी बहुत फ़िक्र से सँजोता है। हलचल से भरा 'ए मासे नाटका' का यह छोटा–सा दफ़्तर एक ऐसे स्वप्नलोक की शाखा–सा लगता है, जो भौतिक सच्चाइयों और वास्तविक दुनिया की जोर–ज़बरदस्ती से सहज ही ऊपर उठ चुका है। शिबन्ना शायद इसलिये कृष्णप्पा से विहँसकर कहा करते हैं, ''तुम गुरुदेव रवीन्द्रनाथ ठाकुर के मशहूर नाटक 'द किंग ऑफ द डार्क चेम्बर' हो।'' अँधेरे कक्ष का राजा ! शुभंकर–अरण्या जब भी कृष्णप्पा को उनके दफ़्तर में लेखों से जूझते देखते हैं, तो बरबस शिबन्ना की बात कौंध जाती है। शिबन्ना के संग बेंगलूर न आये होते, तो कन्नड़ रंगमंच के इन नक्षत्रों से कहाँ मिलना हो पाता? सचमुच, अगुम्बे से बेंगलूर की यात्रा अंतरिक्ष यात्रा सरीखी हो गयी। और यह सब प्रेम के कारण हुआ। जीवन में प्रेम का प्रस्फुटन नैसर्गिक है लेकिन इसका विकास तो संघर्ष में ही होता है। तापमान बढ़ने पर ही आकाश में मेघ उमड़ते हैं। बारिश

होती है। ताप से सौंदर्य और शीतलता का यह संबंध कितना अनूप-गझिन और अलौकिक है। अपनी इसी अलौकिकता के कारण प्रेम एक अंतरिक्ष अनुभूति है। असंभव में संभव। सीमा में निस्सीम! शुभंकर-अरण्या को अपने गाँव-समाज पर गर्व होता है। प्रेम का ऐसा सार्वजनिक सम्मान और कहाँ संभव है। दोनों को लगता है कि अपने जीवन की अब तक की पटकथा की विस्मयपूर्ण प्रस्तुति के वे द्रष्टा मात्र हैं। ईश्वर की सुदीर्घ रंगशाला के हैरान-अचंभित दर्शक। उन्होंने तो कभी सोचा तक न था कि तीर्थहल्ली के एक सर्वसाधारण कॉलेज से इंटर करने के बाद वे सीधे बेंगलूर के भव्य-गौरवशाली 'नेशनल कॉलेज' में आगे की पढ़ाई करने पहुँच जायेंगे। पर अरु ताई के प्रयास से 'नेशनल कॉलेज' में कला-संस्कृति कोटे से समाजशास्त्र विषय के संग बी.ए. में दाख़िला लेकर दोनों पढ़ाई भी कर रहे हैं, संग-संग थिएटर भी। शिबन्ना ने अपने जिगरी दोस्त सतीश शेनॉय के जे.पी. नगर स्थित आवास के आउट-हाउस में दोनों के रहने का स्थायी इंतज़ाम करा दिया है। चूल्हे-चक्की की भी व्यवस्था करा दी है।

कॉलेज में पूरा तमाशा लगा हुआ है। परिसर में दोनों विस्मय और आकर्षण के केंद्र बने हुए हैं। इनके अलावा पूरे कॉलेज में कोई दूसरा विवाहित जोड़ा नहीं है। समाजशास्त्र के विभागाध्यक्ष प्रो. सी.एन. कृष्णास्वामी मुदित हो कहते हैं, "ये दोनों साक्षात भवानी शंकर और लक्ष्मीनारायण के प्रतिरूप हैं। भारतमाता ग्रामवासिनी की संतानें। सही मायने में समाजशास्त्रीय अध्ययन के विषय हैं ये कि समाज में विवाह नामक संस्था आधुनिक समय में क्या-क्या करवटें ले रही है।" कॉलेज में शुभंकर और अरण्या के सहपाठीगण दोनों की प्रेमकथा का रोमांचक विवरण सुनते नहीं अघाते। अगसरकोणे के घनघोर जंगल की डाकिन्या गुफा में छिपकर बिताये गये समय की इनकी अनुभव-गाथा रोंगटे खड़े करनेवाली है। एक सहपाठी वेणुमुरली राव गहरी साँस लेकर कहता है, "काल को कँपानेवाली कथा है यह। अपने दौर के क्रांतिकारी योद्धा चेग्वेरा ने कहा था कि क्रांति को भी प्रेम की शक्ति चाहिये।" अरण्या की प्रिय मित्र सुप्रिया शेनॉय का तो कहना है कि किसी अच्छे फ़िल्म निर्देशक को इस अनूठी सच्ची प्रेम कथा पर फ़िल्म बनानी चाहिये कि भारतीय प्रेम की गहराई और ऊँचाई क्या है। और इनके गाँव के लोग कितने महान हैं। एक अन्य सहपाठी अरविंद हेब्बार कहता है, "आज के बाज़ारवादी और यांत्रिक जीवन के दौर में वाकई अद्‌भुत गाँव है अगुम्बे। दूसरे गाँव के लोग तो ऐसे मामलों में अपनी नाक का मुद्‌दा बनाकर लड़के-लड़की को मार ही डालते हैं।" सहपाठियों के अटूट प्रेम के कारण ही शुभंकर और अरण्या के मन में जो शुरुआती असहजता थी, वह इन चंद महीनों में क्रमशः ख़त्म होती गयी।

'नेशनल कॉलेज' की स्थापना के 65 साल हो रहे हैं। देश की आज़ादी के ठीक दो साल पहले स्थापित हुआ था यह कॉलेज। हर साल बड़े धूमधाम से कॉलेज के वार्षिकोत्सव का आयोजन होता है। इस साल के वास्ते भी आयोजन की तैयारी तेज़ है। दस दिनों बाद वार्षिकोत्सव है। पूरे कॉलेज की एक सुर से माँग है कि इस बार अन्य सांस्कृतिक कार्यक्रमों के संग शुभंकर व अरण्या की सच्ची प्रेम कथा की नाट्य प्रस्तुति की जाये। कॉलेज के सांस्कृतिक प्रभारी समाजशास्त्र के विभागाध्यक्ष प्रो. सी.एन. कृष्णास्वामी ही हैं। शुभंकर और अरण्या ने प्रो. कृष्णास्वामी से कहा है कि वे इस नाटक की पटकथा

लिखकर निर्देशन कर देंगे लेकिन इसमें स्वयं अभिनय न कर सकेंगे। जिस सत्य से वे गुज़र चुके हैं, उसका अभिनय उन दोनों के लिये संभव नहीं। प्रो. कृष्णास्वामी ने अपनी सहमति दे दी है। पर समय कहाँ है? हाथ में बस गिनती के दिन हैं। प्रो. कृष्णास्वामी ने दोनों का हौसला बढ़ाते हुए कहा है, "अरे यह कॉलेज का प्रोग्राम है, 'रंग शंकर' का नहीं। कॉलेज के सांस्कृतिक आयोजन इसी तरह जल्दी की तैयारी से होते हैं।" तैयारी युद्ध स्तर पर शुरू है। शुभंकर व अरण्या के लिये वाक़ई यह नाटक एक बड़ी चुनौती है। नाटक की पटकथा उन्होंने लिख ली है और नाटक का नाम रखा है–'अरण्य प्रेम।' शुभंकर व अरण्या ने इसमें मुख्य भूमिका के लिये अपने सहपाठियों भवेश और मेघाली को चुना है। दोनों ने डूबकर अपने-अपने पात्र को जिया है। अगसरकोणे के लैंडस्केप में मंचित इस नाटक ने धूम मचा दी है। कॉलेज के वार्षिकोत्सव में सौभाग्य से अरु ताई मुख्य अतिथि के रूप में आयी हैं। शुभंकर-अरण्या की निर्देशन प्रतिभा से वे मुग्ध हो उठी हैं। नाटक की कहानी, इसकी बिंब प्रतीक योजना, सौंदर्यबोध, पर्यावरण और सामाजिक-सांस्कृतिक परिवेश, पूरा स्टेज क्राफ़्ट–सब अद्‌भुत। नाटक कहीं से भी लाउड नहीं। लयात्मक अंदाज़ में छोटे संवाद और ख़ामोशी। समापन में जागरण के उद्घोष की तीव्रता। शुरू से अंतिम दृश्य तक नाटक के नोक-पलक में सरसों के दाने भर भी कोई कमी नहीं। कॉलेज के मंच पर अपने उद्‌बोधन में अरु ताई ने कहा, "शुभंकर और अरण्या मलनाड की मिट्टी की खुशबू हैं। मुझे रंगमंच के क्षेत्र में ऐसे तेजस्वी बच्चों से बहुत-सी आशाएँ हैं।" कृष्णप्पा ने 'ए मासे नाटका' में लिखा है, "यह प्रस्तुति रंगमंच की ग्रामीण नवचेतना के सौंदर्य की अनूठी प्रस्तावना है।" अरुंधती नाग और शिबन्ना ने शुभंकर व अरण्या से कहा है कि 'अरण्य प्रेम' का मंचन वे शीघ्र ज़बर्दस्त तैयारी के संग 'रंग शंकर' के स्टेज़ पर भी करें।

"कॉलेज की बात अलग है अरुदी। 'रंग शंकर' के स्टेज पर क्या ये नये बच्चे सँभालकर निर्देशन कर लेंगे?" अरुंधती नाग की सहचरी गायत्री पूछती है।

"गायत्री! यह 'वैरी' के टक्कर की थीम है। नये बच्चों को मौका तो दो। इनका आत्मविश्वास भला कैसे बढ़ेगा? फिर हमारा निरीक्षण तो है ही।" अरुंधती नाग गंभीर स्वर में कहती हैं।

"अरु ठीक कह रही हैं गायत्री।" संक्षिप्त टिप्पणी कर शिबन्ना चुप हैं। 'रंग शंकर' के स्टेज पर 'अरण्य प्रेम' के शो में बस अब एक हफ़्ता है। साढ़े चार सौ वर्ष पुराने उद्यान नगर बेंगलूर की शोभा दिसंबर अंत के इन दिनों में परवान चढ़ी हुई है। 'अरण्य प्रेम' की तैयारी भी परवान पर है। शुभंकर और अरण्या ने कॉलेज के मंच पर इस नाटक में मुख्य भूमिका कर चुके भवेश और मेघाली को ही रखा है। इन दोनों ने उनकी प्रेम-गाथा को मंच पर सचमुच जिया है। हर कोने से तैयारी ठोक-ठठाकर पूरी है। मंच परिकल्पना, वेश-भूषा, साज-सज्जा–सबकुछ सटीक। अरुंधती नाग हैरान हैं कि गाँव की दुनिया से निकलकर आये इन बच्चों की स्टेज क्राफ़्ट पर ऐसी सधी पकड़ बनी कैसे? फ़ाइनल रिहर्सल के दिन वे गायत्री से पूछती हैं, "तुम्हें कहीं कोई कमी लग रही हो तो बताओ?"

"कहीं कोई कमी नहीं। इस नाटक के एक-एक दृश्य मणिपुरी नाट्य दिग्गज रतन थियम के नाटकों के दृश्यों की भाँति शीशे तथा रंगों से रँगीले हैं। बाल रंगमंच जैसा

निर्दोष और मासूम है यह। इस मासूमियत की रक्षा में उतरा समाज अंत में अपना चरम आदर्श प्रस्तुत कर चमत्कृत कर देता है। अरुदी! यह नाटक भारतीय ग्रामीण समाज के उत्कर्ष की कथा से दंग करता है।'' अरुंधती नाग के सानिध्य में रहकर अनेक नाटकों का मंचन देख चुकी गायत्री विश्लेषण करते हुए अभिभूत हैं।

इन छह महीनों में शुभंकर व अरण्या ने छह वर्षों के बराबर थिएटर पर कठोर परिश्रम किया है। 'वैरी' के शो के पहले और बाद भी बिला नागा दोनों ने 'रंग शंकर' और दूसरे थिएटरों में जाकर अनगिनत अच्छे नाटकों के रिहर्सल को ग़ौर से देखा है। अरु ताई के इस सुभाषित को वे मूल मंत्र मानकर चलते हैं कि, ''अगर अच्छे नाटक करना चाहते हो, तो लगातार दूसरे अच्छे नाटकों के रिहर्सल देखो।'' मस्त मौला शिबन्ना तो दोनों से बराबर मुस्कराकर कहते हैं, ''रंगमंच के लिये उद्देश्यपूर्ण आवारागर्दी करनी पड़ती है। हैदर अली और टीपू सुलतान के बसाये इस फूलों के शहर में जमकर तुम दोनों आवारागर्दी करो...।'' शिबन्ना मुसककर फुसफुसाते हैं, ''प्यारे बच्चो! जिंदगी न मिलेगी दोबारा...।'' शिबन्ना से यों भी दोनों कुछ अधिक खुले हुए हैं। शिबन्ना ने उन्हें स्वर्ग का रास्ता दिखाया है। पर स्वर्ग के बारे में अगुम्बे के गंधर्व उनके नाट्य गुरु प्रेमानंद परियार ने सबसे पहले बताया था। 'अरण्य प्रेम' के शो के वास्ते शुभंकर और अरण्या ने शिबन्ना से इच्छा जतायी है कि उनके नाट्य गुरु प्रेमानंद परियार काश शो के प्रथम दिन इस नाटक के 'प्रथम दर्शक' के रूप में अगुम्बे से आमंत्रित किये जाते।

''ओफ! दिल खुश कर दिया तुम लोगों ने! मैं अरु से कहता हूँ। ग्रामीण स्तर पर थिएटर के लिये समर्पित ऐसे लोगों को बढ़-चढ़कर सम्मानित किया ही जाना चाहिये। वैसे भी, 'मालगुडी' जमाने का हमारा दोस्त है परियार।'' शुभंकर-अरण्या के इस प्रस्ताव से बहुत खुश हैं शिबन्ना।

''इस प्रस्तुति के माध्यम से हम बदलते भारतीय गाँवों में नये रूप ले रहे मन और नया आकार लेती नयी रंगभाषा से आज आपको मिलवाने जा रहे हैं। हमारे मलनाड अंचल में वर्षावन के बीच बसे गाँव अगुम्बे की यह सच्ची प्रेम-कथा है। इस प्रेम-कथा के वास्तविक पात्र हैं शुभंकर और अरण्या, जिन्होंने 'अरण्य प्रेम' नामक इस नाटक का निर्देशन किया है। इनकी निर्देशकीय परिपक्वता आप स्वयं देखेंगे। आज इस शो के 'प्रथम दर्शक' के रूप में हम रंगमंच के पुराने कलाकार दोड्डेरेंगदि प्रेमानंद परियार का हार्दिक स्वागत करते हैं, जो अगुम्बे के निवासी हैं और इस नाटक के निर्देशक दंपती शुभंकर और अरण्या के नाट्य गुरु हैं। अगुम्बे की पृष्ठभूमि में सृजित इस नाटक को लेकर मेरा मन स्वयं अत्यंत भाव-विह्वल है। दरअसल, मेरे पति स्व. शंकरनाग बहुत भावात्मक रूप से इस गाँव से जुड़े थे और इसलिए हमारा पूरा परिवार...हमारा समस्त 'रंग शंकर' परिवार इस मनोहर ग्राम से जुड़ा है।'' स्वागत वक्तव्य के समापन में अरुंधती नाग का स्वर भीग गया है। आँखें नम हो आयी हैं। अगुम्बे में 'मालगुडी' की शूटिंग के समय की कई पुरानी स्मृतियाँ बरबस कौंध गयी हैं।

'रंग शंकर' का पूरा हॉल जैसे एक-एक दृश्य के साथ अगुम्बे में तब्दील हो गया है। हॉल में खचाखच भरे दर्शक अगुम्बे के ग्रामीण बन गये हैं। अंतिम दृश्य श्रीवेणुगोपाल कृष्णास्वामी मंदिर पर उमड़ी भीड़ का है...। मंदिर को कितनी सजीवता से प्रस्तुत किया

गया है। गायत्री को लगता है कि पूरी प्रकाश व्यवस्था में शीशे और रंगीले रंगों के संग मानो मणिपुरी नाट्य दिग्गज रतन थियम मंच पर लुका-छिपी कर रहे हैं। खुशी और आँसू...। आँसू और खुशी...। अगुम्बे के गंधर्व प्रेमानंद परियार को लग रहा है कि उसका कलेजा फट जायेगा। निहाल कर दिया इन दोनों बच्चों ने आज। अगुम्बे का गंधर्व आज पा गया अपनी गुरु-दक्षिणा! परियार को लग रहा है कि अगुम्बे की प्राण धमनी खुशी से छलक रही है कि श्रीवेणुगोपाल कृष्णास्वामी पारावारहीन आनंद में थिरक रहे हैं। कि निशानी गुड्डा...किट्टन गुड्डा...मलापहाड़ी नदी...धान के खेत...पूरा वर्षावन और समस्त आकाश एक संग मिलकर उल्लास के अनंत कोमल धागों से सपने बुनने में जुट गये हैं। कि शंकरनाग मंच के कोने में लगातार खुशी से आँखें पोंछ रहे हैं। तालियों की अनवरत गूँज! धाराशार तालियाँ...! अगुम्बे के आकाश में घनन-घनन घहराते मेघों की भाँति अनवरत गड़गड़ाती तालियाँ...!

पर्दा गिर चुका है और मंच पर आमंत्रित किये गये 'प्रथम दर्शक' प्रेमानंद परियार मूक खड़े हैं। शिबन्ना को हैरानी हो रही है—लगातार बड़-बड़ करनेवाले उनके वाचाल मित्र को क्या हो गया है। परियार ने अब अपनी जेब से एक पुड़िया निकाली है, "यह अगुम्बे की माटी है...मैं अपने बच्चों शुभंकर और अरण्या का इससे तिलक करता हूँ। यह नाटक दरअसल हमारी प्रेममयी मातृभूमि की वंदना है। मान ऊँचा किया है इन बच्चों ने अपनी धरती का। श्रीवेणुगोपाल कृष्णास्वामी इन्हें भरपूर यश-कीर्ति दें।" शुभंकर और अरण्या के भाल पर मृत्तिका अंकित करते हुए झर रही हैं अगुम्बे के गंधर्व की आँखें। हॉल में भी किसी की आँखों पर रूमाल है, तो किसी की आस्तीन, किसी का दुपट्टा और किसी का आँचल...आँखों पर।

13

पायलट गुरुद्वारा

गाँव के इतिहास में ऐसी सनसनी कभी न मची थी। निशानीगुड्डा की तलहटी में लोगों की भीड़ लगातार उमड़ ही रही है। पूरा थाना और एंटी नक्सल फ़ोर्स (ए.एन.एफ.) कैंप यहाँ उलटा हुआ है। दरअसल, आज सुबह-सुबह थोड़ी देर पहले निशानीगुड्डा की चोटी से टकराकर वायुसेना का हेलीकॉप्टर 'गरुड़' बुरी तरह दुर्घटनाग्रस्त हो गया है। इसमें एक पायलट और दो सहपायलट सवार थे। दोनों सहपायलट तो गंभीर रूप से घायल होने के बावजूद बच गये लेकिन पायलट सुरिंदरजीत सिंह कोहली की मौत हो गयी है। घटना-स्थल का दृश्य दारुण है। हेलीकॉप्टर की पंखी खुलकर छितराई हुई है। गहरे हरे रंग के हेलीकॉप्टर का अंग-प्रत्यंग बिखरा हुआ है। भीड़ फटी आँखों से ध्वस्त हेलीकॉप्टर को देख रही है। गाँव का गोल्ल गोपालकृष्ण सिहरकर कहता है, "अब तक आकाश में ही देखते थे। बाप रे...ये हेलीकॉप्टर तो हाथी जैसा होता है...!"

"बेवकूफ! बड़ावाला हवाईजहाज देखोगे तो पागल ही हो जाओगे। बेंगलूर हवाईअड्डे पर एक बार मैंने बड़ा हवाई जहाज देखा था। कैसे बतायें...समझो दोड्डमने से भी बड़ा...।" बाबूराव वामन शेनॉय अपने स्वर में भरसक रोमांच घोलते हुए कहता है।

ए.एन.एफ. के जवानों ने फ़ौरन घटना-स्थल पर पहुँचकर क्षत-विक्षत हेलीकॉप्टर के मलबे से पायलट के शव और घायल सहपायलटों को युद्ध स्तर पर निकाला है। डॉ. अनिकेत ने आनन-फ़ानन में जहाँ तक जो संभव हो सका है, घायलों की प्राथमिक चिकित्सा कर दी है। हालाँकि, ऐसी भीषण घटना यहाँ पहली बार हुई है। लेकिन वैसे भी अस्पताल के सीमित साधन के कारण आपातकालीन परिस्थितियों में डॉ. अनिकेत को बुरी तरह झल्लाहट हो जाती है। बहरहाल, घटना के एक-डेढ़ घंटे के भीतर मणिपाल के 'कस्तूरबा मेडिकल कॉलेज' का एंबुलेंस पवन वेग से पहुँच दोनों सहपायलटों को आगे की चिकित्सा के लिये ले गया है। पायलट कोहली के शव का पोस्टमार्टम भी मणिपाल में ही होगा।

येलहंका वायुसैनिक अड्डे से मोबाइल और वायरलेस की झड़ी लगी हुई है। 'नक्सली सर्च' अभियान में लगा यह हेलीकॉप्टर बेंगलूर से 14 किलोमीटर दूर स्थित येलहंका वायु सैनिक अड्डे से इस इलाक़े के नक्सली ठिकानों का मुआयना करने निकला था। निकलने के दो घंटे के भीतर यह हादसा हो गया। वायु सेना ने दुर्घटना के कारणों की जाँच का आदेश जारी कर दिया है। वैसे, प्रथम दृष्टि में दुर्घटना का मुख्य कारण ख़राब मौसम माना जा रहा है। अक्टूबर के इन दिनों में वर्षावन के इस अंचल में कोहरे की

झालर लटकनी शुरू हो जाती है। कैंटीन परियार गंभीर स्वर में कहता है, "हवाई जहाज और हेलीकॉप्टर के लिये कोहरा काल होता है।"

बोट संजय युगलबंदी के अंदाज़ में जोड़ता है, "हवाई जहाज और हेलीकॉप्टर से आकाश में अगर पक्षी टकरा जाये, तो विधाता भी दुर्घटना को टाल नहीं सकते।"

देर से दोनों का व्याख्यान सुन रहे देवदास पंडित ने आख़िरकार मुँह बिचकाकर कहा है, "मालूम नहीं था कि गाँव में दो-दो रिटायर पायलट हैं।"

पर अपरा नायक के स्वर में तनिक हैरानी है, "लोहा-फौलाद से बना उड़नखटोला भला एक पक्षी के टकराने से बर्बाद हो जायेगा ?"

"एक नन्ही-सी चींटी के सूंड़ में घुसने से हाथी की मौत कैसे हो जाती है?" बोट संजय महाज्ञानी भाव में तर्क पेश करता है।

"आप लोग किस विवाद में उलझे हैं? मेरे सामने तो ब्रह्मांड नाच रहा है। अरे, 'गरुड़' नामक विमान का गाँव में दुर्घटनाग्रस्त होना साक्षात् विष्णु भगवान के कोप का संकेत है।" ज्योतिषाचार्य शतानंद शास्त्री कुपित हो गुर्रा उठे हैं, "दिमाग खराब है तुम लोगों का। गाँव पर कोई संकट सन्निकट है। जहाज के कप्तान की गाँव में अकाल मृत्यु हुई है।"

शास्त्रीजी की भविष्यवाणी से कुछ पल के लिये बरबस मौन छा गया है। वाजिब बात है। आख़िर 'गरुड़' नामक यह हेलीकॉप्टर अग़ल-बग़ल के किसी गाँव में न गिरकर यहीं क्यों गिरा है? शास्त्रीजी को ज्योतिष से लेकर सामुद्रिक शास्त्र तक का गूढ़ ज्ञान है। उनकी बात को यों ही हवा में नहीं उड़ा दिया जा सकता। नक्सली लोग भले इस गाँव के पंछी-परवा को भी न छूते हों, लेकिन इस क्षेत्र को अपना बसेरा बनाकर यहाँ के अमन-चैन पर आफ़त का बादल तो लटका ही रखा है। इधर लगभग महीने भर से पूरे इलाक़े में 'सर्च ऑपरेशन' जारी है। सनसनी की शुरुआत तब हुई जब सोमेश्वर कैंप के सैप जवानों से 40 राइफ़ल नक्सली सरेशाम लूट ले गये। इसके बाद से ही पुलिसवालों के सिर पर खून सवार है। सी.आर.पी.एफ. के असिस्टेंट कमांडेंट राजप्पा मोइली को नक्सलियों को सूचना लीक करने के आरोप में निलंबित कर दिया गया है और नक्सलियों की धर-पकड़ के लिये स्पेशल टास्क फ़ोर्स (एस.टी.एफ.), ए.एन.एफ. व जिला पुलिस का साझा 'सर्च ऑपरेशन' अंधड़-बवंडर बना हुआ है। अभी दस दिन पहले नक्सली संगठन के सेकंड-इन-कमांड बासप्पा उर्फ़ राजू उर्फ़ डॉन को पुलिस ने कुंदाद्रि में पहाड़ की चोटी पर स्थित जैन मंदिर से आधी रात में धर दबोचा। मानव कोबरा है बासप्पा उर्फ़ डॉन। उस पर छह सी.आर.पी.एफ. जवानों की हत्या के साथ कई संगीन मामले हैं। तमिलनाडु और आंध्र की पुलिस भी बेचैनी से उसकी तलाश में थी। पुलिस को शक है कि बासप्पा के गुरिल्लों ने ही शायद हेलीकॉप्टर पर भी गोली चलाई हो। ख़ैर, यह बात तो जाँच के बाद खुलेगी। पर जो भी हो, पुलिसवाले इस बार इस इलाक़े से नक्सलियों को निर्मूल करके ही दम लेंगे। एक हफ़्ता पहले अगसरकोणे की डाकिन्या गुफा से भी पुलिस ने छह हज़ार कारतूस, चार बंदूक़, सात सिक्सर, तीन पिस्टल, दो कट्टा और 80 हैंड ग्रेनेड ज़ब्त किया है। हेलीकॉप्टर दुर्घटना ने पुलिस के गुस्से को नये सिरे से लहका दिया है। बस-स्टैंड स्थित कैंटीन 'कृष्णा होटल' का संचालक व्यंकटेश चिंतित स्वर में बाबूराव वामन शेनॉय से कहता है, "नक्सली और पुलिस संग्राम

एक अपने गाँव ही क्या, पूरे इलाक़े का अंजर-पंजर ढीला कर देगा। कभी रात-रात-भर जंगल में गोलीबारी, तो कभी ढप से गिरकर हेलीकॉप्टर का छितरा जाना। गाँव को लेकर शास्त्रीजी की आशंका गलत नहीं। कठमलिया[1] बाबा नहीं हैं वे। अनहोनी का आभास उनको हो जाता है।''

''शास्त्रीजी क्या कहेंगे, यह 2011 साल एक अपने गाँव क्या, पूरे कर्नाटक प्रांत के लिये ही गदर का रहा है।'' दोड्डमने में कांजी की घूँट भरते हुए कैंटीन परियार ने जंगली मकड़ी की तरह आशंकित-उत्सुकता का जाल बरबस फैला दिया है।

''गदर...?'' परियार को कांजी देकर पूरणपोलिका बनाने की तैयारी में जुटीं कस्तूरी राव एक क्षण के लिये परियार पर परेशान नज़र डालते हुए थम गयी हैं।

''हाँ, अशांति की क्रांति तो पूरे कर्नाटक में इस साल थमने का नाम ही नहीं ले रही है। यह अक्टूबर महीना है, किसी तरह दिसंबर गुजर जाये।'' परियार ने वक्र हँसी बिखेर दी है।

''मंगट्टे पंछी की तरह ज्यादा विकट गान मत गाओ। बताओ, कैसा गदर...क्या अशांति ?'' कस्तूरी राव थके भाव से डायनिंग टेबुल की बेंच पर बैठ गयी हैं।

''ढोंगी वैदिक की तरह मुझे लंबी-चौड़ी भूमिका बाँधने की आदत नहीं। आप गौर कीजिये अक्का कि इसी साल अपने गाँव की बेचारी भागीरथम्मा और सुगथा अल्पायु में चल बसीं...पुंडरम्मा लकवे की शिकार हुई...सुर सागर शिव रुद्रप्पा को हार्ट अटैक हुआ और अब यह हेलीकॉप्टर दुर्घटना। यह तो हुई सिर्फ अपने गाँव की कहानी। अब अपने कर्नाटक प्रांत पर दृष्टि डालिये। लगातार उथल-पुथल और रोमांचक घटनाक्रम। कर्नाटक के भाजपाई मुख्यमंत्री बी.एस. येदियुरप्पा एक लंबे नाटक में दुर्गति झेल 31 जुलाई, 2011 तक पद पर रहने के बाद बनवास में चले गये। पर बनवास में जाकर भी वे अपनी जगह मुख्यमंत्री बने सीधे-सादे डी.वी. सदानंद गौड़ा की नींद हराम किये हुए हैं।'' कैंटीन परियार ने अपनी बात का क्रम जारी रखते हुए कहा, ''इसी साल अभी हाल में उठा कर्नाटक के खनन माफिया जनार्दन रेड्डी का प्रसंग क्या कम लोमहर्षक है? यह आदमी, जो अपने को विजयनगर के सम्राट कृष्णदेव राय का अवतार मानता था, अभी जेल में है। अवैध खनन और दूसरे काले धंधों से कर्नाटक में खरबों रुपये की लूट की इसने। इसके पास अपना हेलीकॉप्टर तो था ही, पंद्रह किलो वजन की हीरे जड़ी सोने की कुर्सी, सोने के ढेर सारे बर्तन, सोने से बनी भगवान वेंकटेश्वर की मूर्ति. ..बेशुमार मणि-मणिक्य, पचासेक अत्याधुनिक गाड़ियाँ...और क्या-क्या नहीं। कर्नाटक को जमकर चूसा जनार्दन रेड्डी ने। अकूत पैसे के दम पर ही यह अपने भाई करुणाकर को कर्नाटक का मुख्यमंत्री बनवाना चाहता था। जनार्दन रेड्डी को लोग 'बेल्लारी का सुलतान' कहने लगे थे। पर कहते हैं कि बेल्लारी की सिद्ध 'सुग्गलम्मा देवी' उसके अनाचार से बहुत कुपित हो गयीं और उन्हीं का श्राप उसे लग गया। पर देखें कि वह जेल में कब तक टिकता है! चर्चा है कि वह जल्दी ही जेल से निकलनेवाला है। इन्हीं सब कारणों से कस्तूरी अक्का मुझे लगता है कि अब तक यह साल अपने गाँव ही क्या पूरे कर्नाटक के लिये अच्छा नहीं रहा है।''

---

1. पाखंडी साधु

"परियार, एक बात समझ लो कि मनुष्य हो या गाँव, देश हो या प्रांत, कोई भी हमेशा भाग्यशाली नहीं होता।" कस्तूरी राव दार्शनिक भंगिमा में परियार के खौलते भाषण पर पानी छिड़कती हैं।

ज्योतिषाचार्य पंडित शतानंद शास्त्री की आशंका सही साबित हुई है। गाँव में 'गरुड़' नामक हेलीकॉप्टर की दुर्घटना काल साबित हो रही है। गाँव में पहली बार किसी मृतात्मा को लेकर लोग आक्रांत हैं। 'गरुड़' के पायलट सुरिंदरजीत सिंह कोहली की आत्मा के भटकने के क़िस्से गाँव में गर्म हैं। बस-स्टैंड स्थित कैंटीन 'कृष्णा होटल' के युवा संचालक व्यंकटेश का चेहरा उस लोमहर्षक अनुभव को सुनाते समय काग़ज़ की तरह सफ़ेद पड़ जाता है। हफ़्ते भर पहले रात के वक़्त जब व्यंकटेश कैंटीन बंद कर निकल रहा था कि अचानक एक लंबे-तगड़े सरदार ने उसका रास्ता घेर लिया, "ओ मुंडे[1]! चल चाह-कॉफ़ी कुछ पिला। चाह पिन दा वेला हो गयी है। मेरे हेलीकॉप्टर विच तो कोई नहीं है।"

यह तो संयोग था कि व्यंकटेश घर के लिये कुछ काजू-किशमिश ले जा रहा था। काँपते हाथों से व्यंकटेश ने वह थमाते हुए कहा, "अभी तो यही है।"

"अच्छा, मेवा! वाह, जीते रह मुंडे। और चाह कद[2]?" सरदार ने व्यंकटेश के कंधे पर हाथ रखते हुए पूछा।

"कल...कल सरजी!" व्यंकटेश की घिग्घी बँध गयी थी।

"कोई गल नहीं जी। तू नेक मुंडा है। जा तेरे कारोबार की खूब तरक्की होगी।" सरदार ने उसकी पीठ ठोकते हुए कहा और अँधेरे में गुम हो गया। उसके जाने के बहुत देर बाद व्यंकटेश अपने आप में आया। उसका पूरा शरीर उस ठंड में भी पसीने से भीग चुका था। किसी तरह लड़खड़ाते हुए वह घर पहुँचा।

कहते हैं कि भूत कभी दो आदमी के सामने नहीं आता। बस अकेले आदमी को घेरता है। इसलिये उस रात के बाद से व्यंकटेश अपनी कैंटीन के एक स्टाफ़ के साथ ही घर लौटता है। हाँ, कैंटीन का शटर गिराने के पहले बाहर बरामदे पर वह नित्य चाय या कॉफ़ी और कुछ खाने की चीजें डाल जाता है। सुबह वह देखता है, सभी चीजें साफ़ रहती हैं।

"बस-स्टैंड के कुत्ते आकर सब खा-पी जाते होंगे!" बाबूराव वामन शेनॉय बिहँसकर कहता है।

"सवाल नहीं। सरदारजी रोज आते हैं। मुझे पक्का विश्वास है। उस रात उन्होंने मेरे कारोबार में तरक्की का जो आशीर्वाद दिया, तब से मैं देख रहा हूँ कि मेरी दुकान की बिक्री बढ़ गयी है।" व्यंकटेश श्रद्धा से सिर झुकाकर कहता है।

"ठीक है, तू इसी अंधविश्वास में चलता रह। तेरा दिमाग खराब हो गया है।" बाबूराव वामन शेनॉय सुबह-सुबह अख़बार समेटते हुए ठहाके लगाता है, "ऐसा है तो हेलीकॉप्टर के मलबे के पास जाकर रोज मिठाई चढ़ा आया कर।"

बाबूराव वामन शेनॉय को कौन समझाये कि भूत-प्रेत और भटकती आत्मा की हक़ीक़त वही जानता है, जिसका उससे पाला पड़ता है। दोड्डमने के ठीक बग़ल में रहनेवाले मोटे-सोटे नागराज पई के साथ तो हद हो गयी। आधी रात में जब वह अपने कमरे से बाहर पेशाब करने निकला, तो अचानक अंधकार में से प्रकट हो एक सरदार ने उसकी

---

1. लड़का, 2. कब

तोंद पर ताबड़तोड़ घूँसे मारते हुए कहा, "ओय हाथ्थी[1]! ये ढीड्ड[2]...ये अपनी तोंद कम कर, नहीं तो और मारूंगा। तेरी इतनी बड्डी ढीड्ड की वजह से तेरी भाग्यलक्ष्मी को औलाद नहीं होती। ढीड्ड कम कर और औलाद पा ले।" बुरी तरह आतंकित नागराज पई उस दिन से वज़न कम करने के लिये लगातार दंड-बैठक कर रहा है। अलबत्ता, रात को जब उसे पेशाब करना होता है, तो अपनी पत्नी भाग्यलक्ष्मी के बग़ैर बाहर नहीं निकलता है। भाग्यलक्ष्मी इन दिनों पति का वज़न कम कराने के अभियान में प्राणपण से जुटी है। सरदारजी ने बच्चे के लिये दुआ दी है, इस बात से उसके पाँव धरती पर नहीं हैं। ख़ैर, जो भी हो, गाँव में इन कथाओं को लेकर सनसनी मची हुई है। बाबूराव वामन शेनॉय बिहँसकर कहता है, "संदेही आदमी को दरअसल रस्सी भी साँप लगती है। पायलट का भूत पता नहीं इन्हीं दोनों को क्यों मिला है? मैं तो रोज मुँह-अँधेरे घर से निकलता हूँ। मैंने तो आज तक कोई भय महसूस नहीं किया है।"

और बाबूराव वामन शेनॉय की यह हसरत पूरी हो गयी। दो दिन पहले जब वह मुँह-अँधेरे अपनी लूना से बस-स्टैंड की तरफ़ बढ़ रहा था कि बरबस उसके हाथ-पाँव ढीले पड़ गये। सामने आसमान छूते हरे जिराफ़ पर एक भीमकाय सरदार सवार था। अचानक जिराफ़ और सरदार दोनों छोटे होते गये और बाबूराव के क़द की बराबरी में आ गये। बाबूराव तो सुन्न-सा हतप्रभ खड़ा था। हरे जिराफ़ की पीठ से कूदकर सरदार ने बाबूराव के गाल पर थपकी दी, "क्यों बे पुत्तर! मुझसे मिलना चाहता था। बोल? अब बोल?"

"नहीं...नहीं...कुछ भी नहीं।" बाबूराव वामन शेनॉय के सूखे गले से किसी तरह आवाज़ निकली।

"चल पुत्तर! मिलने की तेरी हसरत मैंने पूरी कर दी। तेरे पिंड[3] में सच्ची बड़ा मजा आ रहा। तेरे यहाँ का ये हरा जिराफ़ मुझे खूब घुमाता है। पर यार एक ही मुसीबत है," सरदार ने बाबूराव की पीठ पर प्यार से धौल जमाते हुए कहा, "अपुन के पास सिर छिपाने को यहाँ कोई जगह नहीं। मेरा हेलीकॉप्टर भी पहाड़ी के नीचे टूटा पड़ा है।"

"तो...?" बाबूराव ने काँपते स्वर में जल्दी पीछा छुड़ाने के लिये पूछा।

"तो पुत्तर! मेरे लिये यहाँ ओथे पहाड़ी के नीचे गुरुद्वारा बनवा दे। मैंणू पनाह मिल जायेगी। तू सयाणा है। अखबार बेचता है। सबको बता कि कैप्टेन कोहली के यहाँ चैण से होणे से सब चंगा रहेगा।" सरदार ने अपने चौड़े सीने से बाबूराव को दुलार से भींचते हुए कहा, "पुत्तर! मैंणू तुहाडी मदद दी लोर है। मेरी मदद कर पुत्तर।"

बाबूराव वामन शेनॉय जब तक अपने आप में लौटा, हरे जिराफ़ पर बैठ सरदार ग़ायब हो चुका था। नीचे गिरी लूना को निर्बल हाथों से खड़ा कर किसी तरह घसीटते हुए बाबूराव बस-स्टैंड पहुँचा। थोड़ी देर बाद जब व्यंकटेश कैंटीन खोलने आया, तो वहाँ फटी आँखें लिये खड़े बाबूराव को देख घबरा उठा, "अरे! क्या हुआ तुमको? ठंड लग गयी क्या? तुम्हारा चेहरा तो बर्फ की तरह श्वेत पड़ा है...!"

"व्यंकटेश...!" बाबूराव की बोली नहीं फूट रही थी, "वह सरदार मिला था...।"

"तब? " व्यंकटेश की आवाज़ ज़र्द पड़ गयी।

"पूछो मत...सरदार और हरा जिराफ।" बाबूराव हकला रहा था।

---

1. हाथी, 2. पेट, 3. गाँव

"सरदार और हरा जिराफ! क्या मतलब?" व्यंकटेश ने अत्यधिक हैरानी से पूछा।

"सरदार हरा जिराफ पर सवार था...पहले आसमान इतना ऊँचा...फिर मेरे बराबर।" बाबूराव वामन शेनॉय ने किसी तरह अटकते हुए कहा।

बाबूराव को शांत होने में एकाध घंटे लग गये। एक-दो बार कॉफ़ी पीने के बाद जब वह थोड़ा सहज हुआ, तो उसने विस्तारपूर्वक व्यंकटेश को सरदार का पूरा संवाद सुनाया। व्यंकटेश ने व्यग्र स्वर में कहा, "हेलीकॉप्टर के पायलट कोहली यहाँ अपने लिये एक गुरुद्वारा चाहते हैं, यह बात हमें पंडित शतानंद शास्त्री को बतानी चाहिये।"

गुरुद्वारा निर्माण के लिये पैसा कैसे जुटेगा? गाँव के लोग चिंतित हैं। पर शास्त्रीजी ने अपना निर्णय सुना दिया है, "गाँव में गुरुद्वारा बनवाना अपातकालीन आवश्यकता है। कैप्टन कोहली की अकाल मृत्यु हुई है। उनकी भटकती आत्मा को ठौर देने के लिये इसके अलावा और कोई उपाय नहीं।"

अर्चक विष्णुमूर्ति भट्ट ने कहा है, "सरदारजी एक पवित्र आत्मा हैं। उनके चैन रहने से गाँव का कल्याण होगा।"

कैंटीन परियार ने टेलीफ़ोन लाइनमैन टुल्लू जोज़फ को सीने से भींचकर बधाई दी है, "ओय टुल्लू! जा, तेरी पुरानी इच्छा पूरी होने जा रही है। तू कब से गाँव में एक गुरुद्वारा के लिये रट लगाये था।"

अब कहीं कोई अगर-मगर नहीं। गाँव के लोग गुरुद्वारा निर्माण के मसले पर राजी हैं। विश्वनाथ बायर और ममता जगदीश ने नाबला गाँव जाकर श्रीवेणुगोपाल कृष्णास्वामी मंदिर कमिटी के अध्यक्ष गुंडप्पा हेगड़े के सामने सारी परिस्थिति रखी है। आख़िर इसी ख़ानदान ने 600 वर्ष पहले अगुम्बे में श्रीवेणुगोपाल कृष्णास्वामी मंदिर की स्थापना करायी थी। हेगड़े ने भी गुरुद्वारा के लिए हर संभव सहयोग का वचन दिया है। तय हुआ है कि आगामी नववर्ष 2012 में मकर संक्रांति के बाद निशानीगुड्डा की तलहटी में 'पायलट गुरुद्वारा' का शिलान्यास उडुपि गुरुद्वारा के ग्रंथी को बुलाकर होगा और युद्ध स्तर पर वसंत आते-आते एक छोटा-सा गुरुद्वारा निर्मित करा दिया जायेगा। हरेक घर से गुरुद्वारा निर्माण के वास्ते आर्थिक सहयोग लेने की ज़िम्मेवारी बाबूराव वामन शेनॉय को सौंपी गयी है। एक तो वह अख़बार और दूध बाँटने घर-घर जाता है, दूसरे यह कि सरदारजी ने उसी के माध्यम से गाँव को अपनी इच्छा बतायी है।

सुशीलामाई मुँह बिचकाकर कस्तूरी राव से कहती है, "सरदारजी का कर्तापुत्र बन गया बाबूराव।"

सनसेट प्वाइंट पर के.जे. राव उर्फ़ कर्नल राव का संभाषण धुआँधार जारी है, "हेलीकॉप्टर दुर्घटना में पायलट सरदार कोहली की मौत का कारण मोरारजी देसाई हैं। अपने प्रधानमंत्री काल में मोरारजी ने देश का सोना अमेरिका के पास बंधक न रखा होता, तो देश की कमर इस तरह न टूटती। मोरारजी ने जो देश में आर्थिक कंगाली पैदा की, उसी से नक्सलियों का उदय हुआ और स्थिति यहाँ तक पहुँच गयी कि नक्सलियों का पीछा करने के चक्कर में हमारे देशप्रेमी पायलट सरदारजी की जान निकल गयी। मैं फौज में होता, तो देश में नक्सल समस्या उठती ही नहीं। काश! सरदारजी की आत्मा कभी मुझसे टकराती, तो मैं उन्हें मोरारजी की सारी करतूत बताता।"

सरदारजी के भूत का क़िस्सा अभी गाँव के सिर से उतरा नहीं है और ममता जगदीश के सिर पर इंदिरा गांधी का भूत सवार हो गया है। दरअसल, क़रार के अनुसार पंचायत अध्यक्ष पद पर वीणा गिरीश का पंद्रह महीने का कार्यकाल नवंबर, 2011 के इस दूसरे सप्ताह में समाप्त हो गया है और अब ममता जगदीश को पंचायत अध्यक्ष का कार्यभार सँभालना है। पर ममता अड़ी हुई हैं कि चार-पाँच दिनों बाद श्रीमती इंदिरा गांधी के जन्मदिन 19 नवंबर के अवसर पर ही वे पंचायत अध्यक्ष पद पर आसीन होंगी। कस्तूरी राव पूरा प्रसंग सुनकर सहज भाव से कहती हैं, ''चार-पाँच दिनों में कौन-सा आकाश गिर जायेगा? तब तक वीणा गिरीश सँभालेगी। ममता कम से कम इस गाँव की इंदिरा गांधी तो है ही।''

''अब से मैं उन्हें ललितांबा इंदिरा कहूँगी।'' अरुंधती ठिलठिलाते हुए तालियाँ पीट रही है।

''तू पढ़ने में मन लगा। दसवीं की परीक्षा सामने है। कम से कम इसमें तो फस्ट आ। अरे और कुछ नहीं, तो आगे जाकर अगुम्बे की पंचायत अध्यक्ष जरूर बन जायेगी और ममता की तरह तू भी ललितांबा इंदिरा कहलायेगी।'' देर से चुप जे.आर. श्रीमती बाई पोपले मुँह से मुसकती हैं।

''देख रही हो अम्मा बड़ी अज्जि को!'' अरुंधती सामने बैठी सुजया के कंधे से लटककर चीख़ती है, ''कह दो बड़ी अज्जि को मुझे टोका न करे।''

''अरे क्या हुआ? रसोईघर में प्रवेश कर चुकी कस्तूरी राव बाहर निकलकर पूछती हैं, ''क्या हुआ इसे?''

''वही सनातन परनानी-परनातिन संग्राम अम्मा।'' सुजया भीनी हँसी हँसती है।

14

अथि मधुरा अनुरागा

मध्य अगस्त है। वर्ष 2012 का यह सावन भयावन बना हुआ है। बेंगलूर में एक हफ़्ते से अनवरत वर्षा हो रही है। तेज़ हवा और वर्षा। हू-हू करती हवा की ललकार पर रह-रहकर हुमकते बादल। शहर में बहुत-से पेड़ गिर गये हैं। रास्तों में बराबर यातायात जाम का संकट हो रहा है। ये जलाप्लावित दिन सचमुच आफ़त के हैं! बेंगलूर और बादलों की यह भीषण युगलबंदी पता नहीं और कितने दिन चलेगी! इस साल अगुम्बे से कम तेवर नहीं है बेंगलूर का। यों अख़बारों में समाचार छप रहा है कि सिर्फ़ बेंगलूर ही नहीं, कर्नाटक के अधिकांश हिस्सों में प्रचंड भाव से वर्षा हो रही है। शुभंकर के चेहरे पर अनायास मुस्कराहट देख अरण्या उत्सुकता से पूछती है, "जरा मैं भी तो जानूं कि किस बात पर अकेले-अकेले इतना खुश हुआ जा रहा है?"

"अरे कुछ नहीं, बस यों ही अपने गाँव के शिव रुद्रप्पाजी की याद आ गयी। अभी इस समय वे अपनी दालान में हारमोनियम थाम आलाप ले-लेकर पंचम सुर में बादलों से झगड़ रहे होंगे...'घन घमंड घन गरजत घोरा...।' शिव रुद्रप्पा का दावा है कि बादलों से उनका सीधा संवाद होता है। लगातार तेज़ वर्षा होने पर वे हारमोनियम लेकर पिल पड़ते हैं...'अरे ओ घमंडी बादल! बहुत गरज रहे हो। घमंड आज तक किसी का नहीं टिका, तो तेरा क्या टिकेगा! तुम संत सरीखे शांत आकाश की अब तो जान छोड़ो।' अरण्या! गाँव के लोग शिव रुद्रप्पा पर चाहे जितना हँसें लेकिन मैंने कई बार देखा है कि उनके सुरों की फटकार पर बादल आज्ञाकारी बच्चे की तरह तेजी से सिमटने लगते हैं।"

"अच्छा!" अरण्या के स्वर में विस्मय है।

"कोई सुनी-सुनायी नहीं, आँखों-देखी बात है अरण्या! तुम कभी परियार अन्ना से पूछ लेना। शिव रुद्रप्पा कहते हैं कि जैसे साँप बीन की धुन पर नाचते हैं, बादल भी संगीत के सहारे उँगलियों पर नचाये जा सकते हैं। पर इसके लिये संगीत की गहन साधना चाहिये। मेघ-मल्हार राग के बारे में तो संगीताचार्य लोग कहते ही हैं-'अथि मधुरा अनुरागा...मेघ-मल्हार रागा।' कहते हैं कि मेघ-मल्हार राग गाकर कोई सिद्ध गायक घोर अकाल में भी वर्षा करवा सकता है। अपने सुर से मेघ को मनचाहा नचा सकता है। उसे बुला सकता है और लौटा सकता है। शिव रुद्रप्पा को यह सिद्धि है। सच पूछो अरण्या, तो शिव रुद्रप्पा जैसे लोग धूल के फूल हैं। अगर वे बेंगलूर में रह रहे होते, तो आज उनका स्थान भी दिग्गज संगीतज्ञ मैसूर अनंतस्वामी और आर.के.

श्रीकांत की तरह होता। अपने परियार अन्ना को ही ले लो, बेंगलूर में होने से आज थिएटर और सिनेमा के क्षेत्र में वे कहाँ से कहाँ होते पर अगुम्बे में टी-स्टॉल चलाकर वे मस्त हैं। कुछ हालात, कुछ जीवन के प्रति उनकी अपनी दृष्टि।'' शुभंकर कमरे की खिड़की से वर्षा को निहारते हुए कहता है, ''यह झड़ी फिलहाल रुकनेवाली नहीं।''

''पता नहीं ऐसे में अम्मा और अप्पा कैसे होंगे?'' अरण्या के स्वर में अगसरकोणे का उसका घर बरबस लहरा गया है, ''शुभंकर! तुमने अभी बीन की धुन पर साँपों के झूमने की बात कही न...मैंने बचपन से देखा है एक से एक सर्प को अम्मा की उँगलियों के इशारे पर नाचते हुए। बड़े से बड़े विषधर के काटने पर चढ़े जहर को वह यों झाड़ती हैं, मानो कपड़े से धूल झाड़ रही हों। शायद अम्मा को यह सर्प-विद्या पूर्वजन्म के संस्कार से प्राप्त है।'' अरण्या ने किंचित् भर्राये स्वर में कहा, ''लगता है, अम्मा और अप्पा अभी तक मुझसे नाराज हैं!'

''अरण्या! तुम्हें क्या लगता है कि मुझे अपनी अम्मा और अपने अप्पा की याद नहीं आती...। पर जीवन में हमें जब थोड़ी सफलता मिल जायेगी, तो उनका गुस्सा दूर हो जायेगा। दरअसल, प्रेम-विवाहों को लेकर माता-पिता को अधिकतर कड़ी आपत्ति इसलिये रहती है कि प्रेम में डूबकर उनके बच्चे कहीं अपना पूरा भविष्य ही न चौपट कर लें।'' शुभंकर के स्वर में परस्पर सांत्वना की छलक है।

वर्षा और जोर पकड़ चुकी है। शुभंकर को लग रहा है कि इस महावृष्टि में पता नहीं अगुम्बे और अगसरकोणे समेत आसपास के गाँवों की क्या दशा हो रही होगी। इलाक़े के किसान सिर पर हाथ दिये बैठे होंगे। उसके पिता भी अति वर्षा में नष्ट हो रही अपनी खेती को लेकर सिर धुन रहे होंगे।

''क्या सोच रहे हो?'' सब्ज़ी काटते हुए अरण्या ने मुस्कराकर पूछा है, ''फिर शिव रुद्रप्पा जैसा कोई दिलचस्प प्रसंग? या सोच रहे हो कि भारी वर्षा में तुम्हारे गाँव का कर्नल राव अभी क्या कर रहा होगा? वैसे, मुझे तुम्हारे गाँव की स्नेही कस्तूरी अक्का और उनकी प्यारी नातिन अरुंधती की अक्सर याद आती है शुभंकर।''

''अभी मैं किसी के बारे में नहीं, बल्कि यह सोच रहा था कि इस घनघोर वर्षा में अपने इलाके की खेती बुरी तरह मार खा जायेगी। चुटकी भर भी अन्न न होगा। अरण्या! दरअसल, हम कहीं भी रहें और कुछ भी करें लेकिन हैं तो किसान के बच्चे!'' शुभंकर गहरी साँस लेकर कहता है।

''बात सही है। मेरे अप्पा भी तो किसान ही हैं। पहाड़ और घाटी के किसानों की हमेशा से दुर्गति रही है शुभंकर।'' सब्ज़ी की छौंक डालते हुए अरण्या कहती है, ''पर अकेले किसान ही क्या? कृष्णप्पाजी कल कह रहे थे न कि इस तेज बरसात में रंगकर्मियों को भी भारी नुकसान उठाना पड़ रहा है। 'ए मासे नाटका' का नया अंक जो कल उन्होंने दिया, उसके संपादकीय में उन्होंने लिखा भी है कि राज्य में अनवरत वृष्टिपात से अब तक कर्नाटक के थिएटरों को दस करोड़ रुपये से अधिक का नुकसान झेलना पड़ा है। किसानों का संकट तो जगजाहिर है, लेकिन थिएटर के अंदरूनी संसार से अनजान लोगों को थिएटर के इतने बड़े घाटे की बात गपड़चौथ लगेगी। पर सच है कि मूसलाधार वर्षा

में भला सिनेमा-थिएटर जाने की कौन सोचेगा? जबकि शो तो हर हाल में चलता है। इन दिनों 'रंग शंकर' में ही मुश्किल से दस-बीस दर्शक दिखते हैं।''

''तेज झड़ी में हम लोगों की आमदनी भी तो प्रभावित हुई है। पिछले साल 2011 में स्मिता करियप्पा ने बेंगलूर में जो 'लाइव आर्ट-2011' आयोजित किया था, वैसा परफॉरमेंस फेस्टिवल इस साल अभी तक कहाँ कुछ हुआ! उस आयोजन में हम लोगों को भी तो ठीकठाक पैसा मिल गया था।'' शुभंकर 'ए मासे नाटका' के पन्ने पलटते हुए कहता है।

''दो जान का खर्च किसी तरह चल ही जायेगा शुभंकर।'' अरण्या सधी गृहिणी की तरह कहती है और बात बदल देती है, ''परफॉरमेंस आर्ट के वास्ते स्मिता करियप्पा का समर्पण अद्भुत है। बेंगलूर में परफॉरमेंस आर्ट और रंगमंच के पुराने इतिहास को लेकर तुम्हें याद नहीं कि उन्होंने उस आयोजन में कितना कुछ कहा था। हम लोगों के लिये तो सपने की तरह था वह सब कुछ...। सड़क और ट्रैफिक के बीच, फ्लाईओवर के ऐन नीचे, सुबह से शाम तक लगातार परफॉरमेंस चल रहा है। लग रहा था मानो पूरा बेंगलूर शहर थिएटर का मंच बन चुका है। सेना की वर्दी पहन स्मिता करियप्पा किस दमक से 'लाइव आर्ट 2011' की छतरी लिये पूरा मार्गदर्शन कर रही थीं।'' अरण्या बरबस पिछले साल की स्मृति में पहुँच गयी है।

''उसके ठीक बाद मोनिका क्लिंग्लर और डोरोथी रस्ट ने परफॉरमेंस आर्ट पर यहाँ कितनी जोरदार कार्यशाला की थी। अरण्या! बेंगलूर हमें निरंतर मुग्ध करता है।'' शुभंकर का स्वर चकित ध्वनित है, ''और वह किशन श्रीकांत! महज नौ साल की उम्र में पूरी फीचर फ़िल्म के निर्देशन का विश्व रिकॉर्ड बनाकर उसने सारी दुनिया को तो दंग किया ही, बेंगलूर का भी मान बढ़ाया!''

''हाँ, 'रंगशंकर' के वर्कशॉप में उस दिन किशन श्रीकांत से मिलकर मुझे भी बहुत अच्छा लगा। सही मायने में वह हमारे लिये प्रेरणा का विषय है शुभंकर। मुझे लगता है कि थिएटर के संग-संग फ़िल्म को साधने की कोशिश तुम्हें भी धीरे-धीरे करनी चाहिये। शिबन्ना बताते हैं न कि स्व. शंकरनाग थिएटर और सिनेमा कैसे एक समान भाव से करते थे।'' बारिश की झड़ी में अरण्या राशि-राशि कामनाओं, स्वप्न, बिंब और चित्र की कोमल धुंध में खो रही है, ''तुम एक दिन सिनेमा की बड़ी हस्ती बनोगे शुभंकर।'' वह स्नेह-मुस्कान से कहती है।

साँझ हो रही है। बारिश और अधिक तेज़ हो गयी है। हुम-हुम करती हवा और हा-हा करती बारिश के बीच स्वप्न और प्रेम की अनुभूति में खोई अरण्या की आँखें कितनी दीप्त-अनुरक्त लग रही हैं। कमरे की खिड़की से वर्षा को निहारते हुए शुभंकर को लग रहा है कि यह लड़की अगर उसकी आत्मा को प्रेम से हिलोरते हुए उसके जीवन में न आयी होती, तो पता नहीं उसके जीवन की क्या दिशा होती? सचमुच, जीवन ज्योत्स्ना है अरण्या। यह अरण्या है जिसने हमेशा उससे कहा, ''जंगल और पर्वत हमारे भीतर है शुभंकर! इसको साथ लेकर हमें अपनी छोटी-सी दुनिया से पार जाना चाहिये।'' अरण्या ने अनवरत हौसला न दिया होता, तो अपने पिता के मुहावरों और उपदेशों के पहाड़ के नीचे दबकर आज तक वह घुटता ही रहता। रंगमंच और नाटक में वह भाग ले, यह बात

उसके पिता को बुरी तरह असह्य थी, "आवारा-लफंगे नाटक और नौटंकी करते हैं। कैंटीन परियार स्वयं ही एक नंबर का लफंदर है। उसने तुम्हारा दिमाग खराब कर दिया है। पढ़-लिखकर शिवप्रकाश की तरह फॉरेस्ट अफसर बनो या अनिकेत की तरह डॉक्टर बनो। यह सब नहीं कर सकते, तो हाथ-पाँव समेटकर चुपचाप घर की खेती-पथारी सँभालो। हाँ, मुँह पर मुर्दाशंख लेपकर नाटक-नौटंकी न करो।" दरअसल, यह उसके पिता का भी दोष नहीं। अगुम्बे की छोटी-सी दुनिया में उनकी कल्पना भला कहाँ तक जा सकती है? महज नौ साल की उम्र में अपनी फीचर फ़िल्म 'केयर ऑफ़ फुटपाथ' निर्देशित कर किशन श्रीकांत ने 'गिनीज बुक ऑफ़ वर्ल्ड रिकॉर्ड्स' में अपना नाम कैसे दर्ज कराया और इसकी क्या गौरव-गरिमा है, यह अगुम्बे में रहकर उसके पिता क्या समझेंगे? 'रंग शंकर' के वर्कशॉप में उस दिन किशन श्रीकांत से उसकी देर तक बातचीत हुई थी। इतनी बड़ी सफलता के बावजूद अहंकार उसमें लेशमात्र भी नहीं है। एल. कृष्णप्पा ने उसके बारे में बताया है, "जब वह मात्र चार साल का था, तो उसके पिता के मित्रों ने उसका नाम एक फ़िल्म के लिये सुझाया, जिसमें उतनी ही उम्र के एक बाल कलाकार की जरूरत थी। उसके पिता उसे ऑडिशन में लेकर गये और फौरन उसे चुन लिया गया। दूसरे बाल कलाकार सेट पर दो-तीन घंटे काम करने के बाद खेल-कूद में लग जाते थे, जबकि किशन पूरे समय कैमरा, लाइट और सिनेमा निर्माण की बारीकियों को जानने में तन्मय रहता। सेट पर लाइट ब्वाय और सिनेमैटोग्राफर से लेकर फ़िल्म निर्देशक तक उसके प्रश्नों की झड़ी से परेशान रहते थे। उसकी उत्सुकताओं को देख उस समय कुछ अखबारों ने लिखा भी था कि एक दिन यह नन्हा कलाकार बड़ा निर्देशक बनेगा। पर मात्र नौ साल की उम्र में! यह कल्पना उसके पिता को भी नहीं थी।" एल. कृष्णप्पा उस दिन 'ए मासे नाटका' के अपने दफ़्तर में किशन श्रीकांत को लेकर देर तक खोये रहे थे, "अब तो वह सोलह वर्ष का है। पर कन्नड़ सिने जगत में किशन श्रीकांत एक चमत्कार की तरह आया। नौ साल की उम्र में अपनी निर्देशित फ़िल्म 'केयर ऑफ़ फुटपाथ' उसने सबसे पहले कन्नड़ में बनायी, जो वर्ष 2006 के नवंबर माह में रिलीज हुई। उसके बाद तो अंग्रेज़ी के अलावा भारत की पाँच प्रमुख भाषाओं में यह फ़िल्म डब हुई।"

"इस फ़िल्म में कौन-कौन थे अन्ना?" अरण्या के इस प्रश्न पर कृष्णप्पा ने मुस्कराते हुए कहा, "किशन ने स्वयं इसमें मुख्य भूमिका की और उसके अलावा जैकी श्रॉफ, बी. जयश्री, सौरभ शुक्ला, सुदीप और तारा सरीखे हिंदी तथा कन्नड़ जगत के एक से एक दिग्गज इस फ़िल्म में थे। जैकी श्रॉफ ने तो यहाँ तक कह डाला कि 'मैंने एक से एक महारथी फ़िल्म निर्देशकों के संग काम किया, लेकिन किशन सबसे बेजोड़ है। उसे पता होता है कि किस कलाकार से वह एकदम सटीक क्या चाहता है। हर पल वह अगले शॉट के बारे में सोचता रहता है कि उसे कैसे और कितना बेहतर बनाया जाये...।' अरण्या! जीनियस तो है ही श्रीकांत। गिनीज बुक ऑफ वर्ल्ड रिकार्ड में उसने सिडनी लिंग को अपदस्थ किया, जिसने मात्र तेरह साल की उम्र में सन् 1973 में डच फ़िल्म 'लेक्स द वंडरडॉग' का निर्देशन कर दुनिया में सबसे कम उम्र का निर्देशक होने का झंडा लहराया था।" एल. कृष्णप्पा थिएटर-सिनेमा के शब्दकोष हैं। स्मरणशक्ति भी उनकी अद्भुत है। किशन श्रीकांत के बारे में आगे बताते हुए उस दिन उन्होंने कहा,

"किशन सिर्फ बेंगलूर और कर्नाटक का गौरव नहीं, भारत का गौरव है। नौ साल की उम्र में फ़िल्म निर्देशन के उसके विश्व रिकार्ड को आज तक कोई तोड़ नहीं पाया है। ग्यारह साल की उम्र में स्टीवन स्पिलबर्ग, तेरह साल की उम्र में टीम बर्टन और सिडनी लिंग, चौदह साल की उम्र में जॉन कार्पेंटर और सोलह साल की उम्र में पीटर जैक्सन ने कम उम्र के निर्देशक होने का विश्व रिकार्ड किशन के पहले बनाया था। पर अपना किशन इन सबके आगे निकल गया।" फिर एक पल थमकर कृष्णप्पा ने कहा, "तुम दोनों से भी मैं बहुत उम्मीदें रखता हूँ। थिएटर के संग-संग सिनेमा को भी साधो। थिएटर जीवन-पर्यंत की साधना है और सिनेमा विराट जनसमुदाय तक पहुँचने का बड़ा माध्यम। शंकरनाग ने यह किया...गिरीश कर्नाड ने भी...।"

सब कुछ सावन की झड़ी की तरह! अरु ताई की महिमा से थिएटर दिग्गजों के संग-संग कन्नड़ सिने जगत की अनगिनत हस्तियों से मिलने का सुयोग इन डेढ़-दो वर्षों में तो हुआ ही है। मंड्या लोकसभा क्षेत्र की युवा तुर्क सांसद और कन्नड़ सिने जगत की नामचीन हस्ती रम्या से लेकर कन्नड़, मलयालम व हिंदी फ़िल्मों में अपने अभिनय की गहरी छाप छोड़नेवाली सुमन रंगनाथन, सुख्यात अभिनेत्री मालाश्री, मंजरी फड़नीस, माधुरी और उमाश्री आदि अनगिनत सिने अभिनेत्रियों से परिचय हुआ। कन्नड़ के दिग्गज अभिनेता और स्व. शंकरनाग के बड़े भाई अनंत नाग के स्नेह का तो कहना ही क्या है! 'मन्मथ राजा' और 'थार्ले नान मगा' सरीखी सुपर हिट कन्नड़ फ़िल्मों से दर्शकों के हृदय पर राज करनेवाले नायक जग्गेश, 'सुनामी' के चर्चित हीरो राजू पाटिल, 'आरक्षक' के प्रख्यात नायक उपेंद्र आदि से भी संवाद का सौभाग्य! इसी तरह फ़िल्म 'प्रार्थने' से कन्नड़ रजतपट पर अपने निर्देशन का परचम लहरानेवाले के. सदाशिव शेनॉय, फ़िल्म 'सिदिलिंगु' के चर्चित निर्देशक विजय प्रसाद, कॉमेडी फ़िल्म 'को को...कोली कोठी' के सुप्रसिद्ध निर्देशक आर. चंद्रू आदि से दरस-परस और निकटता। अरु ताई जब कभी अधिक प्रसन्न होती हैं, तो कहती हैं, "तुम दोनों को ब्रेक देने के लिये किसी अच्छे फ़िल्म डायरेक्टर से मैं कहती हूँ।" स्व. शंकरनाग के संग 'सी.बी.आई. शंकर' में अभिनेत्री रह चुकीं सुमन रंगनाथन को पता नहीं क्या गत्र स्नेह हो गया है दोनों से। उन्होंने तो निर्देशक आर. चंद्रू से उनकी अगली फ़िल्म में शुभंकर-अरण्या को अवसर देने के लिये बात भी चला दी है। शिबन्ना बताते हैं कि वर्ष 1989 की सुपरहिट ऐक्शन फ़िल्म 'सी.बी.आई. शंकर' से सुमन रंगनाथन ने क्या जलवा हासिल किया था। पी. नंजुंडप्पा निर्देशित इस फ़िल्म में महानायक शंकरनाग हीरो थे और सुमन फ़िल्म की हिरोइन। इस फ़िल्म ने ग़ज़ब की धूम मचायी थी। सुमन रंगनाथन उस फ़िल्म में शंकरनाग के संग अपने अनुभवों को लेकर आज भी भावुक हो उठती हैं।

इधर कुछ महीनों से सुमन रंगनाथन के संग शुभंकर-अरण्या की निकटता बढ़ी है। उन्हें मुख्य भूमिका में लेकर शुभंकर व अरण्या ने स्व. कमलादेवी चट्टोपाध्याय के जीवन पर एक प्ले तैयार किया है–'अनन्त कमला'। शुभंकर व अरण्या इसका संयुक्त निर्देशन कर रहे हैं। इसमें कमलादेवी के कवि पति हरींद्रनाथ चट्टोपाध्याय की भूमिका में शिबन्ना हैं। अरु ताई से हरी झंडी लेकर 'रंग शंकर' में पूरे बाहर दिनों का एक विरल नाट्योत्सव करने की शुभंकर-अरण्या ने ठानी है। आगामी 29 अक्टूबर को कमलादेवी चट्टोपाध्याय

के पुण्य स्मृति दिवस से इस नाट्योत्सव का आरंभ और 9 नवंबर को शंकरनाग की जयंती पर समापन। 'अनंत कमला' के संग-संग और भी कई चुनिंदा नाटकों की इसमें प्रस्तुति होगी। 'अनंत कमला' का रिहर्सल देख अरुंधती नाग अपने आँसू रोक नहीं पाई हैं, "जो काम हम लोगों को करना चाहिये था, वह तुम लोग कर रहे हो। हरसिंगार थीं कमला ताई। हमेशा चुपचाप स्नेह बरसाती। बहुत प्यार मिला हुआ है इनका। आख़िर इन पर प्ले करने का विचार तुम लोगों को कैसे आया शुभंकर? रियली ग्रेट...! मैं तो हैरान हूँ...।" अरुंधती नाग मुग्ध-विस्मित हैं।

"दरअसल, अगुम्बे के हम लोग उन्हें अपनी अज्जि मानते हैं ताई। 'स्नेकमैन' रोमुलस ह्विटेकर के सौतेले पिता राम चट्टोपाध्याय की माँ थीं वे। पर रोमुलस ह्विटेकर को अपने सगे पोते से भी बढ़-चढ़कर मानती थीं। अगुम्बे के लोगों ने हालाँकि उन्हें कभी देखा नहीं। हमारे गाँव वे कभी नहीं आयी थीं। पर रोमुलस ह्विटेकर क्योंकि हमारे गाँव के हो चुके हैं, इसलिये उनकी अज्जि को सब अपने गाँव का अंश मानते हैं। जैसे 'मालगुडी' के कारण उसके महान लेखक आर.के. नारायण, महानायक शंकरनाग और आपको...शिबन्ना को अगुम्बे के ग्रामीण अपना अंश मानते हैं ताई।" शुभंकर के स्वर में घर लौटते पक्षी का उल्लास है। किसी भी संदर्भ और बहाने से अगुम्बे की चर्चा उसे नये आनंद और नव स्वप्न से भर देती है। 'अनंत कमला' नाटक लिखते हुए भी उसे हमेशा यह लगा कि स्व. कमलादेवी चट्टोपाध्याय अगुम्बे के अनंत शुभ्र स्वप्नों में से एक हैं।

'भारत की रंगीन क्रांतिकारी महिला' कही जानेवाली स्व. कमलादेवी चट्टोपाध्याय की चर्चा शुभंकर ने अनेक बार कैंटीन परियार और शिव रुद्रप्पा से सुनी थी, लेकिन उन पर केंद्रित एक पूरा नाटक लिखने के लिये कमलादेवी चट्टोपाध्याय पर लिखित जीवनी और कई आलेखों को जुटाना पड़ा। उन्हें पूरा आत्मसात् करना पड़ा। अरण्या मुस्कराकर कहती है, "तुमने कमला अज्जि के पेट में घुसकर उन पर यह प्ले लिखा है।" नाटक का नाम क्या हो—इसे लेकर भी कई दिनों तक शुभंकर के मन में ऊहापोह रहा। और एक आधी रात अचानक शुभंकर नींद से उठ बैठा।

"क्या हुआ?" अरण्या चौंक उठी।

"अरण्या! इस प्ले का नाम होगा—'अनंत कमला'।

"तुमने तो डरा ही दिया था शुभंकर! तुम नींद में ही रचते हो क्या?" अरण्या ने गहरी साँस लेते हुए कहा, "बहुत सटीक नाम होगा यह!"

"अरण्या! रचता तो आदमी नींद में ही है। सिर्फ जागने पर उसे प्रस्तुत करता है। अभी नींद में मुझे लगा कि इस प्ले के लिये श्रीवेणुगोपाल कृष्णास्वामी यह नाम मुझे स्वयं आकर बता गये हैं।"

सचमुच, अनंत थीं श्रीमती कमलादेवी चट्टोपाध्याय। वे समाज सुधारक थीं। स्वतंत्रता सेनानी थीं। उन्होंने भारतीय दस्तकारी, हस्तशिल्प और हथकरघा का उन्नयन सहकारिता आंदोलन के माध्यम से किया और इस तरह भारतीय स्त्रियों को सामाजिक-आर्थिक रूप से समर्थ किया। पर्दे में घुटती भारतीय स्त्रियों के लिये उन्होंने रंगमंच का भी अलख जगाया। अपने गुरु नाट्याचार्य मणिमाधव चक्यार के यहाँ रहकर कमला ने केरल कुटियट्टम की प्राचीन संस्कृत नाटक परंपरा को आत्मसात् किया था। नाटक लेखन के दौरान ऐसे

कई क्षण आये जब शुभंकर को लगा कि श्वेत पृष्ठों पर कमला अपनी आकृति में उभर रही हैं और उसे हैरानी से देख रही हैं, करुणा से बिहँस रही हैं। शुभंकर ने उनके चित्र को अनेक बार ग़ौर से देखा है। ममता व स्वप्न से भरी हैं कमलादेवी चट्टोपाध्याय की आँखें। अपने संघर्षमय जीवन को मनुष्यता के निर्मल स्वप्न में रूपांतरित कर वे अनंत बन गयीं। बचपन में पहले उनके पिता का निधन हुआ और उसके कुछ साल बाद सद्य:विवाहित बड़ी बहन सगुना का। सन् 1917 में जब कमला मात्र चौदह वर्ष की थीं, उनका विवाह कृष्णा राव से हुआ। विवाह के दो साल बाद कृष्णा राव गुज़र गये और कमला विधवा हो गयीं। पर वह हारी नहीं। राख से उठीं। अपनी पढ़ाई के टूटे क्रम को उन्होंने फिर शुरू किया। मद्रास के 'क्वीन मेरी'ज कॉलेज' में सरोजिनी नायडू की छोटी बहन सुहासिनी चट्टोपाध्याय उनकी अनन्य मित्र थीं। सुहासिनी ने एक दिन अपने भाई बँगला के कुशाग्र कवि हरींद्रनाथ चट्टोपाध्याय से कमला का परिचय कराया। थोड़-थोड़े अंतराल पर मिलने के बाद कमला और हरींद्रनाथ ने महसूस किया कि दोनों एक-दूसरे को प्रेम कर रहे हैं। कमला अब तक बीस वर्ष की हो चुकी थीं। भीषण सामाजिक विरोध के बावजूद हरींद्रनाथ से उन्होंने विवाह किया। हरींद्रनाथ से उन्हें एक पुत्र भी हुआ–राम। यही राम 'स्नेकमैन' रोमुलस ह्विटेकर के सौतेले पिता थे।

नाटक लिखते हुए शुभंकर को लगातार यह अनुभूति हुई कि कमला देवी चट्टोपाध्याय ने एक जीवन में कई जन्म लिये। एक संग वे स्वतंत्रता संग्राम, रंगमंच तथा फ़िल्मों में सक्रिय थीं। रंगमंच की दीक्षा तो उन्होंने विवाह के पहले प्राप्त कर ली थी। विवाह के बाद उन्होंने कुछ समय के लिये फ़िल्मों में भी काम किया। ये वे दिन थे जब संभ्रांत घरों की महिलायें फ़िल्मों में अभिनय करने की कल्पना तक न कर सकती थीं। कमला देवी ने प्रथम चरण में दो मूक फ़िल्मों में अभिनय किया। इनमें से एक सन् 1931 में बनी कन्नड़ की पहली मूक फ़िल्म 'मृच्छकटिका' थी, जिसमें कमलादेवी चट्टोपाध्याय ने 'वसंतसेना' का रोल किया था। दूसरे चरण में कमलादेवी ने कुछ हिंदी फ़िल्मों में भी भूमिका निभायी। ये फ़िल्में थीं सन् 1943 में बनी 'तानसेन', 'शंकर-पार्वती' और सन् 1945 में बनी फ़िल्म 'धन्ना भगत'। यह कमलादेवी का ही माद्दा था कि आज़ादी की लड़ाई में जेल भी जा रही थीं और संस्कृति तथा सिनेमा के क्षेत्र में भी योगदान दे रही थीं। सन् 1930 में वे गिरफ़्तार की गयी थीं और जब जेल से निकलीं तो कन्नड़ की प्रथम मूक फ़िल्म में जुट गयीं। राजनीतिक और सांस्कृतिक जीवन के बीच वाक़ई उन्होंने अद्भुत संतुलन निभाया। सन् 1936 में वे जयप्रकाश नारायण, मीनू मसानी और डॉ. राम मनोहर लोहिया सरीखे समाजवादी दिग्गजों की पहल पर 'कांग्रेस सोशलिस्ट पार्टी' की अध्यक्ष बनीं। राजनीतिक गतिविधियों के साथ-साथ देश को सांस्कृतिक मोर्चे पर समृद्ध करने के लिये यह कमलादेवी चट्टोपाध्याय ही थीं, जिन्होंने दिल्ली में 'नेशनल स्कूल ऑफ़ ड्रामा' की स्थापना करायी। वे 'संगीत नाटक अकादमी' की भी अर्से तक अध्यक्ष रहीं। हालाँकि, पारिवारिक जीवन उनका सदैव संतप्त रहा। अपने पति हरींद्रनाथ चट्टोपाध्याय के जिस संवेदनशील कवि रूप से वे आकृष्ट हुई थीं, व्यक्तिगत जीवन में हरींद्रनाथ में वह संवेदनशीलता दूर-दूर तक न थी। अंतत: इसकी परिणति तलाक के रूप में हुई। नाटक के अंतिम संवाद पर आकर देर तक ठिठका रहा शुभंकर और आख़िरकार

एक पात्र का संवाद पृष्ठ पर जैसे अनायास अंकित हुआ, ''नील दिगंत सुदूर में रंग-बिरंगे बादलों के गुब्बारे उड़ाती है...भारत की रंगीन क्रांतिकारी स्त्री..! मेघमाला हैं हमारी कमला...!'' फिर पूरा मंच असंख्य रंगीन गुब्बारों से भर जाता है। पर्दा गिरता है।

कमला देवी चट्टोपाध्याय को मंच पर जिया है सुमन रंगनाथन ने। हरींद्रनाथ की भूमिका में शिबन्ना का कहना ही क्या! नाटक के सारे पात्रों ने अपनी-अपनी भूमिका में जान डाल दी है। अरुंधती नाग की ख़ुशी समाये नहीं समा रही है, '' यह नाटक आकाश में पक्षियों के पंखों पर उड़ान भर रहा है।'' बेंगलूर के अख़बारों ने तो तारीफ़ की झड़ी लगा दी है। 'प्रजावाणी' ने लंबी समीक्षा करते हुए लिखा है, ''इस नाटक में एक अल्जीरियन लोक-धुन है। कुछ अल्जीरियन शब्द भी, जिसे कोई समझ नहीं सकता। पर उस अल्जीरियन लोक-धुन की लय और ध्वनि अद्भुत-अलौकिक है। इस लोक-धुन में जो कुछ अल्जीरियन शब्द आते भी हैं, तो यों ही बस घुमक्कड़ की तरह। संगीत, नृत्य और नाटक का अटूट आपसी बंधन है। शुभंकर व अरण्या ने इस बंधन को नाटक 'अनंत कमला' में असाधारण तरीक़े से साधा है। इन दोनों ने अपने रंगकर्म की नयी भाषा रची है। इनकी इसी रंगभाषा के बूते बॉडी लैंग्वेज, लाइट, साउंड और पूरा रंगकर्म अंतिम दृश्य तक पटरी पर रहता है। संवादों में जगह-जगह गद्य में पद्य की चाशनी और लोकभाषा की सोंधी गमक नाटक को परवान चढ़ाती है।'' कुछ इसी अंदाज़ में अंग्रेज़ी अख़बारों 'डेक्कन हेराल्ड' और 'द न्यू इंडियन एक्सप्रेस' की भी समीक्षा है। और 'ए मासे नाटका' के प्रथम पृष्ठ के अग्रलेख का तो शीर्षक ही है-'रंगमंच की मासूम जादूगर जोड़ी!' एल. कृष्णप्पा ने अपने लेख के अंत में लिखा है, ''दिगंत का पाट लाँघकर कन्नड़ रंगमंच पर आया है यह अपूर्व प्रकाश-शुभंकर और उसकी संगिनी अरण्या।''

15

हुइय्यो-हुइय्यो

'अनंत कमला' की प्रस्तुति के साथ ही लगता है कि समय के समस्त द्वार और सारी खिड़कियाँ शुभंकर और अरण्या के लिये बरबस खुल गयी हैं। भविष्य की हरी-लाल कोंपलें चमक रही हैं। यह वर्ष 2013 का मई मास है। वैशाख। प्रकृति के नव संदेश का महीना। सुखद परिवर्तन की करवट! बहुत दिनों से अस्त-व्यस्त चली आ रही कर्नाटक की सत्ता में भी विधानसभा चुनाव के बाद परिवर्तन आया है। कुर्वा गौड़ा समुदाय के कांग्रेसी दिग्गज सिद्दारमय्या ने 13 मई को कर्नाटक के 22वें मुख्यमंत्री के रूप में सत्ता सँभाली है। वर्ष 2008 में कर्नाटक में भाजपा को सत्ता दिलानेवाले पूर्व मुख्यमंत्री येदियुरप्पा की बग़ावत भाजपा को इस बार महँगी पड़ गयी। बहरहाल, गाँव के लोग गद्गद हैं क्योंकि इस क्षेत्र के कांग्रेसी विधायक किमन्ने रत्नाकर को मुख्यमंत्री सिद्दारमय्या ने काबीना मंत्री बना दिया है। इसके पहले क्षेत्र के पिछड़ेपन का ठीकरा विधायक रत्नाकर प्रदेश की भाजपा सरकार के सिर पर फोड़ते रहते थे लेकिन अब तो वे स्वयं मंत्री हैं। शिबन्ना कहते हैं, ''नये मुख्यमंत्री सिद्दारमय्या अनुशासित व्यक्ति हैं। उन्हें शासन का भी पुराना अनुभव है। रामकृष्ण हेगड़े से लेकर देवेगौड़ा, जे.एच. पटेल और धर्म सिंह तक की सरकारों में वे मंत्री रह चुके हैं। जनता दल (सेकुलर) की जे.एच. पटेल सरकार में तो वे उपमुख्यमंत्री तक थे। इसलिये उन्हें कोई झाँसा दे देगा, यह संभव नहीं। और सिर्फ यही नहीं, सिद्दारमय्या कला-संस्कृति के भी जबर्दस्त प्रेमी हैं। इसलिये इनके शासन में थिएटर और सिनेमा के उत्थान की उम्मीद की जा सकती है।''

''शिबन्ना! मेरी इस अगली फ़िल्म को तुम उनसे हंड्रेड परसेंट टैक्स-फ्री कराना।'' कन्नड़ फ़िल्मों के दिग्गज निर्देशक आर. चंद्रू मुसककर कहते हैं। आर. चंद्रू ने अपनी आगामी फ़िल्म 'हुइय्यो-हुइय्यो'[1] की मुख्य भूमिका में शुभंकर व अरण्या को साइन कर ऐन अक्षय तृतीया के दिन फ़िल्म का मुहूर्त किया है। वैशाख शुक्ल तृतीया को 'अक्षय तृतीया' की स्वयंसिद्ध तिथि पड़ती है। अमृत योग दिवस। निर्देशक आर. चंद्रू को सिद्ध मुहूर्त में अटूट विश्वास है। इस तिथि में अक्षत से भगवान विष्णु की पूजा कर कोई कार्य शुरू करने पर अक्षय धन और सफलता की प्राप्ति होती है। बहरहाल, मुहूर्त के संग ही फ़िल्म के आसार दिखने लगे हैं। अख़बारों के सिनेमावाले विशेष पृष्ठों पर शुभंकर-अरण्या की बड़ी-बड़ी तस्वीरों के संग इस फ़िल्म की ख़बर सुर्ख़ियों में है।

1. बरसो-बरसो!

बेंगलूर के कई चैनलों में दोनों का इंटरव्यू आया है। फ़िल्म के मुहूर्त के अवसर पर उपस्थित अरुंधती नाग के आनंद का परावार नहीं। वे शिबन्ना से कहती हैं, ''यह है तुम्हारे आविष्कार का करिश्मा! दोनों बच्चों ने हाथ बढ़ाकर अब चाँद-तारे छू लिये हैं।''

फ़िल्म की कथा संगीतमय है। दरअसल, यह कर्नाटक संगीत के पुरोधा महान वायलिन वादक लालगुडी जयरामन के जीवन पर आधारित है। जिस तरह येहूदी मेनुहिन का नाम दुनिया में 20वीं सदी के महान वायलिन वादक में शुमार है, लालगुडी जयरामन भारत में उसी की सुनहरी कड़ी हैं। संगीत के संत साधक त्यागराज की परंपरा के लालगुडी जयरामन ने एक बचपन से वायलिन को सिद्ध कर भारतीय कर्नाटक संगीत को विश्व के शिखर तक पहुँचाया। उन्होंने वायलिन वादन की भारतीय शैली रची, जो पारंपरिक शास्त्रीय संगीत के संग एकमेक हो मुग्ध करती है। वायलिन वादन की यह भारतीय शैली इसलिये 'लालगुडी बानी' नाम से ख्यात हुई। राग, भाव और लय को तन्मय प्रेम से सान-गूँथकर उन्होंने अनेक 'कृति' और 'वर्णम' की रचना की और वायलिन वादन में चिर अपेक्षित कर्नाटक शैली को बड़े सहज भाव से सन्निहित कर लिया। येहूदी मेनुहिन ने भारत के इस विरल-विलक्षण वायलिन वादक के बारे में सुना, तो सन् 1965 में एडिनबर्ग के विश्वस्तरीय संगीत महोत्सव में लालगुडी जयरामन को आमंत्रण भिजवाया। येहूदी मेनुहिन विश्व संगीतोत्सव में लालगुडी जयरामन के वायलिन वादन से इस कदर मुग्ध हुए कि प्रस्तुति समाप्त होते ही उन्होंने अपना प्रिय इटालियन वायलिन लालगुडी जयरामन को मंच पर जाकर भेंट कर दिया। कहना न होगा कि लालगुडी जयरामन के लिये वह जीवन के चंद अविस्मरणीय क्षणों में एक था। जब येहूदी मेनुहिन कुछ साल बाद भारत यात्रा पर आये, तो लालगुडी जयरामन ने उन्हें नृत्यरत भंगिमावाली नटराज की भव्य मूर्ति भेंट की। फ़िल्म निर्देशक आर. चंद्रू की लालगुडी जयरामन से पारिवारिक अंतरंगता रही थी। इसलिये बीते 22 अप्रैल को जब चेण्णै में दिल के दौरे से लालगुडी जयरामन चल बसे, तो उनके प्रति श्रद्धावान चंद्रू बहुत दुखी हुए। क्या ही विचित्र संयोग! चंद्रू ने अपने सहयोगियों से कहा, ''सच में लालगुडी जयरामन का येहूदी मेनुहिन से पूर्वजन्म का कोई नाता था। मेनुहिन का जन्म न्यूयॉर्क शहर में 22 अप्रैल, 1916 को हुआ था। और 17 सितंबर, 1930 को चेण्णै में जन्मे महान संगीत-साधक लालगुडी जयरामन ठीक 22 अप्रैल, 2013 को दुनिया से गये।'' आर. चंद्रू दरअसल लालगुडी जयरामन के जीवनकाल में ही उन पर फ़िल्म बनाना चाहते थे। इसका उल्लेख उन्होंने कई बार लालगुडी जयरामन से भी किया था और कहा था कि उनके संगीत से भरपूर यह फ़िल्म सुपर हिट रहेगी। विशेषकर युवा पीढ़ी सिनेमाघरों की खिड़कियों पर टूट पड़ेगी क्योंकि पाश्चात्य वाद्ययंत्र वायलिन में सहज ही यौवन के सपनों की झूम भरी है। लालगुडी जयरामन के जीवनकाल में चंद्रू इस फ़िल्म को शुरू नहीं कर सके थे, इसलिये उनके निधन का समाचार पाकर चंद्रू ने तय किया कि दो-तीन महीने में उन पर वे फ़िल्म बनाकर ही दम लेंगे। अपने स्क्रिप्ट लेखक लक्ष्मीनाथ शेनॉय को लालगुडी जयरामन की बाल्यावस्था से लेकर मृत्युपर्यंत तक के यथासंभव विवरण को थमाते हुए उन्होंने कहा कि फ़िल्म की कथा युवा लालगुडी के जीवन के इर्द-गिर्द होगी। ऐसा होने से ही युवा पीढ़ी इस फ़िल्म से अपने को जोड़ पायेगी। आर. चंद्रू ने स्क्रिप्ट लेखक लक्ष्मीनाथ शेनॉय से विभोर होकर कहा, ''ओफ! मुझे याद है वह शाम

जब राग जै-जैवंती तीन ताल और कहरवा में प्रख्यात सरोद वादक अमजद अली खान के संग लालगुडी जयरामन ने बेंगलूर में यादगार जुगलबंदी की थी। इस जुगलबंदी में तबला पर थे शफाक खाँ और मृदंगम पर वेल्लुर रामभद्रम। क्या जादू-जुगलबंदी थी। कई बार तो लालगुडी उस जुगलबंदी में चरम से ऊपर चले गये। लक्ष्मीनाथ! मैं क्या बताऊँ! अरे लालगुडी वायलिन से मनुष्य स्वर निकाल देते थे। यह सिद्धि थी उनको। वे कहते थे कि अपने अनंत जन्मों तक मैं वायलिन वादक ही रहना चाहता हूँ। उनका मानना था कि सरस्वती के हाथों की वीणा, कृष्ण के हाथों की मुरली और नंदिकेश्वर के हाथों में मृदंगम की भाँति पाश्चात्य वाद्य यंत्र वायलिन भले ही किसी देवी-देवता के हाथों में सुशोभित नहीं, किंतु यह सर्वव्यापी-विश्वव्यापी है।''

''चंद्रू साहब! कन्नड़ और तमिल में निर्मित उनकी 'कृति' और 'वर्णम' को उनके वायलिन पर सुनने का सौभाग्य मैं भी कुछेक बार पा चुका हूँ। आपको याद है उनकी रचना-'शारदा विराजे मन-प्राण...वीणा बजाये...हृदय सजाये सुरगान...रागिनी सुनाये...दे जीवन दान...शारदा विराजे मन-प्राण...।' हृदय के तल को थिरका देते थे लालगुडी।'' लक्ष्मीनाथ शेनॉय ने गहरी साँस लेकर कहा, ''हृदय के तंतु को अपने तंतु वाद्य से वे दुलारते, बहकाते और पुचकारते थे। याद कीजिये मेघ मल्हार की उनकी यह प्रसिद्ध प्रस्तुति-किरपा करो मेघराज...रमण करो...मरण हरो...चरण पड़ूँ तेरे आज...किरपा करो मेघराज...। चंद्रू साहब! मुझे याद है मैसूर की वह तीखी शाम जब उनके वादन का समापन होते-होते आकाश में बादल घिर आये थे और लोग विस्मय और खुशी से पागल हो गये थे। उस चरम क्षण में लालगुडी जयरामन ने अपने वायलिन को मस्तक पर रख लिया था और उनकी आँखों से लगातार आँसू झर रहे थे। चंद्रू साहब! मैं किस्से-कहानियों में सुनता था कि किसी जमाने में साधक संगीतकार दीपक राग से दीपमालाओं को प्रज्वलित कर देते थे और मेघ मल्हार गाकर आकाश को मेघमय कर देते थे। पर मैंने उस शाम उस अमर्त्य क्षण का दर्शन पाया...उस अमृत क्षण की अलौकिक तृप्ति पायी चंद्रू साहब। राग 'मेघ मल्हार' में तो लालगुडी को विशेष सिद्धि थी।''

''मुझे अब और पागल मत करो लक्ष्मीनाथ! ओह अद्‌भुत! किसी भी सफल फ़िल्म की बुनियाद ही बिंब है। बिंबों की तुम्हें अच्छी पकड़ है। लालगुडी मेघ से घिरे आकाश को निहार वायलिन मस्तक पर रख लेते हैं और बारिश शुरू हो गयी है।...तुमने फ़िल्म का क्लाइमेक्स तय कर दिया लक्ष्मीनाथ! मैंने यों ही तुम्हें इस फ़िल्म की पटकथा की जिम्मेवारी नहीं दी है। मुझे पता था कि तुम भी मेरी तरह लालगुडी बानी के रमैया हो।'' आर. चंद्रू ने लक्ष्मीनाथ शेनॉय को भाव विह्वल हो सीने से भींच लिया है।

''चंद्रू साहब! हिंदी फ़िल्म 'बैजू बावरा' को याद कीजिये। सन् 1952 में बनी इस फ़िल्म का निर्देशन विजय भट्ट ने किया था। हीरो-हिरोइन थे भारत भूषण और मीना कुमारी। संगीत नौशाद साहब का। गजब की संगीतमय फ़िल्म थी वह। यह फ़िल्म भी कुछ वैसा ही रिकार्ड बनायेगी।'' अनुभवी पटकथा लेखक लक्ष्मीनाथ शेनॉय के स्वर में भरपूर आत्मविश्वास की छलक है।

''लक्ष्मीनाथ! मेरे पिताजी कहते हैं कि आज से साठ साल पहले कन्नड़भाषियों के हिंदी समझने में संकट के बावजूद बेंगलूर के सिनेमा हॉलों में 'बैजू बावरा' फ़िल्म

महीनों तक चली थी। पिताजी कहते हैं कि स्वयं उन्होंने यह फ़िल्म लगातार दस बार देखी थी। यह फ़िल्म मैंने भी देखी है लक्ष्मीनाथ। हालाँकि, हिंदी दर्शकों की नयी पीढ़ी को शायद ही इस फ़िल्म के निर्देशक विजय भट्ट का नाम भी मालूम हो। ओफ्फ्! क्या सधा निर्देशन था उनका। एक से एक दिग्गजों की टीम थी उनकी। जिया सरहदी के संवाद, शकील बदायूँनी के गीत, नौशाद का संगीत और वी.एन. रेड्डी की सूक्ष्म सिनेमेटोग्राफी। किशोर से दिखनेवाले भारत भूषण ने बैजू का रोल किया था, उसकी प्रेमिका गौरी की भूमिका कोमल कली-सी मीना कुमारी ने की थी, दिग्गज अभिनेता सुरेंद्र संगीत सम्राट तानसेन बने थे और दस्यु सुंदरी रूपमती का रोल कुलदीप कौर ने किया था। इस फ़िल्म का गाना 'तू गंगा की मौज मैं जमुना की धारा...हो रहेगा मिलन...हमारा-तुम्हारा...बनायेंगे तूफां को एक दिन किनारा...हो रहेगा मिलन... हमारा-तुम्हारा...' क्या अमर गाना है! हिंदी फ़िल्मों के दर्शक कन्नड़भाषी भी कम नहीं रहे हैं। कन्नड़ साहित्य का भी समय-समय पर हिंदी फ़िल्मों में महत्त्वपूर्ण योगदान रहा है। लक्ष्मीनाथ! तुमने शायद देखी भी हो राजा नवाथे की सन् 1956 में निर्देशित संगीतमय हिंदी फ़िल्म-'बसंत बहार'। इसमें भी भारत भूषण मुख्य भूमिका में थे और नायिका थी निम्मी। यह फ़िल्म कन्नड़ के महान साहित्यकार तरसु के चर्चित उपन्यास 'हंसगीते' पर आधारित थी। हंस का गीत लक्ष्मीनाथ! कहते हैं मरने के पहले हंस बिना मुँह खोले गाता है। बंद मुख के संगीत की ध्वनि अलौकिक होती है। इस फ़िल्म के चरम में गायक गोपाल जिसकी भूमिका भारत भूषण ने निभाई थी, क्योंकि क्रूर राजा के समक्ष गाने को तैयार नहीं, इसलिये प्रतिरोध में वह स्वयं अपनी जीभ काट लेता है। इस फ़िल्म के सभी नौ गाने भी अद्भुत थे।'' निर्देशक आर. चंद्रू एक पल थमकर फिर शुरू होते हैं, ''अपनी यह फ़िल्म युवा लालगुडी जयरामन की कठोर संगीत साधना और प्रेम-कथा पर केंद्रित है। लालगुडी की भूमिका में शुभंकर और नायिका राजलक्ष्मी की भूमिका में अरण्या को इसलिये मैंने लिया है। डिट्टो भारत भूषण और मीना कुमारी की जोड़ी। गीत-संगीत हंसलेख के जिम्मे है। पटकथा-संवाद तुम्हारा है और सिनेमेटोग्राफी एच.डी. बायर की।''

''और निर्देशन आपका...। फिर कमी क्या है! माँ शारदांबा द्वारा निर्मित है यह योगायोग।'' लक्ष्मीनाथ शेनॉय विभोर हो कहते हैं, ''मुख्य भूमिका में शुभंकर तथा अरण्या सरीखे नवल-निर्मल चेहरे को साइन कर तो आपने हद कर दी। शुभंकर अभी जिस कच्ची उम्र में है लगभग इसी 22-23 साल की उम्र में हिंदी सिनेमा में भारत भूषण और ट्रेजेडी किंग दिलीप कुमार ने अपनी पहली फ़िल्म की थी।''

''लक्ष्मीनाथ! 'वैरी' से लेकर 'अनंत कमला' तक में इन दोनों के काम की गहराई को देख मुझे लगा कि इनकी उम्र भले कम हो लेकिन संभवत: अपने पूर्वजन्मों के संस्कार से ये दोनों कला की आत्मा का प्रकाश पा चुके हैं।'' चंद्रू कहते हैं।

शुभंकर और अरण्या के पाँव पृथ्वी पर नहीं हैं। फ़िल्म, और वह भी आर. चंद्रू सरीखे दिग्गज निर्देशक के संग-सोचकर अभी भी जैसे विश्वास नहीं होता। शिबन्ना गद्गद हो बराबर हौसला बढ़ाते हैं, ''तुम लोग हुइय्यो-हुइय्यो कर दोगे। अरे इस फ़िल्म को देखने के लिये दर्शकों की बरसात होगी।'' अरुंधती नाग कहती हैं, ''लालगुडी

और उनकी जीवन नायिका राजलक्ष्मी के चरित्र को एकदम आत्मसात् कर लो। समझो, हम दोनों वही हैं।''

लालगुडी के जीवन को लेकर जो कुछ कहीं भी प्रकाशित है, शुभंकर व अरण्या लगातार उसे पढ़ रहे हैं। लालगुडी व राजलक्ष्मी के रोल को करने के लिये उनके वातावरण और परिवेश को जानना जरूरी है। उनकी पूरी पृष्ठभूमि से यथासंभव परिचित होना अनिवार्य है। संत त्यागराज की संगीतधारा के साधक लालगुडी जयरामन के परदादा लालगुडी रामा अय्यर का मैसूर महाराज कृष्णराज वोडेयार हृदय से सम्मान करते थे। लालगुडी जयरामन जब छोटे थे, तो उनकी दादी मुत्थूलक्ष्मी उन्हें कथा सुनाती थीं कि अपने युग के महान संगीत साधक संत त्यागराज स्वामी ने कैसे दस दिनों तक यहाँ लालगुडी गाँव में उनके यहाँ रुकने का अनुग्रह किया था। किसी ज़माने में लालगुडी ग्राम तमिल में तिरूत्तवतुरई और संस्कृत में तपस्तीर्थपुर के नाम से जाना जाता था। गाँव की ख्याति यहाँ के प्राचीन शिव-पार्वती मंदिर को लेकर थी। सत्रहवीं सदी में जब मुस्लिम आक्रमणकारियों ने इस क्षेत्र को अपने कब्जे में लिया, तो तपस्तीर्थपुर का नामकरण उन लोगों ने लालगुडी कर दिया। दरअसल, शिव मंदिर के दमकते लाल गोपुरम[1] को देख बरबस उनके मन में यही नाम आया। तमिल में गोपुरम को गुडी कहते हैं, जबकि कन्नड़ में गाँव के छोटे-से मंदिर को गुडी कहा जाता है। ख़ैर, इस तरह तपस्तीर्थपुर का नामाकल्प हुआ। लालगुडी जयरामन के दादा लालगुडी बलाडि राधाकृष्ण अय्यर और पिता लालगुडी वी.आर. गोपाल अय्यर ने अपने परिवार में लालगुडी रामा अय्यर की महान संगीत परंपरा को अक्षुण्ण रखा। लालगुडी जयरामन की दादी मुत्थूलक्ष्मी ने नन्हे लालगुडी को बताया था कि उसके परदादा रामा अय्यर सिर पर नींबू रखकर 'नालु कलाई पल्लवी' की कठिनतम प्रस्तुति इस तरह बिना हिले-डुले तन्मय होकर करते थे कि सिर से नींबू गिरता नहीं था। इसलिये रामा अय्यर को लोग सम्मान में 'पल्लवी रामा अय्यर' भी कहते थे। लालगुडी जयरामन जब आठ वर्ष के हुए, तो उनके पिता गोपाल अय्यर ने उनके हाथों में वायलिन थमाते हुए कहा था, ''तुम लालगुडी रामा अय्यर के वंशज हो, यह कभी मत भूलना। संगीत ही तुम्हारा जीवन है।'' आर. चंद्रू को एक बार स्वयं लालगुडी जयरामन ने यह प्रसंग सुनाया था कि कैसे एक दिन वे वायलिन को सूटकेस की तरह हाथ में लटकाकर निकल रहे थे और पिता की दृष्टि उन पर पड़ गयी। पिता ने इसके लिये उन्हें बुरी तरह डाँटा और कहा, ''इसे हमेशा दोनों हाथ से उठाकर चलना। यह ईश्वर का वरदानस्वरूप है।'' उस घटना के बाद लालगुडी जयरामन ने वायलिन को कभी हाथ में लटकाकर चलने की ग़लती नहीं की। 'ए मासे नाटका' के संपादक एल. कृष्णप्पा कहते हैं, ''मैंने भी बेंगलूर में लालगुडी की प्रस्तुति देखी है। वे बृहस्पति के अवतार थे। एक बार 'नेशनल कॉलेज' के ऑडिटोरियम में शाम को उनका कार्यक्रम था। मुझे याद है, वे सितंबर माह के आखिरी दिन थे। बेंगलूर में तीखी गर्मी थी। लोगों ने शोर मचाया कि पंडितजी बारिश करा दो। बस आज मल्हार सुनाओ। शुभंकर! उस शाम पता नहीं लालगुडी को भी क्या अनुराग जग गया। उन्होंने मेघ मल्हार से शुरू किया। फिर मियाँ की मल्हार पर आये। इसके बाद गौड़ मल्हार, रामदासी मल्हार...और...। आकाश में मेघ घुमड़ने लगे। धूलिया

1. मंदिर का भव्य प्रवेश द्वार

मल्हार और मधमद सारंग तक आते-आते तो मेघ झूम-झूमकर बरस रहे थे। रात-भर मल्हार परिवार के समस्त रागों को वायलिन पर बजाकर लालगुडी जयरामन ने जो जादू किया...। मियाँ मल्हार की उनकी द्रुत बंदिश की उनकी ध्वनिमुद्रिका की गूँज आज भी मेरे कानों में बसी है। यों भी उनकी पहचान बहुत शालीन मधुर वादन को लेकर थी। वायलिन के तारों पर जब वे धनुष थिरकाते थे, तो लगता था मानो अंतरिक्ष में विचर रहे हैं। राजलक्ष्मी के संग उनकी प्रेम-कथा भी तो अद्‌भुत ही है।''

कथा और स्मृतियों में ही तो सुरक्षित रहता है अतीत के ऐसे व्यक्तित्वों का भ्रूण, जो मन में जन्म लेकर निरंतर आकार पाता रहता है। शुभंकर और अरण्या को लग रहा है कि लालगुडी और राजलक्ष्मी निरंतर उनके भीतर आकार ले रहे हैं और संगीत के समस्त रागों के संग उन्हें प्रतिपल हिलोर रहे हैं। अगस्त में शूटिंग की शुरुआत के साथ यह अनुभूति और गहन हो गयी है। शूटिंग स्थल बेंगलूर से 50 किलोमीटर दूर रामनगर में है। रामदेवरबेट्टा, रेवन सिद्धेश्वर और हंडीगुडी पहाड़ियों से लेकर सावन दुर्गा की शोभा से सज्जित रामनगर में कभी प्रसिद्ध फ़िल्मकार डेविड लीन ने जहाँ अपनी अमर फ़िल्म 'ए पैसेज टू इंडिया' की शूटिंग की थी, वहीं रमेश सिप्पी ने अपनी सुपर हिट हिंदी फ़िल्म 'शोले' को यहीं फ़िल्माया था। शूटिंग के दौरान शुभंकर व अरण्या को लगता है कि लालगुडी यहाँ प्रतिपल मौजूद हैं। कहते हैं, एक बार श्रोताओं की ज़िद पर लालगुडी ने रात के एक मुक्ताकाश कार्यक्रम में सुबह के राग अल्हैया बिलावल को वायलिन पर छेड़ दिया था-'जागिये ब्रजराज कुँवर...कमल-कुसुम फूले...कुमुद वृंत सकुचित भये...भृंगलता झूमे...! जागिये ब्रजराज कुँवर...!' और इसके साथ ही पेड़ों पर अपने-अपने घोंसले में सोईं चिड़िया सुबह के भ्रम में जागकर जब चारों तरफ़ चहकने लगीं, तो फौरन लालगुडी यह कहते हुए राग तिलक कामोद में मुड़ गये कि, ''प्रकृति को परेशान करना कला का काम नहीं। कला तो प्रकृति के परमानंद के लिये है।'' लालगुडी और राजलक्ष्मी के चरित्र को एक-एक दृश्य में जीते हुए शुभंकर और अरण्या को लग रहा है मानो वे अपनी भूरी धरती की सुरभि की साँस ले रहे हैं। अपने गाँव के धान के खेतों में लहर-लहर झूम रहे हैं। 'हुइय्यो-हुइय्यो' की पूरी शूटिंग उनके लिये पाठशाला सरीखी है। सिनेमा की तकनीकी बारीकियों और शूटिंग की शब्दावलियों से उनका प्रथम परिचय हुआ है। पहले उन्हें क्या पता था सिनेमा का स्टेप आउटलाइन, जिससे ज्ञात होता है कि पूरी फ़िल्म में कितने दृश्य हैं? इसी तरह प्लॉट प्वाइंट, ऐक्शन प्वाइंट, मिडप्वाइंट, एंगल ऑन, रिवर्स एंगल, अनदर एंगल, पी.ओ.वी., टू शॉट, थ्री शॉट, मूविंग शॉट, फेवरिंग, इंसर्ट और कट अवे सरीखे अनेक जुमले, जो शूटिंग के दौरान टीम की आम भाषा है। निर्देशक आर. चंद्रू की आवाज़ गूँजती है, ''सॉफ्ट फोकस...पैन...कट...।'' कभी-कभी सेट पर छोटे-से ट्रक यानी डॉली में कैमरा क्र्यू घूमता है। कभी डॉली में कैमरा क्र्यू के संग स्वयं निर्देशक चंद्रू होते हैं, ''जूम इन...येस नाऊ जूम आउट...रैप...।'' रैप! यानी आज की शूटिंग ख़त्म।

सितंबर, 2013 के ये आख़िरी दिन हैं। आश्विन मास का आरंभ। कल ही रात तेज़ वर्षा के संग हथिया नक्षत्र का प्रवेश हुआ है। रामनगर की हरी-भरी धुली पहाड़ियाँ जैसे गुटगुट मुसक रही हैं, मानो कह रही हों-चाहे कितनी भी शूटिंग करो...मुझे रीलों में

भरकर ले जाओ...लेकिन कभी समाप्त नहीं होगा हमारा सौंदर्य...। 'हुइय्यो-हुइय्यो' की शूटिंग पूरी हो चुकी है। पूरी टीम कल सुबह रामनगर से निकल पड़ेगी। बेंगलूर के दक्षिण-पश्चिम स्थित कर्नाटक के इस छोटे-से ज़िला मुख्यालय में व्यतीत एक-डेढ़ माह अविस्मरणीय रह जायेंगे। शुभंकर को बार-बार याद आ रहा है वह शॉट जब रेवन सिद्धेश्वर की एक विशाल शिला पर गोधूलि वेला में वायलिन बजाने में निमग्न लालगुडी का एक शॉट लिया जाना था। शूटिंग की पूरी तैयारी हो गयी थी। शुभंकर शॉट के लिये वायलिन के संग शिला पर खड़ा था। आर. चंद्रू ने कैमरामैन को आवाज़ दी, ''ओ.के.! डच टिल्ट...नाऊ जूम आउट...!'' तभी जाने कहाँ से आकाश ने तेवर बदला और ढेर सारे बादल निकल आये।

''कट...।'' आर. चंद्रू ने आसमान में अभिभूत हो निहारा। गोधूलि वेला में अभी बादल! सिनेमेटोग्राफ़र एच.डी. बायर तब गद्गद हो उठे थे, ''चंद्रू साहब! ईश्वर ने कहा कि तुम लोग सचमुच दिल से इस काम को कर रहे हो, तो चलो मेरी तरफ़ से भी कुछ बादल लेकर इस शॉट को अविस्मरणीय बना डालो।'' शुभंकर को लगता है, उस गोधूलि वेला में ईश्वर के आदेश पर वे लालगुडी और राजलक्ष्मी ही थे, जो उस महत्त्वपूर्ण शॉट के लिये पूरी मेघमाला के संग रामनगर के आकाश में छा गये थे।

16

दो अक्टूबर

डॉ. अनिकेत के.टी. की कुछ हफ़्ते से नींद उड़ी हुई है। उनकी पत्नी ठीक कहती है कि इस गाँव में अगर वह और कुछ साल रह गये, तो यहाँ से सीधे किसी पागलख़ाने ही जायेंगे। वाक़ई, एक डॉक्टर के रूप में इतनी बड़ी चुनौती उनके सामने आज तक न आयी थी। अमेरिका-इंग्लैंड रहता, तो डेढ़-दो क्विंटल की महिला के सिज़ेरियन के मसले को लेकर पता नहीं अस्पताल में कितनी क्या तैयारी चल रही होती और इसको लेकर अख़बार व चैनलवाले किस ग़ज़ब की हलचल में होते। पर सघन वर्षावन के बीच बसे इस गाँव पर भला किसकी नज़र जानेवाली है? लगभग दो क्विंटल की महीधर नायक की विराटकाय पत्नी सुचित्रा की डिलेवरी वे मात्र एक कंपाउंडर और एक मरगिल्ली-सी स्टाफ़ नर्स के दम पर कैसे करा पायेंगे, यह सोच-सोचकर ही उनका दिमाग़ ख़राब हो रहा है। महीधर चोटी का बेवकूफ़ और ज़िद्दी है। इस छोटे-से साधनहीन प्राइमरी हेल्थ सेंटर में इतने भीषण सिज़ेरियन को करना असंभव है। यह इमली के पत्ते पर बरात का डेरा लगाने जैसी बात होगी। सारी परिस्थिति बार-बार समझाने के बावजूद महीधर मानने को तैयार नहीं। वह एक ही रट लगाये है, "डॉ. साहब! मैं आपकी शरण में हूँ। सुचित्रा और बच्चे की जान भले चली जाये, लेकिन ऑपरेशन आप ही करेंगे। मुझे आप पर भगवान की तरह विश्वास है। वैसे भी, इस अवस्था में सुचित्रा के इतने भारी शरीर को लेकर कहीं बाहर डिलेवरी के लिये ले जाना मेरे लिये अकेले संभव नहीं। हालाँकि, सुचित्रा बार-बार कह रही है कि प्रसव के लिये मैं उसे उसके मायके बाड़ेहेले पहुँचा दूँ। पर बाड़ेहेले में कहाँ कोई मेडिकल सुविधा है! ऐसे में उसे कैसे वहाँ जाने दूँ? आपको मालूम है कि मेरी बहू का भी प्रसव नजदीक है। ऐसे में चंद्रहास को भी कहीं साथ नहीं ले जा सकता।" इस चिंता-मंथन में भी डॉ. अनिकेत को मन ही मन हँसी छूट जाती है। अद्‌भुत है! पिता और पुत्र दोनों की पत्नियों को कल्याण की योग्यता चल रही है।

हालाँकि, महीधर ने शुरू से तय कर रखा था कि दूसरे विवाह से वह संतान कदापि न होने देगा। पर श्रीवेणुगोपाल स्वामी की रचना को कौन रोक सकता है। एक सुबह जब सख़्त मिज़ाज सुचित्रा ने उसे मुसकते हुए सूचना दी कि उसका नियमित मासिक धर्म रुक गया है और कहीं कुछ गड़बड़ लग रहा है, तो लक्ष्मीनारायण माल्या के बेटे सुधींद्र से विनती कर महीधर ने सुचित्रा को तत्काल अस्पताल ले जाने के लिये उसका एंबेसडर लिया। दरअसल, अशोक या हमीद के पैसेंजर ऑटो में सुचित्रा की लंबी-चौड़ी काया का

समाना असंभव है। सुचित्रा की जाँच-परख के बाद डॉ. अनिकेत ने अगले दिन सुबह पेशाब का नमूना जाँच के लिये अस्पताल पर भिजवाने को कहा। फिर अगली शाम जाँच रिपोर्ट थमाते हुए डॉ. अनिकेत ने महीधर को बधाई दी, "दो-दो चमत्कार! एक तो इस उम्र में पिता बनने का सौभाग्य मिलने जा रहा है। दूसरे कि इतने वजन की स्त्री का गर्भवती होना...।" पर इस दोहरे चमत्कार की बिजली उन्हीं पर गिरेगी, इसकी कल्पना डॉ. अनिकेत ने नहीं की थी। वैसे, बीते कई वर्षों से इस इलाक़े में महिलाओं की डिलेवरी अस्पताल में सीमित सरंजाम के बावजूद वही कराते रहे हैं। सामान्य डिलेवरी को तो उनकी स्टाफ़ नर्स और कंपाउंडर भी सँभाल लेते हैं। हाँ, सिज़ेरियन की आपात या सामान्य स्थिति में उन्हें स्वयं हाथ लगाना पड़ता है। देहातों के प्राइमरी हेल्थ सेंटर में यही विशेषता होती है कि यहाँ जूता सिलाई से चंडीपाठ तक करते हुए डॉक्टर हरफ़नमौला हो जाते हैं। बूढ़े-बच्चे, मर्द-औरत सबके इलाज के संग-संग छोटी-मोटी सर्जरी और डिलेवरी कराने में भी पारंगत। सिज़ेरियन का काम हालाँकि थोड़ा झंझटदार है। एलेक्टिव सिज़ेरियन में तो ख़ैर पहले से पूरी तैयारी रहती है लेकिन इमर्जेंसी सिज़ेरियन में स्वाभाविक रूप से थोड़ी अफ़रातफ़री हो ही जाती है। सहज प्रसव अचानक जब दुरूह होने लगता है तब इमर्जेंसी सिज़ेरियन के अलावा कोई चारा नहीं रह जाता है। एक सामान्य क़द-काठी की स्त्री का इमर्जेंसी या पूर्व निर्धारित एलेक्टिव सिज़ेरियन नियंत्रण की चीज़ है पर सुचित्रा सरीखी हथिनी का सिज़ेरिअन आकाश-पाताल एक करने जैसा है। अत्यधिक वज़न के कारण वह हाइपोथायराडिज़्म और प्रिग्नेंसी इंड्यूस्ड हाइपरटेंशन से गुज़र रही है। यह प्रलय आख़िर कैसे सँभलेगा? स्थिति विकट है। सितंबर, 2013 लगभग बीतने को है। इन नौ महीनों में अब तक वे ग्यारह डिलेवरी करा चुके हैं। अक्टूबर-नवंबर महीना रिकॉर्ड डिलेवरी का होगा। नागराज की पत्नी भाग्यलक्ष्मी, रमेश गौड़ा की पत्नी भवानी, दिनेश कुट्टी की पत्नी सोनाक्षी, महीधर की पुत्रवधू यानी चंद्रहास की पत्नी रेणुका और महीधर की महाकाय महामाया सुचित्रा का प्रसव इन्हीं दो महीनों में होना है। आनेवाले समय में अगर गाँव का जन्म-दर यही रहा, तो वे सील-मुहर लगाकर प्रसव विशेषज्ञ व स्त्री रोग विशेषज्ञ हो जायेंगे।

डॉ. अनिकेत ने महीधर को दो-टूक बता दिया है कि उसकी पुत्रवधू रेणुका को लेकर नवंबर के शुरू में वे सामान्य डिलेवरी की उम्मीद कर रहे हैं लेकिन उसकी पत्नी का सिज़ेरियन हर हाल में अक्टूबर के मध्य में करना होगा। हालाँकि, महीधर की पेशानी पर बल पड़े हुए हैं। वर्षों बाद घर में नवजात शिशुओं का आगमन होने जा रहा है। पर मात्र पंद्रह-बीस दिनों की अवधि में होने जा रहे सास और बहू के नवजात बच्चों की हर-हिफ़ाज़त कैसे होगी। घर की एकमात्र बूढ़ी आया आशा माई कितना क्या कर सकेगी। उसकी नाराज़ बेटी कुसुम तो इनकी परिचर्या के वास्ते मायके आने से रही। सास-बहू को प्रसव अगर एक-डेढ़ महीने के अंतराल पर होता, तो साँस लेने की राह मिलती। महीधर ने डॉ. अनिकेत से कातर हो कई बार अनुनय किया कि सुचित्रा को अगर चीरा लगाकर ही बच्चा निकालना है, तो क्यों नहीं अक्टूबर के पहले सप्ताह तक यह कार्य वे संपन्न कर दें। फिर नवंबर के आरंभ में पुत्रवधू रेणुका का सामान्य प्रसव। डॉ. अनिकेत ने एक दिन खीजकर कहा, "अच्छा होगा कि तुम अपनी सुविधा से घर में ही चाकू लगाकर पत्नी के पेट से बच्चा निकाल लो।" मेडिकल विद्या इन बेवक़ूफ़ों

को क्या समझायी जाये। माँ के गर्भ में कम से कम 37 सप्ताह रहना बच्चे के लिये अनिवार्य होता है। सुचित्रा को लेकर डॉ. अनिकेत स्वयं घोर चिंतित हैं। अथाह चर्बी की अनेक परतों के नीचे दबा बच्चा किसी तरह सुरक्षित बाहर निकल जाये, यह श्री वेणुगोपाल स्वामी की ही असीम कृपा होगी। अगुम्बे में पदस्थापन के इतने वर्षों में पहली बार डॉ. अनिकेत ने श्रीवेणुगोपाल स्वामी को मनौती मानी है कि शुभ-शुभ कर उनके हाथों सुचित्रा का सिज़ेरियन संपन्न हो जाये। किसी तरह सनकी महीधर से उनका पिंड छूटे। ज्योतिषाचार्य पंडित शतानंद शास्त्री की सलाह पर अब महीधर की आख़िरी ज़िद है कि किसी भी उपाय से वे राष्ट्रपिता महात्मा गाँधी के जन्मदिन 2 अक्टूबर को बच्चे को धरती पर लाने की कृपा कर दें। महीधर ने बच्चे की तरह मुँह फुलाकर कहा है, ''डॉक्टर साहब! मेरे लिये ऐतिहासिक बात होगी कि बेटे का जन्म गाँधी जयंती पर हो। मेरी यह विनती तो आपको माननी ही होगी। पंडित शतानंद शास्त्री ने कहा है कि वह शुभ दिन है।'' डॉ. अनिकेत को मन ही मन हँसी छूटती है–इसे कैसे पता कि लड़का ही होगा। ख़ैर, डॉ. अनिकेत राजी हो गये हैं। गाँव के लोग ग़लत नहीं कहते कि मर्द होगा, जो महीधर को समझाये। सनकी लोगों से भला क्या ज़िरह करना!

आज अक्टूबर की पहली तारीख़ है। डॉ. अनिकेत सुबह से कल के विराट सिज़ेरियन के वास्ते कमर कसकर तैयारी में जुटे हुए हैं। अंतिम क्षण में कोई हौल-खौल उन्हें पसंद नहीं। इस पर्वतीय वनांचल के नन्हे-मुन्ने सरकारी हेल्थ सेंटर में डिलेवरी हेतु बेहोश करने के लिये अनीसथटिस्ट से लेकर प्रसवोपरांत बच्चे की स्थिति जाँचने-परखने के वास्ते शिशु रोग विशेषज्ञ की भूमिका भी उन्हें ही निभानी होती है। डॉ. अनिकेत ने ममता जगदीश से अनुरोध किया है कि सुचित्रा का वज़न क्योंकि बहुत ज़्यादा है, इसलिये वे डिलेवरी के दौरान अपनी पाँच-छह सचेष्ट सहयोगियों के संग ऑपरेशन थियेटर में रहें और सहयोग करने की कृपा करें। डॉ. अनिकेत ने ममता से कहा कि क्योंकि वे हेल्थ सुपरवाइज़र रह चुकी हैं, इसलिये उनसे थोड़ी बहुत चिकित्सकीय चेतना की उम्मीद वे करते हैं। ममता तैयार हो गयी हैं कि कल वे जिनी अक्का, नलिनी, सुजया, सावित्री और सुशीला माई की फौज लेकर सवेरे हेल्थ सेंटर पहुँच जाएँगी। डॉ. अनिकेत ने स्टाफ़ नर्स माला और कंपाउंडर रंगास्वामी को निर्देश देकर कल उपयोग में आनेवाली सारी दवाओं और सेलाइन आदि को पर्याप्त चाक-चौबंद कर लिया है। असंभव वज़न की सुचित्रा की डिलेवरी को लेकर सारा गाँव उत्सुक है। सावित्री मुँह बनाकर कस्तूरी राव से कहती है, ''ममता ने इस हथिनी के प्रसव में डॉ. अनिकेत के चढ़ाने पर अपने संग हम सबको भी फँसा दिया है।'' पर सुशीला माई उसे बरजती है, ''किसी गर्भवती के बारे में कुबोल नहीं कहना चाहिये। क्या पता उसके विशाल गर्भ में गणपति पल रहे हों!''

आज गाँधी जयंती है। हेल्थ सेंटर के बग़ल में स्थित 'अन्नपूर्णा विद्या मंदिर' में गाँधीजी के चित्र पर शिक्षकगण एवं गाँव के गण्यमान्य लोग माल्यार्पण कर रहे हैं। माल्यार्पण के बाद अब अवकाशप्राप्त हेडमास्टर कृष्णमूर्ति हेब्बार बतौर मुख्य अतिथि राष्ट्रपिता के जीवन पर प्रकाश डालते हुए बच्चों को बता रहे हैं कि किस प्रकार उन्हें बापू के जीवन का अनुकरण करना चाहिये। कार्यक्रम समापन की ओर है। लक्ष्मीनारायण माल्या का अध्यक्षीय भाषण चल रहा है।

प्राइमरी हेल्थ सेंटर पर लक्ष्मीनारायण माल्या के एंबेसडर से सुचित्रा उतरने की कोशिश में है। महीधर के अनुरोध पर सुचित्रा को अस्पताल पहुँचाने के लिये लक्ष्मीनारायण माल्या ने अपना एंबेसडर दे रखा है। माल्या बड़े दिलवाले हैं। आड़े वक़्त में सबकी मदद करते हैं। अस्पताल की सीढ़ी के सामने पूरी क़वायद चल रही है। एंबेसडर से उतर सुचित्रा का मांसल पर्वत अस्पताल की पाँच-छह सीढ़ियों को किसी तरह चढ़ते हुए बरामदा पार कर ऑपरेशन थियेटर में प्रवेश कर जाये, इस कोशिश में जुटे लगभग एक दर्जन लोगों का पसीना छूट रहा है। सुचित्रा के चेहरे पर कराह और झेंप की लगातार आवाजाही हो रही है। सावित्री खीजकर कहती है, ''विवाह के बाद जब तुम आयी थी, तब तुम्हारा वजन इतना नहीं था सुचित्रा।'' पर ममता ने तत्काल सावित्री को झिड़का है, ''कम से कम यहाँ थोड़ी देर के लिये मुँह पर नियंत्रण रखो सावित्री! तुम्हें उचित-अनुचित का कोई ज्ञान ही नहीं है।''

लगभग एक-डेढ़ घंटे के कठोर श्रम-संघर्ष के पश्चात सुचित्रा को ऑपरेशन टेबुल पर लिटाने में क़ामयाबी मिल गयी है। दिन के ग्यारह बज चुके हैं। सिज़ेरियन के वास्ते सारी आवश्यक आरंभिक दवा देने के बाद अनीस्थिसिया की सूई देने के लिये डॉ. अनिकेत अपनी स्टाफ़ नर्स माला और कंपाउंडर रंगास्वामी के संग अब सुचित्रा का 'एंटीसेप्टिक ड्रेसिंग' कर रहे हैं। इस ड्रेसिंग से निवृत्त होकर डॉ. अनिकेत ने सुचित्रा की रीढ़ की हड्डी में सूई दे दी है। ज़ोर की कराह के साथ सुचित्रा का गोरा-सिंदूरी मुख रक्तिम हो उठा है। डॉ. अनिकेत ने स्टाफ़ नर्स माला, कंपाउंडर रंगास्वामी समेत ऑपरेशन थिएटर के भीतर मौजूद ममता और उनकी फौज को इंफ़ेक्शन निरोधी तरीक़े से हाथ धोने का निर्देश देते हुए विस्तार से समझाया है कि जब वे सुचित्रा के पेट में चीरा लगायेंगे, तो पेट की बेशुमार चर्बी रह-रहकर ढलक जाएगी और ऐसे में बच्चे को लोकेट कर पाना असंभव हो जायेगा। इसलिये उनके चीरा लगाने के फ़ौरन बाद लटकती चर्बियों और ऊपरी चमड़े को उन सबको मिलकर तब तक ऊपर खींचे रहना होगा, जब तक गर्भाशय के भीतर की पानीदार झिल्ली को तोड़कर वे बच्चे को सुरक्षित बाहर निकाल न लें। डॉ. अनिकेत ने बेहद सधे स्वर में कहा है, ''याद रहे कि किसी की भी हलकी असावधानी जच्चा और बच्चा के जीवन के लिये घातक हो सकती है।'' बहरहाल, अच्छी तरह हाथ साफ़ कर सब तैयार हैं। सुचित्रा बेहोश हो चुकी है। पर बीच-बीच में चिहुँक रही है। उसका दक्क् गोरा विशाल पेट हर चिहुँक के साथ थलथला उठता है। सुशीला माई ने उसके पेट पर दुलार से पूरा हाथ फिराते हुए कहा है, ''पूरा ढुलुआ ढींढ़ है...। होक्कलु[1] गजब गहरा और गुलाबी...! मैंने कई मोटी औरतों को देखा है ममता लेकिन इतना बड़ा पेट जीवन में नहीं देखा था।'' देर से चुप सावित्री से न रहा गया, ''अरे हप्पू नगाड़ा है। चर्बी का पहाड़।'' ममता के इशारे पर दोनों चुप हो गयी हैं। स्टाफ़ नर्स माला ने डॉक्टर के संकेत पर सुचित्रा के पेट पर शेवलॉन और बिटाडिन पूरा उड़ेल दिया है और रगड़-रगड़कर पोंछना शुरू किया है। माला ने ममता, सुशीला माई, नलिनी, सावित्री और जिनी अक्का को भी चीरा लगाने के ऐन पहले एंटीबायटिक से हो रही सुचित्रा के पेट की इस ऊपरी सफ़ाई में जुटने का इशारा किया है। नाभि के नीचे पेट के अंतिम छोर तक शेवलॉन और बिटाडिन की घिसाई से सुचित्रा का थलथलाता गोरा-चिट्टा पेट रह-रहकर

1. नाभि

सुर्ख़ हुआ जा रहा है। जिनी अक्का आहिस्ते से कहती हैं, "ज़्यादा रगड़ने से बच्चे को नुकसान तो नहीं होगा? इसका पेट तो पूरा मक्खन है। इस मलाई को और कितना मथोगी?" माला ने आँख के इशारे से उन्हें इत्मीनान दिलाया है।

डॉ. अनिकेत ने चीरा लगा दिया है। माला और ममता जगदीश पूरी मुस्तैदी से सुचित्रा के अंदर की चर्बी और चमड़े को ऊपर की तरफ़ खींचे हुई हैं। डॉ. अनिकेत ने गर्भाशय के मुँह पर फिर एक छोटा चीरा लगाकर उसे उँगलियों से अलगा दिया है और अंदर की पानीदार झिल्ली को आहिस्ते-से तोड़ दिया है। बच्चे का सिर दिखाई दे रहा है। अब बच्चे को निकालकर दो क्लैंप के बीच नाभि को काटकर अलग कर दिया गया है। सुचित्रा को बेटा हुआ है। कंपाउंडर रंगास्वामी ने बिजली की गति से बाहर निकल महीधर से कहा है, "गाँधीजी आ गये हैं। मिठाई मँगवाइये।" इधर माला बच्चे को ट्रे में ले गुनगुने पानी से नहला रही है। डॉ. अनिकेत ने सुचित्रा के गर्भाशय को सिकुड़ने की दवा दे दी है। इस दवा से गर्भाशय शीघ्र अपनी सामान्य स्थिति में आ जाता है। माला ने स्टिच की सारी व्यवस्था मेज़ पर सजा रखी है। डॉ. अनिकेत ने सावधानी से पूरा स्टिच किया है। सुचित्रा की चमड़ी पतली है और ऐसी कोमल चमड़ी पर स्टिच में काफ़ी सावधानी बरतनी होती है। सुचित्रा धीरे-धीरे होश में आ रही है। माला ने गोद में लेकर बेटे को दिखाते हुए कहा है, "चौठी का चंद्रमा है तुम्हारा बेटा। तुम्हारी ही तरह गदबदा और गोरा-चिट्टा।" सुचित्रा के चेहरे पर मुस्कान तिर गयी है। ऑपरेशन की टीस हालाँकि रह-रहकर उसके चेहरे पर आ-जा रही है।

बस स्टैंड के 'कृष्णा होटल' से आनन फ़ानन में मिठाई लेकर चंद्रहास के संग महीधर ऑपरेशन थियेटर से सबके निकलने का बेचैनी से इंतज़ार कर रहा है। सहसा हमीद के ऑटो पैसेंजर को अस्पताल के आगे रुकते देख उसे हैरानी हुई है। यह तो नागराज है, दर्द से दोहरी हुई जा रही अपनी गर्भवती पत्नी भाग्यलक्ष्मी के संग। तभी कंपाउंडर ने दरवाज़ा खोला है। ममता जगदीश, जिनी अक्का, नलिनी, सुजया, सावित्री और सुशीला माई सब निकल रही हैं। बाहर बरामदे पर दर्द से कराहती भाग्यलक्ष्मी को देख ममता ने सबसे कहा है, "हमें थोड़ी देर और रुक जाना चाहिये। भाग्यलक्ष्मी की डिलेवरी भी हो ही जाये।" ममता को मालूम है कि भाग्यलक्ष्मी की डिलेवरी में कोई लफड़ा नहीं है। डॉ. अनिकेत ने बीच-बीच में भाग्यलक्ष्मी को देखा है और शुरू से बता रखा है कि उसे सामान्य डिलेवरी होगी।

शाम हो गयी है। आकाश साफ़ है और भरपूर तारे छिटके हुए हैं। भाग्यलक्ष्मी को सामान्य डिलेवरी हुई है। बेटा हुआ है उसको भी। ममता भाव विभोर हो कहती हैं, "हथेली पर दूब जमायी है भाग्यलक्ष्मी ने। पायलट की आत्मा ने इसे माँ बनने का आशीर्वाद दिया था।" खुशी से हिलकता नागराज भी जल्दी-जल्दी भागकर 'कृष्णा होटल' से मिठाई लेकर हाज़िर है। डॉ. अनिकेत ने बाहर निकलकर मुस्कराते हुए कहा है, "पहले गाँधीजी आए और उनके बाद शास्त्रीजी आ गए। आज 2 अक्टूबर का यह दिन अगुम्बे के लिये अमृत हो गया।"

"शास्त्रीजी? यह कौन हैं?" सुशीला माई विस्मय में है।

"अरे लालबहादुर शास्त्री। ये भारत के दूसरे प्रधानमंत्री थे सुशीला माई।" ममता जगदीश ने बिहँसते हुए कहा है, "गाँधीजी और शास्त्रीजी दोनों का जन्मदिन 2 अक्टूबर ही है।"

''विलक्षण दंपतियों के योगायोग से ही गाँधीजी और शास्त्रीजी जन्म लेते हैं। अपने गाँव में गाँधीजी और शास्त्रीजी का आगमन महीधर और नागराज सरीखे परमात्माओं के विलक्षण विवाह से ही संभव हुआ है कस्तूरी अक्का!'' दोड्डमने में जारी परिचर्चा के बीच यह कैंटीन परियार का सुभाषित है।

''अगुम्बे को अगर जवाहरलाल, सरदार पटेल, नेताजी सुभाष और इंदिरा गाँधी भी चाहिये, तो बोट संजय, लिंगराज, बीदिरू गिरिधर, कर्नल के.जे. राव, गोविंदप्पा, रामय्या सदानंद और चिनप्पा सरीखे गाँव के चिरकुमारों का सामूहिक विवाह कराना होगा।'' कस्तूरी राव की संपादकीय टिप्पणी पर दोड्डमने ठहाके से गूँज उठा है।

गाँव में नवजातों के जन्मोत्सवों की लड़ी लगी हुई है। उल्लास की इस झड़ी के बीच सहसा पुलक का पारावार नहीं है। दरअसल, अख़बारों में ख़बर छपी है कि शुभंकर और अरण्या की पहली फ़िल्म 'हुइय्यो-हुइय्यो' ने रिलीज़ होते ही धूम मचा दी है। मुख्यमंत्री सिद्दारमय्या ने इस फ़िल्म को पूरी तरह टैक्स-फ्री कर दिया है। अपने टी-स्टॉल पर 'प्रजा वाणी' पढ़ते हुए, परियार मगन-मुदित है। वहाँ मौजूद लोगों को अख़बार दिखाकर उसने कहा है, ''शुभंकर-अरण्या और फ़िल्म के निर्देशक आर. चंद्रू का देखो कितना बड़ा-बड़ा इंटरव्यू छपा है।'' अख़बारों ने शुभंकर और अरण्या के अभिनय की भरपूर सराहना की है। शुभंकर के बारे में अख़बारों ने लिखा है कि शुभंकर के रूप में कन्नड़ फ़िल्म जगत को दूसरा शंकरनाग मिला है। अरण्या को लेकर फ़िल्म समीक्षकों ने लिखा है कि अगर हॉलीवुड में मेरील स्ट्रीप सरीखी प्रतिभा संपन्न अभिनेत्री है, तो कन्नड़ सिनेमा को भी अरण्या के रूप में एक मेरील स्ट्रीप मिली है।

फ़िल्म पूरे कर्नाटक के अधिकांश शहरों के सिनेमाघरों में लगी है। उडुपि के 'आशीर्वाद' सिनेमा हॉल में भी। कैंटीन परियार कल सदलबल उडुपि जा रहा है। शुभंकर व अरण्या के माता-पिता भी उसके साथ होंगे। गाँव से शुभंकर व अरण्या के सभी साथी आलोक, गौरव, दिलीप, अंजना, इरा और गीता की भी टोली जा रही है। दोड्डमने में अरुंधती लगातार सुजया के पास रट लगाये है, ''अम्मा! तुम भी चलो न।'' फिर वह गाल फुलाकर कहती है, ''अगर तुम सिनेमा दिखाने नहीं ले गयी, तो मैं एक सप्ताह तक स्कूल नहीं जाऊंगी।''

''इसे सिनेमा दिखा लाओ सुजया। शुभंकर और अरण्या की फ़िल्म है, इसलिये जिद कर रही है। वैसे भी, परियार के संग गाँव के बहुत-से लोग जा रहे हैं।'' कस्तूरी राव कहती हैं।

''ठीक है।'' सुजया भीनी मुस्कान के संग कहती है।

''तुम मेरी बहुत प्यारी अज्जि हो।'' अरुंधती मारे खुशी के कस्तूरी राव के गले से चिपट गयी है।

सिनेमा देखकर लौटने के बाद से पिछले एक हफ़्ते से शुभंकर व अरण्या के गुणगान में गाँव खोया है। और आज तो गाँव में सुबह से हलचल है। शुभंकर ने कल रात परियार को फ़ोन पर बताया है कि आज दिन में किसी समय वह अरण्या के संग श्रीवेणुगोपाल कृष्णास्वामी का दर्शन करने और सबसे मिलने के लिये गाँव आ रहा है।

17

स्वर्ण सिंहासन

बेंगलूर इन दिनों वसंत में निमग्न है। वसंत के आगमन के संग प्रकृति के पुलकित मुख का उल्लास इस उद्यान नगर में समाये नहीं समा रहा। तितलियों के पंख, फूल की पँखुड़ियों और पत्तों पर धरती का आदिमतम आनंद डोल रहा है। बेंगलूर से 68 किलोमीटर दूर नंदी पर्वत के समीप निर्मित सेट पर निर्देशक जी.के. मुद्दुराज की फ़िल्म 'चिन्नांदा सिम्हासमा' (स्वर्ण सिंहासन) की शूटिंग दिन-रात युद्ध स्तर पर चल रही है। फ़िल्म की मुख्य भूमिका में शुभंकर और इधर कुछ फ़िल्मों से सर्वाधिक चर्चित हुई अभिनेत्री शोभाश्री हैं। खलनायक की भूमिका अन्ना पई कर रहे हैं। निर्देशक मुद्दुराज के लिये यह अत्यंत महत्त्वाकांक्षी फ़िल्म है। उन्होंने संगीत का दायित्व प्रथम श्रेणी के संगीत निर्देशक वी. हरिकृष्ण को सौंप रखा है। हास्य कलाकार का रोल कन्नड़ फ़िल्मों के दिग्गज हास्य कलाकार साधु कोकिला निभा रहे हैं। चरित्र कलाकारों में अनंत नाग और तारा जैसी सिने हस्ती हैं। मुद्दुराज बार-बार कहते हैं, ''इस फ़िल्म में मैंने अपना सब कुछ उड़ेल दिया है। अगर यह फ़िल्म सुपर हिट नहीं हुई, तो मैं बर्बाद हो जाऊँगा।'' जी.के. मुद्दुराज की गिनती यों भी कन्नड़ फ़िल्मों के चंद बेहतरीन निर्देशकों में होती है। दो साल पहले यानी 2012 में उनकी ऐक्शन फ़िल्म 'राणा प्रताप' ने बॉक्स ऑफ़िस पर धूम मचा दी थी। और अब लौह अयस्क खनन के ख़ौफ़नाक शहंशाह कुख्यात बेल्लारी बंधुओं गली जनार्दन रेड्डी और उनके बंधु-बांधवों की लोमहर्षक सत्यकथा पर आधारित है मुद्दुराज की यह नयी फ़िल्म 'स्वर्ण सिंहासन'। कौन नहीं जानता है कि तीन साल पहले तक कर्नाटक की सत्ता में गली जनार्दन रेड्डी का सिक्का चलता था। डंका बजता था। बेल्लारी अंचल तो ख़ैर इनके ख़ौफ़ का गढ़ ही था। इनके आतंक का आलम कुछ यों था कि बेल्लारी की जिस किसी भी लौह अयस्कवाली भूमि पर जनार्दन रेड्डी की दृष्टि चली जाती थी, वह भूमि चौबीस घंटे के भीतर उसके मालिक को ख़ाली कर देनी होती थी। जनार्दन रेड्डी रहम खाकर भूमि मालिक को अगर उसके एवज़ में कुछ पैसे दे देता, तो यह भूमि मालिक का सौभाग्य माना जाता था। इतना ही नहीं, कानूनी रूप से वैध बेल्लारी के खदान मालिकों को भी वैध अयस्क की ढुलाई के वास्ते बाज़ार की क़ीमत का चालीस प्रतिशत बतौर 'जोखिम शुल्क' यानी 'रिस्क टैक्स' गली जनार्दन रेड्डी को अदा करना पड़ता था। कर्नाटक के पूर्व लोकायुक्त जस्टिस संतोष हेगड़े ने गली जनार्दन रेड्डी के अवैध लौह खनन के आतंकराज को अपनी भारी-भरकम रिपोर्ट में 'बकासुर

राज' कहा है। जस्टिस हेगड़े की रिपोर्ट में पूरी कथा है कि देखते-देखते कर्नाटक के इस अविश्वसनीय माफ़िया ने कैसे पाँच हज़ार करोड़ रुपये से ऊपर की अपनी समानांतर सत्ता क़ायम की। लगभग ढाई-तीन हजार बंदूक़ों और अत्याधुनिक हथियारों से लैस रेड्डी बंधुओं की गुंडावाहिनी के आतंक से बेल्लारी क्षेत्र का पत्ता-पत्ता काँपता था। स्वयं को 'बेल्लारी का सुलतान' और चौदहवीं सदी के विजयनगर सम्राट कृष्णदेव राय का अवतार घोषित करनेवाले गली जनार्दन रेड्डी के पास संसार के ऐश्वर्य का क्या कुछ नहीं था। अपने महलनुमा निवास को उसने कृष्णदेव राय के मेहराबदार राजप्रासाद की शैली में करोड़ों फूँककर बनवाया था। इस परिसर में उसका हाथीख़ाना भी था और अन्यत्र जाने के लिये 'रूक्मिणी' नामक अपना बेल 407 हेलीकॉप्टर भी। उसके निवास के दरबार हॉल के बड़े-से मंच पर एक भारी-भरकम स्वर्ण सिंहासन सुशोभित था, जिसकी तख़्ती पर हीरे से उसका नाम जड़ा हुआ था—जी.जे.आर. यानी गली जनार्दन रेड्डी! जी.जे.आर. अपने सभासदों के बीच इसी स्वर्ण सिंहासन पर बैठता था। उसके पास दस किलो का वज़नी स्वर्ण मुकुट भी था, जिसे विशेष अवसरों पर कुछ पल के लिये प्रतीकात्मक रूप में वह सिर पर रखता था। उसके महल के कोने-कोने में बड़ी-बड़ी स्वर्ण मूर्तियाँ सुसज्जित थीं। उसकी रसोई में सोने की थालियों, चम्मचों, काँटों, कटोरों और चाकुओं की भरमार थी। उसके एक बड़े-से ख़ास कमरे में सोने की तलवारें, नेकलेस, हीरे-माणिक जड़ी स्वर्ण चूड़ियाँ, कुंडल और अँगूठियाँ ठुँसी पड़ी थीं। हीरे-जवाहरात और स्वर्णाभूषणों से हमेशा लदी गली जनार्दन रेड्डी की पत्नी को अचानक में देखकर कोई धोखा खा सकता था कि यह कोई आदमक़द स्वर्ण प्रतिमा है या हाड़-मांस की सचमुच की स्त्री! गली जनार्दन रेड्डी को दुनिया की बेशक़ीमती गाड़ियों का भी पागलपन की हद तक शौक़ था। रॉल्स रॉयस, रेंज रोवर, लैंड रोवर, ऑडी, बी.एम.डब्ल्यू. और मर्सिडीज बेंज़ उसके विशाल परिसर के एक हिस्से में क़तार से लगी रहती थीं। अकूत धन के बूते केंद्र और राज्य की सत्ता को महज़ ख़रीदा नहीं, नचाया जा सकता है, गली जनार्दन को यह कला अच्छी तरह आती थी। केंद्र में सत्तासीन दिग्गजों से लेकर केंद्र के चुनिंदा विपक्षी दिग्गज गली जनार्दन रेड्डी की मुट्ठी में थे। कर्नाटक की येदियुरप्पा सरकार को तो वह अपने पाँव के अँगूठे के नीचे रखता था। पूरे कर्नाटक को पता था कि मुख्यमंत्री बी.एस. येदियुरप्पा उसके हाथ की कठपुतली बना हुआ है। गली जनार्दन रेड्डी इस तैयारी में था कि जल्दी वह अपने बड़े भाई करुणाकर रेड्डी को कर्नाटक का मुख्यमंत्री बनवा दे। पर बेल्लारी के स्वयंभू सुलतान को यह अंदाज़ नहीं लग सका कि उसका समय पूरा हो चुका है। विपत्ति का काल उसके मस्तक पर बुरी तरह घड़घड़ा रहा है। सी.बी.आई. ने जनार्दन रेड्डी, उसके भाई सोमशेखर रेड्डी और करुणाकर रेड्डी के चारो तरफ़ मज़बूती से जाल बिछा दिया था। जनार्दन रेड्डी की काली कमाई की जाँच में बेल्लारी क्षेत्र के युवातुर्क मुख्य वन संरक्षक नारायण ने अपने पाँच अधिकारियों के संग जान हथेली पर लेकर मुख्य भूमिका निभाई। उसके विरुद्ध सारे सबूत जुटाकर चार हज़ार पेज की रिपोर्ट सी.बी.आई. को सिपुर्द की। गली जनार्दन रेड्डी के ख़िलाफ़ सबूत इकट्ठा करना खेल नहीं था। मुख्य वन संरक्षक को इसके लिये लगातार वेश बदलकर काम करना पड़ा। हालाँकि, मुख्य वन संरक्षक नारायण की गतिविधियों की हवा कुछ-कुछ

जनार्दन रेड्डी को लग चुकी थी। लिहाज़ा, जनार्दन के लोगों ने मुख्य वन संरक्षक नारायण पर कई बार जानलेवा हमले भी किये। फिर भी अंततः जनार्दन रेड्डी फंदे में आ ही गया। इसके साथ ही उसकी क़ायम की हुई आलीशान रियासत देखते-देखते रेत के महल की तरह ढह गयी। अपनी संपदा के बूते हमेशा गुर्रानेवाला जनार्दन रेड्डी जेल में डाल दिया गया। उसके दो सबसे खूंख़ार कारिंदों स्वस्तिक नागराज व कर करापुडी को भी पुलिस ने धर दबोचा और थर्ड डिग्री इस्तेमाल कर कड़ी पूछताछ की।

निर्देशक जी.के. मुद्दुराज को युवातुर्क जाँबाज़ मुख्य वन संरक्षक नारायण के रोल में बतौर हीरो एक सटीक चेहरे की तलाश थी। काफ़ी मंथन के बाद शुभंकर पर उनकी निगाह टिक गयी। अपनी पहली ही फ़िल्म 'हुइय्यो-हुइय्यो' से शुभंकर व अरण्या की जोड़ी ने अच्छी शोहरत पाई थी। पर मुद्दुराज ने इस जोड़ी को तुरंत दोहराना उपयुक्त नहीं समझा। उन्होंने हिरोइन के लिये शोभाश्री को साइन किया। अरण्या ने मुसककर शोभाश्री से कहा है, ''शोभा ! शुभंकर के नाम के संग तुम्हारे नाम का लय क्या गजब बैठता है।'' शोभाश्री बिहँसती है। आज शाम से ही पूरी यूनिट हलचल में है। दरअसल, आज आधी रात का एक महत्त्वपूर्ण दृश्य फ़िल्माया जाना है। अभी रात के दस ही बजे हैं। यूनिट के लोगों को तब तक जागते हुए प्रतीक्षा करनी है। सेट पर चाय-कॉफ़ी का सिलसिला अनवरत जारी है। नंदी पर्वत चाँदनी में बेसुध है। उसकी चोटी के ऐन ऊपर लगता है कि आकाश में कोई चाँद को थाप गया है। अरण्या और शोभाश्री एक संग शुभ्र पुलकित चंद्रमा को अपलक निहार रही हैं।

''शॉट रेडी करो...।'' अचानक निर्देशक जी.के. मुद्दुराज की भारी आवाज़ गूँजती है। रात आधी हो चुकी है। मुद्दुराज के पागलपन का भी जोड़ नहीं। स्क्रिप्ट में अगर आउटडोर शूट के लिये आधी रात अंकित है और सीन उनके दिल में बैठ गया है, तो मुद्दुराज को कोई टस से मस नहीं कर सकता। शूटिंग हर हाल में वे आधी रात को ही करेंगे। आज इस वक़्त फ़िल्माया जानेवाला यह दृश्य गली जर्नादन रेड्डी के दरबार में रास-रंग का है। मुद्दुराज ने अपने सहायकों को अच्छी तरह पूरा सीन समझा दिया है। दृश्य में गली जनार्दन रेड्डी अपने परिसर के विशाल उद्यान के बीच आधी रात की चाँदनी में स्वर्ण सिंहासन पर मदहोश झूम रहा है। उसके बंधु-बांधव और सभी मुलाज़िम छककर मद्यपान कर रहे हैं। इन सबके बीच नाच रही नर्तकी जनार्दन रेड्डी को रह-रहकर मदिरा के प्याले पेश कर रही है। गहन अंधकार में इसी बीच अपने साथियों के संग अचानक सँपेरे के वेश में बीन बजाते हुए मुख्य वन संरक्षक प्रवेश करता है। गली जनार्दन रेड्डी समेत उसके तमाम गुंडे और अमले-कफ़ले चौंक पड़ते हैं। सँपेरा एक पल बीन वादन रोक जयकार करता है, ''राजा कृष्णदेव राय की जय हो! बेल्लारी के सुलतान की जय हो! शेष नाग सम्राट की कीर्ति से अति प्रसन्न हैं। अपनी प्रसन्नता आप तक पहुँचाने हेतु उन्होंने अपने इस सेवक को भेजा है।'' सँपेरा फिर बीन की झूम में अपने साथियों के संग नाचने लगता है। उसके साथी सूक्ष्म कैमरे से आधी रात की इस रास-लीला की तस्वीर भी करते जा रहे हैं।

''हाँ...मैं हूँ विजयनगर सम्राट कृष्णदेव राय का अवतार। मैं गली जनार्दन रेड्डी कर्नाटक क्या संपूर्ण भारत पर शासन करूँगा...हा...हा...हा...।'' गली जनार्दन रेड्डी की भूमिका

कर रहे खलनायक अन्ना पई ने स्वर्ण सिंहासन से अचानक उठकर विकराल अट्टहास किया है।

"अद्भुत! अद्भुत!! पहला ही शॉट ओ.के.!" निर्देशक जी.के. मुद्दुराज ख़ुशी से लगभग चीख उठे हैं।

अगली शाम गली जनार्दन रेड्डी के महल के दरबार हॉल के दृश्य की शूटिंग हो रही है। भरे दरबार हॉल में गली जनार्दन रेड्डी के सामने मुख्य वन संरक्षक नारायण की भूमिका कर रहे फ़िल्म के नायक शुभंकर की मुश्कें कसी हैं। स्वर्ण सिंहासन पर बैठा गली जनार्दन रेड्डी दहाड़ता है, "इस गीदड़ को गोली मत मारो। जंगली कुत्तों के आगे नोचकर खाने के लिये फेंक दो। इस गीदड़ को खाकर शायद उनका पेट थोड़ा भर जाये।"

"जनार्दन! तेरी सोने की लंका तेरे सामने धू-धूकर जलेगी। तेरा यह महल...यह स्वर्ण सिंहासन...राख में मिलने ही वाला है। तेरा अंत मेरे हाथों से ही होगा। नारायण के हाथों से।" दरबार हॉल में नारायण के हुंकार से सनाका छा गया है। गली जनार्दन रेड्डी के ललाट पर पसीने की बूँदें चुहचुहा आयी हैं। नारायण की भूमिका में शुभंकर ने सचमुच समाँ बाँध दी है। जी.के. मुद्दुराज गद्गद हो कहते हैं, "शुभंकर! तुम्हारे कैरियर के लिये यह फ़िल्म एक टर्निंग प्वाइंट होगी। नारायण के रोल को वाकई जिया है तुमने।" फ़िल्म में सी.बी.आई. प्रमुख की भूमिका निभा रहे दिग्गज अनंत नाग ने भावुक हो कहा है, "इस फ़िल्म को लेकर कई बार मैं पुरानी स्मृतियों में लौटता रहता हूँ। शुभंकर हू-ब-हू शंकर! मुद्दुराज! कई सीन में मुझे भ्रम हुआ कि यह शंकर बोल रहा है या शुभंकर!"

यह वर्ष 2014 के नवंबर माह के आख़िरी दिन हैं। अगहन चढ़ चुका है। निर्देशक जी.के. मुद्दुराज भी मुहूर्त और ग्रह-नक्षत्रों की बहुत परवाह करते हैं। अगहन शुभ समय है। फ़िल्म रिलीज़ के लिये सर्वथा उपयुक्त समय। 'चिन्नांदा सिम्हासमा' ने रिलीज़ के साथ ही धूम मचा दी है। गली जनार्दन रेड्डी अभी तक जेल में बंद है, इसलिये राजनीतिक हलक़ों में भी फ़िल्म को लेकर ख़ासी सनसनी है। शिबन्ना गहरी साँस लेकर कहते हैं, "पहले भी केंद्र की कांग्रेस सरकार में जनार्दन रेड्डी के कई आका थे और अब भाजपा की नयी केंद्र सरकार में भी उसके कई रक्षक हैं। इसलिये उसे राहत मिल जाये, तो कोई आश्चर्य नहीं।" बहरहाल, 'चिन्नांदा सिम्हासमा' ने नये सिरे से जनार्दन रेड्डी के कुकर्मों की याद को ताज़ा कर दिया है। फ़िल्म में सभी पात्रों के वास्तविक नाम हैं, इसको लेकर और भी हलचल है। शुभंकर के शानदार-जानदार अभिनय पर फ़िल्म समीक्षकों ने अख़बारों में प्रशंसा की झड़ी लगा रखी है। अन्ना पई तो ख़ैर कन्नड़ फ़िल्मों का दिग्गज ख्यात खलनायक है ही, लेकिन शुभंकर ने कई दृश्य में उसके भी छक्के छुड़ा दिये हैं। शिबन्ना ने शुभंकर को सीने से भींच लिया है, "सुपर स्टार शुभंकर! हमार शंकर का नया अवतार।" इन दिनों अरुंधती नाग की खुशी का ओर-छोर नहीं। उन्होंने शुभंकर की जबर्दस्त क़ामयाबी की खुशी में 'रंग शंकर' में हाई-टी के संग एक विशेष आयोजन ही रख दिया है। शुभंकर व अरण्या की पहली फ़िल्म को लेकर भी उन्होंने एक शानदार पार्टी दी थी। सफलता लगातार शुभंकर के क़दम चूम रही है। शुभंकर

लगातार शूटिंग में व्यस्त है। आजकल चर्चित निर्देशक के. सदाशिव शेनॉय की फ़िल्म 'कारण-पुरुष' की शूटिंग चल रही है। शुभंकर व अरण्या फ़िल्म की मुख्य भूमिका में हैं। सदाशिव शेनॉय दिसंबर तक इस फ़िल्म को हर हाल में पूरी करना चाहते हैं ताकि आगामी नववर्ष 2015 में इसे रिलीज़ कर सकें। तीन साल पहले 2012 में सदाशिव शेनॉय की फ़िल्म 'प्रार्थने' ने बॉक्स ऑफ़िस पर धूम मचा दी थी। 'प्रार्थने' में अनंत नाग, प्रकाश राज, सुधा मूर्ति, बी.सी. पाटिल सरीखे दिग्गजों ने रोल किया था। कन्नड़ फ़िल्मों के सुप्रसिद्ध सिनेमेटोग्राफ़र एस. रामचंद्र की यह अंतिम फ़िल्म थी। सदाशिव शेनॉय को विश्वास है कि 'कारण पुरुष' भी 'प्रार्थने' की तरह ही सुपर हिट रहेगी। इस फ़िल्म में बतौर नायक शुभंकर ने ग़ज़ब ढा दिया है। सदाशिव मुग्ध हो कहते हैं, "कन्नड़ सिनेमा के आकाश का यह नया सूर्य है।"

बेंगलूर के अराकेरे स्थित शांतिनिकेतन अपार्टमेंट में शुभंकर के अपने नये निवास पर इन दिनों सुबह से निर्माता-निर्देशकों की क़तार लगी रहती है। पर शुभंकर ने निर्णय ले रखा है कि शोहरत की झोंक में वह अंधाधुंध फ़िल्म साइन नहीं करेगा। कहानी सुनकर ही तय करेगा। अभी उसके पास पहले से सात फ़िल्में हैं।

आज शाम 'रंग शंकर' में अरुंधती नाग का आयोजन है। शुभंकर की सफलता के उल्लास में। स्नेह-उद्गार में। सदाशिव शेनॉय से शुभंकर ने अनुरोध किया है कि आज दोपहर तक ही वे शूट रखें। 'रंग शंकर' के आयोजन में सदाशिव शेनॉय भी आमंत्रित हैं।

'रंग शंकर' अनूप आनंद में है। अरुंधती नाग ने आज पूरे हॉल और परिसर को फूलों से सुसज्जित करवा दिया है। एकाउंटेंट रंगा राव चोर मुस्कान से कहते हैं, "अरुदी को बेटे की कामयाबी जैसी खुशी है। इसलिये आज खर्च की कोई परवाह नहीं।"

'रंग शंकर' में अभी कन्नड़ सिने जगत और थिएटर की अधिकांश हस्तियाँ मौजूद हैं। गिरीश कर्नाड, अनंत नाग, बी. जयश्री, रम्या और किशन श्रीकांत से लेकर सुमन रंगनाथन, प्रियदर्शिनी, सुधामूर्ति, प्रियमणि, साधु कोकिला, उपेंद्र, राजू पाटिल-कौन सितारे नहीं। छोटे से लेकर बड़े तक-सबके सब। अनिल कुमार, सदाशिव शेनॉय, जी.के. मुद्दुराज, विजय प्रसाद, आर. चंद्रू, श्रीनिवास प्रभु, पी. वसु, अरविंद कौशिक, महेश बाबू, नीलकमल और इंद्रजीत लंकेश सरीखे दिग्गज निर्देशकों की पूरी जमात भी। 'ए मासे नाटका' के संपादक एल. कृष्णप्पा विभोर हो कहते हैं, "यह विराट आभामंडल है अरुदी का।" कृष्णप्पा की बात पर अरुंधती मुसकती हैं, "प्लीज स्तुति मत करो कृष्णप्पा!" आज अरुंधती हृदय से गद्गद हैं। गिरीश कर्नाड की तरफ़ मुख़ातिब हो उन्होंने कहा है, "गिरीशजी! शंकर जिस तरह की पृष्ठभूमि से संघर्ष करते हुए उठे थे, शुभंकर भी वैसी ही पृष्ठभूमि से निकला हुआ लड़का है। शुभंकर इज लाइक माय सन। आय एम प्राउड ऑव दिस ब्वॉय।" अरुंधती नाग की भावमयी आँखें शुभंकर पर टिक गयी हैं।

"अरु ताई! आज अपने हृदय की एक इच्छा आपके सामने रखना चाहता हूँ।" शुभंकर ने आहिस्ते से एक किनारे उन्हें ले जाकर कहा है।

"बोलो।" अरुंधती नाग के स्वर में अचरज भरी उत्सुकता कौंध गयी है।

"महानायक शंकरनाग के अधूरे काम को पूरा करना चाहता हूँ अरु ताई।"

"कौन-सा अधूरा कार्य शुभंकर?" अरुंधती नाग कुछ चिहुँक सी उठी हैं।

''फ़िल्म 'जो कुमारस्वामी' अरु ताई। उस फ़िल्म को मैं डायरेक्ट कर पूरा करूँगा। प्लीज! इसमें मना मत करिये। इस बारे में मैंने पूरा होम वर्क कर लिया है। महानायक शंकरनाग का स्वप्न मेरा संकल्प है ताई।'' शुभंकर के शांत स्वर में दृढ़ता है।

''तुम्हें होश है शुभंकर, तुम क्या कह रहे हो?'' अरुंधती नाग का सिंदूरी चेहरा बरबस स्याह हो गया है।

''मेरे जीवन में डर के लिये कोई जगह नहीं है ताई। मैं जानता हूँ ताई कि हर सफलता का एक दिन दुखांत होता है। इसलिये डरना क्या?'' शुभंकर की आवाज़ कहीं अदृश्य में खोई है।

शिबन्ना भाँप गये हैं, एक क्षण पहले हर्ष से दमकती अरुंधती अब अपने आप में नहीं हैं। शिबन्ना ने कुछ पल की चुप्पी के बाद शांति से कहा है, ''अरु! प्लीज अरु! इस बारे में हम अलग से बैठकर बाद में बात कर लेंगे।'' पर अरुंधती नाग ख़ामोशी से एक किनारे कुर्सी पर बैठ गयी हैं। पार्टी पूरे आनंद से चल रही है। एक शिबन्ना को मालूम है कि अरुंधती नाग के भीतर क्या चल रहा है। वे समझ रहे हैं, अरुंधती अभी 30 सितंबर, 1990 की उस काँपती काली तारीख़ से जूझ रही हैं, जिस दिन 'जो कुमारस्वामी' की शूटिंग पर निकले शंकरनाग की भीषण दुर्घटना में मृत्यु हो गयी थी। उस विकराल-हाहाकार क्षण के क्रूर पैरों के निशान अरुंधती के मन और मुख पर आज तक हैं। नन्ही काव्या के संग स्वयं वे कार से छिटककर सैकड़ों फ़ीट नीचे जा गिरी थीं। कटी-फटी हालत में। पर शंकर ने तो तत्काल दम तोड़ दिया था। उत्तरी कर्नाटक के महान साधक रहे 'जो कुमारस्वामी' पर फ़िल्म बनाने के पागलपन में कन्नड़ फ़िल्मों के पाँच-छह बेहतरीन निर्देशकों की दुर्घटना में मृत्यु हो चुकी थी। शंकरनाग उनमें अंतिम थे। उनके बाद फिर किसी ने इस विषय पर फ़िल्म बनाने की हिम्मत नहीं की। यह सिद्ध तथ्य है कि जो कुमारस्वामी सर्व तंत्र स्वतंत्र हैं। निराकार हैं। उन्हें सिनेमा की रीलों में बँधना स्वीकार्य नहीं। ठीक उसी तरह जिस तरह इस्लाम के पैगंबर हजरत मोहम्मद को सिनेमा तो दूर, अपना चित्र तक बनाया जाना सहन नहीं। पर शुभंकर को यह क्या भूत चढ़ गया है! लड़का ज़िद्दी है। इसे तो हर हाल में मनाकर रोकना ही होगा। शिबन्ना ने कॉफ़ी ले आकर थमाई है, ''अरु! लो पियो और उठो। बच्चे-खच्चे ऐसी शेखचिल्ली बातें करते ही हैं। उसे रोक दिया जायेगा।'' कॉफ़ी पीकर अरुंधती ने किसी तरह उठने का मन बनाया है। पार्टी से मेहमान धीरे-धीरे विदा हो रहे हैं। पर अरुंधती नाग को लग रहा है कि उनके पाँवों में उठने की शक्ति नहीं।

18

मेघ पुरुष

जीवन कितनी विचित्रताओं और संयोगों से भरा पड़ा है। इनके कार्य-कारणों और रहस्यों के सटीक समुचित उत्तर तक पहुँचना क्या कभी किसी के लिये संभव है? पर समस्त चिंतन-मनन के बाद अंततः यही निष्कर्ष निकलता है कि हरेक कार्य का कारण पहले से उपस्थित होता है। यह पहले से उपस्थित कारण ही प्रारब्ध और नियति है। फ़िल्म 'जो कुमारस्वामी' की तैयारी में अपने सहयोगियों के संग जूझते हुए शुभंकर अक्सर उन फ़िल्म निर्देशकों के बारे में सोचता है, जो इस विषय पर फ़िल्म बनाने के क्रम में मौत के मुँह में समा गये। स्वयं महानायक शंकरनाग! क्या जान-बूझकर उन सभी निर्देशकों और महानायक शंकरनाग ने मौत के मुँह में अपने को डालने का निर्णय लिया होगा? हरगिज़ नहीं। शंकरनाग सहित उन सभी बड़े फ़िल्म निर्देशकों की मृत्यु का कारण निश्चित रूप से फ़िल्म 'जो कुमारस्वामी' नहीं थी। यह उनकी नियति थी, जिसके पीछे छूटते हुए एक सरल-सीधा और आसान कारण ढूँढ़ लिया गया। मनुष्य का यह स्वभाव होता है, किसी भी अच्छी या बुरी बात के पीछे का कारण झट से प्रस्तुत कर निश्चिंत हो जाना। और जब एक मोड़ पर कार्य-कारण ढूँढ़ना मनुष्य के लिये असंभव हो जाता है, तो उसे किसी अंधविश्वास का फ़तवा दे दिया जाता है। क्या इसका एकदम सही कारण कोई उसे बता सकता है कि आज से छह साल पहले अगुम्बे सरीखे एक दुर्गम वन ग्राम में रहनेवाले देहात के एक लड़के को कन्नड़ रजतपट पर इतने प्रभावशाली ढंग से उभरने का अवसर क्यों और कैसे मिला? हालाँकि, कारण कोई क्या बतायेगा, यह शुभंकर भी जानता है। मसलन यही कि शिबन्ना उन दोनों को अगुम्बे से अपने संग बेंगलूर ले आये। 'रंग शंकर में अरुंधती नाग जैसी हस्ती से मिला दिया। इन रंग दिग्गजों के सान्निध्य और मार्गदर्शन में लगातार रंगमंच पर कई प्रस्तुतियाँ कीं और बात बन गयी। पर यह उत्तर जितना आसान है, इसके पीछे छिपे संयोगों का कारण ढूँढ़ना कठिन ही नहीं, असंभव है। जीवन-संयोग का निस्सीम रहस्य, अदृष्ट संयोग-सूत्र एकमात्र इस सृष्टि का नियंता ही जानता है। भाग्य, संयोग और नियति का अज्ञात विधान जिस दिन क्षुद्र मनुष्य जान जायेगा, ईश्वर से चाकरी करवाना शुरू कर देगा। पर यह अदृष्ट ही वह परम सत्ता है, जिसकी ऐंद्रजालिक महालीला के सामने मनुष्य चकित होता रहता है। मुग्ध भी होता है, तो कभी सिर भी धुनता है। फिर भी स्वभावगत लाचारी में हर अच्छी-बुरी घटना के पीछे अंततः मुसकते या आँसू पोंछते एक कारण अवश्य ढूँढ़ निकालता है।

अरु ताई से तर्क-वितर्क करने का दुस्साहस वह नहीं कर सकता है। अगर कर सकता, तो पूछता कि 'जो कुमारस्वामी' की शूटिंग पर निकले शंकरनाग के संग हुई उस भीषण कार दुर्घटना में शंकरनाग और उनके ड्राइवर की ही मृत्यु क्यों हुई? काव्या और उनकी जान कैसे बच गयी? अगर यही तर्क है कि जो कुमारस्वामी शंकरनाग पर कुपित थे इसलिये अरु ताई और काव्या को उन्होंने बख़्श दिया और शंकरनाग की बलि ले ली, तो शंकरनाग के संग दम तोड़नेवाला उनका ड्राइवर कौन-सी फ़िल्म बना रहा था? पर अरु ताई इन दिनों उससे नाराज़ चल रही हैं। उससे बात तक नहीं कर रही हैं। अरण्या आहिस्ते से कहती है, "ओह शुभंकर! बड़ों का कहना मानना चाहिये। अरु ताई अगर इस फ़िल्म को लेकर मना कर रही हैं, तो इस फ़िल्म को रहने दो। जो कुमारस्वामी का भूत अपने सिर से उतार दो शुभंकर! मुझे भी अब डर लग रहा है। उस दिन शिबन्ना ने भी तुम्हें कितना समझाया!"

"अरण्या! चामराजा नगर की कहानी जानती हो?" शुभंकर कौतुक से मुसकता है।

"कहानी क्या? चामराजा नगर अपने कर्नाटक का एक जिला है, यह तो जानती ही हूँ।"

"चामराजा नगर की एक अजीब-सी कहानी है अरण्या! इसके बारे में यह प्रचलित है कि कर्नाटक का जो भी मंत्री-मुख्यमंत्री किसी कार्यक्रम में शामिल होने चामराजा नगर जाता है, वहाँ से लौटने के एक माह के भीतर उसकी कुर्सी चली जाती है। कहते हैं कि बीते दशकों में कर्नाटक के पाँच-छह मुख्यमंत्रियों की कुर्सी चामराजा नगर की यात्रा के बाद ही गयी। तुम्हीं बताओ, क्या यह संभव है कि चामराजा नगर जिला का अस्तित्व ही कर्नाटक से मिटा दिया जाये? या डर से कोई मंत्री-मुख्यमंत्री चामराजा नगर जिला में कदम ही न रखे ?"

"बात तो सचमुच अजीब है।" अरण्या अस्फुट स्वर में विस्मय से कहती है।

"अरण्या! अपने गाँव में एक बचपन से हम लोग भूत-पिशाच, पंचोल्ली और जक्कणियों के प्रकोप के किस्से सुन-सुनकर बड़े हुए। सुनता था कि जक्कणियाँ पेड़ हाँकती हैं। मनचाहे पेड़ पर बैठ कहाँ से कहाँ उड़ती हैं और किरण फूटने के पहले पेड़ को उसकी जगह फिर से लाकर खड़ा कर देती हैं। तुम याद करो कि अविवाहित पुरुष या स्त्री के निधन पर गाँव में कितना भय रहता था। लोग मानते थे कि उनकी अतृप्त आत्माएँ गाँव के लिये कोप हैं। मुझे याद है कि इलाके के किसी तांत्रिक को ऐसी ही स्थिति में बुलवाकर दो अविवाहित भूतों की शादी करायी जाती थी ताकि प्रेत योनि में जाकर उन्हें दांपत्य की तृप्ति हो। 'नाले बा' को लेकर तो गाँव में माना जाता था कि यह भयानक प्रेतनी नीम सन्नाटे में दरवाजे पर दस्तक देती है और दरवाजा खोले जाने पर घर में जब एक बार घुस जाती है, तो कभी नहीं निकलती। अरण्या! जंगलों में, रात के घनघोर अंधकार में 'कोली देवा' नामक प्रेत कैसे जगरमगर रोशनी की बत्ती लिये उड़ता-चलता है, यह तो तुमने भी अपने गाँव में सुना ही होगा। इसलिये इन कहानियों से घबड़ाकर इनसान बैठ जाये, यह ठीक नहीं।" शुभंकर गहरी साँस लेकर कहता है।

"अरे, तुम्हारे पास तो भूतों की लंबी सूची है।" अरण्या मुसकती है।

"मैं सौ प्रकार के भूतों के नाम एक साँस में गिना सकता हूँ। मसलन कालूर्ति, पनजुर्ली और कोटि चेनय्या उन बड़े लोगों के भूत होते हैं, जो रहस्यमय परिस्थितियों

में चल बसते हैं और कन्नड़ समाज प्रांत के विभिन्न हिस्सों में जिनकी पूजा-आराधना करता है। और बताऊँ?"

"नहीं...नहीं...रहने दो। मुझे भूतों के बारे में अपना ज्ञान नहीं बढ़ाना।" अरण्या उठते हुए कहती है, "भूतों की अधिक चर्चा करने से कहते हैं कि भूत आ धमकते हैं। आत्मा पहुँच जाती है।"

अरण्या ठीक कहती है। इन दिनों शुभंकर को भी लगता है कि प्रत्येक क्षण जो कुमारस्वामी के समय-सा उसके चारों तरफ़ घुमड़ रहा है। अकेले में यह सोचकर उसके चेहरे पर हँसी की रेख छिटक जाती है। क्या सचमुच तो नहीं जो कुमारस्वामी उसके सिर पर सवार हो गये हैं? पर सवार तो वे होंगे ही, क्योंकि किसी भी काम को तल्लीनता से करने की उसकी आदत शुरू से रही है। गाँव में भी जब वह 'ब्रह्मरथोत्सव' के अवसर के लिये नाटक की तैयारी करता था, तो उसमें डूब-जी कर। उसकी शुरू से ही आस्था रही है कि जो भी करो, मर-मिटने की हद पार वाली भावना के संग। तभी उस काम को ईश्वर का अमर प्रकाश मिलता है। अभी उसने अपने को जो कुमारस्वामी के अमर प्रकाश में विलीन कर रखा है। यह फ़िल्म वाक़ई बनकर अगर पर्दे तक पहुँच गयी, तो गोल्डेन जुबली की कौन कहे, डायमंड जुबली मनायेगी। इस फ़िल्म का बनना ही सबके लिये विस्मय की बात होगी। जो कुमारस्वामी के जीवन पर जहाँ जो कुछ साहित्य और सूचना उपलब्ध है, शुभंकर ने सबको खँगाल डाला है। जो कुमारस्वामी पर लिखित चंद्रशेखर कंबार के नाटक को भी पढ़ गया है। फ़िल्म के पटकथा लेखक एच.ए. नागहर्ष को वह लगातार यह सब उपलब्ध कराता जा रहा है। नागहर्ष ज्ञानी-गुणी व्यक्ति हैं। पटकथा लेखन में उनका सानी नहीं। वे बीते महीनों में 'जातक तिलक', 'जीवाश्म बोधने', 'समय परीक्षे', 'पार्श्व पुराण' और 'अनुभव शिखामणि' आदि का पूरा पारायण कर गये हैं। इन सभी प्राचीन ग्रंथों में जो कुमारस्वामी का जगह-जगह उल्लेख है। कैलिफोर्निया विश्वविद्यालय के प्रो. एडगर थर्सटन और रंगाचारी के महत्त्वपूर्ण शोध 'कास्ट्स एंड ट्राइब्स ऑफ़ साउथ इंडिया' की भी एक-एक पंक्ति वे पढ़ गये हैं। इस शोध में विस्तार से वर्णन है कि भाद्रपद यानी सितंबर माह में पूर्णिमा के दिन कर्नाटक के देहाती क्षेत्रों में किस उल्लास से जो कुमारस्वामी के भक्त उनका जन्मोत्सव मनाते हैं। कृषक वर्ग जहाँ अच्छी कृषि हेतु समुचित वर्षा के लिये उनकी आराधना करते हैं, तो बाँझ स्त्रियाँ उन्हें संतान के लिये गुहराती हैं।

महान साधकों का जीवन भी कितनी विसंगतियों से भरा होता है। जो कुमारस्वामी के जीवन के बारे में नित-नित जानकर शुभंकर को रोमांच हो रहा है। उनके बारे में अनेक दंतकथाएँ हैं। एक दंतकथा के मुताबिक़ वे सात महर्षियों यानी सप्तर्षि के सेवक थे। महर्षियों के बीच उनका पुकार नाम था-जोका। उनकी अटूट सेवा से महर्षिगण अत्यंत प्रसन्न रहते थे। कहते हैं कि एक बार जो कुमारस्वामी एक सुंदर युवती पर अनुरक्त हो गये। जब यह बात सामने आयी, तो उस युवती के परिजनों ने उनकी हत्या कर दी। किंवदंती है कि उनकी मृत्यु के बाद महीनों तक अनवरत वर्षा होती रही। इलाक़े में प्रलय-सा छा गया। उनके कुछ भक्तों की यह भी आस्था है कि वे साक्षात् शिव-पुत्र थे। गणपति के पश्चात माता पार्वती ने उन्हें जन्म दिया था। इसलिये उन्हें महादेव का आशीर्वाद प्राप्त था और वे अकाल से त्रस्त कृषकों के कल्याण के लिये जब चाहे, भरपूर वृष्टि करा

देते थे। कर्नाटक के बेस्टा समुदाय यानी मछुआरों, मादीवाला यानी धोबी, सुनागरा यानी सोनार व वोक्कालिग्गा यानी कृषक वर्ग से लेकर समस्त परिगणितों में उनके प्रति अटूट आस्था है। प्रांत के विभिन्न भागों में भाद्रपद के दिनों में जब वर्षागमन की आतुर प्रतीक्षा होती है, उनके भक्त बड़े उल्लास से उनका जन्मोत्सव मनाते हैं। भाद्रपद शुक्ल अष्टमी जो कुमारस्वामी के जन्म की तिथि मानी जाती है। इसलिये इस तिथि से शुरू होकर उत्सव का समापन भाद्रपद की पूर्णिमा को होता है, जो उनकी पुण्यतिथि है। कई दिनों तक चलनेवाले इस उत्सव में स्त्रियाँ अपने गाँव के तालाब की मिट्टी को सान-गूँथकर जो कुमारस्वामी का छोटा-छोटा पार्थिव बनाती हैं। इस पार्थिव का तीक्ष्ण नेत्र, उन्नत नासिका, प्रशस्त ललाट और आकर्षक अधर बनाने में स्त्रियाँ अपने मन की समस्त कला उड़ेल देती हैं। प्रत्येक दिन पूजन के समय वे पार्थिव के होंठों पर मक्खन का लेप लगाती हैं और मारगोसा[1] की पत्तियों से सुसज्जित चँगेरे में पार्थिव को यत्न से रखती हैं।

उत्सव अवधि के दौरान स्त्रियों का समूह माथे पर सुसज्जित पार्थिव वाले चँगेरे को लेकर गीत-नाद करते हुए गाँव की परिक्रमा करता है। इन गीतों में जो कुमारस्वामी के चमत्कारों की गुण-गाथा होती है। गाँव के लोगों द्वारा हर घर से स्त्री समूह को प्रसाद निर्मित करने के लिये थोड़ा-थोड़ा अनाज दिया जाता है। उत्सव के अंतिम दिन सभी श्रद्धालु एक स्थान पर एकत्रित होते हैं और सभी घरों से प्राप्त अन्न का प्रसादम तैयार करते हैं। प्रसादम को खाते भी हैं और खेतों में प्रतीक-स्वरूप छिड़काव भी करते हैं। आस्था है कि प्रसादम पाकर खेत प्रचुर अन्न देंगे। कृषकों की मान्यता है कि बंजर से बंजर भूमि पर अगर जो कुमारस्वामी के पूजन का प्रसादम छिड़क दिया जाये, तो वह भूमि लहलहा उठेगी। कहते हैं कि स्त्रियों का बंजर गर्भ भी उनके प्रसादम से पुलकित हो संतानोत्पत्ति करता है। इसलिये बाँझ स्त्रियाँ भी उनके जन्मोत्सव में मन-प्राण से लीन रहती हैं। फ़िल्म के पटकथा लेखक एच.ए. नागहर्ष ने अंतिम कुछ दृश्यों में अथर्ववेद और ऋग्वेद की सूक्तियों को भी जो कुमारस्वामी के लिये उद्धृत किया है।

"वह पुरुष हजारों सिरवाला, हजारों आँखोंवाला और हजारों पाँवोंवाला है। वह इस भूमि को चारों ओर से घेरकर भी बचा रहता है...। शुभंकर! यह ऋग्वेद संहिता के दशम मंडल का पुरुष सूक्त है। कितना उपयुक्त है यह जो कुमारस्वामी के जीवन पर...।" एच.ए. नागहर्ष भक्ति से आँखें मूँद लेते हैं, "यही दिव्य ज्योतिमय व्यक्तित्व था जो कुमारस्वामी का।"

"अद्‌भुत...अद्‌भुत है अन्ना!" शुभंकर का स्वर अभिभूत है।

"और देखो, अथर्ववेद के तृतीय कांड के इस अंश को भी मैंने संवाद में लिया है...इस जोती हुई भूमि को इंद्र अपनी शरण में लें और पूषण इसकी रक्षा करे। यह भूमि हर आनेवाले वर्ष में हमारे लिये अधिकाधिक रसवती होकर अन्नदान करे...। शुभंकर! यह फ़िल्म में जो कुमारस्वामी के संवाद के रूप में है।" एच.ए. नागहर्ष कहते हैं, "जो कुमार अनंत आकाश में विचरते मेघ हैं, जो घनश्याम की महारूपा वसुंधरा को प्रेम करते हैं। तृप्त और मुग्ध करते हैं। आकाश से उतर पृथ्वी का अटूट स्नेह से आलिंगन करने में ही मेघ को मोक्ष है। शुभंकर! मेघ पुरुष हैं जो कुमार...।"

---

1. नीम

पटकथा लेखन में एच.ए. नागहर्ष का कन्नड़ फ़िल्म जगत में सानी नहीं है। सदाशिव शेनॉय निर्देशित शुभंकर की हाल में संपन्न हुई फ़िल्म 'कारण पुरुष' की भी पटकथा उन्होंने ही लिखी थी। उसके कई संवादों के दौरान बोलते-बोलते स्वयं शुभंकर की आवाज़ भर्रा गयी थी। जो कुमारस्वामी की पटकथा में भी परकाया प्रवेश कर गये हैं नागहर्ष। फ़िल्म का मुहूर्त भाद्रपद शुक्ल अष्टमी को होगा। यह जो कुमारस्वामी का जन्मदिन है। उसके पश्चात शूटिंग का आरंभ। मुहूर्त श्रीवेणुगोपाल कृष्णास्वामी मंदिर में होगा। शुभंकर ने तय किया है कि पूरी शूटिंग अगुम्बे से पंद्रह किलोमीटर की दूरी पर स्थित कुंदाद्रि पर्वत के शिखर पर होगी। वहाँ जैन मंदिर और सरोवर भी है। चाँद के उगने से डूबने तक के दुर्लभ दृश्य का फ़िल्मांकन फ़िल्म में चार चाँद लगा देगा। कुंदाद्रि के शिखर पर साधनारत सप्तर्षियों के बीच जो कुमारस्वामी। फिर उनका प्रणय और लोमहर्षक हत्या। इसके उपरांत अनवरत विकराल वर्षा। गाँव के दृश्य अगुम्बे में फ़िल्माये जायेंगे। यहाँ फ़िल्म की पूरी यूनिट के लिये आसानी से सभी सुविधाएँ उपलब्ध हो जाएँगी। कस्तूरी अक्का से कहकर 'दोड्डमने' में सारा इंतज़ाम हो जायेगा। शुभंकर स्वप्नमग्न भाव में अरण्या से कहता है, "महानायक शंकरनाग ने 'मालगुडी' से अगुम्बे को विश्व में फैला दिया। फिर हमारा तो यह गाँव ही है। अगम अम्बु है अपना अगुम्बे अरण्या...। अगम और अथाह जल-बादल का अनूप गाँव...। फ़िल्म 'जो कुमारस्वामी' में कुंदाद्रि से लेकर अगुम्बे तक का परिवेश सँजो इस मिट्टी की महिमा नये सिरे से प्रस्तुत करूँगा। और वैसे भी यह अंचल इस फ़िल्म की शूटिंग के लिये बहुत उपयुक्त है, क्योंकि साक्षात् मेघराज हैं जो कुमार।"

पिछले एक सप्ताह से अगुम्बे और इसके आसपास के गाँवों में घमासान वर्षा हो रही है। आकाश में बिजली की पताकायें रह-रहकर लहरा रही हैं और मेघों के झुंड मदमत्त हाथियों की तरह घुमड़-गरज रहे हैं। आज भाद्रपद शुक्ल अष्टमी है। सूर्य पूर्वा फाल्गुनी नक्षत्र। चंद्रमा धनु राशि में। ग़नीमत से सुबह से वर्षा थोड़ी थमी हुई है। आसमान फिर भी साफ़ नहीं है। सितंबर मध्य की इस सुबह में श्रीवेणुगोपाल कृष्णास्वामी मंदिर उत्सव के आनंद में विभोर है। अभी थोड़ी देर में यहाँ फ़िल्म 'जो कुमारस्वामी' का मुहूर्त होना है। शुभंकर व अरण्या अपनी पूरी टीम के संग कल रात ही गाँव पहुँच गये हैं। अरण्या के संग शुभंकर अपने घर में रुका है। रत्न पद्माकर अपनी पत्नी सुमन के संग बेटे-बहू के सत्कार में परम हुलसित होकर जुटे हैं। शुभंकर की टीम के सभी सदस्यों के ठहरने का इंतज़ाम दोड्डमने में है। आज सुबह अरुंधती नाग और शिबन्ना के आगमन से कस्तूरी राव भी उथल-पुथल में हैं। अरुंधती नाग और शिबन्ना हमेशा की तरह दोड्डमने में रुके हैं। फ़िल्म का मुहूर्त अरुंधती नाग के हाथों होगा। बहुत अंतर्द्वंद्व के बाद किसी तरह राज़ी हुई हैं अरुंधती। शुभंकर की बालसुलभ ज़िद के आगे हार गयी हैं वे। शुभंकर के बेंगलूर से अगुम्बे के लिये विदा होते समय क्षुब्ध होकर उन्होंने कहा था, "शुभंकर! आज इतने वर्षों बाद मुझे लगता है कि सरल स्वभाव के शंकर में अनवरत सफलता के कारण शायद थोड़ा अभिमान आ गया था। उन्हें भी सबने मना किया था कि 'जो कुमारस्वामी' फ़िल्म बनाने की मुसीबत वे मोल न लें। पर उन्होंने किसी की एक न सुनी। और संभवत: यही उनका प्रारब्ध था। मुझे लगता है शुभंकर कि शंकर को अति आत्मविश्वास था कि पूर्व में भले कुछ निर्देशक इस फ़िल्म को बनाने के दौरान चल

बसे, लेकिन उनके साथ ऐसा कुछ नहीं होगा। वे फ़िल्म पूरी कर लेंगे। और आज उस हादसे के पंद्रह साल बाद शंकर जैसी ही तुम्हारी जिद को देख मेरा मन काँप रहा है। श्रीवेणुगोपाल कृष्णास्वामी ही तुम्हारी रक्षा करेंगे। जो कुमारस्वामी ही तुम पर दया करेंगे।''

''अरु ताई! जानता हूँ कि प्रकृति में जो कुछ भी है, अंततः सबकी अपनी कठोर नियति है। पर नियति की सीमा में रहकर सीमा पार होने की व्यग्रता का क्या करूं? मुझे बस आपका आशीर्वाद चाहिये ताई।'' शुभंकर ने तब अरुंधती का चरण छूते हुए भावुक हो कहा था।

दोड्डमने में रुके शुभंकर की टीम के सभी सदस्य तैयार हो अभी शुभंकर व अरण्या के आगमन की प्रतीक्षा कर रहे हैं। सुबह से कस्तूरी राव ने पूरी मुस्तैदी से सबको चाय-कॉफ़ी और जलपान करा दिया है। अरुंधती नाग इसलिये कस्तूरी राव पर मुग्ध रहती हैं। भारी शरीर और कमर की तकलीफ़ के बावजूद छड़ी के सहारे इस उम्र में भी वे किशोरियों की तरह फुर्तीली हैं। जब भी अरुंधती अगुम्बे आती हैं, दोड्डमने में ही रुकती हैं। गुज़रे वर्षों में काव्या के संग भी वे कई बार यहाँ आकर रुकी हैं। कस्तूरी राव को भी उनसे गत्र स्नेह है। अरुंधती से मिलकर वे मालगुडी ज़माने की स्मृतियों में पहुँच जाती हैं। शिबन्ना ने मुसककर पटकथा लेखक एच.ए. नागहर्ष से कहा है, ''अरु को मायकेवाला सत्कार मिलता है यहाँ।'' पहली बार अगुम्बे आये नागहर्ष भी अत्यंत हर्षित हैं।

श्रीवेणुगोपाल कृष्णास्वामी मंदिर भी इस समय शंख-ध्वनि की गूँज से अत्यंत आनंदित-पुलकित है। गाँव का शंख शिरोमणि राघवांक अपने फेफड़ों की पूरी शक्ति से शंख फूँक रहा है। अर्चक विष्णुमूर्ति भट्ट ने जगह-जगह अगर, गुग्गुल और धूप जलाकर मंदिर परिसर को सुवासित कर रखा है। गाँव के अधिकांश लोग मंदिर परिसर में जुट गये हैं। आख़िर गाँव के लड़के की फ़िल्म का मुहूर्त है। ज्योतिषाचार्य पंडित शतानंद शास्त्री, गाँव के सुरसागर शिव रुद्रप्पा, विश्वनाथ बायर, ममता जगदीश, जंगल के जंगजू के. शिवप्रकाश और अवकाशप्राप्त हेडमास्टर कृष्णमूर्ति हेब्बार से लेकर अपरा नायक, देवदास पंडित, देवेंद्र नाईक, रामय्या सदानंद, उपेंद्र कामथ, लिंगराज और चिनप्पा तक-कौन नहीं है। सुजया, जिनी अक्का, वसुंधरा, नलिनी, पूर्णिमा, भाग्यलक्ष्मी, सुशीलामाई और सावित्री जमात बाँधकर एक ओर खड़ी हैं। अरुंधती, शिबन्ना, शुभंकर व अरण्या अभी मंदिर पहुँचे हैं। इन लोगों के संग ही मंदिर पहुँचे कैंटीन परियार के पाँव धरती पर नहीं हैं। शुभंकर के माता-पिता के संग अरण्या के माता-पिता शारदाम्मा और मंजप्पा नायक भी मौजूद हैं और खुशी से छलक रहे हैं। शुभंकर व अरण्या के बचपन के साथी गौरव, दिलीप, आलोक, इरा, अंजना और गीता उल्लास से उथल-पुथल में हैं। अर्चक विष्णुमूर्ति भट्ट ने मुहूर्त के लिये अब पंचम सुर में मंत्रोच्चार आरंभ कर दिया है। श्रीवेणुगोपाल कृष्णास्वामी की सामूहिक अर्चना के बाद पंडित शतानंद शास्त्री की वेद ध्वनि के बीच अरुंधती नाग ने मुहूर्त का शॉट दे दिया है। पर अरुंधती के चेहरे पर प्रसन्नता का असमंजस भाव है। क्या प्रसन्नता के क्षण में भी किंतु-परंतु और अगर-मगर के संशय की सींग टकराती है? टकराती है न! कैसे टकराती है-यह अभी अरुंधती के अंतर्मन में कोई झाँककर देखे।

19

मोक्ष विधान

प्रकृति का साज-घर है कुंदाद्रि। स्वर्ग का नंदन। प्राचीन वृक्षों के हरित श्यामल पल्लव से सज्जित। स्वप्न विभोर। यहाँ से आकाश को छुआ जा सकता है। बस हाथ उठाइये और कोमल नीलकांत आकाश की त्वचा का एहसास होगा। शुभंकर की पूरी टीम यहाँ पहुँचकर पारावारहीन प्रसन्नता में है। कुंदाद्रि की तलहटी में गाड़ियाँ लगाकर सुबह में शिखर पर जाने के दौरान सौ से ऊपर पत्थर की धूसर-मटमैली प्राचीन सीढ़ियों को चढ़ते हुए दोनों तरफ़ चामर की तरह खड़े पुराने झंखाड़ वृक्षों के झुरमुट के बीच अटके कोहरे के शुभ्र-वृत्त ने सबको पहली नज़र में ही बरबस मुग्ध कर दिया है। झुरमुट के शिखर पर श्वेत धवल कपास-सा अटका कोहरा कुछ ऐसा लग रहा है, मानो नवमल्लिका के फूलों से भरी टोकरी हो।

कुंदाद्रि की चोटी पर स्थित 17वीं सदी का जैन मंदिर 'पार्श्वनाथ चैत्यालय' सदैव की भाँति आत्मलीन शांति में निमग्न है। कोई आये या जाये, इस एकाकी-उन्मन मंदिर को कोई अंतर नहीं पड़ता। मंदिर की स्थिति को देखकर लगता है कि सालो साल से इसकी देखरेख नहीं है। मंदिर के प्रवेश द्वार पर जड़े संगमरमर के शिलापट्ट पर अंकित है कि–'होंबुज के श्री देवेंद्र कीर्ति स्वामीजी के द्वारा कुंदाद्रि पर किये जानेवाले जीर्णोद्धार कार्य में श्री कुंदकुंदाचार्य के पादुका मंदिर के खर्चे में 10,500 रुपये सुवर्णगढ़ के श्रीकांतजी स्वामीजी के संघ ने प्रदान किये हैं। वीर संवत्-2488/क्रिश 1961।' शुभंकर बचपन से इस शिलापट्ट को देखता आया है। वह मन ही मन अनुमान लगाता है कि शायद यह सन् 1961 में हुए मंदिर के जीर्णोद्धार का उल्लेख है। इस लिहाज़ से आज वर्ष 2015 में 54 साल बीत रहे हैं। मंदिर की जरा-जीर्ण अवस्था देखकर ही लगता है कि दशकों से इस पर चूने तक की पुताई नहीं हुई है। पर बावजूद इसके अद्भुत है कि मंदिर की आभा कहीं से कमतर नहीं। मंदिर के सामने पत्थर को काटकर बनाये गये दोनों जलकुंड श्वेत कमल से भरे पड़े हैं। शुभंकर को पता है कि सालों भर श्वेत कमल के दल राजहंस की भाँति इन जलकुंडों में मंद-मंद डोलते रहते हैं। यही श्वेत कमल दल जैन मुनि श्रीकुंदकुंदाचार्य द्वारा स्थापित इस पुरातन आस्था-प्रांगण के रंग और प्राण हैं। रात की गहरी नीली नदी में हर रोज़ जब विरही चंद्रमा आशामय प्रेम से कुंदाद्रि के जलकुंड में पसरे श्वेत कमलों को अपनी चाँदनी से नहलाता है, तो प्रकृति आहिस्ते से अपने कोमल विशाल वक्ष का संपूर्ण आवरण खोल देती है। इसलिये इस अखिल भुवन में स्निग्ध प्रेम

की जिस चरम विह्वलता से चंद्रमा कुंदाद्रि की चोटी से डूबता दिखता है, वैसा और कहीं नहीं। सचमुच कहीं नहीं। आधी-आधी रात को कुंदाद्रि के शिखर से 'मून सेट' को निहारने आये दिन जाने कहाँ-कहाँ के पर्यटक पहुँचते हैं। अस्त होते चंद्रमा का दारुण सौंदर्य विशेषकर पूरनमासी के दिन, किस आगंतुक को दग्ध-मुग्ध नहीं कर जाता।

"ओफ्फ्! एक से एक यादगार फ्रेम बनेगा यहाँ। कैमरा अपने आप में एक बड़ा आर्टिस्ट होता है। इसे मजा आ जायेगा।" कैमरामैन जयकौशल कुंदाद्रि की लावण्य-निधि पर मुदित है।

"नीचे देखो, अगुम्बे से लेकर तीर्थहल्ली तक की सड़कों का रेखागणित यहाँ से कितना साफ दिखाई देता है।" कुंदाद्रि के तीखे पथरीले किनारे पर खड़ा हो शुभंकर नीचे निहार रहा है। अगुम्बे, गुड्डेकेरि, होसुर, अगसरकोणे, मलंदुर, बाड़ेहेले, बिदरगोड, तिल्लौरो और नाबला सरीखे पेड़ों की झुरमुट के बीच बसे ये दर्जनों पर्वतीय वन ग्राम अभी सुबह के उजाले में द्वीप-पुंज की भाँति दीर्घकाल में बनी अपनी सहज-स्वाभाविक स्थापत्य शोभा के संग मुदित हैं। छोटे-बड़े घर, दर-दुकान, बस अड्डे और इनके बीच लहराती हुई कोलतार की सड़कें। पर्वत, जंगल, गाँव और सड़कों का यह अनूप रचना प्रकल्प कुंदाद्रि की चोटी से यों दिखता है जैसे सूक्ष्मदर्शी यंत्र से फूलों का परागकोष। पटकथा लेखक एच.ए. नागहर्ष कहते हैं, "कुंदाद्रि ऋषि-मन का उत्सव प्रांगण है। आउटडोर शूटिंग के लिये इससे उपयुक्त जगह दूसरी हो नहीं सकती थी। आनंद धाम में पहुँच गये हैं हम लोग।"

"रॉल कैमरा...एक्स्ट्रीम लांग शॉट...।" शुभंकर की आवाज़ गूँजती है। उसके संकेत पर कुंदाद्रि की चोटी से नीचे के दृश्य में कैमरामैन जयकौशल अपनी यूनिट के संग जुट जाता है। वहाँ मौजूद कैंटीन परियार से शुभंकर ने आहिस्ते से कहा है, "एक्सट्रीम लांग शॉट की सिनेमा में महाकाव्यात्मक आभा होती है।" तनिक थमकर उसकी आवाज़ फिर तेज़ होती है, "लांग शॉट...नाऊ मिड शॉट...येस क्लोज अप...।" अब कमल दल से आच्छादित जलकुंड...सप्तर्षियों की गुफाएँ...। एक दृश्य में ही अनेक शॉट्स...। पर्वत पर तप में लीन सप्तर्षियों और उनकी सेवा में जुटे तरुण संन्यासी जो कुमारस्वामी वाला समस्त दृश्य अविस्मरणीय शूट हुआ है। शूटिंग के दौरान अक्सर मौजूद रहनेवाले कैंटीन परियार ने गद्गद हो कहा है, "शुभंकर! सिनेमा निर्माण की शॉट-संहिता में तुम पारंगत हो चुके हो। और तरुण साधक जो कुमारस्वामी की भूमिका में तो अपने तन्मय अभिनय से तुमने प्राण ही भर दिया है। लगता है, जो कुमारस्वामी कुंदाद्रि में रमण कर रहे हैं। श्रीवेणुगोपाल स्वामी से यही प्रार्थना है कि तुम्हारे इस संकल्प को हर प्रकार से सफल करें।" भाव विह्वल कैंटीन परियार की आँखों की कोर चिलक गयी है, "तुम दोनों पर...तुम पर और अरण्या पर हमें बहुत गर्व है।"

पटकथा लेखक एच.ए. नागहर्ष ने शूटिंग स्क्रिप्ट और शॉट डिवीज़न को बहुत बारीक़ी से सुलझाकर दर्ज कर रखा है। शूटिंग स्क्रिप्ट अगर दुरुस्त हो, तो कहीं कोई बाधा नहीं। नायिका सुलक्षणा पर जो कुमारस्वामी की बरबस अनुरक्ति के दृश्यों को भी नागहर्ष ने क्या विलक्षण अंकित किया है। संगीत निर्देशक श्याम राव ने बेंगलूर में जब पूरी पटकथा पढ़ी थी, तो विशेषकर इन दृश्यों पर आकर वे ठिठक गये थे, "ओफ्फ्! क्या बात है...!

इन दृश्यों पर फ़िल्माये जानेवाले गाने भी अविस्मरणीय होने चाहिये। मैं अपने तई कोई कसर बाकी नहीं रखूँगा।''

''ओवर द शॉल्डर शॉट...।'' निर्देश देकर शुभंकर कैमरे के सामने है। कैमरा घूम रहा है...कभी शुभंकर पर...तो कभी अरण्या पर...। तरुण ऋषि जो कुमारस्वामी और सुललित अंगों के सौष्ठव से छलकती सुलक्षणा का मेघावृत्त आकाश के नीचे अनायास मिलन। सप्तर्षियों के दर्शन हेतु आयी रमणी सुलक्षणा के पाँव तरुण ऋषि जो कुमारस्वामी को देखते ही ठिठक जाते हैं। कितना चित्त विमोहक है राजसिक कद-काठीवाला यह तरुण संन्यासी...। सुलक्षणा को देख तरुण संन्यासी भी अपने आप में नहीं। सृष्टि के असंख्य रंध्रों को अपने रूप-सुवास से पुलकित करनेवाली नृत्य-नाद की यह महानटी...यहाँ कैसे? तरुण ऋषि जो कुमारस्वामी कभी कमल से आच्छादित जलकुंड को निहारते हैं, कभी मेघ से लदे आकाश को और कभी इस महारूपा पर्वत कन्या को। बिना संवाद के यह दृश्य क्या कुछ नहीं कह जाता!

''कट एंड प्रिंट इट...! ओफ्फ् कम्माल का शॉट!'' सहायक निर्देशक अशेष शेनॉय ख़ुशी से चीख़ता है, ''मैगनेटिक शॉट...चुंबकीय दृश्य।''

आज शरद पूर्णिमा है। पूर्णमासी के शुभ्र हास्य के परमानंद में पुलकित है कुंदाद्रि। आकाश में चंद्रमा पूरे रस-राग के साथ निकला है। शरद के चंद्रमा को सप्तर्षियों द्वारा नमन किये जाने का दृश्य थोड़ी देर में शूट किया जाना है। किंवदंती है कि जो कुमारस्वामी के सप्तर्षि गुरु जब अपनी-अपनी गुफाओं से निकलकर शरद पूर्णिमा की मध्य रात्रि में आराधना करते थे, तो धीरे-धीरे प्रार्थना के संग सबके सब चंद्रमा में समाते चले जाते थे। अपने गुरुओं के संग तरुण ऋषि जो कुमारस्वामी भी चंद्रमा में प्रवेश पाते थे। उनके प्रवेश के संग पल भर के लिये चतुर्दिक् शंख ध्वनि गूँजती थी और चंद्रमा अपने विराट रूप में आ जाते थे। फिर दिग-दिगंत में अथाह नीरव शांति छा जाती। रात-भर शरद की चाँदनी में नहाती पृथ्वी संतप्त संसार के वास्ते ओषदिपति चंद्रमा के अनुग्रह को पाकर पूरे वर्ष के लिये मानो श्वेत-शीतल मलहम तैयार करती मातृ सुख में लीन रहती। फिर चंद्रमा के डूबने का समय आता और चंद्रमा राग-रसिक वैरागी रूप में आ जाता। वैराग्य की अलौकिक करुणा का यह चरम रूप शरद की डूबती रात में बड़ा विचित्र होता है। चंद्रमा के अस्त होते-होते सप्तर्षिगण स्वतः अपनी-अपनी गुफाओं में आसन पर पहुँच गये होते थे। और सबके अंत में भोर के तारे से वापस निकलते थे तरुण ऋषि जो कुमारस्वामी। क्षणांश के लिये तब ऋषियों के नेत्र खुलते और चारों तरफ़ उल्लास का सुवास भर जाता।

''रॉल कैमरा...मिड शॉट...लांग शॉट...नाऊ एक्स्ट्रीम लांग शॉट...।'' शुभंकर की आवाज़ गूँजती है। अब सप्तर्षियों के संग पूरे चंद्रमा का दृश्य। लाइन प्रोड्यूसर भूषण बेचैनी से चारों तरफ़ चक्कर काट रहा है। यह दृश्य अत्यंत महत्त्वपूर्ण है। कोई क़सर नहीं रहनी चाहिये। शरद का चंद्रमा फिर अगले साल ही निकलेगा। आज की रात कुछ भी गड़बड़ का मतलब सब बर्बाद।

''टाइट टू शॉट...मिड शॉट...अगेन एक्स्ट्रीम लांग शॉट...नाऊ एक्स्ट्रीम क्लोज अप...कट...कट...ग्रेट।'' शुभंकर के स्वर में मानो पक्षियों का प्रातःकालीन कलरव भर आया है, ''सुपर्ब...टेरिफिक...।''

शूटिंग लगातार अबाध गति से चल रही है। अब तो एक महीने से ऊपर होने को है। सुबह से शाम तक कुंदाद्रि में शूटिंग और अगुम्बे में रात्रि विश्राम। हाँ, अरण्या अवश्य कभी-कभी अपने माता-पिता के पास अगसरकोणे चली जाती है। यूनिट के सभी साथी अरण्या के अभिनय को लेकर मंत्रमुग्ध हैं। एच.ए. नागहर्ष कभी-कभी कहते हैं, ''अभिनय में असीम है अरण्या। वह अरण्य-रास है।'' नागहर्ष सचमुच अगाध विद्वान हैं। वे यों ही कुछ नहीं बोलते। कस्तूरी राव कहती हैं, ''नागहर्षजी को रस बात में सिद्धि है।'' कैंटीन परियार कहता है, ''हाँ, रस बात में सत्योपाख्यान।'' सहायक निर्देशक अशेष शेनॉय कहता है, ''हमारे निर्देशक शुभंकर भी क्या कम हैं। अभिनय और निर्देशन दोनों को किस चमत्कार से साध रखा है इन्होंने। इतनी कम उम्र में यह दुर्लभ उदाहरण है। कन्नड़ फ़िल्म जगत भी इस बात को मानता है।'' कैमरामैन जयकौशल आश्वस्ति की साँस लेकर कहता है, ''अब फ़िल्म का बस तीसरा अंक शूट होना बचा है। दस-ग्यारह रील शूट हो चुके हैं। गाड़ी अब पार लगने को है।'' जो कुमारस्वामी और सुलक्षणा के कुछ प्रणय दृश्य और सुलक्षणा के परिजनों द्वारा जो कुमारस्वामी की हत्या का लोमहर्षक दृश्य कुंद्राद्रि पर शूट होना है। शेष दृश्य मसलन गाँव में जो कुमारस्वामी की आराधना में जुटी स्त्रियाँ और उनके सामूहिक गान आदि अगुम्बे से लेकर अगसरकोणे तक फ़िल्माये जायेंगे। शुभंकर ने हँसकर कहा है, ''इन दृश्यों में हमारी कस्तूरी अक्का भी होंगी और यह नटखट अरुंधती भी।''

''अब इस बुढ़िया को सिनेमा में उतारोगे?'' कस्तूरी राव बिहँसती हैं, ''हाँ, मेरी नटखट नातिन को जरूर डाल देना।'' कस्तूरी राव दुलार से अरुंधती की तरफ़ देखती हैं।

''हाँ...हाँ...ये सिनेमा में जायेगी। पढ़ने-लिखने में मन नहीं लगता है इसका।'' परनानी जे.आर. श्रीमती बाई ऐसे अवसर नहीं चूकती हैं।

''बड़ी अज्जि...मैं कहे देती हूँ...।'' गोल-मटोल अरुंधती फिर कस्तूरी राव की तरफ़ मुड़कर चीख़ती है, ''अज्जि! देखो बड़ी अज्जि को...।''

कस्तूरी राव मुसककर शुभंकर से कहती हैं, ''देख रहे हो न...परनानी और परनातिन की छेड़छाड़।''

''किसने कहा है कि सिनेमा में जाने के लिये पढ़ना नहीं पड़ता? अरुंधती खूब पढ़ेगी और सिनेमा में आयेगी।'' शुभंकर ने अरण्या की ओर देखकर कहा है, ''अरण्या अभी भी बहुत पढ़ती है।'' सुआपंखी साड़ी में खिल रही अरण्या मुसककर अरुंधती को चुमकारती है, ''शुभंकर! सिनेमा में जाने लायक इसकी पढ़ाई हो चुकी है। अब पढ़ना तो जीवन-भर का काम है।'' अरण्या के मलहम से किशोरावस्था में दाख़िल हो चुकी अरुंधती क्वाँरपन के कच्चे छल्ले-सी खिल उठी है।

नवंबर के आखिरी दिन हैं। अगहन मास। कोहरा बढ़ रहा है। दिन सिकुड़ रहे हैं और रातें बहुत लंबी। कोहरे से घिरे कुंदाद्रि पर कोहरे में भीगते जलकुंड के श्वेत कमल झिलमिल आनंद में थिर हैं। साँझ गहरा रही है। उत्तराषाढ़ा नक्षत्र का आकाश नदी कछार में शांत खड़े सारस के अनंत जोड़ों से आच्छादित-सा दिखता है। अभी थोड़ी देर में 'जो कुमारस्वामी' का एक चरम दृश्य शूट किया जाना है। कस्तूरी राव को शुभंकर ने बता रखा है कि आज यूनिट के लोगों को लौटने में शायद आधी रात भी हो जाये।

फ़िल्म का आज एक महत्त्वपूर्ण निर्णायक दृश्य लिया जायेगा। इसमें समय लग सकता है। अरण्या ने मुस्कराकर पटकथा लेखक एच.ए. नागहर्ष से कहा है, "अन्ना! यूनानी चिंतक अरस्तू ने भले कोई फ़िल्म नहीं बनायी, लेकिन मनुष्य की कथा को लेकर उसका 'आदि, मध्य और अंत' के समय का मंतव्य मूक फ़िल्मों के युग से आज तक अचूक-अनिवार्य फॉर्मूला बना हुआ है।" लाइन प्रोड्यूसर भूषण ने आकर शुभंकर से कहा है, "वी आर रेडी।" दृश्य जो कुमारस्वामी की हत्या का है। सुलक्षणा के क्रुद्ध स्वजन-परिजन किस तरह घेरकर नृशंसतापूर्वक जो कुमारस्वामी की हत्या करते हैं, यह दृश्य निर्णायक है। कथानक के अनुसार अंधकार और कोहरे में ही जो कुमारस्वामी की हत्या का दृश्य है। कैमरा ट्रॉली पर है। कैमरामैन जयकौशल तैयार है। बीते पंद्रह वर्षों के अनुभव से कैमरे पर उसने कौशल प्राप्त कर लिया है। वह हर शॉट के पहले कान छूकर अपने गुरु भारतीय सिनेमा के महान सिनेमेटोग्राफ़र वेंकटरामा पंडित कृष्णमूर्ति को याद करता है। बीते 7 अप्रैल, 2014 को नब्बे वर्ष की अवस्था में बेंगलूर में भले उनका निधन हो गया लेकिन कैमरामैन जयकौशल के हृदय की धड़कनों में वे हमेशा के लिये बसे हैं। उन्हीं के श्रीचरणों में बैठकर जयकौशल ने सिनेमेटोग्राफ़ी का ज्ञान पाया। मैसूर में जन्मे वेंकटरामा पंडित कृष्णमूर्ति महान फ़िल्मकार गुरुदत्त की फ़िल्मों के स्थायी सिनेमेटोग्राफ़र थे। कितना गिनाया जाय? गुरुदत्त की 'बाजी', 'साहब, बीवी और गुलाम', 'चौदहवीं का चाँद' सरीखी तमाम अमर फ़िल्में उन्हीं की शूट की हुई थीं। भारत की प्रथम सिनेमास्कोप फ़िल्म 'कागज़ के फूल' को भी उन्होंने ही शूट किया था। यह उन्हीं की दी हुई विद्या है कि कैमरे को 360 डिग्री पर नचाकर जयकौशल एक छोर से दूसरे छोर तक को शूट करने में माहिर है। अंधकार, कोहरा और कैमरा...! पहले जो कुमारस्वामी और सुलक्षणा की कोहरे में उभरती आकृति। प्रणय के अंतरंगतम मधुर क्षण। फिर अचानक हमलावरों का धावा...चीख़...आर्तनाद...और मरघट-सी डरावनी ख़ामोशी! एक ही दृश्य में अनेकानेक शॉट्स! हालाँकि, पूरी शूटिंग के दौरान यह पहली बार है कि बार-बार रीटेक हो रहा है। लांग शॉट...जो कुमारस्वामी और सुलक्षणा अंधकार में एक-दूसरे के निकट आते दिख रहे हैं...। मिड शॉट...वे दोनों आलिंगनबद्ध हो रहे हैं। एक्स्ट्रीम लांग शॉट...यानी अंधकार में डूबा कुंद्राद्रि स्थित जैन मंदिर 'पार्श्वनाथ चैत्यालय'...श्वेत कमल से डगडग जल कुंड का जोड़ा और पर्वत की चोटी से दिगंत तक फैला अंधकार...। फिर जो कुमारस्वामी और सुलक्षणा का क्लोज़ शॉट...उनके मुख पर प्रेम की चरम विह्वलता का दृश्य। फिर एक्स्ट्रीम लांग शॉट! अँधेरे में उभरती सशस्त्र हमलावरों की आकृतियाँ। लांग शॉट...थोड़े और क़रीब। मिडशॉट...हमलावरों पर कैमरे की बढ़ती एकाग्रता। अब क्लोज़ शॉट...रक्त रंजित...आर्तनाद करते जो कुमार...।

यह अठारहवाँ रीटेक! शुभंकर का आज अनुराग नहीं लग रहा है। क्या हो गया है उसे? मन बुरी तरह उद्विग्न है। लगता है, जो कुमारस्वामी की नीली आत्मा उसकी काया में प्रवेश कर चुकी है। मन उद्विग्नता से कंपमान हो रहा है। अंधकार और कोहरे से भरे आकाश में अचानक ये झुंड के झुंड बादल कहाँ से घिरने लगे? इतनी तीव्रता से? इतनी आक्रामकता से? दौड़ती हुई एक तेज़ धुकधुकी। डूबती रात पिशाचिनी के मुख की तरह डरावनी हो रही है। नागराज कोबरा के तीखे फुत्कार की तरह हवा सहसा

तेज़ हो गयी है। बहुत ज़ोरों की विकराल आँधी आनेवाली है। कुंदाद्रि की चोटी पर जोरों की हू-हू करती, पछाड़ खाती हवा। सदियों से अपनी गुफा में सोया सिंधु प्रेत मानो अँगड़ाई लेते हुए अट्टहास कर बवंडर उत्पन्न कर रहा है।

"पैक अप...!" शुभंकर की आवाज़ आँधी में गुम हो रही है। विकराल आँधी में कुंदाद्रि पर्वत शून्य में विलीन हो रहा है। किसी को किसी की आवाज़ सुनाई नहीं दे रही है। कैमरामैन जयकौशल की चीख़ भी किसी को सुनाई नहीं दे रही है। सेट पर जलती रोशनी कबके उड़ चुकी है। अंधकार में उमड़े तूफ़ान में सब गुम हैं। यह महाप्रचंड आँधी है। प्रकृति का ऐसा निर्मम प्रकोप इधर कभी नहीं हुआ था। अंततः जो कुमारस्वामी ने अपना कोप प्रकट कर ही दिया है। शायद अपनी हत्या के दृश्य का दोहराव उन्हें सहन नहीं।

दो घंटे तक चला असंभव बवंडर अब धीरे-धीरे थम गया है। कुंदाद्रि अब शांत है। सुबह हो रही है। सब व्यग्रतापूर्वक एक-दूसरे का हाल ले रहे हैं। अरण्या पार्श्वनाथ चैत्यालय के द्वार पर बेहोश पड़ी है। पटकथा लेखक एच.ए. नागहर्ष, लाइन प्रोड्यूसर भूषण, सहायक निर्देशक अशेष शेनॉय और यूनिट के बाक़ी सभी छितराये पड़े दो दर्जन लोग किसी तरह उठे हैं। स्तब्ध एच.ए. नागहर्ष ने भूषण से कहा है, "बहुत-सी आँधियाँ देखीं। पर जीवन में ऐसा बवंडर पहली बार।" अरण्या को किसी तरह होश में लाने की कोशिश की जा रही है। यूनिट के अधिकांश लोग शुभंकर और कैमरामैन जयकौशल को ढूँढ़ रहे हैं। पार्श्वनाथ चैत्यालय के अंदर-बाहर, चारों तरफ़ ढूँढ़ा जा चुका है। शुभंकर और जयकौशल कहीं नहीं हैं। कहाँ गुम हो गये दोनों? कुंदाद्रि की सीढ़ियों के नीचे तक उतरकर देख लिया गया है। पेड़ों का एक-एक झुरमुट, चप्पे-चप्पे को छान लिया गया है। पर दोनों कहीं नहीं हैं। यूनिट के सभी सदस्य बुरी तरह भयभीत हैं। आतंकित-आक्रांत। अरण्या को होश आ गया है। तेज़ बवंडर में पार्श्वनाथ चैत्यालय के द्वार पर वह कैसे जा गिरी, उसे कुछ याद नहीं। सिर में ज़बर्दस्त चोट है उसे। पर उसे अभी चोट की परवाह नहीं। कोई परवाह नहीं। वह नये सिरे से सहायक निर्देशक अशेष शेनॉय को संग लेकर शुभंकर और जयकौशल को चारों तरफ़ पागलों की तरह आवाज़ देती ढूँढ़ रही है। कहीं कोई प्रत्युत्तर नहीं। शुभंकर...शुभंकर...शुभंकर! सिर्फ़ प्रतिध्वनियाँ कुंद्राद्रि पर लौट रही हैं। विक्षिप्त हो रही है अरण्या। वह अपने आप में नहीं है। एच.ए. नागहर्ष ने अंततः अरण्या का हाथ ज़ोरों से पकड़कर रोका है, "रुक जाओ अरण्या!" नागहर्ष की आँखें धाराशार झर रही हैं। भर्राये विकल स्वर में उन्होंने कहा है, "शुभंकर ने भी शंकर की तरह जो कुमारस्वामी के मोक्ष विधान पर हस्ताक्षर कर दिया है। शुभंकर और जयकौशल को जो कुमारस्वामी ने अपनी शरण में ले लिया है।" नागहर्ष फूट-फूटकर रो रहे हैं। अरण्या का मुख एक ज़ोर आर्तनाद के संग स्याह पड़ गया है, "तब मुझे भी उनकी शरण में जाने दीजिये।" अरण्या हाथ छुड़ाकर कुंदाद्रि के तीखे किनारों की तरफ़ बढ़ने को उद्यत है। नागहर्ष ने उसे झकझोरकर कहा है, "पागलपन मत करो।"

आँधी रुकते ही पता नहीं कैंटीन परियार को क्या इलहाम हुआ कि वह बोट संजय को साथ लेकर अपने लैंब्रेटा से भागता हुआ कुंदाद्रि पहुँचा है। कुंदाद्रि की तलहटी में लैंब्रेटा खड़ी कर एक साँस में सौ सीढ़ी चढ़ गये हैं दोनों। विलाप और मातम में डूबा

है कुंदाद्रि। वहाँ का दृश्य देख पार्श्वनाथ चैत्यालय के सामने सिर थामकर बैठ गया है परियार। उसकी आँखों के आगे अँधेरा छा गया है। बोट संजय ने नागहर्ष का हाथ पकड़कर बिलखते हुए कहा है, ''कुंदाद्रि से चंद्रमा हर रोज उगता और डूबता है। पर आज कुंदाद्रि से हमारे गाँव का चंद्रमा हमेशा के लिये डूब गया। हमारा राजा-फूल चला गया।''

शुभंकर और जयकौशल का शव कुंदाद्रि की तलहटी में पाया गया है। अगुम्बे मातम में डूबा है। अगसरकोणे गहरे संताप में है। शुभंकर और अरण्या के माता-पिता शोक से मरणासन्न स्थिति में हैं। कस्तूरी राव विकल हो कैंटीन परियार से कहती हैं, ''जीवन में बहुत-से शोक देखे-झेले, पर ऐसा नहीं।'' उनकी आँखें डबडबाई हुई हैं। परियार चुप है। एकदम सुन्न। बस आँसू गिरा रहा है। हादसे के बाद से उसे ठकबकोर लग गया है। वह सिर्फ़ रोता है। बोलता कुछ भी नहीं। बेंगलूर से अरुंधती नाग, शिबन्ना, एल. कृष्णप्पा समेत अनेक लोग देर रात गये अगुम्बे पहुँचे हैं। शुभंकर की मृत्यु का समाचार टी.वी. चैनलों पर सुर्ख़ियों में है। समाचार में विस्तार से बताया जा रहा है कि जो कुमारस्वामी पर फ़िल्म बनाने में अब तक कितने निर्देशक और अभिनेताओं को मौत के मुँह में समा जाना पड़ा। अरुंधती नाग की आँखें रो-रोकर सुर्ख़ हैं। उनकी आँखों के आगे रह-रहकर अपने संग घटा दृश्य बार-बार घूम रहा है। पर किसी तरह जी कड़ा कर उन्होंने अरण्या से कहा है, ''अरण्या ! शुभंकर के स्वप्न को अपना संकल्प बनाओ। 'जो कुमारस्वामी' लगभग शूट हो चुका है। उसका प्रदर्शन करना है। अगर यह फ़िल्म रिलीज हो जायेगी, तो आगे किसी शंकर और शुभंकर की मौत नहीं होगी। इस फ़िल्म को हमें हर हाल में परदे पर ला देना है।''

20

श्वेत फ़व्वारा

फ़िल्म की एडिटिंग का काम युद्ध-स्तर पर चल रहा है। अब इतने बड़े क्षय के बावजूद फ़िल्म रिलीज़ नहीं हुई, तो यह महाक्षय होगा। 'जो कुमारस्वामी' को हर हाल में दिसंबर में ला ही देना है। इसमें चाहे और जो भी मारक बाधा उत्पन्न होनी है, वह हो। पटकथा लेखक एच.ए. नागहर्ष के संग अरण्या दिन-रात एडिटिंग की मेज़ पर फ़िल्म के एडिटर त्रिलोचन राव के साथ जुटी है। कन्नड़ फ़िल्म जगत में त्रिलोचन राव एडिटिंग के जादूगर माने जाते हैं। शॉट्स के अद्‌भुत संयोजन से दृश्यों को यादगार बनाने में त्रिलोचन राव का सानी नहीं। एडिटिंग में अरण्या के संग अरुंधती नाग और शिबन्ना भी काफ़ी समय दे रहे हैं। शिबन्ना कहते हैं, ''सिनेमा का असली खेल दो ही टेबुल पर होता है—पहले पटकथा लेखक के टेबुल पर और शूट ख़त्म होने के बाद फ़िल्म संपादक के टेबुल पर। शॉट्स सिनेमा के शब्द हैं, तो एडिटिंग सिनेमा का ग्रामर।''

प्रचंड बवंडर के समय का दृश्य कैमरे में बहुत कुछ आया हुआ है। तेज़ आँधी ने भले ही बाद में कैमरे को धराशायी कर दिया था। पर तब तक कैमरे ने उस भयावह-विकराल क्षण को भरसक समेट लिया था। इन तमाम शॉट्स में जो कुमारस्वामी और सुलक्षणा के प्रणय का दृश्य। सुलक्षणा के परिजनों द्वारा जो कुमारस्वामी पर लोमहर्षक आक्रमण का दृश्य और अंततः कुंदाद्रि पर मौत का भीषण तांडव—यह सब कुछ है। दरअसल, शूटिंग के दौरान जब आँधी शुरू हुई तो उसमें गिरने के बाद भी कैमरा देर तक चलता रहा। कैमरा का करतब बवंडर में भी एकबारगी बंद नहीं हो गया। अंतिम दृश्यों ने अरण्या को बुरी तरह असहज कर दिया है। अरुंधती नाग और शिबन्ना भी कहर के उन दृश्यों को देख स्तंभित हैं। नागहर्ष ग़ौर कर रहे हैं, उस आर्त-विकल रात की परछाईं अरण्या के मुख पर किस तरह आ-जा रही है। एडिटिंग पूरी हो चुकी है। महज़ बारह रील की फ़िल्म। त्रिलोचन राव कहते हैं, ''इससे क्या? बँगला सिनेमा के दिग्गज मृणाल सेन की क्लासिक फ़िल्म 'भुवन सोम' तो मात्र ग्यारह रील की थी। ऐसे और भी उदाहरण हैं।''

दिसंबर, 2015 का पहला सप्ताह है। आज फ़िल्म 'जो कुमारस्वामी' रिलीज़ हो रही है। बेंगलूर के सभी अख़बारों में आज यह ख़बर प्रथम पृष्ठ पर सुर्ख़ियों में है—'अंततः फ़िल्म 'जो कुमारस्वामी' निर्मित। आज रिलीज।' समाचार में विस्तार से बताया गया है कि इसे बनाने में अब तक कितने सिने दिग्गज काल-कवलित हुए। क्यों हुए? यह आज

भी एक प्रश्न है। प्रदर्शित हो रही फ़िल्म भी संपूर्ण नहीं लेकिन एक हद तक इसे पूर्णता दी गयी है। इन समाचारों ने स्वाभाविक रूप से दर्शकों में उत्कट उत्सुकता उत्पन्न कर रखी है। फ़िल्म वितरकों में भारी उत्साह है। कर्नाटक के तक़रीबन एक सौ से अधिक सिनेमा हॉलों में एक साथ फ़िल्म का प्रदर्शन शुरू हो रहा है। बेंगलूर के मैजेस्टिक एरिया स्थित त्रिवेणी, सागर, अप्सरा और कल्पना टॉकीज़ में भी फ़िल्म लगी है। चार-चार सिनेमा हॉलों में लगने के बावजूद टिकट के लिये मारामारी है। अख़बारों में फ़िल्म समीक्षकों ने भविष्यवाणी कर रखी है कि यह फ़िल्म 'डायमंड जुबली' मनाकर दम लेगी। कर्नाटक सरकार ने इस फ़िल्म को पूरा टैक्स-फ़्री कर दिया है। शिबन्ना को आज लग रहा है कि यह जीवन का ऐसा दिन है, जो उत्सव-आनंद का होते हुए भी उल्लासहीन है। उत्सव में भी अनुत्सव की कसक। रिलीज़ के इस अवसर पर अरुंधती नाग के आमंत्रण पर बेंगलूर की अधिकांश हस्तियाँ उमड़ी हुई हैं। 'त्रिवेणी टॉकीज़' को विशेष रूप से 'रिलीज़ फंक्शन' के लिये बुक कराया गया है। क्या सिनेमा और क्या थिएटर, क्या कला और क्या साहित्य–सभी क्षेत्र के लोग उमड़े हुए हैं। पत्रकारों का हुजूम अलग।

फ़िल्म शुरू है। 'त्रिवेणी टॉकीज़' के गहन अंधकार में एक-एक दृश्य परदे पर आ रहा है। अरुंधती नाग की आँखें लगातार बरस रही हैं। अरण्या की आँखों से धाराशार आँसू। अरण्या को लग रहा है कि थिएटर और सिनेमा देखने के लिये सचमुच हॉल में गहन अंधकार चाहिये। रोशनी का फ़व्वारा सिर्फ़ परदे के लिये। जीवन के संग भी कुछ ऐसा ही है। ईश्वर के फैलाये सुविचारित घुप्प अँधेरे में आत्मा के प्रकाश का फ़व्वारा। अरुंधती नाग को लग रहा है कि बीते कितने युगों के अंधकार की परतों के बीच से रोशनी निकल रही है और सिनेमा चल रहा है। शंकरनाग...अरुंधती...अरण्या...और शुभंकर...। पराशक्ति और प्रचण्ड अंधकार। पराशक्ति और क्षितिज के समानांतर रोशनी का एक तेज़ श्वेत फ़व्वारा ! परदे पर जो कुमारस्वामी की भूमिका में शुभंकर को देख अरुंधती नाग को लग रहा है कि वह ज़ोर-ज़ोर से आवाज़ करके रोयें। जो कुमारस्वामी और सुलक्षणा के प्रणय दृश्य में शुभंकर और अरण्या को देख उनकी सुबक बरबस फूट पड़ी है। यही है पार्थिव काल। अरुंधती किसी तरह होंठों को भींच सुबक को क़ाबू में करती हैं। बग़ल की सीट पर अरण्या है। वे इस तरह फूट-फूटकर रोयेंगी, तो अरण्या को सँभालना कठिन हो जायेगा। जल्दी से आँसू पोंछ वे अरण्या की हथेली अपने हाथ में ले लेती हैं। अरण्या का शरीर काँप रहा है। वह बग़ैर आवाज़ किये हिलक-हिलककर रो रही है। अरण्या पर जो बीत रही है, उनसे बेहतर इसे कौन समझ सकता है! मनुष्य पीड़ा के लंबे गहन अनुभव से ही स्वयं को यह कह पाने में सक्षम हो पाता है कि आत्मा को आशा का बंधन नहीं देना चाहिये। समय धीरे-धीरे अरण्या को भी यह समझा ही देगा।

21

रंग शुभंकर

अरण्या हमेशा के लिये अगुम्बे जा रही है। अब वह बेंगलूर में नहीं रहेगी। क्या करेगी वह यहाँ रहकर? यहाँ की पूरी गृहस्थी उसने समेट ली है। अरुंधती और शिबन्ना उसकी मनोदशा समझ रहे हैं। भला क्या कहकर वे अरण्या को रोकें? सांत्वना और दिलासा के शब्द ऐसी स्थितियों में कितने निष्प्राण और निरर्थक लगते हैं–सोचती हैं अरुंधती और अकेले में आँसू गिराती हैं। 'ए मासे नाटका' के संपादक एल. कृष्णप्पा भर्राये स्वर में अरण्या से पूछते हैं, ''क्या सचमुच हम सबको छोड़कर जा रही है हमारी प्यारी मेरील स्ट्रीप?'' जवाब में अरण्या उदास हँसी हँस देती है।

अरण्या ने तय किया है कि 'रंग शंकर' की तरह ही अगुम्बे में वह 'रंग शुभंकर' की स्थापना करेगी। अगुम्बे को वह दुनिया का एक ऐसा विलक्षण 'कला ग्राम' बनायेगी जहाँ थिएटर और सिनेमा से लेकर संगीत, नृत्य, चित्रकला व मूर्तिकला का हर संभव बहुआयामी प्रशिक्षण सुलभ होगा। ईश्वर के अमर प्रकाश से जगमग कला और संस्कृति का एक आदर्श ग्राम, जिसके सूत्र संपूर्ण विश्व से जुड़े हों। जिस तरह किंग कोबरा पर शोध करने दुनिया भर के लोग अगुम्बे आते हैं, कला-संस्कृति और थिएटर-सिनेमा का अध्ययन-प्रशिक्षण पाने भी यहाँ आएँ। शुभंकर के मन में अगुम्बे को लेकर ऐसी ही परिकल्पना थी–गाँव में एक सर्वसुविधा संपन्न मनोहर सांस्कृतिक केंद्र की। ठीक 'रंग शंकर' की तरह। जो कुमारस्वामी की शरण में गये शुभंकर की आत्मा को संभवतः इससे प्रसन्नता मिले। दिसंबर का तीसरा सप्ताह है। आज अग्रहण पूर्णिमा है। पर मुँह-अँधेरे से बादल घुमड़ रहे हैं। अगुम्बे में सुबह से चहलपहल है। 'रंग शुभंकर' का उद्‌घाटन थोड़ी देर में होगा। अरुंधती नाग के हाथों इसका उद्‌घाटन होना है। पिछली रात ही अरुंधती नाग और शिबन्ना अगुम्बे पहुँच चुके हैं। उनके संग एच.ए. नागहर्ष और एल. कृष्णप्पा भी आये हैं। सब दोड्डमने में रुके हुए हैं। 'रंग शुभंकर' की शुरुआत के लिये ममता जगदीश की पहल पर अगुम्बे मेन रोड पर स्थित गाँव के प्राइमरी स्कूल के पुराने भवन को उपलब्ध कराया गया है। प्राइमरी स्कूल अर्सा हुए नये भवन में चला गया और तब इस पुराने भवन में अनुसूचित जाति के बच्चों के लिये छात्रावास खोल दिया गया था। इन दिनों इस भवन में 'नक्सल पैकेज' अभियान के अंतर्गत ग्रामीणों को स्वरोज़गार के वास्ते प्रशिक्षण दिया जाता है। इस पुराने भवन में दो बड़े-बड़े हॉल हैं। प्रशिक्षण कार्य के लिये बस एक हॉल की ज़रूरत पड़ती है। दूसरा हॉल हमेशा ख़ाली

ही पड़ा रहता है। ममता जगदीश ने विश्वनाथ बायर से कहा, ''अन्ना! इस खाली पड़े हॉल का इससे अच्छा सदुपयोग क्या होगा? 'रंग शुभंकर' की शुरुआत के लिये फिलहाल यह हॉल काफी है। आगे इसका विस्तार होने पर देखा जायेगा।'' विश्वनाथ बायर ने भी इस पर सहर्ष सहमति दी। मात्र तीन-चार दिनों में अरण्या ने इस जर्जर पुराने प्राइमरी स्कूल भवन का पूरा जीर्णोद्धार ही करा दिया है। रंग-रोगन के बाद दूल्हे की तरह दमक रहा है यह भवन। फिलहाल बस यह एक आरंभ के लिये है। अरण्या का संकल्प है कि अगले साल तक गाँव में विशाल परिसरवाला 'रंग शुभंकर' का हर सुविधा से युक्त अपना भवन होगा। 'कामथ होटल' में चाय पीते हुए गाँव की मस्जिद के मौलाना तंबी अब्दुर्रहमान ने भावुक हो लिंगराज से कहा है, ''ख़ुदा इस लड़की पर रहमत की बारिश करे। इतनी ही कम उम्र में इसने बहुत बड़ी तकलीफ झेल ली। ख़ुदा अब इस फूल-सी लड़की को कभी कोई मुश्किल न दे।''

उद्‌घाटन में सारा गाँव उमड़ा हुआ है। कैंटीन परियार भाव विह्वल है। बोट संजय से उसने कहा है, ''लग रहा है जैसे सारे आयोजन की कमान स्वयं हमारा मन्निना मगा[1] शुभंकर थामे हुए है।'' ज्योतिषाचार्य पंडित शतानंद शास्त्री अवरुद्ध कंठ से कहते हैं, ''मैंने शुभंकर के निधन के बाद उसकी कुंडली उसके पिता से लेकर देखी। कुंडली में मंगल और राहु एक संग थे। यह अंगारक योग बनाता है। पागल हाथी सरीखा उन्मत्त योग होता है यह। तेजस्वी लोग हमेशा अपने समय से आगे और इसी तरह अल्पायु होते हैं। शुभंकर की मृत्यु ने गाँव की आँख सफ़ेद कर दी है। जीवन रहस्य एक श्रीवेणुगोपाल के सिवा किसे पता?''

वर्षा की झिरझिरी शुरू है। शतानंद शास्त्री कहते हैं, ''यह मंगल वर्षा है। बस उद्‌घाटन के शुभ मुहूर्त के लिये हो रही है। देर तक नहीं टिकेगी।'' शिव रुद्रप्पा द्वारा 'गणेश-वंदना' गाने के बाद महीधर की पत्नी सुचित्रा ने हारमोनियम थाम 'सरस्वती वंदना' की प्रस्तुति की है, ''सरस्वती महाभागे, विद्ये कमल लोचने। विद्या रूपे विशालाक्षी, विद्यां देहि नमस्तुते।'' बेटे के जन्म के बाद से उसका वज़न और बढ़ गया है। पर क्या सुर लगाती है सुचित्रा। अरुंधती नाग मुग्ध होकर कहती हैं, ''इसके कंठ में साक्षात् सरस्वती का वास है। मैं इसके गानों की रिकॉर्डिंग के लिये बेंगलूर जाते ही बात करूँगी।'' यों संगीत की शिक्षा सुचित्रा ने मायके में ही ली थी। पर शिव रुद्रप्पा ने यहाँ उसे और तराश दिया। शिव रुद्रप्पा गद्‌गद हो शिबन्ना से कहते हैं, ''एक गुरु की साधना तभी सफल होती है जब उसे योग्य शिष्य मिल जाये। सुचित्रा को शिष्या बनाकर मैं धन्य हो गया। और सुचित्रा के वजन पर भले लोग हँसते हों लेकिन संगीत की दृष्टि से वजन उसके लिये वरदान है। जितना बड़ा नाद, वैसी ही गहरी गूँज। सुचित्रा के कंठ में जहाँ सरस्वती हैं, तो नाभि में गणपति।'' सुचित्रा की प्रशंसा से महीधर की बत्तीसी नहीं झँप रही है। गाँव में सुचित्रा की यह पहली सार्वजनिक प्रस्तुति थी। अब उद्‌घाटन प्रक्रिया शुरू है। अरुंधती नाग द्वारा 'रंग शुभंकर' के उद्‌घाटन के साथ सबकी आँखें भीग गयी हैं। रामू ह्विटेकर और जानकी लेनिन की आँखें नम हैं। शुभंकर व अरण्या के माता-पिता की हिचकियाँ रोके नहीं रुक रही हैं। शिबन्ना, एल. कृष्णप्पा और नागहर्ष की आँखें झहर रही हैं। अरुंधती नाग

1. धरती पुत्र

रह-रहकर रुमाल से आँखें पोंछ रही हैं। और तो और, कस्तूरी राव की हमेशा मस्त रहनेवाली नातिन अरुंधती भी किनारे में सुबक रही है। पर मलंदुर के चंद्रू ने अचानक वातावरण बदल दिया है। वर्षा की तेज़ होती झिरझिरी के संग वह अचानक पंचम सुर में आ गया है, "रामलाली...मेघ श्याम लाली...नंदलाली...गोपीकंदलाली...।" चिर कुमार के.जे. राव उर्फ़ कर्नल राव भी पहुँचकर देश के लिये मर-मिटने के अपने सपने की सनातन कथा के साथ मोरारजी देसाई को कोसना शुरू कर चुका है। अरुंधती नाग को अभी थोड़ी देर में बेंगलूर निकल जाना है। वे नज़र दौड़ाती हैं और कस्तूरी राव की नातिन से कहती हैं, "चलो जूनियर अरुंधती! दोड्डमने जाकर फौरन निकलना है।" पूरा गाँव एक मौन उत्सव में है। जैसा कि पंडित शतानंद शास्त्री ने कहा था, वर्षा थम गयी है। अरुंधती नाग अब शिबन्ना, कृष्णप्पा और नागहर्ष के संग बेंगलूर के वास्ते निकल रही हैं। उन्होंने अरण्या को सीने से भींच लिया है। वे मुश्किल से बोल पायी हैं, "मैं आती रहूँगी।" नागहर्ष ने अवरुद्ध कंठ से कहा है, "अरण्या! मानवात्मा का अभियंता नायक था हमारा शुभंकर ! वह अमर है...।"

शाम हो रही है। निर्मल आकाश में अग्रहण की पूर्णिमा का चाँद निशानी गुड्डा की चोटी पर धीरे-धीरे निकल रहा है। अरण्या ने कैंटीन परियार से कहा है, "अन्ना! मुझे कुंदाद्रि जाना है।"

"इस समय?" अरण्या की माँ शारदाम्मा चिहुँक पड़ती है।

"हाँ। आज की रात मैं कुंदाद्रि पर बिताना चाहती हूँ।" अरण्या का स्वर शांत और अडिग है, "परियार अन्ना अपने लैंब्रेटा से मुझे छोड़कर लौट आयेंगे। सुबह फिर मुझे कुंदाद्रि से ले आयेंगे।"

"लैंब्रेटा से क्यों, अपनी गाड़ी से चलो। मैं भी तुम्हारे साथ चलती हूँ।" शारदाम्मा ने अरण्या की आँख में आँख मिलाते हुए बहुत उदासी से कहा है।

"नहीं अम्मा! कोई लाव-लश्कर नहीं। तुम्हें भी जाने की जरूरत नहीं।" अरण्या ने माँ को दुलारने के अंदाज़ में बहुत कोमलता से कहा है।

"आखिर कुंदाद्रि पर सारी रात अकेले कैसे रहोगी? पागलपन नहीं करते।" कस्तूरी राव बरजती हैं।

"नहीं अक्का! आज की रात मुझे वहाँ होना है। पूर्णिमा के डूबते चंद्रमा को देखना है।" अरण्या का स्वर अदृश्य में कहीं खोया है।

"रोको मत इसे।" कैंटीन परियार की आवाज़ भर्रा गयी है।

कुंदाद्रि नीरव शांति में है। दोनों जलकुंड में पसरे श्वेत कमल चंद्रमा का मुख निहार चाँदनी में नहा रहे हैं। कितनी माया और आशा से भरी है धरती—सोचती है अरण्या। उसे बवंडरवाली उस रात का एक-एक दृश्य अभी कौंध रहा है। अविरल आँसू और हिचकियाँ। धाराशार अश्रुपात में डूब रहा है अंतस्तल। मन में उठे तेज़ बवंडर से अवसन्न अंतरमन। रात आधी से भी अधिक बीत चुकी है। निशीथ का अंतरंगतम क्षण! अचानक अरण्या के विस्मय का पारावार नहीं है। कुंदाद्रि की तलहटी से धीरे-धीरे बढ़ता हुआ हरा जिराफ़ सामने आकाश छू रहा है। चाँदनी में उसकी दमक देखते बन रही है। अरण्या ने याद किया, विवाह के बाद जब वह शुभंकर के संग दोड्डमने की ऊपरी मंज़िल

के कमरे में थी, शुभंकर ने उस रात खिड़की से हरे जिराफ़ को देखा था। हरे जिराफ़ ने बरबस उसे उस रात की मधुयामिनी में पहुँचा दिया है। हरा जिराफ़ अब धीरे-धीरे अदृश्य हो रहा है। चंद्रमा अब डूबने को है। कातर-करुण चंद्रमा डूब रहा है—मौन बवंडर के संग। दग्ध-विह्वल! शुभंकर भी तो पूर्णिमा के चंद्रमा की तरह कुंदाद्रि से डूबा था। अब वह हर पूर्णिमा को कुंदाद्रि आयेगी—अपने शुभंकर से मिलने! कुंदाद्रि के गहन एकांत में अपनी कठोर नियति के मर्म और संघर्ष को समझने।

स्वप्न और आशा के संग कोहरे में डूबी अदृश्य नियति की संगति को जानना पड़ता है। जानना ही पड़ता है।

❑❑❑